1880 CENSUS,

MAURY COUNTY, TENNESSEE

By

BYRON SISTLER

Janaway Publishing, Inc.

2010

Notice

In many older books, foxing (or discoloration) occurs and, in some instances, print lightens with wear and age. Reprinted books, such as this, often duplicate these flaws, notwithstanding efforts to reduce or eliminate them. The pages of this reprint have been digitally enhanced and, where possible, the flaws eliminated in order to provide clarity of content and a pleasant reading experience.

1880 Census: Maury County, Tennessee.

Copyright © 1977 by Byron Sistler
All rights reserved.

Originally published
1977

Reprinted by

Janaway Publishing, Inc.
732 Kelsey Ct.
Santa Maria, California 93454
(805) 925-1038
www.JanawayPublishing.com

2010

ISBN: 978-1-59641-140-1

Made in the United States of America

IMPORTANT INFORMATION

You cannot utilize the material in this booklet at all effectively unless you read the following.

This booklet is an exact transcription of the county schedule, household by household. A transcription in sequence from the schedules is very useful in placing the relationships of neighboring families. When the county by county transcription is completed, a state-wide index of heads of household and of individuals whose surnames differed from that of the household head will be prepared to be used either with the printed transcriptions or the microfilm.

Surnames appear in capitals. Where a surname does not appear before the person's given name in a family listing he has the same surname as the entry immediately preceding him. Given names were copied as read with the exception of Francis--Frances to indicate sex of person. Where there is a doubt about gender of a name we have followed it with (m) or (f).

Age of each person is listed after his name. Unless indicated by (B) (Black) or (Mu) (Mulatto), the person is Caucasian (W). In a household, unless a symbol for race appears after a name, person is of same race as the preceding household member(s).

Occupations were shown on the schedules for all persons but young children. These are listed in our transcription with the following exceptions--farmer or farm labor for men and housekeeping for females. Thus, if no occupation is given, farmer or housekeeeper can be assumed.

Illnesses and infirmities at time of the census enumeration are shown as indicated on the schedules.

The place of birth of each individual was to be included on the schedules along with place of birth of each of his parents. We have used standard Post Office abbreviations for the states, except where Tennessee is indicated we simply use a T. If the individual and both parents were born in Tennessee this item is omitted. Also in households where the parents were born in other states but the children were born in Tennessee the birthplaces of the father and mother are not repeated unless there is a discrepancy.

Relationship of all persons in the household to the head of household was to be indicated. We have omitted this where it was obvious that the second person was the wife and succeeding individuals were the offspring of the father. Where identification in this fashion seemed unclear we entered what we thought were appropriate notations.

An example from the transcription (fictitious entry) should be informative:

> SHELTON, George 47 (T AL GA), Susan 37, Bettie 20, Narcissa 18, Mary 15 (KY), Ada 13 (blind); WALKER, Caroline 40 (sister) (widow) (T AL GA), George 21 (nephew); MAXWELL, Eli (B) 35 (farmhand), Louisa 28 (servant); SCRUGGS, Henry 28 (W) (boarder) (schoolteacher), Josie 24 (Henry's wife), Mamie 3 (Henry's dau)

This translates into George Shelton age 47, a white man born in Tennessee whose father was born in Alabama and mother in Georgia; his wife Susan age 37, born in Tennessee and parents also born in Tennessee; George's children Bettie, Narcissa, Mary and Ada. The first two were born in Tennessee, Mary in Kentucky and Ada in Tennessee. Ada is blind. George's sister Caroline Walker lives with the family with her son George (though conceivably George Walker is not Caroline's child). A black man, Eli Maxwell, lives here and works as a farmhand for George Shelton. Louisa Maxwell, listed as servant, is probably Eli's wife, but she could be a sister. The Henry Scruggs family is made rather clear in the schedules, as noted above; they were Caucasian.

Keep in mind that this is a copy from handwritten schedules. Although the condition of the schedules and the handwriting is much improved in 1880 over earler censuses, it is still quite possible to misinterpret individual names (or letters).

Byron & Barbara Sistler

MAURY COUNTY

Page 1, Town of Santa Fe

1. KINZER, John W. 55 (saddler) (T VA T), Martha 52 (T NC NC), Mattie 18; DOYLE, Henry (B) 13 (servant)
2. DODSON, Robt. (B) 34, Ann 29, Charlotte 12, Sam 10, Lula 3
3. WITHERSPOON, Auston (B) 29 (wagon maker), Matilda 25, William 7, Eunoch 5, Jennie 3, Charley 1, Margarett 60 (mother)
4. MONTGOMERY, Lizie 25 (widow), Irwin 2
5. JOHNSON, Novel? 27 (T VA T), Polk 26 (wife) (T KY KY), Eugene 6, Willie 4 (dau), Louellen 2 (son); ALEXANDER, Juan 11 (niece)
6. NALLS, E. Dotson 46 (shoe & boot maker) (T NC NC), Rosana 33 (wife) (T NC NC), Iola A. 14, James C. 12, Samuel 10, William B. 7, Hattie 5, Jeff 9/12 (b. Oct)
7. CHURCH, R. C. 33 (widower) (dry goods merchant); McMEEN, John W. 16 (boarder) (clerk in store); SATTERFIELD, John E. 24 (boarder) (clerk in store)
8. VESTAL, Nick (B) 73 (VA VA VA), Paulina 65 (VA VA VA); BURNS, William 15 (g son)
9. DAVIS, Dock 31, Alice 28 (T T KY), Cora 8, Lizzie 6, Otey 4 (son), Nora 1; COOKE, Percilla 81 (mother) (VA Ire Ire)
10. GOAD, Sam 22 (carpenter), Neoma 20, Ernest 9/12 (b. Oct); SATTERFIELD, Pink (Mu) 10 (servant)

Page 2, Town of Santa Fe

11. RAGSDALE, Cam 30 (blacksmith), Dolly 26, James 7, Willie 4, Mattie 1 (dau)
12. DODSON, Sam (B) 53 (T VA T), Harriet 40 (wife), Thomas 17, Emma 16, Dora 15, Florence 11, Ella 2; SATTERFIELD, Wm. 14 (step son), Ailey 12 (step son); RIKARD?, Alice 19 (step dau); MILLER, Robt. 3 (g son)
13. MERRIT, James (Mu) 28, Sallie (B) 23, Mattie 4 (dau)
14. CULVERSON, Wyatt (B) 45 (kicked by horse), Harriet 50 (wife), WALTERS, Minnie 3 (g dau); SATTERFIELD, Ann 35 (divorced) (relationship omitted); VESTAL, Carry 14 (dau); SATTERFIELD, Frank 5 (son)
15. CAMBLE, Joe (B) 23, Ann 20; JOHNSON, Jim 20 (relationship omitted), Julia 17 (wife)
16. FRIERSON, William (B) 27, Josie 20, Zack 3/12 (b. Feb)
17. CROSS, Louis 25? (Mu), Pattie 25 (wife), Daniel 5, Henry 4, Ophelia 4/12?; MOORE, Wiley 2 (nephew)
18. DAWSON, Dr. Kemp 47 (medical doctor) (T VA VA), Mary 36 (wife) (T MD NC?), Manda 17, Mattie 15, Benson 4; ORMAN, Walter 12 (servant)
19. GREEN, Joe F. 27 (druggist); ALLEN, Hays 25 (boarder) (clerk in store) (T VA T)
20. ADAMS, Thom 43 (school teacher) (OH OH OH), Lizzie 43 (KY KY KY)
21. BROWN, William 28 (grocer), Laura 26 (married within yr)

Page 3, Town of Santa Fe

22. MANGREM, George 55 (dry goods merchant) (T NC T), Sarah 40 (wife), Emma 19, Estella 11, Clara 8; RAGSDALE, Nora 17 (step dau)
23. HULME, Dr. John W. 41 (medical doctor), Jimmie 30 (wife), Willie 10 (son), Fannie 8, Ida May 5, John 2
24. COOK, James 56 (boot & shoe maker) (KY KY VA), Jane 58 (KY KY KY)
25. YOUNGER, William 72 (veterinary surgeon & stock raiser) (NC NC NC), Lucinda 63 (T NC NC), Hattie 26 (divorced); GORDON, Walter 8 (g son) (T MS T); JOHNSON, Willie (B) 12 (servant)
26. VENABLE, Ben 29, Fannie 26, Willie 11 (son), Bettie 10, Nettie 16, Lee 2 (son)
27. GODWIN, Polk 36 (dry goods merchant) (T NC NC), Paralee 32, Etta 11, Ella 9, Clauda 5 (son); MILLER, Mary (B) 25 (servant) PATTERSON, Mayna (Mu) 36 (servant) (m)

Page 3, Town of Santa Fe (cont'd)

28. JOHNSON, L. G. 59 (VA VA VA), Louisa 50 (T VA VA), Eugenia 21 (teacher) (MO); BRADFORD, Loulla 8 (boarder)
29. BURROW, Dr. J. A. 41 (medical doctor) (AL T T), Bettie E. 31 (wife), William 16
30. RENFRO, Willis H. 47 (blacksmith) (T VA VA), Sallie 28 (wife), Sallie 15, Elisabeth 13
31. IRWIN, J. Wesley 65 (preacher) (T NC NC), Amanda 52 (wife) (T NC VA); CHURCH, Maude 9 (relationship omitted); WILLIAMS, Henry C. (Mu) 25 (relationship omitted) (teacher), Susan 20 (servant), John H. 2 (son); KELLY, William 21 (relationship omitted) (works in sawmill)

Page 4, Town of Santa Fe

32. COWLEY, Jacob 49 (merchant miller) (KY MD NC) Fannie 47 (VA VA VA), Everett 20, Beale 18, Ella 21; BARRIER C. W. (m) 27 (boarder) (teacher) (MS T T), Nannie 27 (boarder) (GA AL AL), Nellie 1 (boarder) (GA MS GA); WINN, Henry 38 (relationship omitted) (T VA T)
33. BRIGGS, George W. 25 (works in sawmill) (T SC T), Kate 25, Deeley 8/12 (b. Jun)
34. SPARKMAN, John J. 55 (T T NC), Martha L. 48 (T NC NC), Mary 29 (teacher), Lela 14, Matterson 11

Page 4, Dist. 18

35. HARBISON, J. Mat 55 (NC NC NC), Margaret 39 (wife) (T VA VA), Mary 12, John 10, Rachel 70 (sis) (NC NC NC), Elisabeth 60 (sis) (NC NC NC); DODSON, Rebecca 60 (mother in law) (T NC NC)
36. HARBISON, John 30 (T NC NC), Rebecca 25, Sam 6, Fannie 4, William 2
37. GOAD, David 20, Annie 18
38. HARBISON, Alex 72 (NC NC NC), Darcas 58 (wife) (NC NC NC), Willie 24 (son), Frank 21
39. WITHERSPOON, Rease (B) 25, Dee 26 (wife), Minnie 3, Henry 1
40. COOKE, John H. 57 (KY KY KY), Margarett 56 (KY KY KY), John 18, N. Belle 15; WITHERSPOON, Sarah (B) 7 (servant)
41. WILLIAMS, Wesly (Mu) 44, Fannie 26 (wife), Ellis 18 (son), Ed 16, Laura 8, Edney 2

Page 5, Dist. 18

42. MILLER, Ep M. 62 (T VA VA), Mary 60 (NC NC NC); COOKE, Uzenia 28 (dau) (widow), Clara 11 (g dau), Charley 9 (g son), Arthur 6 (g son); BROOKS, Eliza 68 (sis? in law) (NC NC NC), Harriet 66 (sis in law) (NC NC NC)
43. GRAY, Pink? C. 50 (T VA NC), Polley? A. 48 (wife) (KY KY VA), Laura 20, Wesly 16, Belle 18, Doll 14 (son), Bettie 12, Minnie 10; GREEN, Bill (B) 35 (farm hand) (GA GA GA), Carolin 25 (wife) (T T VA)
44. JONES, John W. 35, Sallie 29, Lena 6, Robt. 3; LATTA, Matilda 75 (boarder); MABERRY, Atha (B) 35 (servant), John 5 (servant)
45. ROBISON, Nancy 45 (widow) (T NC NC), W. Henry 25 (T NC), David 20 (T T NC), Sallie 25 (step dau), Millie 19 (step dau) Caldonia 1 (g step dau)
46. QUEEN, Ed 51 (NC NC NC), Angeline 34 (wife) (T VA T), Addeline 25 (dau) (GA), Victoria 21 (dau) (GA), Amanda 17 (dau) (GA), Joe 11 (son) (T), Fannie 6 (dau), Robt. 4 (son)
47. COOPER, Amanda (B) 50 (divorced), Jim 20, Charley 13, Chick 6 (son)
48. WILLIAMS, Caledonia 42 (widow) (T NC NC); WOOD, Ida 18 (dau), Willis 16
49. PHILLIPS, Cally 49 (divorce), Willis 6; McCOLLUM, Florence 17, Henry 15

Page 6, Dist. 18

50. JOHNSON, Henry 30, Louisa 30, Allie 10 (dau), Susan 6, Roxana 4, Lula 3, Rufy 1 (son)
51. KELLEY, Simps 37 (T T NC), Sarah 21 (wife), Minie 2; THORTON, Mary 17 (sis in law)
52. JONES, James 52 (T NC NC), Sallie 42 (wife) (T NC NC), John 21, Mat 11, Bruce 7, Anna 5; GRIFFON, Clara 25 (boarder); WITHERSPOON, Jim (B) 16 (servant); MAYBERRY, Bama 13 (servant)
53. CHURCH, Ed F. 60 (T NC T), Polk 46 (wife) (T NC NC), Clayton 24 (teacher), Wilton 19, Amelia 17, Anga 15 (son), Estella 12, Eddie 9, Andy (B) 16 (servant); SATTERFIELD, Antny (B) (m) 9 (servant), Pink (f) 12 (servant)
54. JONES, Peter (B) 46 (T VA VA), Lucinda 55 (wife) (T VA VA), Nancy 21, Cally 19 (dau), Bob 18, Bill 14, Amanda 13, Doctor 12, Richard 8; DODSON, Darcas 86 (mother in law) (VA VA VA); NEELY, Frank 4 (g son), Willis 2 (g son), Robt 1 (g son)
55. JOHNSON, Jesse 26, Malissa 25, Robt 2, Willie 7/12 (b. Oct) (son); HARRIS, James 1 (niece--sic); WOODY, Robert J. (B) 2/12 (b. Mar) (relationship omitted)

Page 7, Dist. 18

56. OWENS, W. T. 33, Martha 32, Etta 12, Jethro 10, Mattie 7, Nora 4, Clifton 1; JOHNSON, Oscar 20 (servant)
57. HIGHT, Witthern 21, Lizzie 21, Elvy 2 (dau)
58. COOKE, Watson 39 (KY KY KY), Mary L. 34 (T VA VA), Lenora 12, Maxmillen 9, Eva 7
59. GRIFFON, John 28 (T NC T), Maggie 25 (T KY T), Walter 6
60. HUTSON, George (B) 25, Darcas 20, Hannah 1; FITZGERALD, Beck 21 (relationship omitted), Caroline 50 (mother) (T NC NC), Hannah 19 (sis)
61. KELLY, Thomas 36 (T T NC), Mary 39, Charley 6, Maggie 4; OAKLEY, John 13 (stepson), Bolen 10 (stepson)
62. ALDERSON, Ely (B) 30 (T VA T), Amanda 27, Thomas 8, Laura 7, James 3, Bob 7/12 (b. Oct); WITHERSPOON, Albert 27 (relationship omitted), Sis 2 (dau)
63. KELLY, Wm. 65 (T SC NC), Frances 67 (NC NC NC), Loyd 20 (son)
64. KELLY, John 40 (T T NC), Eliza 25 (wife), Allen 11, William 9, Mollie 4
65. WOODY, Robt. 30 (T NC NC), Eugenia 21, Ellis 5, Mattie 2

Page 8, Dist. 18

66. WOODY, Samuel 72 (NC NC NC), Danah 70 (NC NC NC), Martha 40, Ruth 33
67. WARREN, George 55 (T SC NC), Zilla 55 (SC SC SC), George 16, James 12, Steve 10
68. CAUGHRON, Ed (B) 27, Lizzie 22, China 8 (dau), Susan 6, Walter 4, Matta 2/12 (b. Mar) (dau)
69. WITHERSPOON, Mayhew (B) 24, Mariah 18
70. TATE, Silvy (B) 35 (widow), Mary 20, Nora 3
71. WILLIAMS, Ike (B) 30, Calline 30 (wife), Elizabeth 10, George 6, Phil 5; ELLISON, Thomas 30 (boarder)
72. JOHNSON, Dr. J. T. 59 (AL NC NC), Ellen 31 (wife) (MO AL AL)
73. HIGHT, Wash W. 55 (T NC NC), Narcissus 47 (T NC NC), Mary 15, Lee 14, Thomas 12, Mat 10, Cornelia 6, Eddie 4
74. MABERRY, Jacob (B) 58 (T VA VA), Lucinda (Mu) 56 (NC NC NC), Elijah 13, James 11
75. COOK, W. H. 21 (T KY T), Murphy 21 (wife) (T AL T), Merideth 2, Robt 2/12 (b. Feb)
76. JOHNSON, James 34, Ginnie 35, Tennessee 7, Jessee 4, Joda 2

Page 9, Dist. 18

77. McGAW, James W. 27, Mary 27, Cammie 7 (son), George 4, William 2

Page 9, Dist. 18 (cont'd)

78. BEAVERS, Henry L. 35 (PA NJ PA), Lucinda 28, Catherine 11, Eugenia 1
79. MULLENS, O. H. P. 45 (mechanic) (T NC NC), Margarett 40 (wife) (T VA VA), Robt. 19; JOHNSON, W. H. 25 (servant)
80. VESTAL, Messer 67 (NC NC NC), Rhoda 65 (NC NC NC), Delfhina 42 (NC), Wiley 22 (cousin) (T NC NC)
81. VESTAL, Wash 66 (NC NC NC), Martha 48 (wife), G. Washington 6
82. WILLIAMS, Samuel (B) 66 (VA VA VA), Harriet 50 (wife) (T NC VA); JOHNSON, Mary 10 (g dau)
83. LOCKHEART, Thomas 29, Vena 22, Gurtrula 3, Ed 20 (bro)
84. McAFEE, Thomas 37 (GA SC SC), Arty 45 (wife) (GA NC NC), Ed 21 (GA), Charley 17 (GA), George 9 (T)
85. HIGHT, O. P. 53 (T NC NC), Sarah 50, Non 19 (dau), Nily 17 (dau), Louisa 15, William 13, James 11, Burr 7
86. COFFEE, McCoy 32, Martha 31 (T NC T), Mary 11, Sallie 9, William 5, Mittie 2; BROOM, Bill (Mu) 15 (laborer); NUNNELLY, Thom 17 (laborer)
87. BLACKWELL, Rich (B) 53, Cally 45 (wife)

Page 10, Dist. 18

88. PIGG, Daniel J. 57, Elisabeth 58 (T T NC), John B. 25, Jeff 18; TRIMBLE, Ruphena 22 (niece)
89. DOCKERY, James M. 61 (SC SC SC), M. E. 53; LATTIF, Elisabeth 33 (dau), Ophelia 10 (g dau), Okalona 6 (g dau), William James (g son); DOCKERY, Noah 8 (g son)
90. DOCKERY, R. Mat 27 (T SC T), Nancy 23, James Otey 7, John C. 6, Mollie Ella 4, Ed Church 3, Alice 10/12 (b. Sep); HUTSON, Mat (B) 14 (servant)
92. FIELD, J. Munroe 25, Geneva 23, Martha 10/12 (b. Sep)
93. BROWN, G. B. 58 (paralized), Eliza 30 (wife), J. Matterson 15 (son)
94. SKELLY, John 37, Louiza 30 (T T SC)
95. ALDERSON, Jay 34, Mary 21 (wife); HERD, Thomas 34 (boarder) (insane)
96. NESBIT, W. J. 33, Elisa E. 44 (wife), F. Walter 7, Minnie May 5, Samuel M. 3; SHANNON, Martha 22 (step dau), Thomas 20 (stepson), Jackson 19 (stepson), John 18 (stepson)
97. COLEMAN, Thomas 36, Ellen 30, Lafayette 13, Jefferson Lee 11, Lunaford A. 9 (son), Martha A. 7, Samuel 4
98. TROTTER, John 79 (PA PA Ire), Sarah 60 (wife) (T SC SC), Martha 18

Page 11, Dist. 18

99. LATTA, James 25, Lizzie 21, Minnie 1
100. ADKISSON, R. Q. 35, Fannie 35, John W. C. 6, Rebecca 4, Mary 2; YOUNGER, W. M. 22 (nephew)
101. GOAD, Adline (B) 45 (widow), Genia 17
102. PARTEE, Major (B) 25, Alice (Mu) 22, Jesse 5
103. HEWY, Kelly 27, Lizzie 20, Lemuel 2, J. Wesley 1 (bro)
104. GASKET, Thom 37 (T VA NC), Fannie 37, Pearl 7, Robt. 5, William 4, Maude 3, Eunoch 56 (bro, sorghum maker) (380 lbs weight) (T VA NC); HAYS, Billie (B) 18 (servant)
105. BERRY, Isac 52 (rock mason) (T VA VA), Sarah 41 (wife), Emma 9, Lenard 7, James 5, Gorden 2; GRIMES, Nancy 76 (mother in law) (T VA VA)
106. FITZGERALD, Billie 28 (T VA VA), James K. 28 (wife--sic) (T NC NC), Pink 2 (dau), James 1, Margarett 65 (mother) (VA VA VA), Louiza 35 (sis) (T VA VA), Lizzie 40 (sis) (T T VA); SMITHSON, Ed 12 (servant)
107. DODSON, Lewis (B) 54, Clarisa 28 (wife) (T NC KY), Rhoda 8; THOMPSON, Kittie 34 (relationship omitted) (widow), Sarah 20 (dau), Peter 14 (son), Autney 10 (son), Luvenia 4 (dau)

MAURY COUNTY

Page 12, Dist. 18

108. MULLINS, Wess 47 (T NC NC), Jarusha 32 (wife), John 9
109. VESTAL, Elam (B) 60 (NC NC NC), Nancy 57 (T NC T), Eliza 16 (dau)
110. ALDERSON, Frank (B) 23, Loula 23, Dora 2 (son)
111. MILLER, Lucius (Mu) 26, Ida 24, Charlie 8, Lou 6 (dau), Evy 4 (dau), Doka 2 (son), Charlie 7; CAMBLE, Ella (B) 13 (sis in law)
112. ERWIN, Jake (B) 26, Tennie 25, Callie 11, Rosa 8, Bettie 3, Antney 2/12 (b. Apr) (son)
113. ERWIN, Steve (B) 24, Jane 30 (wife), Ella 5, Lavina 3 (son), David (1?)
114. RIGG, Frances (B) 24 (widow), Lena 3, Bob 2/12 (b. Apr)
115. STEVANS, Robt. 32, Margarett 34, James 14, Margaret E. 11, Metia 9, Jessie 6, Mary A. 2
116. FITZGERALD?, Wash 32 (T T VA), _____ (wife) (age obliterated) (T T GA), Mary 9, Fanny? 7, ___ C. 4 (dau), Edward 4
117. FITZGERALD, _____ 39 (T VA NC), _____ 33 (wife) (T T VA), James 13, _____ 12 (dau), Vina? 10 (dau)

Page 13, Dist. 18

118. LOW, D. G. 42, Julia 42, Belle 12; LEATHERS, Mattie 20 (step dau), Josie 18 (step dau)
119. JOHNSON, Ed (B) 70 (VA VA VA), Cary 45 (wife) (VA VA VA), Thomas 12
120. JOHNSON, Biver? (B) 30 (T VA VA), Emma 25 (wife) (T VA VA), Ella 8
121. JOHNSON, Emiline (B) 30, Watler 10 (son), Joe 6 (son), Andy 5 (son), Oscar 3 (son), Eddie 6/12 (b. Oct) (son)
122. COOPER, Mark (Mu) 60 (widower) (boarder) (T VA VA), Maybel 15; WHITE, Tennie (B) 37 (relationship omitted); NEELY, Cora 12 (sis), Caroline 35 (sis) (Note: it appears this family, though listed separately, was part of household #121)
123. DODSON, Buck (B) 28, Emma 16 (wife) (T VA T), Nora 11/12 (b. Jun), Eddy 3
124. VESTAL, Lucy (B) 60 (widow) (T NC NC), Buck 22 (son); FITZGERALD, Delfy 80 (mother) (T NC NC); ROBERSON, Maid 1 (g dau)
125. VESTAL, Sam (B) 33, Pink 26 (wife), Taylor 12, Snow 7 (dau), William 6/12
126. NESBIT, John 31 (carpenter) (T Ire T), Fannie 28, Myrtis 8 (dau), William 5, Ada 3
127. HICKS, William 37 (KY KY KY), Sara 32, Fannie 13, Nany 11, Loula 9, Pigg 7 (dau), William 5, Virtis 2 (dau)
128. BOYD, Aggie (Mu) 71 (widow) (GA GA GA); COSSEY, Martha 18 (dau) (GA GA GA)

Page 14, Dist. 18

129. HAMLIN, William? 54 (medical doctor) (AL VA AL), Alcy 33 (wife) (T VA VA), William 13, Mary 10, Neal S. 8, Layfayett 6, Martha 4, Ida 4/12 (b. Jan)
130. VESTAL, William 48 (widower) (T NC T), James 21, Alf 18, Sofria 16, Nora 14, Ollie 12
131. BAKER, Berry 28 (T T VA), Frances 30, Mary 12, Fielded 10, Thomas 8, Susan 6, Emma 4, Maggie 2, John 1
132. BAKER, Mary 50 (widow) (VA VA VA), David S. 30 (T VA VA), James 26 (T VA VA)
133. TATE, John 45 (wagonmaker) (T NC NC), Bettie 37, Emma 17, Willie 15, Jas. 13, Cora 11, Claranc 9, Minnie 7, Pearl 2
134. JONES, Beasley? 38, Ann 30, Maud 10, Claud 7, Eula 5, Milton 2
135. BAKER, George W. 42 (T T VA), Sara 35, John 18, William 16, Mary 15, Emily 10, Oliver 12, Sara 8, George 5

Page 15, Dist. 18

136. COSSEY, Mattie (Mu) 3 (g dau) (T GA T), Laura 3/12 (b. Feb) (g dau) (T GA T), Aggie 15 (dau) (GA GA GA), Mary 1 (g dau) (T GA T) (Note: this group, though listed as a separate entry, is obviously part of some other household)
136. (duplicate number) PAGE, James (B) 50 (VA VA VA), Caroline 30 (wife) (T AR T), Minnie 14, Frances 11, Sara 8, Cherida 4; ADKINS, Thom 24 (boarder)
137. BROOKS, Nelson (Mu) 44, Hannah 40, John 18, Lee 16 (son), Bill 14, Jane 12, Nelson 10, Hannah 8, Lizza 6, Ella 2
138. LOVE, Mark (B) 46 (VA VA VA), Emma 36 (wife) (MS MS SC), Annizza 11 (MS), Minnie 8 (T), Joe 6, Charley 2; COLINS, Columbus 13 (nephew) (MS MS MS)
139. SATTERFIELD, Nelson (Mu) 40, Nancy 24 (wife) (B), Bruce 8, Jas. 7, Anna 3, Louza 2, Hattie 11/12 (b. Jun)
140. WOODY, William (B) 47 (T VA VA), Missouri 39 (VA VA VA), Robert 19, Bee 16 (son), Lemuel 13, Israel 10, Franklin 7, Marion 4 (son), Jeferson 1
141. DODSON, Aggie (B) 65 (mother in law--whose?) (VA VA VA); BAKER, Juan (W) 7, Fannie 2 (relationship of the 2 children to Aggie not given)
141. Duplicate number COOPER, John (B) 21 (T T NC); PARETT, Sallie (mother) (NC NC NC), Harriett 14 (sis) (T T NC)

Page 16, Dist. 18

142. THURMAN, Green 32 (T NC __), Rosa 28 (T NC __), Doctor 8, Mattie 5, Lenora 1
143. SANDERS, Martha 50 (widow) (T __ __), John 17; BAKER, Richard 35 (stepson) (T T VA), Rianza 19, Nellie 2 (g dau) (T T __), Maud 4/12 (b. Jan) (g dau) (T T __)
144. HARBINSON, Houston (B) 50 (T NC NC), Mary 35 (wife), Arch 15, Wesley 16, Charley 6, Major 13, Joe 19, Anna 16
145. DEVINE?, Calvin (B) 34 (NC NC NC); MILLER, Dora 17 (servant)
146. JOHNSON, Polk 24, Manerva 20 (T VA T), Walter 7/12 (b. Oct)
147. HAYS, James P. 45 (T NC NC), Eliza J. 48 (T VA T), Benson 19, Anna 15, Laura 13, Mary 10, Malinda 8, Thomas 5; SMITHSON, Bettie 4 (servant) (T VA VA)
148. ALDERSON, Nancy 43 (widow), Jay 5 (T NC T), Turner 3 (T NC T)
149. ANGLIN, Josh 30, Elizabeth 30 (T NC T), Thomas 8, James 5, David 3
150. CAUGHRAN, Louwela 63 (widow) (T NC VA); YOUNGER, William 23 (nephew) (T NC T); JOHNSON, Roy (B) 17 (servant); HARBINSON, Dina 60 (servant)
151. WILLIAMS, Albert (B) 21; PARTEE, Eliza 66 (g mother) (VA VA VA); COOPER, Nancy 7 (boarder); CHURCH, J. Maston 29
152. HUTCHISON, Jack 31, Nee 24 (wife), John A. 8, Ella 7, Thomas 3, Louis 6/12 (b. Oct); WHITE, Mack 19 (boarder)
153. DAIMWOOD, Sam 39, Annie E. 31, Lula H. 12, Henry B. 10, George M. 8, William E. 6, Elsira E. 4 (son), Elisabeth 1
154. JOHNSON, M. Bate 29 (T NC T), Nancy Ann 35 (wife), Bob Lee 13 (stepson); WOODY, Willie 20 (servant); PIGG, Harriett (B) 28 (servant), Ryvus? 18 (servant)
155. PIGG, Lizzie 37 (widow), Jesse D. 19, James 13, Thomas 10, Rosa 8
156. BOOKER, Press 44 (T NC T), Jane 24 (wife) Franklin 19 (son), William 15 (son), George 14 (son), John 10 (son), Jimmie 8 (dau), Daniel 7 (son); KING, John 13 (servant)

MAURY COUNTY

Page 17, Dist. 18 (cont'd)

157. WHITAKER, Robt. J. 36 (T NC NC), Sarah 39, Lou 8 (dau), Lilly 6, Leah 4 (son), Lasey 8/12 (b. Sep) (son)
158. CHILDRESS, Rufus 28, Margaret 29, Mattie 6, Mary 4, Eugenia 3, Genera 8/12 (b. Sep) (dau)

Page 18, Dist. 18

159. LATTA, Thomas 31 (blacksmith), Mollie 27 (T VA T), Sallie 10, John 7, Mary 4; BROOKS, Moses (Mu) 23 (servant)
160. HUGHES, R. Greene 23 (merchant); MILLER, John (B) 39 (relationship omitted), Evie 24 (wife), Rosa 8 (dau), Tissia 3 (dau), Roxy 1 (dau); BROWN, Jane 60 (Mu) (servant?) (T VA VA); BRYANT, John 20 (son); DODSON, William (B) 21 (servant?)
161. HOOPER, Jerry (B) 27, Mary 23, Miles 3
162. BANKS, George (Mu) 38, Millie (B) 35 (T VA VA), Thom 12, Henry 6, Nancy 2/12 (b. Mar)
163. FIELDS, William (B) 39 (widower), Ida 13, Mary 6; WILLIAMS, Maria 66 (relationship omitted) (VA VA VA), Nettie 20 (dau), Nancy 16 (dau), Jack 22 (son); NEWBY, Jeff (Mu) 4 (g son)
163. FIELDS, William (B) 39 (widower), Ida 13, Mary 6; WILLIAMS, Maria 66 (relationship omitted) (VA VA VA), Nettie 20 (dau), Nancy 16 (dau), Jack 22 (son); NEWBY, Jeff (Mu) 4 (g son)
164. BROWN, Steven (Mu) 21 (T NC T), Rachael 18, Lizza 2
165. JOHNSON, Bart 36 (T VA T), Jane 36
166. PIGG, Polk 39, Fannie 37, Cordelia 13, Raully 11 (son), Catharine 9, Sara 7, May 5, Snow 2 (dau)
167. JONES, Lem 31, Martha 31, Anna 5, Frank 3, Maggie 1; HOPE, Pollie 50 (aunt) (T VA VA); DODSON, Mary 27 (sis in law)

Page 19, Dist. 18

168. FOUNTNER, Frank 53, Nancy 27 (wife), Thom 10, John 8, Sallie 5, Eugenia 1
169. PIGG, Bill 33, Sallie 30
170. McKEE, Young 32 (T NC T), Sealy 32 (wife), Savana 13, Charley 6, Robert 4, Emery 2, Jane 51 (mother) (T NC T), Sam 18 (bro), Thomas 16 (bro) (T T ___), Eliza 14 (sis), Anga 12 (sis), Polk 24 (bro); McCAW, Sara 20 (sis) (divorced), John 4 (nephew), Mattie 2 (niece)
171. HIGHT, Munro 26, Savana 22, Lela 6, Minnie 4, Lizza 1
172. CHURCH, Burr 36 (T NC T), Angie 32, Florence 12, Walter 8
173. McCOY, Edward 52 (NC NC NC), Sarah 48 (T NC T); GREEN, Mary 26 (dau) (married), Walter 1 (g son) (T MS T)
174. McCOY, James 21 (T NC T), Rachel 19, Eddie 1
175. GOAD, Robt. 26, Elizabeth 28, Charly 3, Madison 8/12 (b. Oct); SNIDER, Will 16 (stepson) (T MO T), Hugh 13 (stepson) (T MO T), George 9 (stepson) (T MO T)
176. ELLIOTT, Anderson (B) 62 (NC NC NC), Margaret 21 (wife), Charley 10

Page 20, Dist. 18

177. JONES, Sam W. 40 (T NC T), Florence 33 (T T NC), Mollie 13, May 11, Claudie 9; DODSON, Sallie 30 (B) (servant) (widow), Mathew 15, Kate 12, Frank 9, Minnie 7, Josie 4, Eddie 2
178. JOHNSON, John 60 (VA VA VA), Martha 32 (wife), Oce 15 (son)
179. JONES, Jane 66 (widow) (SC SC SC), COOK, Lizza 43 (dau), Lemmie 20 (g son); NELSON, Sarah 90 (mother) (SC SC SC)
180. CAMBLE, Amanda 40 (B) (widow), Mary 12, Polk 11 (dau), Belle 9, William 5, Arthur 3, Boy 1/12 (b. May), Boy 1/12 (b. May)
181. BROOKS, Abner 72 (T NC NC), Sarah 56 (wife) (SC SC SC); TAYLOR, Ena 16 (boarder)

Page 20, Dist. 18 (cont'd)

182. SOWEL, Wm. 30, Rachel 26, Jethro 10, Louisa 8, Adella 6, William 4, James 2; MILLER, Wesley 18 (bro in law)
183. MILLER, Jerry 51 (T NC NC), Ann 35 (wife), Louesa 13, Sam 10, Ella 4; FINCH, Morgan (B) 17 (servant)
184. BROWN, Henry 27, Pattie 33 (wife), Mary 16, Dony 13 (dau), Josie 8, Willie 8 (son)

Page 21, Dist. 18

185. WALTERS, E. L. 30, Sarah J. 25, Delter 6 (dau)
186. GASKEL, Thomas P. 28, Elisabeth 26, Walter J. 6, Auston W. 4, Joseph Thomas 2
187. DAWSON, Mrs. Martha 47 (widow), A. Jack 19; VESTAL, Elizabeth 77 (mother) (T NC NC), Sophrony 35 (dau) (T NC NC), Embry 5 (g son) (T ___)
188. VESTAL, Jay 86 (NC NC NC), Anna 37 (wife), Samuel 12, Jessee 12, Lovee 10; TOMLINSON, Thomas 20 (farmhand?), Lou 18 (wife) (T VA VA)
189. GOAD, Peggy 60 (widow), Mary 30, Martha 28, Adderson 22 (son), Withern 19 (son); RUMMAGE, Henrietta 5 (g dau)
190. McKENNER, Albert 21, Bettie 27 (wife), William Ed 8/12 (b. Oct)
191. WATSON, Gus 53, Sarah 50, James 19, Lizzie 15
192. FITZGERALD, B. H. 45 (T VA VA), Charity 36 (T T NC), John B. 18, Thomas J. 15, Magnolia 10, Wallace 8, George E. 6, Tildon Whitthern 4; LOUIS, Lovie 72 (mother in law) (NC NC NC)
193. DODSON, John C. 37, Sarah J. 23 (T NC T), Cally 15, Alice 9, Elijah 7; CARRIGAN, Patsy 65 (servant) (NC NC NC)
194. WISENER, Bruce 22, Elizabeth 19

Page 22, Dist. 18

195. WATSON, John W. 40 (T NC NC), Lavenda 28 (wife) (T NC T), Snow 10/12 (b. Jul) (dau)
196. CHAPPEL, Willie (B) 23, Alice 23
197. SMITH, Jack 65 (SC SC NC), Rachel 72 (wife) (NC NC NC), Taletha 30
198. HENRY, Jas. H. 57 (T NC NC), Eliza 44 (wife), John 12, Thom 10, Bettie 8
199. DAWSON, Leonard 51 (T NC NC), Virginia 31 (wife), James Onus 11, Cora M. 10, Mary E. 8, Sarah L. 7, Willie Jones 3
200. HOLMES, Robt. 38, Nancy 41 (T NC NC), James R. 14, John William 12; HAMES?, Tildey 36 (sis) (T NC NC)
201. VESTAL, Abbie (B) 55 (widow), Fannie 27, Nelson 13 (g son), Rufus 7 (g son), John Henry 4 (g son), Samuel 2 (g son), Antney 1/12 (b. May) (g son)
202. SPARKMAN, W. S. 65 (T NC SC), Mary Ann 60 (wife) (T NC NC), George W. 20; MARTIN, Susan 75 (boarder) (T Ire Ire)
203. SPARKMAN, J. M. 35, R. Elisabeth 39, N. Jane 14, Walter 11, Eudora 7
204. ADKISSON, John 66 (T NC NC), Ann 65 (T NC NC), Burle? 10 (g dau), Frank 14 (g son); WALTON, Dallas (Mu) 12 (servant); ADKISSON, Emma (W) 10 (g dau)
205. GOAD, William 35, Cathrine 35, James Allen 12, Martha 7, Sallie 6, Samuel 5, Virginia 3, Maggie 2, Nancy 2/12 (b. Apr)

Page 23, Dist. 18

206. HOLMES, Daniel 53, Jude Ann 38 (wife), Truman 18, Lizzie 16, Wash. 14, Tildey 14 (dau), Daniel 12, James 11, Mary 9, Ellis 8, Annie 6, Samuel 3, Isaac 1
207. VESTAL, Jerome 30, Lou 28 (wife), Cora 7, Lizzie 5, William 3, Davie 1; PHILLIPS, Lenard 17 (bro in law)
209. FITZGERALD, Margaret 55 (widow) (NC NC NC), Paralee 40 (T NC NC), Frank 13 (T T T), Rosa 8 (g dau), Golden 6 (son), Meci 3 (g dau)

MAURY COUNTY

Page 23, Dist. 18 (cont'd)

210. FITZGERALD, Mary 48 (widow), Fannie 27, Etta 15, Polk 12, Thomas 10
211. OWENS, Billie 37, Cally 28, Maggie 7, Burr 4, Aaron 3/12 (b. Apr)
212. RATCLIFF, Polk 33, Dony 16 (wife), Emma 1
213. STACY, Alfred (B) 36, Henriette? 25? (wife), Eldridge 11, Coleman 10, Cally 7, Henry 6?, Martha? (age obliterated), Irvin? 7, Feby? 75? (mother) (T VA VA)

Page 24, Dist. 18

214. (names obliterated on this household)
215. GOINS?, Gabriel (B) 46?, Ellen (Mu) 28? (wife), Doke? 7 (son), Arinda? C. 11? (dau)
216. JOHNSON, Ike? (B) 45?, Catherine 43?, Evaline 64? (mother)
218. PRELLE?, James (B) 31?, Bettie? 22?, Freling 3? (son)
219. CULVER, ___ 23?, Nanny? 25?, John 7/12 (b. Nov), Genia 6 (sis)
220. SHILLS?, David H. 37 (AL SC SC), Mary 37? (AL T T), Julia? 12 (sis)
221. _____, Alexander 37 (T AL AL), Parlina 25 (T AL AL), McMahon 11, Mary 7, Annie 4, Paulina 1
222. CLEMENS, Peter 65 (AL AL AL), Martha 60, Mary 23, Price? 12; THOMPSON, John 26 (Mu) (servant?) (teacher)
223. FITZGERALD, Moy? (B) 27, Abbie 23 (wife), Etta 9, James? 2?
224. CROSS?, Laura (B) (age obliterated), Sarah 5?, Major? 13?, _____ 10 (son)
225. VESTAL, Adam? 35? (B), Bertha? 28?, Alex 8, ____ 6 (dau), Sarah 5, Ertula? 3

Page 25, Dist. 18

226. JOHNSON, Milford (B) 45, Mary (Mu) 35, Sam 16, Edward 12, Cary Ann 11, Precilla 9, Belle 8, Dyer 6, Lucinda 4, Agnis 2, R. C. Kansas 3/12 (b. Feb)
227. HAM, Learoy 38, Jane 35, Henry 15, Thomas 13, Lucinda 11, Jepthander 9, Joseph 7, John 5
228. WHITAKER, W. A. 37 (T NC NC), Rebecca 35 (T SC SC), Lou A. 13 (dau), Jesse 11, Mary 7
229. THURMOND, A. ___ 57 (VA VA VA), Elizabeth 57 (lung disease) (T NC NC), Cally 18; PIGG, Jeff 18 (grd son)
230. SLEYDEN, J. E. 60 (VA VA VA), Elizabeth 46 (wife), Ella 16, John B. 15, Daniel E. 13
231. KINZER, James 31, Juliana 30, Mary Franky 7; McKIVERS, Ransom 18 (Mu) (servant)
232. RICHIE, Thomas 27 (T MO T), Fannie L. 26, Atler? Birpy 1 (dau)
233. ALDERSON, J. Frank 57 (widowed) (MS VA VA), John 21 (son) (T MS T), Lou 20 (dau in law); DODSON, Amanda (Mu) 51 (servant), Lee Forest 12 (servant), William 11 (servant), Charles 9 (servant) (MS T T), John W. Greer? 7 (servant) (T T T), Wade Hampton 3, Tilden 2/12 (b. Apr)

Page 26, Dist. 18

234. BLAIR, Anderson (B) 32, Cathrine 32, Jesse 9, Anderson 7, Mary ann 5, Margerett 1, Joe 16 (son)
235. PRIM, Naci 49, Martha 39 (wife), Rolley 22 (son), Snowden 8, May Bett 3, Jim 18, Jeff 14, Donnie 15 (dau), Cary 18 (dau)
236. McNEAL, Sallie 28 (widow), Frank 4, Mamie? 3, Monte 1
237. WELLS, Nathan 30 (T NC NC), Mary 28 (T VA T), Louella 11, Joe 8, Fabe? (dau) 5, Rawlly 3, Aaron 1/12 (b. May)
238. JOHNSON, T____ 52? (T VA VA), Mary F. 36 (T VA VA), Samuel 10
239. COOK, W. K. 47 (KY KY VA), Mary E. 43, Netty 23, Wesley 18
240. JOHNSON, T. H. B. 40 (T NC NC), Sarah J. 38, James P. 16, Mary E. D. 12, W. O.? 8, Lou M. 6 (dau), Walter M. 3

Page 26, Dist. 18 (cont'd)

241. BLACKBURN, Alex 52 (T NC NC), Emantha 42 (T VA T), William G. 21, Thomas 19, Amanda P___ 13, Rawly Dodson 9, Sallie 6, Lavisa 4, Cora 2

Page 27, Dist. 18

242. ALDERSON, Thomas E. 24 (T MS T), Fannie 21, Otey 2, Susan 5/12
243. ALDERSON, Thom E. sr. 47 (T VA VA), Annie 14 (dau), Richard 16 (son); SANDERSON, Sarah 30 (cook), William 4, Bob 2
244. SANDERS, Femply? 43 (widow), Mattie 21, Frances 7/12 (b. Nov), John 18 (son), Mary 13 (dau)
245. ERWIN, Row Ann 39 (T MS LA), Lou 25 (wife), Luther 12, Ellener H. 2, Nettie Jane 1
246. SMITHSON, Hawkins 23, Alabama 21
247. KING, Taylor 32 (MS MS MS), Mary 34, Hanner W. 19 (dau), James S. 8, John Melvin 7, Joel W. 5, George W. 3, Martha M. 1
248. CHATMAN, Sam 50, Jim 18 (son), Sallie 13 (dau)
249. GRAY, Sarah (B) (widow) 60 (VA VA VA), Martha 13 (dau) (T VA VA)
250. CROFFARD, Dennis (B) 33 (GA GA GA), Angeline 28, Addie 8, Joe 7, Jane 4, Allen 3, Perry 6/12 (b. Dec); HUDSPETH, Jay 17 (bro in law)
251. JONES, Isaac (B) 39, Alice 26 (wife), Ellis 14; ALDERSON, Dora 22 (boarder), Maggie 2 (dau)
252. MAYS, Gooden (B) 80 (VA VA VA), Edney 48 (wife); ERWIN, Guy 12 (laborer)

Page 28, Dist. 18

253. KITCHEN, Frank 36 (GA GA GA), Martha 41 (wife), Etter 13 (dau), Thomas 8?, Rosa 1
254. WILKES, William 70 (VA NC NC), Fannie 70 (NC VA NC), Sarah N.? 31, Fannie 13; McNEAL, Fannie 41 (dau) (married), May Etter 8 (dau), Henry J. 6
256. ECTER, Thomas (B) 66, Bulina 35 (wife), Nellie 13, Frank 10, Fannie 9, Daisey 4, Mollie 7/12 (b. Nov)
257. GIDEON?, Luther? 46 (KY KY KY), Margaret 48, Sarah 24, Nancy Ann 18, Samuel R. 12, Susanah 12, James K. Polk 10; COOLEY, Alfred J. 19 (laborer) (IN IN IN)
258. JOHNSON, Lem 55, Rhody 50 (wife), Sarah J. 32, Susan 20, Golden 14 (dau), Bird 12, Mollie Lee 10, Jefferson 22, Jane 24 (g dau)
259. YOUNGER, J. T. 47 (T NC T), Sophia 47 (T NC T), Rachel 20, Joe P. T. 15?, Alice 13, Alexander 11, Anne Lou 5
260. DODSON, George 40, Manervy 25 (wife), Willie 14 (son), Nora 10, Bell 8, Hiliard 5

Page 29, Dist. 1

261. ANDREWS, William 28, Malinda 26; CHURCH, Babe 21 (m) (clerk?)
262. ANDREWS, Carral 50 (T NC NC), Jane 50 (T VA VA), Nannie 20, Carral 16 (son), Ophelia 12, Albert 10
263. JACOBS, Lou 30 (T NC NC), Elizabeth 27, Henry 7, Susan 4, Minnie 2; GALAWAY, Dobin? 25 (bro in law)
264. KELLY, Joe 53 (NC NC NC), Mary A. 50, Alice 20, Nancy 15, Laura 13, Jessee 11 (son), Louella 8
265. ASHWORTH, Robt. 31, LIzzie 35, Ida 6, John 5; WADE, Lizzie 40 (servant), Laura 15 (servant)
266. WADE, G. J. 48 (KY KY KY), Louiza 49 (KY KY KY), Andrew 13 (KY)
267. HAY, John P. 32, Ophelia 38 (wife), Etta 10, William 7, Edgar 5; MILLER, Bob (B) 18 (laborer)
268. ASHWORTH, Wash 50 (wife), Permelia 25 (wife), Gold 21 (son) (insane), Alfred 18, Joe Lee 13, Ike 8, Lena 9/12 (b. Aug)
269. SLATE, William B. 35, Sarah 35, Low (son) 7

Page 29, Dist. 1 (cont'd)

270. WARREN, Wel 20, Tennie 22 (wife); HUTCHISON, Susan 65 (mother in law); DORTON, John 60 (boarder) (NC NC NC)

Page 30, Dist. 1

271. JARRATT, Obey 54 (T NC NC), Mariah 43 (wife) (T VA VA), Martha 17, Robt. 14, Sallie 12, Lula 9, John 7, Rachel 3, Thomas 3
272. WALKER, Ed 21, Fannie 21, Bertha 1
273. RAIL, Richard 27 (T IN T); BRADY, R. M. 20 (laborer) (T Ire Ire)
274. JARRATT, Robert 37 (T NC NC), Alabama 32 (wife), Francis 13, Thom 11, Jessie 9, Estella 7, Minnie 3, Emery 8/12 (b. Sep) (son)
275. HAY, Chsrley 30, Louisa 28, Joseph 6, James 4, Mary 1
276. CHANEY, Jeff 42 (cabinet maker) (VA NC VA), Martha 34 (T T VA); GARDNER, Sara 10 (boarder); GIPSON, James 65 (boarder) (T VA VA), Mary A. 67 (wife) (T VA VA), Sara 30 (dau); GIST, Ben 16 (g son) (T AL T)
276. CHANEY, Jeff 42 (cabinet maker) (VA NC VA), Martha 34 (T T VA); GARDNER, Sara 10 (boarder); GIPSON, James 65 (boarder) (T VA VA), Sara 30 (dau); GIST, Ben 16 (g son) (T AL T)
277. ANDREWS, Elizabeth 6 (g dau) (this entry apparently belongs with #276 above)
278. HAY, John M. 55 (T VA VA), Mary C. 41 (wife), Mary 25 (niece)
279. PAGE, Jackson J. 65, Susan 50 (wife), Henrietta 30, Maybel 28, Amanda 23, Clayt 25, Susan 20, Daniel 22, Leona 18; WARREN, Samuel 28 (relationship omitted); GRIFFON, Nancy 70 (relationship omitted) (T NC NC)

Page 31, Dist. 1

280. ROACH, John 35, Rachel 35 (T VA VA), John H. 18, James L. 16, Louisa Jane 14, Abner R. 12, William R. 10, Sarah 8, Hattie 3
281. FLY, George 37, Mary 29
282. ELAM, A. Coat 33 (T VA VA), Lou 31 (wife), Robt. 10, John 5, Florence 3, Oscar 6/12 (b. Dec)
283. KELLY, John 18, Margaret 18
284. WARREN, Carrol 30, Malinda 37 (wife), Louzinder 4
285. OAKLY, William 24 (T VA VA), Ella 23 (T VA VA), Martha 5, Margaret 3, James 1
286. SKELLY, Robt. 33, Juan 31 (wife), Frank 8, Robt. 3, Burr 1
287. HOLMES, John 71 (T NC NC), Sarah 45 (wife) (VA VA VA), Laura (T VA T), Caladonia 18 (T T T), Henry 11 (T T T), Thomas 9 (T T T), Rachel 6 (T T T), Aaron 3 (T T T)
288. TRUETT, James 60, Caroline 56, Edward 21
289. ROBERSON, Harmon 30, Martha J. 34, Ella Polk 10, Fannie 6
290. HUTCHISON, Jonis? 65 (T VA NC), Nancy 39 (wife), Miles W. 17, Rosetta 14, Orleani 10, Nancy Louisa 5, James M. 1, Lelia 8

Page 32, Dist. 1

291. SMITH, John W. 30, Sarah A. 27, Atlantic (dau) 5?, Ella 2?, Evy 6/12
292. ADKISSON, Nancy 60 (widow), Nancy 26, Polk 22 (dau), Sallie 15
293. ADKISSON, W. P. 30, Margaret 30 (wife), Axti E. 5 (dau), Early May 2 (dau)
294. WALTERS, E. J. 58 (widow) (T VA NC), Edward W. 32, Nancy E. 26, David A. 22, Fannie 21, Byrd 18, Goldie? 16, Mary Ann 25 (idiotic)
295. CHURCH, John M. 47, Sarah 39, William T. 25 (son) (idiotic), Lee 16 (son), Alice 9, Rolly 3
296. FLY, Ben Gant 25, Polk 23 (wife)
297. PRIEST, John 23, Lucinda 20, Sarah S. 8/12 (b. Oct)
298. WOLLARD, Nelson 32 (T NC NC), Mary C. 33, Addie 10, Amanda 8, Emenia 6, Curren 4, Geneva 1

Page 32, Dist. 1 (cont'd)

299. WOLLARD, Nancy 76 (mother--of #298?) (NC NC NC), Leona 23 (sis) (T NC NC)
300. BIRD, Mary C. 19 (step dau--of #298?); CAMBLE, Elonzo (Mu) 24 (servant)
301. WALTERS, Jack (B) 24, Lilly 22, Beverly 3 (son), Alice 1, Jim 21 (son)

Page 33, Dist. 1

302. WRIGHT, John S. 46, Mary C. 46 (T NC NC), Joe Mc. 27, Robt. S. 23, Mary 21, John A. 19, Cicero 15, Snow 14 (dau), James 13, Jestina 11, Fannie 8; DAVIS, William 19; McNIGHT, Ann 54 (sis) (rheumatism)
303. CHURCH, Thomas W. 62 (T NC T), Paulina 40 (T NC NC) (wife)
304. TATE, Jim (B) 23, Mary C. 21, Emeline 20 (relationship omitted)
305. THOMPSON, Peter 31, Mary 31, James 10, Charlie 8, Joseph 6, John 4, Niner 5/12 (dau)
306. PAGE, Giles H. 25 (keeps dry goods store)
307. PETTY, Marion Gant 29 (T NC NC), Fannie 27 (T NC NC), Clarence 5
308. DAVIS, Thomas 24, Whit 20 (dau), Hattie 2 (dau)
309. CHURCH, T. L. F. C. (m) 21, Oney 22 (dau), Anna 3 (dau)
310. CHURCH, Davy J. 45, J. W. 22 (son), Matterson 19 (son)
311. CHURCH, W. Jay 43, Tennessee 45 (wife)
312. ROBERSON, Mrs. Sallie 43 (widow), Mazy 25 (dau), Patrick 16, Ann 15, Alice 13, HASSEL, Rebecca 43 (relationship omitted) (widow); PEARSON, George 22 (laborer)

Page 34, Dist. 1

314. FOX, Thomas M. 35 (T NC T), N. Jane 32, William P. 11, George 7, Nina 2, Huck 10, infant boy 1/12 (b. May); RHODES, Nancy 23 (servant)
315. GASKILL, J. Mack 30, Mary J. 30, Thomas A. 8, Eunoch 6, John 3, Minnie 8/12 (b. Oct)
316. GASKILL, Margaret 52 (widow) (T NC NC), Tennessee 23 (dau), America A. 20, John 17, Munroe 14, Alice 12
317. FLEMING, Thompson 69 (VA VA VA), Louisa 65 (VA VA VA), Mary 22 (dau in law) (widow) John A. 2 (grand son)
318. SEWEL, Robt. 60 (T VA VA), Fannie 38 (wife), Alabama 24 (dau), Roe 19 (dau), Florence 18, James M. 17, Willice 15, Nicholas 13, Manila 1? (dau), Ella 6 (dau), Lucy 4 (dau)
319. CHURCH, Lasy J. (widow) 60 (T VA VA), Charles 25 (son) (T T T), L____ 21 (son), L____ 18 (son)

Page 35, Dist. 1

320. PAGE, William W. 26, Maggie 21, Washington W. 3/12
321. MODLIN, Wm. 47 (rheumtic), Cynthia 38 (wife) (T NC NC), Louis 18 (KY T T), James 16, Mary 12, Fannie 10, Robt. 8, Charlie 2
322. DAVIS, George 44, Cathrine 47, William H. 23, Sarah Bourbon? 18, Pauline J. A. 15, John Moses 13, James M. 10, Louisa E. 8, Marguy? L. 5 (son)
323. ASHWORTH, Samuel 49, Malinda 35 (wife), Sarah L. 14 (deaf & dumb); HUTCHISON, Miles (laborer)
324. PAGE, Thomas 24, Lucinda C. 19, Dora May 3/12 (b. Mar)
325. FOX, Joe A. 39 (T NC T), Ollie L. 39, William T. H. A. 14, Joe R. 8, Maliddie M. 6, John Wesley 3
326. GLASS, Furd (B) 40, Elisabeth 45, Raife 14 (son), Tilday 12, Drew 10 (son), Furd 8, Abe 6, John 4
327. CUNNIGAM, Tildey (B) 70 (widow), Abe 22 (son) LINTON, George 14 (laborer); HUNTER, Roxie 5 (dau), Malinda 10/12 (b. Sep) (dau)
328. BAKER, P. Green 51 (T NC NC), Mary A. 40 (wife), Thomas 25 (insane), Robt. P. 21, Malinda 16, Samuel 14, Juan 6 (dau), John H. 3, Sarah F. 1/12 (b. May)

MAURY COUNTY

Page 36, Dist. 1

329. GRIZY, Rich? W. 39 (T NC T), Frances 34, Alice 14, Tishia 11, William B. 7?, Manerva 6, Samuel 2
330. POTTS, L. R. D. 65 (T NC NC), Mary 52 (wife) (T SC NC), Miles 23; MARLAND, Jane 34 (dau) (widow), Lou 12 (grand dau), Robt. Lee 7 (grand son)
331. PARM, Frank 45, Catharine 35 (wife), Lee 14 (son), Josie 11, WIlliam 9, John 7, Hardy 5, Early M. 7/12 (dau); CHEATHAM, Ned 45 (servant)
332. SCOTT, William 50, Lena 30 (wife), Nely 5 (son), Ed? 4, Dick 2
333. HUTCHISON, Miles 44, Sarah 34 (wife), Thomas 18, James 16, Olivor 13, George 11, Lou 8 (dau), Johana 5, Cliff 2, Bettie 2
334. BLACK, Fannie 35 (widow), Sarah E. 15, Bettie 12, Thomas 5, May 3, Susanah? 2
335. YORK, George 36 (AL T T), Emerintha 23 (wife), Nancy E. 3/12; RAIL, Sarah E. 17 (relationship omitted)

Page 37, Dist. 1

336. HASTINGS, Henry 56 (Eng Eng Eng), Mary 32 (wife); RAIL, Jim 20 (bro in law); BLACK, Mary 7 (relationship omitted)
337. McKEE, Thomas 42, Sara 44, Sara 18, John 16, Mary 14, George 10, Thomas 8, Emily 4
338. GRIGSBY, Ike (B) 40, Manda 40, Nancy 14, Ike 12, John 10, Manson 8, Henry 6, Mary 4, Elizabeth 2/12
339. ELAM, Edward B. 66 (widower) (VA VA VA), Jennie 23 (T VA T)
340. ELAM, Robt. S. 35 (T VA T), Nancy J. 31, Raly 14 (son), Wihliam C. S. 12, Snowden 9, Magdalene 3, Dunk B. 3/12 (son)
341. FLY, Wm. M. 30, Martha 27, Lawrence 7, Eldridge 4, Haught 3 (son)
342. GRAY, Nancy 67 (widow) (T Ire T); GARDNER, James 21 (g son)
343. OAKLEY, Rufus 52 (T VA VA), Martha A. 42 (wife), Margaret 15, LIzzie 11, Susan Ala 8, Ida 7, Henry 90 (father) (VA VA VA)
344. HUMPHREY, M.? 53 (blind) (T VA VA), Martha 40 (wife) (T VA VA), Lizzie 6, John M. 4, Thomas 1

Page 38, Dist. 1

345. KELLY, John 32, Sarah Louise 31 (T VA VA), Fannie 13, William H. 12, Louella 10, Mathis 8, Mary J. 6, Dollie Elvira 4, Amanda 2
346. KELLY, William 48, Calline 48 (wife) (T VA VA), Alabama 14 (dau), John 18, Rosa 10, Polly 8 (son)
347. WALKER, A. M. 30 (T SC T), F. Jane 33, Mayhue 5, Everlina 3, Oceola 3/12 (son)
348. HESSEL, Zeb 36, Malinda 36, Lou 7 (dau), Martha S. 6, James A. 2
349. CALDWELL, David A. 54 (T VA NC), Louiza 52 (T VA NC), W. Allen 21, Theodocia Alice 19, M. Eugenia 15, Charley Amus 12, S. Caroline 8
350. DANIEL, W. C. 29, Martha F. 23, Louella 4, Amanda O. 2
351. CLIMER, James 30 (T NC T), Mollie 28, Frances A. 12, Noah 10, Camble 9, Effie Orlena 2
352. HOOD, Mariah 40 (widow), Fannie 16, Minnie? 13, James? 11
353. OAKLEY?, John? 31 (T T SC), Mollie? 31 (T T VA), E. H. 66 (mother) (SC Ire SC)

Page 39, Dist. 1

354. THURMAND, Inge (B) 33 (f), Jane 4 (dau?), Jackson 2 (stepchild?), Ora Lee 1 (f)
355. LADD, Peter B. 67 (NC NC NC), Martissia 60, J. N. 29 (son), George 24 (T T T), Peter B. 22 (T T T); WADE, Littleton (Mu) 23 (servant)
356. BEARD, W. A. 34, Mary E. 22 (wife), Joe T. 2

Page 39, Dist. 1 (cont'd)

356. (duplicate #) POTTS, Lucinda 40 (widow), Charley 19, Calvin F. 17, Willie 14, Rosa 12, Columbus 8, Francis 6, Walter 3
357. POTTS, Miles 47 (farmer & blacksmith) (T NC VA), Sarah 44 (T VA VA), R. Wilburn 16, Benjamin 14, Aaron 12, Johnie 9, Ida 7, Wm. 5, Lutissia 2; BEARD, Rhoda 35 (servant)
358. RAIL, William C. 40, Manirva T. 30 (wife), Elisabeth 12, George W. 10, William T. 8, Charles W. 4, John F. 6, Martissia 1
359. RAGSDALE, Jink 32, Jesie 34, Mary 11, Johnie 7, Sallie 6, Lucinda 4, William 9/12
360. LUNN, Nick 37, Lucinda 32, Elisabeth 19, Savanah 12, William 10, Jane 8, Rosa 7, Susan 6, Amarida 9/12, Thomas 4

Page 40, Dist. 1

361. POINER, John D. 58 (T VA VA), Eliza J. 43 (wife) (T NC NC), Theodocia A. 15 (son--sic), James H. 13, Nancy E. 10, John 7, Thomas W. 4 (dau--sic)
362. HOUSE, Smith 30, Callie 24, J. D. 1/12 (son), Smith 60 (father) (T VA VA)
363. OAKLEY, H. R. 57, Lucinda 57, Thomas 25, N. J. 1 (dau)
364. DAVIDSON, James 44 (T VA VA), Sarah A. 35 (T VA), Lou 16 (dau), Joe 14 (dau), Emma 12, Johnie 10, Robt. 7, Steven 5, Willie 4 (son), Henrietta 4/12
365. POTTS, Robt. A. 24, Maggie 30 (wife), Samuel 12, Thomas 10, Robt. Lee 8, Callie 6, Mollie 3
366. RAGIN, Charles S. 31, Nancy E. 30, Martha L. 10, Sarah I. 7, Ewing G. 5, Lillie U. 2/12
367. DANIELS, Samuel M. 60 (NC NC NC), Martha A. 45 (wife) (T NC T), Sarah 23, Monroe T. 14 (T T T); PHILLIPS, James 21 (farmhand?)

Page 41, Dist. 1

368. DANIELS, John 26 (T NC NC), Melissia A. 23, Martha Ann 2, Samuel Munro? 7/12
369. BAKER, Thomas 61, Rachel 64 (blind), Robt. A. 36, Sarah 27, John T. 17, Mary A. 15, Samuel W. 9, James H. 3, Robt. 2
370. MORE, Wm. 80 (widower) (VA VA VA), Thomas 34 (T VA VA), Elisabeth 24 (T VA T), Etta 4 (T VA T), Mary 1 (T VA T); RUSSELL, Jane 56 (mother in law) (VA VA VA); MORE, Robt. 39 (son) (clerks in saloon) (cripled) (T VA VA)
371. BYRD, William 27, Miranda? 20, Clayton 2, Lillia 6/12 (b. Dec); BEAD, Paralie 8 (servant)
372. FLY, Capt. John 78 (T NC NC), Syrena 58 (wife) (T NC NC), Leonora R. 8 (g dau)
373. MAHON, Samuel 27 (T VA T), Susan 25, Jesse 7, Emily 5, Willie 3, James 2
374. LAVENDER, John 43, Frances A. 38, Winsey 12, Lutissia 9, Ruben 7, Thomas 5, Peter 3, Milas 1; ADCOCK, Mary 18 (servant)
375. WAMACK, Berry (B) 45, Sarah 30 (wife)
376. TYLER, Henry (B) 22, Fannie 20, May 1
377 & 378. KELLY, Jack 30, Martha J. 31, Ara 9, Louella P. 6, Wm. Sidney 2, Ely 15 (bro)

Page 42, Dist. 1

379. CARTER, John (B) 25, Viletta 23, Mary 4, William A. 2, Mama 2/12, Brown 18 (bro)
380. BRADY, John 50, Lonesee 41 (wife) (Ire Ire Ire), Mike 20 (T T T), John 18 (T Ire T), Margarett 13 (T Ire T), Bridget 11 (T Ire T), Franc 8 (T Ire T), Jane 6 (T Ire T), Patrick 4 (T Ire T), Mary 2 (T Ire T)
380. BRADY, John 50, Lonesee 41 (wife) (Ire Ire Ire), Mike 20 (T T T), John 18 (T Ire T), Margarett 13 (T Ire T), Bridget 11 (T Ire T), Franc 8 (T Ire T), Jane 6 (T Ire T), Patrick 4 (T Ire T), Mary 2 (T Ire T)
381. DORES?, Robt. 38, Eliza 37 (T VA VA), William 14, John 12, Elisa 6, Giles 3, Juan 1 (dau), Febe 16

Page 42, Dist. 1 (cont'd)

382. GALAWAY, Robt. (B) 30, Mary 20 (wife), Zack 6, Walter 3, Alma 1, Sarah A. 1
383. JAMESON, James (B) 50, Nancy 50
384. HILLS, Susan 53 (widow) (T NC NC), Redick 18, Franc 13; STANDFIELD, Thomas 32 (son in law), Cathrine 23 (dau), John W. H. 1 (g son)
385. FIELDS, W. H. 55 (T NC NC), Martha 56 (T VA VA), Josephas 21, Samuel 19, John 17
386. PENNINGTON, W. S. 55 (VA VA VA), Sarah 52 (VA VA VA), Elwin 22 (MO T VA), Charles 18 (MO T VA)

Page 43, Dist. 18

387. HARRIS, J. H. 25 (T NC NC), Valinda 25 (T KY KY), Snow 3 (dau)
388. WOODY, J. J. N. 48, Martha 43 (wife), William 19, John 16, Maggie 14, Robt 8, Mit 6 (son)
389. SOWELL, J. M. 76, Mary Etter 22 (wife), Ora 2 (dau); TATE, Rujenia 19 (teacher) (not related?)
390. McGAW, Barry 24, Nancy 23; HARBESON, Elonzo 26 (relationship omitted) (idiotic)

Page 1, Dist. 19

1. POTTER, Mary C. 60 (widow) (T NC VA), John C. 25, Edwin P. 22, Bettie J. 19; BROWN, Lou (B) (f) 25 (servant)
2. BAILEY, David (Mu) 42 (T VA NC), Nicey Ann (B) 35, James M. 18
3. HARBISON, Tom D. 32, Mary L. 31, Edwin 5, Eva 5; ALEXANDER, Frances (B) 28 (servant), Laura 1 (dau--bastard)
4. LANE, Talton H. 45 (huxter) (T VA VA), Harriet E. 35 (toll gate keeper) (T GA T), Harriet A. 14 (niece)
5. JONES, Andrew H. 69 (blacksmith) (NC NC NC), Bethuna P. 64 (NC NC NC), Louis H. 45 (NC), Mary E. 30 (NC), Ruth C. 25 (NC), Caroline 23 (NC), Affire A. 21 (dau) (NC)
6. NASH, Willis J. 25 (attending to stock) (T NC NC), Mattie C. 22 (MS VA T), Lillie M. 1/6 (b. Mar) (MS)
7. POLK, Frank A. 76 (NC NC NC), Emiline 60 (wife) (T _ _), Julia C. 18 (niece) (AL T T), Fannie (B) 49 (servant) (VA _ _)
8. POLK, James K. 40 (T NC T), Fannie E. 36 (T VA T), Mary E. 17, Argyle F. 14, Chrissie H. 11, J. Knox 9, Sallie A. 7, Armstead 5, Whitthome 2; FOSTER, Sam (B) 14 (servant)
9. FOSTER, Joe (B) 30, Edie 25, Jordon 5, Hugh G. 2, Infant 1/12 (b. May) (dau)
10. MILLS, Tennessee 30 (widow) (T T KY), Robert T. 10, Celah 69 (mother) (pneumonia) (T KY KY), Joseph 17 (son), Reese 19 (nephew)

Page 2, Dist. 19

11. AKINS, E. Frank 56 (T KY T), Norline R. 49 (wife) (T NC T), J. Campbell 21 (stepson), Myrtie L. 15, Willis P. 12, Emma O. 8
12. CHEAIRE, Grissie (B) 45, Anderson 40 (husband), Sarah 15, George 8, Annie 6, Nora 4, Jennie 22 (sis in law), Mattie 1 (bastard dau), Rachel 17 (sis)
13. WETHERSPOON, S. 43 (T SC NC), Kate 36, Mary T. 1, Clarence 15, Mattie C. 12
14. PEWETT, Serener 60 (widow); PARTEE, Jennie 25, Gorge 8 (bastard), Bettie 2 (bastard), Cora 2/12 (b. Mar) (bastard)
15. MOORE, Marshel (B) 47 (T T NC), Kerry 42 (wife), Sack? 24 (dau), Eddy 1 (bastard); Alis 8 (dau), Anna 6 (dau); PARTEE, Clabe 25 (relationship omitted)
16. DOTSON, James 68 (KY VA VA), Mary A. 61 (T VA GA--or Ger?), Frances J. 35, Mary E. 25, Eliza E. 23, Dewitt C. 20
17. WALLERS, Henry 39, Mary E. 36 (MO T T), Alford A. 18, Mary H. 16, Emma R. 14, Lenny C. 12 (son), Elisabeth B. 8, John R. 6, Mina S. 4, Forest 2 (dau)
18. SAPMORE?, Wells 75 (T PA NC), Emilmi 55 (sis) (T PA NC)

Page 3, Dist. 19

19. DOTSEN, George (B) 60 (VA _ _), Jane 37 (T VA T), Fanny F. 18, Mary 14, Rolly 11 (son), James 8, Chaney 6 (dau), Tennessee 5
20. PAPMORE, James 26, Tennessee C. 30 (sis), Bruce E. 22 (bro), Alvin M. 18 (bro), Alice J. 16 (sis); ALDERSON, Sarah 34 (sis) (widow), William H. 7 (son); PAPMORE, Mariah 42 (servant) (Mu) (T _ _)
21. HULL, Rawland 41 (NY MA NY), Elisabeth A. 36 (NY ME NY), Elmer E. 12 (MI ME NY)
22. FITZGERALD, Green 33, Mary J. 35 (T NC NC), Henderson 14, John T. 12, Ida May 10, Eddie C. 6, Albert E. 4; VESTAL, Mary 76 (mother) (NC NC NC); SEARS, Golden 22 (relationship omitted), Virginia 8/12 (dau); WILLIASON, William (B) 35 (farmhand)
23. BOND, Ross (B) 38, Ella (Mu) 21 (wife), Ulus 2 (son), Flavus 1 (son)
24. RANKIN, Tabitha 31 (divorced), Edmund C. 9, Harvey D. 7
25. MERRITT, Columbus 46, Cuesa? M. 39 (wife), Harvey U. 16
26. THOMAS, Burl (B) 33?, Carline 33
27. MEMEON, Gorge (B) 32, Paralee 28, Willie 11, Albert 9

Page 4, Dist. 19

28. NICHOLS, Sidney 43 (T NC NC), Mary A. 30 (wife), William T. 12; BIGG, Henry 81 (uncle) (NC NC NC); JORDEN, John (B) 22 (farmhand)
29. DOTSEN, Felld? 30, Sallie 30, Cora 3, Hollie? 1
30. NICHOLS, William 33 (T NC T), Eliza 58 (mother) (T KY _); SEE, Nelson (B) 25 (farmhand) (KY VA KY)
31. OAKLEY, Frank 27, Rositton E. 28 (wife) (NC NC NC), Ada E. 9, Della E. 6, Robert R. 4, Mack 1
32. PASSMAN, Ben 29, Salley E. 24, Enice M. 5 (dau), Haney M. 2 (son)
33. ALDERSON, Elam 34 (Mu) (T SC T), Nancy (B) 38 (T T VA), Olivia 12, Magey 10 (dau), Anna P. 8, Civig 17 (son), Jane 22 (dau)
34. WHITAKER, Sam 26, William 59 (father), Susan E. 59 (mother), David L. 22 (son), Robert L. 16 (son)
35. SMITH, Dilcy (Mu) 70 (widow) (sick) (NC NC NC)
36. POPE, Sam (B) 39, Josie 29 (wife) (T NC NC); HOLT, Jine (f) 21 (relationship omitted), Gentry 3 (bastard), John 3/12 (b. Mar) (bastard)
37. MATHEW, Susan (Mu) 30 (widow) (MS T T), James 4, Ugena 4 (twins), Robert 2
38. MILLER, Amos (B) 51 (NC NC NC), Milly 40 (wife), Walter 20, Alice 13, Melvin 10 (dau), Molly 8, Elisabeth 6; MEMEON, Polly 85 (mother) (feble) (T NC NC)

Page 5, Dist. 19

40. BOND, David (B) 65 (widower), Mary 21 (g dau), Richard 15 (g son)
41. JOHNSTON, Robert (B) 32, Sintha 28, William 8, Robert 5, Thomas 3, Frank 1; MOORE, Spencer 22 (nephew?)
42. TERRELL, Hezekiah 65 (T NC NC), Margit 60 (T NC NC), Mary 38, Anna 25, Josept 25, Ella D. 21 (wife), Magie 1/60 (b. May) (dau)
43. THARTHON, Martha (Mu) 35 (widow), William 12, Jefferson 10, Cutilia 8, Samuel 6, Eva 4, Cam 2 (son)
44. THOMPSON, John (B) 50, Rose 30, Marshal 18 (son), Sara 14, Angaline 4, Richard 2, Elisabeth (Mu) 75 (mother)
45. THOMPSON, Mils (B) 18, Jane 17 (wife)
46. JORDEN, William (Mu) 23, Matilda 22, Tennessee 3, Cuisa 1; THOMPSON, Cuisa 50 (mother)
47. HASTINGS, Duncan 63 (NC NC NC), Elvira 50 (wife) (T NC NC); BALL, William E. 18 (son) (AR T T)

Page 5, Dist. 19 (cont'd)

48. ALDERSON, Moses (B) 23 (T __ __), Cornelia 22 (T __ __), Cugenia 4, James 1

Page 6, Dist. 19

49. GALAWAY, Mathew 67 (T NC NC), Susan 62 (T VA VA), Samuel 35
50. NICHOLS, Rean 29 (T T AR), Crucy 37 (wife) (T NC T), Thomas 4
51. SOUTHALL, Patrick 60 (T VA VA), Cynthia 49 (wife), Albert 16, Virginia 14, Charley 9; FLIPPIN, Rebeca 74 (sis) (T VA VA); DANLEY, Mary 21 (relationship omitted) (AL T T)
52. WINKFIELD, Southall (B) 25, Sallie 21
53. GLENN, Tempy (B) 58 (widow) (consumption) (T __ __); McKAY, Mary 25 (dau), Robert 10 (son), Mary C. 4 (dau)
54. SOUTHALL, Richard 29, Albind? 28 (wife), William 5, Mack 3, Gurtrude 1
55. SEDBERREY, John 58 (NC VA VA), Marget R. 46 (wife) (T SC NC), Madison 19, Lucy 17, John A. 13, Jennie M. 11, Lucy D. 60 (sis) (NC VA VA); ALEXANDER, Richard (B) 22 (farmhand)
56. LOCHRIDGE, Henry (B) 61, Grady 51 (wife), Dock 17, Marget E. 13, Alice 11, Flornec 6 (dau)
57. LOCHRIDGE, Samuel (B) 24, Sinie (Mu) 22 (wife), Corah 5, John 3
58. FOSTER, Emmett (B) 46 (MD MD MD), Ellen 27 (wife), Charley 18, Anna 16, Robert 13, Ida 11, Sena 7, Matia 3, Iddy? 1 (dau), Eliza 3/12 (b. Mar)

Page 7, Dist. 19

59. NUCKLES, Jerry (Mu) 57 (SC __ SC), Maria 49 (T NC T), Ramon 10, Milley 8, James 6; FOSTER, Lucy (B) 21 (in this fam); HENDLEY, Fancy (Mu) 19 (sis) (T T T), Minor 10/12 (b. Aug) (f) (bastard)
60. McMUN, Frank 31, Belle 27, Maggie O. 1 (b. May); HOWARD, Fancy (Mu) 19 (servant), Robert (B) 18 (half bro), Ellair? (Mu) 22 (farmhand), Charly (B) 3 (bastard); POLK, Frank 25 (farmhand)
61. JESLY?, Horton (B) 53 (T VA __), Jule 38 (wife) (T __ __), Levi 9 (T KY ?), Lou 8 (dau) (T KY ?), Mollie 7 (T KY ?), Sally 5 (T KY ?), Martha 3 (T KY ?)
62. MEMEON, Carlon 52 (mother) (T __ __), Lucious 27 (son)
63. ROUNTREE, Richard (Mu) 23, Manda M. (B) 16 (wife)
64. LOCHRIDGE, Robert 30, Florence 29 (T T KY), Cam 7 (son), Amada 1; FOSTER, Julin 22 (half bro); HAMES, Nelson (B) 18 (farmhand); LOCHRIDGE, Mit 21 (husband), Anna 30 (wife), Mary 3 (dau)
65. JORDEN, Frances (B) 27 (mother), Henry 8 (bastard), Julie 7 (bastard), Harvey 5 (bastard)
66. McKISSICK, Lum (Mu) 62 (house carpenter) (T VA VA), Mary 66 (VA __ __), Morika 20 (T T __), Andrew 5/12 (b. Dec) (bastard), Charley 8 (g son), Perfas 5 (g son)
67. CAMPBELL, Tennessee 40, Samuel 59 (husband) (T __ __), Oza? 11, Samuel 9, Anna 5, Charly 2 (dau)

Page 8, Dist. 19

68. DAWSON, Gorge 41 (VA VA VA), Nelley 75 (mother) (VA VA VA); MILLER, Clara (B) 50 (servant) (VA VA VA)
69. DAWSON, William 38 (VA VA VA), Sarah 29 (T VA VA), Adda 10, Eudora 8, William 6, Georgie 4 (dau)
70. McKEE, Polk 36, Alice 29, Emma 7, Joseph 3, Lucy 1 (b. Apr); SANUL, Thomas (B) 16 (servant)
71. McKAY, Nannie 39 (T Scot NC), James 40 (husband); CAMPBELL, Gorge 47 (bro) (T Scot NC); SANDERS, Harvey (B) 18 (servant)

Page 8, Dist. 19 (cont'd)

72. ALEXANDER, James 50 (T NC NC), Jane E. 45 (blind) (T NC NC), Fred R. 22, Mack W. 15, Nannie 13, Archibald 8
73. POINTER, Nancy (B) 30 (AL NC MD)
74. POTTS, John 26, Fanny 23; LANE, Mollie 17 (sis in law)
75. KITTRELL, Bryce 28 (insane), Callie 18 (wife)
76. ESLEY, Annis? (Mu) 24 (T __ __), Jane (B) 18 (wife)
77. PHILLIPS, Thomas (B) 35 (GA __ __), Matilda 39 (wife) (T T VA), Florence 9 (GA), Harden 7 (GA), Nely 4 (dau) (GA), William 1 (T)
78. McCARRELL?, Salm? (B) 25 (T T VA), Parlee (Mu) 34 (wife), Anna (B) 6, Samuel (Mu) 3, Kizzie (B) 1 (dau), Irian (Mu) 1/12 (b. May) (dau)

Page 9, Dist. 19

79. JACOBS, William 49 (T NC NC), Anna E. 41 (T NC NC), William 11 (adopted son), Adline (B) 10 (servant)
80. FOSTER, Anna (Mu) 35, Curley 15 (relationship omitted) (T Federal T)
81. CAMPBELL, Robert 27 (painter house), Lavinnia 26 (T Ger T), Eldrige 6, Ella B. 4, Senara L. 4 (dau) (twins), Ramer 1 (dau)
82. JAMISON, Robert 45 (T NC T), Margart 35 (wife) Clarence 12, John W. 9, Robert 3; BENTLY, Priscilla (B) 12 (servant) (T VA T)
83. BLACK, Elam (B) 22, Mary (Mu) 18 (T NC __), William 5/12 (b. Dec); KIRBEY, Josey (B) 15 (sis)
84. PRIEST, Boide 22 (KY T T), Nannie 20 (T NC T), John 1
85. PRIEST, William 48 (T T VA), Mary J. 53 (wife), Isabela 26 (KY), John 24 (spinel in back) (crippled) (KY), Martha 17 (KY), Ella 6 (baster) (T KY)
86. VESTAL, Manson 14 (T NC NC), Joanna 39 (T VA SC), Judd 19 (dau), Belinda 17, Mary T. 14, Jessie 11 (son), Hannah 9, Lee 4 (son), Campbell 6/12 (b. Dec); PRIEST, Thomas 19 (relationship omitted) (KY T T); WALTERS, Alford 18 (relationship omitted)
87. HARRIS, Wiley 51 (NC NC NC), Polley 51, Alice M. 22, Whit W. 21, Wiley 19, Carline 16, Sarah 14, Joseph 12, Ida 10, Arter 4 (dau)

Page 10, Dist. 19

88. VESTAL, Wash (B) 48 (NC NC NC), Nancy 46 (KY KY KY), Elisabeth 26, Eligah 26 (heart disease), Ester 19, James 17, Joseph 15, Arlener 11 (dau), Mary 9, Elinar 5, Nancy 7/12 (b. Oct), Ivery (Mu) 1 (relationship omitted) (T T T)
89. GILLUM, Hence (B) 28 (widower) (T T VA), Caroline 10, Timbal 6 (son), Milley 57 (mother) (VA VA VA); JUDD, Sarah 27 (relationship omitted), Anna 10 (dau), Mary 7 (dau), Gregor 2 (dau)
90. JUDD, Diana 72 (widow) (SC SC SC), Samuel 23 (g son), Albert 16 (g son)
91. ALDERSON, Ruff 35, Lillian 22 (wife), Samuel 5, Conner 3 (son), Adelia 1/12 (b. Jan?)
92. ALDERSON, William 57 (T SC SC), Sarah 46 (wife) (VA VA VA), Joseph 20, Laura 18, Tabith 16 (teacher), Gollie 14 (dau), Hiram 12, Angie 10, Henderson 8, Nattie 5 (dau); WILKS, William 26 (son) (music teaching)
93. GOAD, John C. 38 (T VA T), Sacie H. 37 (wife), Sarah E. 13, Annie 12, Evans 10, Harvey 7, Albert 5, Mary G. 2
94. WATSON, Eligah 35 (T NC NC), Elizabeth 26, William 3; FITZGERALD, Margret 19 (half sis) (T T T)

Page 11, Dist. 19

95. GALAWAY, Charles 34, Tennine 32 (T MO T), Oster 9 (step son), Cenora 10 (step dau); DANLEY, John 28 (AL NC AL)
96. WATSON, Riggs H. 29 (T NC NC), Nancy F. 28, William 2
97. ALDERSON, William 63 (SC SC SC), Nancy 45 (T SC T), Mary 28 (step dau) (T SC T), Harriet 26 (step dau) (T SC T), Berr 7 (dau)
98. SKELERY, Martha 41 (widow) (T NC NC), William 20, Huston 18, Eligah 16, Laura 14
99. WATSON, Call 30 (house carpenter) (T NC NC), William 72 (father) (foot burnt) (NC NC NC), Sarah 70 (wife) (NC NC NC), June 9 (g dau)
100. DABNER, James (B) 58, Carline 44 (wife) (T VA VA), Alford 17 (MS), Alice 13 (MS), Emiline 8 (T), Edward 6
101. HAYWOOD, Riley 25 (NC NC NC), Eliza T. 33 (wife) (T NC T), Serepta 1 (son); WATSON, Wesley 18 (farmhand)
102. MARTIN, William (Mu) 28, Maggy (B) 30 (wife) (T T VA), Molly 10, Gorgie 5 (son), Mariah (Mu) 4, Minna 2
103. COFFEY, William 25, Elisabeth 25 (AL AL AL), William 5, Mary E. 3, Prater 1 (son)
104. GOAD, Andrew 25, Molly 28
105. TAYLOR, Perry 49 (T NC NC), Margret 39 (wife) (T T NC); SMITHSON, John 8 (relationship omitted)

Page 12, Dist. 19

106. CHETOM?, Elisabeth (B) 36 (widow), John 17, Fanny 9, Elisabeth 6, Ellen 2
107. TAYLOR, James 53 (T NC NC), Adline? 50 (T SC SC), Hanna C. 16, Maud 14 (son), Margret 90 (mother) (NC Ire Ire) (feeble)
108. BASSHAM, John 25, Hanna 23 (T NC T); TAYLOR, James 24 (relationship omitted) (T NC T)
109. ALDERSON, John 37 (T NC T), Nancy A. 32 (T NC T), Marget 7, William 3, Anna 2; STEWARD, Salie 23 (half sis) (T NC T), Sophia 21 (sis)
110. BASSHAM, Jasper 23 (T NC T), Greanie 19 (wife) (T IL T), Florence 2; POTEET, James 16? (relationship omitted) (T IL T)
111. JACK, Samuel 42 (D sheriff?) (IL T T), Luasa 42
112. JACK, William 23 (T IL T), Marien? 25 (wife), Weneir? 2 (son); MASSEY, Robert 18
114. FITZGERALD, Rufus 42, Martha J. 42, Gorgie D. 21 (son), James M. 15, John W. 15, Cora 10, Susan N. 5; HASKEN, Gaines 18 (relationship omitted) (AR T T)
115. PRIEST, Robert 30 (T T VA), Mary 26, Gorge 8, Oscar 6, Pearl 4, Itrasca? 9/12 (b. Aug) (dau)
116. FITZGERALD, Edmon 63 (T VA __), Sarah 67 (T NC NC), DARTCH, Mary 18 (g dau), Andrew 15 (g son); ALDERSON, Starks 24 (T NC T) (relationship omitted)

Page 13, Dist. 19

117. OAKLEY, Robert 25, Alice 20, Carry 2 (dau)
118. OAKLEY, James 57 (T NC NC), Angelin 50 (wife) (T SC NC), James 22
119. PAINTER, William (B) 30, Eliza 25, Robert 4
120. SHAW, Joseph 46, Martha E. 49 (T T NC), John B. 20; JONUS, Eula 6 (cusin)
121. MITCHEL, Mary (B) 50 (widow) (T __ T), Josephene 16, Willey (Mu) (f) 10/12 (b. Jul) (bastard)
122. HAMILTON, H. Brown 40 (NC NC NC), Milelie S. 34 (wife) (NC NC NC), Hugh T. 8 (NC), Hamilton 4 (T); POLK, Emily (B) 19 (servant), Dabney 16 (servant), Emline 8 (servant)
123. MITCHELL, James 35 (NC NC NC), Carline 32 (T T NC), Mary 13, William 10, Gorgie 7 (son), Magie 5 (dau), Eliza 4, Sela 1
124. McNENY, James 56 (T NC NC), Sarah 54 (T NC NC), Gorge 30, Hinton 22, Albert 17, Arther 13, Leaner 12

Page 13, Dist. 19 (cont'd)

125. PARTEE, Richard (B) 32 (T T VA), Elisabeth 28 (T T VA), Cartharine 6, Bost 4 (son), Eliza 2, Richard 17 (nef)
126. CLEMENT, Peter 65, Martha 40 (wife) (T T VA), Mary 36 (dau); POLK, James K. 11 (g son)
127. RAGSDALE, Francis 40 (T NC T), Sarah 21 (wife), Earnest 3/12 (b. Mar)

Page 14, Dist. 19

128. CHAPBELL, Wilis (B) 21, Allice 22
129. PETTY, Lonzo 23 (T NC T), Elisabeth 23
130. PETTY, Joseph 32 (T NC T), Rebaca 29, Florence 12, Francis 6, Joseph E. 2
131. WALTERS, Christopher 65 (VA VA VA), Mary 63, John 26, Lonzo 23, Mary 20, Laura 17
132. WALTERS, William 43 (T NC T), Nancey 37, Mary 16, Jane 14, Samuel 9, Rocks 6 (dau), Tina 3, Lemey 1 (son); HIGHT, Sallie 21 (step dau); MAVRONE?, Patrick 21 (cousin)
133. WALTERS, Allen 34, Ginnai 28 (wife), Likergis 12, Rolland 10, Ebon 8, Nettie 5, Octavey 1
134. RAGSDAL, Alexan 35, Melvina 39, Estellar 5, Ellar 3, Annai 21 (step dau), Cansis (f) 8/12 (b. Oct) (bastard)
135. GODWIN, Elisabeth 66 (widow) (T NC NC), Margret 28 (T NC); HUSBAND, John 28 (son in law) (AR Ire __), Sarah 38 (wife) (T SC T)
136. YOUNG, William 54 (T VA NC), Mary E. 38 (wife), Margaret 19, Elisabeth 16, Olivia 13, Mary 10, Henry 7; POLK, Robert (B) 14 (servant)

Page 15, Dist. 19

137. PETTY, Jessey 54 (T NC NC), Mary 40 (wife) (T SC NC), Marry E. 8, Gorge H. 6, John W. 4; ROBINSON, Zillah 72 (mother) (NC NC NC), Sarah A. 47 (relationship omitted) (T NC NC)
138. HARBINSON, Levina? 58 (widow) (T NC T), Andrew 27 (house carpenter) (T SC T), Eller P. 17 (dau) (T SC T)
139. NEVILLE, Gorge 50 (widower) (T VA VA), Alice 22, Gorge 14, Martha 12, Estelle 8
140. GODWIN, Kinchen 64 (NC NC NC), Frances E. 56 (T NC NC), Green S. 22 (dau), Luiza 20, William 18, Wiley R. 16, Richard C. 13
141. PETTY, Edward 56 (NC NC NC), Margret 53 (T NC NC)
142. ANDEW, Nancy 56 (flure) (T NC NC), Rebecca 62 (sis) (T NC NC), Luiza E. 27 (niece)
143. MARKS, Henry B 60 (T VA VA), Mariah 32 (wife) (T __ __), Luaza 5; JACKSON, Elsa 51 (sis in law) (T NC NC)
144. CHAPBELL, Harris (B) 24 (__ __ __), Lisza (Mu) 23 (T __ T), Milly 2, Walter 1
145. LOCKART, Thomas S. 42 (T T GA), Rebaca S. 50 (sis) (T T GA)
146. NICHOLS, Elisabeth 36 (widow), John A. 14, Elisabeth 12, James 9
147. GASKILL, William 31, Nancy 32, William 7 (nee cap)
148. RAGSDALE, Salm 32 (T NC T), Nancy 28 (wife), Edda T. 9 (son), Mattia 4; PARMER, Alfonso (B) 21 (farmhand) (GA __ __)

Page 16, Dist. 19

148. RAGSDALE, Henry 26 (T NC T), Eugenia 27, Eugene 4, Emma 3
149. ALDERSON, Green (B) 30, Haner 33 (wife), Richard 12, Elnora 8, Mary 6, Jessey 5 (son), Minervia 2, Cam 7/12 (b. Oct) (son)
150. PARMER, Jane (B) 22, Albert 1; BLACK, Mariah 65 (g mother) (T VA VA)
151. POTICK, James 66 (T T NC), Mernava 65 (T NC MD); GARNER, Belle 16 (g dau) (T NC NC)
152. POTICK, Thomas 49, Margert 38, John W. 13, William B. 12, Sarrah J. 11, Thomas H. 9, Rufus S. 7, Harvey M. 7, Margret 5, Albert 3, Baker 1

Page 16, Dist. 19 (cont'd)

153. LOCKART, William 57, Millida 58, Tennie 22; BOOKE, Mary 28 (nesath--?), Maury A. 4 (son)
154. WOODDY, James 36 (T NC NC), Ophela 29, Sarah 13, Robert 10, Walise 4 (son?)
155. WALTERS, Charley 36 (T VA VA), Nancy A. 34; ROBINSON, Mattai 19 (off. girl), Charly 9 (adopted)
156. MORROW, Joseph 53 (T SC NC), Nancy 48 (T VA T), Virginia 14
157. WATES, John R. 38 (T KY KY), Martha 38 (T __)
158. TERPEN, Joseph F. 43 (head sawer) (KY VA VA), Jane H. 38 (KY KY KY), Wayne S. 21 (KY), Rusell V. 19 (KY), Joseph F. 17 (KY), Dualphia 13 (KY), Emily R. 12 (KY), Jane H. 10 (T), James W. 7, Nannie I. 4, Terrel S. 2

Page 17, Dist. 19

159. FITZGERALD, Green 56 (T VA NC), Nancy A. 43 (wife), William __ 21, Margret 9; HARTLING, Guss 14 (nepew)
160. FITZGERALD, Allen 25 (T VA VA), Lylion 21 (T T VA), Eddy 3, Lula 1
161. HARBISON, Thomas 36, Mary 31, John M. 7, Sara 4
162. SEWALL, John P. 36, Virginia 25 (wife), Thomas 6, William 2
163. JORDEN, Robert (B) 60 (VA VA VA), Jane C. 44 (wife) (T SC SC), Mary 13, Ida? 12, Jewid? 7 (dau), Henry 6, Benn 4, Hiram 4 (g son)
164. BROWN, Renza? (B) 50 (NC NC NC), Clamon (Mu) 27 (wife) (GA GA GA), Troy (B) 17 (son) (T NC T), Elisabeth 10 (T NC GA), Callie (Mu) 8 (T NC GA), Sarrah (B) 6 (T NC GA), Matia 4 (T NC GA), Willia (Mu) 3 (dau) (T NC GA), Florence 1 (T NC GA)
165. CHAPBELL, Pertis? (B) 55 (blind) (VA VA VA), Parthena 42 (wife) (T VA VA), Sallie 19 (MS), Anna 12 (MS), Zeana 8 (T), Mary 6, Magga 2

Page 18, Dist. 19

166. ALEXANDER, Richard (B) 75 (NC NC NC), Anna 63 (wife) (VA VA VA), Angaline 15 (g dau)
167. WESLEY, John 22, Lydia 29 (wife), Leepoeld 1
168. LINKSTON, William 27, Margret 26 (T NC T), Mary J. 3, James 1
169. GIBSON, Mosser 28 (NC NC NC), Elvira 29 (T __ T), James 5
170. GODWIN, Gorge 30 (T NC T), Mary 30, William 6, John A. 4
171. GODWIN, Clate 29 (T NC T), Polk B. 27 (T NC T), Clarrence 5, Eugena 3
172. ROUNTREE, Richard 48, Reaca 55 (wife) (T VA VA)
173. FITZGERALD, Henry (B) 60 (VA VA VA), Juley A. 51 (NC NC NC), Eluiza 18, Campbell 17, Henry 15; McKEE, Lucy 70 (sis) (VA VA NC), Henry (Mu) 17 (g son) (T __ T)
174. WHITE, Mathias 35 (T __ T), Sarah 35 (T VA T), Anna 15, Calie 12 (dau)
175. FITZGERALD, Eliga 27, Mary E. 25, Margiana 5, Alonza 3 (son), Chale E. 11/12 (b. Jun) (son)
176. OWEN, David 67 (T GA T), Elisabeth 60 (T VA VA), Rubin 25, Mary E. 21, Lillia A. 18, Dolfus 14
177. ALDERSON, Harry (Mu) 60 (NC __ MD), Carline 47 (wife) (T VA VA), Wiley 22 (consumption) (T VA T), Frances 16 (T VA T), Tennessee 15 (T VA T), William 13 (T NC T), Golden 10 (dau) (T NC T)

Page 19, Dist. 19

178. JAMES Willis E. 29, Elisabeth (B) 40 (servant)
179. HARBINSON, Gorge (Mu) 28, Dorah 26
180. POTTER, John (B) 35, Julia 32 (T NC T), Angi 20 (son), Andeson 18; PORTER, Maggia 30 (relationship omitted)
181. JOHNSTON, Alford (Mu) 55 (T __ T), Susan (B) 48, James (Mu) 23, Andrew 20, Mary 15, Henryeter 14, Miles 11

Page 19, Dist. 19 (cont'd)

182. HILL, Call (B) 35, Prifo 30 (wife) (T NC T), Charly 9, James 7, Alice 6, Willey 11 (son), Eddy 1; POLK, Thomas 23 (servant)
183. CAMPBELL, Frank (B) 45, Manday 34 (wife), Martha 31, Charley 10, Colman 7, James 5, Clifton 2; HARRIS, James 75 (neffew); BRIENT, Gorge 8 (m) (sis--sic)
184. CAMPBELL, Frank (B) 21, Sarah (Mu) 24 (T __ T), Joseph M. 1; McKAY, Alford (B) 33 (bro in law) (rock mason)
185. JONES, William 56 (T NC NC), Nannie 31 (wife) (T __), Walter 20 (son), Eulia 14 (dau), Hollie 12, Alverda 9, Ernest 5; KING, Gorge H. 26 (son in law) (teacher) (GA GA GA), Minnie 18 (wife)
186. MILLER, Robert (B) 20, Belle 18, John 1/12 (b. May)

Page 20, Dist. 19

187. VESTAL, Sarah (B) 35, James 19, Frank 8, Robert 6, Ellen 2, Minia 3/12 (b. Apr); BROWN, Elem 23 (m) (relationships not given)
188. HADLEY, Chirful? (m) 77 (widower) (GA NC NC), Henry 72 (bro) (sick) (GA NC NC), Nancy 63 (sis in law) (widow) (T VA VA), Sarah 42 (dau) (T GA T), Mary 34 (dau) (T GA T), Elisabeth 32 (dau) (T GA T), McKAY, Paul (B) 19 (servant) (T __ T); HILL, Gorge 18 (hired hand)
189. HADLEY, William 39 (T GA T), Mary F. 26 (wife)
190. ALEXANDER, John C. 56 (T SC T), Mary W. 56 (T T NC), Carah 22, Mary C. 17, Ross 31 (son) (married within yr) (trading sock--stock?), Julia S. 24 (wife)
191. BOOKS, Josie (B) 25 (widow) (T __ MS), Thomas 7, Joseph 5, James 4, Agder 3 (dau), William 1; HELM, Clabe (m) 46 (servant); RANKIN, Mack (Mu) 67 (hired hand)
192. McMUN, Abdin 31, Meala O. 20 (wife)
193. JENKIN, Cas? (B) 32, Flasida 32 (wife), Lorrah 17, Sarah 14, Calm 10 (dau), William 6
194. JACOB, Frank 23, Belle S. 21, Simez 3 (son), Adie 9/12 (b. Sep)
195. GOOCH, Roland 44 (T NC NC), Nannia 35 (T NC NC), Mary C. 16 (MO), Rolenas 12 (dau) (MO), Bogamon 10 (son) (MO), Thomas 6 (MO)

Page 21, Dist. 19

196. McMUN, John A. 41, Harah D. 43 (wife) (KY KY NC), Thomas S. 19, Charle 7 (son), Nancy 64 (aunt) (T NC SC), Weley (B) 22 (servant); COAL, Lucie (Mu) 26 (servant) (VA __), Enora 2 (dau) (VA VA __)
197. HOWARD, Robert (B) 40 (T __), Dicy 26 (wife) (T __), David 11, William 9, Mary E. 6, Etta 4, James 1, Anna 1
198. BURNES, Sephen (B) 52, Rebeca 57 (wife) (VA VA VA), Charley 20, Thomas 17, Samuel 14, John 12, Maria 11, Jocie 10; BROOKS, Thomas 10 (g son)
199. HARRIS, Theopolis (B) 40 (rock mason) (T VA KY)
200. HULL, Frank 24 (blacksmith) (__ __ __), Eliza M. 27
201. HULL, William 26 (T __), Mary E. 28, Dellas C. 7 (dau), Buler 3 (dau)
203. TRIMBLE, Joseph 34 (T NC NC), Eliza E. 38 (wife) (T NC SC), Za A. 16 (son), William E. 12 (dau), Hope A. 7, Maggia (B) 12 (servant), Ola 8 (relationship omitted)
204. ROUNTREE, Mack (B) 43, Anna 37, Fomua 16 (dau), Deniss 11, Corah 9, Nannie 7, Albert 5, Maggia 3, Jane (b. May)
205. PORTER, Andy 48 (VA VA VA), Mary L. 38 (wife) (T NC SC), Annia N. 13

Page 22, Dist. 19

205. McLEMOORE, Frank? (B) 29, Nelie 27 (wife), Lenier? 4 (dau?), Frank 1
206. SMITH, Terry 43, Martha T. 41 (T NC T), Critten J. 19 (son)
207. EMISON, Mary (Mu) 47, Isack (B) 17 (bastard), John 7 (bro), Cathrine 5 (sis)
208. AVERY, William (B) 35 (T __ __), Luavey 45 (dau--whose?) (NC __ __), Roy 14 (son) (T T NC), Salm (Mu) 12 (son) (T T NC), Dock (B) 10 (son) (T T NC), Henry 5 (son) (T T NC)
209. ROUNTREE, John J. 64 (T NC NC), Susan H. 44 (wife) (MS GA GA), Ida R. 6, John E. 2
210. BURNET, John? (B) 20 (T T MS), Luiza 18 (T T MS), Auter 1 (son)
211. ROUNTREE, John 29 (T NC T), Melvin 23 (wife), Holis P. 1 (son)
212. REESE, Gorge W. 25, Nancy E. 21, Joseph T. 4, Nolie 3 (dau), Olie 1 (dau)
213. McKEE, Robert 60 (T NC NC), Mary E. 47 (wife), Columbus 21, Julia R. 12 (step dau)
214. ADAMS, Samuel 35, Elisabeth 26, Mattie 7, Marlin 5 (crippled), Lonza 3 (son), Georgia 1
215. ROUNTREE, Charley 41 (T NC NC), Luiza 47 (wife), Gorgia A. 17 (step dau), Walter Lee 11, Lili C. 7
216. DAVIS, Gorge (B) 27 (T __ __), Emily 25 (T __ __), Amos 6, Eddy 1

Page 23, Dist. 19

217. ROUNTREE, Thomas 25 (T NC NC), Jessie 30 (sis) (T NC NC), Kansas 24 (sis) (T NC NC)
218. STANLEY, William 34 (T NC NC), Ellen T. 34 (T NC NC), Thomas A. 12
219. WEST. John (B) 32 (KY __ __), Eliza 30, William 11, Ettar 9 (dau), Chaley 7 (son), Cevend 4 (dau), John 3
220. SPARKMAN, Green 34 (widower), Essia N. 13, Roxia? A. 11, Music 8 (dau), Brown 5, Berry 3
221. CAMP, Sarah 40 (mother) (widow), Nancy T. 14, Lewis 12
222. BUCK, Henry (Mu) 25 (blacksmith) (T VA T), Emily 23 (T T VA), Hanner 8 (dau), Annia 5, Magga 1
223. THOMAS, Wesley 64 (NC VA VA), Elisabeth 62 (NC VA VA), Luzia 36 (spran ancle for 8 mos), Mary F. 34, Palmire 30 (dau), Sophe R. 25 (dau), Pokey H. 23 (dau), Wesley W. 21; BOTTON, Thomas 9 (g son)
224. SHORT, Redrick 29 (T VA VA), Margert 30 (T NC NC), Marthy J. 9, Jeremiah 8, Zacrid 6 (son), Elisabeth 3
225. COLDWELL, Carline (Mu) 40 (widow), Elisabeth 18, Abram 15, Jessey (B) 8, Clarence (Mu) 7/12 (b. Dec) (bastard)
226. THOMAS, Archide 39 (T NC VA), Mary 24 (wife), Wesley A. 15 (son), Ellen E. 13 (dau), Jona W. 11 (son), Sallie A. 7 (dau), Charly J. 2 (son)

Page 24, Dist. 19

227. SIMONS, Eliza 72 (widow); JACOBS, Salie 30 (dau) (insane), Nanna 6 (dau), Carah 4 (dau), Fanny 1 (dau)
228. KIRKPATRICK, Audie? 36, Charlett 33, Henry 10, John 7, Joseph F. 4, Magia T. 2
229. JACOBS, Thomas 36, Ellen M. 30, Joseph P. 12, Magie 8, Walter E. 6, Lunie 1/12 (b. Apr) (dau)
230. McKISSICK, York? (B) 35, Ann 30, Andrew 14, Elisabeth 12, Luzena 10, Martha 8, York 6
231. BLACKMAN, Rufus 53 (paralsis) (T NC SC), Liza W. 47 (T Ire MA?), Bennett 26, Addie 24, Mary 24, William 20, Annia 17, Edward 14, Lueza 11, Charley 8, Albert 3, Angelin 55 (sis) (T NC SC)
232. HILL, Henry (B) 30, Fanny 35 (wife), Lavenia 4, James 3, Henry 2
233. HOWARD, William (B) 25 (rock mason), Jane 30 (wife?), Kellis 9 (son), Henry 7, William 6, John 1

Page 25, Dist. 19

234. FITZGERALD, Marga? 40 (T VA NC), Martha 34 (wife), Ida G. 13, Walter M. 11, Spencer 9, Alden 5
235. MAYS, Banfra 43, Martha H. 43 (wife) (T T VA), William 14, Walter E. 8
236. MAYS, Abrim 30, Elmira 29 (wife), Hallie 6 (dau), James E. 4, Gusty 3/12 (b. Apr) (dau); ALLEN, Mack (B) 15 (servant)
237. BLACKMAN, Caunse? (B) 54, Carline 52 (wife); MATHER, Emily 8 (of chile)
238. POINTER, Andrew (B) 32, Lucy (Mu) 24, William (B) 1, Lettie (Mu) 4? (step dau)
239. RAGSDALE, Richard 70 (T NC NC), Elisabeth 45 (wife) (T NC NC), Norsisa 18 (dau), Joseph 15 (son)
240. GALAWAY, Uriah 59 (T NC NC), Sarrah F. 46 (T NC NC), Frank B. 10, Calvert H. 8, Sherarwood 4, Mary L. 2
241. WHITE, Baker 69 (dry good merch) (NC NC NC); RAGSDALE, John K. 42 (son in law) (T NC NC), Tennessee 35 (wife) (T NC T); JURDEN, Dorah? (B) 17 (servant)
241. ROUNTREE, Sandy (B) 55 (VA VA VA), Mary 40 (wife) (VA VA VA)
242. RAY, William 63 (widower) (makes saddles) (NC NC NC), Safrona 26, David 22, Gorge 18, John 30, Susan 21 (wife), John W. 2 (son), Gorgie T. 10/12 (b. Jul) (son)

Page 26, Dist. 19

244. CAMPBELL, William (B) 80 (VA VA VA), Vilett 68 (wife) (T VA NC?), Henry 14 (neffew) (T VA T), Pheney? 12 (sis) (T NC T)
245. POLK, Adam (B) 66 (T VA VA), Lady 51 (wife) (T VA VA)
246. MOSLEY, Greener? 33 (T VA NC), Mariah 30 (T VA VA), John H. 13, Gorge 11, Nora 9, Corah 9 (twin sisters), Edmon 5, Richard 1
247. HARPER, Jessy W. 60 (lather tanner) (VA VA VA), Eliza S. 54 (T VA MD), Annia C. 34, Norah? 14, William S. 21; POLK, Ophila (B) 18 (servant)
248. EDMON, Dotson 70 (widower) (VA VA VA), Martha 40 (T VA T), Eudora 20 (g dau); McKEE, Francis 30 (farm hand)
249. McKEE, Andrew? 35, Elisabeth 32, Nelson 11, Eugene 8, James 5
250. FITZGERALD, James 48 (T VA NC), Laura 21 (wife), Ellis 6
251. PRICE, Guss? (Mu) 28 (GA T T), Lucie 22
252. THOMPSON, James (B) 27; TILLUM, Cathrine 35 (half sis)
253. PEWETTE?, James 40 (T VA T), Sallie 54 (wife) (T NC NC), Arron 12, Seth 10
254. SOUTHALL, John (B) 30, Alice? 25, Robert 5
255. DOTSON, Thomas 41, Jane 40, Willa 18 (son), Ross 15, Archal 10 (son)
256. HUTSON, Lewis 24, Sallie 21, Watter? 2 (son), William E. 3/12 (b. Mar)

Page 27, Dist. 19

257. TAYLOR, Haywood 41 (T T NC), Ophila 27 (wife), Markes 8, Samuel 5, Charley 3, Joseph C. 3/12 (b. Mar)
258. MOORE, Hew (B) 35, Molly 25 (wife), William 6, Lorrah 4, William 2, Lonnia? (m) 2 (twins)
259. POINTER, Perry (B) 45 (T NC NC), Fanny (Mu) 25 (wife), Allice 14, Rose E. 12, Tennessee 8, Mollie 6, Cora 4, Edner 2, Robert 8
260. MAYS, Elias 26, Barmmar? 23 (wife), Boyde W. 1; LOFTON, James 19 (bro)
261. THOMPSON, Moses 55 (widower) (T NC NC), Tennessee F. 24, James H. 20; HADLEY, Emily 52 (sis in law) (T NC NC); THOMPSON, Gabrel (Mu) 18 (servant); SOUTHALL, Charley (B) 17 (farmhand)
262. ALEXANDER, Dock (B) 40 (T NC NC), Martha 30 (wife), Ada 5, John 3, Thomas 4/12 (b. Jan), Sinda 70 (mother) (NC NC NC)
263. WILKEY, James 35 (T NC NC), Nedda? 25 (wife), Jesse 2 (dau), James 7/12 (b. Dec)

Page 27, Dist. 19 (cont'd)

264. HASTINGS, James 28 (T NC T), France? B. 33 (wife) (T VA T), Mary M. 7, Jesse 5, Axie 3 (dau), Roxie 6/12 (b. Nov)
265. FITZGERALD, Garret 45 (T VA V), Emaline 54 (wife) (T VA VA), William 29, Fannie 22 (wife), Emmer 4 (dau), Nettie 3 (dau), Mat (B) 11 (servant); BENTELY, Sonny 70 (farmhand) (VA VA VA)
266. MAYBURY, Peter 46, Nancy J. 40, Robert M. 20, Addie 8; HUTSON, Texas 24 (m) (farmhand)
267. FITZGERALD, Plant 32, Marget 27 (wife), Anna P. 5, Lelan C. 3 (son), John P. 9/12 (b. Aug); MILLER, John (Mu) 13 (farmhand); FRIMBELL, Harret 58 (servant?) (T T NC)
268. FITZGERALD, David S. 57 (T VA T), Mary M. 47 (wife)
269. ROUNTREE, John 75 (NC PA NC), Mary R. 63 (wife) (T NC NC), Virginia A. 22 (teacher); WITT, Martha J. (B) 16 (servant)
270. SHAW, Dicy (B) 54 (widow) (T __ VA), William 34 (deaf & dumb), Josie 17, Ellen 20, Monrow 32 (insane--crippled) 20, Elisabeth (Mu) 32 (wife), Henry 12 (son), Luvena 10 (dau), James 8 (son), Sallie 6 (dau) (deaf & dumb)
271. KINARD, Henry R. (Mu) 26 (widow), Elisabeth 7, Henry R. 6, Autia 3 (son), Erly 1 (son)
272. WALTERS, Taylor 32 (T VA T), Virginna S. 33 (wife) (T VA T), Jolly W. 3, Altar H. 1 (dau); SKELLY, William 20 (farmhand)
273. McRAY, William 38, Lilie A. 29, Floyd 2, Jessie (Mu) 9 (servant) (T __ T)
274. BROWN, Daniel (Mu) 75 (blacksmith) (NC __ NC), Martha 55 (T VA T), Alex 14 (g son) (T NC NC)

Page 29, Dist. 19

275. CHIFFIN, Nelson (B) 25 (gospal preacher), Lindy (Mu) 30 (wife) (T __ T)
276. HATHAWAY, Snoden 40 (R R agent) (OH OH PA), Josie E. 35 (T VA T), Maggie J. 13, Thomas K. 12, William H. 10, Gorgia 9, Burk H. 4, Mollie 7, Tennie 3, Bessie M. 10/12 (b. Aug)
277. SOWELL, Albert 31 (dry goods merchant) (T T MS), Katie 24, Mary K. 3; WALKER, William 18 (neph) (dry good clerk)
278. RUSSELL, Peyton 76 (brick mason) (VA VA VA), Frances J. 55 (wife) (T T NC), James D. 14, Susa L. 12 (dau), Mary J. 9
279. HEAD, Alexander 47 (T SC NC), Manda R. 40 (VA VA VA), Aledin? A. 15 (son), Mary E. 12, Martha P. 10, Lutishey 8 (dau), Lenageneter 6 (dau), Lawisder? 1 (dau); HILL, Joseph 22 (farmhand)
280. McKAY, Richard 61 (T __ __), Eliza J. 55 (T NC NC), Camern H. 26 (son) (dry good clerk), Annia E. 22 (teacher), Sallie R. 20, James A. S. 18, Thomas J. 15, Finis E. 12, Emily 30 (niece) (seamstress); BLESSING?, Louisa 61 (sis in law) (seamstress) (NC NC NC); HILL, Spencer 26 (relationship of this and following persons omitted) (doctor); McKAY, Noah (Mu) 41; SHERRELL, William (B) 25; FOSTER, Anderson 45 (widower)

Page 1, Dist. 20

1. NICHOLS, Anderson B. 56 (t NC NC), Harriett E. 46 (wife) (T NC NC), Robert E. 21, Samuel B. 19, George A. 17, Bettie J. 15; HALL, Harriett (Mu) 32 (servant) (T T DC); TERRELL, Cane (B) (m) 16 (servant?); CAMPBELL, Sam 16 (servant?); HALL, Anne (Mu) 2 (relationship omitted)
2. BASSHAM, William F. 57 (crippled), Diana D. 56 (rheumatism), James C. 19, Melinda A. 17
3. DAVIS, Edward J. 33 (T __ __), Alice R. 24, ADKISSON, Walter J. 4 (son); DAVIS, Henry R. 7/12 (b. Nov) (son); VOORHIES, Fannie (B) 23 (servant); GLENN, Ellen (Mu) 14 (servant); MANGRUM, William 21 (W);

Page 1, Dist. 20 (cont'd)

3. --continued--JOHNSON, Samuel 26; PARTEE, Thomas (B) 13 (relationship of last 3 persons omitted)
4. GLENN, Thomas (B) 23, Nancy 19, Andrew 8 (bro)
5. STACEY, Francis E. 31 (wagon maker) (T VA VA), Mary E. 23, Mary J. 7/12 (b. Nov)
6. PARTEE, Jacob (Mu) 50 (blacksmith), Sarah (B) 50 (T VA VA), William 5, Charlie (Mu) 6, Benjiman 4
7. NICHOLS, Richard B. 27 (T NC T), Mary D. 18; JONES, LaFayette 33; KERR, Edward (Mu) 33 (relationship of last 2 persons in household omitted)
8. DODSON, Rufus (Mu) 21, Tennessee (B) 20, Lee 9/12 (b. Sep) (son)
9. SHAW, Radford K. 60 (NC NC NC), Jackie A. 55 (wife), Thomas J. 15
10. MILLER, Marshall (B) 40, Laura (Mu) 30 (wife) (rheumatism), Nettie (B) 19; JORDON, Aaron (Mu) 6; BRASHER, Mary 1 (g dau) (relationship of Aaron Jordon omitted)
11. MILLER, Austin (B) 52 (T VA VA), Celia 90 (mother) (VA VA VA), Horace (Mu) 9 (nephew)

Page 2, Dist. 20

12. SHAW, Council (B) 30, Mary 28 (wife) (T T VA), William 8, Alverdo 6 (dau), Council 3/12 (b. Feb)
13. PARTEE, Jefferson (B) 70 (widower) (T VA VA)
14. FOSTER, Robert A. 36, Martha A. 21 (wife), Sallie A. 4
15. FOSTER, Ryal (Mu) 59 (blacksmith) (SC VA VA), Catherine (B) 54 (SC SC SC); GRAY, Agnes 9 (niece)
16. JOHNSON, Newton (B) 39 (blacksmith) (T VA VA), Emily (Mu) 35 (T SC SC), Elvira C. 9, Ryal W. 7, Henry M. 4, Jennie 1
17. RANKIN, Mumford S. 32, Louisa J. 25
18. McKISSICK, Abram (B) 90 (VA VA VA), Amy 40 (wife) (T T VA), Tempy 18 (dau), Mary 16 (dau), Sophia 7 (dau), Dora 8 (g dau), Minnie M. 1 (g dau)
19. BROWN, Horace (B) 50 (NC NC NC), Jane 20 (wife) (Mu) 35 (T SC SC), Ida 2, Thomas 1
20. VAUGHT, Charles N. 38 (T KY T), Robina J. 34 (wife), William N. 12, Laura H. 11, Charles D. 4, Lee N. 2
21. JOHNSON, Jasper (B) 39 (T VA VA), Catherine (Mu) 36 (T NC NC), James (B) 11, Mary E. (Mu) 9, Julia A. 7, Henry 1, Mary (B) 100 (mother) (VA Africa Africa); WORD, Anderson 15 (nephew), Rodney 13 (nephew); SHERRILL, Mamie 23 (servant?), Robert 19 (servant?)

Page 3, Dist. 20

22. SHERRILL, Anderson (Mu) 55 (T NC NC), Maria 48 (AL VA VA), Caroline 27, Albert 17, Nancy 14 (hooping cough), DeWitt 10, Cora 2 (g dau)
23. BROWN, James (B) 50 (VA VA VA)
24. HENDLEY, Thomas (Mu) 66 (SC SC SC), Jane 43 (wife) (T NC NC), Joseph 14, Bonapart 12, James 8; MOODY, Laura 17 (servant?) (T NC T)
25. FOSTER, Coleman (B) 27 (T NC T), Alice 22, Emma 4, William 2, James 10/12 (b. Mar--sic)
26. FRIERSON, James (Mu) 29 (T T VA), Maria 28, Laur 6 (dau), Lizzie 3, Willie 1 (dau), Harry 66 (father) (T VA VA), Monroe (Mu) 38 (servant?) (T VA T)
27. WILSON, Peter (B) 25, Kate (Mu) 22, James H. (B) 3, Bula 2; FOSTER, Frances (Mu) 50 (mother), Ida (B) 20 (sis) (idiotic), Mary E. (Mu) 13 (sis)
28. FRIERSON, Liberty (B) 22, Nancy 19
29. KENNEDY, Stewart (B) 49 (T T GA), Rosena 38 (wife), Thomas 11, Stewart 16, Marshall 13, George 8, Houston 6, Austin 3, Octavia 1; WALKER, Lewis 66 (father) (T VA VA)

Page 3, Dist. 20 (cont'd)

30. WATKINS, Henry (B) 46, Dolly 38, John H. 4, Sarah M. 7/12 (b. Nov); COOPER, Walter 17? (nephew); WATKINS, Allen 9 (nephew)

Page 4, Dist. 20

31. GILBREATH, John B. 51 (T OH VA), Nancy 40 (wife), John 16 (T T VA), Lula 5 (T T T), Aarthur 2 (T T T), Callie 7/12 (b. Nov) (dau) (T T T)
32. GORDON, William O. 42, Virginia C. 42 (T NC NC), Lula B. 18; FARIS, Carick 18 (boarder--clerk in store); CROSBY, Alice (Mu) 24 (servant), Dora 2
33. DILLIARD, Wade (Mu) 28, Julia 21 (dease of eye--blind)
34. CROSBY, James (Mu) 23, Julia 21 (GA GA GA), Lena 3
35. WRIGHT, Alice (Mu) 66 (SC SC SC), Amanda 48 (wife) (GA VA VA), Francis 14 (T SC GA), John (B) 23 (GA GA GA), Henry (Mu) 10 (T SC GA)
36. ROAN, Sarah J. 38 (widow) (tole gate keeper--pike) (T NC NC), Shaderick 9, Leonia 8, William 6
37. HAMMONS, Gabriel 63 (NC NC NC), Mary C. 41 (wife) (T NC T), James 15, Rebecca J. 13, Alonzo 11, Creola C. 8
38. JORDAN, Nelson (B) 55 (VA VA VA), Elizabeth (Mu) 45 (wife) (T NC NC), J. Meley 16 (dau), Elbert 17 (g son), Susan 12, Alice 10, Levinia 8, Julian 4, Nimrod 11/12 (b. Jul); PARTEE, David 16 (boarder)
39. JORDAN, James H. (Mu) 30 (T VA VA), Ella 5 (dau), Luley 2 (dau)
40. PARRISH, Jas. H. 47 (T NC T), Livinia W. 43 (T VA VA), Eugenia J. 14; GREEN, Joseph 30 (bro in law) (T VA VA); HUGHES, James 12 (boarder), Harry 7 (boarder); NEVILLS, Mary (B) 40 (servant), Geo. 10 (son), Edward 8 (son); HUCKLEY, Anna 18 (servnat); WOODFORD, Christiford 40 (laborer) (AL AL AL); CALDWELL, James 19 (laborer), Carter 18 (laborer)

Page 5, Dist. 20

41. WOODFORD, Susan (B) 32 (AL AL AL), Cora (Mu) 12 (T AL AL), Isiah 8 (T AL AL), Jennie 6 (T AL AL), Susan 6/12 (b. Dec) (T AL AL) (apparently all these children were offspring of Susan Woodford)
42. GREEN, William E. B. 52 (VA VA VA), Mary E. 43 (T NC NC), Ann C. 20, Theodore L. 10; LAMBERT, Jackson 22 (laborer)
43. HUNTER, Henry (B) 24 (T VA VA), Diller 29 (wife), William J. 15, Charlie 11, Walter 8, Hattie 6, Mary F. 5, Fenittie A. 2, Mason 1/12 (b. May); GRAY, Malinda 65 (mother) (T NC NC)
44. JAMISON, Thomas R. (Mu) 47 (T T VA), Mary 36 (wife) (T VA VA), Collins, Harriett 18 (dau); JAMISON, Harriette (Mu) 15, John S. 12, Eugenia 10, James M. (B) 8, Emily 6, Ellen L. 3, Oceola 4/12 (b. Jan), Arzola 4/12 (b. Jan) (dau) (crippled); COLLINS, Luzinkee 4/12 (b. Jan) (g dau) (T MS T), Alice D. 8 (boarder)
45. VOORHIES, William (B) 62 (crippled) (T NC NC), Nancy 60 (VA VA VA) (flux), Alice M. 22 (teacher) (T NC VA), Edda 11 (T NC VA); JONES, James A. 17 (g son)
46. VOORHIES, Egbert (B) 21 (T NC VA), Sallie P. 17 (T VA T), Nettie 8/12 (b. Sep)

Page 6, Dist. 20

47. ROBERTS, Stephen (B) 59 (SC SC SC), Emma 36 (wife) (T VA T), Hoyes 3 (son)
48. PARTEE, Phillips (B) 67 (widower) (crippled) (T VA NC), Robert L. 2 (son) (son); PARTEE, Catherine 13 (g dau)

Page 6, Dist. 20 (cont'd)

49. VOORHIS, Willis (B) 37, Lennie 36 (wife), Ella 12, Clifford 11, Willis 9, Sarah A. 7, Granville 5, Ada 2, Sallie 59 (mother) (T NC NC); PARTEE, Luna (Mu) 12 (m) (laborer)
50. NICHOLS, William G. 38, Mary A. 26 (wife) (T NC T), Iona E. 7, Dela A. 4; HAMMANS, Richard 30 (boarder) (T NC T); WANTLAND, Samuel 24 (boarder) (T IL T)
51. BAILEY, Amos D. 27 (Mu) (T SC SC), Caudess? 26 (wife), Granville S. 10, Josephine M. 6, Esquire Z. 4, Estelle 2; PARTEE, Chafrees? 18 (laborer); BAILEY, Maria 69 (mother) (SC SC SC)
52. IRVINE, William T. 39 (T VA VA), Mary I.? 34, Warren J. 12, Drury M. 6, Charles M. 70 (father) (VA Ire PA)
53. JORDON, Agnes (Mu) (servant) (single), Caroline (B) 7 (dau), Warren (Mu) 1 (son); JOHNSON, Governor (B) 20 (laborer); McCREY, John (Mu) 18 (laborer)
54. BAILEY, Joseph (B) 29 (widower), Henry 9, Edward C. 8, Calvin 5, Kate 4, Rebecca 3; HENDLEY, Catherine 21 (niece) (T VA T), Abella 20 (niece) (T VA T)

Page 7, Dist. 20

55. BEECH, Robert (B) 35 (MD MD MD), Bettie 20, Robert 7/12 (b. Sep)
56. GILLEM, Daivd 26, Sylvester 26 (wife), Julia A. 7, Mason 3, Mary M. 3/12 (b. Feb); MOORE, Malinda 21 (servant)
57. CAIN, Albert (B) 36 (GA GA GA), Rachel 46 (wife), HOGUE, Samuel H. 21 (step son); NEVILS, Sylvanus 20 (son in law)
58. HOLDEN, Anthoney (Mu) 59 (preacher & farmer) (VA VA VA), Minerva 66 (wife) (T VA VA); MARTIN, Tennsie? 8 (m) (grand---)
59. WISENER, David (Mu) 51 (T Africa T), Levinia (B) 45 (wife) (T SC T), Marion 20, John 14, Edward 10, Levi 7, Lot P. 4, Charles 2
60. GILLIM, David (B) 39 (KY KY KY), Marinda (Mu) (35 (scrofula) (MS T T), Vinie (B) 13 (dau) (scrofula) (MS KY MS), James 10 (scrofula) (T KY MS), William 4 (Mu) (scrofula) (T KY MS), Harvey 5/12 (b. Dec) (scrofula) (T KY MS); SIMPSON, Rebecca 60 (mother in law) (widow) (croup, chill) (T T T)
61. DORCHT, Elizabeth 55 (widow) (farmer) (T KY KY), William R. 22 (T VA T), Susan S. 20 (T VA T), Golman G. 14 (T VA T)
62. WATSON, James R. 50 (T IN IN), Naomi L? 39 (T VA T), J. Wesley 18, Emmut H. 15, Lansford S. 12, George D. 9, Daisy S. 5, Naomi T. 2
63. WEST, James J. 18, Octavia N. 19

Page 8, Dist. 20

64. SCOTT, Barney (B) 70 (VA VA VA), Fannie 60 (wife) (rheumatism) (T Africa VA?)
65. FOSTER, Harrison H. (Mu) 23 (T NC NC), Ellen M. 25 (wife), Willie M. 3 (dau), Emily J. 2 (dau)
66. WEST, John A. 29, Naimie A. 24; COOPER, Willis 18 (laborer)
67. WEST, Andrew W. 25, Mary A. 21
68. HADDOX, Edward (B) 20, Margaret 20
69. VOORHIES, Green (B) (crippled) 56, Jane 49 (Mu) (phthic), Allen (B) 14 (dropsy)
70. WANTLAND, A-ram A. 50, Mary E. 45 (T NC NC), Rosabelle M. 16, Thomas A. 11, Fannie B. 4
71. POLK, Dow (B) 34 (T NC T), Dora 27 (T MD MD), Thomas A. 6, Lucy H. 4, Green 3, Julia A. 2/12 (b. Apr); YOUNGE, Page (Mu) 17 (laborer)
72. WILSON, Rufus (B) 27, Fannie 22, Roxanna R. 1
73. STACEY, Joseph H. 36 (T VA VA), Palmaney C. 31 (T NC T), Virginia A. 1
74. GREEN, G. Sindey S. 46 (T VA VA), Emily J. 43 (T NC NC), Lee 15, Walter S. 11, Mattie L. 9, Fannie F. 7, Joseph C. 6 (crippled), Samuel J. T. 3, Bettie 1

Page 8, Dist. 20 (cont'd)

75. McCOY, D. James 31 (T GA GA), Malinda M. 31 (GA GA GA), William H. 10 (T T GA), Robert S. 8 (T T GA), Martha A. 7 (T T GA), Corinne? 3 (T T GA), James R. 3/12 (b. Mar) (T T GA)

Page 9, Dist. 20

76. MEELER, Meridith 32 (GA NC NC), Emeline M. 33 (GA GA GA), John 14 (T GA GA), William F. 12 (T GA GA), Charles 8 (T GA GA), Lucy 5 (T GA GA), Jasper N. 2 (T GA GA)
77. BROWN, Charles (B) 50 (T T KY), Mary 49 (VA VA VA), James 14 (T T VA), Charles 12 (T T VA), Alfred 8 (T T VA), Solomon 6 (T T VA), Benjamin 4 (T T VA)
78. IRVINE, Charles C. 42 (T VA T), Nancy V. 36 (T VA T), Estelle A. M. 9/12 (b. Aug); PARTEE, Ada (B) 15
79. MURPHY, Mary C.? 69 (widow) (farming) (NC NC SC), Emily C. 30 (dau) (T VA NC), Harriet A. 28 (seamstress) (T VA NC), Joseph H. 12 (grand---)
80. SELLERS, Sarah J. 50 (widow) (farmer), Andrew T. 21 (son) Ninnie? 22
81. FOSTER, Malloy J. 68 (vertigo) (crippled) (VA VA VA), Margaret A. 55 (wife) (VA VA VA), Nancy H. 22 (cook) (T VA VA), Ruth S.? 20 (cook) (T VA VA), Thomas 19 (T VA VA), Malloy J. 17 (T VA VA)
82. VOORHIES, Ferry 29, Jennie B. 22, Annie L. 4, Barlie? M. 1 (son)
83. MURPHY, Henry F. 49 (NC VA NC), Harriett M. 47 (T T GA), John H. 20 (T NC T), Annette M. 14 (T NC T), Roland M. 6 (T NC T)
84. MURPHY, James 23 (T NC T), Emily E. 20; LUCUSS, Andrew? J. 25 (laborer)
85. BELL, James K. 26 (AL SC AL), Mary F. 26, William H. 3 (T AL T), Eugene 2 (T AL T), Mary M. 1/12 (b. May) (T AL T)

Page 9, Dist. 20

86. McCOY, Mahala A. 57 (washing woman) (NC NC NC) (widow), Henry 36 (son) (idiotice) (T NC NC)
87. WATSON?, Thomas (B) 20, Murnam? (Mu) 18 (wife)
88. SELLER, William J. 25, Sarah J. 26, Lilly E. 5, Octa 1 (dau); COOPER, James 15 (laborer)
89. WATSON, Lewis (B) 23 (T SC T), Jennie 18, Addie 4/12 (b. Jan)
90. NEVILLE, James (B) 52 (widower) (VA VA VA), Nancy E. (Mu) 17 (dau) (T VA T), James E. 15 (dau--sic) (laborer) (T VA T); CARUTHERS, Robert (Mu) 40 (son in law) (T T VA), Sarah H. 26 (wife) (T VA T), William J. T. 10, Robert S. 8, Isora E. 5, Walter S. 2; JORDAN, Martha 22 (sis in law), Addie 6, Lula 2
91. EASLEY, William (B) 60, Maria 65 (wife); BROWN, Emeline 30 (laborer) (widow), William 12 (laborer)
92. PARTEE, Thornton (B) 65 (widower) (crippled) (T NC NC), Simon 30 (son), Nancy (Mu) 26 (dau in law), Charles (B) 23 (son), Garrison 26, Ada 17, Maria 22, Petway 15, William 12, Fussell 5 (gr son), Wayman 1 (gr son)
93. BAILEY, Albert (Mu) 23 (T VA SC), Alice P. (B) 18 (wife), Saint 2 (son), Arrey 3/12 (b. Mar) (dau); ALEXANDER, Anna 7 (niece)
94. GORDON, Jane (B) 44 (widow) CROSBY?, Henry (Mu) 16 (son), Maggie 14 (dau); GORDON, William 13 (son), Anna (Mu) 10, Lillie (B) 6, Delia 2

Page 11, Dist. 20

95. ZELLNER, Esquire (B) 38 (T T VA), Harriett (Mu) 34, William (B) 15, Susan 12, Chefuss 8 (son); BROWN, Benjamin 64 (father in law) (neuralgia) (NC NC NC), George 33 (bro in law) (T NC T)
96. REID, Nathan (Mu) 54, Robealy 35 (wife), Hardy (grand son); MOORE, Lucy (B) 12 (servant)

Page 11, Dist. 20 (cont'd)

97. WEST, John S. 56 (AL T KY), Mary M. 59 (wife) (VA VA VA), Willaby L. 43 (brother) (deaf & dum, idiotic)
98. SATTERFIELD, Anthony (B) 37, Mary (Mu) 22 (wife) (womb disease)
99. PORTER, Chock (Mu) 53, Sarah D. 33 (wife), Mary 12 (cooks), Chock Jr. 8, Thomas 7, Samuel 4, Hayes 2, John 1
100. IRVINE, George W. 48 (T VA VA), Sallie A. 49 (T VA VA); SEDBERRY, Alice 21 (dau) (school teacher) (T NC T), Bettie 18; IRVINE, Charles 11, Anna 9 (crippled)
101. ESTES, Charles (B) 82 (widower) (laborer) (NC NC NC)
102. DODSON, Richinard (B) 55 (widower) (VA VA VA), Chaney 50 (wife) (widow) (T VA VA), Belle 9 (dau) (T VA T)
103. BANKS, Henry (Mu) 43 (T T VA), Amanda 24 (wife), Eliza J. 11, Martha F. 9; WARREN, Mary E. 13 (T AL T) (dau)
104. PARTEE, Calvin (Mu) 35, Levinia E. (B) 35 (T VA VA); MAYBERRY, Jessie (Mu) 12 (son), William 10
105. JORDAN, Washington (B) 50 (T T VA), Jane 36 (wife) (T T VA), Melissia 14, Alfred 11, George 8, Burton 6, _____ 3 (dau), Sylvanus 1/12 (b. May)

Page 12, Dist. 20

106. BROOK, John (B) 34, Amanda 22 (Mu) (wife), Frances L. 9, Cora A. 8, Joseph 2, Ann E. 7/12 (b. Nov)
107. LUCAS, Martha 52 (widow) (farmer) (T VA T), George A. 18, Joseph D. 17, Fannie E. 14, Washington L. 10
108. HUDSON, William H. 70 (VA VA VA), Nancy A. 65 (T NC T)
109. WITHERSPOON, Wilson (B) 50 (T VA VA), Frances 25 (wife) (T VA VA), Viney 12, Amanda 9, Green 5, Maggie 3, Perlie A. 6/12 (b. Dec); SPENCER, Mary 90 (boarder) (VA Africa VA)
110. SELLERS, Mary J. 52 (widow) (farmer) (T KY KY), Andrew J. 24, James Y. 22, Ella A. 17
111. PARTEE, Thomas (Mu) 56 (T NC MD), Vinie (B) 40 (wife); VOORHIES, Josephine (Mu) 23 (dau) (widow); PARTEE, Anna 18, Mary D. 12, Irvin M. E. 6/12 (b. Dec); WEST, Scott (B) 19 (laborer)
112. BATES, James M. 26, Margaret E. 20; WERONEY, Joseph 24 (laborer)
113. DOBBINS, David? A. 30 (T NC T), Ella V. 28 (T Ireland VA), William D. 6, Robert 2, Anna E. 50 (mother) (VA VA VA) (widow)
114. LOCKRIDGE, William (Mu) 23, Kate C. 21, William L. 1, Isom 19 (brother) David 8 (brother)
115. CORSBY, Lee A. (Mu) 20, Amanda 18, Willie C. 2 (son), Anna E. 9/12 (b. Aug) (dau); MOORE, Bud (B) 7 (servant)

Page 13, Dist. 20

116. CROSBY, West J. (Mu) 25, Matilda 19, Matilda 20/30 (b. May), West J. 20/30 (b. May)
117. CROSBY, Mary (Mu) 46 (widow) (farmer), Martin (B) 21 (idiotic)
118. ROAN, James E. 27, Louisa 28, John M. 6, Alice P. 1; CHANDLER, Rebecca 70 (aunt) (NC NC NC); ROAN, Sarah 50 (aunt) (widow) (crippled) (T NC NC), Elizabeth 25 (cousin); HAMMONS, James A. 27 (boarder, school teacher) (T NC NC); FOSTER, Sidney (B) 60 (servant); Parkey 45 (cook); MOORE, Joseph 17 (servant), Martha 20 (nurse); CHANDLER, Oscar (B) 8 (servant)
119. OSBORNE, John (B) 54, Vina 30 (wife) (VA VA VA), Mary 10, Emma 5, William 3, Sarah 7/12 (b. Nov)
120. VOORHIES, John (Mu) 50, Laura 38, Albert 20, Ned 14, Queen V. 17, Marshal 16, Phillis 14, Joseph 8, Nancy 12, Garrett 9, Milton 7, Jane 6, Harriett 5, Jonhine? 7/12 (b. Nov) (grand dau)

Page 13, Dist. 20 (cont'd)

121. WATSON, Henry (Mu) 51 (NC NC VA), Arrabella (B) 47 (T NC NC), Wayatt H. 18, Nancy (Mu) 14, James E. 13, Elizabeth 10, Annetta 6, David 4, Lucinda 3/12? (b. Mar?)

Page 14, Dist. 20

122. WEST, Thomas P. 40 (widowed) (T NC NC), Charles E. 15, Fannie O. 13, Maggie E. 11, Hugh 10, Samuel F. 9, Hattie 6, Repta 4 (son), Mary J. 2
123. FLOWERS, James H. 30, Harriett J. 25, John W. 6
124. FITZPATRICK, George (B) 63 (T __ __), Mary 50 (__ __), Cicero 20, Emma 17
125. BATES, William T. 29, Mittie A. 25, Tennie E. 4, Alonz D. 3, Edward J. 1
126. BATES, J. Westley 51 (T NC T), Sarah J. 37 (T VA VA), Amanda E. 26, Virginia 22, Samuel 16, Tennessee 14, Robert 12, Sallie 10, Nora 7, Repsey 5 (dau), Ella 1
127. SELLERS, Eligah B. 55, Sarah E. 56, Laura A. 27, James A. 26, Rufus V. 23, Leualla 20, Hattie 12
128. HULL, Rowland 54 (NY NY VT), Susan 53 (T KY KY), Charles V. 21, James H. 18, Ann E. 16, Joal D. 14; POLKENTEN, Hattie 14 (grand dau)
129. PILKINTON, Wm. H. 34, Adeline E. 34 (T NY T), James L. 12, Mary T. 10, Bowlan B. 8, Orbel C. 7, Isora 5, Alvin D. 3

Page 15, Dist. 20

130. HAYWOOD, John S. 26 (T NC NC), Anna L. 22, Gidion P. 2
131. HAYWOOD, Richardson 47 (NC NC NC), Sarah E. 42 (NC NC NC); HARRIS, Eliza A. 19 (dau); HAYWOOD, George W. 21, James E. 19, Jackson S. 17, William R. 15, Maria F. 14, Ella 13, Isiah T. 10, John L. 8, Nannie J. 6; COSEPHONE?, William T. 27 (laborer)
132. GOAD, William T. 29, Mathenia A. 29 (T NC NC), William P. 10, Mary L. 7, Charles C. 4, Irvine? 1; HAYWOOD, Maria 35 (sister __) (NC NC NC)
133. WILLIAMS, Amanda (B) 37 (widow) (T NC NC): GREEN, Ike (Mu) 12 (son) (T VA T); WILLIAMS, Lotta (B) 6 (son); POLK, Jesse 2; ADKINS, Millie 59 (mother) (widow) (T NC NC); WELLS, Charles (Mu) 15 (T OH OH)
134. FORGEY, Lunford B. 54 (T TA GA), Sarah D. 43 (T NC NC), William S. 21 (school teacher), Charles R. 17, James H. 15, Addison E. 12, Anna L. 10, Walter J. 6, Thomas B. 4
135. WITHERSPOON, John M. 50 (widowed) (gentleman of leisure) (T NC NC), John A. 15 (laborer), Cora M. 12 (house keeping)
136. LOCKRIDGE, Calvin (Mu) 22, Ann 24, Robert 9 (son)
137. VESTAL, Aaron L. 48 (T NC NC), Rebecca A. 48, Hortense 15

Page 16, Dist. 20

138. ALLEN, James K. P. 40 (T VA T), Martha W. 36, Susan R. 6, Mattie P. 4, Rebecca A. 64 (mother) (widow) (T NC NC), Americus C. 20 (brother) (T VA T); HOGAN, Thomas B (B) 21 (laborer) (AL AL AL)
139. OSBORNE, Raphel (B) 40 (VA VA VA), Salle L. 28 (Mu) (wife) (T T VA), Alice (B) 15 (dau), William 13 (Mu), Babe 10 (dau) (crippled), Henry (B) 8, Robert (Mu) 6; BYERS, William 13 (step son) (T VA T), Walter (B) 8 (stepson) (T VA T), Thomas (Mu) 6 (stepson) (T VA T); OSBORNE, Polk (B) 4, Sallie (Mu) 1
140. FERRELL, James (B) 54 (VA VA VA), Mary S. (Mu) 36 (wife) (VA VA VA), General W. 16 (VA), Colonel S. 15 (VA); BROOKS, Polly 18 (stepdau) (VA); FERRELL, Major H. 12 (VA), Richard M. (Mu) 11 (VA), Sarah A. 4 (grand dau) (T VA VA)

Page 16, Dist. 20 (cont'd)

141. PEARSON, Samuel (B) 33 (AL AL AL), Elizabeth 29, William (Mu) 13; PORTER, Margarett 13 (crippled) (step dau); PEARSON, Thomas 10 (T AL T), Indiana (B) 5 (dau), America B. 3 (dau)
142. GILL, Abraham (Mu) 45 (AL AL NC), Hannah 40 (T T NC); OSBORNE, Luisa 17 (step dau), Houston 13 (step son)
143. WIGGINS, Setham (Mu) 45 (MS MS MS), Rebecca (B) 45 (wife) (AL AL AL), Moses (Mu) 9 (crippled), Amie 20 (sis in law), William 1 (nephew) (T MS T)
144. JOHNSON, Dyer (B) 30 (T VA SC), Matilda A. 25, Cary D. (B) 7 (dau); WATSON, Luvisia (Mu) 22 (farmhand?), Thaddus 30 (farmhand?) (T NC NC); TRUE, Nancy 15 (servand?); WATSON, Thomas (B) 9 (servant?), William 2 (relationship omitted)

Page 17, Dist. 20

145. TRUE, Henry (Mu) 23, Matilda 18 (GA GA GA), Sarah 3, Emma 8/12 (b. Oct)
146. BROWN, Felix (B) 30 (widower) (T NC NC), Amelia 11, Cynthia (Mu) 10
147. IRVINE, Edmund (Mu) 28, Malinda 25, James 5, Lillie M. 4, Lemuel 2, Minnie L. 5/12 (b. Jan); COOPER, Thomas 14 (cousin)
148. WITHERSPOON, Daniel (Mu) 65 (NC VA VA), Emeline 39 (wife) (T NC VA), Lucy 11, Willia 4 (dau); CHAPPELL, Lamar 75 (mother) (mid wife) (VA VA VA); BROWN, Leomia 17 (dau), Mira 19 (dau)
149. VOORHIES, Garrett D. 33, Augusta L. 27, Nannie L. 7, Susan W. 7, Irvin 5, William G. 4, Minnie L. 3
150. BEASLEY, Archabald L. 24, Lucy A. 18; NEVILS, Clemmins H. 40 (relationship omitted) (T VA VA); BEASLEY, Cynthia L. 19 (sis)
151. MATHEWS, James (B) 19 (T VA AL), Sarah 21 (T T VA); KNOTT, George 2/12 (b. Mar) (orphan); JAMISON, Patty 85 (mother) (VA Africa Africa)
152. ARNOLD, Edward 42 (miller) (PA PA PA); BAUGH, Ruben (B) 70 (servant); HAUT, Kate 30 (servant); LAMBETH, Eliza 30 (servant), Willie 1 (son)
153. LEMAVE, Thomas M. 37 (T VA VA), Mary A. 36 (consumption), Elizabeth 60 (mother) (VA VA VA); PERRY, Ailsey 65 (aunt); LANE, Levinia (Mu) 30 (servant), India 12 (servant); PHILIPS, William L. 25 (farmhand?); WRIGHT, John (B) 25 (farmhand?); BROWN, Walter (Mu) 20 (farmhand?); NICKS, Alfred H. 27 (boarder) (brick mason)

Page 18, Dist. 20

154. IRVINE, Robert G. 61 (widower) (blind) (IL KY KY), Thomas M. 21, Florence H. 18; GRISHAM, Joseph A. 51 (boarder) (cholera morbus) (VA VA VA); KINZER, Caroline (B) 35 (servant), Maria 12 (dau) (idiotic), Sarah 9 (dau) (scrofula) (blind), Simon 3 (son), Kate 1 (dau), Alice 2/12 (dau)
155. SCOTT, William (Mu) 51 (crippled) (KY VA KY), Eliza 52 (NC NC NC)
156. VOORHIES, James G. 58 (T KY NC), Susan D. 54 (T VA VA), James C. 22 (lawyer), Joseph L. 20 (sewing machine agent), Susan H. 15
157. GOODRUM, Hilliard (Mu) 55 (T NC T), Millie (B) 45 (wife); WALTERS, Fredrick 14 (farmhand?), James (Mu) 12 (farmhand?)
158. MINTON, Robert (Mu) 50, Mattie 47, John 18 (MS), Richmund 12 (T), Maggie 9, Easter 4, Matilda 3, Mary 8/30 (b. May)
159. COX, Lemuel (B) 65 (MD MD MD), Ruth 63, Allen 21, Andrew 20 (T MD MD); HENDLEY, Nora 30 (laborer) (paralysis) (LA LA LA); HARBISON, Henry 13 (laborer)
160. HUNTER, Americus (Mu) 46 (FL FL FL), Mary 40 (T T VA); COLLINS, Sallie 22 (laborer) (KY KY T), Edward (Mu) 1 (T T KY); NEELEY, James (B) 21 (laborer); HAYES, William 10 (laborer)

MAURY COUNTY

Page 19, Village of River Station

161. WEBSTER, Lee (Mu) 30, Eugenia 26, Margret 11, Samuel H. 10, Walter 5, Eugenia 4, Lena 1
162. HARRIS, Elijah 50 (grocery merchant) (NC NC NC), Frances J. 48 (T NC NC), A. Brown 24, C. Columbus 22, Mary E. 13, John 6, Whitfield 3
163. SATERFIELD, Bruce A. 26 (dry goods merchant); HIGHT, John E. 19 (boarder) (clerk in store)
164. McCAW, David 64 (SC Ire SC), Alzira J. 57 (T VA VA); HELM, George 30 (relationship omitted) (T ___)
165. THOMPSON, Simon? (B) 44 (blacksmith) (T T VA), Jane 44, Scott M. 6, Milas 3, Bettie 8/12 (b. Oct)
166. RUSHTON, Jesse S. 30, Annetta 25, George M. 5, Jesse G. 56 (father) (T NC NC), Sarah W. 55 (mother) (T VA VA); McGARTH, John 25 (boarder) (RR Section Boss) (Ire Ire Ire)
167. GODWIN), Aaron S. 57 (RR Agent) (T NC NC), Mildred H. 58 (T NC NC); KELLY, Sarah 15 (ward), Frank 9 (ward); WATKINS, Martha 70 (sis in law)
168. RUSHTON, William J. 25 (dry good merchant), Jennie 20 (married within yr) (T AL VA)
169. GREGORY, Green (B) 32 (RR Section hand), Josie 26, Jennie 12 (dau)
170. GORDON, Harrison (B) 21 (RR section hand), Ida (Mu) 18, Harrison 2/12 (b. Apr)
171. BOWEN, John (B) 28 (RR section hand) (AR AR AR), Mary 24; ANDREWS, John 23 (boarder) (RR section hand)
172. POLK, Samuel (B) 27 (striker in blacksmith shop) (T NC NC), Ida (Mu) 22, Henry 5, Mary L. 3, Ester 1

Page 20, Village of River Station

173. HELM, Harrison (B) 39 (blacksmith), Eliza 36 (T NC NC), Adely 16 (dau), Harrison 14, Amy 10/12 (b. Jul); DRAKE, Alice (Mu) 6 (ward)
174. BIFFLE, Patsy (B) 54 (widow), Alford 13 (relationship omitted); EVANS, Reubin 7 (ward)
175. OSBORNE, William (B) 27, Dilsey (Mu) 18 (wife) (MS MS MS), Tildy 2/12 (b. Apr)
176. IRVINE, Mary (B) 25 (T T NC), Malinda 9 (dau); BAGLEY, Simpson B. 7 (son), Taylor 5 (son); FERRELL, Borbert 1 (son); IRVINE, Nancy 78 (mother) (NC NC NC)
177. COOPER, Polly 60 (seamstress) (widow) (T VA NC); BUYNUM, Mary S. 23 (dau) (seamstress)
178. WALTER, Robert L. 41 (butcher), Sarah J. 42, Mary S. 17, Robert M. 14 (clerk in meat store), Ida M. 12, Arthoura A. 10, Green J. 8, Sallie A. 6, Thomas B. 1
179. KEMP, Jacob 65 (miller) (Ger Ger Ger), Manirva 35 (MS T MS), Lula 10 (MS), William 8 (T), Rosa 2
180. AKIN, Samuel M. 33 (wagon maker) (flux) (T NC NC), Lunetta 20 (wife), Eudora 3, William 2 (flux), Elizabeth 70 (mother) (T NC NC)

Page 21, Dist. 20

182. CAUGHRON, Henry A. 26, Anna E. 21, Carrie 4, Charly G. 6/12 (b. Dec)
183. CAUGHRON, John W. 49 (T IN SC), Martha C. 49, John L. 24, Charles A. 22, Rachel E. 19, James H. 16, Alice V. 15, Mary 11; ALLEN, Matt 19 (laborer)
184. DAWSON, John G. 34; HARRIS, Frank M. 34 (laborer) (OH OH OH), Jennie 32 (wife?); NOTTGRASS, Eugene 19 (relationship omitted); GARNER, Bettie 54 (servant) (SC NC NC); BROWN, Louisa (B) 30 (relationship omitted) (T NC MD); WEST, Mary 30 (relationship omitted)
185. HAYWOOD, Berryman 60 (NC NC NC), Sarah 63 (NC NC NC), Margret E. 20; HARRIS, Sarah E. 18 (g dau) (T T NC); HAYWOOD, Jasper N. 29 (son) (NC NC NC)

Page 21, Dist. 20 (cont'd)

186. HAYWOOD, Susan L. 47 (widow) (VA VA VA), Annie E. 13 (T NC VA), Elijah 9 (T NC VA), Robert B. 7 (T NC VA), Eudora E. 4 (T NC VA), Daisey 3 (T NC VA)
187. BROWN, John H. 48 (NC NC NC), Calidonia 49 (sis) (NC NC NC); HUGHES, Sophia (B) 30 (servant), Emma 6, Josephine 3 (last 2 children of Sophia?)
188. ALDERSON, Robert (Mu) 21 (MS MS MS), Tennessee 20 (MS MS MS), Robert (Mu) 3/12 (b. Mar)
189. EVANS, Henry (Mu) 68 (VA VA VA), Gracie 65, Archie 23, Mary 20 (T T T), Parthenia 18 (T VA T), Malinda 8 (T VA T), Margretta 4 (T VA VA)
190. BROWN, Henry (B) 63 (NC NC VA), Sarah (Mu) 50 (wife) (GA GA GA), Meranda 11 (T T GA), Henry 8 (T T GA)

Page 22, Dist. 20

191. BROWN, Chafus? (Mu) 26, Mattie 25 (wife) (GA GA GA), Susan I. 5
192. HUGHES, Nathan (B) 33 (widower), Thomas 10, Kemp 8 (son)
193. MONTAGUE, Arthur (B) 21, Harriett 17; VOORHIES, Martha 37 (mother in law); KERR, Robert L. 17 (laborer)
194. DELLIARD, Charles 47, Agnes (Mu) 33 (wife), John S. 12, Charles (B) 9, Mary A. 6, Minnie L. 4, Laura 4/12 (b. Mar)
195. JONES, Alexa. (B) 32 (widower), Agnes J. 8
196. DOBBIN, Joseph (B) 40 (SC SC SC), Emily (Mu) 26 (wife), Mary J. 12, Caroline 10; KELLY, Jane 45 (laborer) (KY KY KY); FOSTER, Melton (B) 15 (laborer)
197. CALLAWAY, Anderson (B) 49 (SC GA VA), Lizzie (Mu) 48 (SC SC SC), Emily 14, John 12, Ella 11, Mathew 9, Mattie (B) 8, Mary E. 1
198. DOBBINS, Daniel (Mu) 53 (VA VA VA), Jane 49 (SC SC SC), Cora 10; ALDERSON, Nannie (B) 22 (step dau) (T T SC), Chanie (Mu) 16 (step dau) (T T SC), Etta 6 (g dau), Sallie (B) 7 (g dau) (deaf & dumb, idiotic) ANDERSON, Abraham 21 (laborer)
199. ALLEN, Jefferson (B) 30, Martha 28 (GA GA GA), John 25, Nannie 20, John J. 7/12 (b. Nov)
200. HOOD, John L. 34, Henryetta 33, John W. 15, Robert H. 13, Marritta 10, Roxanna 8 (scrofulas), Emma D. 6, James A. 3; DODSON, William 63 (cousin)

Page 23, Dist. 20

201. HOOD, Demarkus L. (T VA VA), Martha J. 42 (wife) (NC NC NC), Cathrine P. 27
202. HOOD, James D. 35, Martha 39 (wife), William C. L. 17, James N. 16, Jethroe T. B. 13, Mary E. 10, Walter C. 8, Jennie R. 7, Robert E. 4, Forgey 2
203. HOOD, Neil A. B. 31, Tennessee 22, Edgar L. 4
204. THOMPSON, Willis (B) 30, Reaner 31 (wife), Anderson 8; POINTER, George 20 (relationship omitted), Victoria 26 (relationship omitted), Virginia 6/12 (b. Dec) (relationship omitted)
205. DODSON, William G. 30, Dennie 23 (wife) (T VA T), William J. 6, Allen D. 4, Nancy E. 9/12 (b. Sep)
206. HILL, John W. 21 (T T IL), Mary E. 25 (wife), Benjamin T. 1, Fancis M. 1 (son), James W. 63 (blind) (father), Sasahama 52 (mother) (IL Eng Eng)
207. WATSON, Frank K. 36 (T NC NC), Mary A. 25 (wife) (T VA VA), Isora E. 3
208. STONE, George F. 33, Sarah J. 29, James H. 12 (crippled), William K. 10, Charles I. 6, Obediah 8, India L. 3, John P. A. 9/12 (b. Sep); WRIGHT, Jerry (B) (age obliterated) (laborer) (KY KY KY)

Page 24, Dist. 20

209. STAN, Jerry M. 30, Alice T. 24, Sarah O. 9, Sallie L. 7, William C. 4, James G. 7/12 (b. Nov); HANKS, Lula 12 (sis in law)
210. OSBORNE, William W. 42 (MA? MA CT), Eliza S. 37, Minnie E. 9, Geo. Henry 5, Sallie 1/12 (b. May); SATTERFIELD, Mary 59 (sis); HALL, Catherine 40 (sis); ARMSTRONG, Lewis (B) 19 (laborer); WEBSTER, Simon 14 (laborer)
211. DODSON, John C. 35, Sarah J. 24 (wife), Callie J. 14 (idiotic), Alice 10, Elijah 6; CARRIGAN, Patsy 60 (mother in law) (T NC NC); TARPIA, Russell 29 (KY KY KY)
212. WISMER?, Bruce 21, Elizabeth 17
213. HOOD, Abner K. 31 (trader), Mary 31, Florence S. 8, Cora E. 6, A. Jefferson 4, Minnie M. 2; HAYWOOD, Etta 14 (niece)
214. GOAD, Henry T. 28, Rejina? J. 23 (wife) (T NC T), Albert T. 10/12 (b. Aug)
215. ALLEN, Milton E. 23 (T VA T), Eugenia B. 20, Mattie P. 5/12 (b. Jan); HANKS, Ella 17 (sis in law); PHILLIPS, James 21 (laborer); CARUTHERS, William (Mu) 25 (laborer)
216. ZELLNER, Tass (Mu) 39, Gennett 25 (wife), Lillie B. 7, Ella 1; WILLIAMS, Harriett 32 (boarder), Margrett 5 (dau), William D. 1 (son), Rawley 3/12 (b. Mar)
217. MANGUM?, John J. 64 (T NC NC)

Page 25, Dist. 20

218. BROOKS, William M. 33, Amanda E. 39 (wife), Charles M. L. 8/12 (b. Oct); STONE, Edward F. 44 (bro) (crippled), Minnie B. 5 (dau), Edward E. 1 (son); SHERRELL, Charlotte (Mu) 15 (servant)
219. FRAZER, John A. 50 (NC VA NC), Emmanucia 48, Charles 18, Gennett 20, Schoolfield 14, John 12, Forgey 8 (son); ALDERSON, Lee (B) 19 (laborer) (T NC T)
220. FRAZER, William T. 23 (T NC T), Mary E. 21, Elmira E. 3, Sarah E. 1
221. GREEN, John W. 32 (AL T T), Nannie 19 (wife) (T __ T), Mary E. 9/12 (b. Sep)
222. LONG, James (Mu) 49 (blacksmith) (crippled) (T T NC), Eliza 38 (wife), John 12; HALL, Lillie 3 (g dau)
223. CARUTHERS, Saml. (Mu) 25, Nora 19
224. CHURCH, Columbus (Mu) 54, Melissah (B) 35 (wife), Andrew 15, Gustavus 13, Laura 12, Mamie 10, Mattie 8, Ella 6, Robert 3
225. FRAZER, William D. 43 (NC VA NC), Martha 36 (NC NC NC), William R. 18, Barton 16, John C. 14, Martha E. 11, Elijah 9, Emma 6, Harris 4, Humphrey 2, Jerry 3/12 (b. Mar), Martha 6_ (mother) (NC VA VA)
226. TIMMONS, James K. P. 37?, Mary B. 32, Evan M. 12, Mattie 8, James C. 6, Roxie E. 3

Page 26, Dist. 20

227. BROOK, Robert (B) 29 (T SC T), Belle 17 (wife) (married within yr)
228. EDWARDS, Thomas (B) 28, Lula 23, Martha J. 2, Thomas 3/30 (b. May)
229. NOLEN, James A. 45 (T T VA), Ellen E. 33 (wife), Joseph 18, Thomas 15, John 12, Virginia 9, Alice 6, William 1
230. WISENER, Abrem A. 25, Ardimisey 21 (AR AR T), Charles C. 1, Felix H. 6/12 (b. Nov); HILLMAN, Thomas (B) 65 (widowed) (T VA VA) (laborer)
231. YOUNGE, Peter (B) 55, Amanda 30 (wife); PATTERSON, Sallie 21 (niece), Peter 1 (son)
232. HARRIS, Edward? 49 (NC NC NC), Agnes 40 (T NC T), Florence E. 17, William T. 15, Charles 12, Lee 10, Joseph 7, Loyd 4
233. HARRIS, David 34 (T NC NC), Ophelia D. 34 (T NC NC), James T. 12, Sandy W. 10, Onadian 6 (dau), Conner 4, Alzee L. F. 1; JONES, Mittie (B) 13 (servant); PARTILLER, John (Mu) 19 (servant) (T AR T)

Page 26, Dist. 20 (cont'd)

234. SELLERS, William C. 53 (T T NC), Ellinda J. 45 (wife) (NC NC NC); HARRIS, Laura N. 18 (niece) (T NC T); SMITHERS, Pocahontus 20 (ward) (cook); ROBERTSON, Scott (Mu) 21 (servant); CARTER, William (Mu) 13 (servant)

Page 27, Dist. 20

235. EDWARDS, Major 65 (Mu) (T T SC), Ellen G. 55 (wife), Caledonia 15, John 13
236. MODDY, George (B) 21 (AR AR T), Belle 21 (Mu), Samuel (B) 6, James (Mu) 4; JONES, Laura 30 (sis in law) (widow), William J. 3 (nephew), Edward 1 (nephew)
237. GANTT, Willis (B) 28, Jane (Mu) 26, Martha (B) 4; PORTER, Elizabeth (Mu) 20 (niece), William (B) 6 (nephew), Lewis (Mu) 10/12 (b. Aug) (nephew); YOUNGE, Edward 1 (ward) (orphan)
238. TIMMONS, Thomas J. 34, Nannie C. 27, Lucy 9, Virgie R. 6 (dau); JOHNSON, Zachime (f) 14 (ward, orphan); DICKEY, P. 15 (ward) (laborer)
239. NOTTGRASS, E. Penn 23, Mattie 26 (wife); PETERS, Sallie 14 (sister)
240. PARTEE, Gentry (Mu) 28, Florida 24, Walter 2; LONG, Amanda 17 (servant)
241. McEWEN, C. Columbus 66 (physician) (T NC VA), Martha E. 57 (T NC T), Lillie 18; HUBBARD, Josie 7 (grand dau), Juliet 5 (grand dau), Emma 1 (grand dau)
242. HARRIS, Sandy 32 (T NC NC), Tennie 33, Elliott 4, Warner 2; SPENCER, Mary (B) 75 (widow) (servant) (NC NC NC)
243. WILLIAMS, Samuel H. 29, Mary E. 25, Herman O. 3, Horace E. 1
244. FRASER, Elijah P. 28 (or 38) (minister of gospel) (T VA NC), Rachel K. 29 (wife); MANGNEM, Josephine A. 48 (wife--sic) (T NC NC), Edward C. 22 (son) (crippled), Partee H. 12 (son); EASLEY, Conner? B. 21 (artist) (step son)

Page 28, Dist. 20

245. HAYWOOD, William H. 38 (grocery merchant) (NC NC NC), Susan 49 (wife), Annie W. 11, Edmund H. 7; MILLS, Early 17 (step dau) (IN IN T); FRASER, Robert 18 (laborer) (T NC T), Walter L. 7 (son), Susan R. 4 (dau); MARTIN, Anna (B) 24 (servant)
246. ARMSTRONG, Silvy (Mu) 34 (widow) (farmer), Alexander (B) 20 (son); ZELLNER, Caroline (Mu) 66 (mother) (widow) (mid wife)
247. HUGHES, Jeremiah M. 58 (T VA VA), Sarah R. 56 (T GA T), Albert Z. 22, William J. 21, Martha R. 17, Lettie J. 15, Joseph B. 13, Lettie 9
248. HUGHES, Thomas J. 29, Alice M. 26, Minnie 6, Zora 3
249. VOORHIES, Milton T. 26 (married within yr), Mary L. 19; BROWN, Sarah S.? 38 (mother in law) (widow) (T NC T)
250. KNOTT, George (B) 60 (widowed), George 13 (son), Mary 8, Adam 6, Johnnie 2
251. KELLY, James (Mu) 45 (T MD T), Hanretta (B) 31, James S. (Mu) 19 (son), Elizabeth 16, John 15, Virgin Mary 7, William H. 6, David 4, Robert 2
252. IRVINE?, Hinderson (B) 54, Easter 53 (T T VA), Isac 17, Micheal 15, Anna 13

Page 29, Dist. 20

253. LEFTWICK, George (Mu) 31 (T VA VA), Fronie 28 (T T NC); HAYES, Isac? 13 (ward)
254. HAMLET, Lucius P. C. J.? 50 (Mu) (T VA KY), Mary A. 37 (wife) (T NC VA); John 15; RUSH, Milton B. 12 (nephew)
255. BROOKS, Samuel (B) 71 (NC NC NC), Emma 28 (wife); CAMPBELL, Mary F. 4 (niece)
256. ALEXANDER, Ebenezer C. 43 (KY T T), Annette J. 36 (wife), Sarah A. 13, Ida R. 11, Sidney L. 2 (son)

MAURY COUNTY

Page 29, Dist. 20 (cont'd)

257. BAILEY, Zachriah (B) 30, Calidonia 29, Thompson 9, Milton E. 7, Samuel J. T. 3, Ebenezer A. 8/12 (b. Oct); CRAWFORD, Agnes 80 (mother____) (widow) (T Africa Africa); SCRIBBINS, Alice 12 (orphan)
262. ARMSTRONG, Graham (Mu) (age blotted out), Sarah 18 (wife), Eliza 2; OERTON?, Gustavus H. 16 (bro in law)

Page 30, Dist. 20

263. HARRIS, Allen (B) 24, Jennette 22, Hayes 3/12 (b. Feb); JONES, Nancy 18 (sis in law)
264. ANDREWS, Maria (Mu) 35 (widow), Ella 17, William 15, Russell 13, Hettie 11, Anna L. 8, Qyueen? 6 (dau), Johnnie 5
265. COFFEE, Miser T. 27 (widowed) (consumption) (T VA VA), George W. 7 (idiotic), David N. 5; CAUGHRON, William 18 (nephew); STAMPS, John 20 (nephew)
266. PARTEE, Bose (B) 52, Mary J. (Mu) 40 (wife), Melvina 13, Estella 8, ____ 1/12 (b. May) (dau)
267. LANE, David (Mu) 46 (T VA VA), Sophia 36, Anna 21 (dau), Jacob 11, Rachel 10, David 7, Joseph 3, Minnie 5/12 (b. Jan)
268. SEDBERRY, William G. 53 (NC VA NC), Eliza J. 40 (T NC T), James H. 17, Nannie M. 15, William W. 11, George L. 6, Gertrude H. 4
269. PARTILLEE, Cabrell (B) 42, Mary (Mu) 44 (MS NC NC), Martha 14, John 17, Lula (B) 11, Alice 6, Dalice 6 (dau); PARTEE, Susan 43 (cousin) (widow) (day laborer), Eliza 6 (cousin), Virginia 1 (cousin)
270. THOMAS, John W. 58 (NC VA VA), James G. 27 (T NC T) (son), Robert A. 24, Madison C. 22, Martha A. 18, Whitfield S. 17, Lotte E. 14

Page 31, Dist. 20

271. TIMMONS, Squire H. 67 (T SC NC), Mary H. 43 (wife) (T NC VA), Lewis C. 23, John A. 14
272. ALDERSON, Nancy 44 (widow) (cook), Bluford J. 6, Turner J. 3
273. LOVE, Riley (B) 48, Mernira 33 (wife), William 16, George 15, Martha 13, James 11, Charles 9, Benjaman 8, Walter 7, Maggie 5, Andrew 1
274. REEVES, Richard P. 58 (T VA VA), Mary E. 45 (wife), Bettie L. 27 (dau) (school teacher)
275. YOUNGE, Benjamin (B) 45 (T NC T) (crippled), Louisa 40 (Mu), Nellie 19, William 14, Mary 8, John 9, Henretta 7, Amanda 5
276. GOAD, Joshua 52 (T VA VA), Emily A. 50 (T SC NC), Margaret 19, John H. 17, W. Alice 15; GRANT, Mary 74 (mother in law) (widow) (NC NC SC)
277. PAGE, James W. 52 (T VA VA), Martha A. 48 (T NC NC), Nicholas M. 19, Robert E. Lee 16, Ida 14, Ophelia 11, Albert S. J. 9; LOVE, Newton (B) (age blotted out, might be 18) (laborer)
278. HARRIS, Christopher 74 (NC VA NC), Elizabeth 75 (NC NC NC), Thomas 25 (grandson) (T NC NC); ARMSTRON, Alexander (B) 20 (laborer); BROWN, Lettie (B) 50 (widow) (cook) (T T NC), Mary Unbell? 2 (dau); GORDON, Ike 19 (idiotic) (tramp?)

Page 32, Dist. 20

279. IRVINE, Talbot (B) 50 (T VA T), Rowcan (Mu) 41 (wife), John 19, Lucius 17, Amanda 15, Talbot 9, Alfred 6, Rebecca H. 16 (dau in law) (married within yr--to Lucius), Stepney 18 (m) (cousin) (T VA T)
280. TIMMONS, Andrew J. 32, Callie E. 27, Zula? Z. 3 (dau), Horace H. 2; TELY?, Mattie S. 15 (sis in law)
281. IRVINE?, Stephen (crippled) (B) 80 (VA VA VA), Jane 38 (wife), Alexander 19 (crippled), Tennessee 14

Page 32, Dist. 20 (cont'd)

282. YOUNGE, Peter (B) 64 (crippled), Fannie (Mu) 24 (wife) (LA LA NC); PATTON, Sallie 24 (laborer); ESTES, George 3 (son); HILLMAN, Thomas 56 (laborer) (VA VA VA)
283. WARFIELD, Issac (B) 35 (T T SC), Eliza 31, Rachel 14 (dau), Philip 11, George W. 9, Martha A. 7, Issac W. 5, John 1; PATTON, Mary A. (Mu) 17 (sis in law); LEE, Mary E. 3 (niece); ROBINSON, Lillie B. 10/12 (b. Aug) (niece), Nellie 15 (sis in law); BROWN, Felix 21 (laborer) (T NC NC)
284. HAMNER, Joseph (B) 50 (T VA), Kittie 21 (wife); JACKSON, Lucy J. 40 (laborer) (widow), Thomas 14 (laborer), Virginia 12 (laborer), William 3 (boarder); PARSON, Ann 33 (laborer) (widow) (VA VAT); KINZER, Kittie L. 14 (laborer); KELLY, David 4 (boarder), Anderson 2 (boarder)

Page 33, Dist. 20

285. WALKER, Matilda (B) 36 (day laborer), Philip T. 18 (son), James M. 17, John G. 14, Emma J. 12
286. BARTON, Thomas 58 (T VA VA), Mary D. 62 (wife) (VA VA VA); IRVINE, Crawford W. (Mu) 36 (step son) (T VA VA), Ann E. (W) 35 (step dau), Mary E. 15 (grand step dau), James T. 11 (gr son), Minnie R. 8 (gr dau), William J. 5 (gr son), Hayes F. 2 (gr son), Lucius M. 7/30 (b. Jun) (gr son), Lillie B. 7 (gr dau); JONES, Mittie 12 (servant)
287. TATE, Berry (B) 45, Rena 42, Thomas J. 15, Millie A. 10, Mollie 5, Luella 3, ____ V. 3 (b. Feb)
288. SEATON, James T. 34, Eugenia 24, Thomas W. 8, Oliver C. 5, Aller E. 4 (dau), Louis E. 1; EDWARDS, George (B) 18 (servant)
289. BEACH, William (B) 31 (VA VA VA), Levinia (Mu) 25 (wife); IRNICE?, Jancie 18 (laborer) (f)
290. WARE, William (B) 25 (GA GA GA), Lucy 26, William 3, James 7/30
291. WILLIAMS, Duke (Mu) 21, Caroline 50 (mother) (widow) (T NC NC), Rousan 12 (brother), Susan 14 (sister), Missie 5 (niece), Estelle 3 (niece); IRVINE, Carolina (age blotted out) (laborer)
292. ROBERTS, Samuel J. 50 (T AL T), Angeline B. 44, Elliott P. 26 (lawyer), Mary A. 25, Winfrey J. 17, Alice A. 14, John M. 14 (nephew), Thomas W. 11 (nephew); SPARKMAN, Mahala (B) 45 (cook)

Page 34, Dist. 20

293. SOWELL, Lucy (B) 34 (farm laborer), Beverly 11, Obediah 9, John 7, Lucy 4, Lonrie (f) 6/12 (b. Dec)
294. HUDSON, Lizzie (B) 35 (widow) (washer woman) (GA SC SC), Joseph 14 (T MO? GA), James 12, William 9
295. MOORE, Albert (B) 25, Fordelia 20, Eugenia (Mu) 2, Albert 4/12 (b. Feb)
296. WHITE, David P. 23, Alice 22
297. MEELER, John 63 (NC VA NC), Anna 63 (NC VA NC), Ruben 21 (GA), Jackson 19 (GA)
298. HUGHES, Robert M. 62 (T VA VA), Anne C. 54 (T NC NC), Napolene M. 23, Mary E. 15; HARRELL, Brooksy J. 4 (grand dau)
299. JOHNSON, Obediah 40 (T VA T), Frances A. 30, Sallie M. 8, William B. 6, Daisey D. 3, May 1/12 (b. May)
300. SMITH, James N. 34 (T T NC), Mary E. 32, James J. 12, Robert O. 10, William E. 8, Maggie E. 3
301. PETTY, Mar___ 63 (T NC NC), Nancy 60 (T Ire SC), Solomon 23, Louisa 18, William 14

Page 35, Dist. 20

302. TAYS, Wesley (B) 36 (T Africa T), Nancee (Mu) 30, George (B) 7, Andrew 3, Benjaman 1; ABERNATHY, Zula (Mu) 25 (f) (laborer); KELLY, James 19 (laborer)

Page 35, Dist. 20 (cont'd)

303. PURION?, Stokes L. 32 (T NC NC) (crippled), Martha E. 35, William R.? 16, Commodore 13, Eliza B. 8, Lillie A. 4
304. BLACKWELL, Rufus H. 31 (T T NC), Jane F. 35 (KY KY KY); ROBERTS, Charles P. 18 (step son) (T NC KY), Eudora A. 14 (step dau) (T T KY), Minnie F. 12 (step dau) (T T KY)
305. PETTY, William L. 23, Lizzie 18, Edward 2; FINCH, Lurenna? 21 (sis in law)
306. PETTY, Dee D. 32, Magy Handover Dom-----23 (wife), John W. 8, Thomas J. 6, Walter E. 1
307. ROBERTSON, James M. 34 (widowed) (T VA T), Callie 15 (dau), Leonard J. 13, Paralle C. 11, John W. 9, Neils S. 8, Mary E. 4, James H. 2/12
308. ROBERTS, William O. 39, Malinda R. 36, Nettie N. 17, Anderson P. 15, Nancy J. 13, Hortense 11, William M. 9, Iris S. 6, _____ 2 (dau), John M. 7 (or 1?), _____ 5/12 (b. Feb) (son)

Page 36, Dist. 20

309. LUCUS, John A. 28 (wagon maker) (T T NC), Albina M. 22, Jesse S. 4, George R. 1
310. SELLERS, Robert J. 50, Minerva J. 47 (VA VA VA), Thoams J. 21, Susan E. 23, Coraetta 15, Robert G. 11; ABERNATHY, Lee? (B) 35 (servant) (widowed)
311. LOCKHART, James J. 32, Amanda O. 33, Corene 10, Oscar S. 8, James H. 3, Shorter A. 1
312. KENNEDY, George (B) 35 (AL NC NC), Nancy 26 (wife), Edmun H. 18 (son) (AL), Eugena 13, John R. 8, William P. 3, Hattie 5; WILLIAMS, Louisa (Mu) 23 (cousin) (cook)
313. WILLIAMS, Caroline (Mu) 60 (servant) (widow)
314. STERN?, Jerry M. 23, Alice L. M. 23, Sallie N. 7, Carlie M. 4, John A. 7/12 (b. Nov); HANKS?, Laura L. 12 (sister in law)
315. RENFRO, John T. 49 (blind) 49, Susan C. 30, William R. 12, Eula M. 10, Walter G. 8, John H. 7, Anne E. 5, James F. 4, Artimissie J. 8/12 (b. Sep)
316. SKELLEY, Sparkman 71, Dorkas J. 41 (wife), Alice R. 12, Sarah L. 11, General Whithorne 9, Laura B. 7, Sparkman 9/12 (b. Sep); DODSON, Rawley 18 (laborer)

Page 37, Dist. 20

317. HARRIS, William H. 35 (T NC NC), Josephine O. 35 (T KY T), Lula J. 12, J. Thomas 10, Stephen W. 8, William J. 5, Maggie M. 1
318. WILLIAMS, Stephen 75 (KY NC NC), Rachel Jemimi 65 (T SC NC), Martha J. 39; SMITH, George 21 (servant)
319. WILLIS, William M. 47 (T NC VA), Margret E. 37 (T NC T); RUSHTON, James S. 17 (step son); WILLIS, John V. 13 (son), Edward M. 10, Lula B. 8, William A. 4, Martha M. E. 1
320. IRVINE, John (Mu) 19, Rebecca (B) 19, William (Mu) 11/12; BROWN, Siar (B) 22 (sister in law) (day laborer), William 4 (nephew), Nora (niece) (Mu), Ebbie 3/12 (niece)
321. MURPHY, William M. 39 (T NC NC), Martha E. 36, James A. 17, Mary S. 14, Robert S. 12, John R. 10, Addie S. 8, Margaret 4, Harriet A. 10/12 (b. Aug)
322. HAMMONS, John 34, Metra? S. 31 (wife) (T NC NC)
323. WISENER, Samuel A. 52 (T NC NC), Mary A. 43, Mary E. 21, Ida 14, Nicholas Akin? 9, Laura H. 6, Walter E. 4, William F. 2, Thomas O. 7/12 (b. Nov)

Page 1, Dist. 22
Village of Spring Hill

1. ALEXANDER, A. C. 50 (trader) (T NC NC), A. H. 46 (wife) (T VA VA), Hill 14 (son), A. R. 5 (son)
2. SHARBER, J. W. 62 (physician) (T NC NC), M. J. 56 (T T NC), B. 19 (son); PORTER, W. N. 36 (son in law) (engineer), F. P. 28 (dau); POINTER, S. (B) 35 (cooks & milks)

Page 1, Spring Hill (cont'd)

3. DUNLAP, M. (B) 45 (widow) (laundress) (T T VA), M. H. 11 (grandson)
4. McMAHAN, G. M. 43 (OH NC VA), E. A. 42 (wife) (KY VA KY), M. M. 8 (IN OH KY) (son), C. C. 4 (son)
5. LEE, A. J. 40 (engineer) (T NC T), D. A. 6 (dau), W. T. 1 (son), M. A. 44 (sister) (T NC T), D. J. 38 (sister) (T NC T)
6. LEE, W. J. 46 (carpenter) (T NC T), M. E. 43 (wife), R. E. 15 (son), J. W. 10 (son), M. E. 12 (dau)
7. WEISSINGER, H. Y. 38 (teacher) (AL GA NC), E. M. 34 (wife) (T VA T), M. L. 7 (dau), C. M. 5 (son), G. J. 4 (son), L. A. 3 (son), infant 5/12 (b. Jan) (dau), M. C. 30 (sister) (asst. teacher) (AL GA GA); SCRUGGS, Ann (B) 28 (servant, cook)
8. GREGG, A. (B) 23 (AL AL AL), M. E. (Mu) 20 (wife) (MO MO T)
9. GREGG, M. (B) 60 (widow) (AL AL AL), J. Q. A. 24 (son), S. F. 17 (wife); PRESTON, J. 10 (grandson) (T VA AL), Jno. 9 (grandson) (T VA AL), Katie 15 (granddau) (T VA AL)
10. POINTER, Sallie (B) 40 (widow), M. 14 (dau) (works out), Nan 6, Wm. 10, Ella 4, Henry 2; EPPS, H. 35 (boarder)

Page 2, Spring Hill

11. McLEMORE, Lee (B) 65 (widower) (T T NC), Ben 20, Sam 17, Angie 18, F. Tomie 9 (g son), Willie 7 (g son)
12. PRIEST, T. H. 68 (undertaker) (T NC NC), J. F. 57 (wife) (T VA VA), A. M. 19 (dau)
13. WILLIAMS, E. J. 51 (fur dealer), C. A. 44 (wife), George 19 (works in brick yard?), Preston 17 (mail carrier), Mollie 15
14. SPROTT, Saml. 68 (T NC NC), M. ___ A. 60 (wife) (T VA VA), E. R. B. 30 (son) (grocer); CASKIE, Jane 62 (boarder) (T NC NC); JONES, Ellis 45 (boarder) (T VA VA); FOSTER, H. 22 (boarder) (T NC T); RUSSEL, H. 10 (servant); ROBERTS, R. 17 (Mu) (servant); SHIVES, Jas. (B) 22 (servant)
15. FINLEY, S. K. 47 (grocer), A. O. 28 (wife), L. 9 (dau), Roxie 3, Estel 1; FERGUSON, M. 56 (mother in law); CAMPBELL, B. 19 (boarder) (clk in store); CHEAINS?, M. (B) 22 (f) (servant)
16. MADISON, W. J. 43 (blacksmith) (AL AL AL), M. B. 41 (wife) (T VA T), H. 13 (son), F. 12 (dau), Willie 10 (son), Luler 7 (dau); DAVIS, W. M. 24 (boarder) (blacksmith) (T VA AL), V. E. (f) 19 (boarder) (AL \AL AL)
17. SHARBER, C. (B) 50 (wheelright), Emma 30 (wife), R. 20 (dau), Gus 19, George 17, Martha 10, Callie 8
18. PETERS, Jeff (Mu) 52 (shoemaker) (NC NC VA), Jennet 32 (wife) (AL AL AL), J. R. 13 (son) (T NC T), Lillie 11 (T NC T); MOLLOY, A. (B) 18 (boarder) (f) (AL T T); LANE, Joe (Mu) 16 (stepson) (T AL T)

Page 3, Spring Hill

19. DARDEN, D. M. (B) 28 (teacher), H. A. 24 (wife) (T NC NC), Callie 3, Mary 2
20. THOMPSON, J. (B) 54 (preacher) (T VA VA), Lucinda (Mu) 53 (wife) (VA VA VA)
21. BLAIR, M. (B) 55 (NC NC NC); McKISSACK, Milt 36 (son) (carpenter) (T NC T); BLAIR, March 24 (son) (barber) (T NC T), John 21 (son) (T T NC), Dick 20 (son) (T T NC), Billy 15 (son) (T NC T)
22. ALEXANDER, J. 36 (dry goods merchant) (T NC T), M. D. 35 (wife), C. R. 6 (son), A. L. 4 (dau), Bessie W. 3, J. B. 8/12 (b. Aug) (son); COWSERT, W. T. 21 (boarder) (clk in store), Odil A. P. (m) 19 (boarder) (clk in store); HADDOX, M. (B) 35 (servant); McCULLOUGH, P. 11 (servant)
23. CHEAIRS, N. B. 32 (T NC VA), Annie 23 (wife), Marsh 2 (son); JACOBS, Jane (B) 60 (servant), Tom 17 (servant); HADDOX, Sam 13 (servant)

MAURY COUNTY

Page 3, Spring Hill (cont'd)

24. CRAFTON, S. 39 (T VA T), Tryza 36 (wife), John 12, George 8, Charlie 6, Mary 3, Emma 2, S. D. 2/12 (b. Apr) (son)
25. SMITH, F. J. 61 (agt. for nursery) (T VA VA), C. C. 42 (wife), F. I. 15 (dau), Willie 12 (son)
26. WELLS, B. C. 63 (hotelkeeper) (T VA NC), Eliza 51 (wife) (T T NC), Eliza 51 (wife) (T T NC); THOMPSON, Wm. 65 (boarder), Mary 12 (boarder); DOYLE, Wm. M. 35 (boarder) (preacher) (T T SC); CAMPBELL, A. J. 26 (boarder) (gracer) (m); WELLS, Ben (B) 20 (servant); CHEAINS, Laura (B) 9 (servant)

Page 4, Spring Hill

27. CHEAINS, Jennie (B) 25, Anna 13 (sis), Ben 4 (son), Willie 11/12 (b. Jul) (son)
28. BROWN, Wm. H. 30 (T NC T), Laura 28, Nora 8, CHEAINS, M. T. 76 (boarder) (m) (NC MD NC); ROUNTREE, Patience (B) 50 (servant), John 22 (servant), Loumisa 19 (servant); SCRUGGS, Al 13 (servant); CHEAINS, Mary (Mu) 8 (servant)
29. STEVENSON, J. B. 59 (grocer), M. M. 41 (wife); CAPERTON, Mollie 21 (niece), Sammie 23 (nephew) (clerk in store); MILLER, Lucy (B) 65 (servant), May (Mu) 13 (servant); VORHIES, C. A. (B) 19 (servant); CAMPBELL, Bem? 45 (servant)
30. BEDON, H. D. 42 (physician) (SC SC SC), R. J. 24 (wife) (T T MS), E. M. 3 (dau) (MS), S. R. 1 (dau) (MS); YOUNG, Emma (B) 35 (servant)
31. McKISSACK, Sam (B) 64 (T NC NC), Harriet 30 (wife) (T NC NC)
32. SHARBER, Peter (Mu) 54 (blacksmith) (VA VA VA), Sallie 20 (niece), Huston 25 (boarder)
33. SHARBER, Mad (B) 47 (blacksmith), Frances (Mu) 38 (wife), Jeff 15, D. 13 (son), Lizzie 12, Ettie 16, Lena 7, Mad 4/12 (b. Feb) (son); HAYDEN, H. 60 (boarder) (carpenter), Lizzie 55 (wife?) (boarder), Mickie 18 (boarder); BOND, Ann 35 (boarder)
34. BOND, Huston (B) 50, Lila 40 (wife), Annie 10; YANCY, William 80 (boarder) (VA VA VA); SHARBER, Solamon 23 (boarder), H. T. 20 (boarder) (m)

Page 5, Spring Hill

35. MOLLOY, Mary (B) 35; BROWN, Mary 20 (dau), Jimmie 2 (g son)
36. HENLEY, Sam (B) 60 (SC SC SC), Adline 52 (T SC NC), Virgil 19, George 12; KIRBY, Charly (Mu) 14 (g son)
37. SHARBER, Tom (Mu) 30, Patsey (B) 25, Mattie 11, Milton 9, Susie 5, Willie 3 (son), Efey P. 10/12 (b. Aug) (son)
38. PERKINS, Rich (B) 42, Ann (Mu) 50 (wife)
39. McLEMORE, Wm. (B) 23, Eliza 21 (T VA T), Ben 2; CATES, Lydia 60? (mother)
40. SCRUGGS, George (B) 40 (shoemaker), Priscilla (Mu) 37, Nannie 7, Caesar 15, George 10, Ben 8, Claib 7, Anderson 1
41. STRALEY, G. P. 48 (lawyer) (VA VA NC), Nannie 34 (wife) (T NC NC), D. F. 2 (son), J. Lewis 4/12 (b. Jan); HARDISON, Eliza (B) 17 (servant)
42. MARSHAL, Bet (f) 35 (widow), Lulia 12, Major 9, John 7, Susie 5; HADDOX, Lila 65 (mother)
43. HADDOX, Ellen (B) (widow) 40 (T VA VA), Jenny 18, Tom 3; ALLEN, Juda (f) 60 (boarder) (insane) (T VA VA)
44. SECRIST, Sindy (B) (f) 23, Walter 8 (son), Joanna 9 (dau)
45. WELLS, Jim (B) 50, Susan 40 (wife), Berta 3, CHEAINS, Mary? 22 (sis in law)

Page 6, Spring Hill

46. REAMS, M. E. 44 (widow) (T T SC); CRAFTON, L. B. 17 (sis) (T T T)
47. WITT, John 26 (trader) (T T VA), Alice 20 (boarder--his wife?)
48. CARLEY, John 23, (KY KY KY); VOORHIES, Hattie (B) 12 (servant)
49. CURRY?, James (B) 50, Sally 40 (wife), Susan 2 (g dau)
50. CAMPBELL, Ed 27, S. M. 33 (wife), E. C. 2 (dau)
51. WITT, Jas. H. 37 (T VA VA), H. S. 33 (wife), Wm. M. 10, Thos. P. 8, Cleopatra 3
52. HICKS, W. E. (B) 28 (widow), George 11, Jake 9
53. ORMAN, Wm. L. 62 (carpenter) (T NC VA), Maggie 22 (dau), Annie 20 (dau), Sallie 13 (dau), Jane 10 (dau), Julia 8 (dau), Lee (B) (f) 50 (servant)
54. CHEAINS, Jno. 26 (merchant) (T NC T), R. W. 25 (wife) (T ___), Irene 2, Margaret 7/12 (b. Sep); WHITE, E. A. 22 (sis in law), J. F. 20 (bro in law), Lucy G. 18 (sis in law), Mamy 15 (sis in law), Carrie 13 (sis in law); STEELE, Anne (B) 23 (servant); BLAIR, J. W. (m) 22 (servant); HATTY, H. (f) (servant)
55. MOLLOY, M. B. 66 (physician) (AL NC T), M. J. 49 (wife), D. E. 24 (son), A. L. 17 (son); CAPERTON, Emma 24 (dau)
56. HARRISON, Nizy? (Mu) 35 (widow), Hattie 13, Nora 11, Jim 16; McKISSACK, M. (B) 38 (boarder) (carpenter)

Page 7, Spring Hill

57. CRUMP, C. C. 62 (physician) (T VA NC), L. A. 61 (wife) (NC NC NC), L. F. 21 (dau)
58. McKISSACK, O. W. sr. 70 (T NC T), E. W. 63 (wife) (NC NC NC), Alonzo 45 (son) (druggist) (AL), A. M. 25 (dau) (MS), O. W. jr. 23 (son) (shot in leg) (MS), Lucy 22 (MS), A. M. 9 (g dau) (LA T LA); JACKSON, Jim? 21 (servant) (idiotic), Mary 21 (servant); McLEMORE, Bill (B) 30 (servant), Tom 10, Lou 8, Mable 4, George 2
59. HARRISON, Wm. (Mu) 41, L. L. 38 (wife), A. C. 16 (dau), J. W. 12 (son), S. W. 1 (son); BOND, Jennet (B) 55 (mother in law) (T NC NC)
60. HADDOX, B. (B) 35 (T AL T), Margaret 35 (wife) (T VA T), Susie 12, Eliz. A. 10, Amy 7, Frank 5, Forest 3, Joe W. 10/12 (b. Jul)
61. WILLIAMS, J. W. (B) 52 (T VA VA), Martha 37 (wife) (LA VA MD), Kitty 13, Sally 9, Paul 5, Mary J. 3, Silas 1
62. McKISSACK, M. (B) 53 (stone mason) (NC NC NC), Caroline 50 (wife) (NC NC NC), D. P. 20 (son), Mad jr. 19 (son), Mary E. 15, Laura 13, Rich 10, Milton 7, Malinda 4, W. A. 27 (son) (teacher), Alice (Mu) 22 (dau in law)
63. ROUNTREE, Ad? (Mu) 24 (f), W. D. 2 (son), Mary T. 14 (sis)

Page 8, Spring Hill

64. LYNCH, Joshua (B) 30 (KY KY KY), Ophelia (Mu) 25, Jimmie 1, Amy 65 (R) (mother) (KY KY KY); BUFORD, Hony? 30 (sis) (KY KY KY), Robert 4 (nephew), Lewis 30 (bro in law), Minnie 6 (niece) (T T KY)
65. BLACKWELL, Jno. (B) 29, Sallie 28 (AL AL AL), John 10, Willie 8, Rich 6, Ettie 4, Sophia 2 (leg broke), Sammie 1
66. HADDOX, Brit (B) 54 (AL AL AL), Amy 52 (AL AL AL), Rachel 22, Huston 13
67. CURRY, Wm. (Mu) 52 (carpenter), Margaret 40 (wife)
68. ORMAN, Rob 38 (carpenter), John 9 (son), Robt. jr. 5 (son)
69. McCARROL, Rach? (B) 36 (f), T. Milley 19 (dau), Pluminus 10, Davy 8, Tommy 4, Betty 30 (sis)

Page 8, Spring Hill

70. WELLS, Mary (B) 36, Bell 15 (dau), Jim 12 (son), Nora 3 (dau), Ben 6/12 (b. Dec) (son)
71. McKISSACK, M. (B) 40 (widow), Edna 5, Murphy 5, Stanford 2
72. THOMSON, M. 24, Martha 29 (wife)
73. PRIMM, Henry (B) 43 (preacher), Susan 45
74. CRAWFORD, H. F. 36 (f), M. C. L. 11 (f), T. J. (m) 8, M. W. 4 (f)

Page 9, Dist. 22

1. WELLS, J. B. 51 (T KY KY), M. B. 45 (wife) (T VA VA); ISBEL, Jack 16 (servant), Jas. 12 (servant), Susan 14 (servant)
2. ODIL, F. K. 45 (T NC NC), S. E. 41 (wife) (T SC SC), Pattie 15, Rush 13, Berta 10, Floyd 7, Rose 5, Gray 3
3. McLEMORE, R. W. 62 (m) (T VA VA), M. D. 24 (dau), Harriet 57 (wife) (T VA VA), Sallie 18 (dau), Clarence 7 (son); HAMILTON, N. (Mu) 38 (f) (servant), H. 14 (servant), A. 18 (f) (servant)
4. McLEMORE, S. (B) 55 (widow), Bill 15, Ben 13
5. WRIGHT, R. R. 79 (KY NC NC), M. 55 (wife) (T SC SC), F. M. 18 (son), M. M. 16 (dau)
6. BAILEY, A. M. 36 (T NC NC), M. F. 34 (wife) (T NC N), W. A. 12 (son), M. C. 8 (son); BRIGHT, Sallie (B) 30 (servant), Lee (F) 5, Will 3 (Mu); McLEMORE, C. (B) 16 (servant)
7. GREENLAW, W. E. 35 (T VA VA), N. R. 32 (wife) (T NC T), Willie 13, Alonzo 11; SECREST, Eliza (B) 62 (servant) (T NC NC), Jeff 17 (servant); CHEAINS, E. 13 (servant); JONES, Mapes? (m) 18 (servant)
8. CHEAVINS, N. F. 61 (T MD NC), S. P. 58 (wife) (NC NC NC); MOORE, J. M. 32 (son in law) (physician) (T NC T), S. R. 2 (dau) (T NC); CHANDLER, Jno. (B) 30? (servant) (works at sawmill), Ann 38 (servant) (T NC NC), Ella 18 (step dau), Hattie 11 (step dau), Sydney 7 (son), Emily 6 (dau), Elmira 2 (dau); FRIERSON, M. 20 (f) (servant); CHEAINS, White J. 17 (servant) (T T NC)

Page 10, Dist. 22

9. CHEAINS, W. M. 30 (T T NC), M. L. 26 (wife) (T VA VA), C. H. 8 (dau), S. P. 6 (dau), N. F. 4 (son), W. C. 1/12 (b. May) (son); MOORE, O. (B) 35 (servant), Jennie 40 (servant) (GA GA GA); SWANSON, J. 20 (servant) (f)
10. GIBSON, Thos. 43 (stock raiser) (T Ire Ire), Lucy 33 (wife) (T NC MS), Eliza B. 10; SMISER, Kate A. 54 (boarder) (T Ire Ire) Maggie 17 (boarder) (T KY T); WHITE, Fayette (B) 32 (servant); BLAIR, Jennie 30 (servant), Ellen 6, Lucius 3, Jane 1; LOCKRIDGE, M. (f) 22 (servant), Wm. 28 (servant), M. (f) 6/12 (b. Dec); FOSTER, Jane 22 (servant); POLK, Eliza 13 (servant)
11. WHITE, J. B. 35 (painter), R. A. 28 (wife), Guy 10, S. T. James 8, Maud B. 3
12. JAMES, G. W. 32 (T VA NC), M. H. 33 (wife) (AL T AL), E. E. 12 (dau), K. N. 10 (son), Jn. N. 5 (son), G. M. 4 (son), M. 5/12 (b. Jan) (son)
13. FOSTER, Thos. W. (B) 28 (horse trainer), D. 25 (wife), Sallie 5 (dau), Thos. W. 1; WEBSTER, Jemimie 16 (boarder)
14. YOUNG, Wm. (B) 26 (T NC), E. A. 26 (wife) (T T NC), Jimmie 4, Willie 3, Daisy 9/12 (b. Sep), Bettie 65 (mother) (NC NC NC); McKISSACK, J. (f) 10 (boarder)

Page 11, Dist. 22

15. ANDERSON, Wm. (B) 30, Annie 21, Sallie 4; NILES, Johny 16 (bro in law)

Page 11, Dist. 22 (cont'd)

15. (included in household 15 above, but a separate family) McKISSACK, F. 43 (widow), A. 19 (son), Jno. 16, Martha 13, Jessee 12, Tom 10, Huston 7, Ida 2
16. ALLEN, F. (B) 25, Mary 19 (wife)
17. BAILEY, W. A. 33 (m) (stockraiser) (T NC NC), Martha 60 (mother) (NC MD NC); IRVIN, M. L. 36 (boarder) (T NC GA), Iva Lee 11 (boarder); BAILEY, A. Y. 8 (son), J. A. 4 (son); HUNTER, E. (Mu) 28 (servant) (f); BAILEY, Bettie (B) 50 (servant); HARRIS, C. (f) 14 (servant), Tobe 19 (servant), Jim 12 (servant); FRIERSON, A. B. 22 (servant)
17. POLK, Luke (B) 36 (T T NC), Lou 36 (wife), Anderson 15, E. H. 13 (dau), James 10, M. A. 8 (dau), Harriet 6, Willie 3, Luke 3/12 (b. Mar)
18. McKISSACK, Mad (B) 45, Roari? 30 (wife), Rachaiel 21, Mad 18 (son), Lizie 16
19. VANLEER, Reubin (B) 36, Susan 32, Eldridge 10, Emanuel 4, Ellen 3, Charly 2, Callie 3/12 (b. Mar); BAILEY, Mary 14 (boarder) Al 8 (boarder)

Page 12, Dist. 22

20. WADDLE, J. S. 40 (carpenter), Mary 37, Anna S. 15
21. ALLEN, E. G. 26, M. P. 23 (wife), Lee 2/12 (b. Mar) (dau); SMART, M. (Mu) 25 (servant); McGAW, Newt 21 (boarder) (W)
22. CHEAINS, Wash (B) 50, July 56 (wife)
23. TURNER, Eph (B) 23, Maggie 19 (wife), Alice 8 (dau), Edgar 4, Mary 56 (g mother)
24. THOMPSON, Wes? (B) 35, Sallie 25 (wife), J. D. 5 (son)
25. SHAW, J. B. 23 (m) (dry goods merct) (T NC T), F. A. 20 (bro) (dry goods merch) (T NC T)
26. ALLEN, W. J. 28, Martha 24 (wife), Nola 5, Eula 3, Wes? H. 2, Robt. Earl 5/12 (b. Feb); VORHIES, Amy (B) 25 (servant); MILLER, Allen 20 (servant); VOORHIES, Omy 2 (f) (servant)
27. ALLEN, R. C. 25, Lucy 24 (wife); LOCKRIDGE, R. (B) 65 (servant); SANDERS, Dick (Mu) 15 (servant)
28. HARRISON, Tom (B) 40, Harriet 35, Jefree 5/12 (b. Jan), Albert 5/12 (b. Jan) (twins)
29. CAPERTON, M. 55 (widow), Tom 25, J. P. 24 (son), Mary 20, Tishie 15 (dau), S. R.? (m) 53 (cousin); WRIGHT, B. (Mu) (m) 16 (servant); McKISSACK, Cassie? 45 (servant)

Page 13, Dist. 22

30. NEELEY, Jno. (B) 49 (wheelright) (VA VA VA), Mary 18 (dau) (T VA T), Eli 12 (T VA T), Celia 10 (T VA T), Joseph 8 (T VA T), Celia 10 (T VA T), Joseph 8 (T VA T), Robt. 6 (T VA T) (all children of Jno.)
31. DENTON, Kinny (m) 35 (teacher)
32. NAPIER, Tobe (m) 65 (blacksmith) (frosted feet) (VA VA VA)
33. ANDERSON, E. 38 (druggist) (AL AL AL), A. 33 (wife) (T AL AL), Alice 11 (T VA LA), Reese 5 (T VA AL)
34. MILLS, M. 49, E. J. 49 (wife) (T SC SC), M. 23 (dau), Reese 21, Josie 19, Iseby 15 (dau), Ada 11; ELLMORE, A. 70 (aunt); FLEMING, W. 30 (m) (boarder) (druggist)
35. MOORE, A. (B) 60, Amy 45 (wife), Jno. 6; MACK, Moses 35 (boarder)
36. McLEMORE, G. (B) (m) 48
37. THOMPSON, T. (B) 35, Sallie 22 (wife), A. T. 3 (son), A. R. 1 (dau)
38. KIRBY, Emsby (B) 65, Fanny 60 (wife); CHAFIN, G. 10 (g dau); ROUNTREE, Ed 8 (g son); BUNCH, E. 5 (g son); SMART, J. 2 (g son), BOOKER, M. E. 2 (g dau)

MAURY COUNTY

Page 13, Dist. 22 (cont'd)

39. FERGUSON, J. (B) 35, M. (Mu) 30 (wife), J. M. 11 (son), Mary 9 (dau), Wm. 5, Etta 3, Jim 2
40. LOLLAR, F. 42 (widow) (T KY KY), W. 15 (son); BARNES, Ida 22 (dau), Charl 6 (g son)
41. WILLIAMS, M. (B) 30 (widow); HARVEY, S. 70 (mother)

Page 14, Dist. 22

42. BOND, Arch (B) 60; McKISSACK, M. (f) 30 (cousin)
43. JACKSON, M. (B) 35 (GA GA GA), Lila 50 (wife) (T VA VA), Tennie 18 (AL AL AL); BANKS, Lee 45 (f) (boarder); FRENCH, H. 6/12 (b. Nov) (g son); MOSELY, Alex 30 (relationship omitted)
44. HADDOX, Sam (B) 40, Manda 36 (T VA VA), Robt. 15, Willie 12, Sammie 10, Rachael 6, Nina 3
45. EPPS, Frank (B) 24, Lizzie 22, Genie 4 (son), John 3
46. McLEMORE, G. (B) 60, Jane 35 (wife), Martha 20, Tom 19, Charly 17, Mary 8, Jim 7, Gus? 5
47. HADDOX, Abe (B) 40 (widower), Maggie 12, Abe 9, Ida 7, Lizzie 6, Jennet 5, Al 3, Lucius, Jno.; HARRIS, Jno. 26 (boarder)
48. WATSON, Jno. 35 (T NC T), Ellen 36, John 10, Genie 9 (dau), Guy 7, Sim 6 (son), Lela 4, Lillie 2
49. POINTER, Sabre (B) 60 (AL AL AL) (widow); HARRISON, Dam 25 (son), Kate 22 (dau in law); POINTER, Jeff 19 (son), Anthony 14 (son); FOSTER, Andy 13 (g son), Willie 12 (g dau), Mary 9 (g dau), Jimmie 7 (g dau); HARRISON, Sabre 6 (g dau), Braxton 2/12 (b. Apr) (g son)

Page 15, Dist. 22

50. WALKER, Peter (B) 25, Jenny 22, Willie 6 (son), Fanny 4
51. ATKINS, Polk (B) 45, Mima 40 (wife), Callie 20 (dau), Ike 12, Millie 9, Hannah 7, James 6, Ettie 4, Dora 2
52. THOMSON, J. D. (B) 20, Harriett 17 (wife) (married within yr), Patience 50 (mother)
53. CALLAWAY, R. A. (B) 30 (T NC NC), Ann 27 (wife) (T VA VA), Lulue 11, Andy 6, Annica 4, Vina 2
54. THOMSON, Jessee (B) 25, Vina 23, Charley 3, Jessee 1; CAMPBELL, Wes 21 (bro in law)
55. PETERS, Tom (B) 36 (T VA T), Ellen 30, Tom 14, Henry 11, Juda 10 (dau), Jessee 9, Lu 4 (dau)
56. BONDS, Sam (B) 26, Laura 24, Peter 4, Jno. W. 6/12 (b. Oct); KERR, Frank 14 (boarder)
57. CHEAINS, Vina (B) 50 (widow), Hall 18, Jim? 14, White 16
58. LOVE, Neal (B) 30, Princess 23, Sallie 6, Peter 5, Annie 4, Tommie 2, E. Jane 5/12 (b. Jan)

Page 16, Dist. 22

59. CHEAINS, Rob (B) 45, Millie 40, Annie 18, John 14, Lucy 10, Katy 8, Robt. 7, Calvin 3, Lizzie 2, Emma 7/12 (b. Oct)
60. THOMPSON, C. (B) 54 (T T NC), Sarah 50 (wife?) (T NC NC); LEE, Martha 30 (boarder), Jinson 5 (boarder), Willie 8/12 (b. Sep)
61. STUART, Henry 52 (AL AL AL), Eliza 35 (wife), Ettie 16, Frank 13, Charly 2
62. ALEXANDER, J. F. 46 (T SC T), E. M. 40 (T VA NC) (wife), J. M. 12 (son); AKIN, Betsy 78 (aunt) (T SC SC); BOND, Lizzie 17 (boarder) (tutoress); QUARLES, F. (f) 17 (boarder) (MS MS MS); MOORE, Eliza (B) 31 (servant), M. (f) 16 (servant), Sallie 14 (servant), Will 10 (servant), Lu 8 (f) (servant), Walter 1 (servant); McKISSACK, Wes 19 (servant)

Page 16, Dist. 22 (cont'd)

63. McLEMORE, Lem 39 (T VA NC), L. M. 38 (wife), W. F. 6 (son), M. M. 3 (dau); POINTER, Ellen (B) 42 (servant) (widow), Will 12 (servant), Martha 17 (servant), Becca 18 (servant)
64. CARTER, B. D. 32 (VA VA VA), A. B. 26 (wife) (VA VA VA), Wm. P. 5, Jno. C. 4, M. F. 2 (son)

Page 17, Dist. 22

65. CAMPBELL, Sam (B) 28, Maggie 24 (T MS T), Angie 6, Gentry 5, Jane 3, Sammie 2 (son)
66. CAMPBELL, L. (B) 26, Nora 21
67. KENNARD, D. C. (m) 29, W. F. 25 (bro), Phillis (B) 45 (servant) (widow), Tom 16 (servant), Dick 14 (servant), Hilman 29 (servant), Mittie 18 (servant) (married within yr); SMITH, Henry 31 (servant), Martha 22 (servant), Ametia 15 (servant), Mollie 11 (servant), Peter 8 (servant), Aleck 7 (servant), George 5/12 (b. Jan)
68. JORDAN, Perkins (B) 25, Malissa 20, Willie 3, Minnie 2; KENNARD, Lizzie 11 (boarder); THOMSON, Jeff 40 (father in law), Martha 39 (mother in law), George 19 (bro in law), Frank 14 (bro in law), Hal 12 (bro in law), Talitha 40 (aunt), Maria 45 (aunt), Linda 4 (niece)
69. ALLEN, Mead (B) 50, Cyfrus? 35 (wife), Bolin 17, Dick 16, Ellen 14, Ella (Mu) 12 (sis); McKISSACK, Ria 25 (cousin), Ananias 6 (cousin)
70. KENNARD, Amy (B) 45, Lizzie 13 (dau), Bell 10 (dau) (blind), Dave 7 (son), Lu 20 (dau), Clabe 4 (son), Manda 3 (dau)

Page 18, Dist. 22

71. SMITH, Jim (B) 40, Julia 30 (wife), Emily 20 (dau), Fanny 15 (sick of fever), Mary 13, Jane 8, Betsie 6, Billy 5, Jim 4, Bobbie 3, George 2, Maud 4/12 (b. Feb), Maggie 13 (niece); THOMSON, Fanny 70 (mother)
72. PATTON, Jim (B) 20, Maria 20, Nora 2; McKISSACK, Rachel 40 (mother in law), Andy 10 (bro in law), John 8 (bro in law), Lige 7 (bro in law), Peter 7 (bro in law), Peter 7 (bro in law), Charlie 6 (bro in law), Dora 2 (sis in law)
73. RODDY, Holston 40 (T T NC), N. J. 37 (wife), James 20, W. M. 14 (son), Andy 11, Charly 8, Dora 8, Jennie 6, J. A. 4 (son), Alice 1
74. DAVIS, George (B) 58, Easter 49, Sarah 22, Alfred 18, Jesse 17, Henderson 6
75. BAILEY, Joe (B) 80, Dorcas 70 (wife) (VA VA VA)
76. RAGAN, Jas. T. 40, M. A. 40 (wife), Sallie 20, George R. 18, Laura 4, Anna 14, Ellen 11, Mack 14, Wm. M. 7, Lee B. 6 (son), Bula 4, Leonna 1; BROWN, Gilbert 19 (boarder)

Page 19, Dist. 22

77. LEWIS, Leroy (B) 50
78. JOHNSON, Russ (B) 50 (divorced), Chaney 8 (dau)
79. ESTIS, Howard (B) 65, Nancy 55 (wife); BOOKER, Millie 25 (step dau), Will 8 (cousin), Sam 6 (cousin), John 4 (cousin), Anna 2 (cousin)
80. BOOKER, John (B) 30, Jane 22, J. D. 4 (son)
81. KIRK, Billy 45 (Ire Ire Ire), Ann 30 (wife) (Ire Ire Ire), Mollie 11, Jimmie 8, Morgan 4, Jane 3, Bridget 8/12 (b. Oct)
82. BUNCH, Joe (Mu) 83 (leg ulcerated) (NC NC NC), Princess 45 (wife), Calvin 25, Caroline 19, Peter 20, Billy 16, Ella 12, Rich 11, Luley 9 (son), Dora 7
83. STEELE, Chas. (B) 27, Callie 19 (wife)
84. CROWE, George (B) 55, Martha 42 (wife), Adaline 19, Perry 17, Mary 16, John 11

Page 19, Dist. 22 (cont'd)

85. CHEAINS, Cuff (B) 50, Pink 49 (wife), Sherman 18, Lucy 16, M. 8 (dau), Milly 11, Letty 70 (mother)

Page 20, Dist. 22

86. CALDWELL, Cal (B) 27, Callie 33 (wife), Susan 8, Sarah 1, Rose 70 (mother); WADE, Will 17 (boarder)
87. BECKWITH, A. 51 (AL VA VA), M. M. 24 (wife) (AL AL VA), A. W. 12 (son) (AL), John 3 (T); PARKS, F. A. (B) (f) 38 (servant); MAXWELL, V. (f) 19 (servant); PARKS, Milton 13 (servant), Andy 11 (servant), Mary 9 (servant), Eddy 5 (servant), Ettie 3 (servant)
88. BROOKS, Cy (B) 48, Mary 30 (wife), Mose 6, Henry 2; CHEAINS, M. A. 60 (mother)
89. SHERROD, Rose (B) 45 (widow) (AL AL AL), Turner 20 (AL AL AL), Coleman 16 (AL AL AL), Kessiah 12 (dau) (AL AL AL), Robt. 6 (T AL AL); KIRKLAND, H. 60 (boarder)
90. TISDALE, D. M. 36 (T VA VA), T. L. 26 (wife), D. M. jr. 5 (son), Anna Lee 2, Blair 5/12 (b. Dec)
91. CHEAINS, Parker (B) 53, Jane 55 (VA VA VA), Anthony 24, Bill 18, Harry 12
91. (this family separate but living in same house as 91 above); THOMPSON, Gan 30 (B), Angie 23 (wife), Emma 6, J. Walter 4, Mattie 2, Hiram 40 (boarder)
92. THOMPSON, Sam (B) 45, Ann 33 (wife), Adaline 10

Page 21, Dist. 22

92. (this family separate, but living in same house as 92 above); HOPKINS, H. (B) 27, Mary 24, Archie 3, Mamie 2, R. Lee 6/12 (b. Dec) (son), Jennie 14 (niece)
93. HOPKINS, Elmira (B) 40 (widow), Wesley 23, Aaron 19, Elsie 16, Tom 6
94. TUCKER, W. M. 46 (T SC T), F. E. 45 (wife) (T VA T), George 17, Joe 11, Nora 8, Ed 6
95. THOMPSON, W. (B) 50 (KY KY KY), Tennie 40 (wife), Lucy 10, Tom 7
96. STORY, J. W. 45 (T T IL), L. J. 45 (wife), M. M. 20 (son), A. J. 18 (dau), J. H. 15 (son), J. J. 12 (son); NEAL, Joe (B) 11 (servant)
97. JORDAN, Josh (B) 48, N. 45 (wife), Mary 25, Anthony 17, Robt. P. 14, Alice 12, Celia 6, Wiley 5, Minnie 3
98. RUSSEL, Nathan 60 (KY KY KY), Mary 35 (wife) (KY KY KY), Susan 14 (KY), Wm. 8 (KY), Nancy 2/12 (b. Apr) (T)
99. BLACKBURN, A. 58, G. A. 41 (wife), M. E. 22 (dau), W. H. 20 (son), J. A. 14 (son)
100. GREEN, L. C. 38, M. F. 36 (wife) (T T SC), S. E. 19 (dau), W. L. 17 (son), R. M. 15 (son), M. E. 13 (dau), S. E. 10 (dau), J. R. 8 (son), A. C. 6 (son), L. W. 2 (dau), W. B. 1/12 (b. May) (dau), A. 56 (mother); BROWN, Wm. R. 19 (bro in law) (T T SC)

Page 22, Dist. 22

101. BRADEN, Caleb (B) 60
102. JORDAN, Stephe 55 (agt for iron) (T VA VA), C. A. 52 (wife) (SC VA VA), Stevie 20, Jennie 17
103. ODIL, John 55 (T T NC), E. J. 51 (wife) (T SC SC), Lulu 20, John 19, Hattie 17, Anna 12, Nora 10; STEPHENSON, Ann 40 (boarder) (T SC SC)
104. CAMPBELL, Jew? 74 (blacksmith) (SC VA SC), Nancy 56 (wife) (T T VA), Jim 15 (T T SC); BENNET, Sallie 30 (step dau)
105. OVERTON, E. C. 55 (T NC SC), S. H. 50 (wife) (T SC T), S. C. 18 (son), R. L. 16 (son), C. H. 15 (son), W. S. 12 (son), M. P. 9 (dau), E. S. 7 (dau), John L. 5, MITCHEL, Dick (B) 70 (servant), Jordan 12 (servant), Kate 4

Page 22, Dist. 22 (cont'd)

106. BROWN, Hardy (B) 60, Susan 54, Ann 22 (blind), Lige 12 (son), Mattie 6
107. BROWN, Mitch 63 (widower) (T SC SC); NICKS, Jenny 31 (dau); BROWN, Buck 21 (son), Cynthia 27 (dau), Katie 25 (dau) (has fits) (idiotic); HICKS, Elen 8 (g dau) (idiotic), Jno. M. 7 (g son), Bailey 5 (g son); BROWN, Wm. (B) 19 (servant)

Page 23, Dist. 22

108. COSBY, Columbus 25, Phoebe 25, Genie 5, Eddie 3, Delina 1; HOUSER, Ed 60 (boarder) (Bavaria Bavaria Bavaria)
109. BUNCH, John 51 (widower) (T NC NC), Milton 23, William 18, Nannie 18, Gessie 16 (dau), Agnus 12; MALLARD, J. R. 37 (boarder) (physician) (T T NC), S. A. 34 (boarder)
110. LOCKRIDGE, G. (B) 51, Martha 45 (wife), Josie 18; IVINS, Jessee 15 (servant)
111. BROWN, Jake (B) 55, Callie 45 (wife), America 30 (dau), Leah 10, J. D. 8 (dau), A. L. 6 (dau), H. S. 4 (dau), N. V. 2 (dau), Cassie 1, C. T. 22 (g dau), Sallie 18 (g dau), Della 16 (g dau), Lolia 8 (g dau)
112. SANDERS, Sed? (B) 40, Ada 40 (wife), Jessee 20, Joe 18, Jim 16, Martha 14, Bud 12, Ella 10, Mary 8
113. CRAFTON, J. W. 31 (KY KY KY), Eliza 37 (wife) (KY KY KY); BUTLER, Tom 19 (son in law), Alice 19 (dau)
114. CAMPBELL, R. (B) 50 (cook), Liviny 42 (wife), Horace 18, J. Wes 13, Minty 10 (dau), Lord Amell? 4 (son), Mary E. 2

Page 24, Dist. 22

115. KING, C. H. 28 (lumber dealer) (T NC NC); CAMPBELL, Ben (B) 24 (servant) (works at sawmill), Dena 22 (servant), Percy 2; CHEAINS, Jim 5 (relationship omitted), CATHER, Tobe 26 (servant) (works at sawmill); SMITH, Avon 25 (servant) (works at sawmill)
116. BRUCE, Wm. 47 (dairyman) (scot Scot Scot), Jennet 42 (Scot Scot Scot), Peter 16 (Scot), James 14 (Scot)
117. CAMPBELL, Joe W. (B) 60 (NC NC NC), Eliza 60 (NC NC NC); HOPKINS, Wm. 25 (boarder), Nannie 19 (boarder); OGLEVIE, Aleck 20 (boarder)
118. BROWN, Wan? (B) (m) 30 (hostler)
119. BROWN, Campbell 39 (stockraiser) (T VA T), Susan P. 32 (T NC NC), Lucius 13, Ewell 10, George 8, Percy 6, Lizinka 6; POLK, H. M. jr. 27 (boarder) (secretary) (LA NC T); IZZARD, Ralph 20 (boarder) (teacher) (VA SC VA); POLK, Ella J. 22 (boarder) (T NC T); BETHUNE, Jno. 45 (boarder) (Scot Scot Scot); NICHOLS, W. C. 55 (m) (boarder) (carpenter); LANE, W. M. (m) 51 (boarder) (overseer); HENLEY, Wm. (B) 21 (servant)
120. McLEMORE, A. (B) 45 (hostler), Julia 40 (wife), Ida 16 (idiotic), Willie 12, Charlie 9, H. Tom 6
121. CHISHOLM, Wm. 50 (shepherd) (Scot Scot Scot), Jessie 40 (wife) (Scot Scot Scot)
122. DAVIS, J. M. 32 (R R Clerk) (AL SC AL), A. A. 27 (wife); GANT, A. 60 (mother in law) (T VA VA); DAVIS, M. H. 53 (mother) (AL MA Ire); JOYCE, Laura (B) 21 (servant)
123. YOUNG, J. A. (B) 25, E. H. 22 (wife)

Page 25, Dist. 22

124. BUNCH, G. B. 49 (T NC NC), M. J. 27 (wife), Louisa 3, Corinne 2
125. NELLUMS, M. 28, S. E. 25 (wife), Beulah 7, Fred 5, John 2; BROWN, Jim 35 (boarder) (Scot Scot Scot); LUCKETT, A. J. 21 (boarder)
126. LOVE?, A. J. T. (m) 47 (carpenter) (T NC GA), M. A. C. 38 (sis) (T NC GA), Dotia J. 34 (sis) (T NC GA), Dora A. 6 (dau) (T NC GA), Wm. T. 1 (son) (T NC GA)

Page 25, Dist. 22

127. THOMASON, Rich (B) 50 (T MS MS), Eliza 52; BOND, Henry 22 (son in law), Manda 22 (dau); McKISSACK, Sam 12 (stepson), Anderson 16 (stepson); THOMASON, Sallie 11 (dau); BOND, Sidney 2 (g son), Eliza A. 8/12 (b. Sep) (g dau); THOMASON, Alice 9/12 (b. Sep) (niece)
128. McCOSELLOUGH?, I. (B) 30 (SC SC SC), Mary 30 (T NC NC), Dicy 14, Willy 10, Eliza 7, Anderson 6, I. C. 3 (dau), May 12, Katy 1, Virginia 8
129. McCORMICK, W. U. 61 (SC SC SC), Lu 18 (wife) (T VA T), Lizzinka 12, Willie 11, Helen 8, Maggie 4, John 1; CHAPEL, F. 45 (sis in law) (disabled)
130. BROWN, Joe C. (B) 65 (VA VA T), Ettie 35 (wife) (AL AL AL), Susie 5, Alfred J. 3, Eugene 3/12 (b. Mar), Phil 20 (boarder), Fanny 35 (boarder), Hattie 12 (boarder); BOND, Manda 66 (widow) (VA VA VA), Horace 22 (son) (T NC VA), Fanny 24 (dau) (T T T), Luther 10 (son) (T GA T), Stephen 70 (uncle) (NC NC NC)

Page 26, Dist. 22

131. BOND, Frank 27 (T NC VA), Hannah 35 (wife), Emma 3; BIDIG, Billy 14 (stepson), Susy 12 (step dau), Hattie 10 (step dau), Clint 8 (stepson); HATTON, Rachael 65 (mother in law); BOND, Elias 12 (nephew)
132. LYNCH, H. (B) 58 (SC SC SC), Hattie 45 (wife) (MS MS MS), Reason 22 (AL), Sarah 20 (AL), Jane 16 (T), Thomas 14, Annie 10, Ettie 7, Ann 5 (g dau) (T SC MS), Mary 18 (dau in law); KITTRELL, Rich 22 (son in law) (shoemaker), Willie 7/12 (b. Nov) (g son)
133. LYNCH, E. (B) 28, Ada 28 (wife), Bodse? 12 (bro), Tomie 9 (bro), Newt 8 (bro), Mary 3 (dau), Amy 70 (mother)
134. POINTER, Kitty (B) 25 (MS MS T), Ed 8 (son) (T T MS), Guilford 2 (T T MS), Edward 16 (bro) (T MS MS); HARRISON, Lewis (Mu) 35 (boarder), James 15 (boarder); JACOBS, Hoover? (B) 18 (boarder)
135. McKISSACK, A. (B) 28, Mary 28 (wife), Wm. H. 12, Susy 5, Walter 3/12 (b. Mar), Jo 13 (nephew)
136. FITZGERALD, S. (B) 60 (T NC NC), Winnie 60 (VA VA VA), Jno. 35, Martha 25 (T T T), Lizzie 14 (g dau)

Page 27, Dist. 22

137. PARKS, James 30 (MI MI MI), Eliza 28 (KY KY KY), George 14 (KY), Mary A. 11 (KY), Lillian 9 (KY), James 2 (T)
138. PARHAM, Kinch (B) 25, Mima 20 (wife), Jake 70 (father), Mallow 13 (nephew)
139. GARY, John 55 (T VA VA), E. J. 52 (wife) (T SC SC), S. G. 18 (dau), M. M. 12 (dau)
140. GARY, Ben S. 31, L. J. 24 (wife) (T VA T), M. L. 5 (dau), J. S. 9/12 (b. Sep) (dau)
141. CALDWELL, A. (B) 30, Lucy 30 (wife), Al 12, Lulu 8; BURNET, Henry 14 (boarder); ALEXANDER, Wash 35 (boarder)
142. McKINNEY, Humph (Mu) 40, Susan 35 (B), Mary (Mu) 12, Mag 5; REESE, Sylvia (B) 70 (mother in law)
143. BUTLER, Tom (B) 50, Rach (Mu) 40 (wife), Jeff 8, Mary A. 3
144. CHEAIRS, Hattie (B) 30 (widow), Laura (Mu) 12, George (B) 10, Ary 4 (dau), Robt. 11/12 (b. Jul); THOMPSON, Lucy 25 (boarder) (widow), Lige 5 (boarder) (m)
145. McCARROL, Dave (B) 70 (NC VA NC), Milly 70 (VA VA VA); CLAYTON, Bob 25 (boarder); McCARROL, Winnie 6 (g dau), Henry 4 (g son), Tennie 2 (g dau); HENDERSON, H. 10 (nephew) (AL T T)

Page 28, Dist. 22

146. FLOYD, Joe 23 (T T NC), Emma 25 (T T NC), Fanny 24 (boarding), Carrie 8 (niece), Ida 6 (niece), Della 3 (niece), Jimmie 3/12 (b. Mar) (relationship omitted), John 28 (bro) (trader) (T T NC)
147. FLOYD, Wm. jr. (T T NC), Mollie 22, Maggie L. 4
148. FLOYD, Wm. Sr. 54 (T NC NC), Fanny sr. 50 (T NC NC), Henry 15, Addie 13
149. BURELSON, Jack 35, Mary C. 36, Fanny 3
150. McCARROL, David (Daniel?) (B) 60, Mildred 40 (wife), Willy (Mu) 10 (g son), Josie 8 (g dau), Bettie (B) 25 (dau); STEVENSON, Gran (m) (boarder), R. Gus 20 (boarder)
151. SCRUGGS, Ned (B) 30 (barber), Emily 28, Sam 6, Eddie 4; MORGAN, Wm. (Mu) 35 (relationship omitted), Lizzie 25 (wife), Rocie 3 (dau), Golden 2 (son)
152. McKISSACK, J. W. 28 (lawyer) (MS NC NC), Mary 26 (wife), Pope 2 (son?); POPE, Willie 17 (niece); McLEMORE, Addie (B) 18 (servant)
153. POINTER, Sol (Mu) 25, Mariah 28, Uriah 10
154. HARDIN, J. O. 38 (widower) (physician) (NC NC NC), Jimie 7 (T NC T), Annie 3 (T NC T), Helen 2/12 (b. Apr) (T NC T)
155. THOMPSON, Sandy (B) 48, Ettie 36 (wife), Sarah I. 14, Preston 18, Nora 2, Sandy jr. 11/12 (b. Jun)

Page 29, Dist. 22

156. PETERS, Katy (B) 52 (widow) (VA VA VA), Gus 18 (consumption) (T NC VA), George 10 (g son)
157. MAXWELL, Henry (B) 25, Lucy 26 (T VA NC), Maggie 7, Willie 6, Martha 4, Ella 8/12 (b. Aug)
158. THOMPSON, J. T. S. 44 (T VA T), M. L. 34 (wife) (T NC VA), Minnie 8, Mays 4, St. Clair 2, Leo 10/12 (b. Jul), A. 79 (father) (VA VA VA), Amy (B) 35 (servant); DAVIS, Esther (Mu) 19 (servant); THOMPSON, Smith (B) 50 (servant) (VA VA VA); HADDOX, Lizzie (Mu) 7 (servant); THOMPSON, J. 1 (B) (Servant) (m)
159. McCLEAN, Dan (B) 32, Harriet (Mu) 28
160. THOMPSON, Jno. (B) 38, Elsie 36, Harry 6, Molly 9, Elsie sr. 60 (mother) (T NC NC)
161. MARSHALL, Ed. (Mu) 40, Elsie 36, Chaney 6 (dau), Willie 1
162. WADE, Tom (B) 50 (T VA VA), Meda 42 (wife), Martha 17, Harriet 14, Caroline 10, Fannie 7, Sam 4, infant (m) 4/12 (b. Feb) (son)
163. TURNER, Ben (B) 35, Priscilla (Mu) 30, Luther 7, Mary 4, Anthony 6/12 (b. Dec)
164. THOMPSON, Rich (B) 30, Mary 28
165. THOMPSON, Thom (B) 70 (VA VA VA), Lucinda 60 (wife) (T VA VA), Hiram 21; MITCHEL, Joe 10 (nephew)

Page 30, Dist. 22

166. THOMPSON, Jim (B) 75 (VA VA VA), Jennie 70 (T VA NC), Charlotte 50 (dau), Lucy 17 (g dau) (idiotic)
167. CALDWELL, Charly (Mu) 23, Sarah 20, Eda 2, Robt. Lee 4/12 (b. Dec)
168. THOMPSON, F. A. 56 (preacher) (T VA VA), S. M. 51, Myra 19; BAILEY, Wm. (B) 40 (servant) (AL AL AL), Jane 42 (servant); THOMPSON, Mary 22 (servant), Carter (Mu) 4 (servant), Hattie (B) 39 (servant)
169. OWEN, Albert (B) 30, Laura 28, Eliza 7, Fanny 5, Maggy 3, Peggy 2; SCRUGGS, Caesar 25 (boarder), Adella 17 (boarder)
170. BOND, Arthur (B) 60 (AL AL AL), Sophia 60 (AL AL AL); DURDEN, Charlie 13 (g son)
171. NELLUMS, D. A. 43 (T NC SC), R. E. 43 (wife) (T NC SC), J. L. 12 (son), M. M. 11 (dau), W. W. 4 (son), C. C. 2 (son), Sophronia 42 (cousin) (T T SC)
172. FORCHAND, Elihu 31, J. A. 24 (wife), Ida 9, Anna 7, Deminner 4 (dau), Odie 2 (son), infant 2/12 (b. Apr) (dau); COOPER, Lizzie 15 (cousin) (AR T T)

Page 30, Dist. 22 (cont'd)

173. POTTER, A. W. 68 (m) (T Ire VA), Autie 14 (son) (crippled) (T T VA); ARMSTRONG, T. J. 30 (m) (boarder) (overseer), Emma 27 (boarder); THOMPSON, Jack (B) 30 (servant), Jane 30 (servant), Charlie 10 (servant), Etta 6 (servant), Walter 4 (servant), Sallie 2/12 (b. Apr) (servant), CHAPMAN, Milt 25 (servant); McKISSACK, Geo. 23 (servant)

Page 31, Dist. 22

174. HUNT, Thomas 33 (T NC T), S. L. (wife) 34 (IN T T), Jno. C. 12, Anna 10, Mary L. 8, Drusy C. 5, Oliver G. 3, infant 7/12 (b. Nov) (son); DRUMMONS, Lewis 23 (boarder)
175. HUNT, Lucinda 60 (widow) (T SC T), Buck 22, Sarah 23, Lucy C. 18; CAMPBELL, James 16 (boarder)
176. PRICE, Thomas 44 (T NC T), Sarah 47 (NC NC NC), Dana 13, Mary F. 11, George 9, Nancy 26 (dau in law), Ella 10 (g dau), Willie 3 (g son)
177. KITTRELL, G. W. 55 (T NC T), M. J. 44 (wife), Felix H. 17, Sicily 13 (dau), Brice 28; HORNER, Donah (B) 28 (servant) (note: following B & Mu persons all listed as servants); Susanna (Mu) 14, Cassandra 11, Lewis (B) 7, Cora (Mu) 5, Willia (B) 3, McDONALD, Jno. 18; JAMISON, Jeff 25; THOMPSON, Ned 20; BROOM, Hen (m) 22; OFFICER, Sol 25, Burnet 18; JOHNSON, W. J. (W) 48 (boarder); ROUNTREE, C. 65 (boarder) (clerk in store) (T NC NC)
178. PORTER, S. S. 54 (VA VA VA), C. J. 52 (wife) (T CT VA), M. E. 18 (dau), Chas. R. 13; HOPKINS, Mary (B) 18 (servant); CRUTCHER, Chas. 21 (servant)

Page 32, Dist. 22

179. McCONICO, Robt. (B) 23, Sarah 20, Willie 2, Sam 8 (stepson)
180. FITZGERALD, John (B) 40, Hannah 30 (wife), George 12, Mary 10, Neil S. 8, Rosanna 6, Sammie 3
181. BURNS, Steve (B) 50, Becca 60 (wife), Tom 18, Sam 17, Mariah 15, Josie 13, John 12; BROOKS, Tom 8 (g son), Jo 10 (g son), Jim 6 (g son), Ada 3 (g dau)
182. WAGGONER, L. C. 61 (teacher), S. J. 60 (wife) (T VA NC)
183. NORWOOD, Frank (B) 48 (SC SC SC), Mary 23 (wife) (T VA VA), Sina 22, Jeff 5, Will 3, Livinia 50 (boarder) (GA SC SC), Lewis 58 (boarder) (SC SC SC), Betsy 72 (boarder) (VA VA VA); FORBS, Elbert 28 (boarder) (GA GA GA)
184. JOHNSON, Wiley 34 (T SC SC), Mary F. 35, Lavonia 12, Mag. I. 10, Mary E. 9, Sam R. 7, Wm. F. 7, John F. 4, James E. 3, Andey W. 1/12 (b. May); HUFF, Irena 25 (boarder)
185. HARRELL, T. J. 31 (GA SC GA), Eliza J. 24 (wife), Martha F. 70 (mother) (GA VA VA)

Page 33, Dist. 22

186. FISHER, Wash (B) 50 (AL VA VA), Martha 26 (wife) (T VA VA), Ann 9, Alice 4, Ada 3, George 2
187. WARREN, Chas. (Mu) 38, Elsie 35, Carrie 12, James L. 11, Simpson 9, Harrison 7, Rachael 6, Harriet 2
188. McKISSACK, Ross (B) 50 (T NC NC), Susan 35 (wife), Jane 12
189. SANDERS, Harve (B) 20 (RR hand), Ann (Mu) 18 (wife); McRAY, George (B) 20 (boarder) (RR labor); SANDERS, Hays 16 (bro)
190. McMUNS, Jane 53 (NC NC NC), Mary H. 20 (dau) (T SC NC), Hattie 17 (dau) (T SC NC), James 14 (son) (T SC NC), Knox 22 (son) (scrofula) (T SC NC); SYMAN, Wm. 26 (boarder) (miller) (VA VA VA)
191. MORNIFACY, James 40 (RR) (Ire Ire Ire), Hattie 27 (wife), Jno. 20 (postmaster) (son) (KY Ire Ire), Ellen 17 (dau) (T Ire Ire)

Page 33, Dist. 22 (cont'd)

192. ALEXANDER, Aleck (Mu) 45 (blacksmith), Susan 30 (wife), Lilla 8, Will 7, Sam 5, Ella 3; SCRUGGS, Jennie (B) 2 (g dau); ALEXANDER, Du? (Mu) 15 (son)
193. MILLER, Joe (B) 23 (T T VA), Mattie 21, Carrie 1
194. FOSTER, Pleast (B) 45 (widower) (blacksmith) (T VA VA), Erma? 20, Alice 18, Lulu 15, Martha 13, Eli 10
195. POLK, Milton (B) 28 (RR hand) (T NC NC), Patsy 26 (T NC T), Annie 6, Roberta 8/12 (b. Oct); DUNER, Chas. (B) 23 (boarder) (RR hand) (AL AL AL)

Page 34, Dist. 22

196. JONES, Thomas (B) 37 (RR hand), Jenny (Mu) 30 (AL AL MS), Allen 12, Taz 7 (son), Jimmie 4, Andrew 1/12 (b. May); JORDAN, Thos. 27 (boarder) (RR hand)
197. COURTNEY, C. I. 35 (engineer) (OH OH OH), Ada 38, Josie 12, Charly 10, George 8, Ella 2
198. CHAPPELL, John 30 (T VA T), Mary L. 35 (wife) (T NC NC); MORTON, Lela 5 (stepdau)
199. CHAPPEL, Lum (B) 24, Emily 23 (T NC NC), Cornelia 4, Sarah 2, Richard 1; JOHNSON, John 16 (boarder)
200. LOCKRIDGE, Porter (Mu) 49 (T VA T), Martha (B) 45 (T VA NC), Robina 19 (dau), Oscar 16, George 14, Hughes 12, Roxa 9, Mattie 7, Willie 2 (g son), Tom Marshal 1/12 (b. May)
201. TYE, W. M. 40 (plasterer) (GA GA GA), Rebecca 29 (wife) (T VA VA), Minnie 12, Ida 10; SMITH, Harrison (B) 68 (servant) (VA VA VA)
202. MILLS, Sam 35 (T T KY), Elizie 35 (T SC VA), Ella 12, Sammie 10, Roxa 8, Leona 6, Lizzie 4, Thomas W. 2
203. MARLON, James (alias McKISSACK) (B) 38 (carpenter); McKISSACK, Elmira 38 (wife), George H. 22, Lucius 16, Columbus 10, Jimmie 7, Haggai 5 (son), Dubber 3 (son), Jonas 10/12 (b. Jul); CAMPBELL, Anna (Mu) 13 (niece)

Page 35, Dist. 22

204. CHAPPELL, Edmond (B) 70 (VA VA VA), Sibba 72 (T NC NC), Willie 14, Bosie 7 (son); JOHNSON, Shilda 32 (boarder), Sam 2 (boarder)
205. WILSON, Andy 46 (T MD KY), Susan 32 (wife) (T VA T), Dora 11, Susie 10, Lillie 4, Mollie 1; WILSON, Jeff (B) 17 (servant)
206. SIMMONS, Thos. 38, Sarah A. 33, Robt. H. 10, M. A. 8 (dau), Thos. G. 6, Wm. C. 5, McKay 3, Quinton 1; ROUNTREE, Jack (B) 19 (servant)
207. WARREN, Robt. 60, Susan 50 (wife), Manson 18, Mahala 16, Joe 14, Rosa 7
208. HILL, Lewis (B) 60 (T T NC), Mary (Mu) 52, Joe 19, Sarah 22, George 15, Albert 12, Annie 3 (g dau), Haggai 4/12 (b. Feb) (g son); MILLER, Henry (B) 82 (stepfather) (VA VA VA), Milley 75 (mother) (dispepsia) (NC NC NC); BROWN, Alice 22 (boarder) (VA VA VA), Lillie 3/12 (b. Apr) (T VA VA)
209. FLOWERS, Nancy 43 (widow), Laura 24, Willie 22, Marion 20, Ettie 15, Mary 13, Martha 9, Alice 7, Diminna 1

Page 36, Dist. 22

210. LOCKRIDGE, Milton (B) 24, Paralea 19, Willie J. 2, John M. 1/12 (b. May); DANIEL, Thos. 15 (bro in law), Laura 14 (sis in law)
211. DOWELL, Benj. F. 58 (T VA T), Alpina M. 47 (wife) (T NC T), Maggie 21, Lena B. 14, Lenora W. 5, Ben F. 3; WITHERSPOON, Rose (B) (servant), George 1 (servant); DOWELL, Elizabeth 54 (sis) (can do nothing) (idiotic)

Page 36, Dist. 22 (cont'd)

212. BOLTON, Wm. 36, Mary 28, Nancy 11, Lucy 8, John 6, Rob. T. E. 4, Wm. Gia? 2 (son), Lizzie 71 (mother)
213. KELLEY, G. W. 36 (T T GA), Josie 25, Luella 10, Anna 6
214. FRAZIER, Jane 40 (widow) Goly 22 (dau), Louisa 19, Jarona 15, Capp 13 (son), Ed 11; HARRIS, H. (B) 35 (servant), Hannah 34 (servant), John 4/12 (b. Feb) (servant)
215. McMIN, Demp (B) 52 (widower) (blacksmith) (T NC NC), Henry 15, Sam 13, Dora 11, Willie 9 (dau), Hinton? 6

Page 37, Dist. 22

216. POINTER, Amy (B) 35, Joe 4 (son); ALLEN, Gary 23 (nephew); THOMPSON, P. 65 (f) (relationship omitted), Jack 4 (son); NEVILS, Alice 26 (boarder), Jimmie 4 (boarder), Sammie 8 (boarder)
217. JAMISON, W. A. 53 (widower) (grocer) (T NC NC), Alice 25; HUNTER, Mit 27 (son in law), Georgie 23 (dau), Gene 24 (boarder); KERR, Caroline (B) 43 (servant), Lucy 6
218. FOSTER, Joseph 37, R. T. 40 (T NC T), Eugene 14, Nickolson 12, Mattie 10, Eva 7, Joe 5, Olivia 3
219. WORLEY, T. C. 40 (carpenter) (chronic dysentary) (T NC VA), M. E. 30 (wife), Ernest 1, M. E. (f) 1/12 (b. May); CAMPBELL, J. A. 63 (father in law) (T __); FRIZZELL, E. J. 30 (sis) (T NC VA), Jimmie 16 (nephew)
219. ROUNTREE, Mary (B) 43 (widow) (T VA VA), Mary E. 12, Cassie 8, Robt. 3
220. ROUNTREE, Nancy (B) 26 (widow), Zulu 12 (dau), Alabama 10 (dau), Molly 6; KENNARD, Isham 65 (father), Patsy 55 (mother)
221. HUNTER, Jas. 61 (miller) (T NC NC), Mary 53, Fanny 21, Joe 20, Irene 18, Molly 16, Clifford 14, Ada 12, Addie 10; McKINLEY, Claudia 9 (g dau) (T GA T)

Page 38, Dist. 22

222. GRAY, H. 27 (preacher), Harriet 23 (wife), Sallie 20 (sis)
223. JOYCE, Sol (B) 47 (T NC NC), Ellen 33 (wife), David 10, Rufus 8
224. COLEMAN, Tisha 71 (widow) (VA VA VA), Jeff 33 (T VA VA), Lem 26 (T VA VA)
225. MOORE, Margaret (B) 30, Ida (Mu) 10 (dau), Will (B) 8 (son), Joe (Mu) 5 (son), Walter 2 (son)
226. MOORE, Rufus (B) 36, Cela (Mu) 35, Charlie (B) 12, Joseph 10, Bettie 8, Jim 6, Sam 4, Hettie 2 (son)
227. BROWN, Wm. R. 47 (T SC SC), Lizzie 23 (wife), Willie 3 (dau); PEYTON, Betty 44 (relationship omitted)
228. COOPER, Phillip (B) 50, Martha 48, Jane 20, Josie 11
229. MILLER, Nancy 47 (widow) (GA SC SC), W. D. 24 (son) (AL AL GA), Sarah A. 21 (AL AL GA), Nancy E. 19 (AL AL GA), John 17 (AL AL GA), Marcus 13 (T AL GA), Pattie 11 (T AL GA), Walter 9 (T AL GA), Jerome 7 (T AL GA), Leona 4 (T AL GA); CHANDLER, James 56 (son in law) (carpenter) (T NC NC), Nannie 4 (g dau) (T T AL), Berthie 2 (g dau) (T T AL), Jimmie 3/12 (b. Mar) (g son) (T T AL)
230. COOPER, D. B. 36 (T SC T), M. P. 24 (wife) (NC NC T), Florence 13, F. F. 11 (son), M. D. 10 (son), Sadie 2, W. S. 5/12 (b. Jan) (son); WINGFIELD, Clara (B) 24 (servant); WEBSTER, Sarah 35 (servant) (GA GA GA), Charlie (Mu) 14 (servant)

Page 39, Dist. 22

231. RATLIFF, W. C. 34 (preacher) (T T MS), M. K. 35 (wife); KENADY, M. 22 (sis in law) (T T MS); FRIERSON, F. C. 26 (m) (relationship omitted)

Page 39, Dist. 22 (cont'd)

232. JONES, Frank (B) 45, Martha 32 (wife), Lithy 1/12 (b. May) (f) (dau?), George 8 (nephew), Mary 6 (niece)
233. LIPSCOMB, Sam (B) 44 (T VA VA), Lucinda 30 (wife)
234. MURRAY, John (B) 45, Eliza 32 (wife), Dinah 12 (niece)
235. ALLEN, E. T. 50 (widow) (T NC VA), Florence 18 (MS T T), McKIVINS, Andy (B) 30 (servant); MILLER, Rosa 14 (servant)
236. STONE, Wm. (B) 25, Jenny 24, Pearly 2, Florie 4/12 (b. Feb)
237. AKIN, W. J. 51 (blacksmith) (T KY T), M. A. 45 (wife) (T VA VA), A. L. 13 (son), Lillie 6; FOSTER, E. M. 29 (son in law), A. E. H. 23 (wife), Wm. E. 4 (g son), G. Estel 8/12 (b. Nov) (g dau)
238. FOSTER, I. M. 71 (VA VA VA), C. D. 62 (wife), Van 32, Lee 27; McKAY, Alec 32 (son in law) (overseer), C. A. 30 (dau), Anna L. 5 (g dau); TERRIL, Lem (B) 15 (servant); TAYLOR, John (W) 22 (boarder); JORDAN, Cam (B) 21 (servant)
239. MILLER, W. W. 69 (T VA VA), S. J. 66 (wife) (T NC NC), S. J. 34 (dau); JAMESON, T. E. sr. 45 (son in law) (T __ __), T. E. jr. 18 (g son), Lulu 13 (g dau), W. M. 5 (g son), S. J. 3 (g dau), Henry 2 (g son); OVERTON, Forest (B) 19 (servant); VESTAL, Harriet 32 (servant), L. Pearl 5/12 (b. Jan (f) (servant)

Page 40, Dist. 22

240. SANDERS, J. I. 60 (T VA VA), M. A. 59 (wife) (T VA VA), H. D. 34 (son); STEPHENSON, C. (B) 55 (servant); HARRIS, Esquire 60 (servant) (MS MS MS)
241. SANDERS, Perry (B) 42 (T NC T), Mary 40
242. NICKOLSON, P. (B) 32, Elsie 30 (wife), Mary L. 5, John 2
243. LOCKRIDGE, P. (B) 23, Jane 23 (wife), Tomie 4 (son), Robt. M. 2, Albert 9 (nephew)
244. NICKOLSON, Wm. (B) 61 (NC NC NC), Bettie 40 (wife), George 20, Henry 18, Andrew 15, Robt. 8, Maggie 14, Fanny 12, Phoebe 9, Lettie 5, Tisha 3
245. CHANDLER, Jno. 68 (widower) (sick dropsy) (T NC NC), Billy (B) 9 (servant)
246. FITZGERALD, F. M. 45 (T NC NC), Caroline 43 (wife), M. L. 21 (dau), F. M. 19 (son), Willie 9 (son), Georgie 7 (son)
247. SEARCY, Ephe? (B) 30, Phronia 30 (wife), Sally (Mu) 20 (step dau)
248. SLATE, Edmond 70, Mary 35 (wife), Jeff 15, Joe 13, Anderson 11, Jake 1

Page 41, Dist. 22

249. PAYNE, Dan (B) 35, Ellen 30, Sarah 15, Jordan 9, Jane 7, Hortense 5, Ernest 3; MOORE, Amy 60 (mother in law) (T NC NC), Sylla (Mu) 14 (niece), Benj. 11 (nephew)
250. MITCHELL, A. (B) 30, Sally (Mu) 25 (wife), Willie 9, Lotsie 6 (dau), Bobbie 4, Anderson 3, Susan 10/12 (b. Aug)
251. COLEMAN, Berry 28 (widower) (T NC NC), Nannie 32 (sis) (T NC NC), Bunton 23 (bro) (T NC NC), Willie 10 (son), Ernest 6 (son); MARTIN, Wm. (B) 19 (servant)
252. MORRIS, Joe 37, Cynthia 25 (wife), John 8, James 6, Wm. Jos. 2, Charlie A. 6/12 (b. Nov)
253. HARDIN, Jane 28 (widow) (T VA T), Albert 13 (T MI T), Charlie 10 (T MI T), Jene 8 (son) (T _ I T), John 6 (T MI T), Dora 1 (T MI T)
254. RAGAN, J. W. 21 (m); BROWN, R. (B) 18 (servant); SPRATT, D. 23 (servant), Ettie 19 (servant), Josh 9/12 (b. Sep) (servant)
255. KRITZ, Benj. (Mu) 51 (AL AL AL), Emiline 48, Benj. jr. 10, Elloese 8, Lucy 8, James 1; FOSTER, Calvin 20 (stepson), L. Annie 17 (stepdau), Minnie 4/12 (b. Feb) (g dau), Bell 15 (stepdau)

MAURY COUNTY

Page 42, Dist. 22

256. FOSTER, Albert (Mu) 60 (VA VA VA), Harriet 45 (wife); GREGORY, Sandy 25 (boarder); BAUGESS, Jane (B) 50 (boarder), Sandy 16 (boarder) (m), Allen 14 (boarder)
257. MOORE, Wm. F. 60 (T NC NC), Nannie 45 (wife), Frank 27, Genie 20 (dau), Lillie 19, Laird 17, Julia 13, Robt. 11, Walter 9, Lucy 5; KELLEY, G. M. 26 (son in law), Annie 25 (dau), Hardy 4 (g son), Willie 1 (g son)
258. HELMS, Elisha (Mu) 50 (widower), Lizzie 30, Manda 27, Olive 25, Linda 17, John 11, Elisha 7, Della W. 4, Thos. F. 17 (adopted son), Thos. Wm. J. 8 (g son), Eddie 6 (g son), Henry 7/12 (b. Nov) (g son)
259. ALLEN, Pleasant (B) 49 (T T VA), Fanny 43, Peter 17, Marshall 11, Mattie 5 (dau), Lizzie 4
260. MATTHEWS, Mary (B) 60 (widow) (VA VA VA), Hetty 37 (T VA VA), Mary Eliza 13 (T VA VA), Mary Eliza 13 (T VA VA)
261. MORRIS, Clara 38 (widow) (T SC SC), Cynthia 16, Willie 13, Wm. R. 1 (g son)
262. CAMPBELL, S. W. 32, Dora 27 (wife), W. K. 5 (son), Nellie 3, Nannie B. 1; JONES, Will (B) 12 (servant)

Page 43, Dist. 22

263. JONES, Fannie (B) 36 (widow) (T VA VA), Mack 16, Ida 14, John 7, Lewis 4, Henry 11/12 (b. Jul)
264. KINCADE, John 37 (wheelright) (T KY T), Lizzie 34 (T T SC), Wm. Allie 10, Eva Dora 8, Mit Davis 5, Bonny R. 1
265. CAMPBELL, Web (B) 42, Tennie 35
266. HARRIS, Wm. (B) 35 (preacher), Mollie 35, Wm. 15, Sis 13, Luella 11, Bud 2
267. WILLIAMS, John (B) 34, Easter 22 (wife), Florence 3, Nettie 2, Charlie 11/12 (b. Jul)
268. LOCKRIDGE, Rich (Mu) 56, Jane (B) 46 (wife), Maggie 18, Wm. Dale 11, Ida 7
269. CAMPBELL, Monroe (B) 44, Hagar 42 (wife), Estell (Mu) 10 (adopted dau)
270. DALE, Duncan (Mu) 50 (carpenter), Narcissa (B) 30 (wife), Emma (Mu) 7, Daisy 5, Oclia? 1; BUNCH, Eliza (B) 65 (mother in law)
271. SELLERS, Robt. (B) 40, Patience 36, Alice 12, Walter 6; CAMPBELL, Jno. 21 (stepson), Mary 22 (dau in law), Cora 3 (g dau), Rebecca 18 (step dau)

Page 44, Dist. 22

272. FOSTER, A. J. (B) 31, Lou 25 (wife), L. 9 (son), Alverta 8, Davy 6 (dau), Iverson 3, Gerta 1
273. GLENN, Haywood (B) 24, Adalade 21
274. SHAROD, Henry (B) 23, Victoria 21, T. C. 2 (son), Tempe 6/12 (dau)
275. RICHEY, John 23, Martha 30 (sis)
276. MOORE, George (B) 50 (T VA NC), Jane 33 (wife) (T VA NC), Frank 14, Jimmie 11, Melville 10, Gus 6, Lulu 2
277. MOORE, Nathan (B) 30, Lottie 27, Isabella 7, Merino 5 (dau), Albert 3
278. MOORE, Jim (B) 50, Charity 42, Wright 21, Elihu 18, Minerva 12, Ida 10, Dora 8, Jimmie 6, Zilly 5 (son), Johnie 3; ROUNTREE, M. 80 (mother) (VA VA VA)
279. LAMB, Harrison (B) 56 (KY KY KY), Caney 54 (wife) (T VA VA), Cornelino 26 (son), Lizzie 19; THOMPSON, Pres 6 (nephew)
280. BUNCH, J. W. 45 (T NC NC), M. M. 26 (wife), Austin W. 3, Fred 2, Anna 79 (mother) (NC NC NC)
281. LOCKRIDGE, R. jr. (B) 30, Mary 28, Tinie (B) 24 (sis in law), Musie 3 (dau)

Page 45, Dist. 22

282. CHANDLER, Peter (B) 50 (T VA NC), Mary 50, Emily 21, Fanny 4 (g dau)

Page 45, Dist. 22 (cont'd)

283. SOWELL, Thos. C. 45, F. L. 34 (wife) (T NC NC), Rhoda (B) 60 (servant) (T NC NC)
284. OVERTON, Lina (Mu) 35 (widow), Morgan 16, Mollie 8, Rina 5
285. HARVEY, Nathan (B) 40 (T T VA), Hannah 41 (T LA NC), Thomas 15
286. CAMPBELL, Joe (B) 52 (T VA VA), Angeline 48 (T VA VA), Knox 4 (g son), Jim 12 (nephew)
287. CAMPBELL, Carter (B) 27 (constable), Etta 22, Joe 7/12 (b. Dec); MITCHEL, Mose 21 (boarder)
288. CAMPBELL, Newt (B) 55, Dilsy 48, Irene 21, Mary J. 19, Eddie 14, Eli 12, Newt 10, Jake 8, George 6
289. MITCHEL, Joe (B) 49, Lizzie 43, Alec 17, Jordan 12, Sammie 9, Hattie 7, Emma 5, Charles 3, Joe 1
290. TURNER, Wm. 42, Marietta 36, Lucella 10, Maggie 7, Ida 6, Kate 2; FITZGERALD, A. (m) 17 (boarder), Geo. 16 (boarder)

Page 46, Dist. 22

291. JOURNEY, Newton 30, Mary 21, Mollie 4, Maggie 2, Olivia 9/12 (b. Aug)
292. UNDERWOOD, J. W. (m) 36 (T NC T); ANDERSON, Joe 19 (boarder)
293. HARRIS, Jack (B) 81 (MS MS MS), Jane 65 (wife) (KY KY KY)
294. PERKINS, J. (Mu) 26, M. 25 (wife) (MS MS MS), Allie 1 (dau)
295. HARRIS, Duff (Mu) 35 (MS MS T), Mary (B) 40 (wife) (KY KY KY), Dona 11, George 8; SMITH, Thos. 16 (boarder); MOORE, Amy (Mu) 13 (boarder)
296. PEEBLES, Sallie 70 (widow) (T VA NC), Anna 10 (adopted dau)
297. KERR, R. M. 49 (T NC T), Mary S. 30 (wife), Sarah E. 6, David D. 2, Robt. L. 2/12 (b. Apr)
298. SANDERS, Henry (Mu) 34, Lizzie 27, Lilla 6, Una 3
299. MOORE, Peter (B) 26, Mattie 23, Willie 6, Glennie 3 (dau), Nellie 2
300. BROOKS, John (Mu) 25, Ellen 23, Sallie 3, Bettie 1
301. CALDWELL, Isom (B) 26, Cynthia 23 (wife), Mattie 8, Malinda 6, George 3
302. KERR, David S. 51 (T IN T), E. C. 34 (wife) (T NC T), J. P. 58 (bro) (T IN T), Susan C. 28 (sis) (T IN T)
303. THOMPSON, Rufe (B) 50, Elmira 28 (wife), Maria 10, Hittie 8, Jodie 6, Alf 4

Page 47, Dist. 22

304. FITZGERALD, M. A. 26 (B), Sallie 22 (wife?), George 3, Willie 2, Ettie; SMITH, Martha 50 (aunt)
305. ALDERSON, Sam (Mu) 29, Jennie 17 (wife), WILLIAMS, Fanny 66 (boarder); COUNCIL, Nancy 22 (boarder); WAINRIGHT, Jno. (B) 23 (boarder); WALKER, Eddie 9 (boarder), COUNCIL, Elihu 4 (nephew), Jimmie 2 (nephew)
306. JOHNSON, Lucy (Mu) 40 (widow), W. M. 14 (son), Sarah 11, Tinie 7, Haywood 5, Walter 3
307. WALKER, Harriet (B) 35 (widow), Bill 8, Lizzie 3
308. ALLEN, Tom (B) 29 (AL AL AL)
309. POINTER, Albert (B) 28
310. PARHAM, Mingo (B) 29, Virgin 28 (wife), Wm. J. 6, Addison 3; THOMPSON, Gebbie 13 (niece)
311. HOWELL, Ben F. 28 (GA GA GA), Sallie 25 (T SC T), John 4, S. C. 3 (dau), T. B. 2 (son), Harvey 8/12 (b. Sep), John S. 18 (bro) (GA GA GA); FORESTER, Wm. 17 (cousin) (GA GA GA); ROBINSON, R. T. 18 (boarder) (AL AL AL)
312. BUNCH, Cy (B) 20 (AL AL AL), Mary 19 (AL AL AL), George 1
313. DODD, H. (Mu) 20 (GA GA GA), Liza 22 (wife) (GA GA GA), Davy 3 (GA), Jenny 1 (T), Jehu 13 (bro) (GA GA GA)

MAURY COUNTY

Page 48, Dist. 22

314. CHAPMAN, D. (B) 20, Annie 20, Allie 1
315. LARKIN, Hittie (B) 24 (widow) (AL AL AL), Manda 8 (AL AL AL), John 6 (AL AL AL), Charly 4 (AL AL AL), Nancy 1 (T AL AL)
316. COLEMAN, H. 23, E. J. 22 (wife), F. A. 2 (son), Hatti 6/12 (dau), HARPER, Jane 84 (mother in law) (blind) (SC SC SC)
317. PRICE, Tom 20, Susan 19, Gertie 8/12 (b. Oct)
318. STEPHENSON, Jno. (B) 20
319. AMOS, Pete (B) 19 (VA VA VA)
320. HADDOX, Bill (B) 28, Amy 24, George 6, Ada 3, Willie 1
321. SIMMONS, H. (B) 22 (m)
322. DUNLAP, Jo (B) 30, Rachael 28, Andy 6, Fannie 4, Daniel 2; McCARROL, Mildred (Mu) 19 (boarder)
323. CRAWFORD, T. (m) 50 (blacksmith); MOORE, Robt. 5, Frank 3, Susie B. 2 (relationship of these individuals omitted); POTTER, Amanda 65 (wife of A. W. Potter) (KY KY KY)
325. GIBSON, C. C. 31, Eliza 30 (wife), Wm. F. 9, Paralee 7, Jimmie 6, Dona 4, Brentley 2, Frank 4/12 (b. Feb), R. A. (B) 46 (servant); McCLURE, S. G. 20 (sis in law)

Page 1, Dist. 21

1. McKEE, Emily 58 (widow) (T NC NC), Elizabeth 36 (T NC T), Sallie 28 (T NC T), John W. 26 (T T T) (nursery agt), Alice 23 (T NC T), Robt. 21 (T NC T), Etta 16 (g dau) (T KY T)
2. BUTTS, Diana 74 (widow) (VA VA VA), Mary C. 39 (T GA VA), Rosina 36 (T GA VA), M. H. 30 (son) (T GA VA)
3. HARLING, Thomas 34 (T KY T), Laura (Mu) 28, Charles (B) 10, Ida 8, Henry 6, Ema 4, Alexander 2, Sarah 6/12 (b. Nov)
4. GANTT, Mary (B) 58 (widow) (VA VA VA); FOSTER, George 10 (servant) (T SC NC)
5. ALLEY, Henry (Mu) 52, Parthena (B) 46, Mathew (Mu) 13, Udora 8, Izora 8 (twins), Albert 5
6. BAUGASS, R. J. 58 (T NC NC), Diana L. 44 (wife) (T NC T), John T. 22; PARTEE, B. G. 76 (mother in law) (NC NC NC); POLK, Parilee (B) 39 (servant) (divorced) (T NC VA), Easther 1 (dau)
7. MOORE, James P. 65 (T NC NC), Mary A. 54 (wife) (T NC NC), Roxie F. 22, Benj. F. 19
8. DEW, I. H. 42, M. M. E. 39 (wife) (T VT T), May 12, Ada 10, Rebecca 8, Magie 6, Mattie 4, Hattie 4/12 (b. Feb); OATMAN, Leman 74 (father in law) (school teacher) (VT VT VT)
9. MOORE, John L. 63 (T NC NC), Angeline 57 (T NC NC), W. A. 25 (son), Alice I. 22 (dau in law), Alford 2 (g son), Buford 1/12 (g son), John L. jr. 24 (son); SMITH, J. William 13 (g son) (MO T T), Thos. Z. 12 (g son) (MO T T)

Page 2, Dist. 21

10. BAUGUSS, Willis (B) 23, Elizabeth 21, Mary 2, Willis jr. 6/12
11. KILCREASE, John W. (B) 30 (T SC T), Eliza 24, James 8, Mary 21 (sis) (T SC T)
12. KILCREASE, K. C. (B) 26 (T SC T), Vina 30 (wife), Armeta 3, Gilbert H. 3/12 (b. Mar)
13. KILCREASE, E. W. (B) 29, Lula 17 (wife), Joseph 2/12
14. THOMPSON, Carroll (B) 40 (divorced), George 11, Willis 10
15. HARRISON, Eliza 66 (T NC NC); McKISSACK, Lucy (B) 50 (servant) (T NC NC)
16. WHITE, Samuel 30 (NC NC NC), Rebecca 26; CHANDLER, Narcissus 37 (sis in law)
17. MYRES, John (Mu) 68 (MD MD MD), Sarah (B) 30 (wife) (NC NC NC), Edward (Mu) 11, John (B) 7, Lula (Mu) 6, Lena 6 (twins), Robt. (B) 4, Lewis 3, Walter 1

Page 2, Dist. 21 (cont'd)

18. MILLS, Johnathan 79 (NC NC NC)
19. MAHON, James 34 (T NC T), M. D. P. 24 (wife), India 2, Thos. B. 6/12 (b. Nov); BAUGUSS, Mary (B) 12 (servant)
20. ALDERSON, Samuel (Mu) 29 (T VA T), Jane 16 (wife); WILLIAMS, Nancy 66 (mother) (T VA VA); COUNSEL, Fanny (B) 23 (sis) T VA T); FOLSOME, Cora 6 (sis in law); COUNSEL, Ella 4 (niece?); WAINRIGHT, John 13 (nephew); HARLING, Edward (Mu) 9 (nephew); COUNSEL, James (B) 2 (nephew)

Page 3, Dist. 21

21. JOHNSON, Lucy (B) 40 (widow), William 15, Sarah 11, Thomas 9, Tinah 7, Haywood 5, Walter 3, Harriet 33 (sis), William 9 (nephew), Elizabeth 3 (niece)
22. NEWCUM, Flim 68 (T KY KY), Ally 55 (wife), Charles 21, Susan 17; COLLIN, William 12 (g son)
23. BAUGUSS, George (B) 25, Fannie 20, Thomas 10 (bro), McKISSACK, Calvin 6 (nephew)
24. DAVIS, S. C. 43 (T NC T), N. T. 35 (wife) (T VA VA)
25. ALDERSON, Henry (B) 50, Sarah 30 (wife), John 16, James 3, Lenora 3/12 (b. Mar); WRIGHT, Sharlotte 75 (g mother)
26. ODIL, Sarah E. 49 (widow) (T Eng T), James F. 15; FOXALL, John J. 47 (bro) (T Eng T)
27. HALEY, John C. 31 (T VA VA), Patty B. 24 (T VA VA), Iva 6/12 (b. Dec), Ava J. 69 (mother)
28. ROAN, E. S. 41, Amanda 39 (wife) (T NC T), Mary F. 20, Alice G. 18, William J. 14, L. P. 11 (son), Arch W. 9, Evan E. 6, Nora L. 2, Lilla J. 4/12
29. ALLEN, R. B. 53 (m) (T NC VA), Thos. Lee 14 (son), Eugenia P. 12, Jane 40 (wife of R. B. A.); GRAY, Handy (B) 35 (servant) (T __ T); FOLSOME, Alice 35 (servant)

Page 4, Dist. 21

30. BAILEY, George 44 (T VA T), Mitta A. 32 (wife) (chills & fever), Anna 14, Mary J. 6, Ocy 4 (dau), Tennessee 3, Ora 4/12, Dora 4/12
31. PORTER, Alford (B) 50 (blacksmith) (T VA VA), Nancy 33 (wife), Samuel 12, Emily J. 10, Mary L. 8, Belle 6, Pearl 6 (twins), Elenor 4, George 1, Ellen 13 (niece)
32. TIDWELL, W. B. 54 (T VA T), Martha A. 51 (T VA T) (wife), Nancy A. 33 (AL), Mary E. 30 (AL), Peter 28 (AL), Frank 24 (AL), Thomas 22 (AL), Sarah 16 (AL), John 12 (T), George 10
33. MILLER, Green (Mu) 52, Catharine 14 (dau), Harvy 17 (son), Nancy 8 (dau), Albert 5 (son)
34. KERBY, Allen (B) 58 (T T NC), Fannie 38 (wife) (NC NC NC); BLACK, Kases 20 (g son), Robt. 17 (g son)
35. BASSHAM, M. A. 35 (widow) (T SC T), Ada 7, Ider 5 (dau); SHAW, Jeferson D. 18 (bro)
36. BAILEY, Jones H. 30 (T VA T), Elizabeth 27, William W. 10, Cordelia 6, James E. 4, Jones E. 2, Fannie R. 2/12 (b. Apr)

Page 5, Dist. 21

37. CALDWELL, John W. 44, Sallie M. 40, Tula L. 9, William B. 7, Bennie 5, Eddie 3, Ethel 8/12, Ernest? 8/12 (both b. Sep--twins)
38. HUTSON, John T. 33 (T VA T), Clora 35 (T VA VA), Charles J. 12, John F. 10, Ross P. 8, William A. 6, Luther 1/12 (b. Apr), Estell 1/12 (b. Apr) (twins); LOVE, Albert (B) 18 (servant)
39. DAVIS, Thos. 29, Mary J. 27, Johnson 8, Lucy 5, Anna 3, Andrew J. 1/12 (b. Apr)

MAURY COUNTY

Page 5, Dist. 21 (cont'd)

40. HALEY, H. V. 43 (butcher & farmer) (T VA VA), E.? T. 42 (wife) (T NC NC), W. S. 22 (son), Ava T. 20, F. L. 18 (dau), Berry 17 (dau), Mack 15, Ella 12, Estelle 10, Edy 7, Lucy 6
41. GRUBB, John A. 37 (T VA VA), Anna E. 47 (wife) (T NC T), Susan 13, Matilda 9; LEFTWICH, William G. 22 (step son), Clifferd 10 (relationship omitted)
42. JOHNSON, A. M. 42 (T KY T), Susan 35, William 12, Hattie 9, Frank 7, Joseph E. 2, Nettie 1
43. OSBORNE, John G. 30 (T VA T), Mary 28, Mary 6, Henry 4; GREGORY, J.? S. 47 (uncle) (T VA VA); OSBORNE, Martha 66 (aunt) (T VA VA), Cally (B) 20 (servant); SYKES, Frank 18 (servant)

Page 6, Dist. 21

44. LOCKRIDGE, John W. 42, Jennie 40, Carry 15 (dau) (AL), John 12, Eugene 10, Walter 8, Woodson 2; FOLSOM, Sam (B) 50 (servant); HUNTER, Nancy 15 (relationship omitted)
45. BROWN, Susan (Mu) 46 (widow) (T VA T), O_nge 24 (son), R_ 22 (son), Mays 21 (son), Alford (B) 19, Laura 16, Harriet 12, Anna 10, James 7, Osa 5 (son), Mandy 1, Mattie 18 (dau in law), Eddie 7/12 (b. Oct), Jennie 7?
46. ALLEY, Lee (Mu) 21, Racheal 18 (wife)
47. MANGRUM, James M. 47 (widower), Ginnie 18 (dau), Alice 14, James 11, Nettie 8, Maggie 6, Anna 3
48. LAMBREATH, John 57 (T PA T), Evaline 61 (wife) (T _ _), John R. 20, Franklin 4 (g son) (TX T TX)
49. DAVIS, Johnson 70 (widower) (NC NC NC), Margaret 30 (T NC T); GRAY, Malvina (B) 30 (servant) (T VA VA); GUIN, Shack 26 (servant)
50. MITCHELL, Eliza 28 (widow) (T NC T), Etta 12, Thomas 10, Tilman 8, Elizabeth 6, Charles 4

Page 7, Dist. 21

51. GUIN, John (B) 35 (NC NC NC), Tennie 30 (NC _ _), Harry 1-6/12
52. MEDLEY, Robt. (B) 30 (VA VA VA), Anna 21 (T _ T), William 4, Silva 3, Russell 2; HADLEY, Louisa 30 (sis in law) (widow), William 7 (son), Sarah 5 (dau), Jessee 3 (son), Delpha 7/12 (b. Oct) (dau); TONE, Louisa 16 (servant); JOHNSON, Kamp 54 (relationship omitted) (T MD T), Charlotte 45 (wife) (T MD T), Ema 13 (step dau); SYKES, James 54 (servant)
53. ALEXANDER, Thomas (B) 28 (GA VA _), Fannie 22 (MS VA AL), Andrew 6 (son), Virgia 4, Hattie 2; MAYS, Bennie 13 (nephew) (T T MS)
54. WARNER, Floid (B) 32 (GA GA GA), Della 28 (T VA VA)
55. JOHNSON, Jerry (B) 70 (_____), Minta 65 (wife) (__ __); EDWARDS, Thomas 22 (stepson), Liddy 19 (wife)
56. RUSSELL, Jemima 34 (widow), Sallie B. 19 (dau), Anna 16, Frank 14, Thos. H. 12, John F. 9, Della 4/12 (b. Jan)
57. HUTSON, William 36 (T VA T), Sallie 25 (wife) (T NC T), James 8, Florance 2
58. CANTREL, York (B) 33 (KY KY KY), Tennie 28 (T NC T), Scofield 13, Izora 10, Glennie 7 (dau), Elizabeth 6, Earnest 1/12 (b. Apr)
59. SHEPHERD, Larkin (B) 51 (T T KY), Milley 45 (AL __), Nelson G. 20, Josa 20 (dau in law), Richmond 17, Charley T. 15, Eady A. 13

Page 8, Dist. 21

60. MILLS, W. H. 28 (T T KY), Mary 28 (wife) (GA GA GA), Thomas 8, Florance 6, Alice 4, Marshall 1

Page 8, Dist. 21 (cont'd)

61. WEST, William 60 (blind) (VA PA VA), Lucindy 64 (VA VA VA); COTHREN, Samuel 17 (g son), John 13 (g son)
62. GUNNEL, W. B. 22 (T VA MS), Mary 25 (wife) (T NC T), Mary Lee 3, Ella 1
63. AMICK, C. C. 40 (T NC T), Mariah 40 (wife) (VA VA VA), Mary B. 13, Pina 11, Lucinda 9, James 7, Willie 5 (dau), Alexander 4, Daza 2
64. WEBB, Jas. A. 50 (widower) (T ___), Mary E. 21, William 15, Lucinda 12, Ema 10, Mattie 8, Joseph 4, James 1, Martha A. 1 (g dau)
65. PORTER, Thomas (B) 54 (T T VA), Parthena 38 (wife), Elizabeth 16, Moses 11, Susan L. 9, James 6 (sick pleurisy); KILCREASE, James F. 16 (stepson) (blind)
66. HILLMAN, Jessee (B) 50 (NC NC NC), Mandy 38 (wife) (blind); JOHNS, Thomas 9 (servant)
67. BAUGUSS, William 21, Fannie 20, Rosetta 2, Tilda 60 (mother) (VA VA VA), George 11 (nephew) (T VA T)

Page 9, Dist. 21

67. (included in 67 above, but a separate family) EVANS, Daniel C. (W) 30 (T VA T), Bettie 25, Sarah A. 7
68. STAMPS, J. T. 23 (teacher & farmer) (T IL VA), Eliza G. 19 (T VA MS), Kate L. 2
69. EVANS, Thomas 32 (T VA T), Mary E. 27 (T _ _), John W. 8, Thos. W. 6, Daniel 4, Nora 2
70. EVANS, J. R. 37, Judieth 40 (wife) (T NC T), Mary E. 21, Jas. R. 14, William 12, Nancy A. 10, Wootson D. 8, Bettie 6, David 3, Eugene 10/12
71. TURNBOW, Andrew (B) 30, Ginnie 28, Willie 7 (son)
72. INGRAM, Willis (B) 40 (GA GA GA), Mariah 35? (T VA T), Lula 6, Julia 3, Wilbert 11/12 (b. Jul); WALKER, Jonas 15 (nephew) (T VA T), Sam H. 13 (nephew) (T VA T); DOBBINS, David 27 (bro) (blind) (T T VA)
73. DOBBIN, Henry (B) (T T VA), Vina 35 (T T VA), Henry E. 13, Mary E. 11, Roxana 5?
74. DOBBIN, John 66 (T SC NC), Anna R. 58 (T VA VA), Laura 19, Blake W. 14 (clerk in store)
75. ARMSTRONG, John J. 54? (B) (breast disease) (T SC SC), Sarah 38 (VA VA VA)
76. ARMSTRONG, Lucious (B) 52 (widower) (T SC SC), Ema 8 (T T __), Lucious 6 (T T __), John J. jr. (T T __)

Page 10, Dist. 21

77. OGLEVIE, Newton (B) 40 (T VA T), Elizabeth 40, Susan 18, Gentry 12, Mary 10, Joana 8, Abraham 6, Jurusha 4, Rosa E. 2
78. LOCKRIDGE, John (B) 25, Elizabeth 20, Henry
79. FOSTER, Sidney (B) 24, Bettie 20, Carry 3 (dau), Ben 6/12? (b. Dec)
80. WEST, W. H. 31 (T VA VA), Milly A. 27 (T SC SC), Mary S. 11 (dau) (T T GA), William C. 9 (T T GA), Charles 7 (T T GA), Lucious 5 (T T GA), Mancy? W. 3 (son) (T T GA), James K. P. 5/12? (b. Dec 1879) (son) (T T GA)
81. JOHNSON, William B. 43, Martha J. 48 (wife), Mary 21, Dora 16, Della D. 14, William A. 12, Carry 10 (dau), Sims 5, Samuel A. 3
82. DODSON, William 50, Susan 39 (wife) (T VA T), Willie Lee 15 (dau), Garett 13 (son), Cora C. 11, McNary 8 (dau), David H. 4, Alonzo 1
83. FRIESON, Simon (B) 52 (T NC SC), Martha 53 (VA VA VA), Mary 16
84. AKIN?, M. C. 29 (m), Cherry? (B) (f) 50 (servant), Ella 18 (servant)

Page 11, Dist. 21

85. AKIN, Allen (B) 50 (T T NC), Elizabeth 40 (wife) (T VA VA), Lula 8 (niece); WALKER, Joseph 13 (servant)

MAURY COUNTY

Page 11, Dist. 21 (cont'd)

86. VOORHIES, George (B) 44, Fannie 35 (T NC T), Sallie 14, Rosetta 12, William 8
87. EVANS, Wiley (B) 45 (widower) (T T VA), Willey jr. 14, Seaser 10 (son), John 6, Roda 65 (mother) (VA MD MD); SMITH, Mary 40 (servant) (T __ __)
88. EDWARDS, Henry (B) 20 (T T MD), Alice 19, William 4, Bessy 2/12; GALAWAY, Chany (f) 12 (cousin) (T __ T)
89. AMICK, J. J. 29 (T NC T), Sarah F. 18 (wife), Mary F. 2/12 (b. Mar), F. H. 35 (bro) (T NC T)
90. GUNELL, M. E. 40 (widow) (AL VA T), R. E. M. 12 (son) (T VA AL), Sarah 11 (T VA AL)
91. VOORHIES, Rachael (B) 44 (widow), Martha J. 17, Racheal J. 10/12 (b. Jul) (dau) (T __ T); STEPHENSON, Isaac 60 (servant) (NC VA VA)
92. VOORHIES, Phillip (B) 22, Susan 20; WALKER, Mary 80 (g mother) (T __ NC); SCOTT, Sampson 19 (servant)
93. GREEN, Mumford (B) 54 (VA VA VA), Mary (Mu) 55 (VA VA VA), Tilda 38 (sis) (T VA T); JACOBS, Mary (B) 28 (dau), James 10 (g son) (T VA VA), Milton 12 (g son) (T VA VA), Elizabeth 9 (g dau), William J. 7 (g son), Alice 5 (g dau), John 3 (g dau), Ben 11/12 (b. Jun) (g son)
94. JACOBS, Martha (B) 28 (T __ T), Clark 20 (brother?) (T __ T), Hayes 18 (bro) (T __ T), Sidney 15 (bro) (T __ T), Dee 8 (bro) (T __ T), Algie 3 (bro) (T __ T)

Page 12, Dist. 21

95. JONES, W. C. 41 (NC NC NC), Mary 30 (wife) (NC NC NC), Charles S. 11 (NC), Emily 3 (T), William 2
96. EVANS, J. F. 33, T. J. T. 33 (wife) (MS KY KY), Jessee A. 10 (dau), Henry W. 7, N. J. 5 (son); FLEMING, William (B) 24 (servant) (T VA VA), Martha 22 (servant) (T __ __)
97. WILLIAMS, W. R. 36 (T KY NC), Dora 24 (wife)
98. SIMPSON, Adam (B) 36 (AL T T), Gennett 30 (wife) (GA GA GA)
99. JORDON, Robt. (Mu) 23 (T __ __), Milley (B) 20 (GA GA GA), Robt. jr. 1 (T GA GA); HILL, Margaret 25 (servant)
100. GRAHAM, Thomas (B) 45 (GA NC GA), Amy 35 (wife) (GA SC GA), Thomas 16 (GA), Harriet 4 (g dau) (T T GA)
101. GRAHAM, Wesley (B) 22 (GA GA GA), Alice 20 (GA __ T)
102. NELSON, James (B) 36, Jane 35, Harriet 8, Ema 3
103. DIXON, Charles (B) 50, Mattie 38 (wife) (GA __ __), Callie 14 (step dau) (GA GA GA), Catharine 10 (step dau) (T GA GA), Alford 17 (son) (MS T T), Jessee 4 (son) (scrofula) (T T), Anna 3, Govenor 1, Calip 45 (bro) (T T GA); CARR, Moses 18 (nephew) George 16 (nephew)
104. ASHTON, James H. 20 (T Lank__, Eng T), Robt. L. 17 (bro) (T Eng T)
105. CHURCH, Wesley (B) 54, Martha 50, Mattie 12 (g dau), Mary 18 (g dau)

Page 13, Dist. 21

106. BROWN, Alford (B) 37 (T VA VA), Nancy 33, Alford jr. 9, Laura E. 5, Hays 2, Campbell 9/12 (b. Aug)
107. DAVIDSON, Ruthy (B) 55 (widow) (VA VA VA)
108. RUCKER, Mariah (B) 50 (widow) (T VA VA)
109. YOUNG, Weston (B) 53 (KY KY KY), Izora 30 (wife) (T __ __), Walter 9, Oda 6 (son), Alexander 4
110. DAMEWOOD, H. B. 65 (T VA KY), Eliza J. 59 (T NC NC), Elizabeth 25, John N. 23, James L. 20; BURTON, W. H. 24 (boarder) (AR NC T)
111. COLLIER, John A. 30 (T NC T), Rhodora? 28, Charles D. 7, Clarence E. 6, Ethle Bell 4; RUCKER, Nelson (B) 18 (servant) (T __ __)

Page 13, Dist. 21 (cont'd)

112. ADKISSON, Green (Mu) 50 (KY __ __), Priscilller (B) 28 (wife) (MS __ __); LEFTWICH, Rebecca 50 (servant) (VA VA VA)
113. DAMEWOOD, G. G. 37 (carpenter & farmer), Levina 37 (T nC NC), Henry H. 7/12 (b. Oct); SOWELL, James (B) 20 (servant)
114. HOLLY, John 24, Routhy 22 (wife) (T NC NC), Hazard 1 (b. Jun 1, 1879) (son)
115. BUTTLER, S. H. 60 (T VA T); BLAIR, Nancy 57 (sis) (T VA T); HILL, Elizabeth 52 (sis) (T VA T), John 17 (nephew) (T MA T), Mary 18 (niece) (AL MA T)
116. AMIS, James (B) 22, Elizabeth 20, Walter 1
117. UNDERWOOD, James 47 (T NC T); TAYLOR, Morgan 21 (servant)
118. TAYLOR, James 38, Rebecca 38, William L. 12, Lula 10, Eugene F. 7, James 4, Sarah E. 2

Page 14, Dist. 21

119. LOCKRIDGE, William (B) 30, Mary 25, James 8, William 2; ANDERSON, Jane 18 (servant)
120. GREEN, Austin (Mu) 24, Bettie (B) 20, Clark 2, Finis 4/12 (b. Feb 1) (dau)
121. LOCKRIDGE, Jack (B) 60 (T __ __), Peggy (Mu) 48 (wife) (blind) (T __ __), Henry 21, Susan 12, Josa 10, Davis 8
122. HAYES, Martha (Mu) 19 (married), Tilda (B) 2, Carry 4/12 (b. Feb 1) (dau)
123. SHIRES, Porter (B) 35, Bettie 50 (mother), Thomas 9 (son), Annis 19 (sis) (idiotic)
124. DOBBIN, Jack (B) 53 (T MS T), Isabella 40 (wife) (VA VA VA), Marshall 26 (son), John 18, Lilla 15, Frances 10, Monroe 7, Peggy 5
125. KINARD, Doc (B) 25 (T __ __), Cynthia 25 (T __ __), William 8, John 6, Mamia 4, Ruska 2, Vina 1, Willis 30 (bro) (T __ __)
126. GREEN, Delia (Mu) 28 (widow), Luetta 12, Camel 6 (son), Minna 4, Georgia 1
127. LOCKRIDGE, William sr. (B) 66 (T KY KY), Rebecca 40 (wife) (T KY T), Benjamin 23 (T KY T), Eliza 19 (T KY T), David 17 (T KY T), Andrew 15 (T KY T), Alice 12 (T KY T), Calvin 7 (T KY T), John 2 (T KY T), Webster 11 (nephew) (T __ T); KIRBY, Minna 4 (niece) (T __ T); CALDWELL, Ned 55 (boarder) (T __ VA)

Page 15, Dist. 21

128. OGLEVIE, Joseph (B) 27 (T VA T), Nancy 23, Telitha 4, Eli P. 2; VOORHIES, Charles 10 (nephew)
129. DAVIDSON, Henry (B) 50 (T __ __), Eliza (Mu) 22 (wife) (T __ __)
130. DOBBINS, James (B) 35, Tennie 35 (T MD VA), Josa 16
131. VOORHIES, Mary (B) 35 (widow) (T T VA), Henry 18; HARRIS, Grandvill 29 (boarder), Sarah 45 (wife) (T T VA); EVANS, Mary 5 (niece), George 4 (nephew); VOORHIES, Sarah 1 (g dau); OGLEVIE, Gincy 65 (mother) (VA VA VA)
132. HOLCOMB, P. M. 48 (carpenter) (T NC T), A. V. 50 (wife) (T VA VA), Samuel K. 19, L. A. 23 (dau) (seamstress), David C. 11, Larkin 24
133. EWING, F. J. 48 (T VA GA), Mary L. 42 (wife) (T VA NC), Su? E. 18 (dau), Robt. C. 16, James A. 13, Mary 9, Dottie 7, F. J. jr. 4 (son), Elise 4/12 (b. Feb); McCIVERS, Preston (B) 21 (servant) (GA GA GA)
134. GOAD, Joel? 55 (T VA VA), Lucy C. 34 (wife) (NC NC NC), Anna 21 (dau), Rowlen W. 14, Albert S. 9, Mattie L. 7, Tennie J. 4 (note, mother of Anna was born in TN)
135. MOORE, Silas (B) 51 (T __ __), Parilee 46 (T VA VA), Mandy 15, George 18, Franc 6, Sarah 10, William 7

Page 16, Dist. 21

136. CHEATHAM, Henry (B) 30 (T __ __), Martha 27, John 7, James 6, Anna L. 4, Georgia 7/12 (b. Nov)

Page 16, Dist. 21 (cont'd)

137. MOORE, Silas jr. (B) 26 (married within yr) Mary 25
138. MOORE, Berry (B) 20, Arzina 17, Mattie L. 1
139. PILLOW, Martin (B) 26 (T __ __), Clister 20 (wife)
140. GOAD, James 24, Addie 22, Roxie A. 1, Parilee 20 (sis) (seamstress)
141. EVANS, G. W. 34, Mary E. 24 (wife), Ema A. T. 6, G. W. jr. 3
142. STRATTON, Thos. S. 65 (VA VA VA), Nancy B. 58 (T NC NC); VOORHIES, William 22 (stepson) (clerk); GREEN, Clark (Mu) 22 (servant)
143. JORDAN, Betsy (B) 40, Martha 10 (dau), Louisa 8 (dau), Fronia 6 (dau), Hery (Mu) 4 (son)
144. PILLOW, Albert (B) 21, Indiana 21 (wife), Egbert 1; GREEN, Hayes 20 (bro in law)
145. COLLINS, Ell (B) 30 (GA GA GA), Mary 35 (wife), Jacob 8
146. STEWART, C. S. 37 (T VA VA), M. J. 34 (wife __ __), C. P. 9 (son), Vernon 3, Mary 6/12 (b. Nov), Maxey 27 (bro) (she maker) (T VA VA); BILLS, Sarah (B) 16 (servant)

Page 17, Dist. 21

148. MARTIN, Robt. (B) 52 (T VA VA), Bartley 19 (son), Mary 17 (dau), George 14 (son), Sarah 11 (dau), Robt. jr. 5 (son); JONES, Marshall 25 (stepson), Clary 45 (wife) (T __ T); JONES, Frances 28 (step dau), Willie 3 (g son) (note: Clary seems to have been the wife of Robt. Martin)
149. SOWELL, Mary 74 (widow) (T NC NC), James 42 (T NC T)
150. JONES, John 33 (NC NC NC), Harriet 40 (wife) (T NC T), Susan 15 (b. May 29) (NC NC T)
151. JORDAN, Isaac (B) 62 (VA VA VA), Sharlotte 63 (T NC NC), Samuel 8 (adopted)
152. SOWELL, Frank (B) 33, Caroline 40 (wife)
153. VOORHIES, Vina (B) (widow) 20, Sarah 1, Lewis 1/12
154. WARD, William (B) 55 (T __ __), Ann 46 (T __ T), William jr. 23 (AR), Mary 19 (T)
155. REYNOLD, G. A. 27 (minister) (MS T T), H. R. 22 (wife), Hollis 3, Alice R. 10/12 (b. Jul 2); SCOTT, J. C. 24 (servant); OGLEVIE, Gennie (B) 23 (servant), Letie 1 (dau)
155. REYNOLD, G. A. 27 (minister) (MS T T), H. R. 22 (wife), Hollis 3, Alice R. 10/12 (b. Jul 2); SCOTT, J. C. 24 (servant); OGLEVIE, Gennie (B) 23 (servant), Letie 1 (dau)
156. FLIPPIN, James (B) 28 (T VA NC), Addie 25 (T T VA), Fannie 13 (dau), James jr. 8, Rebecca 6, Richard 5, Albert 3, Lucy 2, Robt. 3/12 (b. Feb)
157. PEYTON, Henry 45 (T KY KY), Sarah J. 44 (T NC NC), Adlaide 16, Rufus P. 13, Minny 8, Mary E. 7, Samuel M. 2

Page 18, Dist. 21

158. THARMON?, F. A. 25 (IN IN IN), Elza A. 20 (wife)
159. FRAZER, Looney 24, M. E. 18 (wife) (married within yr), John 2/12 (b. Mar)
160. ROGGERS, Robert (B) 37, Amy 28, Harriet 8, Christiana 5, Mary 2, Robt. B. 2/12, William 13 (stepson)
161. GREGORY, David G. 45 (T VA VA), M. E. 42 (wife); GREEN, Louisa (B) 50 (servant) (T __ __), Walter 9 (servant)
162. STEPHEN, A. A. 28 (widow), Henry 5
163. FLIPPIN, Nelson (B) 40, Lucy 39, Peter 19, Eddie 18, Marcus 16, Thomas 14, Philip 12, Jane 10, Rosa 8, Lula 7, Jennie 5, John 4, Parilee 3, Sarah 2, Mary 2 (twins)
164. GREEN, Flem (B) 30, Martha 30 (wife), Nancy 7, Mumford 5, John 4, Cary 2, Mary 5/12 (b. Jan)

Page 18, Dist. 21 (cont'd)

165. AMIS, James (B) 38, Sallie 30, Charles 10, Mary 3, Nelson 1; BATES, Wyett 65 (servant) (GA GA GA)
166. BEASLEY, James O. 46 (T NC T), William 47 (bro) (T NC T)
167. BEASLY, Arline (B) 28 (GA GA GA), West 12 (son) (T GA GA), Cricket 5 (dau) (T T GA), Willie 2 (dau) (T T GA), Minny 10/12 (b. Aug) (dau) (T T GA)

Page 19, Dist. 21

168. MOODY, Harriet (B) 32, Stephen 8 (son), Walter 4 (son)
169. SANDERS, Adaline (B) 45 (widow), Samuel 15, Elen 11, James 9, Roxie 6, Cormelia 4
170. WILLIS, Esquire (B) 37 (GA GA GA), Ella 32, Ella Ju 10, Gay 6 (dau)
171. SOWELL, Robt. (B) 32, Nettie 16 (dau), Susan 14 (dau), Josa 11 (dau), Alice 8 (dau), Nancy 6 (dau), Robt. 5 (son), Mandy 31 (wife)
172. BRAZIER, W. E. 39 (AL NC AL), L. B. 29 (wife) (T T NC), William J. 11, C. E. 6 (dau), Anna L. 4, A. G. 1 (son)
173. EDGING, Rebecca 75 (T NC NC)
174. McELLARING, Caroline (B) 50 (widow) (GA GA VA), Harriet 12 (T GA GA), Mary B. 8 (T GA GA), Sarah A. 4 (T AL GA); MOODY, Ellen 30 (boarder), Reuben 9 (boarder), Solomon 5 (boarder), Jessie 3 (dau)
175. McKAY, Matilda 64 (widow) (T NC NC), A. B. 34 (son)
176. CLEGET, John (B) 33, Vina 45 (wife) (T VA T), Callie 10 (dau), Dennis 8 (dau), Susan 15 (step dau), Elijah 12 (stepson); FOLSOM, Sallie 55 (boarding)
177. CYRUS, C. V. 40 (T KY VA), A. M. 32 (wife) (VA VA VA), Charles L. 9, James C. 8, Thomas S. 6, Richard 4, Susan S. 2, Anna 1/12 (b. May), Susan H. 70 (mother) (VA VA VA); VOORHIES, Mariah (B) 21 (servant), Mary L. 2 (Mariah's dau); HUSTONS, William 25 (servant)

Page 20, Dist. 21

178. LOCKRIDGE, Green (Mu) 52 (T __ T), Adaline 43 (B), Mandy 16, Racheal 15, Susan 13, John 10, David 8
179. BINSON, Richard (B) 35 (minister), Ellen 19 (wife), William 13 (son), Franklin 12 (son), Richard jr. 10 (son), Charles 8 (son), Sallie 11/12 (b. Jun) (dau); LANE, Violet 74 (mother) (T NC NC)
179. BINSON, Richard (B) 35 (minister), Ellen 19 (wife), William 13 (son), Franklin 12 (son), Richard jr. 10 (son), Charles 8 (son), Sallie 11/12 (b. Jun) (dau); LANE, Violet 74 (mother) (T NC NC)
180. PIGG, William (B) 25, Mary 27, Mary 13 (dau), William 9, J. H. 7 (son), E. G. 5 (son), Rebecca 4
181. NUBY, Lee (B) 24? (AR __ __), Mary 24, Jeff 4
182. EDWARDS, Keeny 26 (T NC T), Sallie 19
183. EDWARD, Edom 61 (NC NC NC), Elizabeth 60 (T NC T), Hulda 15 (dau)
184. UNDERWOOD, W. R. 33, Anna 35 (wife), David 13, Elizabeth 7
185. UNDERWOOD, Jonas 22, Victory 18
186. ALLEN, Jo S. 34, Mary T. 21 (wife), Ora M. 5 (dau), Alva E. 11/12 (b. Jun) (dau); ROAN, Jessee (m) 60 (boarder) (T __ __)

Page 21, Dist. 21

187. GLENN, Zac (B) 33, Nancy 18 (wife); HUGHES, Fed 23 (servant)
188. DOBBINS, John 38 (paralsis), F. A. 30 (wife) (T __ __), Mary E. 11, James R. 5
189. KINARD, Noah (B) 34 (T MD MD), Susan 34 (AL AL AL), Parthena 17 (AL AL AL), Boston 15 (AL AL AL), Ella 12 (T AL), Thomas 11 (T AL AL), Tennessee 8 (T AL AL), Mary 5 (T AL AL), Harriet 3 (T AL AL), Felix 1 (T AL AL)

Page 21, Dist. 21 (cont'd)

190. DOBBIN, Sandy (B) 29, Mira 22, Neddie 5 (dau), William 3, Sarah 2, George 4/12 (b. Jan)
191. SIMPSON, Wash (B) 29, Sarah 33 (wife), Ginnie 50 (mother) (T __), Sallie 40 (boarder) (VA VA VA), Fillis 14 (dau of Fillis)
192. GARDNER, V. M. 33 (MO KY IN), Synthy 24, Nora 4, Alice 7/12 (b. Nov)
193. COOPER, Jonathan 95 (widower) (paralsis) (SC __), John 56 (teacher) (T SC T), David Y. 52 (T SC T), Mary A. 40 (T SC T), VAUGHN, Cealey (B) 30 (servant)
194. COOPER, Jas. O. 50 (T SC T), Jane 20 (wife), Wiley 14 (son), Walter 12 (son), Ada 10 (dau), Mary 4 (dau), Frank 6/12 (b. Dec) (son)
195. DAY, John 30 (GA GA GA), Susan 30 (T T AL), John H. 9, C. C. 9 (son), Jas. F. 4, A. E. 2 (dau), C. J. 5/12 (b. Jan) (dau)

Page 22, Dist. 21

196. JOHNSON, W. W. 31 (T NC NC), M. H. 26 (wife), W. M. 8 (son), Gus N. 6, A. G. 1 (son), Sandy (B) 25 (servant)
197. FARIS, W. H. 39, Mary H. 33 (wife), Lu E. 13 (dau), Mary J. 6, E. W. 4 (son), W. E. 1 (son); BUTLER, W. E. 12 (nephew) (T GA T), Robt. E. 11 (nephew) (T GA T), Virginia M. 3 (niece) (T GA T); FARIS, V. T. 35 (sis in law) (seamstress)
198. MOORE, Spencer (B) 63 (T __), Gracy 55 (T __ T), Anna 19, Dora 14, William B. 12
199. PORTER, Scisero (B) 69 (MD __ __), Jane 35 (wife) (LA __ __); BAUGUSS, M. C. 19 (dau in law), Cicero jr. 1 (son); PORTER, Edward 10 (son) (T MD LA)
200. BOOKER, Thomas (B) 57 (T __ T), Sarah 40 (wife) (AL AL AL), David 18 (T T T), Charles 16 (T T T), Margaret 11 (T T T), Cate 9 (dau) (T T T), Effa 7 (T T T), Ema 5 (T T T)
201. BOND, Willis (B) 40, Eliza 35, Lavonia 17; PIG, Sarah 13 (step dau), Porter 11 (stepson), ginnie 10 (step dau); LEFTWICH, John 20 (servant)
202. MITCHELL, W. T. 42 (T VA VA), Ellen M. 32 (wife) (T NC VA), J. B. 7 (son), Eliza A. 1, Mary D. 1 (twins)
203. CARR, N. F. 60 (T NC VA), Nancy 58 (wife) (T NC NC), John 28 (speculator), Edwin 24, Milton 22 (merchant D goods), Carry 21, Samuel 17, Albert 15

Page 23, Dist. 21

204. JOHNSON, A. H. 68 (T NC SC), Mary A. 51 (wife) (T SC T), Eliza 25 (T NC T), Mary 23 (T NC T), Sarah 21 (T NC T), William A. 19 (T NC T), G. W. 15 (son) (T NC T), M. D. 13 (dau) (T NC T), John 11 (T NC T), James 9 (T NC T), M. F. 9 (g dau), L. T. 7 (g dau), Clary P. 4 (g dau), M. C. 6/12 (g dau)
205. CARR, Sandy (B) 48 (T __ __), Mary 44 (wife) (VA VA VA), Lovy 21 (son), Nancy 13, Isaiah 12, Racheal 9, Doctor 8, Frances 6, Jasper? 4
206. MITCHELL, W. H. 41 (T T VA), S. R. 40 (wife) (T NC VA), John 13, Rosa 12, Mary B. 9, Joseph 8, E. D. 6 (son), Susan 4, Frances 2
207. MITCHELL, Josiah D. 65 (wood mechanic) (T VA VA), Mary C. 52 (wife) (T NC NC); COOK, Mathew (B) 70 (servant) (NC NC NC)
208. DUGGER, Thomas 23, Eliza 25; JACKSON, Wash 14 (stepson); DUGGER, Walter 2 (son); BROWN, Mary 21 (boarder) (widow), Luginie 9 (boarder)
209. DAVIS, Floid (B) 20 (billious fever), Livinia (Mu) 16 (wife) (T T AL)

Page 24, Dist. 21

210. TROTTER, Frances (B) 50 (AL AL AL), Henry 15 (T T AL), Robt. 12 (T T AL)
211. HOUSER, E. J. 55 (widow) (T SC T), R. W. 28 (son), Isadora 26, Charles 22, Sabra 19, Theodore 15 (note: all Mrs. Houser's children listed here were fathered by a man born in Saxony)
212. HOUSER, Alonzo 29 (T Saxony T), Alice 19 (wife), May 10/12 (b. Jul); LOCKRIDGE, David (B) 18 (servant), Andrew 16 (servant)
213. MOORE, Porter (B) 20, Elizabeth 21; LOCKRIDGE, Joseph 33 (uncle) (T SC GA); MOORE, Tom 23 (bro); WADE, Lydia 22 (cousin); HANCOCK, Julia 20 (servant), Joseph 5 (servant)
214. LOCKRIDGE, Washington (B) 29, Mary 23, Ida 10 (dau), John 6; JORDAN, Mary 22 (hired servant), Gentry 1 (child of Mary)
215. LOCKRIDGE, Huston (B) 28, Elizabeth 31, Minna 8, Sarah 5, Betsy 4, Mary 1; CHANDLER, Sam 18 (nephew)
216. BAILEY, Joseph (B) 24, Laura 22, Carry 3 (dau), Walter 1; SECREST, Fannie 43 (mother in law), John 6 (bro in law)
217. WADE, J. M. 36 (T __ T), Sarah 31 (T T NC) (wife), Luetta 10
218. ANDREWS, Thomas 32, L. C. 28 (wife) (T T NC), Bery P. 5, A. E. 3 (son); HARRIS, Martha 33 (sis in law)
219. MITCHELL, Mat (B) 35 (widower), Eliza 8

Page 25, Dist. 21

220. SOWELL, Edward (B) 43 (T __ __), Alvira 25 (wife), Marshall 14 (son), Laura 12, Dora 10, Thomas 8, Colwell? 6, Texana 4
221. DOOLY, W. T. 26, J. P. 21 (wife), M. L. 3 (dau), Willis 1
222. HOWARD, Isaac 56 (T NC NC), Sarah 15 (T SC SC), Bery 12, Thos. 13
223. WORTHEM, J. D. 53 (T NC NC), Salouda 46 (NC NC NC) (wife), J. W. 23 (son), Eugene 17
224. CALDWELL, Bery 67 (T VA VA), Mariah 64 (T SC SC), L. B. 30 (son), Alice 26, Bruce 21; FOLSOME, Nat (B) 29 (servant)
225. CALDWELL, J. P. 32, Josa 25 (wife), Albert 4, Clarance 3
226. CALDWELL, W. A. 40, Bell 35 (wife), Walter 7, Minna 5, Richard 3, George 1
227. CALDWELL, Frank (B) 55 (T VA VA), Victora 25 (wife); LEE, John 12 (servant); SECREST, George 17 (servant); LEE, Nimrod 18 (servant) (deformed)
228. CALDWELL, Fannie 65 (widow) (NC NC NC); EVERETT, Milly 60 (sis) (seamstress) (NC NC NC)
229. SECREST, Buck (B) 23, Nora 22, Mat 7, William 4, Alice 3, Alice 15 (sis), David 10 (bro)

Page 26, Dist. 21

230. ROBARDS, Bentley 50 (NC NC NC), Rachael 50 (NC NC NC), Ellen 18 (NC), Alecy 16 (dau) (NC)
231. KINARD, Jeff (B) 36, Martha 32, Roxie 13, Nancy 11, Carry 9 (dau), Catharine 7, George 4, Sandy 3 (son), Martha 5/12 (b. Jan); POTTER, Sharber 18 (nephew); BYRES, John 6 (nephew), Lee 4 (nephew); KINNARD, Catharine 67 (mother) (T SC SC)
232. COX, W. J. 40, S. J. 41 (wife) (T NC VA), Mattie 19 (dau)
233. DAVIS, Ephraim 76 (widower) (NC NC NC); LEFTWICH, Emma 20 (g dau)
234. PARHAM, Lewis (B) 54 (VA VA VA), Emiline 42 (wife) (LA MS MS), Edith 11 (g dau)
235. BUNCH, Jerry 29 (T NC NC), Ala 31 (wife), Besie 1 (dau); SIKES, Janes (B) 22 (servant); SOUTHALL, Zac 19 (servant)
236. WHITLEY, William (B) 30, Ela (Mu) 19 (wife), Mary 6/12 (b. Dec)
237. HAYS, C. W. 32, Martha P. 30 (wife) (T NC IL), J. W. 16 (son), John 10, Udora 8, Elijah D. 5, Joseph T. 5

Page 26, Dist. 21 (cont'd)

238. JOHNSON, William P. 30, Octa 25 (sis), Adaline 50 (mother); RIEVES, Eugeni 15 (niece); COOPER, John 75 (boarder) (NC NC NC)
239. PORTER, John L. 40 (T __ __), Sarah 29 (wife) (T NC NC), H. B. 3 (son), Sarah 1; LOFTIN, S. D. 73 (mother in law) (NC NC NC); McCRADY, Thos. A. 21 (hired hand)

Page 27, Dist. 21

240. BOOKER, Tabba (B) 38 (widow), Jane 18, Laura 14, James 10, William 8, Susan 3, Roxie 1, Mary 22 (dau)
241. McCRADY, Elizabeth 42 (widow) (T NC NC), Sarah 15, N. E. 12 (dau), Jas. M. 9, Mattie 8
242. DODSON, Thos. H. 35, S. F. 37 (wife), J. L. 12 (dau), Mary E. 11, Ginnie 8, Thos. E. 4, William P. 2; OSBORNE, Gennie (B) 25 (servant)
243. GREEN, George (B) 26 (T VA VA), Parthena (Mu) 22, Joseph 7 (son), Mumford 6, George 4, H. L. 2 (son), W. S. 4/12 (b. Feb) (son), Will Jim 7 (bro)
244. JONES, S. M. 35 (T VA NC), M. T. 35 (wife) (T NC NC); GREEN, Lewis (B) 21 (servant); SOWELL, Lydia 25 (servant)
245. GREEN, Manerva (B) 55 (widow) (T __ __); SOWELL, Goad 5 (g dau); PERKINS, Susa 2 (g dau)
246. WITHERSPOON, Henry (Mu) 29 (T __ T), Frances 26 (T NC T), John 6, Henry 1; STONE, Van 9 (m) (servant)
247. DOOLEY, Peter 40, Mary 30 (wife) (T NC AL), Alford 12, Emry 10, Burbon 8 (dau), Josephas 6, Ethelean 1 (dau), James 1/12 (b. May 13)

Page 28, Dist. 21

248. LOFTIN, J. W. 50 (NC NC NC), Harriet W. 54 (wife) (T NC T), W. H. 18 (son), John W. 16, T. G. 15; SOWELL, S. W. 35 (sis in law) (T NC T)
249. GREEN, Mark (B) 35 (T __ __), Hannah 30 (T __ __), Gus 10, Thomas 8, Joseph 6, Edward 4
250. JONES, Ezekiah (B) 52 (widower) (T GA VA), William 15 (T T VA), Charles 12 (T T VA), Bettie 11 (T T VA), Albert 9 (T T VA), Ezekial jr. 6 (T T VA), Munroe 3 (T T VA), George 18 (son)
251. SOWELL, J. R. P. 40 (T NC T), M. E. D. 38 (wife), L. A. 14 (son), Jas. D. 12, Ula G. 10, Lilla 8, Henry 5
252. BAILEY, Madison (B) 50 (NC NC NC), Sharlotte 40 (wife) (SC SC SC); STANDFIELD, Bettie 20 (dau) (T T SC); BAILEY, Tilda 18 (dau) (T T SC), Emily 15 (T T SC), Madison j4. 12 (T T SC), Levina 9 (T T SC), Walter 5 (T T SC), John 3 (g son), Jane 1 (g dau); HARDISON, Ann 19 (servant) (T VA VA
253. OGLEVIE, Elijah (B) 50 (T T VA), Frances 45, Luvina 20, William 12, Mary 8, Sarah 6, George 3, Roxie 1 (g dau)
254. ROBISON, Berry (B) 65 (T VA VA), Mary 55 (wife), Silas 9, Anna 6

Page 29, Dist. 21

255. LOFTIN, Alford 64 (blacksmith & farmer) (NC NC NC), Emily 54 (wife) (AL MA T)
256. GLOVER, H. (B) 53 (VA VA VA), Frances 35 (wife), Joana 12, Dora 9, Ada 8, Walter 7, Girty 5, William 3, Hanable 5/12 (b. Nov)
257. LOFTIN, Hasten (B) 35, Julia 26, Joseph 10, (rheumatism), Mary 8, Fannie 3
258. TRAMBLE, Ivy (B) 38 (GA GA GA), Jane 40 (wife), Mary 16, Susan 13, James 12, Zemuel 9, Warren 7, Lilla 5, Viola 4, Steller 2 (dau), Carry 1/12 (b. Apr 20)

Page 29, Dist. 21 (cont'd)

259. FOSTER, James (B) 28 (T VA T), Harriet 27, Edward 4, John 2, William 8/12 (b. Sep), Mima 60 (mother), Cyntha 26 (sis) (T VA T), Susan 22 (sis) (T VA T)
260. FOSTER, Henry (B) 30 (T VA T), Harriet 28 (T __ __), Mary 3, Felix 2/12 (b. Apr); TURNER, Albert 31 (boarder), Emily 26 (boarder) (T VA T), Milas 6 (boarder), Julia 8/12 (b. Oct) (boarder), Milas 38 (relationship omitted)
261. WITHERSPOON, L. P. 41 (widow) (T NC NC), William 24, James 25, Juletta 19, Thomas T. 17; MULLINS, Sarah 37 (sis)

Page 30, Dist. 21

262. WITHERSPOON, Charles (B) 38, Mandy 35, Alice 17, Ada 16, Eliza 13, J. W. 5 (son), D. W. 5 (son) (twins)
263. BELEFANT, Jane (B) 48 (widow) (T __ __), Susan 22, Mandy 20, Thomas 18, George 16, William 14, James 13, Martha 11, Ida 9, ARMSTRONG, Walter 25 (son in law), Sarah 3 (g dau), Rosana 1 (g dau)
264. LOFTIN, Thomas 34, Mary A. 29 (T VA T), Minna 9, Lilla 7, Thos. jr. 2; STONE, Adline (B) 19 (servant)
265. TANKERSLEY, Harrison 68 (VA VA VA), Biddie 53 (wife) (T __ __), John R. 25, Ella 22, W. V. 19 (son); HANCOCK, Josa (B) 18 (servant) (T __ __)
266. HUGHS, Sofa (B) 60 (widow) (paralised) (NC NC NC), Levenia 29 (T NC NC), Elizabeth 10 (g dau), John 3 (g son), James 1 (g son), Kleatie 18 (niece), Edgar 3 (g son), Lula 1 (g dau)
267. BUFORD, Thos. (B) 70 (gardener) (VA VA VA), Fannie 55 (wife) (T T VA), Allen 10 (g son) (absessed)
268. McCLANHAN, B. C. 42 (widow) (T VA VA), Geneva 16, Luretta 14, Minna 9
269. HOLCOMB, J. R. 40, M. D. 31 (wife), William 8, J. B. 6 (son), Charles 4, Hal 2; OGLE, William 33 (servant)

Page 31, Dist. 21

270. DOOLEY, Calvin (B) 35, Ann 30, William 12, Mary & Martha 11 (twins), Charles 10, Reese 7, Calvin 5, James 2
271. DOOLEY, Nelson (B) 65 (AR VA VA), Sallie 50 (wife) (MS VA VA), Lucy 25, Samuel 22, Alice 16
272. PORTER, Thomas (B) 50 (T VA VA), Mira 35 (wife) (T MS MS), Rebecca 11, Thomas jr. 8, Ella 6
273. MACKEY, Peter (B) 65 (VA VA VA), Easter 54 (wife) (T NC NC)
274. RICE, J. G. 50 (minister) (T VA NC), J. D. 43 (wife) (T NC NC), James G. 20, Sarah E. 16, Ella R. 14 (remitant fever), John S. 13, W. O. 11 (son), Bruce L. 10, Nancy B. 9, M. G. 3 (dau)
275. GILLESPIE, B. M. 43 (m), Charles 17 (son), STOCKARD, Paul (B) 46 (servant); POLK, Gilbert 28 (servant)
276. SIKES, Alford (B) 70 (AL VA VA), Hanah 65 (AL AL AL), Adaline 17, Peyton 20 (MS), Jane 24 (MS)
277. MATHEWS, Elijah (B) 20, Faba 21 (wife) (MS AL AL)
278. BOOKER, Doc (B) 51 (T VAVA), Mandy 49 (T __ __), Joseph 16, Hanah 14, Tennessee? 8, Louisa 6, Walter 5

Page 32, Dist. 21

279. LOFTIN, Lovie 38 (T NC NC), Ella 36 (T NC VA), Alberty 7 (dau), Mattie 5 (dau), Lula 2, Walter 4/12 (b. Jan); DOBBIN, Shelby (B) 23 (servant); HELM, Alexander 22 (servant)
280. AKIN, Frank (B) 30, Allsie 28, Lue 11 (stepdau); DUNSON, Eliza 20 (servant)
281. LOFTIN, John A. 29 (T NC AL), Elizabeth 27, Rink 6, Emmert 1; YOUNG, John (B) 70 (servant) (VA VA VA)

MAURY COUNTY

Page 32, Dist. 21 (cont'd)

282. LOVE, W. C. 20, Mattie 19 (wife), D. E. 1 (son); BLAKE, P. J. 16 (sis in law)
283. OSBORNE, Ned (B) 55 (VA VA VA), Lucinda 50 (VA VA VA), Edward jr. 20, John 17
284. MILLER, Abram (B) 48 (T VA VA), Martha 35 (wife), William 13, Lenora 11, Gusta 7, Josa 4, Mattie 2
285. ERVIN, Nick (Mu) 32 (VA VA VA), Ellen (B) 33, James 13, Fannie 12, Ella 10, Walter 5, Clifford 3, St. Nicholas 5/12 (b. Jan); HAYES, James 30 (servant) (VA VA VA)
286. DOOLEY, A. 52 (T VA VA), Sarah 40 (wife) (T VA VA), Sidney 13 (son) (T VA T), M. S. V. 8 (dau) (T VA T), J. B. 23 (nephew) (T T T)
287. HARGROVES, Joseph 34 (T VA VA), Mary 30, E. D. 10 (dau), M. A. 8 (dau), Joana 7, J. W. 5 (dau), L. M. 4 (dau), John D. 2, A. D. 3/12 (b. Feb) (son)

Page 33, Dist. 21

288. STONE, Austin (B) 46 (T NC NC), Betsy 35 (wife), Sarah 21, Adaline 19, Mary 17, William 13, Anna 9, Susan 6, P. E. 4 (dau), Tutot 1 (dau), Larkin 2 (g son), Belle 1 (g dau); SOWELL, Jerry 22 (servant)
289. WILLIAMS, Addie (B) 25 (widow) (TX VA VA), John 12 (T GA TX), Lee 8 (son) (T GA TX), Henry 2 (T GA TX), Messie 1 (dau) (T GA TX)
290. HELM, Alexander (B) 57 (NC NC NC), Jane 63 (wife) (T NC NC); WINKFIELD, David 35 (stepson)
291. FOXALL, William 43 (typhoid fever), Martha E. 45, John 25 (typhoid fever), Mattie 23 (dau) (typhoid fever), Walter 20 (typhoid fever), Ema 18, Lee 16 (son), Girty 14, Joseph 12 (typhoid fever), Fredie 10 (son), Cora 8, Theadore 6, Genie 4 (dau), Oda 2 (son)
292. PHILIPS, Anthony (B) 23 (AL AL AL), Alvira 17 (wife); FOLSOME, Sallie 52 (mother); MORGAN, Samuel 20 (bro), Queen 15 (sis)
293. SPINDLE, John P. 75 (physician) (VA VA VA), Ann S. 68 (NC NC NC), Anna M. 22; WHITE, Minna (B) 9 (servant)

Page 34, Dist. 21

294. DOZIER, James (B) 45 (GA GA GA), Patsy 35 (wife) (GA GA GA); McKIVEN, Kissiah 18 (dau) (GA); DOZIER, Lilly 6 (niece) (T GA T), Oliver 8 (bro) (T GA T)
295. JENKINS, Jeff (B) 35 (GA GA GA), Aggie 19 (wife) (GA GA GA)
296. FLIPPIN, William (B) 60 (VA VA VA), Gracy 65 (wife) (NC NC NC), Henry 18 (g son), Harriet 7 (g dau)
297. KENNEDY, Lewis (B) 56 (NC NC NC), Jane 50, Sarah 17, Julia 14, Charles 8
298. KENNEDY, John (B) 24 (T NC T), MANDY 22 (T ___ ___)
299. REESE, William (B) 24 (GA GA GA), Luisa 23 (T NC T), Maggie 6, Sarah 4, Alice 2, Susan 1/12 (b. May); AKIN, John 25 (servant)
300. BROWN, Wash (B) 50 (T VA VA), Eliza 40 (wife) (T NC NC), T. J. 18 (son), Tennie 15, Mary E. 5 (g dau)
301. AKIN, Miles (B) 23, Sallie 20, Ella 3, Lilly 4, Sarah 1, Thomas 1 (nephew?), Fannie 23 (sis), Nancy 48 (mother)
302. MAHON, George 31 (T NC T), Ella 27, Charles 2
303. BUTTS, M. N. 37 (T NC NC), A. O. 27 (wife) (T NC NC), W. T. 1 (son); WALKER, Racheal (B) 55 (servant)
304. LEFTWICH, Thomas 28, Fannie 18 (wife) (T NC VA), Casper 8/12 (b. Sep); McCLURE, Martha 48 (mother in law) (NC VA VA)

Page 35, Dist. 21

305. BROWN, Huston (B) 28, Luisa 22, Anna L. 3, Frances 17 (sis), Alice 16 (sis), William 18 (bro), Mary 13 (sis)
306. WILSON, Henry (B) 55 (T SC SC), Mandy 45 (wife) (T T LA)
307. STRATTON, Peter (B) 42, Martha 32 (wife), Mary 16, Malissy 14, David 13, Alexander 12, James 10, Alice 9, Sarah 7, Mattie 6 (dau), Jennie 3, Florance 1
308. PORTER, R. L. 58 (VA VA VA), Ann M. 54 (VA VA VA), Gennie 19 (VA), Lucy 18 (VA), Morgan 17 (T), Samuel 16, Lilly 14, Stodard 11
309. JOHNSON, Adam (B) 35 (T ___ ___), Elizabeth 24 (wife) (T ___ ___), Daniel 60 (father) (VA VA VA), Susan 13 (sis) (T VA VA), Robt. 7 (bro) (T VA VA)
310. McCAIN, Daniel (B) 55 (widower) (VA VA VA), Robt. 11 (T VA VA), William 9 (T VA VA), Ella 7 (T VA VA), Alice 11 (niece) (T VA VA); DOBBINS, Julia 70 (mother) (VA VA VA)
311. MOYERS, Ed 23, Cassy 21, Roxie 1
312. PORTER, Charles 35 (VA VA VA), Carry 23 (wife) (Canada Canada Canada), Marian 6/12 (b. Dec)
313. BIRDSONG, Henderson (B) 54 (GA VA VA), S. E. 36 (wife) (T VA VA), Thos. 8, Mattie 7 (dau), Maggie 3, Parthena 2, Allen 1/12 (b. Apr)

Page 36, Dist. 21

314. BROWN, Tony (B) 53 (T VA VA), Mariah 52 (VA VA VA), Gabrial 26, Alice 22 (son's wife), Cordelia 5 (g dau), J. W. 3 (g son), R. B. 1 (g dau)
315. DAVIS, Polk 39 (dealer in cattle) (T NC T), L. B. 27 (wife) (T VA VA), D. B. 3 (dau)
316. OSBORNE, Joseph (B) 55 (blacksmith) (VA VA VA), Mariah 49 (T VA VA), Daniel 20, Harrison 18, Jane 14, Green 16, Thos. 12, Mary L. 9, Benj. 7, Edward 6, William 4
317. BAUGUSS, John (B) 28, Mary 25, Mary 6
317. (included with 317 above, but a separate family)
    NEWCUM, A. C. 32, Catherine 31 (wife), John 15, Susan 12, Thomas 9, C. C. 6 (dau), Walter 2
317. (included with 317 above, but a separate family)
    PEYTON, R. H. 39, H. E. 27 (wife), Henry 20 (son), Baley 14, Dora 12, Duncan 2; JOHNSON, Martha 60? (sis); LAMBRECK?, William 25 (nephew)
318. EVANS, Mariah (B) 40? (widow), Elizabeth 7, Macy 2 (dau)

Page 1, Dist. 23

1. ALLMOND, W. T. 49 (T VA VA), Fannie 45 (wife), Maggie 16, Laura 14, Lou 12 (dau), Willie (dau), Maud 6, Julia (B) 60, William 8/12 (son); HARRIS, Anderson (Mu) 53 (farmhand)
2. PARHAM, Lige (B) 30, Alsa 25 (wife), Rush 8 (son); LANEER, William 13 (bro); PARHAM, Miner 33 (bro)
3. DOBBIN, Nelson (B) 45, Jennie 41, Mac 18, James 16, Martha 13, Will 11, Maggie 9, John 6, Pigg 4 (dau), Bud 3, June 4/12
4. DOBBIN, Jeff (B) 20, Sarah 19, Walter 1, Sue 17, Marie 6/12
5. DANIEL, Sam (B) 80 (NC VA MO), Asia 70 (wife) (NC NC NC)
6. WINCHESTER, Lemuel 71 (MA NH NH), Malinda 59 (wife) (SC SC SC), David 26 (AL), Marie 22 (T), Fannie 21
7. HARDISON, Wash (B) 84 (NC NC NC), Charlott 50 (wife) (GA GA GA), John 18 (ward)
8. DERRYBERRY, J. L. 65 (T NC NC), Sarah 62 (T NC NC), Martha 41?, William 32, Kate 24, Joseph 23, Nomad? 19 (son); JOHNSON, Marst? 18 (farm hand?)

Page 2, Dist. 23

9. HARDISON, J. Z. 28, Jemiah 27, Joseph 4, Mary 3, James 1
10. DANIEL, Robert 42, Robina 37, Ella 12, Walter 14, Maggie 9, Clayton 4/12
11. HARDIMON, M. (Mu) 50 (VA VA VA), Grace (B) 48 (wife) (T NC NC), Dock 12 (ward) (T NC NC), Lizzie 9 (ward)
12. HARDISON, Josh 68 (NC NC NC), Millie 11 (g dau)
13. CHEEK, Stephen 27, Alabama 22, Stephen 2, Mollie 2/12; COLLINS, Wm. 17 (relationship omitted)
14. SOWELL, David 61 (T NC T), Mary 67 (wife) (OH Ire Ire), Gorden 13 (ward), Martha (B) 32 (cook), Pong 6 (son) (scrofula), Tennessee (Mu) 3 (dau)
15. AMIS, William (B) 22, Luvonia (Mu) 17, James (B) 6/12, Margret 30 (mother)
16. HARDISON, David 20
17. DANIEL, James 45, Catharine 54 (wife), Thomas 24, Elvira (B) 16 (cook), James 17 (relationship omitted)
18. PHILLIPS, A. B. 56 (T NC T), Cloie 55 (VA VA VA), Mattie 16 (dau) (T VA VA)
19. GOODROM, George (B) 60, Palestine 48 (wife), Ennis 19, James 16, Mary 12, Jennie 12, Sam 10, Willis 8, Mollie 6, Sallie 2

Page 3, Dist. 23

20. HARDISON, J. Y. 61 (T NC NC), Dolly 52 (T NC NC), Allice 18 (T T NC), James 16 (T T NC), Cora 14 (T NC T)
21. DERRYBERRY, W. A. 37, Lannie 35 (wife), Ida 13, Ella 11, Willis 6, Laura 5, Joseph 3, Alphonso 2, Mamie 1/22, Jackson H. 20 (relationship omitted)
22. ODIL, Aleck (B) 54, Sarah 30 (wife), Harriett 14, Willie 16, Clarica 11, Emma 8, Thomas 6, Mary 5
23. KINNARD, R. O. 53, Elizabeth 54 (wife), Sam 30, Jane 22, Mikel 21, Rebeca 22 (wife), Bettie 5 (dau), Ellen 1 (dau), Frank 4/12 (son), Josep 4/12 (son)
24. FULLER, F. M. 44 (NC NC NC), Sarah 39 (T NC NC); CHUMBLY, Thomas 15 (relationship omitted)
25. KINNARD, Sarah T. 74 (widow) (T NC NC), Charly 28 (dau); HURI, Elisa 40 (Mu) (servant), Henretta (B) 6 (dau), Ben (Mu) 12 (son)
26. KINNARD, Phillip 34, Laura 30
27. LEE, Ewen (B) 22, Susan 21, Millie 2
28. HARRIS, Dudly (B) 64 (AL VA VA), Rebeccar 35 (wife), Ellen 15, Ann 13, Jane 10, Humphry 9, Monroe 7, Dave 5, Willis 3, Mace 1 (son)

Page 4, Dist. 23

29. KINNARD, J. W. 44 (T NC NC), Bettie 31 (wife) (MS T T), Mary 12, John 9, George 7, David 4, Richard 2, Silva (B) 61 (cook)
30. NAPPIER, Flecher (B) 38 (AL T T), Laura 34, Allice 15, William 13, Sandy 10
31. HOLCOMB, William 33 (T AL T), Margret 41 (wife), Addie 12, Mary 6, Gertrude 3, Joseph 1; WORNIOM?, James 23 (relationship omitted)
32. MACKY, Alx (B) 26, Laura 17
33. JACKSON, Caroline (B) 22 (widow), Thomas 12 (bro), Bettie 50 (mother), Ader 6/12 (dau), Nelson 20 (bro), Josie 8 (sis)
34. SELLARS, Havely 35, Kate 27
35. BLAIR, Milton (B) 25 (widower), Julia 5, Bettie 1, May 18 (sis); POTTER, Will 24 (relationship omitted)
36. SOWELL, Simon (B) 43, Mary 32 (wife), Cam 13 (son), Mary 8, John 4, Laura 2, James 1; BLAIR, Ephrian 36 (relationship omitted) (blacksmith)

Page 5, Dist. 23

37. McTEE, Elizabeth 88 (widow) (VA VA VA), Mary 43 (dau) (T VA VA), Victoria 10 (servant)

Page 5, Dist. 23 (cont'd)

38. DERRYBERRY, J. H. 30 (farmer & Mc.), Lu 22 (wife), David 73 (father) (T NC NC)
39. REYNOLDS, Henry (B) 60 (MS MS MS), Miller 43 (wife), Susen 16, Willie 12, Sallie 7, Bud 5, John 3; LAVENDER, Mollie 8 (ward)
40. LOCKRIDGE, Gid 36, Jennie 31 (wife), Irene 8, Cora 5, Fannie 3
41. DANIEL, Sam jr. (B) 30, Bettie 26, Idar 7 (dau), Anna 5, Mary 4, Frances 2, Josie 6/12 (b. Dec), Bettie 6/12 (b. Dec); DIAMOND, Emily 52 (mother), Sarah 13 (sis)
42. JOHNSON, John 27, Margrett 30, Sarah 7, Lucindia 6, Julia 1 (b. Jun)
43. BLAIR, Mary 22 (B) (widow), William 8 (son), Dave 2/12, West 29 (relationship omitted)
44. BLAIR, Catherine (B) 49 (widow), Brown 13, Sue 15
45. CATHY, James 36, Laura 33, Mary 11, Albert 9, James 7, Milton 5, Laura 2, Kate 6/12 (b. Jan); BLAIR, Stephen (B) 26 (blacksmith)

Page 6, Dist. 23

46. OWEN, Wesly 39 (dry good merch) (crippled), Fannie 42, Sarah 64 (mother)
47. TUCKER, John 39 (T SC T), Nettie 25 (wife), Lou 8 (dau), Sidney 5 (son), Florence 2, Lollie 9/12 (b. Sep) (dau)
48. BLAIR, J. H. M. C. 65 (T SC SC), Ellen 47 (wife) (T Ger T), Fredrick 20, Virginia 16, Georgia 15, Duglas 13; HARDIN, Nellie 2/12 (b. Apr) (niece); BROWN, Lou (B) 11 (servant)
49. PARTEET, Marcania 30 (widow), John 8, James 6; BROWN, John (B) 22 (farm hand)
50. WHITE, McMary 32 (widow), Aron 12, Lou 9 (dau), Willie 7, John 5, Susen 28 (sis); BROWN, Mist (B) 12 (f) (Servant)
51. BROWN, Simpson (B) 61 (widower), Mary 20, Thomas 3 (son), Lillie 1 (dau), Sarah 23 (relationship omitted), Isaac 7 (son)
52. LOCKRIDGE, Lou (B) 43 (widow), Rush 21 (son), Pate 17, Balam 14, Monroe 9 (white swelling), Maria 2
53. HARRIS, J. R. 41 (VA VA VA), Mary 37 (wife) (T T VA), Allice 3
54. BLANTON, J. O. 47 (T NC VA), Bettie 41? (T T VA), William 12, Waverly 8, Misty 6, Morus 3; WEBB, John 18 (relationship omitted)

Page 7, Dist. 23

55. LEE, Joseph 39 (T T VA), Della 37, Willie 9, Ema 7, Mamie 3, Julia 2/12 (b. Mar); BRADLY, James 18 (realtionship omitted); DOXY, Alx. 22 (relationship omitted)
56. RYNOLDS, Ruben (B) 24, Sophronia 20, Ruben 3/12 (b. Mar); GENTRY, John 12 (bro)
57. PARKS, B. F. 52 (T NC T), Eliza 38 (wife) (T NC T), John 20 (T NC T), George 18 (T NC T), Ben (T NC T), Marvin 2 (T NC T)
58. SELLARS, William (B) 55, Patience 50, Martha 42, Mira (Mu) 40 (boarder) (dittos on schedule suggest father of all these persons b. in NC, believe should be T)
59. JOHNSON, Richard 35, Famie 22 (wife), Annie 11 (dau), Prudio 8 (dau), Sam 4, Willie 1; RHEMES, J. J. 35 (m) (relationship omitted) (dittos on schedule suggest father of all these persons b. in NC, believe should be T); RUMGE, Asa 11 (relationship omitted)
60. PAGE, William 35, Bettie 32, Robert 13, June 8, Jacob 4, Pastie? 2 (dau) (dittos on schedule suggest father of all these persons b. in NC, believe should be T)
61. MACCONNEL, R. 47 (T NC NC) (widower), Maury? 11 (dau), Lizzie 9, Robert 7, Dott 5, ADKISON, Elisibeth 72 (relationship omitted); McCORMAD, Bettie 61 (sis) (NC NC NC); ALLEN, W. 18 (m) (ward)
62. McNARY, James (B) 25, Nancy 28, Henry 7
63. BLAIR, G. W. 25, Nannie 24, Anderson 1

Page 8, Dist. 23

64. CALDWELL, Lewis (B) 30, Martha 25, Willis 14, Lewis 12, Lizzie 9, Marshal 7, Henry 5, John 2; RYNOLDS, James 14 (relationship omitted)
65. BROWN, J. W. 69 (paralised), Jennett 68, John 22 (son), Mandy 22 (B) (servant), Agnas 18 (servant), Huse 20 (laborer)
66. JOHNSON, A. 45, Maria 45 (wife),Mary 22, James 23, Charity 10
67. WALLACE, Frank (B) 38, Adaline 26 (wife), Fannie 14, Dora 10, Nanie 6, Kate 5, Charly 4, Willie 2, Jeff 4/12
68. JIMISON, P. (B) 24, Molly 22, Rosona 2
69. DIXON, T. Jeff 58 (widower) (T VA VA), Mary 24, Joseph 22, Sarah 20, Maggie 18, Albert 16, Lizzie 14, Jeff 10
70. ODEL, Pery (B) 40, Lou 34 (wife), Henry 12, Mary 10, Eliza 8, Juda 5, Kate 6/12
71. JOHNSON, Peter 46 (T NC NC), Catherine 45, Parile 14 (dau) (T NC T), Hattie 14 (T NC T); HALCOMB, J. (m) 40 (servant?) (last 2 names on p. 13 in error)

Page 9, Dist. 23

103. (numbers out of order) SANDRES, James 37 (farmer & lawyer), Fannie 30, Willie 11, Ellis 9, Laura 7, Harry 5, Clarence 3, Elisibeth 1
104. HARMON, Fred 45 (farmer & bailiff) (T NC NC), Kittie 33 (wife), George 10, Kate 7, Willie 5, Andy 2, Anna 4; STUDIVAN, Farris? 28 (servant)
105. PERRY, James 54 (T NC T), Jennett 30 (wife) (T NC T), Annett 20 (dau), Maggie 17 (dau)
106. CALDWELL, John 69, Amanda 59 (wife) (T VA VA), Thomas 31 (T NC NC), Robert 22, Dora 20
107. CLARK, Thomas 68 (NC NC NC), Mary 65 (T NC NC), Susan 24 (dau)
108. CLARK, R. C. 34, Gennava 27, Minnie 6, Henry 3, John 6/12 (blind); TERBEVILLE, Julia 93 (mother)
109. HARGRACE, Lee 55 (widower) (T VANC), Lucie 30, Henry 27, Margret 23
110. CLARK, Fromer? jr. 36, Martha 26 (wife), Mary 10, Loula 4
111. LUNN, Eli jr. 50 (T NC T), Elizabeth 45, Richard 21, Sarah 18, Susen 16, Malissa 9, Thomas 13, Julia 8, Samuel 4, John 1

Page 10, Dist. 23

112. SMITH, Peter (B) 68 (VA VA VA), Parilee 41 (wife), Henry 11; LEE, John 60 (relationship omitted); SPRATT, Maria 22 (sis)
113. COTHY?, Robert (B) 22, Bell 19, Charly 1-6/12; MOORE, George 21 (relationship omitted)
114. LUNN, Eli sn. 75 (dropsy of timal) (NC NC NC), Elisa 70 (T NC NC), George 52 (son), Fielding 35 (son), Mary 34 (dau); ROBERSON, Molly 21 (relationship omitted)
115. LUNN, Charnell 32, Mildred 33 (T T NC)
116. LUNN, Eli jr. 46 (T NC NC), Frances 44
117. TUCKER, Franklin 66 (T VA VA), Lousian 52 (wife) (T VA VA), John 9 (son)
118. DERRYBERY, Virginia 39 (widow) (NC VA NC), Fannie 22 (dau); CHILDRESS, John 7 (servant); RUMAY?, George 10 (servant)
119. KINCADE, Calvin 52, Martha 48 (T VA VA), Henry 17, David 15, James 13, Famie 11, Thomas 8, Newton 6, John 4
120. CRUCHER, West 31, Caroline 29, Rebeca 11
121. RAGAN, Mrs. Nancie 72 (widow) (T NC NC), Nely 26 (son); ROBISON, John 26 (son in law), Susan 22 (wife); ROBERSON, Thomas 3, Charly 1 (these last 2 appear to be some of John & Susan)

Page 11, Dist. 23

122. ROBERSON, Gabell 49 (farmer & mechanic) (T NC NC), Martha 60 (wife), Mary 21 (dau), William 19, Elisibeth 16, Eliza 15, Cassa 12, John 10, Milton 8, Nancie 6, George 2

Page 11, Dist. 23 (cont'd)

123. TUCKER, William 38
124. BROWN, William 25, Fannie 23, William 3, Bettie 6/12
125. BROWN, Richard 35, Elisibeth 29, Thomas 15, Nancie 13, Willie 7, John 5, Sam 4, Nora 3,Sallie 1
126. RAGAN, Andy 35 (rock mason & farmer), Elizabeth 32, Mary 13, Thomas 10, William 7, Anna? 5, Eller 3, David 1/12
127. JONES, Charly 38 (T VA NC), Ellen 34; BLAIR, Rush 18 (B) (servant)
128. PARHAM, Minzer? (B) 62, Eliza 57, Easter 36, Elisibeth 22, Tempie 17
129. PARHAM, Albert (B) 26, Rachel 22, Girtrude 2, Maggie 8/12
130. POTTER, Frank (B) 51,Jane 30 (wife), Mac 17, Mandy 13, Boss 12, Kernelia 12, Stockes 7, Aron 8

Page 12, Dist. 23

131. NICKELSON, Charls (B) 65 (widower), Nancie 15 (dau)
132. BROWN, Harriet 71 (widow), Rusha 60 (sis), Ama 48 (sis) (rhumatism), Jane 36 (sis)
133. BROWN, Robert 60 (SC SC SC), Elisabeth 45 (wife) (T VA VA), Mary 25 (AL SC VA), Alphard 26 (AL SC VA), Jerry 16 (son) (AL SC VA), Susen 13 (AL SC VA), Joseph 10 (AL SC VA), Ophelia 8 (AL SC VA), Fannie 7 (AL SC VA), Edward 3 (AL SC VA)
134. BROWN, Shely 21, Mittie 19 (wife)
135. ROAN, Mary 70 (widow) (VA VA VA); HARMON, Martha 35 (T NC VA), Maggie 18
136. ROBERSON, Charly 79 (NC NC NC), Ednie 72 (NC NC NC); RIGGENS, May 26 (g dau), Ama 18 (g dau)
137. HARMON, Alexander 44, Margret 41 (T NC NC), James 19, Bettie 15, Charly 13, Johny 11, Mary 9, Thomas 8, Eugene 5, Alexander jr. 3
138. KINCAID, Henry 50, Liddie 48, Susan 21, Thomas 20, Lucie 19, Henry 17, Joseph 15, David 13, Sallie 12, Lee 8 (son), Julia 6, Fannie 2 (last 2 names on p. 17 in error)

Page 13, Dist. 23

72. BUGERE?, J. N. 56, Lou 40 (wife) (NC NC NC), Jacob 22 (NC NC NC), George 16, Nelson 10, Lou 6 (dau); LANEER, Elisabeth (B) 36 (servant), Peter 6 (son)
73. ANDERSON, Andy (B) 25, Hannah 22, Amis 4, Robbert 4/12, Adeline 20 (sis), Cora 8 (dau), Lizzie 1 (dau)
74. LEE, Candis (B) 56 (widow), Mariah 20 (sis), Frank 16 (son), Willie 14 (son), Amee 4 (dau), Sis 2 (dau)
75. BOYERS, Charly (B) 56, Susen 40 (wife), Emma 17, Thomas 13, Ella 8, Eliga 1
76. SMITH, R. F. 30, Ada 32, Ernest 9, Romeo 7, Robert 5, Harris 2
77. DIAMOND, Tate (B) 33, Nancie 27, William 12, Mary 10, Emily 4, Robbert 4/12
78. HARDISON, Z.? T. 30, Mama 25 (wife), Cannis 4 (dau), Emma 2, Ednar (dau)
79. WHEATLY, James 51, Rebecca 45, George 23, Bettie 20, Sarah 18, Martha 14, Laura 10, James 7, John 5, Finil 1 (son)

Page 14,Dist. 23

80. BLANTON, Matilda 74 (widow) (NC NC NC), William 13 (g son) (deaf & dumb), John 10 (g son), Laura 11 (g dau); BLAIR, John 37 (relationship omitted), Ella 32 (wife), Leonidis 6 (son), Enla 2 (son)
81. KILLINGSWORTH, Mary 50 (widow) (rheumatism), Bettie 30, George 17 (dau), Martha 40 (dau--sic)
82. SPENCE, Robert (B) 32, Mariah 24, Thomas 12, Robbert jr. 10, Elisa 6, Martha 5; THOMPSON, H. (m) 30 (farmhand?), Jennie 47 (mother)

Page 14, Dist. 23 (cont'd)

83. LEE, Dicie (B) 38 (widow), Rebeca 15, John 12, Joseph 8, Daniel 7, Ben 5, Florence 3, Thomas 6/12
84. HARDISON, W. C. 59, Emily 56 (wife), Joseph 22, Allice 15; COLLINS, James 23 (farmhand)
85. WHITE, Susan 40 (widow), James 17
86. FITSGERLD, W. 42 (huckster), Lucindia 40 (wife), Simon 14, George 17 (dau), Napoleon 12, Johnson 7, Albert 2
87. CROCKETT, Martha 69 (widow), Mary 31

Page 15, Dist. 23

88. JOHNSON, David 24, endora 22, Mary 2, Massa 68 (mother)
89. RHODES, J. T. 51 (house painter), Fannie 42, Blanch 16
90. LEE, J. G. 50 (Dr. & farmer), Josephine 39 (wife), Nolner? 14 (son), Lutie 10 (dau), Mary 7, Joseph 4, John jr. 1, Allice (B) 26 (servant); ALEXANDER, Febe (W) 74 (mother)
91. LOCKRIDGE, John (B) 23, Mariah 20, Felix 2, John 1; LANEER, Thomas 18 (farmhand)
92. DERRYBERY, M. B. 34, Nancie 33, Ula 12, Eugene 11, Gertrude 10, Milton 9, Willie 6, Campbell 5, Cloud 4 (son), Kate 2
93. BRADLY, Nancie 63 (widow), Bettie 19, Mary 12
94. DOBBIN, Lewis (B) 35, Parilee 38, Tennessee 18, Tennie 16, Ella 15, James 13, Sarah 11, William 7, John 5
95. DOBBIN, George (B) 30, Sopha 25, Laura 12, Walter 10, George 8
96. DOBBIN, Alexander 63 (widower) (T SC NC), Hattie 19

Page 16, Dist. 23

97. ANDREW, James 60 (T NC NC), Jane 47 (wife), Eva 27, Willie 19, Maggie 13, Ida 10, James 8, Jane 82 (mother), Berriah 80 (father); BROWN, Martha (B) 45 (cook); McNEALY, Joe (W) 29 (farm hand)
98. SWEET, Sam 25, Sarah 24, Dasie 4, Mattie 2, David 74 (father) (NC NC NC)
99. SANDERS, Anthony 35 (B), Matild 30, Robbert 18 (son), Laura 16, Willie 14, Sinthia 12, James 10, Wash 8, Milton 6, Mary 4
100. PARKS, Crockett 49, Margrett 44, Sameul 21, Willie 19, Joseph 17, Argile 15, Walter 13, Eshly? 11 (son), Riggs 7, Maggie 9, Susen 5, May 3; DAVID, Jeff (B) 15 (servant); DORSEN, Arch 20 (servant)
101. BLAIR, Henry (B) 34 (blacksmith), Mima 35, Mary 9, John 5, Harmon 3
102. PARHAM, W. P. 50 (T NC T), Lucie 45 (T NC T), William 23 (merchant) (T LA T), Thomas 21, Henry 18 (clerk in store), Walter 13, Wineford 10, Lucie 7 (g dau), Willie 5 (g son); HARDIN, Lizzie 40 (servant) (part of this family listed on p. 9)

Page 17, Dist. 23

139. (numbers out of order)
    EARLY, Abner 64, Martha 47 (wife), Mollie 25, Joshua 21, Susen 18, Bettie 12
140. CAMMULE, Earnest 36, Rhoda 18, Martha 14, Albert 10, Charly 9, Mary 2
141. HINSON, G. T. 29, Emma 20, John 2, Sarah 63 (mother), Mildred 21 (sis), Nora 3 (dau)
142. HILTON, G. W. 33 (GA SC NC), Mollie 22 (wife), Josie 3 (T SC NC), Joseph 2
143. WINCHESTER, G. L. 34 (AL MA SC), Ophelia 29, William 12, Maggie 10, Emma 6, Mary 4, Wesly 2
144. DENTON, James 72 (T VA VA), Matilda 35 (wife), Laura 12, Hightower 10, Ada 8, Mac 6, Minnie 2
145. KINCAID, R. K. 25, Eliza 25, Susen 2, Irene 8/12

Page 17, Dist. 23 (cont'd)

146. DORSON, Mahaly (B) 50 (widow), Charly 9, Fannie 6, Sarah 20, Anthony 19
147. KINCAID, R. M. 40 (widower), John 13, Mary 11, Miller 9, David 7; ROYGINS, Victoria 19 (niece), William 12 (nephew?0

Page 18, Dist. 23

148. DOXIE, Susen 30, Lin 6 (dau), Allice 2, Elisibeth 8/12, Nancie 35 (sis), Eva 10 (dau)
149. GORDON, Susen 53 (widow), Anna 23, Logan 19; CAVIN, Zilpha 82 (relationship omitted)
150. LOCKRIDGE, Anthony (Mu) 50, Dolly (B) 35 (wife), Athony 17, Sameul 15, Edward 9, John 6, Willis 2, Bettie 6/12
151. McKISSACK, Gus (B) 38, Callie 25 (wife), Willis 9 (dau), Annison 5, Gustin 3
152. FLEMING, F. (B) 24, Octavo 20 (wife), Leora 4, Cornelia 3
153. McKISSACK, Green (B) 75, Palsie 76 (wife)
154. GLENN, W. A. 31, Susen 30 (wife), John 9, Robbert 5, James 1 Mary 16 (B) (cook)
155. WARD, Prince (B) 19, Dora 18, Susen 1, John 16 (nephew)
156. HARRIS, Richard (B) 36, Bettie 30, Thomas 14, Lizzie 9
157. CHAIRS, Nancie (B) 65 (widow), Grand 16 (son), Anna 12 (dau), Jesse 6 (dau), Babe 2 (son)

Page 19, Dist. 23

158. SPRATT, Tidy (B) 44 (widow), Fannie 20, Alexander 17, Emeline 10, Mary 2
159. GRAHAN, Jinnie (B) 22, Sam 25 (husband?), Dollie 2, Willie 4/12 (son)
160. COLMAN, Daniel 50, Sarah 36 (wife), John 10, William 6, Samuel 4, Robbert 2, Henry 1
161. HUMPHRIS, Elisibeth 79 (widow) (VA VA VA), STEPHERSON, Lucie 69 (servant)
162. VAUGHN, A. 35, Kate 30 (wife), Neely 3, Bettie 2
163. COLMAN, James 46, Mattie 8 (dau), Sarah 6 (dau), William 4 (son), Charly 2 (son), Sarah 18 (niece), Ellen (B) 25 (servant)
164. DERRYBERRY, J. T. 53, Cornelia 50, Phebie 24, Jefferson 18, William 16, Cama 14 (dau), Ross 10
165. HARDISON, Thos. (B) 25, Emma 18, Martha 2
166. VAUGHN, Adeline 56 (widow) (NC NC NC), Dempsy 23 (NC NC NC), Mary 35 (NC NC NC), George 18 (NC NC NC), Artimus 18 (NC NC NC), Parthenia 16 (T T T)
167. HARVY, Robbert 23, Martha 21

Page 20, Dist. 23

168. ANDERSON, Thomas (B) 58, Clarisa 58, Eliza 14 (dau), Wesly 11 (son), Thomas 9 (son), Narcis 7 (dau)
169. OVERTON, James 56 (T NC NC), Rebeca 44 (wife), William 24, Jefferson 20, Sam 18, Mariah 15, Rebecca 12, Rush 11, Benlok? 9 (son), John 1
170. GLENN, Jane 53 (widow), Robbert 26, Susen 20, Mollie 18, LuLu 14, John 10; CHILDRESS, A. 27 (m) (farmhand); JAMISON, John 24 (farmhand)
171. FARRIS, Ben 33, Sharbor 28 (wife)
172. WILLIAMS, Susen 60 (widow), Banks 30, Lou 28 (dau), Cassa 25, Edmond 20, Susen 18
173. McMAHON, J. H. 32 (T NC T), Zorilda 28 (wife) (T SC SC), Oscar 2, Lucie 1; McLEMORE, Eliza 25 (servant), Arch 5 (son), George 2
174. BUFORD, C. L. 34 (T SC SC), Ada 29, Stephie 9 (dau), James 7, Calvin 5, Allice 3, Edith 1; STEPHERSON, Henry (B) 29 (servant); WOODALL, Lee 22 (m) (servant); STEPORSON, Matild 65 (widow) (W) (mother); STEPHERSON, Lee 14 (relationship omitted)

MAURY COUNTY

Page 21, Dist. 23

182. (several numbers omitted; a page of schedule may be missing)
LOCKRIDGE, James 43, Josepine 44, Thomas 21, Franklin 20
183. GIBBS, Sam 26, Bettie 31, Janie 6, Fannie 4, Maggie 1
184. MATHUS, T. F. 53 (T SC NC), Louise 52 (T VA VA), Shannon 27 (son), Fannie 25, Lula 19, Mary 17, Josie 10, John 8 (g son)
185. JAMISON, John 59 (NC NC NC), Elizebeth 51 (T KY T), John jr. 24, Walter 23, Charlot 19, Clifford 17, Madora 21, Elizebeth 14, Allice 14; WELLS, Clarence 1 (nephew)
186. STEPHERSON, Martha 56 (widow) (T NC NC), George 24, Rachel 22, Willis 20, Bengimon 19, Martha 17, Manerva 15, Sofa 13; FOSTER, John 31 (nephew)
187. STEPHERSON, William (B) 52, Tennessee 30 (wife), Lizzie 11, Thomas 9, William 6, Rebeca 4; WOODALL, Lee 21 (m) (servant)
188. STEPHERSON, Danger? (B) 27 (f), Anna 7 (dau), Sarah 6 (dau), Willie 4 (son), Ann 8/12 (dau); LOCKRIDGE, Thomas 21 (widower?), Willie 3 (son)

Page 22, Dist. 23

189. BURCH, Henry 45 (T NC SC), Sarah 29 (wife), James 4, Charly 2; COLQUIT, Julia 41 (widow), Nancie 11 (dau), Fannie 9 (dau), Matilda 7 (dau), Albert 5 (son), Robert 3 (son)
190. GLEEN, Sam (B) 48, Mariah 47, Abner 21, Mary 19, Hollis 15, Samuel 10, Margret 9, Henry 7, Monroe 6, Nancie 4, Hanna 2
191. LOCKRIDGE, Allen (B) 45, June 36 (wife), David 16, Juana 13, Virgia 6; BLACKBORN, Susan 65 (mother)
192. CRAWFORD, Mary 40 (widow) (T PA NC), Bettie 9; ROGGERS, W. J. 22 (bro), Nora 19 (sis), Edna 15 (sis)
193. THOMPSON, Thos. 25 (B), Victoria 24, John 2, James 4/12
194. McKISSICK, Green (B) 75 (NC NC NC), Patsy 77 (VA VA VA)
195. LEE, James (B) 74 (VA VA VA), Charity 70 (VA VA VA), James jr. 20 (son), Hattie 25 (widow), Emma 12 (dau), Charity 8 (dau), Hayward 15 (son), Liza 1 (dau)
196. CAMPBELL, John (B) 35, Teny 30 (wife), Jennie 10, Banks 9, Rachel 6, Sevenmore 4 (son), Major 2

Page 23, Dist. 23

197. HARRIS, J. E. 34, Laura 28, Madora 6, George 5, James 3, Mollie 6/12; COLE, E. J. 21 (nephew), Thomas 18 (nephew), Malvina 47 (sis)
198. STEPHERSON, J. H. 60 (T SC T), Mary 35 (dau), Elizebeth 30, Calvin 24, Temmiss? 7 (son); THOMPSON, Walter 8 (son)
199. THOMPSON, Ran 46 (widower), Elizebeth 15, William 12, Bird 2 (dau)
199. (included in 199 above, but a separate family)
GIBBS, T. S. 42, Elizebeth 47 (wife), Lizierka 11 (dau), James 6, Mary 5, John 2
200. HOLLAND, George (B) 50, Malinda 40 (wife), Aron 15, Mary 21
201. THOMPSON, Chary 72 (widower) (VA VA VA), Gilford 34 (son) (idiot) (T VA VA)
202. DOBBIN, G. A. 31, Cane 26 (wife), Dazie 5
203. HOLT, Isom (B) 73, Eliza 55 (wife), Martha 24, Tobitha 4
204. CAMPBELL, Colie 46, Elizebeth 33 (wife), William 23 (son), Louella 18 (dau)
205. BUTLER, W. R. 50, Eliza 22 (wife), Willie 16 (dau), Robbert 12 (son), James 10 (son), LuLu 7 (dau), Mary 2 (dau), Andy 3/12 (son)

Page 24, Dist. 23

206. PHELPS, John 26, Sarah 29 (wife), William 2
207. WELLS, James 43 (T KY PA), Sarah 37, Milton 18, John 16, Mollie 13, Maury 10, Sopha 8, Jincie 5, Whit 2, Tenie (B) 80 (servant); STEPHERSON, Muc? 50 (servant), Manda 45 (servant), Mary D. 14 (servant), Magg (f) 13 (servant), Green 8 (servant)
208. CAMPBELL, F. G. 34, Bettie 32 (wife), Sarah 8, Josie 5, Meni? 3 (dau), Fount 1-6/12 (son)
209. ISBELL, W. B. 35 (AL AL AL), Nancie 39 (wife), James 15, John 14, Mary 8, Rebecca 6, William 3, Atha 4/12 (dau)
210. BLAIR, Kolis? 69 (widow) (T VA VA), Willie 24 (son)
211. BLAIR, Thomas 36, Thomas 12 (son), Josie 7 (dau), Katie 2 (dau)
212. FARROW, J. T. 36, Susen 25 (wife), Anna 5, Kate 2
213. BROWN, W. 36, Eliza 29 (wife), James 15 (son), William 13, Tenie 12 (dau), Lucie 9, Mary 7, Hattie 5, Robbert 3

Page 25, Dist. 23

214. KEER, Henry (B) 25, Allice 22, Bettie 7, Rachel 16 (sis)
215. HARVY, Jack 24, Narcis 22 (wife), Mart 7 (son), William 5, Wurther 3 (son)
215. (listed with 215 above, but a separate family)
HARDISON, T. (B) 20 (widow), Bettie 4 (dau), Fannie 2

Page 1, Dist. 24

1. HAYES, Sam D. 60 (NC KY NC), Fanny 50 (wife) (VA MO NC), Johny 22, America 18, Dora 15, Sammy 11
2. OSBORNE, Alex (B) 40, Addeline 40, Fannybell 18, Johny W. 16, Wm. Alex 15, Mattie 14
3. HARDISON, Edmond (B) 56 (T NC GA), Susan 30 (wife) (T NC GA), Cahal 20 (son), Joe Fowler 19, Nancy J. 18, Josey 17 (dau), Alice 16, Florentine 15, Georgianna 14, Sally E. 12
4. NICHOLSON, Dave (B) 51, Comfort 50 (wife), Levi 18, Crockett 17, Granville 14, Monroe 13, Ivanac? 12 (son), Marietta 8, Charley 4, Daveys 9/12
5. JONES, R.? M. 35 (T VA NC), Anna L. 32
6. WILKES, Sam (B) 60 (VA VA VA), Abbie 50 (wife) (VA VA VA), Elizabeth 27; MORTON, Melvina 30 (wife--whose?), Buck 18 (son)
7. HARDISON, W. D. 41, Fanni M. 34 (wife), Wallace 9 (lung disease), James E. 7, Mattie 5 (dau), Mary K. 2

Page 2, Dist. 24

20. (numbers out of order)
MINOR, J. W. 30 (m)
21. HAYES, S. A. 27, Bettie 26 (wife) (teacher)
22. MINOR, J. J. 58, Mary A. 55 (wife), Mary E. 33, Ellen 15; DEAN, Nancy 90 (relationship omitted) (sore eyes) (T NC NC)
23. MINOR, D. K. 21 (T NC NC), Susan 24 (wife) (T NC NC)
24. HOLCOMB, D. G. 54 (T NC NC), Mary F. 54 (wife) (T VA VA), Sarah F. 17, Mary E. 15, Anna Eliza 13; CHILDRESS, Sam 10 (relationship omitted); PRICE, James 20 (relationship omitted)
25. MINOR, W. J. 30, Mary 31 (wife), Alice 8, Bettie 5, Willia 3, Fannie 1 (cholera infantum)
26. BRAZER, W. O. 29 (T AL AL), Maggie 25, Ada 4, James 3, Babe 1 (son)
27. DOOLEY, J. W. 56 (lung disease), Clarissa H. 51 (heart disease), Sallie Ann 21 (neuralgia)
28. & 29. HAYES, D. K. 65, Manerva 62 (T VA VA), D. K. j4. 20, Robert L. 17, Alice T. 14, COGGINS, J. H. 13 (orphan) (m)

Page 2, Dist. 24 (cont'd)

30. HOLCOMB, J. R. 26, Anna M. 25
31. DERRYBERRY, J. R. 26 (m)
32. MARTIN, Albert (B) 26, Caroline 50 (wife), Adaline 40 (wife), Bettie 13 (dau)

Page 3, Dist. 24

33. DEAN, John 53 (AL AL AL), Mary 50 (T AL T), Albert 19, Pleasant 16
34. McKAY, Richard (B) 37, Lena 24 (wife?), Mary 13 (dau?), Joe 10, Huldey 9, James 6; CRANFORD, Comfort (W) 69 (mother) (VA VA VA)
35. NICHOLSON, John M. 39 (NC NC NC), Victora 28 (wife) (NC NC NC)
36. BLACK, D. F. 45 (GA SC SC), Margaret P. 39 (wife), John A. 14 (T SC T), Willie A. 11 (T SC T), Sallie F. 6 (T SC T)
37. HAYES, Wm. F. 30, California 20 (wife)
38. CRANFORD, Elizabeth 76 (widow) (SC SC SC); TUCKER, J. M. 40, Martha T. 30 (wife), Walter 1 (son)
39. DEFER?, W. F. 79 (GA GA VA), Margaret H. 59 (wife) (T GA T), Sallie H. 11 (dau)
40. CARTER, Peter (B) 60, Anthony 27 (wife), Annie 12 (dau), Mollie 9 (dau), Lizzie 8 (dau), Rosa 5 (dau), John 6 (son)
41. ATKISON, W. R. 53, Prisscilla 48 (wife), John T. 21, Emma 18, Mariah 16, Robert 14, William 12, Kate 11; Mattie 9, Arthur 3; SOWELL, Mack (B) 22 (servant)
42. CRANFORD, Ben 55 (T NC NC), Mahala 56, Pleasant 22, Mary 28 (widow), William 10, Mark B. 5, George 3

Page 4, Dist. 24

9. (numbers out of order)
   HARDISON, Charles 65 (T NC NC), Martha M. 63 (lung disease) (T NC NC); PICKEN, Rose (B) 45 (servant)
10. HUCKEBA, Nathaniel 25, Mollie F. 17 (wife), Martha T. 1½ (dau)
11. DOOLEY, T. J. 60, M. J. 50 (wife)
12. WILLIAMS, James N. 47 (one armed), Elizabeth 41, Sallie 19, Daniel 10, Dora 4
13. NICHOLSON, Nat 69 (NC NC NC), Catherine 47 (wife), Robert R. 22, Eunice 14, Newton 12, Foster 9, Lonis (son)
14. HALE, C. C. 23 (m)
15. PRIMM, Mary (B) 30 (widow), John 5, Ada 3, Lizzy 1
16. NICHOLSON, R. M. 62 (T NC NC), Sarah O. 56 (wife), Mack 21, Henry 19, Sallie H. 16, Cathrine 12; HAL, Henry 22 (servant) (T NC T)
17. LISENBY, Rufus 41 (T NC T), Fanny C. 42, J. C. 18 (son), W. A. 15 (son), Susan A. 6, R. M. 3 (dau)
18. LISENBY, Fanny 75 (widow); HUCKEBA, P. G. 17 (m $servant) (AR T T)
19. JACKSON, Nancy 57 (widow) (T SC SC), Mars 33, Gus 30, Frank 23
21. HAYES, A. J. 25 (m)
22. SOWELL, C. J. 49, M. J. 40 (wife)

Page 5, Dist. 24

43. (numbers out of order)
    LITTLE, G. W. 54 (T SC SC), S. E. 47 (wife), Nannie 22 (idiot)
44. JAMES, J. G. 24 (m), S. W. 19 (dau), J. W. 2 (son), W. T. 1 (son)
45. CHEEK, J. J. 56 (T NC GA), M. J. 43 (wife), Mary 21, F. R. 19 (dau), Mag 14, John 10, Annie 7, Martha A. 5; DILLON, Harry 17 (B) (servant)
46. CHEEK, Elizabeth 60 (widow)
47. VOORHIES, Ben (B) 27, Ann 24 (child bed), Minny 5, Roxy 13, Ida 2, Eliza 1; SOWELL, Nathan 15 (relationship omitted); PERKINS, James 30 (realtionship omitted), Susan 3 (dau)
48. DERRYBERRY, P. H. 30 (doctor & farmer), Mary E. 27 (wife), Henrietta 7, John Amos 4, J. M. 3 (son), Jennie C. 1 (typhoid vever); JACKSON, Nels (B) 19 (servant)

Page 5, Dist. 24 (cont'd)

49. MAYES, R. J. (B) 28 (T VA VA), Cassy 25 (wife) (T GA GA), William 7, James 5, Isaac 1
50. IRWIN, George K. 42 (T VA NC), Mary H. 37, Carrie 17, Walter 11; WINSTEAD, John (B) 47, Jane 40 (wife), George 16 (son); PERKINS, James 35 (relationship omitted), FLEMING, Caoline 35 (widow), Ella 2 (dau), Fleming 4 (son), an unnamed son & dau, each 1; SCOTT, W. F. 27 (W) (relationship omitted) (fever)

Page 6, Dist. 24

51. COOPER, John 74 (VA VA VA)
52. OSBORNE, Daniel (B) 55, Martha 50, Sally 15, Henry 7, John 5
53. SOWELL, W. I. 28, Josie 26 (wife), Myrtle 6, Fannie 2
54. TUCKER, A. J. 53 (widower) (broken arm) (T VA VA), J. J. 25 (husband) (coach painter), Alexander 40 (wife--sic), Nick 13, Mary 18, Delia 24, Ann E. 22, Lilly 17, Rosa 12
55. HAYES, G. W. 33 (T NC T), M. P. 31 (wife) (T NC T), J. W. 11 (son), J. S. 9 (son), Dora 8, Elijah 5, Joseph 3
56. PINDLETON?, T. L. 34 (m)
57. FERGUSON, G. W. 50 (blacksmith) (T VA VA), Elizabeth 48
58. DOOLEY, M. W. 66 (widower) (T VA VA), E. M. 33 (dau), S. P. 30 (dau), M. J. 27 (dau)
59. AMOS, Thomas (B) 26, Sarah 26, Milton 8, Sowell 7, John 6, David 3, Jad 2; HARDISON, Daphne 60 (servant) (_ _ _)
60. EDGIN, J. W. 74, Cristine 62 (wife), Sam 25, Susan 22, Margaret 15, Cora B. 9, Liddy Ann 8 (dropsy), Eliza 5, Liddy Jane 5, Johnson 13, Andrew 2, Columbus 2

Page 7, Dist. 24

61. BRAZIER, Wash (B) 61 (miller) (AL NC NC), Ann 40 (wife) (AL NC NC)
61. (included with 61 above, but a separate family)
    JACKSON, E. J. 40 (T NC NC), M. S. 40 (wife), O. S. 12 (dau), B. H. 5 (son)
62. CANNON, M. N. 60 (widower), George 27 (son)
63. SMITH, W. B. 31, Mollie 23 (wife), Cannon 3 (flux), Felix 1; BOOKER, Patsy (B) 25 (servant), Helen 7 (servant), Henry 5 (son), Harywood? 2 (son), JOHNSON, Chester 26; ALFORD, William 17; EVANS, Sol 35 (last 3 above were evidently field hands), Sue 14 (Evans' dau?)
64. SHARBER, J. H. 48 (physician) (T NC NC), Annie L. 37 (wife) (T NC NC), Fannie Bell 16, John E. 13, J. H. 11 (son), Anne L. 9, J. W. 6 (son), A. L. 2 (son) (fever), David 53 (relationship omitted) (lunatic); SCOTT, J. P. (m) 26 (relationship omitted); BAXTER, Eliza (B) 35 (widow) (servant), Major 8 (son) (neuralgia), Georgia 8 (dau)
65. DORRELL, J. F. 53 (T NC VA), L. J. 45 (wife), Lucey Ann 26, Charles S. 20, J. W. 19 (son), Lou 16 (dau), L. B. 2 (dau); CANNON, Sarah (B) 23 (servant); DORRELL, Sarah (W) 7 (dau) (AL AL AL); OFFALL, Thomas (B) 65 (relationship omitted)

Page 8, Dist. 24

66. WATERS, Cornelius 20, Alice 24 (wife), Maggie 3 (maimed), William 1
67. NORRCOMB?, William 25, Nancy 25, Robert 12, William 7, John 6, Nannie 5, Oata (bowell complain)
68. GRIFFETALL, A. 44 (widow) (T NC GA), Hugh 17, J. J. 15 (son), Ida May 12, Willis 8, Walter 6
69. SCOTT, Jo 30, Julia J. 21 (wife), Fannie 1

MAURY COUNTY

Page 8, Dist. 24 (cont'd)

70. SPEED, W. F. 51 (AL AL AL), Eliza 43 (wife), J. F. 25 (son), J. M. 23 (son), Cordelia 16, Robert 20, William 14, Walter 12, Edward 10, Lelia? May 8, Mack 2
71. REAVES, J. S. 57 (T VA VA), Eliza 53 (wife), Emily T. 28, Mary 28 (liver complaint), Tennie 20, James T. 19, Robert 17, William 14, Elizabeth 14, David (B) 24 (son) (insane)
72. HOLDING, Hondena? (B), Sarah 50 (wife), Minnie 6 (dau)

Page 9, Dist. 24

73. REIVES, E. N. B. 39, Katie 29 (wife), Cora 8, Miles 6, Jas. Dayton 4, Gus 2, Gracey 2; GRIFFIN, Martha 44 (mother), Sallie 21 (dau), Hugh 31 (son); PENGLETON, Fayette 16 (servant); SHANKLAND, Sol (B) 19 (servant?), Josie 22 (wife)
74. TOOMBS, Jas. 46, America 42, Thom 18, Caroline 15, Susie 7, Alfred 5
75. REIVES, N. G. 45, Susie 36? (wife), Urah? May 13, Ellis 11, Frank 9, Walter 7, Clifford 5, Conner 3, Clayton 2, Annie Lou 9/12; WEBSTER, John (B) 50 (servant)
76. COPELAND, Wm. 51 (on legged) (GA NC NC), Martha 45 (congestion of stomach) (GA NC __), Caroline 12 (GA GA NC), Eveline 10 (T T T), Thomas 18, Henry H. 8, Marietta 6
77. FLETCHER, J. S. 23, M. E. 24 (wife), Hambleton 3, William 2
78. SPEED, Theodore L. 43 (AL NC NC), Elizabeth 40 (T AL NC), Newton 12, Alice 10, Ophelia 7, Mary M. 8, Elizabeth 5, Houston 2, Ann Sally 1

Page 10, Dist. 24

79. ALFORD, Mary M. J. 50 (widow) (rheumatism) (AL SC SC); PARHAM, Josey 29 (boarder), Sally 24 (boarder), Parish 26 (boarder); FLETCHER, Hambleton 30 (boarder)
80. BRYANT, Norwood (B) 50 (T VA NC), Rella 45, Josephus 17, Lou Ella 14 (albino) (blind), Major 10, Oct 8, Norvell 6 (albino) (blind), Melie 3 (son)
81. CAMJAN?, Calvin 65 (NC NC NC), Martha 58 (VA VA VA), Jimmy 33, Lizabeth 22, Hattie 19
82. NICHOLSON, Richard (B) 19 (servant), Fanny 40 (servant), Elizabeth 7 (servant), Clora 2/12 (servant); HARDISON, Lou (f) (servant) (T ___), Cevins, Ran (m) 35 (servant) (GA GA GA) (relationships off all these people omitted)
83. HOLCOMB, C. P. 29, Ann Eliza 32, J. P. Sutle 3/12 (dau), Mandy 25 (dau), Selia 4/12 (dau) (B), John 3 (son); SETTLE, Poney 95 (old man) (W) (deaf & dumb) (VA VA VA)
84. DERTING, J. S. 50 (KY KY KY), Nancy 40 (wife) (flux) (T KY T), James M. 22 (crippled), Ellen 19, Bettie E. 18, Joseph 16, Sally J. 11, Mattie Bea 9, Albert 7, Lenord 14, Johny 2
85. DIXON, W. G. 58 (T KY T), M. T. 46 (wife) (NC NC NC), S. P. 21 (dau), W. G. 18 (son), Lethe Jane 23 (dau), Sarah 15, M. C. 14 (son), D. P. 12 (son), J. L. 10 (son), E. E. 8 (son), M. M. 6 (son)

Page 11, Dist. 24

86. SHORT, T. M. 45 (KY VA KY), M. J. 43 (wife) (T NC NC), W. J. S. 21 (son) (KY), J. M. 19 (dau) (T), C. Elizabeth 16, Monroe 14, Walter Lee 5, David K. 7
86. (listed with 86 above, may have been employees of Short) BRAZIER, Richard (B) 50, Jane 45, Walker 18, Wade 16, Tonchy 10 (son), Ada 20 (dau), Hannah 2 (dau)

Page 11, Dist. 24 (cont'd)

87. NICHOLSON, J. H. 31 (typhoid fever), M. C. 23 (wife), Ella M. 6, Jno. S. 3, N. V. 2 (son); VAUGHN, D. A. 22 (servant)
88. MILLNER, G. W. 31, Mary 25 (wife), Elbert 2, Baby 1/12 (dau); OXFORD, Jessee 12 (servant)
89. SHAW, Ann (B) 40, Lula 20 (dau) (confined), Dennis 18 (son), Gus 16 (son), Silas 15 (son), Adalate 12 (dau), Babe 4 (dau), Wilkes 2
90. ANDREWS, J. P. 40 (T NC T), N. A. (wife) 33 (T SC T), J. W. 13 (son), L. S. 11 (son), C. S. 9 (son), J. L. 6 (son), B. M. 1 (son)
91. SMITH, Ellett 35, Madd 28 (wife); SHORT, Martha O. 11 (dau); DANILL, Mary 30 (widow), Willie 14 (son), Susan 12 (dau), Maggie (B) 10 (dau), Johny 7 (son), Babe 2 (son); CHURCH, Henderson 25 (servant)

Page 12, Dist. 24

92. WHITAKER, D. B. 29, Lizzy G. 31 (wife), Clifford 6, Willie 1; GILLISPIE, W. P. 29 (bro in law)
93. KYLE, Allen 29 (VA VA VA), Linty 25 (wife) (VA VA VA), David Hicks 3 (son)
94. DYER, L. F. 62 (T GA GA), Mary Jane 56 (AL AL AL) (crippled); LITTLEJOHN, Ada Bell 24 (g dau) (divorced); PARK, Melie 11 (m) (servant); PILKERTON, J. E. (m) 21 (servant); McGOWAN, Susan 42 (widow), William 16 (son), Sarah Jane 12 (dau), Hugh B. 6 (son), Allen 2 (son)
95. TANNER, Mary 50 (widow) (T NC NC), Frank 18, William 20, Mandy 16, Wash 13, Sarah F. 12, Westley 11, Susy Hicks 10, Liddy Jane 8, Paralee 5, Martha Vic 21, Jno. Thomas 3
96. BAUCUM, Mary 61 (widower), Martha 50 (sis) (gene debility), Willie 19 (adopted boy); CAMPBELL, Sarah 55 (mother), Sarah J. 28 (aunt)
97. JOURNEY, Cordelia 32 (divorced), Laura D. 12, Lenie 10 (dau), Raymond 9, Samuell 8
98. CLINTON, Martha 47 (widow), J. M. 22 (son), Hicks 20 (son), Manerva 19 (dau), Jno. Allen 18 (son); SOWELL, John (B) 24 (servant)

Page 13, Dist. 24

97. DARK, M. J. 40 (T VA NC), Susan 18 (dau), Hans B. C. 16 (son)
98. GRAVES, Walter 22
99. SULLEJOH?, J. W. 33 (SC SC SC), Nancy Jane 29 (wife) (MS MS MS), Sallie Ann 2
100. JACKSON, R. M. 26, M. L. 30 (wife), J. C. 6 (son), N. E. 4 (dau), N. E. 4 (dau), M. L. jr. 2 (son)
101. GRAY, L. R. 26, Elizabeth 24 (wife), Thos. L. 6, Anna M. 4, Geo. D. 2, G. Elizabeth 3/12
102. PRIM__, Elizabeth 53 (T VA VA), Josephine 28 (niece) (divorced), A. J. 20 (son) (bronchitis)
103. BAUCUM, Elizabeth 55 (listed as husband) (T NC NC), Jane 45 (wife), Elvira 22, Joseph 18, James K. 18, Auther 14
104. JOURNEY, M. C. 65 (widow) (T T VA), E. T. 45 (husband), D. F. 33 (wife), Cora 9 (dau), Nellie 4 (dau); CLINTON, Elizabeth 50 (relationship omitted), James 21 (son), John 16 (son), Manem 18 (dau); JONES, Newt C. 28 (son); BURKEEN, Frank 21 (boarder)
105. RITTENBERRY, R. L. 55 (VA VA VA), Lucy Ann 53 (wife) (old age) (NC NC NC), Susan 15, Elizabeth 13, Joseph 20, Ida Bell 9 (wife)
106. ALFORD, Eli (B) 32, Clarissa 33, Cassey 7, Meany? T. 5 (dau), Violet 12, Paris 10/12

MAURY COUNTY

107. CHILDRESS, R. B. 46 (T VA VA), Cintha Ann 36 (wife) (lung disease), Elizabeth 4; HARRIS, Wm. 18 (helper); TANNER, Susan 11 (helper)
108. NICHOLSON, Susan 47 (widow) (T NC NC), M. A. 22 (wife--of whom?), Maggie 20 (dau), Pattie 18 (dau), Laura 15 (dau), Cordelia 13 (dau), Zuleka 11 (dau), John 18 (son) (note: a group of black families follows but separately listed; they are all listed with household 108)
108. BRYANT, Nathan (B) 40, Hannah 40, Alice 16, Mary 12, Frances 10, Mary Ann 8, Kansas 5, Maggie 1
108. HILL, Richard (B) 33, Mary 50 (wife)
108. HAYES, Lewis (B) 35, Adilade 40 (wife), Ann 23 (dau), George 7, Johnny 4, Babe 1 (son), Delia 16 (dau)
108. REED, Edwd. (B) 30, Mandy 30, John 7, Babe 8/12 (son)
108. NICHOLSON, Press (B) 40, Jim 18 (son), Lewis 15 (son), Lucy 16 (dau), Sallie 12 (dau), Ella 12 (dau), Martha 10 (dau), Henry 8 (son), Babe 2 (son)
108. FARROW, Richard (B) 33, Ruth 28, Babe 2 (dau)
108. MANNEY, David (B) 45; MAURY, Lou 40 (mother), TOHMPSON, Wm. 12 (son), Babe 6 (dau)

Page 15, Dist. 24

108. FLIPPIN, Albert (B) 60, Peter 50, Dicey 40 (widow), Dora 20, Babe 4 (f), Nicholson 6/12; BARKER, Margaret 82 (mother) (old age) (NC NC NC) (relationship on most of the above omitted)
109. DAVID, W. H. 48 (T NC NC), Martha E. 49 (wife), Virginia 22, B. M. 20 (son), Nellie 13, Eliza 11, Mary 9, Hay? 7 (dau), Leah? 5, Omega 2 (dau)
110. MILLNER, G. W. 32 (GA Ire SC), Mary 20 (wife), Elbert 1, Babe 2/12; ORFUTT, Jesse (B) 12 (relationship omitted)
111. DICKSON, L. D. 21, Nannie 18 (wife)
112. LONG, Dr. R. T. 41 (physician) (T VA T), E. P. 34 (wife), Susan 13, Minnie 11, Edward 9
113. BARKER, George 58 (AL NC NC), Louisa 58 (lung disease) (VA VA VA), Nannie 30, George 20; HORDISON, Cahal (B) 18 (servant) (m); BRYANT, Mary 35 (servant)
114. GILLIAM, G. M. 23 (Mu)
115. BARKER, W. H. 30, Mollie 19 (wife), Alfred 3/12; SOWELL, Jeff (B) 25; PRIMM, Isaac 35 (blacksmith), John 7, Ada 5, Elizabeth 4, Ella 16 (relationships not given)
116. HORDISON, Simon 50, Mary 48

Page 16, Dist. 24

117. HORDISON, Jos. 25, Elizabeth 24 (sis), Mildred 20 (sis), Ira 19 (bro), Simon 17 (bro), Susan 15 (sis)
118. RUMMAGE, Alex 42 (T NC NC), Martha 42; George 16, Mary 15, Lotta 13, Robt. 11, Jessie 9, Algie 7
119. FOX, Ben (B) 50, Fanny 40 (wife), Nora 17, Babe 2/12 (dau)
120. RUMMAGE, Wm. 70 (T PA MD), Nancy 69 (NC NC NC) (fever), Susan 36, Martha 30, Nancy 28 (fever), Mary 25 (fever), Fanny 13
121. RUMMAGE, Wm. J. 28, Susan 28, Lonzo 6, Ella 4
122. LEFTWICH, Robt. 48 (widow) (T NC Ire), Newt 21 (T Ire Ire), Mollie 18 (T T T), Delia 10, Sarah 14, Robt. 10
123. JONES, N. M. 28 (m); BURKINE, F. A. 24 (m)
124. LITTLE, Mary E. 48, Josephine 22, Genie 19, Jason 15, Jno. P. 11 (b. fever)
125. CHEEK, A. P. 50 (T T NC), Susan 42 (wife), Calvin 16, James 12, Ida 7, John 5, Johnson 8, Estella 11/12

Page 17, Dist. 3

126. HARDISON, J. H. 21, L. H. 20 (wife), Frances 4, John T. 2

Page 17, Dist. 3 (cont'd)

127. GULLETT, Saml. 62
128. CRAIG, Saml. 70 (leg & arm broken) (SC Ire Ire), Zillah 65 (SC Ire Ire), Mary 30, W. J. 27 (son), Mary 25, Jensey 3, Fannie 1; RITTENBERRY, Jas. 20 (relationship obscured)
129. TINDALL, Jas. 33, Susan 26, Jas. jr. 5, Lee 16
130. WRIGHT, Thos. 66 (T NC Ire), Susan 60, Lillie 12 (dau)
131. JACKSON, R. T. 22, V. T. 21 (wife), J. R. 2 (son)
132. HARDISON, H. J. 32, M. E. 32 (wife) (paralyzed) (T NC T), John 12, Texanna 10 (chills), W. W. 8 (son), Tallie 6, Fanny 4, Porter 2, Melville 11?
133. WRIGHT, F. J. 33, M. J. 29 (wife), Nannie 7, Saml. 4, Cora 10
134. HARDISON, J. J. 23, S. E. 24 (wife), W. M. 2 (son), Thos. 6/12 (sore eyes), Hamp 28 (relationship omitted)
135. HARDISON, J. R. 20, S. J. 52 (wife)
136. HARDISON, Ezra 37 (T NC NC), S. N. 31 (T NC NC), Lethe 9, Wm. G. 6, Robt. 7, Jo 6, Cora E. 4, Susan L. 1; BENNET, Peggy 77 (relationship omitted); HARDISON, W. E. 26, Kirk (B) 30 (relationships of last 2 persons omitted)

Page 18, Dist. 3

137. JACKSON, R. C. 51 (T VA VA), Nancy 33 (wife), Wm. 17, Gertrude 6
138. HINSON, George 26, Sarah 30 (schedule says dau but believe she was wife), Walter 6 (son), Babe 4/12 (son)
139. RITTENBERRY, J. J. 28, Elizabeth 24 (wife) (MS MS MS), Robt. J. 5, Lenora 3, Joseph 1 (ttething), Georgeana 4
140. PRIMM, Thos. 22, Mattie 19, Andrew 2 (wormy); THOMPSON, Alex (B) 25 (servant)
141. DORK, America 36 (widow) (T NC NC), Sallie 15, Play 7 (dau), Saml. 4, Mary 2, Loulie 7 (dau)
142. ROOKS, S. P. 53 (T NC SC), Margaret 51 (T SC SC), Wallace 18 (son), Tennie 12, Robt. 21 (son)
143. BENNET, Jacob 49, Mary 42 (T NC NC), Alice 11, Agnes 9, Otta 6 (dau), Anna 4, Alford
144. NICHOLSON, A. A. 30, Fanny 24, Wm. A. 4, Maggie 2; WHITLEY, J. N. 21 (son--whose?)

Page 19, Dist. 24

145. HARDISON, R. J. 28 (rheumatism) (T NC NC), Nancy 28, Nancy E. 3, Emmor 9/12 (dau)
146. HARDISON, F. M. 40, Sallie 37 (wife), Penina 17, W. T. 13 (son), Wallace 9, Nancy 7, Mary E. 4, Carry 1, Lucy 27
147. DERRYBERRY, D. L. 58, Malinda 66 (wife)
148. GALBREATH, J. K. 21 (TX T T), Mary J. 17 (wife)
149. HARDISON, Mary 88 (mother in law--of whom?) (NC NC NC)
150. TRUELOVE, D. K. 31, Martha 33 (wife), Wm. 10, Margaret 7, Catharine 6, Fannie 4, Lucus 3 (dau)
151. NICHOLSON, Martin (B) 41 (widower), James 16, Robt. 15, George 14, Lizzie 13, Sidney 12 (son), Richard 11, Campbell 10, Eliza 66 (mother), Harry 85 (father) (blind & crippled)
152. NICHOLSON, R. N. 27, Martha 25 (wife), Robert 3, Charles 2/12
153. HILL, G. W. 42 (MS NC VA), Margaret 43 (wife), Charles 7, James 4, Alice 3, Martha 17; HALE, John 31 (son)
154. HARDISON, W. J. 25, M. F. 24 (wife), M. O. 6/12 (son); CHURCH, Hens (B) 21 (m) (servant) (T __ __)

Page 20, Dist. 24

155. HARDISON, H. M. 62, M. J. 65 (wife) (cancer), Jno. T. 20 (son?)

MAURY COUNTY

Page 20, Dist. 24 (cont'd)

156. UNDERWOOD, David 65 (NC NC NC), Nancy 66, Sarah F. 27 (dau)
157. SHARP, W. A. 35, Sallie E. 40 (wife), William 15, Ellie E. 13, Oleka B. 9, Nora B. 6, Minnie J. 3
158. CARPENTER, T. B. 48, N. B. 28 (wife), W. R. 10 (son), Temp 8 (dau) (dareaha), Thom H. 7, Carry Lee 5 (dau), Sallie Ann 3, Jno. J. 2/12
159. LOVETT, F. S. 31 (T NC NC), Lyza? Jane 25 (wife), Wm. S. 8, Isabell 5, Dora K. 3/12
160. SHARP, Thom A. 40, Nancy 40, Sallie 66 (mother), Jno. R. 14, Cora B. 13, Thom 11, James A. 10, Martin 9, Anna E. E. 7, David 3
161. LOVETT, Andrew 29, Sarah 28, Emma 13, William 12, Felix 10, Martha 8, Joseph 6, George 4; UNDERWOOD, George 45 (relationship omitted)
162. RUMMAGE, Sam 40, Martha 35
163. JOHNSON, J. J. 64, Ellen 70 (wife) (T NC NC), Mollie 35

Page 21, Dist. 24

164. DOOLEY, James 55 (SC NC NC), Sarah E. 60 (wife) (T NC NC), Cassey 13 (dau)
165. WHITTINGTON, Relus 40 (T NC T), Susan 35 (wife) (T NC T), Mary E. 10, John 8
166. TRUELOVE, Jim 50 (NC NC NC), Jane 50 (VA VA VA), Martha 20, Babe 15 (dau), Alice 13
167. DERRYBERRY, Anella 50 (widow) (NC NC NC), Joseph 21 (T NC NC), Bob 31 (T NC NC), Sina 25 (T NC NC)
168. JOHNSON, John 63, Ellen 70 (wife), Mary 31 (dau) (neuralgia)
169. RUMAGE, F. M. 40, Martha 39 (wife); HARDISON, Louisa (B) 25 (servant) (T __)
170. NEWCOMB, J. C. 34, Martha 26 (wife)
171. OSBORNE, Dan (B) 60, Martha 50 (wife), Phil 25, George 22, Lize 16 (dau), John 5, Henry 3
172. IVINS, Sol (B) 40, Babe 15 (dau)
173. WINSTED, John (B) 40, Jane 35; CRUTCHER, Nancy 65 (servant); PERKINS, Jim 25 (servant); WINSTEAD, Geo. 16 (servant), Joe 14 (servant); CARR, J. W. 25 (W) (grocer) (broke back) (TX T T); FERGERSON, G. W. jr. 23, Fanny 21, Thos. Hardy 3/12 (son) (relationship of these whites to head of household not indicated)
174. DOOLY, Mary A. 60 (widow) (T NC NC), Jno. L.? 26, Sam J. 21, Geo. W. 18, Eson P. 14 (son), Sidney 13 (son), Patrick 28

Page 22, Dist. 24

175. DOWELL, L. G. 38, Laura E. 22 (wife)
176. SCOTT, Sam C. 60 (T SC SC), Metah E. 26 (wife), Amarilla 24 (aunt?)
177. BRYANT, Hannah 43 (widow), Millie D. 16
178. EDWARDS, Pers 22 (T VA VA), Bettie 22 (wife), Frank 2, Jerry 7/12
179. COFFEE, Richard (B) 39 (AL AL AL), Velidey 27 (wife) (fever), J. D. 8, Leander 6, Wm. Sutton 5, Joe 1
180. OSBORNE, Alfred (B) 49 (AL NC NC), July 47 (wife), John 17, Eddy 15, Jim 13, Josey 5/12 (son) (fever)
182. OFFETT, Mary (B) 35 (widow), Bill 19, Jim 17, Lizzy 15, Adeline 9, Jessee 13, Hennetta 7, Fanny Bell 5, Joe Calvin 3
183. PICKENS, Hariett (B) 22 (f) (divorced), Olie 7 (dau); JENKINS, Henry 13 (bound boy)
184. HAYES, C. W. 35, Martha 29 (wife), Jim 12, Jno. 10, Lige 6 (son), Dora 8, Joe 4, Jane 2
185. DENTON, Isaac 60, Mary 35 (wife), Charley 14, Tip 12 (son), Jennie 11, Nettie 9, Laura 7

Page 23, Dist. 24

186. JOHNSON, Simon 34, Martha 24 (wife)
187. SMITH, Jno. E. 33, Lila Jefferson 28 (wife), Sarah E. 7, Thos. Jefferson 5, Alonzo 3; DENTON, Susie 18 (servant); PAUL, Alex (B) 16 (servant); NICHOLSON, Louis 18 (servant)
188. McDONALD, J. K. 53, Martha 45 (wife), Alice 14, John 10, Sam 8, Lucy 6
189. HAMBRIC, Matildy 60 (widow), Ned 23, Dick 36, Sally 21
190. OSBORNE, Sally 25 (B), Thom 26 (husband), Babe 1 (son)
191. DILLARD, Harry (B) 60, Liddy 50 (wife), Cally 22 (dau), Katy 20, Ophelia 14, Jim 13, Liddy 10
192. DOOLY, J. L. 35, Dora 30, Wm. Edward 10, Alice 8, Sally 6, Mandy 4, Geo. M. 2/12
193. HARDISON, N. P. 65 (widower), P. P. 33 (son), J. J. 32 (son), F. F. 37 (son), B. A. 36 (son), E. J. 26 (son)
194. BLACK, M. D. 30, Mollie 24 (wife), Joel 10, Mary Jane 3, Jno. W. 2/12
195. DOOLEY, Cassey 13, Sarah 11 (these two children are listed as dau, but there is no indication they were not living alone)

Page 24, Dist. 24

196. JACKSON, Wm. 46, Lucindy 48 (rheumatism), A. H. 20, Dave 19, Sarah T. 17, Jemima 16, Ben 14, Jim 13, Mollie 10, Mattie 8, Billy 5, West 3
197. HAYES, Sam 28 (chils & fever), Bettie 26
198. DERRYBERRY, Aribella 59 (widow), Bob 30, Sindy 24 (son), Josep 26
199. AMIS, Thoms (B) 27, Sally 31, Milton 8, Sowell 6, Johny 5, Dave 3, Joe 9/12, Daphne 2 (dau--whose?), Dolly 59 (dau--whose?)
200. HAYES, Isaac W. 60 (SC GA VA), Nancy E. 30 (wife), W. J. 5 (son), Edgar 3, Henrietta 2, Bettie 4/12
201. TRUELOVE, J. C. 54 (old snake bite), Frances M. 53 (wife) (neuralgia), Wm. Jason 15 (St. Vitus dance), Martha An 14, Mary F. 12 (son--sic), Alice K. 11
202. MARTIN, J. D. 21 (T IL MO); Nannie 21, Luna Bell 5; HARGROVE, Mary 58 (dau--believe this should be mother) (chills & fever)
203. MILLS, Mary G. 47 (widow), Geo. T. 19 (son)
204. UNDERWOOD, May?; CAMBELL, Sally 57 (sis?) (widow), Sallie 28 (dau); VAUGHAN, D. 20; SOWELL, John 24 (relationship of last 2 individuals omitted)
205. BRAZIER, Rich (B) 54 (GA GA GA), Jane 46, Walker 16, Ada Bell 17, Wade 12, Demp 7, Alf 5
206. JONES, Nancy A. 75 (widow) (NC NC NC)
207. SOWELL, Retta (B) 50 (widow), John 14, Kate 17, Frances 15, Archy 11, Sally 7
208. HARDISON, Ed (B) 40, Susan 35, Chaney 17 (dau), Tabe 16 (son), Bill 14, Puss 13, Ezra 11, Ora? 9 (son), Sam H. 5, Babe 5/12 (son)
209. CHEEK, Jas. A. 67 (widower), Emily D. 17, John H. 14, Andy M. 12, Thos. Ross 10
210. LUMSDEN, J. J. 32, H. M. 22 (wife), E. E. 3 (dau), S. B. 2 (dau), M. M. 3/12 (dau)

Page 1, Dist. 25

1. HINSON, John S. 38 (T T NC), Mary S. 36, John S. jr. 11, Eller L. 9 (dau)
2. HADDOX, Samuel (B) 35 (AL NC NC), Fanny 34 (T SC VA), Susan 16, James 11, Manaunia 9 (dau), Lue 7 (dau)
3. HARVEY, Marion C. 34, Jane 25 (T VA NC), Margarett E. 11, Eliza T. 9, Joe C. 7, James C. 1
4. HARTGROVE, Benjamin 38 (T NC SC), Margarett 56 (sis) (T NC SC), Betsey 38 (sis) (consumption) (T NC SC), Tennessee 30 (sis) (T NC SC), Benjamin jn. 13 (son)
5. RUMAGE, Sarah 45 (widow) (T NC SC), William 22, Susan 18
6. CHUNN, Eliza 28, Ever L. 7 (dau), Henry E. 4 (son), Aider T. 3 (dau), Liney B. 4/12 (b. Jan) (dau)

MAURY COUNTY

Page 1, Dist. 25 (cont'd)

7. RUMAGE, Lue 43 (widow), Sarah F. 19, James A. J. 18, Samuel A. 11, George A. 10, William J. 8, Martha A. 7
8. GATES, Mary 55 (widow) (T VA VA), William J. 34, John James 33 (idiotic & insane), Sidney (B) (m) 36 (servant) (T VA SC)
9. MOODY, Jones W. 34, Mary I. 28, Robert S. 11, July T. 7 (dau), Van E. 3, Sina V. 1
10. STEPHENSON, Thos. W. 32 (blacksmith), Susan L. 30, Margaret F. 6, Sally 4, Mitty 2 (dau), John 10/12 (b. Mar)

Page 2, Dist. 25

11. TISDALE, Huldy 56 (widow) (VA VA VA), William H. 32 (T VA VA), Susan E. 29 (T VA VA), Marcella J. 28 (son) (T VA VA), Laura M. 22 (T VA VA)
12. PRATT, John W. 25, Molly 22, Clarano C. 3 (dau), Vianna V. 1 (b. Jun), Leona C. 2/12 (b. Feb)
13. HARVEY, Alexander 77 (T NC SC), Nancy 56 (wife) (T VA SC), Martha J. 30, Columbus F. 19 (spasms), Margarett C. 17, Martin M. 16
14. DERRYBERRY, Charles 34, Mary E. 35 (T NC NC), Sarah C. 11, Ider E. 8 (dau), Robert G. 5, John W. T. 3, Laura J. 1
15. CLARK, William A. 51, Caroline 50 (NC NC NC), Ester 22, Pale 21 (son), Nannie 16, John 14, George 9 (stepson)
16. HARGROVE, David 51 (T NC SC), Nancy H. 30 (wife?) (T VA VA), Corar B. 9 (dau), William E. 5, Fanny A. 2
17. FITZGERALD, Betty 40 (NC NC NC), Samuel 9 (son) (T T NC), James 7 (son) (T T NC)
18. RUMAGE, James K. 43 (T VA SC), Caroline H. 42; FLOWERS, Polly 85 (helpless) (VA VA SC); COLLINS, John 22 (hired hand)
19. RUMAGE, Sarah 85 (widow) (paralises) (SC SC SC), Martha 55 (dau) (T SC SC), Caroline 50 (dau) (T SC SC), Nancy 8 (g dau)
20. RUMAGE, Andrew J. 46 (T T SC), Lucinda 40 (T NC NC), Mary T. 9, Luellar 4 (dau), Sarah L. 2

Page 3, Dist. 25

21. RUMAGE, James E. 25, Sarah D. 20, Joseph H. 10/12 (b. Jul)
22. BAKER, Mary 56 (widow) (T NC NC), Nancy 40 (sis) (invalid) (T NC NC), Becca 28 (dau), Joe T. 6 (g son), Mary C. 4 (g dau), James H. 9/12 (b. Sep) (g son)
23. RYLIE, Sack 38 (f) Louzy 5 (dau?); IRVIN, Eem (Mu) 17 (servant)
24. CHILDRESS, Eliza 31, William S. 10, Thomas J. 7, Charley D. 3/12 (b. Feb) (the last 3 above were children of Eliza); TUCKER, Betty 13 (boarder)
25. McCRADY, John R. 37 (T T NC), Virginia M. 28, Willey E. 8, Hugh D. 6, Zena M. 2 (son), Wm. M. 70 (father) (paralized) (T PA PA)
26. FITZGERALD, David 30 (T NC NC), Caroline 77 (mother) (old age) (NC NC NC), Mary 26 (sis) (NC NC NC), Kitty 25 (sis) (NC NC NC), Eliza A. 10 (niece) (T NC T), Samuel A. 7 (nephew), John P. 7 (nephew), Caroline 6 (niece), William H. 7, (nephew), Fanny E. 2 (niece), Andrew J. 3/12 (b. Mar)
27. CATHEY, George 58 (T VA VA), Rebecca A. 35 (iwfe), Mary L. 15, William A. 14, John A. 10, James H. 8
28. WHITE, George 41 (T NC NC), Emily 41 (T NC NC), George W. 6, Tennessee 5, Parilee E. 4, Mollyann 2/12 (b. Apr)
29. WHITE, Nancy 65 (widow) (T NC NC), Oliver P. 22, Sarah E. 21

Page 4, Dist. 25

30. CHILDRESS, James 49, Elizabeth 38 (wife), William R. 18, Mary J. 14, Laura 11, Charles D. 9, John 7 (nephew), Thomas B. 3 (son), Andrew J. 5/12 (b. Dec) (son), Nancy 60 (mother)
31. HURT, Jack (B) 70 (T NC VA), Susan 65 (T NC VA), Ama J. 27, Margarett C. 25, John 8 (g son), Minna A. 7 (g dau), William A. 6 (g son), John 3 (g son), Kunorta? 4/12 (b. Jul) (g dau)
31. HURT, Jack (B) 70 (T NC VA), Susan 65 (T NC VA), Ama J. 27, Margarett C. 25, John 8 (g son), Minna A. 7 (g dau), William A. 6 (g son), John 3 (g son), Kunorta? 4/12 (b. Jul) (g dau)
32. BELLINGTON, Saml. (B) 35 (T VA VA), Victoria 20 (wife)
33. DARK, Richard (B) 22, Susan F. 18
34. CUMMINS, Alf (B) 45 (T NC NC), Linda 43 (T NC NC), Thomas 16, Jane 14; HARDISON, John 10 (hired hand)
35. SCOTT, David 22, Laura 17
36. HUNT, John (B) 30, Rilda 28 (wife), Mary 10, Laura 7, William 13, Corrilla 2 (dau)
37. WALKER, Jack (B) 52 (T VA VA), Adline 40 (wife) (T NC NC), Elizabeth 24, Henry 19, Manerva 16, Madda 13, Thomas 8, George 8, Charles 5; ANDERSON, Hutdon 6 (g son)
38. WILLIAMS, William A. 65 (T NC NC), Martha 62 (T NC NC), Henry F. 25 (1 arm & 1 hand off), Andrew C. 23

Page 5, Dist. 25

39. MINSEY, Jane 45 (widow) (T VA VA), Phillip W. 20, Nancy A. 15
40. JOHNSON, William 27, Sarah J. 26, John K. 4, Thomas 16 (bro); RUMAGE, Fanny 12 (sis in law)
41. JOHNSON, Decadar 31, Lottie 40 (aunt), Thomas 5 (son), Lucy 19 (cousin)
42. CROWE, John M. 38 (state senator), Henryetter A. 38, Thomas D. 13, John A. 12, Henryetter 1; McKAE, James (B) 26 (laborer)
43. DALTON, Lewis M. 27, Sarah E. 26 (T NC T), Mitta 12, Thomas J. 6, Narcissus A. 4, William M. 1
44. FARRISS, Charles J. 36, Amanda 30, William H. 11, Leroy 1, Launer 2/12 (b. Apr) (dau)
46. OLES, Tabitha (B) 40 (T VA VA), Lue 7 (dau), Andrew 5 (son)
47. HASFORD, Bob 35, Mary Ann 40 (wife), Emily J. 16, William T. 15, Aider V. 13, Lueller 9, Matta M. 7 (son)
48. DOYLE, Samuel J. 42, Sarah A. 41, Mary L. A. 19, William S. 14, Sally P. 9, Franklin B. 7; HARDISON, Nazer (B) 17 (hired); OLES, Nancy (B) 16 (hired)
49. DOYLE, John P. 21, Mary 25? (wife) (general debility); EDGAR, Martha 40 (hired)

Page 6, Dist. 25

50. MORRISS?, Jefferston P. 34 (T NC T), Elizabeth R. 23 (wife) (AR AL T), John T. 12, William J. 10, Melvin H. 7, Nancy J. 6, Andrew L. 3, James E. 3/12 (b. Apr)
51. MOORE, James T. 56 (T NC NC), Mary A. 51, James D. 16; ERVIN, John 18 (hired)
52. JONES, Roma 29, Sallybetty 27 (wife), Sallybetty jr. 3, Thomas R. 1
53. BILLINGTON, Marshall 25, Molly E. 24 (T VA T), Ivah 4, James A. 1; EDGIN, Samul 25 (hired); RYLIE, Jefferson 17 (hired); HATTON, Mina (B) (f) 15 (hired)
54. WILSON, Robert P. 27, Victoria 20; McFADDEN, Tom 11 (Mu) (hired)
55. McNEELY, James J. 50 (T NC VA), Harriett E. 52 (NC NC NC), William C. 22, Joseph A. 21, Franklin J. 17 (dispeptic), David E. 14, Mary E. 13, John B. 11, Ader L. 7

MAURY COUNTY

Page 6, Dist. 25 (cont'd)

56. HATTON, Fill (B) 54 (blacksmith) (AL T NC), Margarett 50 (NC NC), Lema 12 (T AL NC), Fagges 10 (son) (T AL NC); HADDOX, Sabra 77 (mother) (old age, infirm) (NC NC NC), ANDERSON, Chanley 9 (g son) (T NC NC)
57. BOYD, T. M. 47 (physician), Marzee M. 45 (wife), William T. 24, Joseph W. 23, Fanny A. 18, Bell 13, Alter 10 (dau), Merina 10, Pearl 6, Matta 5 (son), Maud 3 (son); DARK, Terril (B) 50 (hired) (T NC NC)

Page 7, Dist. 25

58. JACKSON, W. A. 45 (merchant) (T NC NC), Margarett 45 (T NC NC), John W. 17, Luverar V. 15 (dau), Norah Q. 13, Margarett F. 9, Wilerby Assen? 8 (son); DERRYBERRY, Alphonse K. 22 (boarder) (merchant); MOORE, Grandvill J. 24 (boarder) (merchant) (T NC T)
59. SHIRES, Jacob 73 (NC NC NC), Emily 68 (general debility) (NC NC NC), Charles 19 (g son), Nancy 19 (wife g son)
60. ALDRIDGE, Joseph 31, Palina L. 30 (T NC NC), Mary E. 10, Marilda E. 8
61. SHIRES, Jacob B. 40 (T NC NC), Mary 37 (T NC NC), George 15, Emily E. 13, Clator M. 2 (son)
62. SHIRES, Caroline 40 (widow) (T VA VA), Ira B. 19; WHITE, Tennessee 28 (hired) (T NC NC)
63. BOND, Elias (Mu) 50 (widower) (blacksmith), Laura 17, Abraham 15, Ellar 11, David 5
65. HURT, Richard (B) 20, Celar 18 (wife), Susan 20 (sis) (paralyzed), William 17 (bro), Bird 9 (nephew)
66. CHRISTLY, Fred 59 (T Ger NC), Nancy W. 50 (T NC NC), John F. 18, Thomas E. 16, William 65 (bro) (T Ger T), William B. 14; McSHAUN, Elizabeth 63 (sis) (T T)
67. GRIGSBY, John 65 (VA T VA), Zurilda A. 42 (wife) (T NC NC), Egebert? 19, Beldfield B. 18, John A. 17, Maryette L. 15, Veller B. 14 (dau), Virginia L. 12, Lurellar Z. 10 (dau), Elkanar M. 9 (son), Florrence C. 7, Margarett E. 5, Stellar L. 3, Lucion G. 1

Page 8, Dist. 25

68. WARE, Edward H. 69 (widower) (VA VA VA), George W. 28 (T VA VA), Susan A. 25 (T VA NC); CARSON, James 17 (hired); SHARP, Joseph 12 (hired)
69. WALLACE, James H. 60 (T NC NC), Rebecca 55 (T VA VA), Samuel H. 22, Margarett E. 19, LEGETT, Dick (Mu) 10 (hired)
70. STEPHENS, Thomas W. 32 (blacksmith), Harriett 28, Margarett 6, Sally S. 4, Kittie 2, John A. 12/30 (b. May)
71. HUNT, William S. 59 (retired merchant) (T VA VA), Mary E. 44 (wife) (T NC T), Mary S. 21, David B. 16, William T. 15, Elizabeth T. 12, John A. 10, Bird E. 8, Frank 6, Robert H. 3
72. BOWDEN, Henry (B) 68 (VA VA VA), Martha 60 (VA VA VA), Elizabetb 22 (T VA VA), Rebecca A. 9 (dau) (T T T), Allis 5 (g dau) (T T T), Mary J. 3 (g dau) (T T T)
73. WHITEHEAD, Robt. S. 50 (T VA VA), Mary J. 41 (occupation asent?) (T VA VA), Thomas M. 18; LEGETT, Jenny (B) 40 (hired) (T T NC), George (Mu) 4 (Jenny's son?)
74. GILES, George (B) 60 (VA VA VA), Parthenia 45 (wife) (T VA VA), Charles 17 (T VA VA), George W. 13 (T VA T), Stephen 7 (g son), John J. 3 (g son)

Page 9, Dist. 25

75. FARMS, Mile (B) 50 (blacksmith), Harriett (Mu) 44 (T NC NC), Tennessee 11, Ugenia 10
76. GLENN, Sally 45 (T NC NC), Milton Robt. 21 (son)

Page 9, Dist. 25 (cont'd)

77. WARREN, Robert B. 38 (school teacher) (T VA VA), Mary E. 24 (wife), Robert G. 2
78. BURNEY, Thomas P. 49 (T NC NC), Mary B. 53 (sis) (T NC NC)
79. CLARK, Wesley 30, Clementine 25, Mary V. 4, Lelar 3
80. REYNOLDS, Mary 35 (widow), Elizabeth 8
81. HANE, Fanny 35 (widow), Sally 7
82. MOODY, James R. 61 (T NC NC), James J. 26 (son), Fanny 54 (wife) (T VA VA), George M. 22 (son), Samuel S. 18 (son), Sally J. 16 (dau), Lela B. 12 (dau)
83. MULLENS, Reuben (B) 45 (VA VA VA), Laura Ann 30 (wife) (T NC NC), Harriett 5, Green 19, Nelson 12, John 10
84. CHUNN, John 55 (T NC NC), Mariah 48 (T NC NC) (invalid), William Andrew 28, Thomas 18, Victoria 15, Mitta 11
85. CHUNN, David 22 (T NC NC), Tiney 19, Mird E. 6/12 (b. Oct) (dau); HELTON, Sarah 16 (hired)
86. LEE, Mary H. T. 40 (widow), Elizabeth H. 18, Willey 15 (dau); LEGETT, Ider (Mu) (f) 7 (hired)

Page 10, Dist. 25

87. CRUTCHER, Samuel (B) 50 (T NC NC), Lucinda 34 (wife) (T VA VA), James A. (Mu) 10 (orphan), Allice 35 (sis), Martha 15 (niece)
88. REYNOLDS, J. M. 63 (widower) (T GA GA), Reuben 31 (idiot), James M. 24 (county office court), Thomas K. 22, Fanny 17; ERVIN, William (Mu) 8 (hired)
89. HAMPTON, F. F. 43, Molly J. 21 (wife), John A. 17 (son), Clarrence H. 2, Fred M. 10/12 (b. Aug) (son)
90. GLENN, Robert A. 49 (merchant) (T NC GA), Margarett 54 (wife) (T VA VA); FLENIERS?, Elizabeth t. 34 (dau), James E. 26 (son) (merchant), Samuel D. 21, Susan D. 18, Richard B. 14; FLEMING, Robt. J. 12 (g son) (MS T T), Magie J. 10 (g dau) (MS T T), Olga 8 (g dau) (MS T T), James G. 6 (g son) (MS T T)
91. SLEDGE, Hardy 48 (T NC T), Nancy L. 50 (diseased liver) (T SC VA), Mary E. 18
92. CHUMNER, James N. 36, Martha A. 25 (wife), Thomas M. 14 (son), Margarett F. 11 (dau), Martha E. 9, Caroline 6, James A. 4, Mary J. 7/12 (b. Oct)
93. HORSFORD, Cordela 60 (widow), John 19, Nancy 18
94. GRANT, William R. 41, Margarett L. 37, Mary F. 6, William L. 3
95. LOVETT, Thomas D. 70 (NC NC NC), Mary P. 60 (wife) (T SC SC), Robert 19, Raceal C. 17

Page 11, Dist. 25

96. LOVETT, Moses D. 35 (T T NC), Sarah E. 41 (wife), William J. 14, Franklin D. 12, Mary E. 9, Irena J. 7, Joseph W. L. 3, Uriah V. 21/30 (b. May) (son)
97. DERRYBERRY, Malissa 42 (widow), Elvira V. 21, Mary E. 19
98. JACKSON, David 75 (widower) (T NC NC), Leanner 43 (dau), Sarah 38, Martha 35, Mark 32
99. BARHAM, Isabell 45 (widow), James 23, Thomas 22, Eliza 16, John H. 13, Jackson 11, Jefferson 9, William 7, Elizabeth 5
100. MILLS, William J. 47, Virginia E. 50, Robert M. 22; BARHAM, Jack 19 (hired)
101. HARDISON, Newton J. 31, Anna E. 30 (T VA VA), William H. 5, Robert S. 3; WHITE, Joseph 14 (hired); McKEE, Josa (f) 15 (B) (hired) (T T NC)
102. MAXWELL, John 25, Sally 30 (wife), James 3, Robert 2
103. MILLS, James A. 66 (widower) (T NC NC), Thomas H. 31, Charity E. 22 (dau in law); HANDCOK, Sarah (B) 40 (hired), Mary 18 (hired), Emiline 12 (hired)

MAURY COUNTY

Page 11, Dist. 25 (cont'd)

104. WILLIAMS, Thomas 35, Catharine 30, Bedia 7, William 5, Henry 3

Page 12, Dist. 25

105. LANE, Samuel C. 70 (widower) (T VA VA), Henry 29 (consumption), Claborn I. 24
106. KENNARD, David M. 52, Ophelia 40 (wife), Adda 30 (dau), Daviddellar 16 (dau), Noveline 11 (dau), Armstrong 12 (g son); COOPER, Lizza (B) 30 (hired), Henry J. 5 (relationship omitted), Jenny 3 (relationship omitted)
107. PLAY, William T. 46 (T NC VA), Elizabeth 28 (wife)?, Robert J. 10, Mary J. 7, Leanorar 3, Carrol D. (f) 8/12 (b. Sep); STRATTON, Sally 75 (aunt) (old age) (VA VA VA), Lottie L. 16 (sis in law), Jefferson B. 46 (bro); MOORE, Mary (B) 45 (hired)
108. SECREST, John L. 44 (T NC NC), Mary E. 37 (sis) (T NC NC); BAIRD, Sally 17 (hired); HARMAN, Allie (f) 7 (member of family); SCRUMPS, Alexander 21 (hired); CAMPBELL, William 22 (hired); STONE, Sally (B) 57 (hired) (T VA VA), Sally jr. (Mu) 23 (hired) (T NC NC), Dolly (B) 21 (hired), Fount B. (m) 17 (hired), Ann 15 (hired), Levenia (Mu) 6, Guster 4, Lee (f) 8/12 (b. Oct)
109. McFADDEN, James B. 58 (T SC SC), Mary A. 42 (T NC T), James M. 21 (relationship obscured), Stephen 16 (son), Duncan 12, Fany 9, Thomas 6, William 5, Florence 3, Luder 1 (dau)
110. MOSES, Milus 39 (T T NC), Martha A. 30
111. NETHERY, Malissa 35 (widow) (T NC NC), William 13, Dellar 8 (dau), James 3

Page 13, Dist. 25

112. RING, Joseph 54 (T NC NC), Sarah A. 49 (T VA VA), Elizabeth J. 26, James L. 24, Thomas P. 22, John Columbs 19, William J. 17, Malissa A. 14, Melvian A. 8 (son)
113. HARMAN, Thomas 39 (T NC NC), Susan G. 35, William 16 (stepson), Charles 14 (stepson), Capbell S. 12 (stepson), Sally A. 10 (stepdau), John H. 4 (son), George N. 1 (son)
114. BROWN, William R. 46 (widower) (T NC NC), Simeon M. 23, Elizabeth 21, James Lee 18, Genner? 16 (dau), Everett 14, Sally 12, Nety O. 9 (dau), Robert F. 6/12 (b. Nov)
115. DUVALL, Heartwell 26 (consumption) (T NC T), Mary E. 42 (wife) (T NC NC), Piety E. 19, Levonia V. 18, John C. 14, Thomas J. 8, Emily L. 5, Henryetta 2
116. BILLINGTON, William 30, Mattie S. 25, Anner E. 6; COLLINS, Milky (f) 55 (widow) (relationship omitted) (T NC NC), James P. 21 (son), Lewis H. 16 (son), Fanny 13 (dau), Hardy 10 (son)
117. SHIRES, William M. 39 (T NC SC), Martha W. 36 (T NC NC), John W. 10, William L. 9, Vera A. 8, Sally M. 5, Mary E. 1; McCLANE, Jerry (B) 20 (hired)

Page 14, Dist. 25

118. HARRISS, James P. 49 (T NC GA), Mary M. 38, Lillian 13, Joseph 11, Mattie 10 (dau), Wilerby J. 9, Leider 8 (dau), Veada 5 (dau), Allis 2 (dau), Frank 2/12 (b. Apr)
119. AARON, John 21, Isabellar 18, Adaline 55 (mother) (T NC NC)
120. RING, Lewis J. 53 (T NC NC), Sarah A. 47, Mollie E. 18, Sidney N. 16 (son), Ancerie? M. 13 (dau), Samuel D. 11, Joseph A. 9, William A. 4
121. HARDISON, Sam (B) 52 (T VA VA), Ama 53 (T VA VA)
122. WOOD, Lindy (Mu) 57 (widow), Lucy 13, Joe 10, Florence (B) 9, John 8, Maggie 7, Carrie 5, Annie (Mu) 4/12 (b. Feb)

Page 14, Dist. 25 (cont'd)

123. ORR, James N. 41
124. WALLACE, Robt. 52 (Mu) (T NC NC), Fanny 50 (_____), Mary 13, Allis 13, Parlee 8; GENTRY, Many (B) 50 (sis in law), Allis (Mu) 14 (niece), Rich 12 (nephew), Irvin (B) 15 (nephew) (consumption)
125. HOLT, Rufus (B) 36, Sema (Mu) 25 (wife), William 10 (son)
126. OGLEVIE, Richard (B) 37 (T VA VA), Almetia (Mu) 23 (wife), Sissa 2, John (B) 16; EDWARD, Netty 15, Elizabeth 13, Holley 12, Roda 80 (VA VA VA), Margarett 14 (relationships omitted)

Page 15, Dist. 25

127. RENFORO, John 43, Anna E. 42, George W. 17, William J. 14, Lucy A. 13, Laura F. 8, Matta B. 7
128. TANKERSLEY, Frank 25 (merchant), Mary E. 18
129. HARDISON, Calvin 56 (merchant) (stricken of bladder) (T NC NC), Sarah E. 50, William M. 23, Arthur C. 20 (retired clerk), Samuel W. 17, Ider A. 12 (dau), Mollie E. 10, Veva E. 7
130. VAUGHN, Rebecca 47 (widow), Thomas W. 18, Mida 12 (dau), Elizabeth 12, Carroll 8
131. JOHNSON, Sarah (Mu) 43 (widow) (T VA VA), Elizabeth (B) 17, Jesse (Mu) 16, Jane 10, James (B) 9, Henryetter (Mu) 7, Susan (B) 5, infant 4/12 (b. Feb) (dau)
132. GRIFFIN, Amon 54 (T NC NC), Darthula 35 (wife) (VA VA VA), Virginia A. 15 (dau) (VA VA VA), Materney 4 (son) (T VA VA), William L. 2 (son) (T VA VA)
133. HARRISS, Henry H. 30 (blacksmith), Mary L. 28, James R. 9, Lovena E. 7, John W. F. 4, Tobith S. C. 1
134. BLAYLOCK, Wm. M. 31 (miller flowering mill), Sarah 32 (VA VA VA), James A. 13, Lydia C. 9, George P. 7, John D. 7, Enock F. 4, Dianner 3, William B. 2

Page 16, Dist. 25

135. LAVENDER, David T. 25; TUCKER, Clabe 23 (hired); STANDFIELD, More (Mu) (m) 25 (hired)
136. GRAHAM, John (Mu) 41 (VA VA VA), Nancy J. 38, Leoner 17 (dau), Frankyann 8; PARKS, Ader (f) 18 (hired)
137. REDMAN, Sarah E. 40 (widow) (T VA VA), Newton E. 17, John E. 15, James B. 12, William D. 11, Jeremiah S. 10, Partria L. 6, Sarah H. 19 (dau) (in poor house--idiot)
138. CHRISTMAN, Nathan (B) 27 (T NC NC), Josey 23, Susan 2
139. STEPHENSON, Mc (believe Mc was 1st name) (B) 46 (T VA SC), Manda J. (Mu) 47 (T VA VA), Maggie 11, Gren H. 5 (son), Virginia 24 (dau)
140. GRAHWAN?, Sam (B) 24 (T NC NC), Virginia 22, Dellar 4 (dau), William D. 3/12 (b. Feb)
141. PETWAY, Andrew (B) 35 (T VA VA), Milleyann 26 (wife) (T VA VA), Adline 12, Malissa J. 23 (sis in law)
142. ALLISON, Robert (B) 26 (T NC NC), Manervia 25 (T VA VA), Jemima (Mu) 12 (step dau), Hattie 7 (step dau), Mary 1 (dau); WADE, Nancy 60 (mother in law) (VA VA VA), Henry 5 (son), Nancy J. 2 (dau)
143. GLENN, Ausburn (B) 40, Sally 35, William 20, Mollie 12, John 7

Page 17, Dist. 25

153. (numbers skipped here) COOPER, Elizabeth (Mu) 25, Jenney 4 (dau), William 1 (son)
154. RHINO, Charles R. 37 (T NC NC), America P. 37 (T SC NC), Andrew 14, Jesse 12, Lilla 7, Dellar 5 (dau)
155. NETHERY, Newton C. (T NC T), Louisa M. 29 (T NC NC)

MAURY COUNTY

Page 17, Dist. 25 (cont'd)

156. NETHERY, William 68 (NC NC NC), Mary C. 51 (wife) (T NC NC), Nancy J. 24, Thomas J. 15, Mildrid 12
157. MAYS, Burton 22 (VA VA VA), Netty 25 (wife), Walter B. 1
158. CROSSER, Joseph 27, Tennessee 25, Josephine 8, Elizabeth 6, William 4, John Thos. 2
159. DAVIS, Elizabeth 35 (widow) (VA VA VA), James H. 13, Andrew D. 9, Monrow 2; GEASNO?, Ann 70 (mother) (VA VA VA)
160. MILLER, John 50 (blacksmith) (T NC NC), Tracy 45 (T NC NC), Samuel 16, David 14, Ellin 13, Steward 9, David S. 5, Thomas 4
161. MAYO, Jackson 50 (VA VA VA), Dianner 51 (wife) (VA VA VA), Ever 15 (dau), Dinner J. 13
162. FISHER, Morgan 54 (T NC NC), Agaline? 35 (wife) (T NC NC), Narcissus 25 (dau), Vianner 20 (dau), Micheal 18, Madison 16
163. CHEEK, Jessee 47 (widower) (T NC SC), Charles L. 14, Jessee A. 10, John 8, Elizabeth 68 (mother) (NC NC NC); TANNER, Manda M. 16 (servant) (T NC T)

Page 18, Dist. 25

164. LAVENDER, William 56 (widower) (wheelright) (T VA VA), Thomas 18 (T VA VA), Charles 16 (T VA VA), William 14 (T VA VA), Margarett 12 (T VA VA), Robert 10 (T VA VA), John J. 7 (T VA VA), Dellar Boyd 4 (dau) (T VA VA)
165. ROBERTS, Mc (first name) 58 (shoe maker) (T NC NC), Amanda 50, Jesse 13
166. ROBERTS, Balam F. 24, Amanda 20
167. HARDISON, Isac (B) 55 (SC SC SC), Manda (mu) 40 (wife), Margarett 18, Rebecca 15, Robert 14, Ann 7, Jesse 5, Elizabeth 1 (g dau)
168. BILLINGTON, James M. 52 (T NC T), Emily J. 47, Robert L. 10, Lulerbine 8 (dau); EDGIN, John 18 (hired), Emer (f) 40 (hired)
169. PRATT, Sam H. 54 (T NC NC), Melissa 48, William J. 17, George E. 15, Emer M. 12 (dau), Grandville P. 8; BAKER, Batha 40 (hired)
170. WARREN, John D. 85 (widower) (NC NC NC), Thomas A. 39 (son?) (T NC NC), Sally C. 22 (dau in law); TUCKER, Nannie 27 (g dau), Charles B. 2 (g son), Samuel D. 8/12 (b. Nov) (g son)
171. YARBROUGH, Mary 37 (T NC NC)
172. STEPHENS, James A. 65 (T NJ T), Rebecca 63 (T NC NC), Samuel A. 25, Robert G. 22; HURT, Sally (Mu) 24 (hired)

Page 19, Dist. 25

173. HURT, Eller (Mu) 16
174. PARKS, Jerry (B) 22, Cally 26 (wife), William 3, Lanner F. 3/12 (b. Feb) (dau)
175. RUMAGE, Wm. J. 25, Malvine F. 24, Florence C. 8, Martha J. 6, John J. 3

Page 20, Dist. 25

144. (numbers out of order) BLYTHE, Maggie (Mu) 30, William 8 (son), James 7 (son), Anny 5, Ader 12 (dau), Richard 3 (son)
145. STEPHERSON, Benjamin 59 (T SC T), Emily 55 (T VA VA), William A. 19, Eller? 15 (dau)
146. ROBERTSON, James 35 (T T AL), Mary 28, Leander C. 10/12 (b. Aug)
147. CATHEY, Henry 52 (T NC NC); WILEY, Virginia 35 (sis in law) (widow), William 19 (nephew), Thomas 15 (nephew)
148. WALLACE, Wm. 57 (T SC SC), Martha 59 (sis) (T SC SC); MARTIN, Mahaley 57 (sis) (T SC SC); DECENT?, Charles 18 (hired)
149. WALLACE, George 48 (T SC SC), Tennessee 29 (wife), Thomas 15, John 13, Lilly 11, Olgarnieze 9 (dau), Elmore V. 5

Page 20, Dist. 25 (cont'd)

150. REYNOLDS, William G. 48 (T GA NC), Emily 45, Molley 20, Urerbell? 14 (dau), Sallytows? 12, Buler 7 (dau)
150. (the following included in 150 above, but a separate family) MAYFIELD, Peter 58, Polly 46 (wife) (NC NC NC), Sally 19
151. JACKSON, Robert 54 (T VA VA), Barbry 50 (T VA VA), Thomas 18, Elizabeth 19, Rebecca 14, Lottie 7
152. KINNARD, David M. 54 (T NC T), Ophelia E. 57 (KY NC NC); McGAY, ___ 31 (sis in law) (T KY T), Dviedellar? 18 (dau) (T T KY), Noralene V. 10 (dau) (T T KY)

Page 1, Dist. 3

1. TINDELL, R. W. 46 (NC NC NC), C. A. 46 (wife); HARDISON, M.? H. 25 (stepdau), A. J. 23 (stepson), T. B. 19 (stepson); TINDELL, Anna 12 (dau), R. T. 10 (son)
2. STELL, Philup? (B) 78 (NC NC NC), Rebeca 60 (wife); STEEL, Mat 30 (dau), John 35 (son), Burge? 15 (son), Rebeca 12 (dau), William 7 (son), Jim 3 (son)
3. JACKSON, R. 38 (T NC NC), M. J. 32 (wife), F. H. 13 (dau), F. B. 11 (dau), M. C. 9 (dau), F. H. 1 (dau)
4. FOX, Mrs. M. K. 52 (T NC NC), P. H. 18 (son), J. C. 14 (g son)
5. FOX, J. H. 27, U. F. 7 (dau), H. C. 5 (dau), C. B. 5/12
6. FOX, M. P. 23, M. T. 24 (wife), W. K. 2 & W. M. 2 (twin sons)
7. FOX, S. Q. 21, M. C. 22 (wife), E. A. 1 (dau)
8. TENDELL, W. H. 39, H. E. 35 (wife) (T NC NC), J. W. 10 (son) (diptthery), S. C. 9 (dau) (dipthery), Z. J. 7 (dau) (dipthery), F. F. 4 (dau), J. M. 2 (son)
9. SEWELL, J. V. 59 (T NC NC), M. 58 (wife), S. A. 27 (dau), S. T. 21 (son), M. R. 18 (dau), M. A. 6 (g dau)
10. AGNEW, J. T. 45 (T NC NC), M. F. 34 (wife)

Page 2, Dist. 3

11. McAFEE, J. S. 27, S. J. 22 (wife), J. W. 3 (son)
12. LIGGETT, W. C. 34 (T NC NC), D. 29 (wife), S. A. 8 (dau), L. W. 6 (dau), H. 4 (son), A. D. 2 (son)
13. PURDOM, D. E. 52 (T VA NC), S. R. 36 (wife), S. R. 11 (son), E. A. I. 8 (dau), F. S. 80 (mother) (___ ___ ___); HARDISON, D. S. 53 (sis in law)
14. LIGGETT, Elizabeth 49 (widow) (T NC NC), J. C. 23 (son), M. N. 20 (dau); HARDISON, J. K. 33 (son in law), A. E. M. 8 (g dau)
15. HARDISON, Rachel (B) (widow) 68, Pate 23 (son), Frances 24 (dau in law), Willy 6 (g son), A. J. 1 (g son) (some birthplaces on apparently wrong lines, but believe Rachel's parents born in NC)
16. HARDISON, W. W. 58 (T NC NC--if our guess as to correct line is right), E. J. 51 (wife), Scat? (f) (B) 30 (take care of)
17. FRANK, M. G. 28 (f) (___ NC T); GULLETT, N. J. 68 (mother); HARDISON, M. A. 16 (dau), R. J. 14 (son), S. R. 12 (son), M. I. 8 (dau), M. H. 6 (son); FRANK, E. M. 1 (dau)
18. HARDISON, Jim (B) 52 (NC NC ___), Vilet 60 (wife) (NC T? ?), Rosa 40 (dau), Romey 14 (g son), Mary 12 (g dau), Nilce 4 (g son), John 8 (g son)
19. SOWELL, W. J. 55 (T NC T), E. J. 50 (wife), F. D. 22 (dau), F. C. 20 (son), C. C. 18 (dau), T. W. 16 (son), C. C. 14 (dau), J. D. 11 (son), A. B. 8 (son)

Page 3, Dist. 3

20. SOWELL, T. W. 29 (m); JOHNSON, M. (B) (f) 35 (cook), W. 14 (dau); WILKS, H. 18 (hired); POSBORN, Jim 14 (hired)

Page 3, Dist. 3 (cont'd)

21. WEATHERSPOON, W. (B) 30, M. 29 (wife), E. 14 (dau), W. 12 (son), Tom 10 (son), John 9 (son), T. 7 (dau), M. J. 5 (dau), B. 3 (dau)
22. SOWELL, Milley (B) 49 (widow), Fan 19 (dau), Miles 17, Dee 15 (son), Fouse? 8 (g son), Ol 4 (g son), Mary 2/12 (g dau)
23. GILLIAM, S. M. 52 (T VA VA), N. M. 52 (wife), J. F. 17 (son)
24. JONES, D. S. 45 (T VA T), A. K. 40 (wife), S. C. 15 (dau), Earns? 14 (son), M. A. 12 (dau), B. M. 10 (dau), W. W. 7 (son), F. E. 5 (dau)
25. JONES, W. H. 39 (T NC T), M. F. C. 39 (wife), J. T. 15 (son), M. C. 13 (dau), W. A. 11 (son), J. F. 8 (dau), I. D. 6 (dau), W. J. 3 (son), M. E. 5/12 (son)
26. MOORE, J. W. 25 (T NC T), E. A. 22 (wife)
27. JONES, Robert 42 (T NC T), N. E. 33 (wife), M. E. 15 (dau), S. B. 10 (dau), J. C. 9 (son), V. E. 4 (dau), N. E. 2 (son)
28. GRAY, J. W. 41 (T KY VA), M. M. 36 (wife), A. V. 17 (dau), J. W. 16 (son), Jas. 13 (son), E. E. 10 (dau), Lee 6 (son), S. P. 2 (son), S. E. 2/12 (dau), James 66 (father)

Page 4, Dist. 3

29. DALTON, Alsa 67 (widow) (T NC SC), Marshal 15 (son)
30. WHITEHEAD, M. J. 50 (T VA T), J. D. 26 (son); FUVET?, M. M. 22 (son in law), J. W. 22 (dau)
31. FANE, H. H. 30, G. N. 22 (wife), H. E. 5 (dau)
32. DAVIS, S. J. 51 (widow) (T VA VA), W. B. 27 (son); BLACK, D. C. 20 (son in law), G. 24 (dau), S. B. 9/12 (b. Oct) (g son)
33. JONES, Evens 65 (VA VA VA), Elizabeth 64 (NC T T)
34. HUGGENS, Isac (B) 25 (T NC NC), Mina? 23, M. A. 7 (dau), Jim 4?, W.H. 3 (son), Sam 2, M. J. 5 (dau); HARDISON, H. 22 (sis in law), O. 3 (nefue), Arther 3 (nefue) (twins), Suse 14 (niece)
35. BELL, Jeff (B) 35 (T NC NC), Faney 29 (wife), T. B. 11 (dau), Allis 4 (dau)
36. CLINTON, T. J. 22, M. J. 26 (wife) (VA T T, L. F. 8 (dau), J. L. 6 (son), G. W. 4 (son), M. D. 3 (dau), W. T. 1 (son)

Page 5, Dist. 3

1. HARDISON, Sam (B) 51, Letty? 48 (wife); FOX, Tilda 70 (mother in law); HARDISON, H. 14 (son), F. C. 13 (dau), Hamp 11 (son), B. Z. 4 (dau)
2. GILLIAM, J. H. 79 (VA VA VA), J. C. 55 (wife); JONES, D. A. D. 19 (stepson)
3. DAVIS, J. C. 37 (T T VA), E. O. 34 (wife), W. A. 13 (dau), J. W. 11 (son), S. I. 8 (dau), F. T. 5 (dau), T. G. 3 (son), B. L. 1 (son)
4. JONES, T. H. 34 (T VA T), N. R. 33 (wife), H. A. 16 (son), G. L. 14 (son), T. C. 13 (son), O. C. 11 (son), J. H. 8 (son), S. D. 5 (son), M. J. T. 2 (dau)
5. HARDISON, W. J. (B) 50, R. 34 (wife), Z. T. 26 (son), Josey 17 (dau), W. 13 (son); HARDEN, H. J. 17 (stepson), J. J. 16 (stepdau), M. 14 (step dau), C. 11 (stepdau), A. C. 9 (stepdau); HARDISON, A. M. 7 (stepdau)
6. BLACK, S. S. 57 (SC SC SC), S. C. 36 (wife), S. E. 26 (dau), M. L. 5 (dau), W. A. 4 (son), J. H. 6/12 (son)
7. JONES, J. M. 25 (T VA T), N. A. 22 (wife), Willis 3, O. Y. 5/12 (b. Jan) (son)
8. WILLETT, R. A. 68 (NC NC NC), S. 62 (wife), L. T. 16 (dau) (T NC NC), R. C. 19 (g son), M. J. 16 (g son)

Page 6, Dist. 3

9. HORTON, W. B. 37 (T T VA), M. E. 24 (wife) (MO T T), W. L. 8/12, S. F. 39 (sis) (T T VA); ADIRE, M. A. 9 (nease) (T AL T)
10. CLYMOR, Joel 54 (T NC NC), N. M. 38 (wife), J. H. 21 (son) (T NC NC)
11. McLANE, W. A. 43, J. W. 36 (wife) (T VA VA), Andrew 13, Annie 13 (twins), E. H. 11 (son), L. 9 (dau), R. O. 5 (son), Buther? 2 (dau)
12. HARDISON, S. L. 63 (T NC KY), Huldy 57 (wife) (NC NC NC), L. J. 14 (g dau) (__ T T); JORDON, C. C. 30 (boarder) (doctor)
13. WHITEHEAD, R. F. 25, S. C. 25 (wife)
14. GILLIAM, J. R. 31, N. J. 22 (wife), W. I.? 5 (son), S. 3 (dau), A. O. 1 (dau)
15. GREEN, Harel 42 (VA VA VA), F. E. 39 (wife) (VA VA VA), R. J. 14 (dau) (VA), M. C. 11 (dau) (VA), H. N. 9 (son) (T?), H. S. 5 (son), J. A. 3/12 (b. Mar) (son)
16. CLYMER, S. 59 (blacksmith) (T NC NC), J. L. 59 (wife) (T NC NC); CLARK, F. 20 (no relation) (AL VA VA); CLYMOR, Joel jr. 25 (son), M. E. 24 (dau in law) (T SC SC), J. R. 7 (g son), S. 4 (g son)
17. MABERRY, Harden 54 (T VA SC), A. D. 49 (wife) (T NC NC), L. N. 19 (son), E. P. 17 (dau), L. L. 15 (dau), H. 13 (son), C. S. 11 (dau), G. __ 8 (dau); PATTON, W. G. 30 (VA VA VA), A. C. 21 (VA? VA? VA?) (last 2 individuals were male hired hands)

Page 7, Dist. 3

18. CHATMAN, J. W. 32 (VA VA VA), F. E. 35 (wife), L. 11 (son), P. 8 (son), J. & S. 1 (both m. & twins)
19. MABERRY, Huberd 70 (NC NC NC), Nancy 50 (wife) (NC? NC? NC?), E. 25 (dau), C. H. 19 (son), H. 15 (son), F. 10 (g dau)
20. MABERY, Emely (B) 50 (T NC NC)
21. HULL, J. N. 29, Ysora? 28 (wife), W. O.? 5 (son)
22. SOWELL, T. M. 41, M. E. 39? (wife), C. B. 17 (dau), C. 14 (son), D. S. 11 (son), M. L. 9 (dau), M. 6 (son), E. L. 3 (dau), J. A. 1 (son)
23. REEVES, T. J. 50 (T SC GA), L. A. 40 (wife) (school tracher); DEAN, Jane (B) 22 (hired?) (T NC NC); HOLT, Dave 19 (hired); DEAN, John 9 (hired)
24. CRAIG, J. 65 (SC SC SC), S. H. 72 (wife) (T VA VA), Rachel 84 (mother) (SC SC SC), N. J. 35 (dau) (T T T), S. F. 31 (dau) (T T T)
25. HARDISON, D. M. 49 (T NC KY), Lieu? 39 (wife) (T T NC), J. D. 12 (son), N. C. 11 (dau), M. E. 8 (dau), D. N. 1 (son); McNIGHT, S. C. 17 (niece)
26. DERRYBERRY, W. C. 31, G. A. 31 (wife), S. Y. 11 (dau), J. H. 10 (son), W. B. 8 (son), M. A. 4 (dau), A. M. 7/12 (dau)

Page 8, Dist. 3

27. HILLIARD, R. B. 63 (NC NC NC), M. C. 37 (wife) (T NC T); TALLEY, E. A. 20 (stepdau) (AR VA T) (teaching school)
28. CRUNK, J. J. B. 72 (VA VA VA), M. L. 38 (wife), M. L. 1 (dau); McCOY, J. T. 19 (stepson), W. B. 16 (stepson); CRUNK, L. A. 14 (son), Ira 19 (son)
29. GALOWAY, J. A. 47 (T NC NC), P. J. 43 (T NC T) (wife), S. C. 22 (dau), J. L. 19 (son), W. B. 13 (son), C. R. 8 (son), M. V. 5 (son)
30. LUNDON, Em (B) 58 (widow), Amos 18 (son), John 14 (son)
31. HARDIN, Cator (B) 79 (NC NC NC)
32. LEGGETT, Harvey? (B) 60, Mandy 30 (wife), Tenney 9, Anna 8, Lee 6 (son), C. 3 (dau), Jim 1 (son); MABERY, E. 20 (stepdau), Bob 17 (stepson), H. 15 (stepson)
33. MABERRY, Sam (B) 40 (T NC NC), M. 36 (wife) (T NC NC), Thom J. 14 (son), W. 13 (son), Eve 10 (dau), T. 8 (son), S. W. 9? (son)

MAURY COUNTY

Page 8, Dist. 3 (cont'd)

34. MABERRY, Em (B) 50 (NC NC NC)
35. McAFEE, M. L. 59 (widow) (T NC NC), J. C. 29 (son)

Page 9, Dist. 3

1. ORSBORN, W. W. 49 (IL NC NC), M. R. 52 (wife) (AL SC SC), M. J. 22 (AL) (dau), M. E. 18 (AL) (dau), S. J. 14 (son) (AL), J. M. 11 (son) (AL)
2. ORSBORN, J. D. 24 (AL IL AL), S. C. 23 (wife)
3. PURDOM, R. W. 33 (m), S. D. 17 (wife), C. E. 8/12 (b. Oct) (son)
4. CHEEK, H. L. 21, P. C. 16 (wife)
5. HARDISON, S. T. 31, M. M. 30 (wife); FRIERSON, Mira (B) 8 (hired)
6. FIELD, Lida? (B) 40, Aron 14 (son)
7. KING, Jim (B) 27, Josey 21 (wife), Mary 5, Frank 3, Rebecca 1
8. WILLCOX, W. I. A. 38 (T VA T), M. V. 36 (wife)
9. EWING, Woren (B) 34, An 24 (wife), Will 11, Tom 9, Andy 7, Lue 5 (dau), E. 3 (dau), Woren 1
10. HARDISON, Asa 67 (T NC NC), M. A. 68 (wife) (T NC NC); THOMAS, H. M. 17 (g son); AMOS, N. S. 14 (g dau); GREEN, H. (B) 18 (m) (hired)
11. DALTON, J. A. 30 (___ the blacksmith ___), O. A. 30 (wife), A. C. 10 (dau), S. E. 9 (dau), J. B. 7 (son), S. A. 5 (son), N. A. 3 (dau)
12. HILLIARD, L. E. 32 (blacksmith) (T NC T), T. J. 36 (wife), E. 12 (dau), H. L. 10 (son), W. T. 8 (son), A. V. 5 (dau), O. K. 2 (son)

Page 10, Dist. 3

13. WILLIAMSON, J. J. 71 (NC NC VA), C. B. 62 (wife); FISHER, E. M. 42 (son in law), O. M. 38 (dau) (T NC NC), M. B. 9 (g dau), S. A. 5 (g dau); CRUTCHER, A. 34 (dau) (T NC NC), Cora 12 (g dau), J. D. 9 (g son)
14. LEGGETT, Sampson 64 (NC NC NC), S. A. 49 (niece) (T VA NC), Eva 18 (niece)
15. HUMPHRES, Pomby (B) 52 (T NC NC), Sinth 50 (wife), M. 14 (dau) (T NC T), Vic 11 (dau) (T NC T), T. 9 (dau)
16. MABERRY, Mart (B) 38, Jane 28 (wife) (T NC NC), George 10, Nora 8, Will 6, N. V. 4 (dau)
17. EWING, Letty (B) 30 (widow), Mary 16 (dau), Rice? 13 (son), Will 11, An 8 (dau), Bruce 5, Fanny 3
18. MALLARD, H. T. 36 (T T NC), H. J. 30 (wife), T. J. 10 (son), G. M. 8 (son), T. P. 7 (son), J. N. 3 (son), M. N. 1 (dau); TANNER, S. 12 (f) (relationship obscure)
19. BUMPGARDNER, Lard? 38 (VA VA VA), C. J. 37 (wife) (T NC NC), C. K. 6 (dau)
20. HARRIS, W. P. 46, A. V. 40 (wife), M. L. 18 (dau), E. A. 15 (dau), J. N. 11 (son), J. P. 8 (son), J. T. 6 (son), R. L. 2 (dau)

Page 11, Dist. 3

21. MOSER, Ervin 37 (NC NC NC), S. 22 (wife) (NC), S. A. F. 5 (son) (NC)
22. GALOWAY, Ben (B) 72 (NC NC NC), Vina 71 (wife) (NC NC NC), N. 19 (dau) (T T T), Jim 6 (g son), Noro 4 (g dau)
23. KELTINER, W. F. 34, L. A. 31 (wife) (T NC NC), J. A. 7 (son), Manne? 6 (dau), C. L. 3 (son)
24. FAIR, James 38 (T NC T) (blind), M. A. 35 (wife)
25. MABERRY, Cole? (B) 65 (VA VA VA), N. 55 (wife) (NC NC NC), Tip 24 (son) (T VA VA), Jane 22 (dau in law), Harvy 1 (g son), Miley 75 (mother) (widow) (NC NC NC); GRISSUM, Elly 98 (relationship obscure) (NC NC NC)

Page 11, Dist. 3 (cont'd)

26. BIRCHUM, J. S. 47 (crippled), E. J. 47 (wife) (NC NC NC), F. N. 24 (son), L. L. 20 (dau), C. C. 17 (dau), R. A. 14 (dau)
27. JONES, John 24 (T NC NC), M. J. 30 (wife), K. U. 11 (dau), M. P. 10 (dau), W. O. 6 (son), T. E. 4 (son), F. E. 1 (dau)
28. FOX, J. P. 27, E. J. 24 (wife), C. S. 4 (son), A. D. 2 (son), S. R. 16 (bro)
29. GAMBELL, W. H. 40, S. P. 40 (wife), T. H. 17 (son), J. B. 15 (son), L. C. 13 (dau), J. C. 9 (son), N. H. 7 (son), C. M. 2 (dau)

Page 12, Dist. 3

30. LENTZE, G. W. 29 (KY T T), S. A. 24 (wife), E. 3 (dau), J. 2 (son)
31. MONTGOMERY, J. C. 51 (house carpenter or mill wright) (SC SC SC), M. W. 43 (wife) (T NC NC), M. S. 13 (dau), C. H. 11 (son), J. E. 8 (son), G. D. S. 6 (son), J. A. W. 4 (son), C. L. 2 (son)
32. MONTGOMERY, R. W. (m) 29 (runing saw mill) (T SC SC)
33. HUMPHRES, D. W. (B) 27, Agnes 25 (wife), M. 3 (dau), Tom 22 (bro), S. 18 (sis in law)
34. ANDERSON, Jim (B) 30, Sar? 28 (wife), Bet 7 (dau), Will 5 (son), Tom 3 (son), Sam 1 (son)
35. SHIRES, J. R. 29 (T NC NC), M. E. 20 (wife), N. C. 11 (dau), J. J. 9 (son)
36. HELTON, Sam 30, Aller 23 (wife), David 8, Margarett 6, Rob 3, M. E. 3/12 (b. Apr) (dau)
37. GENKINS, July (B) 38 (f), Dick 10 (son), George 8 (son), Harry 4 (son)

Page 13, Dist. 4

1. CHEEK, N. P. 23 (T NC T), C. C. 18 (wife), J. W. H. 3 (son); GILLIAM, T. T. 11 (nefue), A. P. 40 (sis in law)
2. GILLIAM, T. H. 22, A. T. 24 (wife)
3. GILLIAM, J. M. 36, N. J. 36 (wife), L. F. 12 (dau), T. O. 9 (son), R. A. 6 (son), G. W. 4 (son), W. H. 3 (son)
4. WATSON, A. B. 34, N. J. 35 (wife), O. W. 3 (son), S. I. J. 10/12 (b. Aug) (dau)
5. CRAIG, W. D. 38, M. M. 40 (wife), M. E. 13 (dau), M. B. 11 (dau), R. A. 10 (son), M. M. T. 7 (dau), N. L. 5 (dau), A. L. D. 3 (dau), M. F. 1 (dau)
6. BRANCH, J. A. W. 30, C. A. J. 23 (wief), J. A. S. 6 (son), W. A. W. 4 (son), R. A. 2 (dau)
7. CHEEK, R. L. 37 (farmer & blacksmith), N. J. 37 (wife), J. W. D. 18 (stepson), A. C. E. 14 (dau), M. S. E. 10 (dau), M. J. C. 8 (dau), R. E. L. 5 (son), J. T. J. 3 (son), J. O. 9/12 (b. Aug); WATSON, M. 63 (mother in law)
8. ANDREWS, M. S. 74 (NC VA VA), P. W. 67 (wife) (GA GA GA), C. P. 24 (dau); PATRICK, C. C. 40 (sis in law) (T GA GA)
9. ANDREWS, G. W. 27 (T NC GA), M. J. 29 (wife), D. M. 6 (son), S. E. 4 (dau), C. B. 1 (dau), G. O. 4/12 (b. Jan) (son)

Page 14, Dist. 4

10. BRANCH, D. A. 60 (widow) (T VA T), N. T. 38 (dau), John F. 24 (son), M. A. E. 22 (dau), E. M. 20 (dau), J. B. 18 (son)
11. HOWARD, J. A. J. 61 (widower) (T NC NC), A. F. 67 (sis) (NC NC NC), F.? P. 22 (dau), J. S. W. 19 (son), M. L. A. 18 (dau), M. D. 15 (dau), J. S. 12 (son)
12. JINKINS, George (B) 80 (T NC VA), Lucy 79 (wife), Harry 22 (son), Mandy 40 (dau); McGAPPET, Lucy 20 (g dau), Lum B. 16 (g dau), George 13 (g dau), Mary 9 (g dau), Parela 3 (g dau)
13. SECRES, Andy (B) 21, Molly 30 (wife), Betty 3/12 (b. Mar)
14. TINDELL, J. M. 42 (T NC NC), V. A. 29 (wife) (T KY T), L. A. 11 (dau); JONES, M. I. 16 (sis in law) (T KY T)

Page 15, Dist. 4 (cont'd)

15. TINDELL, T. J. 35 (T NC NC), V. D. 28 (T NC T) (wife), G. W. 10 (son), L. L. 8 (dau), W. 2 (son)
16. UZELL, T. M. 62 (T NC T), M. J. 50 (wife), W.? C.? 22 (dau), M. A. 20 (dau), T. J. D. 14 (son), A. F. 15 (dau), D. M. 12 (son), S. A. 9 (dau) (fever drains)
17. BRANCH, W. T. M. 23 (T VA T), M. M. 22 (wife), H. A. 4 (dau)
18. BOX, Martha 45 (widow); SMITH, H. 65 (mother); GILLIAM, C. M. 12 (nefew), F. E. 10 (niece)

Page 16, Dist. 4

19. GILLIAM, L. F. 31, R. P. 26 (wife), C. A. 7 (dau), M. R. T. 5 (dau)
20. BRANCH, R. E. J. 38 (T VA T), T. C. 38 (wife), S. A. M. 13 (dau), M. E. O. 11 (dau), N. B. 9 (dau), E. J. 4 (dau), F. M. 2 (dau)
21. GRAY, C. H. 74 (widow) (T VA VA), S. A. 51 (dau) (heart trouble) (T NC T), K. C. 48 (dau) (AL NC T), R. M. 37 (son) T NC T), James 61 (unkle) (North ____)
22. CRAIG, S. S. 46 (T SC SC), M. A. 42 (wife), R. J. 20 (son), J. W. 18 (son), J. C. 15 (son), N. E. 13 (dau), L. R. 11 (dau), L. B. 9 (dau), W. 6 (son), J. 4 (dau), V. G. 2 (dau)
23. WATSON, Ed 31 (T VA VA), May 27 (wife) (T T VA), J. L. 10 (son), E. W. 5 (son), V. 3 (dau), Tilda 6/12 (b. Jan) (dau)
24. TURNER, Ed 30 (widower) (VA VA VA), H. 20 (dau), T. 16 (son), Dan 12 (son), Phebe 6 (dau)
25. WHITAKER, Autry? (B) 65 (___ __ __), E. 65 (wife), O. 21 (son), Fan 18 (dau in law), Reb 40 (dau), M. 18 (g dau), Jef 16 (son)
26. GIFFORD, J. J. 30 (dr wagon), Katherin 29 (wife), F. 9 (son), M. J. 12 (dau), J. 5 (son), C. 1 (son)

Page 16, Dist. 4

27. WATSON, J. W. 45, __ 43 (wife) (NC NC NC), C. C. 19 (dau), W. N. 13 (son), C. E. 11 (dau), J. A. W. 9 (son), J. O. 6 (son), A. L. 4 (son), G. W. 2 (son)
28. FAIR, Eliga 70 (making ax handles) (NC Ire NC), S. J. 66 (wife) (NC NC NC); STAGS, Mary 26 (dau), W. J. D. 10 (g son), Josey 3 (g dau)
29. DAVIDSON, D. F. 30 (T VA T), M. E. 20 (wife) (AR T T), M. 3 (dau), B. L. 10/12 (b. Aug) (dau), R. T. 27 (bro) (T VA T), Wm. (B) 72 (hired) (VA VA VA)
30. COCKREL, S. A. M. 46 (widower) (T AL AL), F. J. 24 (dau), B. F. 19 (son)
31. SMITH, George 35 (T Fr Fr), S. J. 36 (wife)
32. JENTREY, Mike (B) 60 (NC NC NC), M. 40 (wife), E. 12 (dau), D. 9 (son), Saly 6 (dau), Frena? 4 (dau), H. G. 2 (dau)
33. TURNER, Jo (B) 51, C. 35 (wife), G. W. 14 (son)
34. LARNE?, J. F. 35, N. A. 36 (wife) (T NC T)
35. PARKS, William 80 (GA SC SC), Manda 63 (wife) (SC SC SC)
36. MURPHY, M. L. 33 (widower) (SC __ SC), William 12, John 10, M. P. 8 (son), O. B. 4 (son)
37. PARK, J. R. 23 (T GA SC), Salley 19

Page 17, Dist. 4

1. ROBERTS, Ambrose 62 (T VA VA), R. B. 54 (wife) (T VA VA), N. E. 33 (dau), R. A. T. 26 (dau), J. W. 17 (son), M. E. 15 (dau), J. B. 25 (son in law) (T T VA), M. V. A. 20 (dau)
2. FULLER, A. J. 37 (works saw mill) (T VA T), M. M. 34 (wife), E. J. 12 (dau), M. A. 10 (dau)

Page 17, Dist. 4 (cont'd)

3. BRYANT, A. D. 55 (NC NC NC), S. W. 52 (wife) (T NC GA), J. B. 26 (son), I. H. 24 (son) (teacher); J. F. 22 (son), W. T. 19 (son), I. R. 18 (dau), A. D. 16 (son), P. H. 14 (son), E. H. 12 (dau)
4. SIMPSON, W. A. 33, M. J. 32 (wife), W. A. 8 (son), J. A. 5 (son), C. 2 (son)
5. NED, John 40, M. 40 (wife), Anna 18, John 15, M. 12 (dau), E. 9 (dau), A. 7 (dau), D. 3 (son), T. & S. (twins) 4 days old; T--a boy, S.--a girl
6. WATSON, Leda 70 (T NC SC), M. J. 45 (sis) (T NC SC); LARUE, V. E. 60 (sis) (T NC SC), W. J. 15 (nephew)
7. WATSON, P. J. 34, L. T. 41 (wife), M. E. 12 (dau), C. C. 10 (dau), J. H. 7 (son), G. T. 6 (son), J. W. A. 4 (son), M. A. 11/12 (b. Jun) (dau)
8. ANDREWS, J. M. 60 (T SC SC), E. 56 (wife), M. E. 25 (dau), W. B. 22 (son), N. E. 15 (dau)

Page 18, Dist. 4

9. PANGSTON, J. N. 45, E. J. 43 (wife) (T KY NC), J. N. 18 (son), M. I. 15 (dau), M. A. 12 (dau), J. T. 7 (son), W. W. 3 (son)
10. JONES, Ed 60 (T NC T), L. D. 48 (wife) (T NC T), J. T. 28 (son), G. E. B. 16 (son), A. E. 12 (dau), L. D. A. 9 (dau); ALDRIDGE, Mary 40 (not related)
11. HOLT, Fany (B) 49 (widow), Frank 19 (son); EWING, H. 18 (hired)
12. HOLT, George (B) 24, Burtie? 18 (wife)
13. AGNEW, J. M. 39 (T NC KY), D. L. 36 (wife) (T NC T), B. L. 12 (son)
14. TATE, J. R. 29 (T NC NC), M. J. 29 (wife) (T VA VA), W. E. 7 (son), Ana 4 (dau)
15. BIRD, W. H. 57 (m) (NC NC NC), D. R. 67 (aunt) (NC NC NC)
16. AGNEW, J. F. 41 (T NC KY), A. P. 36 (wife) (T NC NC), E. D. 15 (dau), R. F. 13 (son), A. C. 10 (dau)
17. McKIBBIN, J. V. 53 (T NC T), E. P. 49 (wife), W. F. 24 (son), O. E. 23 (dau), I. H. 20 (son), N. L. 18 (dau), R. L. 13 (son), Jo 12 (son)
18. McCONNEL, W.? (B) 50, M. 45 (wife), S. 13 (dau), J. 10 (dau), Jim 8 (son), N. 21 (stepson); WILLS, George 25 (living with)

Page 19, Dist. 4

19. McKELVY, M. G. 47, S. J. 39 (wife), M. J. 14 (dau) (MO), S. F. 12 (dau) (AR), J. W. L. 10 (son), J. L. 8 (son), N. J. 6 (dau), E. D. 4 (dau), L. D. 1 (son) (can't tell if last 5 children above were born in TN or AR)
20. SMITHON, J. B. 35, E. 26 (wife), H. 10 (adopted son)
21. McKELVY, John 70 (SC SC SC), Jane 68 (wife) (T SC SC)
22. PRICE, An 58, Isac 21 (son), M. 18 (dau in law), Isom 19 (son), Fany 14 (dau), John 9 (son)
23. PARISH, J. K. P. 33 (T NC T), M. J. F. 33 (wife), W. D. 12 (son), J. N. 5 (son), J. T. 2 (son)
24. PARRISH, J. T. 29 (T NC T), M. J. 20 (wife), M. A. 3 (dau), D. 1 (son)
25. PARRISH, E. 60 (widow), T. B. 22 (son), M. A. 18 (dau)
26. CARTER, Polly 40 (widow), Saly 20 (dau), C. 17 (dau), J. D. 17 (son) (twins), M. 4 (g dau)
27. PANGSTON, J. J. 26, M. J. 24 (wife), C. L. 1 (dau)
28. HILL, R. C. 54 (T NC GA), H. E. 50 (wife) (T GA SC), J. C. 23 (son), A. J. 12 (son), R. C. L. 10 (son), Amand 17 (niece), L. 13 (niece), I. B. 10 (niece), C. 5 (nephew)

MAURY COUNTY

Page 20, Dist. 4

29. SCRIBNER, G. W. 54 (miller & farmer) (T NC T), S. M. 22 (wife), J. B. 2 (son)
30. PERRY, Jerry 56 (T NC NC), M. 47 (wife), N. J. 18 (dau)
31. YOUNG, W. M. 40, R. A. 26 (wife) (T NC T), Jane 14, Mary 12, Nany 9, B. A. 7 (dau), W. 5 (son), Walt 3 (son), Dave 6/12 (b. Dec)
32. LERUE, J. B. 38, G. C. 38 (wife) (NC NC NC), Mary 11, M. J. 7 (dau), K. B. 5 (dau), F. E. 4 (dau), May 2
33. GILL, Andy? (B) 57, Uzer? 53 (wife), Mary 22, Robt. 15, Suse ? 11 (dau); PHPATRICK (sic), K. 11 (g dau)
34. GRISUM, William 80 (NC NC NC), N. 40 (wife), N. C. 10 (dau), W. B. 8 (son), G. H. 6 (son)
35. SMITH, Claud? 55, Fanny 21 (wife), C. 6 (son), S. 6/12 (b. Jan) (dau)
36. ORSBORN, R. 30, M. 20 (wife)
37. BROWN, S. C. 47 (T VA T), N. K. 44 (wife) (T SC GA), T. T. 51 (bro) (T VA T)
38. SCOT, Jane 84 (widow) (NC NC NC), E. 45 (dau), L. 42 (dau)

Page 21, Dist. 4

1. JONES, Jesey 56 (T VA KY), S. A. 51 (wife) (T NC NC), V. J. 22 (dau), S. E. 19 (dau), L. D. 14 (dau), D. T. 10 (dau), N. C. 8 (dau); GILLIAM, William 20 (boarding) (works at mill); COUNT, J. R. 20 (hired) (T VA T)
2. MATHEWS, Grean (B) 21, Josey 18 (wife), F. I. 1 (dau)
3. BRYANT, J. J. 65 (NC NC NC), M. A. 52 (NC NC NC) (wife), M. J. 25 (wife), F. 3 (g son), G. W. 21 (son), Jim 19 (son), Albert 16, Rob 14, Louis 10; McCRADY, H. M. 26 (dau), Jas. 8 (g son), John 6 (g son), Fed 5 (g son), Robt. 3 (g son), M. E. 10/12 (b. Aug) (g dau); PERRY, E. A. 35 (boarding) (GA GA GA)
4. REED, Bin (B) 30 (works on rank dr), Josey 33 (wife), Royl 8 (stepson), Florence 6, Jimey 5 (son), Willey 3, Lilley 1
5. GRIGSBY, Pite? (B) 25, Tenney 23 (wife), Pert 8/12 (b. Nov) (dau), Harriet 8 (living with)
6. MATHEWS, Sevino? (B) 65, Ida 50 (wife)
7. McCOMB, Jim (B) 29 (section hand RR?) (KY KY KY), Tenney 20 (wife), Harry 2, M. B. 1 (dau)
8. TYREE, D. W. 50 (VA VA VA), M. A. 40 (wife) (T NC VA), R. E. 15 (dau), J. M. 14 (son), T. M. 12 (son), J. Z. 9 (son), D. E. 7 (son), B. T. 5 (son), J. C. 10/12 (b. Aug) (son), M. 76 (mother) (VA VA VA)

Page 22, Dist. 4

9. MITCHEL, W. P. 26 (AL VA VA), J. P. 30 (brother) (VA VA VA)
10. PHICHPATRICK, Ben (B) 27 (VA VA VA), F. A. 36 (wife), Eveline 15 (dau), Elizab 11, C. H. 9 (son), B. O. 6 (son), F. G. B. 5 (dau), Dal 3 (son)
11. EDMONSON, Elias (B) 27 (turn mill) (NC VA NC), Alsa 26, R. H. G. 11 (son)
12. DENTON, H. M. 33 (T NC NC), I. E. 30 (wife), M. L. 6 (dau), W. C. 4 (son), M. M. 2 (dau); PHICHPATRICK, W. N. 25 (bro in law)
13. ADCOX, Gabe 30 (T NC NC), S. B. 27 (wife), PHICHPATRICK, M. B. 17 (sis in law)
14. PHICHPATRICK, S. J. 65 (T T VA), S. B. 35 (wife) (VA VA VA), G. B. 4 (son)
15. JONES, Jack (B) 30, Mandy 25, Lusinda 9/12 (b. Oct); SMITH, Sela 13 (no relation); HOLT, Jenny 60 (aunt)
16. MITCHEL, G. T. 32, N. T. 25 (wife) (T NC T), F. 5 (son), Inman 1 (son)
17. THOMAS, M. J. 43 (widow) (T T VA); WRIGHT, M. A. 21 (dau), H. E. 19 (dau), M. P. 16 (dau)

Page 23, Dist. 4

19. SMITH, D. W. C. 27, M. J. 19 (wife), G. G. 1 (son); SCRIBNER, W. J. 17 (bro in law), J. W. 15 (bro in law)
20. WHITAKER, Will (B) 35, Jane 43 (wife) (T VA VA); ORFORD, Susi 11 (niece; TURNER, Phoebea 90 (apparently not related)
21. BROWN, Jessy (B) 65, Nerve 48 (wife), Tom 11, Eliza 19 (step dau), Emer 4 (g dau), Lewis 1 (g son); PRUET, Clabe 20 (stepson); PICHPATRICK, Eliz. 9 (g dau)
22. WASHINGTON, E. (B) 30 (VA VA VA), M. 21 (wife), W. M. 14 (son)
23. GRISSUM, J. (B) 30, M. 28 (wife), W. 3 (son), John 3/12 (b. Mar)
24. MANN, K. W. 34, Nasey 27 (wife), Irvin 10 (dau), William 7, R. Lee 2 (son)
25. AUSTIN, Phil (B) 38, Molly 30
26. CRUSE, J. 34 (T NC T), M. C. 35 (wife), M. E. 14 (dau), S. T. 12 (dau), J. M. 10 (dau), M. Eller 7 (dau), J. W. 4 (son)
27. OLIVER, H. L. 51 (farmer & doctor) (T VA VA), V. A. 29 (wife) (T NC VA), G. W. 11 (son), E. L. 9 (dau), D. A. 7 (son), Edith 5 (dau), Ethel 2 (dau), Billey 2/12 (b. Apr)
28. HOLLAND, Gus (B) 25, Tenny 25, Isora 1, W. D. 14/30 (b. Jun) (son)

Page 24, Dist. 4

29. HOLLAND, Bluford (B) 25, Biddy 24
30. WILKS, Jessy (B) 35, Frances 34
31. HOLLAND, George (B) 52, Martha 40 (wife), George 18, _____ 16 (son), Bell 14, Richard 12, Jim 10, Elen 8, Charles 6, Sis 4, Bit 2 (dau), Mortage? 1 (son)
32. LANKESTEN, W. H. 61 (T VA VA), M. M. 53 (wife) (T NC GA), E. R. 20 (wife), W. R. 10 (son), M. C. 9 (dau)
34. DILLIHA, W. G. 42, M. E. 25 (wife), E. E. 6 (dau), W. F. 5 (son), M. R. 3 (dau), A. B. 1 (dau); YONG, Mary 18 (hired), G. W. 1 (son of Mary)
35. RODGERS, J. G. 38 (T PA NC), M. A. 29 (wife) (T NC NC), R. S. 10 (son), M.J. 7 (dau), H. H. 50 (m) (living with family)
36. TAYLOR, Jake (B) 25 (liver disease), Letty 20 (wife)
37. DILLEHAY, J. A. 26 (T NC T), M. A. 25 (wife), J. M. 6 (dau), Anny 5, M. E. 3 (dau), Floyd 10/12 (b. Aug), J. L. 17 (bro)

Page 25, Dist. 4

1. PANGSTON, P. R. 30, N. C. 26 (wife), W. D. 5 (son), A. W. 4 (son), V. S. 1 (son), J. H. 15 (bro)
2. GIPSON, J. H. 40, M. H. 39 (wife), M. F. 8 (dau), F. C. 5 (dau), J. W. 2 (son), PANGSTON, P. J. 18 (sis in law)
3. WATSON, J. S. 65 (T NC NC), M. S. 58 (wife) (T SC SC), C. C. 35 (dau), S. E. 31 (dau), E. W. 29 (dau), W. 26 (son)
4. BENTON, W. R. N. 64 (T NC NC), M. A. 46 (wife) (T NC T), V. 19 (dau), G. C. 14 (son), M. E. 11 (dau), A. B. 6 (dau)
5. LANEY, Patty 60 (widow) (NC NC NC), John 21 (son) (T NC NC), Eliza 18 (g dau), Jim 16 (s son), George 12 (g son), Will 7 (g son)
6. ARBERRY, M. 36 (m); HITE, E. 40 (sis) (widow), R. 16 (niece), M. 12 (niece)
7. FRELIN, G. B. 30 (T NC T), M. J. 27 (wife), W. O. 8 (son), S. P. 6 (dau), J. B. 1 (son); ASHTON, E. J. 18 (orphan) (AR T T)
8. HOLLEY, S. M. 55 (widow) (T VA VA), J. W. B. 23 (son); BAKER, W. H. 19 (living here) (m) (AL
9. COOPPER, E. 60 (T VA VA), L. M. 55 (wife), S. J. 28 (dau)
10. TURNER, Femas? 53 (widow) (T VA VA), J. 18 (son); FZZELL, W. 25 (son in law), T. B. 25 (dau), C. M. 6/12 (b. Jan) (son)

Page 26, Dist. 4

11. GRESHAM, W. B. 39 (T VA SC), M. D. 34 (wife) (T MD T), C. B. 12 (dau), G. R. 10 (dau), W. R. 8 (son), W. S. 29 (m) (sec cousin)
12. PANGSTON, Saby 80 (widow) (NC NC NC), Turner 25 (g son), M. 23 (g dau); JORDON, Henry 75 (bro) (NC NC NC)
13. COCKREL, S. J. 18 (widow) (T T SC), J. J. 18 (son) (T T SC), M. B. 10 (dau) (T T SC)
14. BUCKET, J. W. 43 (T NC T), J. W. 46 (wife) (T VA SC); BRIANT, R. G. 21 (stepson), A. S. 18 (step son)
15. CRAIG, A. M. 31, M. E. 25 (wife), W. H. 9 (son)
16. STONE, Will (B) 29, Diana 28 (wife), Eliza 5 (dau), D. 3 (dau)
17. WHITAKER, M. (B) (f) 60
18. PARK, J. J. 66 (widower) (T SC SC), J. S. 20 (son), Del 16 (dau), Chy 16 (dau) (twins); GRAVES, M. J. 38 (dau) (widow), A. D. 10 (g dau), N. H. 8 (g son)
19. PARK, G. W. 39 (merchant), C. D. 21 (wife), E. J. 12 (son), T. H. 8 (son), G. W. 4 (son)
20. KERR, M. N. 47 (miller) (T NC NC), M. L. 23 (wife); GOAD, Buck 30 (boarder) (working at mill)
21. PARK, E. C. 30 (f) (divorced) (T NC NC), M. E. C. 6 (dau), C. D. 2 (son)
22. McNEAS, U. T. 31 (works at mill) (T T IL), F. A. 18 (wife), B. R. S. 7 (son), F. N. 5 (son), A. M. 3 (dau), W. C. 10/12 (b. Jul) (son)
23. WHITE, C. A. 34 (works at mill) (AL NC SC), N.J. 32 (wife) (AL TX AL), W. 13 (son), M. E. 11 (dau), Eddy 9 (son), Emmer 8, C. 7 (son), Maga 3 (dau), Lilly 2 (dau)

Page 27, Dist. 4

24. LANKESTER, J. C. 52 (carpenter) (T VA VA), J. A. 36 (wife), J. D. 13 (stepson), W. R. 9 (son), L. A. 7 (dau), V. N. 5 (son), L. 8/12 (b. Nov) (son)
25. PARK, F. J. 28, S. J. 25 (wife), M. E. 2 (dau), T. 5/12 (b. Jan) (son); PANGSTON, P. W. 23 (bro in law)
26. PANGSTON, J. P. 30 (carpenter), R. 26 (wife), F. A. 9/12 (b. Sep) (son)
27. DILLEHA, Hohn (B) 70 (blacksmith) (VA VA VA), Sarah 65
28. COCKREL, H. (B) 35 (works at mill), T. 30 (wife), Lean 5 (dau), Henry 11/12 (b. May) (son)
29. EDMONSON, Elias (B) 40 (drives wagon), Armon 35 (wife), Robt. 10
30. BRYANT, Tom (B) 28 (works mill), Betsy 21 (wife), Carol 9, Ider 3, Eliza 1/12 (b. May)
31. CHEEK, Ralph (B) 38, L. E. 38 (wife), M. 9 (dau), N.J. 1 (son); HARDISON, Allis 5 (niece), Mag 2 (niece)
32. SMITHON, C. W. 67 (T VA T), L. A. 56 (wife) (NC NC NC), T. W. 21 (son), J. T. 19
33. WHITE, W. 67 (VA VA VA), Margret 66 (wife) (T NC T), C. P. A. 34 (dau), John 30 (son)

Page 28, Dist. 4

34. WHITE, J. L. 37, O. T. 32 (wife), J. 13 (son), G. 11 (son), W. 9 (son), U. S. 5 (dau), May 3 (dau), Ernest 1
35. HIGHT, George 51 (NC NC NC), Sarah 47, J. 22 (son), O. 20 (dau), G. 18 (son), Jo 13 (son), Clay 9; CRUSE, W. 4 (g son)
36. EPPERSON, J. H. 60 (T GA VA), Mary 49 (wife) (T VA VA)
37. HARDISON, T. E. 50, Frances 52 (wife); HOGIN, W. 17 (hired)
38. MORTON, J. H. 38, M. E. 36 (wife), W. S. 15 (son), A. C. 13 (dau), E. J. 11 (dau), M. E. 9 (dau), J. A. 7 (son), M. I. 6 (dau), S. T. 5 (son), M. C. 3 (dau), F. M. 1 (dau); HARDISON, J. A. 80 (mother in law) (T SC SC); LONG, Eastin 75 (ant); HARDISON, Rose 50 (servant); SHANON, Tom 14 (bound)
39. HILLIARD, Tom 26, Tenny 24, M. L. 4 (dau) T. M. 2 (son); FINKORN, S. 20 (sis in law)
40. DENHAM, A. W. 62 (T SC SC), M. J. C. 52 (wife) (T NC GA), A. C. 29 (dau), E. J. 26 (dau), W. N. 19 (son), F. R. 15 (dau), L. B. 11 (son); DILLEHAY, M. L. 57 (mother--whose?)

Page 29, Dist. 4

38. DAVIS, C. C. 34, F. 33 (wife), A. F. 10 (dau), M. L. 8 (dau), B. W. D. D. 5 (dau); ORSBORN, Mary 36 (lives here), Mary A. (B) 11 (lives here), A. J. 3 (lives here)
39. HENDRIX, John (B) 54, Jane 44 (wife), John jr. 19, Sam 18, Adeline 16, M.J. 14 (dau), Dile? 6 (dau), Lethe 5, Jessy 4, Walt 2, Nab 3/12 (b. Mar); OLSTON, Jane 43 (lives here)
40. DILLEHAY, P. 44 (T NC VA), E. A. 45 (wife), J. G. 20 (son), S. E. 17 (dau), M. O. 14 (dau), A. E. 32 (bro)
41. DILLEHAY, W. R. 22, Eller 19 (wife)
42. NEELEY, John (B) 21, Molley 18, Jo 6/12 (b. Jan)
43. RONE, M. L. 34, M. E. 33 (wife), M. P. 11 (dau), R. L. 9 (son), J. H. 7 (son), M. N. 7 (dau) (twins)
44. RINGLETON, J. M. 42 (T NC T), N. A. 43 (f) (AL KY AL), M. C. 19 (dau), M. A. 14 (dau), May? A. 10, W. J. 8 (son), Del 1 (dau)
45. SCOT, Luiza 49 (widow), V. E. 23 (dau), N. B. 22 (son), J. C. 21 (son), S. A. 18 (dau), S. J. 8 (dau)

Page 30, Dist. 4

46. GILLIAM, T. J. 44, F. A. 43 (wife), M. S. 9 (dau), H. E. 7 (son), E. P. 6 (dau), V. B. 5 (dau), Thad 2 (son)
47. DILLEHAY, J. T. 23, L. E. 18 (wife), M. P. 8/12 (b. Oct) (dau)
48. VAUGHN, T. J. 37, T. A. 36 (wife), M. J. 13 (dau), W. H. 12 (son), Mac 11 (son), V. F. 6 (dau)
49. BARNETT, Jas. 40 (T NC NC), M. T. 21 (son), J.H. 19 (son), M. L. 16 (dau), Cora 9 (dau), C. M. 7 (son), Bula 4 (dau), Carlin 50 (sis) (NC NC NC)
50. WATSON, W. H. 36, Ellen 25 (wife), Gus 10, Lana 8, Siras 5, Vana 3, Jack 1; JOURNEY, Mehaly 60 (mother in law)
51. DILDINE, A. J. 38, N.J. 27 (wife) (T NC NC), J. B. 13 (son), E. A. 9 (dau), M. L. 8 (dau), Will 6 (son), L. 4 (dau)
52. BROWN, Stantin 60 (SC SC SC), Sara 52
53. BROWN, M. V. 29 (T SC SC), Mary 24 (wife), J. M. 12 (son), I. F. 10 (son), L. C. 8 (dau), G. W. 5 (son), M. L. 3 (son)

Page 31, Dist. 4

54. MORRIS, E. C. 28 (widow), Willie 4, May 3, Nancy 1
55. ORSBORN, J. H. 25, M. S. 21 (wife), A. W. 1 (dau)
56. DAY, John 26, Hariet 28, Amanda 4, Dina 2, Hildrith 1/12 (b. Apr) (son)
57. DAY, T. J. 19 (m), Mary 29 (sis), Martha 27 (sis)
58. FREELIN, J. M. 36, D. B. 28 (wife), Jime? W. 10 (son), D. B. 10 (dau) (twins), Lare? 5 (dau)
59. OWEN, Goundy? (B) 51, Grudy? 30 (wife), M. 12 (dau); PHILLIPS, C. 15 (lives here)
60. COWDEN, G. (B) 55, Saly 36 (wife) (VA __ VA), Purlian 18 (dau), A. C. 16 (dau), P. 76 (mother); LOUIS, Adie 15 (nephew) (__ __ T)
61. HILL, J. B. 76 (GA NC NC), Mira 56 (wife) (T VA VA)

MAURY COUNTY

Page 31, Dist. 4 (cont'd)

62. CRAIG, Nancy 50 (widow), Martha 28 (dau) (female disease)
63. PATTON, Will (B) 51 (T VA T), Clary 33 (wife), Henry? 16, Allis 13, Archa 12, Lieu 9 (dau), Suse 8 (dau), Sampson 7, Matty 6 (dau), Jimmy? 5, John 2
64. HOWARD, W. F. G. 65 (T NC NC), M. E. 45 (wife), A. A. 25 (dau), J. W. 16 (son); GILLIAM, J. D. 18 (stepson); CHUTTORN, Sam 86 (lives here) (VA VA VA)

Page 32, Dist. 4

65. ADKINS, John 78 (KY NC NC), Elizabeth 60 (wife) (NC NC NC), G. W. 23 (son), Richard 19, Della 10 (g dau)
66. ADKINS, John jr. 32 (T KY NC), M. T. 30 (wife), J. W. 9 (son), W. T. 6 (son)
67. KIRK, J. N. 45 (VA VA VA), M. C. 40 (wife) (IL VA T), E. F. 8 (dau), R. G. 6 (son), J. E. 4 (son), M. H. 1 (dau)
68. BOX, E. A. 51 (widower) (VA VA VA), V. C. 20 (dau), J. F. 18 (son); KIRK, S. M. 9 (nefue)
69. FANKESTER, Pate (B) 50, Mener 42 (wife), John 17, Molly 16, Tom 12, George 9, Suse 6 (dau), Anna 3; HARDISON, John 28 (hired hand)

Page 1, Dist. 5

1. MOORE, William J. 40 (trader & farmer) (Maura Co. __ __), Jinnie E. 35 (AL __), Jimmi T. 14 (AL), William 10 (AL), Bessie 6 (AL), Sallie 2 (AL), Ilean 2/12 (AL); THORNBURY, Addi 20 (f) (servant) (AL AL AL)
2. MOORE, James T. 70 (T NC NC), P. I. 65 (wife) (AL T VA), S. I. 31 (dau)
3. MOORE, Henry (Mu) 27, Marthey 39 (wife?); SPINDLE, Liller (f) 8; TOMMES, Frances 16 (relationship of these people omitted)
4. GORDON, Osie (B) 16 (m); CHOFIN, Bob 17; AKIN, D. 19 (relationships omitted)
5. MOSS, Rodie (B) 20 (f), Jonas 1 (son); WOODSIDES, Wolter (Mu) 16 (servant)
6. MAGRUDER, Henry 38 (GA T GA), Mattie 34, Matildia 6, James 3, Sallie 2/12, Mary 2/12
7. HALL, Tinnie (B) 30 (f); JONES, Anner 21; GORDON, Forrest (Mu) 16 (son--whose?)
8. MOORE, Willey (B) 78 (NC NC NC), Emeline 46 (wife) (T VA VA); VANCE, Sindie (Mu) 14 (niece) (T VA VA); BONNER, Bob (B) 25 (son of wife) (T VA VA)
9. HARRIS, Albert (B) 22 (T VA VA), Fannie 19 (T VA VA), Henry 5, Tommie 2
10. GREEN, Milton (Mu) 21, Jinnie 22, William 3, Robert 2, Annie 3/12; McCAHLIS, West 20 (servant); PARMER, Dee? 20 (m) (servant)

Page 2, Dist. 5

11. McCANLIS, Tom (B) 51, Susie 45, Jossie 15 (dau), Bud 10, Marthie 13, Walter 8, Calvin 6, Callie 6 (dau), Izora 4 (son), Jane 5/12
12. SMITH, Gilliam 64 (T SC SC), Nancie 33 (wife); FAY, Alfsious 18 (son of wife)
13. TROUSDALE, Wison 35 (T NC T), Sallie 30, Mary 10, Tommie 8, Bettie 6, Dave? 4, Wilson 2
14. ESTERS, Tom 27, Bettie 24, Willie 3, Mary 34 (sis), Mattie 28 (sis)
15. PRIOR, Henry (B) 30, Ellen 35 (wife), Willie 9, Rufus 7, Elizebeth 5, Tommie 2, Gorg 1; DANNELL, Betsey 32 (sis in law)
16. SUVILL?, R. B. 34, Elizebeth 28, Walter 10, Robert 6, Fannie 2, Joe 21 (bro); PATTERSON, Tom (B) 30 (farm hand)
17. MATHES, Lefaite 33 (m) (farmer & dockter) (T NC NC); BRYANT, Angeline (Mu) 60 (servant), Jef 17 (servant), Ellis 10 (servant?); LOVE, George (B) 35 (servant)

Page 3, Dist. 5

18. MANTALOW, George 32 (T KY KY), Jane 34, Marthey 14, Lee 10, Luther 7, Josie 2
19. PENDLEY, P. 48 (GA NC NC), Elizebeth 28 (wife), Dora 14, George 12, Mandia 10, Nettia 6, Rufus I. 4, Mary Etter 2, Virginnia 2/12
20. GOODLOW, Gilbert (B) 45 (T NC NC), Mary 40 (T NC NC), Jim 20, Eddie 8, Willie 5, HART, Jinnie 17 (step dau), Lew (step dau)
21. HART, George (B) 18, Sue 20, Mary 7/12; FLEMING, Lige 3 (m) (relationship omitted), Lizie 5/12 (relationship omitted)
22. BOOKER, William 26, Tennie 25, Ida 7, Kittie 4, John 2
23. BRAGG, J. T. 31 (T VA T), C. Fannie 27, Otia 5 (son); GRAY, Joe 24 (pardner on farm) (FL GA GA)
24. NORMAN, William 30 (T IN IN), Jane 30 (T IN IN), Calvin 12, All 11 (son), Nelus 9, Wisner 8, Jim 5, Snoda 1 (son)

Page 4, Dist. 5

25. FLEMMING, Alford 72 (T Ire NC), Mary 45 (wife) (T VA __), Bettie 20, Katie 6, Alferd 4, Arnett 2 (dau), John 4/12; HENDERSON, James 10 (g son)
26. GOODRUM, Felix (B) 26, Sallie 23, Marthey 12 (dau), Willie 3
27. FOSTER, Alferd (B) 65, Sinda 64; PERRY, Irvin 25 (stepson); FOSTER, Albert 19 (son), Robert 10 (son)
28. JOHNSON, Robert (B) 21 (son in law) (of #27?), Manday 20 (wife)
29. HIGHT, W. H. 27, Sallie 25 (wife), Voney 6 (dau), Estell 1; SMITH, Bettie 50 (boarder)
30. JOHNSON, J. M. 27 (T VA VA), Miria 30 (wife) (T VA VA), Harvey 7, Giddian 4, Jessie 1; SANTERFER, Mary 35 (sis in law) (T VA VA)
31. GORDON, Ed 39 (GA GA T), Alice 23, Mathers 4; GILLESPIE, Lew 24 (sis in law), Mrs. 55 (mother in law)
32. WANEWRIGHT, Hadley 16 (Mu); CONNER, Julia (B) 30, Annia 7, Charley 5; JONES, E. (Mu) 30 (m) (relationships omitted)
33. GREEN, Roberson (B) 22, Rebecker (Mu) 24, MOORE, Johnie 8 (stepson); GREEN, Mammie 5 (dau), Walfford 4 (son), Milton 2 (son)

Page 5, Dist. 5

36. HALL, George (B) 76 (NC NC NC), Jennie 45 (wife), Fate 20 (son); FLEMMING, Annie 2 (g dau)
37. PORTER, John (B) 57, Adline (Mu) 39 (wife), Albert 24, Allen 16, George 10, John 7
38. RANKIN, Joe (Mu) 70, Indiana 65 (wife), Ambers 23 (son)
39. SMITH, Spencer (B) 90 (VA VA VA), Vina 50 (wife), Tet 15 (son), Ellie 11 (dau), Henry 7 (son), Fannie 4 (dau), Jen 2 (dau)
40. SMITH, Bob (B) 24 (RR hand) (T T VA), Eller 22 (T T VA), Vina 2
41. BOOKER, Ap (B) 55 (T VA VA), Easter 42 (wife), Harriet 24, Warren 18, Ruffus 15, Alferd 13, Dave 11, Sallie 9, Donley 7, Joc 2, Elizabeth 2
42. FITZPATRICK, Eaf (Mu) 62, Sinda 50 (wife), Jennie 20 (boarder), Willie 6 (boarder), Betsie 4/12 (boarder)
43. BOSTICK, Mrs. James 48 (widow) (T NC NC), Yobe 25 (son), Dora 19; ELLIOT, A. 45 (boarder) (mason); KING, James 82 (g father) (NC NC NC)
44. ANDERSON, John 35 (blacksmith) (Sweden Sweden Sweden), Adlade 27, Willie 4, Sallie Ann 1

Page 6, Dist. 5

45. BOOKER, Joe (B) 29 (RR hand), Julia 50 (wife)
46. MOORE, Mason (B) 27, Laura 24, Mary 2, Annie 3/12
47. VAUGHAN, C. C. 38 (T NC NC), Henrietter 34 (wife), Flora 11, Edda 9 (son), Walter 8, Frank 6, Pattie 4, James 2, Homer 6/12; BRIDGES, Mrs. 68 (boarder) (T VA KY)
48. BRIDGES, Calvin (Mu) 22, Lizia (B) 24, John 7, Mary 10
49. BRIDGES, Tarricie (B) 60, Emmer 22 (relationship omitted)
50. NICHOLSON, Ike (B) 28 (T T NC), Delia 24, Liza 10, Steave 7, Mary 2, William 1/12
51. BOOKER, Jim (B) 64 (KY KY KY), Beckey 30 (wife), Idia 5 (stepdau), Maxie (Mu) 7 (stepdau)
52. BOOKER, Mat (B) 24 (T KY KY), Mary 20, Lathie? 3 (dau); MOORE, Luthie 45 (mother in law), Frank 5 (nefew)
53. BOOKER, Annerson (B) 21, Margie 20, Nonkie 3 (son), Willie 1
54. CANNON, George (B) 36 (rail boding & farming), Malissi (Mu) 40 (wife), Jimmie (B) 14 (stepson)
55. McVILLE, Parollee 35 (widow), Marthie 15, Josie 13

Page 7, Dist. 5

56. BRATCHER, George 48 (T SC T), Mary 40 (AL AL AL), John 18, William 14, Sara 12, Josia 9 (son), Ely 7, Rubin 5, Fannie 3, Marchell 1 (son)
57. YOUNG, Jabe (B) 50 (T T VA), Ann (Mu) 40 (wife) (T T NC), Hariett 18, Cornelia 12, Sallie 8, Lue 7 (dau)
58. BRADSHAW, Hardeman (B) 56, Frances 45 (wife), Hardie 13, Mittie 9 (dau), Ellin 5, Jack 3, Charritie 1
59. JOHNSON, Duglas 37, Catharine 39 (T VA VA), Nettie 15, Mattie 12, Kattie 5, Clarrence 3
60. JOHNSON, James 69 (T NC NC), Sara 57 (wife), William 19, Fletcher 14
61. BUSBY, Leroy 26, Luizia 24, Stevan 7, Lewellin 4, Dave 1
62. JOHNSON, Harvey 32, Marthie 32; BOBBIT, Susin 18 (stepdau), Idia 15 (stepdau); JOHNSON, Elmon 9 (son), Tinee 6 (dau), Eller 3 (dau)
63. JOHNSON, Weslie 27, Emeline 22, Marthie 9/12

Page 8, Dist. 5

64. VAUGHAN, Duck (B) 43, Lidia 29 (wife), Sindia 16, Eller 14, Duck 10, Harriet 6, Allice 3
65. VAUGHAN, Aleck (B) 38, Millie 30 (AL AL AL), Chanie 12 (dau), Bob 5, Jennie 1
66. JONES, Jim 48 (T VA NC), Mary 50 (T T VA), Silas 15, John 22 (boarder), Chute 12 (son); VAUGHAN, Mrs. 75 (mother in law) (VA VA VA)
69. STULPS, Lonzo 34 (sawyer at mill) (OH OH OH), Pariole 26, Mattie 8, Maggie 6, Willie 4, Lillie 3
70. LAMAR, John 65 (KY GA GA), Mary 63, Mary 30, Sara 27, Jona 25 (son) (carpenter), Tyra 23 (son), Robert 20
71. BOOKER, Tom (B) 36, Hanner 34, Lue 14 (dau), Tom 12, Mary 9, Annerson 6, Moses 1/12
72. FARRIS, Mrs. Pollie (Mu) 70 (widow) (VA VA VA); BUCKANNON, Fannie 24 (g dau); SMITH, Anderson 7 (g g son)
73. WEBSTER, Mrs. Mirie (B) (widow) 34; AKIN, Dier? 19, George 15, Wallis 13; WEBSTER, Dora (Mu) 9 (dau), John 7 (son), Tom 6 (son), Emmer 5 (dau)

Page 9, Dist. 5

74. CHILDRESS, John 78 (VA VA VA), Elizabeth 69, Rebecka 29, Phillip 10 (g son)
75. MAYES, Junius (B) 17
76. AKIN, Nat (Mu) 45, Maria (B) 50
77. HOLLAN, Koria (B) 75 (widow) (VA VA VA); IRVIN, Tom (Mu) 38 (g son) (RR hand); CHESTERFIELD, Mike 11 (g g son)
78. WHELER, Lizie 49 (divorced) (GA NC NC), George Anna 16 (AL GA GA)
79. CHEATUM, William 43, Jennie 44
80. LOVE, Ike (B) 25, Mittie 22, Ider 4 (dau), Carrie 2
81. WHITTAKER, George (B) 55, Sallie 35 (wife), James 18, William 16, Joe 10
82. DANNELL, Lizia (B) 62 (widow); PREWETT, Parollee 14 (neace)
83. GORDON, Alick (Mu) 58, Charrietie (B) 48 (wife), Allice 11
84. NICHOLSON, George (B) 34, Ellin 32, Sammie 12, Willie 8, Bengie 5 (son), Jimmie 2, Hester 1/12 (b. Apr)
85. FRIERSON, Harvie (B) 55, Bettie 80 (wife), Foster (Mu) 7 (adopted son)
86. THOMMAS, Mrs. 58 (widow) (T MD VA), Melur (dau) 30 (teacher), Robert 26 (son)
87. LAMAR, Larkin 40, Sara 37, Lena 9, Mary 8, Edward 6, Robert 4
88. TOMPSON, Abe (B) 33, Ellin 32

Page 10, Dist. 5

89. BOOKER, Jake (B) 58 (VA VA VA), Sinthie 28 (wife), Jake 18 (son), Flim 12 (son), Huldia 10, Weltie 8 (son), Jimmie 5, Lena 2
90. PATTON, Jim (B) 63, Narssissus 50 (wife), Mandie 23 (dau)
91. PATTON, Jim jr. (B) 20, Bell 20, Irener 1 (dau)
92. COFFEE, Henry (B) 24, Cornelier 14 (wife), Julier 1 (dau)
93. BURK, Frank 64 (NC NC NC), Mary 50 (wife) (T VA VA); WILKS, Sue 7 (g dau), Alice 5 (g dau); OWEN, Mary 18 (boarder), William 14 (boarder); WHALIE, William 22 (boarder)
94. GALLOWAY, Marion 57 (NC NC NC), Caroline 56, Luther 27
95. GALLOWAY, Mike (B) 65 (T NC NC), Lizia 45 (wife), Persellie 14, Parolle 12
96. MITCHELL, Dove (B) 53, Bosian 48 (wife), Nora 15, Jimmie 15, Littie 12 (son), Annerson 9
97. EDMERSON, William (B) 58 (NC NC NC), Perseller (Mu) 59 (NC NC NC), Liddie 30 (dau), Lewsindia 18, William 16, Izear 11 (son), Isum 11
98. BACKER, Jerry (B) 56 (Indian Nation ___ ___), Eliza 23 (wife), William 6, Sam 5, Jerry 1

Page 11, Dist. 5

99. MOONEY, Cas 37 (T NC NC), Fannie 37 (T NC NC), Cas 12; CHEATUM, Lew 14 (step dau)
100. FURGERSON, Semun (B) 51, Hulday (Mu) 45 (wife)
101. LAMAR, John 38, Chancie 30, Osker 10, Maderson 8, Malliarie 6 (dau), Jossie 4 (dau), Larkin 2 (son)
102. WHITTAKER, Tom (B) 40, Mary 35, Gersin? 16 (dau), Lizie 14, Mary 11, Sallie 9, Tom 7, Lizer 5 (dau), Waller 1; MABERRY, Edie 70 (boarder)
103. BAIRD, Robert 46, Marthie 46, Marthie 20, James 18, Henry 13, Joshua 9, Wilson 4
104. ROBERDS, Tom 30, Susin 24, James 12 (son), Mollie 8, Andrew 6, John 5, Cora 3, Maggie 2/12 (b. Apr)
105. MOONEY, Henry 39 (T NC NC), Mary 36 (T VA T); JANERSON, Ettie (f) 8 (boarder)
106. WILKS, Shelbie (B) 61, Angeline 40 (wife), Willie 20, Hanner 15, Edman 12 (son)
107. COOKEY, Robert 42, Margret 37; HARDRICK, Joe 10 (boarder)

Page 12, Dist. 5

108. REEVES, John 34, Rebecka 30 (bronkitus), Arther 10, Madie 7 (dau), John 3, Bedus 6/12 (b. Dec); BROWNING, Annie 18 (sis in law)

Page 12, Dist. 5 (cont'd)

109. HARRIS, Robert 44, Marthey 38, Robert 17, Edmon 15, Guy 13, Kate 10, Hettie 8, Dan 6, Clifferd 4, Joe 1
110. WHELER, Willis 28, Annie 24, Faler 3 (son)
111. NEELEY, William 44, Lue 45, Emmi 18, Lue 15, Compton 9
112. HARRIS, Mrs. Jiles 67 (widow) (T VA VA), Mollie 31 (teacher), Clabe 27, Willie 20 (g son)
113. GALLAWAY, Milton (B) 23, Jennie 20, Jim 3, Sue 1
114. BURES, Jim 68; JONES, Walter (Mu) 19 (servant)
115. BURRELL, Betsie (B) (widow) 50, Mathis 20, Bethay 18 (dau), Evaline 14, Poindexter 10, Dannell 4
116. LAWSON, Caroline (B) 25, Persiller 4 (dau), Albert 3 (son), Willie 2 (son)
117. BRYANT, Rolin 33, Frances 28, Mammie 5 (dau), Robert 4, William 3

Page 13, Dist. 5

118. STIPES, Albert 40, Nancie 35, Welborn 7, Albert 6; CRAIN, George 30 (boarder) (miller)
119. WOODS, Prince (B) 35, Jennie 24 (wife), Milton 6, Johnnie 3, Birl 2 (son), Caldonie 11/12 (b. May); WALKER, Parolee 45 (mother in law)
119. (included with 119 above, but a separate family) GALOWAY, William 34 (farmer & school teacher) (T NC T), Lizie 34, Tam 13 (son), Augater 6 (dau), Clide 2
120. MURPHEY, Frank 45, Sara 39, Miria 14, Permelia 12, Jane 10, Leonia 8, BeeDee 2/12 (b. Apr) (son)
121. CARMON, Dave (B) 53, Rosie 45, Roye 10, Dave 6; STRAY, Jack (W) 4 (boarder)
122. BROOKS, Sednic 38 (widow), William 15, Andrew 9, Jammes 8
123. COGGINS, Booker 24, Mary 19, Sidney 8/12 (son)
124. ROBERSON, William (B) 35, Prudie 26 (wife), Etter 8 (dau), Tennie 6, Delier 3 (dau), George 7/12
125. HILL, Alf (B) 37, Tennie 28 (wife), Lizie 7, Harriett 5, John 4, Jane 3/12 (b. Mar)

Page 14, Dist. 5

126. HILL, Spencer (B) 57, Tildia 60 (wife), Sinthia 16 (dau)
127. MITCHELL, Dick (B) 30, Jincie 25, Jimmie 8
128. COLLIER, Dink 27, Bedie 28 (wife), Nora 8, Annie 2/12 (b. Apr)
129. WHITTAKER, Tom 61, Mary 35 (wife) (GA GA GA), Tom 28 (son) (T T T), Charlie 6 (T T GA), Archie 3, Alburt 3, Percie 1; AKIN, Dow 12 (stepson), Annie 10 (stepdau); BAIRD, Eugene 24 (dau); LOVE, Hanner (B) 45 (servant), Joe 10 (servant), DILLEHA, Addie 30 (servant); KERR, Fannie 20 (servant); DICKSON, Henry 75 (servant)
130. CRAIN, Jim 40 (T NC NC), Jane 37, Frances 19, Martin 18, Buckannon 15, George 13, Kattie 10, Alick 8, Theodore 6, Lue 2 (dau), Florence 5/12 (b. Feb); AULDRIGE, Buck 13 (stepson)
131. GRAVES, Alexander 72, Marthey 71, John 33 (son)
132. LOVE, Nelson (B) 72, Ann 50 (wife); MOON, Mandie 17 (stepdau)
133. DANNELL, Ed (B) 50, Joanna 40 (wife), Robert 20, William 19, Allen 15, Edner 6, Hattie 1

Page 15, Sit. 5

134. PINKARD, Guss (B) 35, Jane 29 (wife)
135. RODGERS, Henry (B) 50, Sallie 26 (wife); MOORE, Alferd 12 (step son); RODGERS, Willie 8 (son), Bettie 4, Eddie 2

136. TOMPSON, Ed (B) 48, Tennie 29 (wife), Bettie 12, Henry 10, Jerry 9, Jane 7, Emeley 5, Hattie 4/12 (b. Feb)
137. STEVERSON, Jessie (B) 52, Sallie 29 (wife), Anner 12, Pattie 10, John 7, William 5, Mary 3
138. PREWITT, Auston 59 (widower) (T VA T), Dyer 23, Auston 18 (printing business), Mollie 20, Sammie 15, Eudora 11, Jennie 8
139. FITZPATRICK, Sue (B) 23 (widow), Cotman 9, Willie 6, George 7/12 (b. Nov)
140. MITCHELL, Henry (B) 21, Hattie 22
141. TIDWELL, Brum (B) 53, Susin 55, Charles 16, Parolie 14, Jimmie 11, George 10, Mattie 7, Berrie 6, Harrett 72 (mother)
142. COFFER, Ike (B) 24, Bell (Mu) 21, Walker (B) 3

Page 16, Dist. 5

143. VOSS, James 44, Cordelia 35, John 14, Susin 12, Ida 11, Mary 10, Cora 8, William 6, Alburt 2, Eugene 2
144. WILKS, Alf (B) 47, Clara 49, Laura 12 (adopted dau), Frances 8 (adopted dau), Emmer 7 (adopted dau), Fannie 70 (mother); MANGRUM, Ratchell 80 (mother in law)
145. LOVE, Joe 45 (T VA NC), Sallie 37 (MS T GA), Willie 10, Lelion 8 (dau), Joe 2; MOORE, Harriett (B) 20 (servant); LANKASTER, William 18 (servant)
146. MITCHELL, William (B) 52, Dillia (Mu) 45, Jim (B) 16, Mary (Mu) 14, Joe (B) 11, Elizia 8, Emmer (Mu) 5, Nellie (B) 2
147. McMILLEN, Guss 32 (AL T T), Sallie 29, Annie 5
148. THOMMAS, Joe (B) 54, Sallie 41 (wife), Maggie 7; STOCKARD, Tip (m) 60 (boarder)
149. DAVIS, Antoney (B) 50, Lusie 38 (wife), Sam 17 (bro); FLEMMING, Antoney 7 (g son)
150. CHILDRESS, Walker (B) 45, Bettie 28 (wife), Joe 12, Kittie 8, Slenner (f) 4 (dau), Devard 5/12

Page 17, Dist. 5

151. WILKS, Lefaite 56 (T VA VA), Jane 54 (T NC NC), Sallie 18
152. JOHNSON, Annie (B) 30, Florrence 8 (dau), Ida 6 (dau); CHEATUM, Harrie 16 (servant)
153. WILKS, William 23, Annie 17; HACKNEY, Bettie (B) 20 (servant); McCLARRIN, Andie 35 (servant)
154. HOLEMAN, Jack (B) 47, Sara 35 (wife), Laura 12, Joe 10, Kittie 8, Mary 6, John 3, George 1
155. WILKS, Winson (B) 53 (farmer & blacksmith), Hanner 27 (wife); MILLER, Ophelia 9 (stepdau)
156. BOOKER, Jack (B) 70, Kittie 60 (wife)
157. IRVIN, Dock (B) 22, Marthey 50 (mother), Charley 16 (bro); McCLARRIN, Annie (Mu) 24 (sis); CLAY, Melvill (B) 21 (boarder)
158. DANNELL, Owin 59, Harriett 39 (wife), John 20, Perrie 18, Elwood 16, Frank 14, Hattie 4
159. MOORE, Vick (B) 23 (f) (divorced), Joe 3 (son)
160. JOHNSON, Silus (B) 23, Julier 20 (wife), William 2; HOLLAN, Guster 12 (niece), Franey 4 (niece)
161. JOHNSON, Miles (B) 53, Julier 35 (wife), Alferd 16, Alick 18, Henry 12; ELLICE, Eller 15 (step dau)

Page 18, Dist. 5

162. DENTON, Partheney 65 (NC NC NC), Marthey 40 (T NC NC), Charles 22 (T NC NC), Cordie 21 (son) (T NC NC); HACKNEY, Charles (B) 18 (servant); HARRISS, L. S. (f) 12 (servant)
163. CREWS, Arch 30, Rener 25 (wife), Andrew 6, Charley 4, Emmer 2
164. DUGGER, Dave 54 (T VA VA), Mary 49 (T NC NC), Willie 24, Lue 15 (dau), Dan 13, Florrence 11, Dozie 9, CHEATUM, Henry 62 (boarder)

MAURY COUNTY

Page 18, Dist. 5 (cont'd)

165. HILL, Bob (B) 38, Maggie 30
166. HOGUE, Bill (B) 20, Manuel 7/12 (b. Oct) (son); DILLEHA, Joe (Mu) 8 (niece)
167. CHILDRESS, Watson (B) 54, Ellin 36 (wife), Easter 16, Willie 14, Joe 13, Vinnia 12, Idia 8, Jim 6, Eller 4, Jinnie 3, Watson 2, Mary 5/12 (b. JAN); WOODSIDES, Thenie 19 (dau), Walter 9/12 (b. Sep) (g son)
168. FLEMMING, Green 36, Euphenia 29, Edger 9, Alferd 7, Kattie 5, Henry 3, Sallie 1, Sallie (Mu) 8 (servant); HACKNEY, Tennie 30 (servant)

Page 19, Dist. 5

169. HILL, Ed (B) 38, Addie 25 (wife), Mattie 4, Ever 2 (dau), Effie 2, Ed 2/12 (b. Apr); HARRIS, Border 25 (boarder), Sammie 6 (boarder), Harriett 4 (boarder)
170. HOLLAN, William 30 (RR boss), Sallie 29, Ellin 6, Willie 4, Sallie 3, Dee 8/12 (b. Oct) (son)
171. WILLIAMS, Nelson (B) 60, Mary 50 (wife), Emilie 24, Lege 22 (son), Cooper 18, Turner 16
172. AMUS, Hicks (Mu) 64, Rebecker (B) 48 (wife), Hicks 17, Jim 13, Frank 11, Jimmie 7; HENDERSON, Johnson 2 (stray)
173. COLLIER, Albert 64 (blacksmith) (NC NC NC), Mary 53 (wife) (T GA GA), Gelsin 17 (dau), Elizabeth 12, William 19 (blacksmith)
174. SHANNON, Tobithie 23 (widow), Vergia 2, William 2/12 (b. Apr)
175. BURKS, Nathaniel 74 (widower) (mill wright) (VA VA VA), Marthey 40 (T VA VA); HARDRICK, Fannie 38 (dau) (widow), John 18 (g son), Joe 16 (g son), Annie 14 (g dau), Adolfus 10 (g son), Bell 8 (g dau), Mattie 6 (g dau)
176. JOHNSON, Hugh 69 (shoe maker) (VA VA VA), Bettie 44 (wife) (T NC NC); MALONE, Bettie 84 (mother in law) (NC NC NC)
177. FLANAGAN, George 48, Jane 42

Page 20, Dist. 5

178. SMITH, Marthey (B) (widow) 42, Maria 20, Ritchard 16, Lan 80 (father), Ader 4 (niece)
179. SMITH, Isom (B) 28, Eller 18 (wife), Tom 21 (cousin)
180. WARR, Harrie (B) 53 (R R hand), Ellen 37 (wife), Joserphine 18, Charley 15, Mary 8, Jimmie 5, Albert 2
181. CROWDER, Lusie 69 (seamstress) (VA VA VA); HARRISON, Lewsindia 39 (dau) (widow) (seamstress) (T VA VA), John 18 (g son), Marthey 11 (g dau)
182. CREWS, Wesley 58 (NC NC NC), Nancie 58 (NC NC NC), Albert 20, Emiley 18, Livie? (f) 8 (servant)
183. CREWS, Flitcher 22 (T NC NC), Ellin 20, Ellin 1/12 (b. May)
184. GILLESPIE, John 31, Mary 28, Henry 4, Harden 2; YOUNG, Allice (B) 28 (servant), Bell 5 (servant), Fannie 3 (servant)
185. GOODRIDGE, Ed (Mu) 30 (RR hand) (T VA VA), Jennie (B) 25, Willie 11, Jimmie 7, Mary 5, Russell 4, Ed 2
186. McANEAR, George (B) 30 (widower) (RR hand), Mary 12, Jimmie 9, Ida 7, Lush 5 (son), Alexander 3; WALKER, Parollee 30 (boarder)

Page 21, Dist. 5

187. OSBURN, Mike 68 (T NC NC), Jane 67 (NC NC NC), Robert 50 (son), Andie 22, Vinie 20; AKIN, Lizie 70 (sis in law) (NC NC NC), Rochell 50 (niece in law) (T NC NC); OSBURN, Atlis (Mu) 15 (servant)
188. YOUNG, Frank 47, Lizia 45; OSBURN, Annie 43 (sis in law); YOUNG, Andie 6 (son), Bedon 3 (son)
189. COLLIER, William 56 (NC NC NC), Mary 53 (NC NC NC), Susin 23, Archie 19, Albert 16, George 14, Henry 11
189. COLLIER, William 56 (NC NC NC), Mary 53 (NC NC NC), Susin 23, Archie 19, Albert 16, George 14, Henry 11
190. HIGHT, Hilery 23, Jinnie 21
191. WELLS, Mark 33, Susie 27 (T NC NC), Garrett 12, John 10, Nettie 7, Fed 5, Luller 1 (son)
192. HARRIS, George (B) 53, Marthie 35 (wife), Frank 10, Mary 7, Sindy 6, Bettie 14 (step dau), William 11 (stepson), Lue 9 (step dau), Dockey 6 (stepson)
193. HUGHES, Marthey 46 (widow), James 16, Sammie 13, Walter 11, Ike 8, Joe 8, Minnie 5
194. PENINGTON, Mary 38 (widow) (T VA VA), Sidney 20 (son), Jeff 18; TAYLOR, Susin 72 (aunt) (VA VA VA)

Page 22, Dist. 5

195. LANCASTER, Jim (B) 22 (RR hand), Ellen 23, Willie 10 (step son); DILLIHA, Parolee 25 (boarder), Fannie 10 (boarder), Ida 8 (boarder), Lue (f) 2 (boarder)
196. WARREN, Archey (B) 50 (RR hand), Lue 19 (wife), Henry 4, John 3, Jennie 2
197. DAVERSON, William 43 (T NC NC), Margrett 33 (wife) (T NC NC), Ida 10, Etter 8, Mary 5, Joe 2, John 2/12 (b. Mar), John 44 (bro) (T NC NC)
198. WHITTAKER, Selvina (B) 65 (widow); MOON, Vina 36 (dau)
199. WHITTAKER, Orring (B) 33, Merica 26, Emmer 9, Allice 7, Orring 3, Pertie 1
200. HARRIS, Wash (B) 40, Mary 37
201. MOORE, Andie (B) 30, Annie 28; HACKNEY, Ike 15 (boarder)
202. HARRIS, Henry 65 (SC SC SC), Jane 65 (T NC NC), Almedia 37, Mattie 27 (dau), Sara 23; TURNER, Phillip 18 (servant)
203. GALLOWAY, Maria (B) 35 (widow), Tennie 10, Alferd 7, Mattie 5
204. WILLIAMS, Isam (B) 25, India (Mu) 23, Tommie 3, Sallie 5/12 (b. Feb); BRYANT, Albert 30 (boarder); HARRIS, John 30 (boarder)

Page 23, Dist. 5

205. CHEATUM, Jane (B) 50, Walker 22 (consumption), Frank 21
206. HIGHT, George 58 (NC NC NC), Mandy 25 (wife), Harbert 23 (son), Pattie 14 (dau), William 10, Melvin 4, Manervia 2, George 6/12 (b. Dec)
207. CHEATUM, George (B) 28, Catherine 25, Sara 8, Walker 6, Hestell 4 (dau), Buddie 2 (son), Jimmie 4/12 (b. Feb); HACKNEY, Jennie 13 (cousin)
208. GIFFERD, Frank 56, Rebecker 50, Lizie 28, Lusie 26, Malindia 18, Bobbie 16 (son), Allice 14
209. DANNELL, John 67 (T NC NC), Mary 48 (wife), John 18, Lillie 14; CANNON, Adline (B) 23 (servant)
210. DIAL, John 33, Perseller 29, Mosley 9 (dau), Mary 8, Maggie 6, Nancie 4, Effie 1
211. HOLT, William (B) 63, Mittie 48 (wife)
212. HOLT, Walker (B) 25, Lizie 22, Almiter 7 (dau), Albither 5 (dau), Altorer 3 (dau), Willie 15 (neffew), Annie 18 (niece)
213. DICKSON, Curtis 24, Parthenee 25

Page 24, Dist. 5

214. DAVERSON, Jim 40 (T VA VA), Fannie 30 (wife), James 12, Henry 4, Mattie 2, John 74 (father) (VA VA VA)
215. DENTON, Williamson 57 (NC NC NC), Susin 40 (wife), James 18, Absalum 16, Susin 13; FITZPATRICK, Pollie 72 (boarder)
216. JANES, Calvin 58 (T NC NC), Lizie 42 (wife) (T NC T), James 21, William 20, Merrell 18, John 16, Walter 13, Cordie 12, Sam 8, Benn 6

MAURY COUNTY

Page 24, Dist. 5 (cont'd)

217. COOPER, Lang 67 (widower) (T VA VA), Charity 25, Sallie 28 (dau in law)
218. EDMERSON, John 40, Mary 37; BRYANT, Sallie 25 (sis in law), Morgan 4 (relationship omitted); WILKS, Ples 24 (bro in law)
219. WALKER, Lezer? (B) 35 (widow), Joe 12, Sharlet 8, Lizie 10, Willie 5; EDMERSON, Lizie 16 (boarder)
220. HASTINGS, Melvin 28 (saw mill man); PETTEY?, George (Mu) 21 (servant) (sawmill hand)
221. ANDERSON, Dan 31 (sawyer), Sara 31, Bill 3, Spencer 6/12 (b. Feb), Willmuth 9 (dau)
222. BROWN, Jim (B) 24, Sara 19, Hillery 5 (son), Spencer 6/12 (b. Feb)
223. SMITH, William 53, Lizzie 49, Jeffie 22 (son)

Page 25, Dist. 5

224. CASKEY, William 47 (T SC T), Eugene 29 (wife) (T NC NC), Fannie 8, Bruce 6, Edgar 5, Pearl 3, Ines 1, Caroline 55 (sis) (T SC T), Marthey 52 (sis) (T SC T), Lizzie 48 (sis) (T SC T), Harriett 30 (sis) (T SC T), George 28 (bro) (T SC T)
225. MOORE, Wilson (B) 39 (blacksmith), Jennie 30, Wilson 13, Hattie 8, Charley 7, Irenie 6, Annie 4, Mattie 2, Elyus 1 (son)
226. LOVE, Sheperd (B) 64, Tempie 22 (dau), Melvin 15 (son), Sheperd 24 (son), Allice 12 (dau), Alferd 10 (son), Isom 5 (g son)
227. JOHSON, John (B) 35, Millie 30, Wesley 10, Jetie? 8 (dau), Lizzie 6
228. PORTER, Alick (B) 45, Mittie 50 (wife), Lizzie 14, Florrence 12, Mary 6, Alick 3
229. SMITH, Frank 62, Margret 53 (T GA GA GA), Etter 20, Gerome 17, Florrence 13, Walter 11, Malcom 7
230. MITCHELL, George (B) 30, Nancie 28, Jimmie (Mu) 18 (cousin), Mollie 15 (cousin)

Page 26, Dist. 5

231. CARMON, William 47, Bettie 22 (wife) (AL VA T), Lue 18 (dau) (T T T), Jimmie 15 (son) (T T T), Bob? 14 (son) (T T T), Fannie 13 (dau) (T T T); TAYLOR, Ophelia 25 (sis in law) (T VA T)
232. WHITTAKER, Sam (B) 62, Ratchell 59, Mittie 14 (dau)
232. DILLIHA, Mary (B) 40 (widow), Adline 20, Jackson 16
233. ALLEN, Beriman 57 (T NC NC), Damiris 53 (wife); FITZPATRICK, Selier (B) 40 (servant), Mary 7 (servant)
234. TURNER, Charles (B) 58, India 45 (wife)
235. CHEATUM, Angeline (B) 30 (widow), Melvina 8, Vira 5, India 2
236. AMUS, Henry (B) 22, Sinthey 20, Sam 1; HILL, Anner 7 (sis in law)
237. SMITH, William 25 (dockter), Amelur 22 (wife), William 1
238. MOORE, Roenia 43, Jimmie 21 (son), Robert 19 (son)
239. BURKS, Nat (B) 35, Lucey 36, Bob 17, Berthey 15, Jim 12, Mattie 9, Mary 8, Harriett 6, Lonzo 2
240. THOMMAS, Ben 36, Hattie 24 (wife), Harden 5, Robert 8/12 (b. Sep), Luther 23 (bro) (clerk in store)

Page 27, Dist. 5

241. CANNON, Sharlit (widow) 40, Jim 8, John 4, Lucie 7/12
242. CLARK, Henry (B) 25, Ellen 21
243. FLEMMING, Joe 46, Mary 36 (wife), Minnie 9, Luther 7; GILBRETH, William 15 (stepson); FINE, Eller 16 (boarder)
244. MITCHELL, William (B) 52, Dillie (Mu) 45 (wife), Jimmie 16, Mary (Mu) 14, Lue (B) 11 (dau), Lusie 8, Emmer 5, Nellie 2

245. COFFER, Ike (B) 22, Bell (Mu) 21, Walter (B) 3
246. LOVE, Sye 32 (B), Sussin 25 (wife), Willie 10, Johnnie 8, Minnie 3

Page 1, Village of Campbell's Station

1. WHITE, Thomas 52 (T VA T), Carrie 48, Mattie A. 20, Mary F. 15, Frank 12, Sue 9, Gus 7; KIRK, Henry 7 (nephew) (T AL T)
2. RAMSY, Robbert N. 31 (retail grocer) (AL T T), Jessey A. 24 (AL AL AL), Lillion 1 (AL)
3. STANLY, Sarah A. E. 36 (widow), Mary F. 11 (T Canada T), Minnie 7 (T Canada T)
4. CLINE, John T. 47 (MI NY NY), Olive J. 35 (wife) (Cannada VA NY), Albert S. 13 (T MI NY), Archie B. 10 (T MI NY), Bruce 8 (T MI NY), Henry 4 (T MI NY), George 19 (relationship omitted) (KY Ger Ger)
5. TAYLOR, John W. 50 (wagon maker), Mary C. 47 (VA VA VA), Robbert W. 21, Albert 19, Emmet 12, Charlie 10
6. CLARK, Sandy (B) 35 (GA GA GA), Mollie 22 (wife), Willie A. 2, Timothy 6/12 (b. Dec) (dau)
7. CLAY, Cyndy (B) 28 (f) (divorced), Mary C. 13, Ethie 10 (dau), Joseph 8, Savanna 6, Ama 3
8. SMITH, Jackson (B) 42 (wagoner) (GA GA GA), Sarah 25 (wife)
9. AMOS, James (B) 57 (NC NC NC), Malviny 37 (wife) (NC NC NC), Betty 16, Ben F. 15, Dannel 11, Tennie 10, Elie 9 (son), Haywood 6, Maggie 3; WILLIAMS, Elisabeth 59 (mother) (NC NC NC)

Page 2, Village of Campbell's Station

9. HOBBS, Thomas I. 49 (carpenter) (T GA T), Jane C. 43 (T SC T), Mary A. 17, Ada 15, Thomas M. 12, Maggie L. 9, Emma E. 2, Earnest W. 5, Cornelia B. 2, Samantha 1/30 (b. Jun)
10. CRAIG, Newton S. 37, Nancy C. 37
11. WILLIAMS, Lewis (B) 22 (T T VA), Mary (Mu) 12 (wife) (GA GA GA), Lura? A. E. (B) 9/12 (b. Aug)
12. INGRAM, Mack G. 32 (merchant) (T KY KY), Mary E. 25, John B. 7, Laura E. 5, Adney M. 3 (son) (AL), Louisana O. 1 (dau) (T); MOOR, Daniel I. 21 (nephew) (AL T T)
13. CRAIG, Nathaniel H. 72 (NC Ire NC), Eliseheath 53 (wife) (SC SC SC)
14. HOBBS, James A. 25, Martha I. 22 (SC SC SC)
15. COFFEE, Ann (B) 53 (widow) (T NC T), Mary E. 16 (Mu), Elisebeath (B) 10
16. GANT, Minus D. M. 53 (T SC SC), Merry I. 59 (wife) (VA VA VA)
17. BOOTH, John D. 32 (boss on RR) (VA VA VA), Susan N. 31 (VA VA VA), Maggie 12 (VA), Enoch C. 7 (T), James 3, Ross 5/12 (b. Nov)
18. JOHNSON, Manuel (B) 40 (GA GA GA), Samantha 21 (wife), Lena 3, Willie 2; KELLEY, James (Mu) 7 (cousin) (T GA T)
19. WALLACE, James (B) 24 (T VA T), Jane 29 (wife) (T T NC), Laura 1
20. BALLARD?, Mich (B) 29, Mary E. 27, Leviner 11 (dau), Mollie 7

Page 3, Dist. 6

21. COFFEE, Samuel 79 (SC SC SC)
22. WALDROM, Thomas 30 (son in law--whose?), Caldenia 30 (T SC SC), Samantha 1/12 (b. May) (son); COFFEE, George (B) 16 (servant)
23. McMAURY, James D. 32, Anne 22 (wife) (T SC SC), Georgia 2; COLLINS, Mary (B) 30 (servant), James 6 (son), Thomas 4 (son), Charles 2 (son)
24. COFFEE, William H. 22 (T SC SC), Sally C. 27 (T T NC) (wife), John S. 6, Mattie B. 4, Willie M. 2
25. COFFEE, Samuel M. 36 (T SC SC), Martha A. 33, Ella M. 11, Lillie E. 9, Samuel T. 6, Lula A. 4, Mattie G. 2; HARRIS, Joseph 62 (boarder) (merchant) (GA VA GA)

Page 3, Dist. 6 (cont'd)

26. WARDEN, Joe B. 35 (T T NC), Lezinker 33 (wife), Anna K. 1, Carrie L. 3/12 (b. Mar)
27. WARDEN, Rocemer? (f) 42 (T T NC), Lucy C. 40 (sis) (T T NC), Mary E. 34 (sis) (T T NC); LONDON, Ann 67 (relationship omitted
28. HOBBS, John C. 27, Eliza I. 27, Charlie C. 4, Marthia N. 2, Sallie 9/12 (b. Aug)
29. RAMSY, John G. 59 (T NC SC), Joseph B. 17 (son) (T T SC), Nancy A. 22 (dau) (T T SC)
30. ALLEN, Mary A. 34 (widow) (T T SC), Emmet 7, Rosa L. 5, Sela 3
31. HOBBS, William 28, Lucretia 12 (wife), Jordan 2/12 (son), Louisa I. 52 (relationship omitted), Annie? 14 (dau)

Page 4, Dist. 6

32. RENFRO, James S. 62 (widower) (T SC VA), William 30, Emma J. 19, William C. 1 (g son), William N. 52 (bro) (T SC VA), Allice J. 16 (dau)
33. DAVIS, Eli (Mu) 32 (T _ _), Rachiel (B) 21 (wife), Agnes J. 4, Mary (Mu) 2; FRIERSON, Mary A. (B) 15 (relationship omitted) (MS T T)
34. MITCHELL, John D. 25, Mary J. 12 (wife), John M. 2/12 (b. Mar) (son); HILL, Lieu (f) 11 (relationship omitted)
35. RICHARDSON, John W. 62 (T GA VA), Delia A. 24 (dau), Ulner R. 9 (son), Freddia B. 7 (dau), Flowit 5 (son)
36. JONES, Alf (Mu) 52 (blacksmith), Amandy 48 (DC _ _); WELCH, Sarah 21 (dau), Mandy 16 (dau), George A. 10 (son), Susan 7 (dau), Carrie 2 (g dau), Thomas A. 9/12 (b. Aug) (relationship omitted); BRISHY, Mat 20 (relationship omitted)
37. CRONK, Alexander 49 (NC NC NC), Elisebeth 42 (T VA VA), Elisebeath 21, Sandy 19 (son), Nancy C. 17, Julia L. 14, John B. 12, Martha J. 10, Sarah H. 2, Lieu 1 (dau); MANTELO, Martha 69 (mother in law) (VA VA VA)
38. SMITH, David W. 55, Nancy M. 52 (T _ VA), George B. 19, Maclintoc R. 16, Christopher C. 13; BAITY, John C. 12 (nephew), Thomas 10 (nephew), Thomas 10 (nephew); MANGRUM, Drucilla 20 (aunt) (VA VA VA)
39. RICHARDS, John W. 23, Margret A. 19, Samantha 4/12 (b. Feb)

Page 5, Dist. 6

40. MOORE?, Andy (B) 40 (T _ T), Allice 25 (wife) (T NC T), Lucy 13 (dau), Mary 11, Eliza 9
41. CLARK, William (B) 37 (VA VA VA), Sarah 23 (wife), Walter 6 (VA), Mary J. 4 (T); BROWN, Mary B. 22 (relationship omitted), James 7 (relationship omitted), Fanny 3 (dau), Johnny 6/12 (b. Dec) (dau)
42. FOSTER, George W. 23, Janey T. 21, Lillie G. 1, Ann E. 45 (mother)
43. MOOR, Steven J. 39 (T NC NC), Eliza L. 49 (wife), William J. 19, John T. 14, Tennessee E. 10, Newton H. 7, James 85? (father) (NC NC NC)
44. MITCHELL, Dannel (B) 34 (T _ VA), Jinnie 20 (wife) (T _ _), John 11 (son); MARTON, Mary 13 (niece); HACKNEY, Elisebeath 52 (mother in law) (T _ VA)
45. COLLINS, Frank (B) 23 (T _ VA), Sarah 23 (T VA T); BRYANT, Anna L. 6?, John S. C. 4
46. AYDELOTT, Clem J. 49, Mandy 46; HAIR, Hester 1 (cousin)
47. SMITH, Thomas 25, Anna 22, Bruce 3, Mattie 4/12 (b. Feb)
48. SMITH, George (B) 28 (VA VA VA), Bell 14 (wife?) (T VA T)
49. VAUGHN, David 39 (T _ T) (crippled), Louisa 28 (wife) (T _ T), Allice B. 9, Mary A. 6

50. CHEATHAM, Thomas 72 (NC NC NC), Martha 74 (NC NC NC)
51. HOLT?, G. Sack A. 42, Amanda 32 (wife) (T NC NC), Earnest 17 (son); BRISBY, Mark (B) 18 (hired hand?); MITCHELL, Pat 17 (hired hand?)

Page 6, Dist. 6

52. TAYLOR, Claborn 61 (T VA VA), Mary E. 42 (wife), Clabie? A. 8 (dau), Burt F. 6, Url C. 2 (son); FOWLER, Clinton 19 (stepson)
53. WELLS, Lucious (B) 30; HOBBS, Robbert 23 (relationship omitted), Lieu 20 (wife)
54. RITTENBERRY?, Nathaniel 49 (NC NC NC), Rebecca N.? 34 (wife), Nancy E. 10, Denet? C. 9 (son), Verginnia 7, Samuel B. 5, Florence 3, Dora A. 1
55. INNMAN, John H. 34 (MS NC T), Mary C. 30 (T NC T), William A. 11, John L. 8, Clara M. 6, Lula 4, Jinnie M. 2, Samantha 3/12 (b. Mar)
56. RENFRO, Colbert (B) 52 (T _ VA), Mary 39 (wife) (T _ T), Love 13 (son), Abe 12, Justes 6, Ida 2
57. CLEEK, Shade W. 30 (T VA NC), Mandy J. 26 (T VA _), William 8, Mattie 6, Joseph 4, Andrew J. 2, Thomas R. 1/12 (b. Apr); BRANNON, Dick (B) 18 (servant?)
58. BRANNON, Betty (B) 47 (widow) (VA _ _), Liza J. 12, Anna 11, Sallie B. 6, Cara A. 4; MITCHELL, Alome 1 (g dau)
59. CREWS, William A. 73 (NC NC NC), Martha 43 (wife) (T NC NC), Albert R. E. 14, Caldonia 13, Ada B. 9

Page 7, Dist. 6

60. CREWS, Margaret 34 (widow) (T NC NC), Indy 13, Nancy 12, A. S. R. C. 9 (son)
61. PIGG, Rebeca 57 (widow) (T VA NC), Liga 17 (son)
62. CROWDER, Lucindy 27 (widow), William 6; PIGG, John 21 (bro); HOLDER, Doak 44 (idiotic) (relationship omitted) (T NC VA)
63. HOLT, Lucy 56 (widow) (T VA VA), Allen 28 (T NC T), Jerry 23 (T NC T), Lee 12 (son) (T NC T), Emma 12 (T NC T)
64. RICHARDSON, John 22 (works at mill), Lettie C. 24, Auty 2 (son), James 1/12 (b. Apr?)
65. HOLT, Jefferson L. 32 (clerk in store) (T GA T), Elisebeath 29 (T SC _), James C. 10, Muziel? 8 (dau), Hugh P. 6, Irena M. 4, Vergil 2
66. COFEY, John A. 47 (runns mill) (T SC NC), Mary 37 (wife) (T VA T), Nanny 13, Walker 11, Gragg 9, Url 6 (son), Sallie 3, Mary 1/12 (b. May)
67. HADLY, Zacheria 39 (work at mill) (KY KY KY), Rohenia 19 (wife) (KY KY KY), Ellen J. 6/12
68. BISHOP, Jasper (B) (widower) 42 (works at mill) (T T NC), John 15, Ben F. 10, Albert 7; GARRETT, Sally 15 (relationship omitted), Mary 50 (mother in law)
69. KERNELL, Andrew 31 (works at mill), Betty 28, Frank 10, Lula 8, Markus 6, Jessey D. 4, Jinnie 5/12 (b. Dec); RAGGAS?, Lucy 27 (sis); BROWN, Jim (B) 27 (servant)

Page 8, Dist. 6

70. NOWLEN, Wilson (B) 34 (T _ _), Sarah J. 35 (T NC NC), James P. 10, Sarah A. 8, Willie S. 6, Elisebeath 3, John T. 1; ANDERSON, George 18 (farmhand)
71. CROSS, Steven S. 43, Nancy K. 41, William 19, James F. 17; PAIN, Molly 16 (relationship omitted); WORT, Jerry (B) 30 (hired hand?)
72. SMITHSON, Elisabeath 51 (NC NC NC)
73. GIBSOM?, William 23, Elisebeath 17, William 4/12 (b. Feb); SMITHSON, Tandy 21 (farm hand?)
74. STYPES, George W. 32, Margret E. 33 (T NC T), Ada B. 8, John F. 6, Ema M. 3

MAURY COUNTY

Page 8, Dist. 6 (cont'd)

75. WALL, John T. 50, Merry E. 40 (wife), Thomas O. 17 (dau--sic), Martha A. 14, William D. 13, Mary O. 11, John M. 7, Lienethe? 6 (dau), Rozetta 3, James M. 9/12 (b. Sep), Susana 73 (mother) (T NC NC)
76. PERRY, Joseph 26, Liza 22
77. FITZPATRICK, Andrew 62 (AL NC NC), Lowis I. 51 (wife) (T NC NC), John M. 16; COOPER, William 14 (farmhand)
78. KELLENSMITH?, George 29, Mary E. 21; HARRIS, Richard (B) 22 (servant?)

Page 9, Dist. 6

79. ADKISON, Erby 57 (T VA VA)
80. BRIGGS, James 33, Dora 26; ORR, Clark (B) 25 (farmhand)
81. HAYWOOD, Henry (B) 56, Nettie 50, Sally 18, James 14, Willie 8
82. FLEMING, Cyndy (B) 30, Margret 12 (dau), Manuel 6 (son), Mary 1 (dau)
83. CLARK, John M. 53 (VA VA VA), Tamson D. 43 (wife), James B. 8, Elisebeath 6, Walter S. 3
84. WARDEN, Mary A. 54 (widow) (flux) (T NC NC), Robbert 21, William G. 15, James R. 11
85. COLBERT, Jefferson (B) 35 (AL AL AL), Mary 37 (wife) (NC NC NC), William 13, Henry 9; COLLINS, Clementine 16 (stepdau) (T NC NC)
86. BIGGER, Robbert 29 (T VA T), Mary A. 29, Emmet A. 8, Mandy F. 6, James T. 4, Dazie 1
87. MARTIN, William G. 54 (T NC VA), Callie 39 (wife) (T NC NC), Mary 25 (dau), Henry B. 22 (deaf & dumb), Jessey L. 13, John H. O. 11, William G. 7, June F. 2, George E. 1; BARRETT, Amelia 79 (mother in law) (NC NC NC)
88. SMITH, John H. 41, Sarah A. 41 (T VA T), Geneviev A. 15, Charlie R. 12, Alas 7 (son), Malisa 5, Indy M. 1 (dau)

Page 10, Dist. 6

89. ROOMBS, John H. 61 (T VA T), Elisabeth 52 (T NC GA), Mary T. 24 (niece) (MS T T), Mary J. 29 (niece); STOKES, Charlie 19 (relationship omitted)
90. CLARK, Richard C. 28 (T VA T), Mary J. 30 (T T NC) (married within yr)
91. WELLS, John L. 37 (heart disease) (T T NC), Martha L. 33, Willie D. 14, Robbert R. 12, Mattie E. 11, Carry B. 9 (dau), John M. 7, Maggie G. 3, James 1; HOBBS, Daniel (B) 56 (farmhand) (T VA GA)
92. HIGDON, Miles C. 56 (T NC NC), Eliza M. 52 (VA VA VA), Lansom G. 26, Kate H. 18, Allice G. 14; HODGE, John W. 21 (farmhand?)
93. BRADEN, Ryly (B) 23, Vicky 20, Andrew 19 (bro), Allonso 17 (bro), Albert 16 (bro), Monroe 15 (bro), Manervia 80? (mother)
94. GORDON, Dennis (B) 26, Mary R. 23, Gustavus 4, Amandy 3, Elena V. D. 6/12 (b. Dec); WALKER, Munroe 20 (farmhand?)
95. GARRETT, Dock (B) 23 (T VA T), Lucy 18
96. MEDONALK?, Melcomb 72 (NC Scot NC), Caroline C. 70 (NC Scot Scot); REDING, Nancy 25 (relationship omitted)
97. BRADEN, Lewis (B) 30 (T NC T), Liza A. 27, Mary L. 4, Manerva 3, Caraline 7/12 (b. Oct)
98. HOBBS, Emily (B) 35 (widow), George B. 18, Felisa? C. 20 (dau), William M. 7, Green C. 6

Page 11, Dist. 6

98. REDDING, James K. P. 34 (T T AL), Nancy A. 39 (wife) (T VA VA)
99. KINKAID, David A. 57 (T KY T), Susan C. 59 (T SC SC), Samuel B. 21, Molly A. 16, John W. 14
100. REDDING, Joseph T. 40 (shoemaker), Clemies 37 (wife), Margret A. 14 (dau), Anna H. 8, Robbert L. 6, James N. 4, Lizzie O. 4/12 (b. Jan); PEWET, Vonisom? (f) 20 (servant)
101. KERR, Joseph B. 41 (T NC KY), Harriet E. 26 (wife), William A. 3, Dazzie E. 2 (dau), Pearl W. 9/12 (b. Sep); WILKS, John 8 (relationship omitted); SMITH, James M. 23 (relationship omitted)
102. REDDING, Margret A. 36 (widow), Sarah P. 18, Adeline E. 16, George D. 14, Maggie L. 12?
103. WELLS, Thomas J. 40 (chills), Mary J. 38, Liew E. 12 (dau), Ross R. 10, Frank D. 8, Joseph L. 4
104. HOBBS, Elijah (B) 50 (T NC T), Mary 37 (wife) (T VA __), Neal 17, James 13, Willie M. 10, Dock L. 8, Floid A. 3, George C. H. 10/12 (b. Aug); RUNNELS, Dela C. 8 (niece); ROBERSON, Sam 13 (nephew); HOBBS, Josiah 4 (g son)
105. WELLS, James (B) (widower) 33, Allen 12?, Ailsy 10 (dau), Queeny 8
106. WELLS, Danil 68 (VA VA VA), Prucilla 52 (wife), Samuel 30, William G. 28, William H. 13 (g son), James D. 11 (g son), Lucindy E. 9 (g dau); REDDING, Lavonia 22 (servant?)

Page 12, Dist. 6

107. WELLS, Felix G. 25 (T VA T), Dennie 20 (wife) (T VA T), George C. 2, Samuel C. 7/12 (b. Nov)
108. PATRICK, Harrison (B) 34, Mollie 25 (wife)
109. GRAVES, Rosa A. 63 (widow) (T NC NC), Tenne E. 33, Samuel J. 21, William H. 17
110. RICHARDSON, Robbert 38, Elisabeath 30, Lucy B. 9, Vernice 5, Maud 3, Bert 3 (dau), Lona? 11/12 (b. Jun)
111. DAVIS, Sally 48 (widow) (T NC NC), Fannie 19, James W. 15, John H. 13, Fountain E. 8 (son)
112. DAVIS, Andrew 36
113. FOWLER, Pat 50 (B) (billious fever) (T T VA), Mary A. 48 (T T AL), Green P. 15, Willis 10, Harry 8
114. WAGENER, Steven (B) (widower) 25, Willie 11 (son), Bell 8, Liza 7, Alice? 6, Mandy 60 (mother), William 17 (bro)
115. PREWITT, Anderson (B) 61 (T VA VA), Linda? 46 (wife) (MS __ __); BAIRD, Edna 2 (dau) (T VA MS), Anderson 32 (son); HART, Gabe T. 8 (son)
116. FLEMING, Thomas (B) 32, Jane? 36, Samuel H. 12, Laura 9, Anderson B. 5, Mary 4

Page 13, Dist. 6

117. SCRIBNER, Thomas (B) 22 (T __ __), Fanny 25 (T __ __)
118. HOLT, Will (B) 55, Cyndy 53; FOULER?, Munroe 12 (nephew)
119. KELLENWORTH, Nancy 52 (widow) (T __ __), Joseph B. 22
120. PINGLETON, George W. 35, Elisebeath 27 (T NC T), Mahaly B. 11, James R. 9, Mary M. 7, Henry 5, Thomas 2
121. TIDWELL, Green B. 63 (T SC SC), Sarah 60 (T NC NC), Joseph 22, Richard L. 19
122. TIDWELL, James H. 24, Bell 18, Waker B. 4/12 (b. Feb)
123. WILKS, Pleasant (B) 57 (T __ VA), Winnie A. 25 (wife), Lucy J. 25, Susie 16, Thomas 12, Ella 15, Joseph B. 9, Charlie T. 8, Alma 7, William S. 6
124. CALVERT, Lewis 31 (T IL T), Evalina 28, Clearance S. 10 (dau), Delia E. 7, William N. 5, Emma G. 2
125. AMOS, Handy 40, Delia 35; MITCHELL, Jennie A. 13 (niece)
126. BELL, Philip 55 (Eng Eng Eng), Martha 56 (Eng Eng Eng), Allice 20 (Eng), Margret 18 (Eng); TICKNER, William 22 (Eng Eng Eng) (relationship omitted)
127. KENNEDY, Robert H. 28, Maggie E. 23, Cora F. 6, Anna A. 4, William E. 2

Page 14, Dist. 6

128. SHAW, William 31 (T NC T), Mary E. 24 (T __ T), James W. 5, Merret S. 3, Thomas 1
129. JEME?, Arch (B) 30, Anna 31 (VA VA VA), John 4, Mary 2; MITCHELL, Patterson 17 (stepson) (T T VA), Loucious 16 (stepson) (T T VA), Plummi 15 (stepdau) (T T VA), George A. 1 (stepdau) (T T T)
130. SHAW, William 71 (NC __ VA), Mary A. 53 (wife) (T SC VA), Barkly R. 12 (son)
131. DAVIS, Mary O. 44 (widow) (T NC T), Mary 16, Josey 14, Willie 11
132. PIGG, William 51 (T VA VA), Mary E. 29 (wife), Jackson 22 (son), Washington 18 (son), Renlem H. 13 (son), Louise 11 (dau), Emily 7 (dau), Willy 5 (son), Annie F. 2 (dau); FLEMON?, Jourdain 27
133. MITCHELL, Madison 43 (T VA VA), Elisebeath 45 (T VA T), Martha 17, James 15, Susie 12, Joseph 10; TOOMBS, Katey 86 (mother in law) (T VA VA)
134. HOWELL, William 53 (T NC KY), Sarelda V. 52 (T VA VA), William J. 21, John P. 17, George 14, Lafait 11, Ofelia M. 9, Mary B. 4
135. MITCHELL, James (B) 40, Mahaly 30 (wife), Jimmie 15

Page 15, Dist. 6

136. COOPER, James E. 20, Martha E. 24 (wife), John W. 1/12 (b. May)
137. ABERNATHY, Ben (B) 38 (T T VA), Mandy 22 (wife), Robbert 7, Lizzie 5, Allen 3, Andy 8/12 (b. Sep)
138. KERR, George W. 44 (T T GA), Cletilda 37, Lizzie L. 19, Mary A. 17, Rate? 15 (dau), Emma 13, Andrew W. 12, Ross 8, Taz 7 (son), Albert 6, Tillie 4, George 1 (crippled), Martha 67 (aunt) (insane)
139. HOLDER, William 59 (NC VA VA), Ann 40 (wife), Delia 17, Bettie 13, Elija 12, John 10, Maggie 8, Samentha 4, Ella 2, Betsy 80 (mother) (NC NC NC)
140. OMASTUS, William 40 (AL VA VA), Ann 37 (T NC NC), Walter L. 13, Cora L. 8, James 6, Willie 5, Fletcher 2
141. LONDON, James M. 40 (T NC NC), Vgna. 33 (wife), Ann 9, Barnum 7
142. MCONEL, Henry (B) (widower) 56 (T T KY), Frances 16, Ida 13, James 11, Marton 6, Samuel (age omitted)

Page 16, Dist. 6

143. MCONELL, Cyntha (B) 70 (mother) (KY KY KY), VINSON, Jane 77 (mother in law)
144. BRYANT, Evelena (B) 23 (widow), Willie 6, Henry W. 4, Ada 5/12 (b. Jan)
145. HUGES, Pedrick H. 39 (T VA NC), Frances 39 (T NC NC), James A. 14, Archie 10; TROUSDALE, Lizzie 42 (sis) (T NC NC); FLEMING, Eliza 41 (boarder)
146. HUGHES, Washington (B) 55 (T NC NC), Alcie 49 (T NC NC), Anderson 19, Willie 12 (g son); CLAY, Andy 50 (relationship omitted)
147. MARTIN, John H. 28, Mary 30, John 12, Alice 5; BEARDEN, Nancy 60 (mother in law) (NC NC NC)
148. COFFY, Lum (Mu) 36, Rebecca (B) 30?; SCRIBNER, Lew 25 (step dau)
149. STELL, Pascal (B) 22, Ann 22, Roxie 2
150. MATHEWS, William (B) 50, America 43, Fannie 20, John 17, Jane 13, Malisa 11, Tallie 8 (dau), William 5
151. ANDERSON, John (B) 82 (NC NC NC), Manervia 52 (wife) (reumatism), James 17 (son), Edmon 12, Manervia 15
152. HACKNEY, Thomas (B) 38 (T T NC), Ellen (Mu) 26 (wife), Darnisous 10 (son), Anna B. 5, Charlie 3, James 3/12 (b. Mar), Lieu (B) 15 (sis)
153. HARRIS, Wash (B) 37, Mary 36

Page 17, Dist. 6

154. MOOR, Charlie (B) 34, Mary J. 32, Lizzie 12, Frank 8, Roxie 6, Josep 4
155. RUTLEDGE, Getheral? 44 (T GA NC), Fanny 44, Sallie J. 19, Laura B. 15, Josa 12, Mattie L. 9, Anna M. 1
156. GRAVEL, George 32 (T T NC), Ruth 25, Mary A. 5, Ella M. 2, James 1/12 (b. May)
157. CHEATHAM, Frank 27, Josa 19, Sela 55 (mother), Joseph 19 (bro)
158. WRIGHT, William 35, Liza 27, Sallie 15, James 10, Willie 8, Lillie 6, Fannie 4, Frank 2
159. GRAVES, Powell P. 37, Sarah E. 39, Laura 13
160. KERR, Andrew 29, James D. 3 (son)
161. HARRIS, Nelson (B) 57 (NC NC NC), America 32 (wife), William 12; WILKS, Presly 55 (relationship omitted), Jane 46 (wife?), Mollie 14 (dau?), Nelus 6 (dau?)
162. NICKS, John A. 32 (bricklayer), Sally N. 29, Ella M. 9, Laura F. 6, Pearly M. 2, Charlie A. 4/12 (b. Jan); RUSSELL, John H. 14 (bro in law)
163. SMITH, Wiley 34, Elizzia 29, Melvin 4, Nancy 25 (sis), Jessey 45 (bro), Mancy 76 (mother) (T VA VA)

Page 18, Dist. 6

164. MOOR, Nancy (B) 46 (widow), Lizzie 16, William 13, Lewania 9
165. MILLER, Mary A. 58
166. FITZPATRICK, Nelus (B) 21, Ann 17, Kittie 4/12 (b. Feb)
167. SCRIBNER, Millie 33 (widow), William 11, Mary F. 6, Ida B. 3
168. FITZPATRICK, A-len (B) 59, Emeline 54, Edward 23
169. SCRIBNER, Lewis 32 (T NC T), Mandy D. 35 (T NC T), Jinnie 9, Ella 7, Bettie 5, James 3, Ike 2/12 (b. Apr), Ben 2/12 (b. Apr), Rebecca 66 (mother) (T NC NC); BROWN, Dora 6 (niece)
170. MOOR, Thomas 31, Sarah M. 34, Jane 10 (niece); SCRIBNER, Vina 63 (mother in law); KERR, Ellen 30 (relationship omitted)
171. WESMELON, Fannie 30 (widow) (T NC T), Delia 12, John 10, Lewis 8; OLIVER, Joshua 35 (farmhand?)
172. YOUNG, James E. 42 (T VA VA), Safrona A. 44 (VA VA VA)
173. YOUNG, John J. 21 (T T VA), Liza 21 (T T VA), James M. 2, Mary 42 (relationship of this & following person omitted) (VA VA VA), Nannie 14 (T VA VA), Liza 13 (T T VA), Robert 9 (T T T), Sefrona A. 7 (T T T)

Page 19, Dist. 6

174. McLAIN, Fred 87 (widower), Sallie 46, Jane 44
174. (included with 174 above, but a separate family) GRISSOM, James 56 (AL KY AL), Virginnia 54 (VA VA VA), William 32, Leroy 19, Edmon 17
175. ALLISON, Adison 56 (NC NC NC), Sarah 58 (T SC SC), James 27, Sarah 17
176. MAYBARY, George (B) 65 (NC NC NC), Angy 35 (wife), Isac 15, Samuel 7, Margret 6, Robert 5, Bruce 4, Viny 3
177. TILMAN, Elija 35, Julia E. 21 (wife) (T KY T), Julia M. 3, Mattie B. 2, James A. 3/12 (b. Mar)
178. BRYANT, Thomas 39 (T NC NC), Emma 31, James H. 13, Hattie W. 6, Frank 3
179. HAYNES, Joseph (B) 35 (GA GA GA), Ann 30 (GA GA GA), Mary 13, Charlie 11, Josa 9, Berlin 1
180. GALOWAY, William (B) 35, Puss 30 (wife), Fannie 7; YOUNG, James 23 (relationship omitted); RENFRO, John 26 (relationship omitted)

MAURY COUNTY

Page 19, Dist. 6 (cont'd)

181. DUGGER, Harvey 57, Elisebeath 39 (wife), Margret S. 22 (dau), Lee M. 16, Franklin 14, Liza M. 12, Jefferson 10, Isora 9, Bee C. 7 (son), Ada C. 6, Idella 3, Jinnie 1

Page 20, Dist. 6

182. BRYANT, Lucious 42 (widower) (T NC NC), Lillie M. 12, William 9, Lucious 8, Ezra 5
183. SMITH, William 44, Anna 38, Walter 21, Samuel 18, Price W. 16, Maggie 12, John? 8, Bruce 4
184. SMITH, Mary (B) 30 (widow), Cely 12, George 8
185. WELLS, Edward (Mu) 55 (T VA VA), Jinnie (B) 37 (wife), Martha 13, Sallie 12, Ida 10, Mary 5, Fletcher 1, Sally A. 15 (step dau), Morgan 7 (stepson)
186. BRIGGS, William 23, Emma 18 (married within yr); WASHAM, Hume 19 (bro in law)
187. BRISBY, William (B) 66 (VA VA VA), Sylvy 52 (wife) (VA VA VA), George 14, John 8; DAVIS, Neely 6 (g dau)
188. TROOP, William 21, Alice 23, Van 11/12 (b. Jul); HUGGINS, Jack 15; ISOM, Henry 10 (relationship of last 2 omitted)
189. PENNINGTON, Thomas J. 45 (T NC T), Rebecca 46, Abner C. 23, Thomas J. 19, William K. 16, Josiah 9; ISAM, Jessy F. (f) 9 (relationship omitted)
190. TOMLIN, Moses 75, Mariah 68, Angeline 22, James 15

Page 21, Dist. 6

191. PREWETT, Clovis 50 (MS GA T), Armandy 42, Samuel 18, Clovis 16, Lula M. 13, John 10, Morgan 2
192. THOMPSON, James 44 (T KY T), Virginnia 37 (T NC NC); HUNT, Frances 77 (mother in law) (NC NC NC); BENNET, Bell 14 (niece)
193. COCHROM, James A. 40 (T MD T), Sallie E. 39, Ella 13, William 11; WILKS, Leroy B. 20 (stepson)
194. WILKS, Haywood (B) 40, Susan 38, Sarah 15, Reda 10 (dau), Mollie 8, Jerry 5, Mandy 3, Mike 2
195. FOULER, Mam 36, Mandy 35 (wife), Merry 10, Ostena (Mu) 1 (son)
196. WILLIAMS, Mike (B) 23, Adeline 20
197. HARRIS, Walker (B) 29, Anna 27, Marry 7, Allice 5, Vergil 3/12 (dau) (MS MS MS)
198. PREWETT, Lucindy (B) 51 (widow) (T MS MS), Florence 11; CLARK, Robbert 20 (relationship of this and following persons omitted); PRIDE, Henry 21; WILKES, Richard A. 29 (_ _ _); EVINS, Vinson 21 (T _)
199. RICHARDSON, William 39 (miller), Lucy J. 25 (wife) (T NC NC), Mary 2, Kate 1; CHATMAN, Anna 33 (relationship omitted)
200. EAKIN, Elie (B) 46 (T MS MS), Easter 50 (wife), Willis 26, Maindy 21, Lucy 12, Mary 1, Willy 3/12 (b. Mar)

Page 22, Dist. 6

201. KNOTT, Mary A. 62 (widow) (GA NC GA), Alaxander C. 21 (T T GA)
202. CHEATHAM, Dave (B) 50 (AL AL AL), Eliza 30 (dau) (T AL AL), Lee 18 (son) (T AL AL), Charlie 16 (son) (T AL AL), Grant 14 (son) (T AL AL), Sallie 12 (dau) (T AL AL), Emma 10 (dau) (T AL AL), Elija 8 (son) (T AL AL), Carrie 6 (dau) (T AL AL), Henry 2 (son) (T AL AL)
203. YAWELL, Susan (B) (widow) 65 (VA VA VA), Kate 30 (T VA VA); MOAR, Mac 15 (relationship omitted); HUGHES, Lena 7 (relationship omitted), Ray 6 (bro)
204. DAVIS, John (B) 27, Anna 23, Angie 1; BLACK, Minnie 11 (relationship omitted)

Page 1, Culleoka Village

1. STEPHENS, Wm. K. 28 (dry goods merch), Ida O. 24, Thos. N. 4, Wm. L. 2
2. WALKER, Wm. O. 36 (saw miller), Mary A. 26 (wife), Maud 4, Budie 2 (son)
3. AKIN, Zachariah 32 (keeps boarding house) (T NC NC), Cordelia 42 (wife), Edward 21 (stepson), Franklin 20 (son), Mattie 15 (dau), Della 13, Eva Ada 6; WILLIAMS, Mary (B) 28 (servant)
4. HOWLETT, Isaac 41 (mer. dry goods), Ruth R. 37, Kerby S. 18, Ida M. 14, Jenie L. 11, Lizzie D. 11, Minie M. 8, Adie B. 6/12 (b. Dec); STUAT (sic), Allen (Mu) 15 (servant) (AL AL AL)
5. EVINS, Jas. T. 34 (watch repairer), Ella G. 25, Lawrence 4, James 1
6. WILLIAMS, Wm. J. 64 (undertaker) (MS Wales T), Darthula 50 (wife) (T T VA)
7. HENDERSON, Wm. A. 38 (dry goods merch.), Susan A. 29, Ella M. 7, Edward 4, Sallie K. 2
8. DAVIS, Henry 37 (dry goods merch.) (T NC T), Fannie 30, Adison 12, Jas. F. 9, Sidney 6 (son), Harry T. 4, Logan C. 6/12 (b. Dec)
9. LOWRANCE, Jhn. 59 (tepling whiskey) (T NC NC), Martha 48 (wife)
10. SMISER?, Jas. 60 (druggist) (T MD VA), Charlott 52 (VA VA VA), Alfred 18 (AR), Sally T. 12 (T)
11. WELLS, Fanie (B) 55, Queenie 9 (dau?)

Page 2, Culleoka

12. SMISER, Merret 32 (physician) (T MD VA), Lizzie S. 21 (wife)
13. DEAN, Martin (Mu) 31 (blacksmith) (GA GA SC), Margarett 21 (wife), Lecel? 6 (son), Virgil 5, Zena 3, Luda 1 (son)
14. WORSHAM, Columbus 41 (blacksmith) (T VA T), Loueza W. 37, Ella 20, Hume F. 19, Ana S. 19, Clayton 11, Geneva 9
15. BLOW, Henry 26 (boot & shoe maker), Adelade 21 (T VA T), Otis 4, Mary F. 2
16. BROWN, Geo. A. 50 (physician) (T KY SC), Josefine 42 (T VA VA), Ida L. 14, Elisabeth 60 (sis) (T KY SC)
17. DAVIS, Sallie (B) 20 (widow) (GA GA GA), Della (Mu) 5 (dau), Bula 2 (dau)
18. McDONNEL, Sarah 47 (widow) (T NC NC), Cecil 22 (dau), Mattie 16 (dau)
19. COGGIN, Mit 25 (drives waggon), Malissa 23, Leta M. 6 (dau), Grief 2 (son), Maud 10/12 (b. Aug)
20. HARRISON, Wm. S.? 59 (T MD NC), Pamelia 50 (T NC VA), John 26, Robert 20
21. WHITE, Mollie (Mu) 26 (KY GA VA); CRAIG, Scott S. (W) 42 (boarder) (tipling whiskey) (T SC T); HUNT, Louisa 42 (widow), Lou M. 18 (dau), Jas. H. 17 (son) (clerk in grocery); MOORE, Manerva 36 (B) (boarder) (T VA VA)
22. HUGHES, Willis (B) 33 (T T VA), Melia (Mu) 23 (wife) (T T AL), Fannie S. (B) 8, Ike 4, Willis 2/12 (b. Mar)

Page 3, Culleoka

23. STEPHENS, Thos. M. 53 (retired carpenter) (VA VA VA), Mary E. 50 (wife) (VA VA VA), HOLT, Ann (B) 30 (servant), Mollie 6 (dau?)
24. PRIDE, John S. 50 (physician), Sallie E. 42 (T VA SC), Augusta 22, Oliver H. 21, Anna 19, Charlie C. 12
25. BROWN, Dona (Mu) 26 (MS T T), Maud 4 (dau), Paul 8/12 (b. Aug) (son)
26. BRYANT, Edny (B) 30 (T T NC), Thomas 10 (son), Robert 7 (son), Cora 5 (dau), Sam 3 (son), Sallie 9/12 (b. Sep) (dau)
27. COLDWELL, Jos. C. 26 (Presbyt. minister), Ana L. 26 (KY KY KY)
28. WEBB, John M. 32 (teacher in academy) (NC NC NC), Harrett E. 30 (NC NC SC), Albert M. 2, Cornelia 6/12 (b. Dec)

Page 3, Culleoka (cont'd)

29. HOLT, Nancy (Mu) 36 (widow) (KY KY KY), Martha 20 (dau) (crippled), Bell 18, Sam 16, Betha 13, Josa 6, Ida B. 5 (g dau), Maud 3 (g dau), Mollie 1 (g dau)
30. EVINS, Saml. C. 57 (Baptist minister) (T VA VA), Emilia 58 (T GA NC), Jenie 26, Dora 19, Westly S. 16
31. ORMAN, Jas. A. 44 (Methodist minister) (T NC NC), Sallie F. 37, Joseph G. 18, Eva L. 14, Buret 12 (son), Mary F. 2
32. MORRIS, J. Lee 44 (dry goods merch), Ella R. 34 (wife), Eva P. 11, Adams 5, Marvin 4, Tennie 1

Page 4, Culleoka

33. ERWIN, Jo B. 34 (Methodist Minister) (T LA T), Fanie C. 34 (T NC T), Aleck R. 11, Lou 5 (dau), Willie S. 3 (dau), Mary J. 1
34. HUGHES, Cisero (B) 21, Ann 20; HARRIS, Silas 18 (bro in law), Ella 16 (sis in law), Jas. 14 (bro in law)
35. WELLS, Wm. T. 40 (waggoner) (T VA NC), Fannie 35 (T T NC), William 18, James 21 (clerk in store), John 11, Anna 7, Thomas 5, Ida 2
36. BAILISS, Charly 42 (carpenter) (VA VA VA), Susan E. 29 (wife) (T T NC), Rufus L. 8, Minnie 5, Scott B. 11/12 (b. May)
37. RUSSEL, Jeff 33 (stone & brick mason) (T KY T), Margaret 30, Izora 11, Toby 9, Mary K. 8, Honis 3 (son), Lizzie 6/12 (b. Dec), Willie 6
38. McGAW, Ben F. 49 (T SC SC), Nanie E. 40, Allice 22, Mamie 10
39. RAMSEY, Lanny? 39 (T NC NC), Sallie 31, Earnest 10, Clare 5, Earl 3
40. FOSTER, Albert (B) 55 (widower) (stone mason), Magie 19 (niece), Huston 21 (boarder)
41. COFFEE, Benjamin (Mu) 21 (T _ _), Cintha 20 (_ _ _), John 3, Minnie 7/12 (b. Nov)

Page 5, Dist. 6

42. COVEY, Wm. R. 41 (T NC T), Martha 40 (T NC T), Jas. S. 11, Lena 9, Thos. R. 4; WHEELER, Sallie (B) 40 (servant); RECORD, Harry 24 (servant), Amanda 19 (wife)
43. BALLANFANT, J. T. 3_ (clerk in dry goods) (T T NC), Sallie A. 28 (T KY T), Vashti 7, Erral 6 (son), Joseph 4, Ben B. 2
44. ABERNATHY, Mary H. 32 (widow), Lela 9, Neely 6 (dau)
45. HUGHES, Shepard (B) 23, Caherine (sic) (Mu) 17, Cicero 2, Lillion 6/12 (b. Dec) (son); PERRY, Bell 5 (relationship omitted)
46. MITCHEL, Ned (B) 22, Lizzie (Mu) 25 (wife), Maggie 3, Minie 2/12 (b. Mar), Annie (Mu) 10, Florence 5
47. JONES, Jod J. 55 (apiarian) (T VA NC), Paralee 45 (wife) (T VA T), Bascom 29 (sta. engineer), John L. 9, Perdie 8 (dau), Mattie 6
48. FITZPATRICK, Ben F. 60 (AL NC NC), Sarah M. 52 (T VA VA), Margaret 24, Charles 15, Willie 12
49. BALLANFANT, Jo H. B. 21 (T NC), Ida 21, Jas. 3/12 (b. Feb)
50. COX, Wm. A. L. 34 (bookkeeper) (NC NC NC), Elizabeth 24 (wife) (VA VA VA), Willie Ida 8, Ella M. 6, Mierahassa 4 (dau), Henry M. 1; ABERNATHA, Queen (Mu) 22 (servant)
51. FITZPATRICK, Sam W. 68 (widower) (T NC NC), Laura 25, John 32

Page 6, Dist. 6

52. WILKES, Elvira O. 45 (widow), Mollie 23, COCHRAN, Ann (B) 23 (servant), James 7 (servant), Blanton 4 (son), Gusta 1 (dau); WILKES, Catherine 30 (servant); WILLIAMS, Thos. 28 (servant)
53. GRANT, Rebeca 64 (widow) (VA VA VA), Sarah E. 37 (VA VA VA), Edwin 23 (dentist) (VA VA VA)
54. CORPIER, Martha 29 (VA VA VA), Lulu 4 (g dau--of #53?) (T VA VA)
55. HARLOW, Marion 35 (carpenter) (VA VA VA), Eliza 35 (T NC NC); CHAPMAN, Magie 23 (servant)
56. RENFRO, Bryant 33 (carpenter), Martha J. 22 (wife), John A. 5/12 (b. Jan)
57. BROWN, Ben (B) 30 (VA T T), Ema 18 (wife), Arna 3 (son), John T. 1
58. MARTIN, Henry A. 40 (cotton & grain dealer) (T NC VA), Susan 28 (wife) (T T NC), Daisie 5, Don 4, Henry 2; WILSON, Monroe 22 (relationship omitted) (clerk in dry goods house)
59. LEIGH, Jas. H. 48 (sta. engineer) (T NC T), Mary A. 42 (T VA T), Martha R. 18, John 15, Seora 12, Willis 8, Nettie 5, Jefferson 3, Jessie 3
60. WILKES, John B. 56 (dry goods merchant) (T VA VA VA), Elisabeth C. 43 (wife), Jas. H. 18, Robt. L. 10, Mary P. 6
61. MOORE, Joseph W. 44, Fanie J. 42, Frank 18, Ana Lee 16, Sallie 14, Nat T. 13, Jo 10, James 9, William 7

Page 7, Dist. 6

62. WHITAKER, Angeline (B) 42 (widow), Buck 23, Jessie 19, Alfred 16, Jack 14, John 10, Joseph 7, Maury 3 (dau)
63. MOORE, Thos. (B) 70, Peggie 73, Fannie 18 (dau)
64. CARTER, Benjamin (B) 53, Mary 35 (wife), William (Mu) 13, Price (B) 11, Gorge 9, Bell 7, Jane 5, Sallie 3, Lou 1 (dau)
65. TINNER, Hiram J. 55 (T MD VA), Mary M. 41 (wife), Margaret 22, Elisabeth 18, Virginia 15, Samuel 17
66. HUGHES, Harkness (B) 27, Mary 19, Malissa 5, Walter 2, Verra 4/12 (b. Jan)
67. WILKES, David (B) 57, Kittie 48, Samuel 18 (stepson), Fannie 20 (step dau), Harriett 10 (stepdau), John 9 (son), Frank 7 (son) William 6, Mary 3; KANNON, Willis 24 (relationship omitted); FITZPATRICK, Gully? 1 (orphan); TROUSDALE, Fannie 20 (servant)
68. THOMPSON, Silus 72 (SC SC SC), Mary A. 58 (wife) (T VA NC), Louisa 56 (sis in law) (T VA NC); ANDREWS, Mary 13 (servant)

Page 8, Dist. 6

69. EMBRY, Granville (B) 50, Ellenora 30 (wife), William 11, Delia 7, Sarah 6, Mary 4, James 1; DUKE, Bonn (Mu) 30 (boards)
70. BALLANFANT, John 24 (T T NC)
71. WELCH, Kittie (Mu) 18
72. TALLY, Selina (B) (widow) 40, Davie 16, Louis 12; CONAWAY, Charley 18 (relationship omitted)
73. McCONNEL, John B. 56 (T NC NC), Precilla 50 (T PA T), Amarilla 21, Mary A. 18, Alameda 16, William 12, Zach (B) 12 (servant)
74. POLK, Anderson (B) 65 (VA VA VA), Dersy 60 (wife) (NC NC NC), Neely 20 (son) (T T NC), Anderson 14 (nephew) (T T NC), Thomas 8 (nephew) (T T NC)
75. POLK, Thomas (B) 30, Lila 25, Anderson 7 (orphan), Nauflet? 11 (orphan), Willie (B) 10 (orphan)
76. ROBERTSON, Thos. (B) 65 (GA VA GA), Malinda 54 (wife) (GA GA GA), Richard 9 (g child) (T GA T), John 5 (g child) (T GA GA)
77. KENNEDA, Henry (Mu) 25 (T NC T), Harrit 23 (GA GA VA), Willie 5, Susan 3

MAURY COUNTY

Page 8, Dist. 6 (cont'd)

78. NORMAN, William 36, Jane 34 (T T NC), Lucius 14, Allana 12 (son), Nelus 9, Wisener 7, James 6, Snody 11/12 (b. Jul)
79. CRAIN, Martin 67 (wheelright) (T GA GA), Mary 55 (wife) (NC NC NC)

Page 9, Dist. 6

80. TOMLINSON, Jo B. 33 (T KY T), Ella J. 28, Ada B. 5, Luta 3, Charles L. 1; GILL, Alsy (B) 30 (servant)
81. MOORE, Hugh 30 (SC SC SC), Mary 30 (NC NC NC), Abert 10, Wm. T. 8, John A. 6, James E. 4, Mary 2
82. CALLAHAN, James E. 35 (T VA T), Lou 29 (wife) (SC SC SC), Lizzie Lu 3, Willie H. 2, Frank D. 1
83. SMITH, Wm.L. 28, Lidy L. 30, Nanie 4
84. WALDRUM, John N. 31, Jenie 22, Jonas 1
85. DUNCAN, Zack (B) 69 (GA GA GA), Rachel 28 (wife) (T NC VA), Telitha 13, Ella 11, Willis 7, George 4, Millie 2; REYNOLDS, Philip 16 (boarder) (T GA T); DUGLAS, Bird 24 (boarder) (T GA T)
86. BALLANFANT, Bem (B) 45, Mary J. (Mu) 42 (NC NC NC), Susan 22, James 19, William 14, Allace 11, Leana 7, Taylor 4
87. WEBB, John B. 34 (T NC VA), Martha 26, Rachel 9, Mary T. 7, Sarah 1
88. SCOTT, Thomas P. 57 (makes shingles) (T SC T), Narcissa 46 (wife), Thomas 7
89. KERR, Jerome 34, Elisabeth 33 (T NC T), Ellenora 10, James A. 6, Eva O. 2

Page 10, Dist. 6

90. WILKES, Fate (B) 20 (works on RR), Pollie (Mu) 18 (AL AL AL), Lizzie 5
91. LEWIS, Tim (B) 24 (works on RR) (T T VA), Catherine 21
92. BRYSON, Hugh 73 (T NC PA), Marilda 50 (wife), WALDMAN, Luthy 8 (g dau)
93. WILLIAMSON, Henry (B) 45 (VA VA VA), Harriett 29 (wife), Letta 19, Sam 19, Delsie 16, Sarah 2, Zora 3/12, Ella 3/12 (b. Feb) (twins), Lizzie 7 (stepdau), Kittie 6 (g dau), Willie 3 (g son), Ellen 8/12 (b. Sep) (g dau)
94. TAYLOR, Martha (B) 46 (widow), John 13, William 10, Florance 8, Jeneral 5, Nora 3
95. JOHNSON, Lucy (B) 26 (widow), Mattie 9
96. ROLSTON, Alfred 46 (AL AL AL), Nancy L. 47 (T NC T), William 19, Charlie 18
97. TYLER, Jasper F. 38 (AL T T), Mary 29 (AL AL AL), Feby 66 (mother) (AL AL __), Cinthy 32 (sis) (AL AL AL), Mollie 13 (niece) (AL AL AL), Benjamin 13 (nephew) (AL AL AL)
98. SCOTT, William 59 (T SC NC), Mahaly T. 48 (wife) (T NC VA), Clifford 22, Emit 21, Andrew D. 19, James F. 16, Sallie T. 14, William 10

Page 11, Dist. 6

99. TIDWELL, Puss (B) (widow) 37 (T T NC), Bob 21, Harriet 14, George 12, Ada 7, Amanda 4, Ella 3
100. DUGGER, Hartwell 29 (carpenter), Nancy 18 (wife), Joseph 2
101. TARRENTINE, John (B) 33 (GA VA VA), Millie 25 (T T AL), George 10, India 7, Sallie 4, James 1; MOON, Claricy 50 (mother in law) (AL T T)
102. TARRENTINE, Lucy (B) 28 (widow) (GA GA T), Kinch 19 (m) (GA GA GA), Edith 17 (GA GA GA)
103. SCOTT, John M. 60 (T SC NC), Eliza L. 56 (T SC SC), Elliott 27, John W. 21
104. PASKAL, Nancy 36 (widow) (NC NC NC), Edward 13 (NC NC NC), William 6 (T NC NC)
105. SCOTT, Leroy 32, Dora 28, Blanch 9, Ida 7, Eugene 2
106. FRANKS, William A. 26, Sarah 23 (T NC SC), Ana 2, William 8/12, Frank M. 9 (bro)

107. WEBB, Hiram W. 38 (AL T T), Sarah 38, Jeramiah 73 (father) (T NC NC), Rachel 73 (mother) (T VA VA)
108. RHODES, John (B) 37 (T NC T), Lucy 26 (wife), WILKES, Ella 16 (servant)
109. HADOX, John (B) 24 (insane--crippled), Roda 19, Scott 1
110. CRAIG, Thomas 31 (T NC T), Ella 22 (Can Can MI), Emmet 1; TIDWELL, David (B) 36 (boarder), Charly 10 (boarder); GAUGH, Jake 35 (boarder)

Page 12, Dist. 6

111. HAYWOOD, Frank 30 (blk smith) (NC NC NC), Sarah 30, Horris 9, Benjamin 8, Nora 5, Austin 10/12 (b. Jul)
112. BALLANFANT, Wm. E. 29 (merch--dry goods), Callie 29 (wife)
113. RAMSEY, James 50 (T SC KY), Mary L. 32 (wife), William 9, Horrice 4, Yearby 12/30 (b. May) (son); ADKISON, Cindy (B) 30 (cook)
114. GAUF, Robert (Mu) 75 (VA T T), Patcy 72 (wife), Lucy 21, Jake 50, Dave 8 (g son), Ella 2 (g dau), Ema 4 (g dau), Julia 7 (g dau)
115. ABERNATHY, Sarah (Mu) 49 (widow), Joseph 18, Caricy 10, Ben 8, Ester 7, Pigon 5 (son), Daniel 5 (g son); TOMLINSON), Jessie 31 (relationship omitted) (teacher in academy) (T KY T)
116. BRADEN, John 40 (T T NC), Salena 32, Lacy 8 (dau), James 5
117. CAVENDER, Thos. J. 53 (T NC VA), Lucrecia 50, Noah 16, Bedford 11, John 6
118. DUGGER, Dave 29 (T T NC), Parthena 15, Daniel J. 2, Clarence 1
119. SHOT, George (B) 35, Monin 45 (wife), Thomas 11, Hiram 8, Vina 5 (son--sic), Odell 4 (dau), Martin 35 (bro)

Page 13, Dist. 6

120. McCLARAN, Sam D. 50 (T KY KY), Martha J. 51 (T SC NC), Travis E. 25, Mary E. 22, Sarah F. 20, Anna J. 18, Charles 16, Martha C. 14, Andrew 12
121. BLY, Esquire (B) 38 (SC SC SC), Charlott 26 (wife) (T T NC), Betha 13, Page 6
122. BALLANFANT, Mary (B) 49 (mother in law--whose?) (widow), Allace 11 (niece), Ada 6 (niece), Sam 3 (nephew)
123. FEATHERSTON, John 45 (VA VA VA), Eliza J. 37 (GA GA T); TAYLOR, Emmet 11 (nephew) (T T VA)
124. PARLEY, Andrew 39, Marth 34, Lizzie 13, William 11, Edward 10, James M. 8, Samuel 6, Martha A. 3, Stonewall 1
125. BARNES, William (Mu) 24, Anna 21, Carrie 1 (dau); EZZELL, Josie (B) 20 (servant) (AL AL T)
126. HICKMAN, Mary (B) 40, Elisabeth 40, Liza Ann 18, Thomas 16, Dave 13, Ada 12, Alfred 10, Della 3
127. KNIGHT, Charles D. 23 (T GA T), Sallie B. 26; CRAIG, Callie 7 (dau), Jessie 3 (son)
128. HENDERSON, Harritt (B) 40, Ephriam 18 (son), Bettie 8 (dau), Leaky 7 (dau)

Page 14, Dist. 6

129. TOMBLENSON, M. B. 39 (T KY T), Mildred 29 (wife), Allenn 12, Sallie 8, Fannie 6, Jessee 4, Mattie 1
130. CHEATHAM, Adaline (Mu) 22, Mary 4 (dau); WILLIAMSON, Sam 20 (boarder)
131. CREWS, Polk (B) 35, Lucy 30, Arter 16 (son), Rosalee 11, Mary 8, Thomas 7
132. MOORE, Nat T. 73 (widower) (NC PA NC), Frank 48 (sportsman), Lizzie 42 (T T) (not clear if these two were offspring of Nat)
133. WILLIAMSON, Lace (B) 50 (NC NC NC), Fannie 47 (wife), Margaret 16, Annie (B) 14 (servant)
134. MOORE, Sam (B) 60, Emily (Mu) 52, Edmond 18, George 12, Frank 11, Ada 9, Sallie 8, Minie 6, William 2

Page 14, Dist. 6 (cont'd)

135. BUFORD, Clara 46 (widow) (AL KY GA), May 16, Thomas 8, Clara 6; LUVIZA, Catherine 25, (Mu) 25 (cook)
136. GRAY, Frank (B) 30, Angeline (Mu) 26, Ema 6, Bettie 5, John 4, Bruce 1, Dora 2/12 (b. Mar)
137. WEBB, William 37 (teacher in academy) (NC NC NC), Emma 32 (NC NC NC), William R. 6, Alla 4 (dau), John 3, Adline 1; CLARY, Alla B. 77 (mother in law) (NC NC NC); WESTMORELAND, Ella (B) 19 (cook) (AL AL AL)

Page 15, Dist. 6

138. MATHEWS, Elisha 69 (cotton planter) (T NC NC), Sarah E. 66 (T SC SC), Caroline J. 23 (MS); TIPPET, Emma S. 9 (g dau) (MS MO T)
139. BUCK, Low (B) 30, Dick 8 (son), Lula 2 (son)
140. BRAUCH, William 68 (VA VA VA), Mary A. 57 (wife) (T VA T), Tennessee 20, Joseph H. 20, Della 14; BRYANT, Walter 2 (g son); WILKES, Wiley (B) 21 (boarder)
141. ADKISON, George 35, Nancy 27, Mary 11, Walter 6
142. FOSTER, General (B) 36 (T T VA), Ester 32 (T VA VA), Luvenia 18; EKLLY, Zura B. (Mu) 8 (adopted dau) (T VA T)
143. WILSFORD, Daniel 37, Lenora L. 21 (wife); MOODY, Alace (B) 20 (cook)
144. WELLS, Jerry (B) 55, Manda 33 (wife), Georg 17, William 12, Allen 10, Rufus 8
145. WILKES, Samuel (B) 53 (T VA VA), Monin (Mu) 47 (wife), Narcis 14, John 15, Anderson 11
146. WILLIAMSON, George 65 (T VA VA), Mildred 62 (T VA VA), James G. 37 (boarder) (physician), Ella 27 (boarder), Rebeca 9/12 (b. Sep) (dau)
147. NOWLIN, Mary (B) 35, Ella 3 (dau), Cora 10/12 (b. Sep) (dau)
148. BRYANT, Doe (B) 26 (T NC NC), Cela 27 (wife), Mollie 11, Rolin 6, Dezzie 5 (dau), Willie 3

Page 16, Dist. 6

149. BRADSHAW, James 41 (T NC GA), May E. 39 (T NC T), Ella 12, Frank? B. 10, Anna B. 5, Dora M. 2; WILKES, Green (B) 25 (boarder)
150. BRADSHAW, John W. 27, Elisabeth 26, Rufus 6, James C. 3, Brainad 2, Jane 64 (mother)
151. ROLLER, Mike 55 (T GA T), Nancy C. 51 (T SC SC), Mattie 18, Cornelia 16, Ada B. 11
152. ROLLER, Frank 24, Lula F. 16 (wife), Charley 11/12 (b. Jul); COFFEE, William G. 82 (father in law)
153. PULLIN, George 36, Jane C. 55 (wife)
154. TOMLINSON, Allen 71 (KY VA KY), Sally 61 (wife) (T VA VA); SELPH, Salli 40 (boarder) (T SC NC); RICHARDS, James 27 (boarder) (SC SC SC); GILL, Allen (B) 10 (servant)
155. WILLIAMS, Alf (B) 35 (AL AL AL), Jennie 32 (AL AL AL), Tena 12, William 11, Aada 9 (dau), Missie 6, Robert 2, Samuel 1
156. WILLIAMS, Millie (B) 32 (AL AL AL), Linda 12 (dau) (AL AL AL)
157. GRACY, Ben (B) 69 (NC NC NC), Mandy 40 (wife) (NC NC NC), William 9 (g son); CHEATHAM, James 11 (g son)
158. PORTER, William A. 21, Mollie 22

Page 17, Dist. 6

159. PARKS, Anderson 66 (T SC SC), Susan 62, Julia 27, Frank 23, Emma 14; CLEVENGER, George 14 (relationship omitted)
160. THOMPSON, John 22, Lizzie 19, Nancy 44 (mother), Martha 18 (sis), Alla 14 (sis), Babe 13 (sis), Sallie 8 (sis), James 11 (bro), Ann 5 (sis), William 2 (bro); NETHERTON, Alex? 19 (farmahnd?); GORDON, Parthena 16 (farmhand?)
161. HICKMAN, James 32, Samantha 31, Claudius 9, Alonzo 8, Mayburn 6 (son), Emmet 3, Wetherspoon 8/12 (b. Oct); BLACK, William (B) 16 (servant), Allonzo 8 (servant), RICHARDSON, Z. T. (W) 33 (boarder) (teaches school) (T GA VA)
162. DUGGER, Sharac 65, Martha 40 (wife), Thomas 25, Bettie 18, Daniel 14, Lee 12 (son), Lovenda 8, Isaac 7, Samuel 28 (son)
163. DUGGER, Millton 23, Ada 18
164. McGUIRE, John (B) 35, Sarah 25 (wife)
165. RICHARDSON, Eliga 38 (T GA VA), Mary 37, Laura 13, Emma 11, Florence 3, Oscar 1, Elisabeth 72 (mother) (T T VA), Jo (B) 50 (servant)
166. RICHARDSON, Fred (B) 51, Jane 52, Mary 6; EARLY, James 12 (servant)

Page 18, Dist. 6

167. POLK, Albert (B) 31, Rebeca 28, Andrew 10, Tennie 8, Ella 7, Willie 5, Mima 1; WILLIFORD, Mattie 37 (f) (servant)
168. THURMAN, Woodford 31, Martha 26, Leroy 6, Ellen 4, Stonewall 2, Senora 7/12 (b. Oct)
169. PULLEN, Thomas 65 (T GA GA), Sarah 63 (T NC NC), James 32; PASCHAL, Edward 14 (servant)
170. ANGUISH, James (Mu) 50 (VA VA VA), Lucinda 48 (B), Jordon 12, Drucilla 6, Nathan 4, Thomas 10/12 (b. Jul)
171. WILSON, Adam (B) 25, Mary 25, Aaron 6, Carrie 5 (dau), Smith 2; FOSTER, Henry 14 (farmhand?)
172. STRANGE, Thomas 61 (VA VA VA), Elisabeth 41 (wife) (T VA T); SNELL, William 16 (stepson), Mary 20 (stepdau); FOSTER, Julia 68 (boarder)
173. HICKMAN, Noah 44, Nancy 44, Ann 21, Margaret 17, John 16, Pat Clicham? 14, Jessee 9, Neely 6, William 3
174. HICKMAN, Rily 36 (T NC NC), Eliza 32, Martha 14, James 11, Samantha 10, William 8

Page 19, Dist. 6

175. CHAFIN, William 127, Lucy 23, Ella 2; SCOTT, Holly 64 (mother in law)
176. GREEN, William 28, Josie 24, Cordie 7 (dau), Clarance 3, Rosanna 7/12 (b. Oct)
177. BROWN, James 43 (T GA T), Mary 42 (T GA T), James 18, Frances 15, Charles 13, Fannie 11, Elbert 9, Robert 7
178. FOSTER, Richard 51 (T VA VA), Sallie 48, George 13, William 10
179. WILSFORD, M. C. 43, Cordelia 43, Franklin 19, Thomas 17, Edward 15, Jacob 12, Clinton 9, Cora 6, Emma 4, Stonewall 6/12 (b. Dec)
180. WINN, William 27, Nannie 21, Susan 4, William 2; GILL, Alsey (Mu) 30 (cook); RENFRO, Jessee (W) 21 (relationship omitted)
181. GILL, Caroline (B) 44 (widow), Mary 19, Fed 17, Lucetta 9, John 2
182. DUGGER, Josiah 61, Harriet 55 (T VA T), Tolbert 29 (relationship omitted) (VA VA VA), Martha 25 (dau?), William 18 (son?), Mollie 15, Josiah 12, Dora 10, Jonathan 8

Page 20, Dist. 6

183. RONE, Charles (B) 25, Inis 25, Henry 12 (son), Edward 9, Lena 6, Monroe 4, Elisha 2
184. PULLEN, James 30 (blacksmith), Martha 30; PERRY, Wilson (B) 23 (relationship omitted), Joan 21 (wife)
185. SCOTT, John (B) 48 (T ___ T), Patsey 50 (T GA GA), Elenora 13 (T VA GA), Almeda 13 (T T T) (twins), Martha 10, John 7; COLLINS, Tom 48; TALLY, Edward 28 (T VA VA)

Page 20, Dist. 6 (cont'd)

186. HILL, Alonzo 46, Mary 36 (wife) (AL VA GA), Thomas 14, Amy 12, Ada 9, Ella 8, Pattie 5, Martha 3, Virginia 1
187. POWELL, Nathan 28, Margaret 34 (wife); HOGAN, William 59 (relationship omitted)
188. McDONNEL, William (B) 43 (widower) (T NC NC), Julia 17, Morgan 15, Henry 12
189. MURRY, William 52 (T T __), Arabella 42 (wife) (T NC SC), John 12 (T VA VA), William 7 (T T T), Maggie 16, Etna 15 (dau), Mattie 10, Maxie 5, Joseph 3
190. RICHARDSON, James 40 (T GA VA), Virginia 32, Lula A. 9, Mary A. 7, Josiah 6, William 5, Evan 4, Etna 1 (dau)

Page 21, Dist. 6

191. FOSTER, Richard 41?, Charlott 47 (wife) (T GA GA)
192. VICK, Stephen (B) 40 (MS NC AL), Frona 36, Elisabeth 18, Texana 16, John 14, Caroline 12, James 7, William 5, Westly 3, Ella J. 11/12 (b. Jul)
193. ASBURN, John A. 34, Drucilla 28, Sarah 1, Lucinda 65 (mother), Malinda 40 (sis), Mahala 32 (sis)
194. RICHARDSON, David 35 (T GA T), Elisabeth 40 (AR T T), Eligah 10 (TX), Henrietta 18 (step dau) (TX T AR), Stonewall 4/12 (b. Dec) (step g son) (T T AR)
195. STAFFORD, Thomas 66 (VA VA VA), Sarah 41 (wife) (NC NC NC), Walter 17 (NC), Luther 12 (NC), Sarah 11 (T), Robert 6, Allen 7/12 (b. Nov)
196. RUTLEGE, Samuel 63 (T KY KY), Emeline 56 (T KY KY)
197. BONNER, William (B) 34 (GA GA GA), Margaret 24 (wife), Queenie 9, Caldonia 6
198. BRYANT, Abner (B) 28 (T NC NC), Mary 27, Sam 9, Kissella 6, Elisabeth 7/12 (b. Nov); ERVIN, Tillman 17 (relationship omitted); BLACK, William 18 (realtionship omitted) (AL VA AL)

Page 22, Dist. 6

198. GARY, Jefferson (B) 38, Lucy 30, Allace 13, Louiza 11, Susan 10, Varquis? (f) 8, William 7, Maggie 2
199. THOMPSON, Jane (B) 63 (widow), Violet 24, Mickie 5 (g dau), Henry 3 (g son), James 1 (g son), Addie 6 (g son)
200. HENRY, Monroe (Mu) 50 (MD MD MD), Nancy 29 (wife) (AL AL AL), Thomas 11, James 8, Ida 7, Artemissa 6, William 5, Nola 1
201. HICKMAN, John 31, Cateria 22, Clifford 1, Mary 51 (mother) (T NC NC); BLACK, John (B) 12 (servant)
202. McCAN, John 39 (T KY T), Racheal 35, Coda 8 (dau), Thomas 6, Bettie 2/12 (b. May)
203. INGRAM, Hiram 39 (T KY AL), Debitha 32, Andrew 11, Margaret 9, Sarah 7, Thomas 6, Nathan 4, Jessee 2, no name 6/12 (b. Nov) (son)
204. INGRAM, Louisana 72 (widow) (AL GA T), Tennessee 28 (dau) (T SC T)
205. INGRAM, Jonas M. 43, Nancy 37, John A. 19, James 18, Daniel 16, Malind 14, Mary 12, William 9, Jackson 7, Charles 5, Gabriel 3, Stonewall 10/12 (b. Aug)

Page 23, Dist. 6

206. CALLAHAN, Mary 45 (widow) (T VA T), Sallie 22, Mathew 19, Robert 16, Josie 13, Mary 11, John H. 80 (father) (VA VA VA), Anna 70 (mother)
207. MOORE, Mildred (B) 30 (widow), James 14, George 10, William 5, John 4, Luther 1; WEST, Henry 46 (relationship omitted) (VA VA VA)
208. INGRAM, Robert 26, Louisana 26
209. MORROW, Noah 59 (T SC T), Anna 48 (wife), James A. 21, Robert 19, Frances 17, Lou 15 (dau), Delilah 13, Eliza 11; HOGAN, David 50 (boarder)
210. HUBBARD, William 39 (T VA VA), Conelia 35 (T KY T), Nancy 8
211. WILSON, William (B) 23, Lizzie 23, William 5
212. ROUNS, Ephriams (B) 42, Nancy 33, Arny 13, Frank 6; BOOKER, Clara 16 (niece); WEST, James 17 (nephew)
213. CALLAHAN, Columbus 23, Mary 23
214. MOOR, Mary 47 (widow) (T KY AL), Andrew 19 (AL T T), William 17 (AL T T), Mack 15 (T T T)
215. MOORE, John J. 25 (AL T T), Aurelia 22 (SC SC SC), Sue E. 2, Callie L. 9/12 (b. Sep) (dau)

Page 24, Dist. 6

216. BUTLER, Louis (B) 48, Mariah 24 (wife) (T T VA), William 9 (son)
217. COFFEE, George (Mu) 21, Fannie 42 (mother) (VA VA VA); DAVIS, John (B) 19 (boarder); STOCKARD, Jake 17 (boarder); COFFEE, Delia 14 (sis), Isaac (Mu) 11 (bro), Allace 6 (sis), Catherine 3 (sis)
218. HUNT, Thomas (Mu) 28, Manda (B) 23, Ida 6, Thomas 4, George 2, Ella 3/12 (b. Feb); FOSTER, Huston 23 (boarder); HUNT, Laura 22 (sis), Ada 3 (niece), William 2 (neice)
219. WILLIAMSON, Charles 42, Izora 31, Alice B. 11, Georgia F. 9, George W. 7, Mary T. 4, Charles S. 1
220. NEELY, Lee (B) 25, Charlotte (Mu) 21, Mary 4, Ida 1; GORDON, Charles (B) 23 (boarder); ORR, Sam 16 (boarder)
221. RIVERS, James (B) 21, Polly 18, John 4, William 3
222. HOBBS, Caleb 45 (T GA T), Nancy 40 (T SC T), William 12, Nettie 10
223. KENNEDY, James 22, Mattie 23, Sara 43 (mother), George 27 (bro), Emma 5 (sis)

Page 25, Dist. 6

224. MOORE, David (Mu) 48, Ann 45, Lovie 10 (dau), Mattie 8 (dau)
225. HOBBS, John 34 (T GA GA), Julia A. 24 (wife), Ida V. 12, Clifford 10, Susie 8, Bell 6, Claib 2/12 (b. Apr)
226. BRANCH, John 36 (T VA VA), Parthenia 30, Mary A. 10, William 8, Hugh L. 1
227. MARTIN, Mary (Mu) 50, John 17 (son), Richmond (B) 11 (son)
228. RENFRO, Rufus R. 57 (T KY KY), Mary E. 48 (T KY T), Sarah 23, Jessee E. 19 (son), Ann V. 12, William 15, John 8
229. MARTIN, Thomas 39 (T NC VA), Mattie 29 (wife), James M. 9, Eliza 6, Perry B. 4, Gertrude 2
230. McPHERSON, John (B) 40 (GA GA GA), Rebeca 25 (wife), Vena 9
231. GANT, Milton 28 (T T VA), Martha F. 30, Leoda 8, Dolfus 6, Robert Lee 2; TAYLOR, Thomas 15 (servant); GANT, George W. 30 (boarder)
232. HOBBS, Bengamin 42, Susan 41, Gid 18 (son), Fannie 15, Pattie 13, Linzie 10 (son), Joseph 8
233. HOBBS, Emmit 20, Kate 18, Sterling 7/12 (b. Oct); JACKSON, Mark W. 62 (father)

Page 26, Dist. 6

234. McDONALD, A. 42, Sarah 36, Lizzie 11, Neal 6, Brainard 4, Luther 2
235. HENDERSON, J. B. 22 (m), M. P. 73 (mother); WILLIAMS, Julia (B) 39 (cook)
236. JOHNSON, John (B) 30, Mollie 20 (wife), Tom 3/12 (b. Mar)
237. FLEMING, L. G. 32, Sarah 26, Ninnie 6, Mattie 4, Mattie 35 (sis); JOHNSON, John (B) 25 (farmhand?)
238. JOHNSON, Monroe (B) 30, Adeline 30 (Mu), Ada 12
239. COFFEE, Jo M. 36 (T SC SC), Maggie 21 (wife) (MO T T), Hugh 2, Lye 3/12 (b. Mar) (dau), Hugh 80 (father) (SC SC SC); CATHY, Nancy 85 (aunt) (SC SC NC)

Page 26, Dist. 6 (cont'd)

240. RIVERS, William (B) 26, Manda 22, Mary 4, Anna 2, Florence 6/12 (b. Nov), Lizzie 50 (mother), Thomas 11 (bro)
241. CHILDRES, William (B) 30, Eliza 25, John 5, Italy 3 (dau)
242. WITHERS, Bettie 31 (widow), Eddie 9, Samuel 8, John 6, Pearl 4, Minnie 1
243. WILLIAMS, Joshua (B) 35, Chany (Mu) 38 (wife), Rily 15 (stepson), Lizzie 10, Jennie 5, Martha 3, Effee 8/12 (b. Oct)

Page 27, Dist. 6

244. FITZPATRICK, Angeline (Mu) 48 (widow), Jordon 18, Freeman? 16, Charley 14, Toby 12, Elizabeth 9, Mary 7
245. BUGG, Henderson (B) 61 (T NC NC), Juda 27 (wife), Jo 16 (son), Allance 14 (dau), Addie 12 (dau), Sallie 10 (dau), Mattie 8 (dau), Louis 6 (son), David 4 (son), Maggie 8/12 (b. Oct) (dau)
246. CHEATHAM, Washington 27, Mildred 22
247. TROUSDALE, George (B) 22, Adie 22
248. CAMPBELL, Richard 56 (T VA T), Sarah 50 (T VA T), Mary 25, Robert 24, Lillie 21, Jeff 19, Minnie 17, Bradford 15, Nettie 14, Fannie 12, Jackson 8
249. FAIRES, Thomas 52 (NC NC NC), Margaret 48, Thomas F. 24
250. WEBB, Ozius 52, Elisabeth 53, Neely 25, William 22, Mandoza 19 (son), Ozius 17, Jacob 15, Martha 13, James 11, Bias 10 (son)
251. WILLHES?, William (Mu) 22, Fannie (B) 22, Palina (Mu) 1

Page 28, Dist. 6

252. BOOKER, Elija (B) 25, Lou 26, Flora 3, Bettie 2, Johnie 4/12 (b. Jan), Delia 13 (stepdau)
253. COUNTY POOR HOUSE
    GALBRETH, Wash 71 (carpenter) (NC NC NC); BAILEY, Jessee 86 (carpenter) (NC __ __), GRENAWAY, William 86 (VA __ __); SMITH, Hiram 67 (Eng Eng Eng); BROWN, Robert 33 (T __ __); BOWLS, William 46 (T __ __); ALLEN, Fry 59 (T MD NC); GERNIGAN, Nathan 76 (cooper) (T __ __) (crippled); CHANLER, Jo 33 (insane) (T __ __); LEE, Joseph 39 (blind) (T NC NC); KATES, Millie 63 (NC NC NC) (idiotic); KATES, Ann 18 (crippled) (NC NC NC); HURD, Parthena 62 (insane) (NC __ __); ATKISON, Sarah 44 (idiotic) (VA VA VA); GRIFFIN, Julia 56 (crippled) (NC NC __); HOLDEN, Nancy 26 (T __ __); BROWN, Tennessee 23 (T NC VA); REDMOND, Sarah 19 (crippled); DALE, Polly 60 (insane) (NC __ __); SPRINKLES, Narcissa 50 (blind) (GA GA GA); COOPER, Lou 37 (SC __ __) (widow), William 15 (son) (T SC SC), James 8 (son) (T SC SC), Ruth 6 (dau) (T SC SC), Beny 1 (son) (T SC SC); ASHTON, Clifford 6 (homeless) (crippled) (T T __); ALDERSON, Albert (B) 68 (crippled) (T NC SC); McCRADY, James 62 (carpenter) (blind--insane) (T NC NC); SMITH, Ben 68 (T VA __); BROWN, William 18 (T __ __); DAVIS, William 69 (drove wagon) (T VA NC); REYNOLDS, Albert (Mu) 45 (T __ __); KATES, Precilla 26 (idiotic) (T __ __), Laura 4 (homeless) (T __ __); ANDERSON, Caroline 33 (insane) (T __ __); JACKSON, Tinie (B) 52 (crippled) (KY VA VA); MOORE, Judy 71 (insane) (T __ __); HARRISON, Jane 22 (crippled) (T __ __); HARRISON, Rachel 1 (homeless) (T __ __); LIPSCOMB, Mary 23 (T VA VA); BRADSHAW, Clarence 75 (crippled) (KY __ __)

Page 29, Dist. 6

253. RUST, Mat G. 58 (poor house keeper) (T NC NC), Martha 48 (wife); CHAFIN, Susan 46 (sis in law); WELLS, Malinda 73 (mother in law)
254. FLEMING, John (B) 33, Jane (Mu) 25, Mary (B) 13, Frank 12, George 10, Lee 6, Sallie 1, Millie 60 (mother), Thomas 43 (boarder)
255. BAILEY, James 25 (GA GA GA), Caroline 28 (GA GA GA)
256. JOHNSON, William (B) 24, Cely (Mu) 24, William (B) 8, Neel 5, Sallie 30 (sis), James (Mu) 4 (son)
257. FAIRES, John 27, Magie 25, Waverly 6, Edna 1; ARNELL, James (B) 19 (servant), Robert 3 (son)
258. COX, James 28, Mary 27, Ida 7, John 3, Fannie 2
259. BAILEY, Polk 36, Nancy 35, Sallie 14, Emma 12, Ida 4
260. HENDERSON, James 52 (T NC NC), Balzora 32 (wife), Emma 7
261. HENDERSON, Alphers? 18, Harriett 55 (mother), Lula 16 (sis)
262. MOORE, William 55 (stone mason) (T GA T), Ruth 45 (wife) (T NC VA), Joseph 21, Callie 24 (dau), John 19, Ida 12

Page 30, Dist. 6

263. GREEN, Partheny 30 (widow), Mollie 11, William 9, Georgie 6 (dau)
264. DUGGER, James 21, Idella 17
265. UNDERWOOD, Edwin 48 (T VA VA), Etha 31 (wife), Charles 10, Rebecca 9, Mary 7, Etha 5, James 2, John 1/12 (b. May)
266. HENDERSON, John (B) 31, Margaret 40 (wife) (VA VA VA), Jonas 16, Terry 13, Machy 11 (dau), Sarah (Mu) 12 (servant), Neely 68 (mother) (B) (NC NC NC)
267. AMIS, James (B) 47 (T NC NC), Emily 37 (wife) (T T MS), Louella 17, Granville 15, Maggie 13, Doc 11, Mamy 9, Fannie 6, John 5, Clarance 2, Sabastion 2/12 (b. Mar)
268. HICKMAN, John 25 (T T VA), Susanna 19, William 7/12 (b. Oct); HUETT, Thomas 26 (farmhand?)
269. DUE, Parish (B) 50, Hannah (Mu) 48
270. HICKMAN, Edward 57, Martha 60 (wife)
271. PERRY, Barkley 59 (NC NC NC), Elizabeth 50 (T VA VA)
272. PERRY, William 28 (son) (B) (T NC T), Elizabeth 28 (dau in law); FITZPATRICK, Elic (B) 21 (boarder); FRY, Jack 50 (boarder) (NC NC NC), Ellen 45 (wife) (AL AL AL), Margart 20 (dau), Henry 13 (son), Sarah 10 (dau), Betsy 8 (dau), Ada 6 (dau)

Page 31, Dist. 6

273. RUTLAGE, Walter (B) 13 (nephew), Alfred 7 (nephew), Mima 1 (niece), Margaret 1 (niece) (twins); McCEWING, Henry 20 (bro in law)
274. BRADEN, Presley 66 (T SC VA), Nancy 72 (sis) (T SC VA), Sarah 56 (sis) (T SC VA)
275. GRIGG, Patrick 69 (T DE VA), Gellie 35 (wife); BLY, Frances 80 (mother in law) (SC GA GA), Elisabeth 21 (sis in law); GRIGG, Jackson 20 (son), Lemuel 57 (bro); CHILDRESS, Angie (B) 18 (servant)
276. BARR, Isaac 60, Catherine 63
277. WALDUP, Andrew 35 (T GA NC), Eugenia 30, Bula 10, Jennie 8, David 6, Rupert 4, Lou 2
278. WALDRUP, David 45 (T GA GA), Mary 40, Kate 14, Dixie 11, Serena 9, Sela 7, Fannie 5
279. GARRETT, Joseph 21, Allace 21, Manerva 4/12 (b. Feb)
280. COCHRAN, William 69 (T SC GA), Winiford 58 (wife) (T NC NC)
281. COCHRAN, William 27 (son), Susan 22 (dau in law), Allace 4 (g dau), Earnest 2 (g son); HUNTER, George 41 (boarder); HORD, John F. 32 (boarder) (painter & grower) (Eng Eng Eng); RIGSBY, Frances 48 (cook)
282. HIGDON, Vicy (B) 55 (widow), James 21, Georgia 7

Page 32, Dist. 6

283. HOLLY, Sam (B) 60 (AL T T), Precilla 55
283. FITZPATRICK, Bob (B) 50 (works in rock quarry), Caroline 50, Buly (Mu) 2 (g dau); McKILLY, Jo (B) 30 (works in rock quarry)
284. MARTIN, Elija (B) 25 (works rock quarry), Lou 19 (wife) (T T MO), Mary 2
285. ALLEN, William 68 (rock quarry) (Scot Scot Scot), Jenet 62 (Scot Scot Scot), John 21 (stone cutter); BROWN, Lot (B) 23 (boarder) (works quarry); JOHN, Louis 30 (boarder) (works quarry) (T T NC); CHEATHAM, Alfred 24 (boarder) (works quarry)
286. GRACY, Barnett 35, Malissie 34, Malissie 3, Mertie 1 (dau); HALL, Sam (Mu) 35 (boarder) (GA T T)
287. BRADEN, Jackson (B) 57 (T T MD), Katy 61
288. BROWN, Lot (B) 23, Sarah 20 (GA GA GA); BRADEN, Andrew (Mu) 18 (boarder)
289. GRACY, Joseph B. 72 (GA NC NC), Elisabeth 64 (T NC SC), Eva 6 (g dau), Earnest 4 (g son); WALLACE, Juda (B) 46 (book), Jeff 14 (servant), Dona 10 (servant)
290. WELLS, Sam 30, Mattie 22, Edward 2, Stonewall 4/12 (b. Jan)
291. LUSTER, Ruth 45 (widow), John 19, Eupharlia 13, Sarah 11, Eugenia 9
292. JOHNSON, John 40 (Canada NY Canada), Polly 35 (MI MI MI), Allice 11?, Arther 10, Nelly 8, Alfred 6, Sue 4, Clint 1

Page 33, Dist. 6

293. PERRY, Noah (B) 24 (teamster), Thelia 24, Anna 8, Bird 4, Robert 2; SHEALDS, Sam 16 (boarder) (teamster)
294. WILKES, Milton 47 (cattle speculator), Violett 35 (wife), Armenta 14, Sarah 8, Maryetta 5, Ida 3
295. BALLANFANT, John 60 (T VA NC), E(l)iza 53 (NC VA NC), Allace 25, Matison 20, Pattie B. 17 (dau), Eva 12
296. HUDSON, Porter 38 (T VA T), Frances 35 (T NC NC), Newton 12, Thomas 10, Ella 8, Frank 7, Florance 5, Merrit 1
297. JONES, George W. 51 (T GA GA), Mary E. 50, Joseph 22, Maggie 14, George 12; WILKES, John L. 34 (boarder) (flour & grist miller)
298. McDONNEL, Wm. (B) 30, Mary 28, James 13, Mary 7
299. BRUMBACK, Harvey 46 (PA PA PA), Susan H. 47 (PA PA PA), Cordelia 20 (PA), Franklin 19 (PA), John 17 (PA), Hallie 15 (dau) (PA), Harvey 12 (T), James 10, Susie 6, Finny 8 (son), William 4; HOLT, Tobe (B) 40 (boarder) (works on RR)
300. POLK, John (B) 30, Mary 25, John 10, Sarah 8, Sam 6, Susan 3, Jane 1; GOODRICH, S. 26 (W) (relationship omitted) (teaches school)

Page 33, Village of Bigbyville

1. THOMPSON, E. C. 35 (merchant) (KY NC T), Fannie D. 27, Pattie E. 7, Clematie 5 (dau), Fannie E. 2, O. F. 17 (bro) (clerk) (KY NC T); RICHARDS, Lutie 21 (relationship omitted) (f); PERRY, J. W. 23 (m) (boarder) (merchant); CLARDY?, Robt. (B) 16 (servant)
2. DUPREE, Richard 35 (undertaker) (T SC T), Laura 27, Lena 5, Dora 3, Jas. Austin 2
3. CAYCE, G. H. 32 (wagon maker), Mary E. 33, Anna 11, Lena 6
4. CAYCE, G. M. 60 (wagon maker) (T NC NC), Mary 52 (AL AL AL)
5. ADKISSON, J. G. 52 (blacksmith), Mary J. 43 (wife), J. G. jr. 21 (son), Minnie 11, Adward 9 (son), Fred 7, Charles 5, Henry 3, Hurt 1; PILLOW, Buch (B) 47 (servant)
6. WINN, C. W. 26 (physician) (KY VA KY), S. J. 25

7. SMITH, J. W. 32 (D G merchant); WRIGHT, S. E. 31 (merchant) (both m.)
8. MURPHY, E. Y. 39 (physician) (T SC NC); AMIS, B. E. 21 (cattle dealer) (AR T T) (both m.)
9. HENDERSON, J. F. 52, Martha J. 45 (wife), Bell 20, Mary E. 16
10. MOORE, J. C. 54 (widower) (T NC NC), O. B. 28 (son), N. E. 26 (dau), Mary E. 23, E. N. 20 (dau)
11. HALEY, James 67 (widower) (merchant) (NC VA NC), M. E. 28 (dau)

Page 2, Dist. 7

1. MATTHEWS, W. R. H. 42, Fannie J. 43 (wife) (T VA VA), W. N. H. 20, Fannie D. 17, Bedford F. 15, Ella 12, Jerome 10, Yuba Fay 7 (dau), Boby May 2 (dau); WALKER, T. M. 36 (boarder) (m) (merchant)
2. MULLINS, J. H. 37, Rebecca J. 26 (wife), Nacy C. 8 (dau), Wm. D. 4, Lilley I. 1
3. NORMAN, B. F. 28, C. C. 22 (wife), W. P. F. 6 (son), John Henry 3
4. LOGUE, Mrs. Harietta? 42 (widow) (T VA VA), John 22, James 20, Jane 16, Virginia 14
5. STOCKARD, J. B. 65 (T NC T), Margret 57, Anna Lee 12; DUGGER, Burris 4 (g son); STOCKARD, Silas 22 (son), Carrie 18 (son's wife); DAVIDSON, James (B) 19 (servant)
6. HARMON, S. D. 33 (school teacher), Josie 15 (wife)
7. AMIS, Mrs. C. 62 (widow) (T NC NC); FARLEY, E. W. 9 (g son) (T NC NC); WRIGHT, Richard 64 (boarder) (carpenter)
8. GOORUM, Alfred (B) 24, Emily 19, Elvira 2, William 3/12; HUNTER?, Lucy 17 (sis in law)
9. BAISDEN?, W. D. 30 (stock tender), Della 24 (wife), Lizzie 1
10. POLK, Garrison (B) 65 (NC NC NC), Caroline 70 (wife) (GA GA GA)
11. SCOTT, J. B. 35, M. A. 30 (wife), Fannie M. 12, J. Rolla 10 (son), Estell 8 (dau), W. Sam 6, Minnie 3, Lizzie 1

Page 3, Dist. 7

12. WALKER, W. R. 47 (T NC NC), A. J. 42, Mary 19, William 17, John 14, Sallie 12, Joseph 10, Ross 7, Nancy 5, Maggie 3, Buford 4/12
13. WALKER, A. B. 74 (NC NC NC), Mary D. 72 (NC NC NC); AMIS, Willis (B) 19 (servant)
14. WALKER, A. B. M. 30, Susie 23, Edward L. 7, Nettie 2, Pearl 1
15. SCOTT, S. W. 61 (T NC NC), Myra 59 (T NC NC), Lizzie 22; KELLAM, Martha 48 (cook); MARTIN, Geo. (B) 25 (farmhand) (T T VA); McCAW, Arthur 21 (farmhand) (T VA VA)
16. MAXWELL, J. W. 24, Avie 25 (wife), David T. 1
17. MAXWELL, D. S. 60, Darinda 46 (wife), A. B. 21 (son), Lizzie 19, Lou 16? (dau), Robt. E. 13, Estell 11, Bula 9, Pearl 5, Jola? 4, William 7, George 2
18. McCAIN, Jerome (B) 27, Laura 22, Winnie 7, Saul? 5, M. S. 3 (dau), George 1 (b. Mar); SIRAUSAN, Rhoda 55 (mother in law)

Page 4, Dist. 7

19. BAUGH, J. P. 34, Melvina 28
20. GALLAWAY, Nat (B) 25 (T T VA), Adline 20, Nettie 1 (b. Mar)
21. SMITH, A. H. 27 (T NC T), M. A. 21 (wife), L. F. 8/12 (dau)
22. WORKMAN, R. E. 32 (T NC NC), S. A. 29 (wife), Wm. J. 5, Martha 3, M. L. 1 (dau)
23. ALEXANDER, A. B. 26 (T T PA)
24. McCORMICK, R. D. 46 (AL VA T), L. M. 43? (wife), R. A. 16 (dau), Thos. N. 13, John M. 11, W. A. 9 (son), L. D. 7 (son), O. E. 3 (son)

Page 5, Dist. 7

19. (repeating numbers)
    COLEMAN, Luke (B) 33 (minister) (MS MS MS), Martha 24, Emma 9, Rebecca 2, Jno. Wm. (b. May 28)
20. WRIGHT, J. P. 33 (patents? right) (T NC T), Sallie J. 28, L. Lillian 2, Baby (f) 3/12
21. HENDERSON, Nancy 62 (widow) (T NC T), Edward 20; PATTERSON, Jean 22 (dau), Robt. F. 5 (g son), H. B. 3 (g son)
22. DAVIS, Wm. (B) 38 (T VA VA), Sallie 23 (wife), Caldenia 13 (dau), Mary 10, John 8, Sarah 6, Baby 1 (son)
23. WORKMAN, R. C. 60 (NC NC NC), sarah 60 (wife) (NC NC NC), Orvurilla? 21, Martha 18, Nat 15, Felix 9 (g son)
24. PILLOW, Rufus (B) 39, Janie (Mu) 26 (wife) (insane), Wm. (B) 9, Frank 7, George 5, John 7/12, Addie 3
25. ALEXANDER, W. A. 57 (T NC NC), M. Y. 54 (wife) (T SC SC), M. T. 31 (dau) (teacher), Mollie 21, W. Bell 16, Robt. L. 14, Lue B. 11 (dau)
25. AMIS, Levi (B) 57 (T NC NC), Rachel 48 (NC NC NC), Thomas 21, Egbert 14, Sam 12, David 10, Frances 8, Maggie 6, Anna 4, Cynthia 1; HENDERSON, Hanna 75 (mother) (NC NC NC)

Page 6, Dist. 7

26. SCOTT, H. E. 48 (T SC SC), Fannie 29 (wife) (womb disease) (T NC NC), M. Callie 8 (dau), Joe E. 6; KANNON, Susan (B) 30 (cook) (T NC T); HENDERSON, Jesse 27 (laborer); ABERNATHY, Ed 21 (servant?)
27. FRANKS, A. U. 38, Sarah 39 (wife) (AL AL AL), Eliza 14, James 12, John 9, Mary 5, Saml. 3
28. MATTHEWS, Joe A. 53 (T NC NC), L. Jane 51 (T NC NC); MOORE, Margaret 74 (sis) (T NC NC)
29. MATTHEWS, J. G. 27, Ellen 25 (wife), A. R. 5 (son), E. L. 3 (son)
30. MATTHEWS, J. M. 25, Nannie 20 (wife), not named 2/12 (dau)
31. WALKER, W. T. 31 (m) (NC NC T), S. W. 55 (mother) (T NC NC), Lizzie 33 (sis) (T NC T), J. M. 25 (bro) (NC NC T); AMIS, Lee (B) 17 (servant) (T NC T)
32. AMIS, Frank (B) 28, Catharine 23, Wm. 6, Mary J. 4, Milton 2; PERRY, Melia 17 (sis)
33. STOCKARD, S. J. 63 (T NC T), L. J. 57 (wife) (T NC T), John J. 34 (MS), Martha 26 (T), S. D. 23 (son), M. E. 18 (dau), J. W. 16 (dau)
34. SCOTT, R. M. 57 (T NC NC), Sarah 51 (wife) (T NC NC), Ruwina 27, N. L. 21 (dau), S. E. 19 (dau), J. K. 17 (son), R. N. 14 (son), M. E. A. 12 (dau), H. B. 10 (son)

Page 7, Dist. 7

35. SCOTT, W. W. 24, M. E. 24 (wife); SHIELDS, W. H. 6 (son)
36. SCOTT, J. A. 29, S. G. 24 (wife), Wm. 1
37. GOOD, W. I.? 30, M. E. 31 (wife), A. W. 5 (son), E. E. 8/12 (dau)
38. MORGAN, J. H. 49 (VA VA VA), E. O. 48 (wife), J. H. jr. 21 (son), Anna 18 (dau), E. E. 14 (dau), E. T. 12 (son), C. D. 10 (dau), C. C. 8 (son)

Page 8, Dist. 7

39. ERWIN, Joe R. 39 (works at saw mill) (T VA VA), Lue W. 45 (wife), W. A. 10 (son), Thos. J. 8, J. W. 5 (son)
40. WALKER, J. A. 32 (m) (runs sawmill), J.? S. 30 (m) (relationship omitted), E. S. 5 (son); PEDUE, C. A. 12 (nephew) (AL AL T), Susi 10 (niece) (AL AL T)
41. DAVIS, Mrs. E. 59 (T KY VA), D. B. 30 (son) (T NC T), J. M. 9 (g son)
42. LEWIS, Berry (B) 40, Lizzie 35
43. DAVIS, Fed (B) 28, Addie 20, Jas. B. 5, M. L. 3 (dau), Mary 6/12, Robt. 30? (relationship omitted)
44. MATTHEWS, John 78 (NC ___ NC), S. A. 46 (wife) (NC GA SC); BUNCH, M. 54 (sis in law) (NC GA SC); CAMPBELL, Arch (B) 16 (farm hand) (fever)
45. DYE, Thos. (B) 24, Harriet 28 (wife)
46. PERRY, Johnson (B) 41 (T NC T), Eliza 42, Bone 10 (son), Jincy 5 (dau)
47. SCOTT, Milton (B) 66 (NC NC NC), Liddy 60 (wife)
48. ASH, Lisbon (B) 33 (T NC NC), Alice (Mu) 26, John (B) 11, Ann 7, Eps 1 (son)
49. BALDRIDGE, Vilse (B) 63? (NC NC NC), Catharine 60 (wife), Caleb 27, Henry 16, Mary 12, Susan 25?, Mattie 7 (g dau), M. C. 5 (g dau), James 8 (g son), Alx 10/12 (g son)
50. SMITH, Mat (B) 54, Jane 40 (wife) (MS T T), Marshall 20, Thomas 18, Agnes 16, Alice 13, Rhoda 11, Joudy 10 (dau), Feddy 14, Marshal 8, Gus 7, Minnie 5, David 3, William 1

Page 9, Dist. 7

51. COVEY, L. E. 55 (T NC NC), Martha 48 (wife) (T T VA), Wm. E. 18, A. J. 16 (son), Lura 11 (dau), Mary 9, Burdie 7 (dau)
52. WALKER, Ben (B) 58 (NC NC NC), Phillis 40 (wife) (T NC T), Candas 21 (dau) (phthisic), Gordon 15, Lou 11 (dau), Mary 9, Ann 7, Albert 7/12 (g son), Callie 3 (g dau)
53. PILLOW, Bone (B) 45 (crippled), Cornelia (Mu) 37, James 19, Ellen 10, John (B) 7, Octavia (Mu) 6; TERRY, Anna 25 (farmhand), Polina 5 (relationship omitted)
54. WALKER, J. E. 30 (T NC NC), M. A. 30 (wife), Maggie L. 7, Walter 5, Eulalia 3, Ella 1, M. B. 56 (mother) (NC NC NC); SMITH, Hayes (B) 20 (servant)

Page 10, Dist. 7

55. BRINKLEY, Jerre (B) 51 (blacksmith) (NC NC NC), Uhimie (Mu) 38 (wife), Berry 18, William (B) 11
56. OLIVER, W. P. 32, R. T. 31 (wife), Sarah 17
57. OLIVER, B. P. 36 (widower), Albert 17, Sarah? 15, Everett 12, John 7
58. WEBB, Alexander (B) 30, Margret 23 (wife), William 7, George 3
59. THOMAS, Dock (B) 31, Adline 32, Sam 12, Lizzie 10, John 8, Julia 6, Charles 2; WRIGHT, David 18
60. BECKET, James 59 (NC Ire NC), Martha 48 (wife) (T NC T), L. P. 26 (son), A. J. 22 (dau), M. P. 19 (dau), J. F. 17 (son), S. N. T. 14 (son), M. O. 10 (dau), E. C. 7 (dau)
61. SCOTT, Mariah (B) 50 (widow) (T VA T), Margret 20, Lou 18 (dau), Ruth 13, Gib 15, Irene? 9, Tennie 1 (g dau)
62. FITZPATRICK, A. (B) 23, Jennie 25 (wife), Jas. F. 5, Martha 3
63. FITZPATRICK, M. (B) 60, Joan 49 (wife) (VA VA VA), Jeff 5 (g son); GORDON, Josie 13 (g dau); WHITE, Lou B. 5 (g dau), Rosa 25 (spt? dau); TAYLOR, John 17 (farmhand?); BATTY, Jerry 9 (farmhand?)

Page 11, Dist. 7

64. SCOTT, A. C. 54 (T SC NC), Sharah 42 (wife) (T NC T), Maggie A. 18, Wm. D. 13, F. M. 11 (dau), Sarah A. 10, J. L. 8 (dau), Annie D. 6, Emma Y. 3
65. MITCHELL, Jeff (B) 56, Liza 40 (wife), John 12, Alfred 10, James 9, Mary 7, Jane 6, Thos. 4, Felix 2
66. CROFFORD, S. J. 61 (widower) (T SC NC), E. R. C. 56 (sis) (T SC NC)

MAURY COUNTY

Page 11, Dist. 7 (cont'd)

67. BALDRIDGE, Ephram (B) 70 (GA GA GA), Lucy 67?, James 13 (son), James 13, Alsey 11
67. (this group included with 67 above, but a separate family)
MAYBERRY, Geo. (B) 27, Mariah 27, Cynthia 11, Caroline 9, Geo. 7, Jennett 3
68. BAYDIE, Hugh 61 (T Scot NC), Malinda 58 (NC NC NC), Jno. Q. 16; WILLIAM, Eveline 28 (stp dau) (T KY NC), Thos. 10 (st. gr son), Alice 7 (st. gr dau), Etta 5 (st gr dau)
69. BARNETT, Pink 48 (NC NC NC), Caroline 46, Lizzie 22, M. A. 19 (dau), John W. 17, H. M. 10 (son), S. L. 8 (dau), George 6, Tolbert 3

Page 12, Dist. 7

70. KANSCAN, Jas. (B) 54, Clara 24 (wife); SYKES, David 20 (farmhand?)
71. EMBRY, W. L. 76 (KY NC NC), Nancy P. 69 (NC VA NC); VANDERVER, E. (f) 19 (servant)
72. EMBRY, L. J. 46 (T KY GA), Letecia 42 (T GA NC)
73. LANIER, Ady (B) 40, Elizabeth 38 (wife), Cealy 12, John 9, Jeff 7, Harriet 5, Nolia 3, Nesiciah 1; THOMAS, Lewis 25 (farmhand?); BRYLAN, Henry 30 (farmhand?)
74. GULLETT, Henry (Mu) 31, Emily (B) 25, Edward 8, Lucius 6, Lula 4; KING, Caroline 18 (farmhand?)
75. SPRINGER, John (B) 47 (GA GA GA), Mahaly 36 (wife), Wm. Henry 8, Robert P. 7, Topsy A. 4 (dau), Albert G. 8/12
76. WORTHAM, Alex (Mu) 54 (NC NC NC), Ann 50, Elizabeth 23, Alex jr. 16 (fits), Saml. 14, Pet 13 (dau), Edmund 9, Reson 9 (g son), Thos. 5 (g son); NORTON, Sam 27 (farmhand?)
77. GARRETT, J. S. (m) 48 (T VA VA VA), Mariah 88 (mother) (VA VA VA); VANDERVER, Tennie 21

Page 13, Dist. 7

78. OSBORN, Henry (B) 30, Martha 32, Lee 13 (son), Thos. 11, J. B. 8 (son), William 6, J. L. 3 (son), Carrie 3/12 (dau); GANTT, Wily 15 (bro in law)
79. SYKES, Ruth (B) 50 (widow), Chery 25, Alsy 20, Fannie 13; BOOKER, Simon 9 (g son); SYKES, Sarah 40 (mother?) (the age of this party may not be correct--I get it from Negroes only--R. P. Thomas, Esq.)
(_____)
80. HAWKINS, Lucinda (B) 65 (widow) (NC NC NC), Dan 23 (T NC NC), Malinda 30 (T NC NC), Fannie 25 (T NC NC), Arch 21 (T NC NC), Jacke 19 (T NC NC); POLK, Julius 12 (g son)
80. HAWKINS, Lucinda (B) 65 (widow) (NC NC NC), Dan 23 (T NC NC), Malinda 30 (T NC NC), Fannie 25 (T NC NC), Arch 21 (T NC NC), Jacke 19 (T NC NC); POLK, Julius 12 (g son)
81. HELTON, Geo. 25 (T SC SC); NELSON, Margaret 45 (sis) (T SC SC); HASTINGS, Minerva 36 (sis) (T SC SC); HELTON, Bettie 33 (sis) (T SC SC), Eliza 24 (sis) (T SC SC), William 21 (bro) (T SC SC); NELSON, Wm. 15 (nephew), Thomas 10 (nephew), HASTINGS, L. 4 (niece)
82. MARTIN, Henry (B) 44, Dicey 30 (wife), James 16, George 11, Mary 9, Narcissa 7, Fannie 6, Fred 2
83. WHITE, Gran? (B) 21 (m); LITTLEFIELD, Walter 20 (cousin)
84. LONG, Luther (B) 47 (VA VA VA), Mary 30 (wife) (T T VA)

Page 14, Dist. 7

85. LANDON, J. R. 30 (T NC GA), A. H. 29 (wife?), L. A. 5 (dau), J. B. 2 (son)
86. LANDON, Levi 71 (NC NJ NC), M. A. 39 (wife), D. E. 15 (dau), J. A. (dau), H. R. (dau), W. L. 7 (son), V. E. 4 (dau), D. J. 1 (son)
87. COFER, J. W. 40, M. A. 30 (wife) (T NC GA), L. L. 7 (son), Martha 5, J. E. 2 (son)
88. DODSAN, Dennie (Mu) 32 (widower), Mollie (B) 4, Josiah 5
89. BOOKER, John (B) 27, Ann (Mu) 24, Mattie (B) 6, Hattie 4, Laura 3
90. CRAIG, Robt. 76 (NC Ire NC), Martha 52 (wife?) (T NC NC); McCANDLESS, Mary 40 (relationship omitted) (T NC NC)
91. LANDON, C. C. 35 (T NC NC), M. J. T. 34 (wife?) (heart disease), A. A. 2 (dau?), E. Y. 4/12 (son?)
92. SCOTT, C. S. 55 (T SC NC), C. E. S. 45 (wife), Mary L. 19, David L. 14, Hattie 10, A. E. 7 (son), Berthia 3
93. SCOTT, Lucius (B) 22, Emily 25
94. HAMBRINE?, Martha (B) 21 (widow), John 1; SCOTT, H. B. 16 (cousin); HUGHES, Alice (Mu) 19 (relationship omitted)
95. CHAFFUS, J. W. 26 (T VA T), C. C. 21 (wife), C. M. 2 (son), J. E. 11/12 (son)

Page 15, Dist. 7

96. JOHNSON, J. P. 29, N. J. 32 (wife?) (AL AL AL); CLEMSON, A. J. 35 (m) (carpenter) (relationship omitted)
97. STOCKARD, John 51 (T NC NC), M. T. 37 (wife), Lou 14 (dau), Martin 13, Sue 11, Ruse 9 (son), Saml. 7, E. J. 53 (sis) (T NC NC), Seneth? 57 (sis) (T NC NC)
98. JONES, W. D. 48 (T VA NC), E. W. 46 (wife?) (T NC NC), C. M. 21 (son); SCOTT, C. E. 21 (sp. son), S. A. 18 (stp dau); JONES, W. J. 5 (son)
99. SCOTT, George (B) 31, Mary 40 (wife), Cora 18, Fannie 1
100. WORTHAM, Nettie (B) 65 (widow), Peter 19
101. HAMBRICK, Tom (B) 49, Ann 50, Delia 20, Tennie 18, William 16
102. HOLDER, J. C. 37 (T VA VA), Mary 35 (T VA VA), John 13, Luticia 11, Roxanna 8, William 6, J. R. 1 (son), W. R. 27 (bro) (T VA VA), Henry 57 (father) (vet surg) (VA VA VA)
103. ATKINS, Benj? (B) 58, Mary 40 (wife), Bettie 20; BRYANT, Fannie 12 (g dau)

Page 16, Dist. 7

104. HOWELL, J. C. jr. 34 (T NC T), F. E. M. 35 (wife), W. H. 12 (son), M. L. F. 10 (dau), M. F. 9 (dau), S. M. E. 6 (dau), M. V. 3 (dau), L. B. 8/12 (dau), J. C. sr. 80 (father) (superannuated) (NC NC NC)
105. COOPER, E. F. 43 (T NC NC) (widow), S. R. J. 11 (dau), J. L. 9 (son), M. P. 7 (dau), M. O. M. C. 6 (dau), N. E. J. 4 (dau)
106. MOORE, Miss Polly 65 (NC NC NC); DAVIDSON, Malvina (B) 34 (cook), Richard 10, Charley 6, George 1 (these children seem to have been offspring of Malvina)
107. CRAIG, Prince (B) 37, Jane 42 (wife), Nathan 10, Jonas 6, Peter 3; LOFTIN, Biddy 88 (mother in law) (superannuated) (NC NC NC)
108. BALLANFANT, Peter 30? (T T VA), Cathrine 27, Susan 60 (mother), Amanda 14 (niece), Alice 13 (niece)
109. BALLANFANT, Frank (B) 19, Mary 20
110. BARNET, M. L. 39 (T NC NC), Fannie E. 39 (wife) (T VA T), Medora 15, M. E. 14 (dau), Caroline 50 (sis) (NC NC NC); EMERSON, J. H. 16 (farmhand?) (T KY T)
111. CHAFFIN, J. W. 24 (T VA T), Mary J. 19 (wife)
112. CHAFFIN, H. G. 61 (VA NC NC), Susan 56 (wife), M. A. 22 (dau), Mary A. 19; EMBERSON, James 14 (farmhand?) (T KY T); THURMAN, W. H. 16 (farmhand?)
113. THURMAN, Mrs. E. E. 47 (widow) (T SC SC), W. Rily 17, F. B. 12 (dau), S. L. 10 (dau), L. A. 7 (dau?), Robt. P. 5 (son?)

MAURY COUNTY

Page 17, Dist. 7

114. THURMAN, J. M. 25, Mary F. 24 (wife), E. H 3 (dau), Ema L. 8/12; SCART?, Lot (B) 17 (farmhand); PERRY, Giles 18 (farmhand)
115. SCART, Sophry (B) 53 (widow), Wilson 28, Ella 14
116. BRYANT, Major (Mu) 30, Adline (B) 23, Fazinie 9 (dau), John 7, Lizzie 5, Mary L. 3, Lucinda 1
117. DUGGER, A. S. 58 (T VA T), Mariah M. 62 (wife) (VA VA VA), W. J. 24 (son), L. J. 23 (dau in law)
118. TAYLOR, J. W. 45 (GA SC GA), Mary M. 33 (wife) (T SC T), Lou A. 3 (dau), Ozni 2 (son); CALDWELL, Elvira 14 (step dau), John 10 (stepson), WATSON, John 64 (father in law) (SC SC SC)
119. HUBBLE, W. W. 28 (T MO VA), M. E. 24 (wife), SMITH, Lottie 21 (sis in law)
120. RALSTON, David 69 (T PA VA)
121. MOORE, Anderson (B) 65, Jane 55; PILLOW, Emma 25 (dau); MOORE, Dora 4 (g dau)
122. GILNER, J. P. 47 (T NC T), M. M. 47 (wife) (T VA VA); HELMICK, J. W. 27 (nephew); ADKISSON, M. J. 26 (niece)
123. BRYANT, David (B) 31, Cynthia 23, Abby A. 7 (dau); SCOTT, Harriet 5 (niece)
124. GILMER, W. A. 29, Manda 30 (wife), J. W. 8 (son), E. F. 6 (dau), Gypsy 1 (dau)

Page 18, Dist. 7

125. OLIVER, Henry 39, Mary J. 26 (wife)
126. STEPHENS, Ben (B) 46 (GA GA GA), Elizabeth 54 (wife), Lucius 13
127. RAINEY, W. C. 31, L. A. 19 (wife), Mary 7/12, Isaiah 24 (bro)
128. MARTHENER, Vol. (B) 95 (VA __ __), Clary 79 (wife) (NC NC NC), Clarissa 38 (g dau), Wilson 18 (g g son), Henry 10 (gg son), William 8 (gg son), Jane 5 (gg dau)
129. OLIVER, F. M. 50 (widower), Bettie 22, Sarah 14, James 13, M. D. 12 (dau), N. C. 11 (dau), Wm. F. 9, E. L. 7 (dau)
130. PERRY, Nathan 66 (physician) (T NC NC), Jane 53 (wife), Joe A. 24, Lena M. 17, John S. 14, Lula J. 11, Kate 6
131. LEETCH, Marchall (B) 22, Milly 20, Andrew 1
132. BENDERMAN, Mid (B) 31, Ann 25 (wife)

Page 19, Dist. 7

133. HARRIS, A. L. 39 (NC NC NC), R. M. 29 (wife), John Wm. 9, Mary E. 3, Jim H. 1
134. HARRIS, Ira T. 34 (NC NC NC), D. E. 29 (wife), Mary A. 12, Ira T. jr. 10, J. H. L. 8 (son), Laura E. 6, W. A. 3 (son), Minnie M. 11/12
135. PHELPS, Robt. 39 (T VA VA), Callie 32 (wife), Cora Lee 13, Edgar L. 7; GIBSON, J. R. 23 (hired hand)
136. CUMMINGS, Alsey 24, Margret 26, Franklin 2
137. STUART, Wm. 27, Angeline 27, James 7
138. WEATHERFORD, Jeff 22, Martha 20, Willis 2
139. WATSON, Wm. 22, Siss? 20 (wife), Lennie 1 (son)
140. MANGRUM, A. 72, Martha 65 (wife); CAVENDER, Julia 40 (dau), William 14 (g son)
141. CLIFTON, J. M. 34 (carpenter), Mary L. 21 (wife), Mary L. jr. 6, Martha E. 5, C. L. 4 (dau), A. E. 2 (dau)
142. HENSON, W. D. 48 (KY T T), F. D. 51 (wife), F. E. 19 (dau), John W. 14, Martha J. 13, BOATRIGHT, N. E. 24 (dau), Ida F. 5 (g dau)

Page 20, Dist. 7

143. VEACH, Jane 59 (widow) (NC NC NC), M. A. 25, William 18, Julia 14
144. MATTHEWS, N. H. 69 (T NC NC), E. L. 64 (wife) (T VA VA); PAGE, Robt. 27 (farmhand); ROLAND, Wm. 9 (relationship omitted)
145. MATTHEWS, W. W. L. 28, Fannie 26 (wife), Annie 4, Bruce 2, Mack 6/12 (dau); EMBERSON, Martha 14 (orphan)
146. PERRY, Saml. (B) 55, Lou 54 (wife), Ned 16, Fannie 4 (g dau); HOLT, Daniel 45 (relationship omitted), Mary 42 (wife), GRIGSBY, Thos. 16 (bro in law)
147. PAYNE, L. P. 29 (T VA T), Icedora 25 (wife); NOWLIN, T. P. 27 (boarder) (physician)
148. McKNIGHT, S. H. 33 (physician) (T NC T), Mary M. 31 (wife), Luther 10, Leliar 8, Cora 5, Alice 3, Irvine 1 (son?), A. J. 70 (father)

Page 21, Dist. 7

149. BUTCHER, James 37, Louesa 36
150. PIERCE, Charles 51, Adline 39; McKINLY, John 16 (stepson), Mary 14 (step dau); PIERCE, Mary 28 (sis) (insane)
151. GALLAWAY, J. B. 46 (T SC T), Margaret 44 (T NC T), Anna B. 19, Ola 10 (son), John 9, WRIGHT, Wm. 30 (hired hand)
152. ALEXANDER, Geo. (B) 50 (T T VA), Caroline (Mu) 38 (wife) (T T VA), Amanda (B) 16, Wm. L. 18?, Lucy 14, Margaret 12, Henry 10, John 4 (g son)
153. LUSK, J. W. 42 (T __ __), S. E. 28 (wife) (NC T T), W. E. 7 (son), Chas. B. 6 (son); TERRY, Carrie (B) 16 (servant); LUSK, J. W. 7/12 (son)
154. GRANBERRY, Manuel (B) 53 (T NC NC), Lucy 55 (VA VA VA); FLEMING, Chesley 9 (gr son), John W. 7 (g son), Denly 6 (g dau)
155. SPAIN, Mrs. Sarah 65 (widow) (T NC NC), Agness 40, Lizzie 39, Lissie 22, Ella 22
156. WATKINS, Divas (B) 70, Charlott 68 (wife)
157. MARTIN, Harvey (B) 65, Joan 60, Simon 21, Manda 24 (g dau), Jeff 2 (g son), James 12 (g son); CECIS?, Ann 24 (servant?), Elbert 1 (relationship omitted); WILLIAMS, Ed 12 (servant)
158. DICUS, James 21, Naomi 16 (wife)
159. LEETCH, Caroline (B) 40 (widow), Geo. 18, John 14, Cora 12, Babe 7/12 (dau)
160. FRANCIS, Daniel 61, Mary 35 (wife), John 16, James 14, Wm. 12, Saml. 10, Martha 8

Page 22, Dist. 7

161. WILLIAMS, Frank (B) 25, Martha 23, Wm. 6, Helen 8/12 (b. Sep)
162. BURKET, S. H. 45 (widower) (T NC T), D. A. 13 (son), Ellen J. 11, Martha B. 9, D. E. 4 (dau)
163. WRIGHT, David (B) 43, Jane 38, James 14, Elmo 10, Rufus 6, Henry 4, Jeff 2, A. B. 5/12 (b. Nov) (son); TERRY, Priscilla 40 (servant?), Sallie 7 (her dau?)
164. BOYD, A. T. 61 (T T NC), Lavonia 49 (T SC T), Albert S. 9

Page 23, Dist. 7

165. PERRY, T. J. 48 (T NC T), E. B. 32 (wife), R. S. P. 9 (son), F. B. 7 (dau), J. W. T. 5 (son), Bessie 3 (dau), R. T. 1 (son), M. M. 58 (sis) (T NC T), Sue E. 21 (niece); CAMPBELL, Alfred (B) 60 (servant); WILKES, Mary 35 (servant), Tobe 9, Otey 7 (m)
166. PERRY, S. P. 44 (T NC T), Eliza 27 (wife), Seth E. 3, L. M. M. 6/12 (b. Oct) (dau); RANKIN, Sarah (B) 55 (servant), Judy 19 (servant); JENNINGS, Henry 30 (farmhand); NEELLEY, James 24 (farmhand), Adell 19 (wife) (teacher)
167. DUKE, Ben (Mu) 44, Hanna (B) 42, Walter 12, William 8, Addie 3, Andrew 5/12 (b. Nov)
168. McCORMICK, E. C. 42 (AL AL T), M. A. J. 21 (wife), Mary L. 14 (dau), J. T. 10 (son), W. J. 9 (son), Lucy A. 1 (dau), Matilda 68 (mother)
169. BROWN, J. H. 25, N. A. 30 (wife), Flora 6
170. PATTERSON, Charles 40 (T Tora 32 (wife), Mary L. 8, Caldonia 7, John W. 5, Jim F. 3, Fortune 1 (son); TERRY, Wm. 13 (nephew), Ella 12 (niece)

Page 23, Dist. 7 (cont'd)

171. THOMAS, Fortch (B) 26, Tennie 21; HOGUE, Mary 62 (mother in law)

Page 24, Dist. 7

172. NELSON, J. L. 24, Mattie 22 (wife); BENDERMAN, Wm. (B) 16 (farmhand); AMEY, Emund 42 (farmhand); THOMAS, Brim 10 (servant)
173. ALEXANDER, J. T. 29, Allie 24 (wife), Willie B. 4, Ethel M. 1; MATTHEWS, John (B) 18 (farmhand)
174. PATTON, Sml. (B) 27, Mollie 26, John 6, Ann 4, Henry 2
175. FOSTER, Marshall (Mu) 40, Feeby (B) 30 (wife), Henry 17 (son), Wesley 6, unnamed 3/12 (b. Mar) (f); KAMMAN, Geo 27 (farmhand)
175. (this family included with 175 above) RUTLEDGE, Alx. (Mu) 43, Minerva 30 (wife), William 6, Ethel 2; HOOPER, Elizabeth (B) 62 (farmhand)
176. JONES, Jason (B) 46, Sarah 40, Edward 18, Charles 16, Mary 14, John 4, _____ 10/12 (b. Jul) (dau)
177. BENDERMAN, Thos. 37 (T NC T), Sephrony 29, Effy 8, Maggie 6, Cora 4, Alanso 1 (son); BAKER, John (B) 20 (farmhand)
178. BENDERMAN, John 44 (T NC T), Fannie 45, Anna 18, James 13, Robt. 4

Page 25, Dist. 7

179. BENDERMAN, Ozni 35 (T NC T), Evie 34, Laney 9 (dau), Lelia 7, Bettie 6, Clarence 4, Luther 3
180. STOCKARD, Frank (B) 38, Ann 27 (wife), Peter 6, Sallie 4, Babe 4/12 (b. Feb) (dau)
181. MAXWELL, Cicero (B) 38, Julia 40, Henrietta 14, Elizabeth 12, Rosa 10, Matilda 7, Henry 5; STOCKARD, Jeff 20 (stepson)
182. LAZENBY, James 44, Martha 25 (wife), Fannie 9, Jennie 7, Bettie 5, Ida 4, Maud 3, Elizabeth 50 (mother), Phelan 20 (sis), Patsy (B) 50 (cook)

Page 26, Dist. 7

183. THOMPSON, Martin (B) 49, Candas 45; ESTES, Susan 2 (step dau), George 1 (g son); SYKES, Fannie 14 (farmhand); THOMPSON, Milly 69 (mother)
184. PRICE, Saml. (B) 34, Ann 40 (wife), Clary 16, Wm. 13
185. CAMPBELL, Allen (B) 38, Susan 30, Mattie 7, Ann 9/12 (b. Sep)
186. THURMAN, E. S. 39, M. A. 34 (wife), N. J. 13 (dau), J. E. 10 (son), L. Etta 3, L. A. 1 (dau)
187. SPENCER, Ike 57, Martha 46 (wife); HICKMAN, Nancy 19 (relationship omitted)
188. OVERSTREET, James 69 (T VA VA), Matilda 62 (T KY KY), Joshua 30, Elizabeth 25
189. TYLER, James 25 (AL T T), Amanda 30 (wife), R. L. 10 (dau), Lizzie 6, J. A. 5 (son), Nathan 3 (son), Edward 1; WEAVER, Matt 19
190. ALLEN, A. J. 26 (m), Nathaniel 20 (bro), A. V. 67 (father)
191. McKISSICK, A. J. 37 (T NC T), M. A. 32 (wife), M. V. 13 (dau), B. L. 9 (dau), W. R. 8 (son), J. S. 7 (son), Lula 6, M. I. 3 (dau), B. F. 1 (son)

Page 27, Dist. 7

192. BROWN, J. C. 48 (millright) (NY NY NY), Samantha 41 (AL AL AL), Ooctavine 12 (dau), May 10
193. HORNE, Tine 37, Sarah 30 (wife), Thomas 13, Jane 11, Josephus 10, William 8, Margret 6, Aley 4 (dau), Edgar 1
194. MOORE, Y. P. 42 (AL T AL), B. E. 36 (wife) (AL SC AL), Gerard 17 (son) (AL)
195. MORGAN, J. L. 47 (VA VA VA), E. A. 44 (wife) (T NC NC), Eugenia 23, John A. 21, Anna 20, Louisa 14, Ella 12, Henry 10, Cora 8, Leora 6, Izora 6, Wm. 4, Ida 1

196. HICKMAN, Mary 33 (widow) (T KY T), Wm. E. 10, Laura A. 7, Richard 3
197. THOMAS, Phillis (B) 48 (widow), James 6; PERRY, Eliza 23 (dau) (widow), Ida 2 (g dau)
198. MURPHY, M. P. 33, Lucy A. 25 (wife), J. M. 7 (son), F. C. 5 (son), M. V. 3 (dau), Isaiah 2, L. E. C. 9/12 (b. Sep) (dau); ARMSTRONG, Thos. (B) 18 (farmhand); BOYD, Matt 16 (farmhand)

Page 28, Dist. 7

199. MURPHY, R. C. 28, S. E. 24 (wife), E. P. 8 (dau), M. P. 6 (son), J. L. 2 (dau), S. B. 6/12 (b. Nov) (dau)
200. HARRIS, James 43 (NC NC NC), M. J. 41 (wife), M. P. 16 (son), S. E. 15 (dau), W. J. 12 (son), M. V. 10 (dau), V. M. 8 (dau), C. L. 3 (dau)
201. CLARK, Robt. 31 (AL NC AL), M. J. 30 (wife), N. E. 12 (dau), J. M. 10 (son), R. C. 8 (son), Egbert 1
202. McGEEHEE, J. T. 55 (VA VA VA)
203. WEST, H. R. 43 (T SC T), Mary 45 (wife), J. G. 19 (son), J. J. 11 (son), R. P. 8 (son)
204. BRUNSON, J. R. 45 (SC SC SC), A. D. 49 (wife) (GA VA GA), T. H. 23 (son) (FL), J. T. 21 (son) (FL), W. A. N. 18 (son) (FL), C. H. 14 (son) (FL), J. Robt. 11 (son) (FL), B. M. 8 (son) (T)

Page 29, Dist. 7

205. ALEXANDER, T. J. 42, Martha A. 39 (wife) (AL AL AL), F. J. 11 (son)
206. CUMMINGS, Houston 27 (AL AL AL), Frances 21 (wife) (AL MS GA), Isaac 9, Wm. F. 7, A. J. 5 (son), Louisa 2, G. W. 5/12 (b. Jan) (son), Louisa 66 (mother) (GA GA GA)
207. ASHMORE, J. B. 33 (T NC T), N. B. 28 (wife), Lou 9 (dau), W. M. 6 (son), S. L. 4 (son), A. L. 2 (son), Baby 8/12 (b. Oct) (son)
208. McNEAL, H. A. 47 (T NC NC), A. A. 47 (wife), M. A. 17 (son), J. W. 16 (son), E. S. H. 14 (dau), M. L. F. J. 11 (dau), N. C. 9 (dau), G. N. 7 (son), J. B. 5 (son); PATTERSON, Mary 98 (aunt) (NC Scot Scot)
209. ASHMORE, Carral 25, Nancy 21 (wife), Thos. L. 5, W. J. 3 (son), A. E. 1 (dau)
210. ALLEN, Albert 28, Margret 22, C. L. 2 (son), W. F. 5/12 (b. Jan) (son), Jerome 18 (bro)
211. REA, Wm. M. 36, Virginia 21 (wife), N. A. 4 (son), H. J. 2 (son), Manford 4/12 (b. Feb) (son)
212. BRINKLY, John (B) 27, Fannie 26, George 4, John jr. 2, Mary J. 2/12 (b. Mar), Margret 25 (sis)

Page 30, Dist. 7

213. STOCKARD, W. W. 67 (widower) (T NC NC), Lucinda 44 (dau), S. R. 40 (son), Mary 37, W. H. 30 (son)
214. MATTHEWS, Martin (B) 39, Ester 37; DOOLEY, Liddy 84 (mother), Sallie 35 (sis in law)
215. COFFEY, Allen (B) 25, Mary A. 23, John 7, Clarence 3, William 2
216. MURPHY, W. N. 44, E. C. 42 (wife), Wm. M. 16, D. C. 12 (dau), O. B. 9 (dau), M. P. 5 (son), R. F. 2 (son)
217. REA, T. J. 34, Lou A. 35 (wife), John C. 9, N. B. 6 (dau); BRYANT, Ed (B) 22 (farmhand)
218. GALLAWAY, R. A. 39 (T SC T), Sallie 26 (wife) (married within yr); SCOTT, William (B) 27 (farmhand)

Page 31, Dist. 7

219. MATTHEWS, John (B) 40, Phillis 28 (wife), Martha 10, Joseph 9, Darinda 6, Charles 5, John jr. 1
220. PERRY, Wiley (B) 46, Agnes 40, John 13, Cora 11, Mattie 9, Mary 8, Lizzie 6, Mily 3 (son)

Page 31, Dist. 7 (cont'd)

221. McKISSICK, W. M. 49 (T NC T), F. O. 43 (T NC KY), S. E. L. 19 (dau), W. R. M. 14 (son), J. C. 12 (son), J. W. 10 (son), E. F. 9 (dau), F. C. 7 (dau), J. T. 5 (son), C. N. 4 (son), R. H. 2 (son), L. J. 7/12 (dau); MATTHEWS, S. E. 75 (mother) (KY NC NC)
222. COTHRAN, Zach 42, B. A. 38 (wife), M. F. 20 (dau), M. A. 16 (dau), J. Henry 14, W. E. 9 (son), Robt. L. 7, Sallie 4, Bramen? 6/12 (son)
223. BRYANT, Thomas (B) 29, Harriet 30, Mattie H. 5, Angeline 3, Terry 1; BAXTER, Mggie (sic) 11 (step dau), Augusta 8 (step dau)

Page 32, Dist. 7

124. (error in numbering) STOCKARD, D. F. 42, Mattie R. 27 (wife), Etta J. 8, Charles R. 5, Albert 2
125. GOODMAN, Kemp 51 (IL IL IL), Caroline 42 (AL AL AL), M. A. 12 (dau) (T AL AL), Roella 10 (T AL AL), M. A. 7 (dau) (T AL AL), Sarah 5 (dau) (T AL AL), Lou 2 (dau) (T AL AL)
126. HOWELL, Jno. H. 46 (blacksmith), N. L. 38 (wife), M. E. 14 (dau), M. C. 13 (dau), R. E. 11 (dau), Frances 8 (dau), Thos. 4, Joe P. 9/12
127. FARRIS, J. T. 34, Elizabeth 30 (wife), Wm. B. 7, A. M. 3 (son), M. C. 1 (dau)
128. NORMAN, John 21, Sarah J. 18
129. MURPHY, Thos. 24, Bettie 20
130. McKISSICK, Martha 41 (widow), John F. 13, Ella N. 11, A. J. 9 (dau), Wm. M. jr. 7, Robt. B. 5, James S. 2
131. MANIRE, E. W. 65, Eunice 63 (wife), Tennie 28
132. MATTHEWS, R. R. 63 (T NC NC), Mary J. 47 (wife) (NC NC NC), Mary A. 13, Robt. B. 11; BROWN, Mary Ann 84 (mother) (NC NC NC); MATTHEWS, Rhoda (B) 65 (cook)
133. MATTHEWS, J. W. 23, M. S. 18 (wife)

Page 33, Dist. 7

134. LOGUE, Mary 67 (T NC VA), Sarah 60 (sis) (T NC VA), Cherry (B) 90 (former slave?) (__ __)
135. JONES, Wash (B) 52 (T __ __), Hanna 50, Emily 18, Jackson 16, Reuben 14, Mattie 11, Missie 7; GOODLOE, Jack 16 (nephew), CARUTHERS, Alice 25 (cook), Ed 5 (Alice's son?); FLEMING, Calvin 23 (farm hand); JONES, Houston 3 (g son), Minie 5/12 (b. Jan) (g dau)
136. MATTHEWS, Jas. A. 32, A. V. 27 (wife), Robt. S. 8, Joe F. 5, Mary E. 3, Wm. J. 11/12
137. DUGGER, G. C. 28, Elizabeth 22 (wife), Ada M. 2, John A. 8/12 (b. Oct)
138. BRYSON, Joe (B) 30, Lou 32 (wife), William 12, Dock 10, Annie 3
139. HUBBLE, N. B. 64 (T CT NC), Mary J. 64 (VA VA VA); HALEY, Mariah 39 (dau), James M. 20 (g son)
140. WEATHERFORD, Nancy 74 (NC __ __), W. R. 17 (g son)
141. WEATHERFORD, J. G. 35 (T NC VA), N. J. 39 (wife), Wm. F. 13, James R. 9, Simmie 7 (son), T. E. 5 (dau), Cora L. 1
142. GILMER, W. H. 40, H. J. 25 (wife), W. J. 6 (son), Mollie 3, Robt. H. 5/12 (b. Dec)

Page 34, Dist. 7

143. LOGUE, J. B. 38, M. A. 37 (wife), G. A. J. 12 (son), Agnes 11, Newton 9, Josie 7, M. Alice 5, Joe J. 3
144. HORNE, Jasper 44, R. A. 37 (wife), Jennie 3, Jesse 2 (dau)
145. THURMAN, W. R. 32, U. Ann 28 (wife), E. J. 10 (dau), L. F. 5 (dau), J. Lee 2 (son)
146. MOROAN, Alx. 37, Tennie 32, Nettie 10, Debrith? 8 (son), Hawley 6, Willie 2
147. THURMAN, Mace 30, Bettie 28 (wife); OLIVER, M. E. 22 (f) (relationship omitted)

148. WILY, W. Y. 36, C. D. 34 (wife?), Jas. H. 11, S. V. 9 (f), J. R. 7 (m), W. L. 6 (m), Luther 5, Fed 3, Gypsy 3/12 (b. Mar) (f)

Page 35, Dist. 7

149. ADAMS, Thos. 24 (AL AL AL), Ellen 23, Annie 5, Saml. 3; BROWN, Martha 63 (mother)
150. FRANKS, John 26, Matilda 24, Thomas 12, Newton 10, Cornelia 8, Claud 6, James 3
151. THOMAS, Rufus 46, Mary J. 43; HENDERSON, Nancy 62 (mother); BARNES, Amanda 21 (realtionship omitted); DORTCH, D. E. 27 (son in law) (music teacher)
152. WILSON, Alex (B) 24, Caroline 20, Frank 2, Malinda 6/12 (b. Dec); BRYSON, Cinthia 13 (relationship omitted)
153. CRAIG, R. E. 38 (T NC T), Maggie A. 35, Mary D. 12, J. W. 11 (son), Eugenia 9, Robt. E. 7, Mattie E. 5, James A. 3, A. L. W. 1 (son), James F. 46 (bro) (T NC T), Saml. (B) 32 (servant?)
154. WHITE, P. A. 34, Mimie 30 (wife) (Canada Ire Canada), James A. 11 (son) (T T T)
155. THOMAS, Albert (Mu) 23, Rebecca (B) 22; KINZER, Rily 19 (relationship omitted)
156. WORKMAN, D. C. 29, Nancy 30 (wife), W. D. 26 (relationship omitted)
157. VOSS, J. H. 20, Mary 18 (wife)

Page 36, Dist. 7

158. GRAY, Joseph (B) 66 (KY KY KY), Sarah 60 (T __), William 20 (T KY VA), Lucy 18 (T KY VA), Mathew 16 (T KY VA); KANNON, Sactey? (f) 18 (cousin) (fever)
159. KNOX, Elizabeth (B) 37 (widow), Julia 11, William 9, Narsisa 4
160. HANVEY, G. W. 51, P. N. E. 53 (wife), J. T. 20 (son), C. A. 18 (son), Jas. P. 14, Wm. J. 12, Robt. B. 10, J. E. L. 8 (son)
161. HAIRVEY, Geo. J. 24, P. A. 22 (wife)
162. HAIRVEY, R. L. 23, D. D. 24 (wife)
163. REYNOLDS, Vinson (B) 45, Lucy 48, Rufus 17, Lou 12 (dau), Eura 8, James 5, Wm. D. 4, Annie 2, Edward 5/12 (b. Dec)
164. WORKMAN, D. M. 52 (T NC NC), Elizabeth 55 (NC NC NC) (wife), Geo. F. 24, Martha A. 22, Cansada 20, R. Thos. 18
165. RAMSEY, M. J. 50 (widow) (T NC NC), G. H. 19 (son), S. A. P. 17 (dau), M. S. D. 14 (dau)
166. McCAIN, N. A. 30 (widow) (T VA NC), Ena M. 9, Bula 7, Lizzie 5, Claud 3, Pearl 1; H. W. 88 (father in law) (NC NC NC)

Page 37, Dist. 7

167. McCAIN, Cale (Mu) 23, Cleopatra 20
168. ALEXANDER, James (B) 33, Ellen 35, Lana F. 12, Robt. Lee 11, Jas. H. 7, Wm. 4, Nat 2, Mary A. 2/12 (b. Apr)
169. WILKES, Jack (B) 39, Tama 43 (wife), Saml. 16, Ada 12, John 13
170. COFFEY, Stephen (B) 28, Julia 20, Della 4, Charles 3
171. AMIS, Saml. (B) 55, Amanda 26 (wife), Senter 11 (son), Mary J. 8, Sue V. 6, Sam 4, Sallie 1, Laura 14 (step dau)
172. COURTNEY, J. H. 35 (Ire Ire Ire), Helen 24 (wife) (MS T T), Sarah A. 73 (mother) (Ire Ire Ire); BOOKER, Stephen (B) 20 (servant)
173. McCAIN, Mary (B) 27, Albert 6 (son), William 4 (son), Gertrude 2 (dau); HUNTER, Sarah 11 (relationship omitted)
174. THOMAS, R. P. 32 (T VA VA), Tennie 32 (wife) James E. 6, A. W. 4 (son), Jos. W. 2, J. P. 68 (uncle) (T VA VA); PENRY?, Missie (B) 13 (servant); WHITE, Alfred 16 (farmhand)
175. ALEXANDER, C. B. 11 (m), C. E. 9 (m), Daisey D. 7 (f), Wm. R. H. 5 (m) (this group listed as a separate family; can't tell who they belong to)

MAURY COUNTY

Page 1, Dist. 8

1. BETHELL, W. D. 40 (LA NC MS), Cynthia P. 39, Bessie 17, Pillow 15, P. C. 11 (son), Jennie 9, W. D. jr. 7 (son)
2. MEEKS, Frank (B) 50, Dorsey 45 (wife); COOPER, Robert 40 (boarder)
3. WILLIAMS, Elias (B) 35, Julia 45 (wife) (VA VA VA)
4. JONES, Ebb (B) 25, Martha 22 (wife), Mamie 7/12 (b. Oct)
5. STEPHENSON, Isaac (B) 50, Eda 45, Sarah 20; ERWIN, William (Mu) 21 (boarder) (carriage driver)
6. KENNEDY, Moses (B) 33, Margaret 28, Henry 5, Elizabeth 3, Thomas 1
7. KENNEDY, Shack (B) 40, Lou 30 (wife), Charley 7, Elias 4, Anna B. 3, Sarah 7/12 (b. Oct); PILLOW, Thomas (Mu) 20 (boarder)
8. ESKEW, James 35, Viney 26 (T NC NC), Murphy 4
9. HUCKABY, P. A. 52 (T SC T) (m), John C. 81 (father) (SC NC NC), Lavinia 77 (stepmother) (T KY KY), Mary A. 54 (sis) (invalid) (T SC T)
10. FRIERSON, George (B) 26 (T VA T), Martha 25, Mary E. 4, Edmond 1; ANDERSON, Prince 23 (boarder); HARRIS, Isaac 14 (boarder)
11. STOCKARD, Ben (B) 64 (T NC NC), Sarah J. 40 (wife) (T VA VA), Jo 24, Martha 19 (dau in law), Sarah A. 1/12 (b. Apr) (g dau); COLEBURN, Esther 80 (mother in law) (old age & cold) (VA VA VA)

Page 2, Dist. 8

12. PATTERSON, J. R. 42 (T NC T), Martha 35 (wife), William 11, Robt. C. 7, Sydney G. 6, Ewing E. 5, Izom 3 (dau), John E. 3, Anna Lee 1
13. PATTERSON, Mary A. 60 (widow) (T VA VA), Ida 18 (g dau); PARSONS, Mary 52 (boarder) (NC NC NC); ERWIN, James 34 (boarder) (T _ _); SOWELL, Mary E. 12 (g dau)
14. PATTERSON, Amanda (B) 30 (widow), Jennie 4, Judy 2
15. RAWLSTON, Moses (B) 47, Harriet 27 (wife), Frank 16 (son), John 10
16. ESTES, Jas. D. 29, M. F. 27 (wife), Cora E. 4, Anna C. 2, Thos. W. 2/12 (b. Mar); HALEY, Jo 13 (hired hand)
17. MOSS, Mary (B) 20 (widow); FRIERSON, Mack 25 (boarder); STEPHENSON, Entrum 21 (boarder)
18. SMITH, Martha (B) 66 (widow) (NC NC NC), Peter 30 (T GA NC); McLEMORE, Martha (Mu) 5 (g dau)
19. SMITH, Phillip H. (B) 36 (T GA NC), Julia 25 (wife) (GA GA GA), Jas. F. 5, Hayes 3; SHOWERS, Lucius 10 (stepson) (T GA GA); WINSTON, Milly 14 (hired)
20. PILLOW, Eliza (B) 70 (widow) (KY KY KY); STRIBBLING, Danl. 5 (g son) (slightly hurt accidentally)
21. PILLOW, Solomon (Mu) 28 (T MD KY), Chloe 26, Mary E. 8, Mattie 6, Eliza 4, Frances 2, Annie 3/12 (b. Feb); Armstead 15 (bro in law) (AL T); MACKEY, Elizabeth (B) 16 (adopted)

Page 3, Dist. 8

22. KITTRELL, Phillip (B) 36 (T NC NC), Laura 31 (T NC NC); LAWRENCE, Henry 11 (stepson), Lou 8 (stepdau)
23. KITTRELL, John (B) 40 (T NC NC), Mary 30 (wife) (T VA T); LAWRENCE, Silas 14 (stepson), Larinia 10 (stepdau), Sallie 7 (stepdau), Lucy 3 (stepdau)
24. KITTRELL, Moses (B) 58 (NC NC NC), Ann 57 (NC NC NC), George 23, Lucy 20 (dau in law), James 4 (g son), Robt. 2 (g son), Nellie 2/12 (b. Mar) (g dau)
25. STOCKARD, Mary (B) 36 (widow) (prolapsus uteri) (T NC NC), Priscilla 15, Martha A. 7

26. SANDERS, Henry (B) 49 (NC NC NC), Cornelia 48 (T NC NC), Anderson 22, Lucinda 21, Caroline 18, Henry 15, Esther 13, James 12, Thomas 7, Dicey 6, Kate 4
27. ESTES, Martha J. 57 (widow) (T NC T), John T. 24, Virginia C. 21, Tennie A. 19, Walter H. 17, Sydney L. 15; ALFORD, Charley 13 (servant)
28. THOMAS, John H. 33, Mollie D. 28 (T T AL), Eula M. 8, James C. 6, John H. 3
29. HAYNES, Anderson (Mu) 25, Patience (B) 30 (wife), Anna 11
30. FRIERSON, Thomas (B) 25 (flux) (T SC T), Sarah 23, Mary 2, Frank 2/12 (b. Apr)

Page 4, Dist. 8

31. HILL, Rutledge (Mu) 24 (GA GA NC), Caroline 22, Mary Ella 3, Edward 2, Lula 8/12 (b. Sep)
32. CROLLEY, Walter (B) 34 (T VA VA), Jane 29 (AR T T); CHOATE, Almeda (Mu) 6 (stepdau) (T T AR); CROLLEY, Walter jr. 10 (son), Julia 70 (mother) (VA VA VA)
33. THOMAS, J. W. B. jr. 31, Mary L. 29 (wife), Jas. L. P. 8, Saml. O. 4, Laura E. 2; FLEMING, Saml. (B) 26 (boarder)
34. MATTHEWS, Alice (B) 24, Hester 9 (dau), Martha 6 (dau), Charley 4 (son), Mariah (Mu) 2 (dau)
35. ARMSTRONG, Jo (B) 20, Frankie 22 (wife), Jo jr. 3/12 (b. Feb)
36. THOMAS, J. W. B. 63 (T VA VA), Elizabeth 45 (wife) (T VA T), Saml. J. 27, Laura 19, Edward 17; SMITH, B. F. 40 (boarder) (selling Estey organs) (AL _ _)
37. WILLBANKS, C. E. 43 (widow), Hester A. 15 (T NC T), W. J. W. 13 (son) (T NC T), Sarah E. W. 9 (dau) (T NC T); WALKER, Susan A. 19 (dau) (T NC T), John F. 22 (son in law) (married within yr)

Page 5, Dist. 8

38. WILLIAMS, J. M. 46, Emily 43 (wife) (T NC T), J. M. jr. 14, Lucius P. 12, Anna M. 9, Eliza P. 8, P. Shelby 2
39. RICKS, Alfred (B) 68 (NC PA NC), Tabitha 63 (VA VA VA)
40. VOORHIES, Amanda (B) 43 (T T VA), Alice 16 (dau) (T VA T)
41. HARRIS, Lizzie (Mu) 29 (widow), Calvin 11/12 (b. Jun); LISTEN, Alice 9 (sis)
42. PARMER, Dock (B) 59 (NC NC NC), Oletha 44 (wife) (T VA VA), Cynthia 12, Laura 10, Altha 8, Virginia 6, William H. 2; PORTER, Anderson 60 (boarder)
43. COFFER, Anthony (B) 55 (T T VA), Maria 50, Chaney 15 (dau), James 10, Solomon 8, Bettie 6, Mallice 3 (dau), Moses 19 (stepson)
44. COFFER, Frank 25, Sylla 19, Callie 1; THOMPSON, Lenora 58 (mother in law) (T SC SC SC), George 17 (bro in law) (MS SC SC), Willie 10 (bro in law) (MS SC SC)
45. FRIERSON, Cal (B) 50, Margaret 23 (wife), Jo 13 (son), Lily 15 (dau), Alonzo 6 (son)
46. PILLOW, Henry (B) 60, Martha (Mu) 40 (wife), Henry jr. 22, Belle 18, Anna 17, John 10, Fanny 8, Mary 70 (mother in law); JORDAN, Mark 18 (boarder)

Page 6, Dist. 8

47. BARROW, John D. 28 (T NC T), Mary A. 26 (T GA NC), William E. 1; PERRY, James R.? 21 (boarder); MILLER, Cynthia (B) 8 (servant); JACKSON, John 19 (Mu) (servant); MILLER, Henry (B) 20 (servant)
48. PILLOW, Dock (Mu) 50, Ella 35 (wife) (T KY T), Lewis 16, Lucius 16; INGRAM, Marietta 33 (sis in law) (T KY T); WILLIAMS, Benny 9 (nephew); WATKINS, Robt. 3 (nephew), Florry 1 (nephew)
49. RYE, Austin (B) 28 (T KY T), Frances 25; ZOLLICOFFER, Addie 5 (niece); PATTON, William (Mu) 34 (boarder) (T T VA)

Page 6, Dist. 8 (cont'd)

50. HACKNEY, Isaac (Indian) 37 (T NC T), Tennie (B) 24 (wife), William 4/12 (b. Jan), Melissa 39 (sis) (T NC T); MATTHEWS, Haley 18 (niece); HADDOX, Albert 18 (boarder); RENFRO, Ed 8 (stepson); FITZPATRICK, Eliza 5 (stepdau)
51. MORGAN, Lot (B) 63 (NC NC NC), Tempy 50 (wife) (T VA VA), Henry 5 (g son); WILSON, Betsy 75 (boarder)
52. MORGAN, Charley (B) 27 (T NC T), Henrietta (Mu) 26, Mary 9
53. ALEXANDER, John N. 51 (T NC T), Maria E. 53 (T NC NC), Jo F. 27, William H. 23, Caroline E. 22, Lenora A. 20, Johnnie B. 18 (dau), James O. 14, Esther B. 57 (sis) (T NC T)
54. MORGAN, Kit (B) 45 (T NC NC), Caroline 32 (wife), Mary 19, Belle 13, James 11, Peay 8 (dau), Anderson 6, Kitty 5, Dudley 3

Page 7, Dist. 8

55. WILSON, Letha (B) 55 (widow) (T SC SC), De 22 (son), Jack 19 (has fits), Jesse 16, Anna 21 (dau in law) (fever), James 5/12 (b. Dec) (g son) (fever), Hester 10 (g dau), Charley 5 (g son), Della 10 (sis in law)
56. PEELER, Thomas (Mu) 50 (blacksmith) (AL AL KY), Thomas jr. 15 (son) (T AL T), Robt. H. 11 (nephew), Jeff 19 (son) (T T T)
57. BROWN, Susan G. 67 (widow) (consumption) (NC NC NC), G. W. 48 (son), Tennie M. 35, Mary S. 32, O. A. 19 (g son)
58. BROWN, G. B. 43, M. J. 40 (wife), Mary E. 15, Anna L. 13, Susan 11, Thos. J. 9, Ada O. 8, Ida M. 6, Martha J. 4, Lizzie V. 1

Page 8, Dist. 8

59. BENDERMAN, W. D. 68 (NC Scot NC), Mary 48 (wife) (KY T T); SWANSON, James (B) 18 (servant); HORNE, William 17 (hired) (W), MACK, Henry jr. (B) 25 (hired)
60. ALEXANDER, Nelson (B) 50, Fanny 50, Narcissus 18, Mary 13, Frank 9, Isaac 9; MAXWELL, Caroline 18 (boarder); HORTON, Mary 20 (boarder), Sarah 1 (relationship omitted)
61. KENNEDY, Alex (B) 45 (farmer & preacher) (T NC NC), Agnes (Mu) 33 (wife), Eldridge (B) 15, Alex jr. 9, Elizabeth 11, Haston 8, Ella 4
62. MACK, Henry sr. (Mu) 50, Amanda 42 (wife) (T NC NC), Addie 22, Mary E. 15, Louisa 12, Robert 11, Laura 9, Houston 7, Anna B. 5
63. PILLOW, William B. (Mu) 40 (SC SC SC), Leana (B) 31 (T VA NC), Alice 13 (disease of spine), William 12, Thomas 9, Nancy 6, Phillis 3, Sallie 2; WILKS, Betsey 35 (hired) (T NC)
64. NELSON, Peter (B) 74 (NC NC NC), Martha 60 (wife) (T VA MO); POLK, John 13 (nephew)
65. BLAKELY, Harriet (B) 48 (widow) (T NC VA); KITTRELL, Caroline 6 (g dau)
66. SYNDESTER, Adaline (B) 30 (widow), Albert 8, John 6, Veda 4 (father of these children b. KY)
67. HALL, Minerva (B) 40 (widow) (T KY T); HACKNEY, Emanuel 21 (son), Quinny 16 (dau); HALL, Eda 3 (dau)

Page 9, Dist. 8

68. KITTRELL, Paralee (B) 37
69. SMITH, Lawrence 74 (NC NC NC), Mary 61 (wife) (T VA VA), Allen 38, Jo B. 36, V. B. 9 (g son), V. B. 9 (g dau), Charley 7 (g son); BRUCE, Easter (B) 46 (hired) (T T MD); FRIERSON, Wm. 21 (hired) (T NC)
70. SOWELL, Jas. W. 67 (NC NC NC), Jo 18 (son) (T NC T), Charley 15 (son) (T NC T); WHITE, Mary 74 (sis) (NC NC NC)
71. ROVER, Morgan (B) 27, Elizabeth 27 (KY KY KY), Walter 8, Alice 6, Pig 4 (dau); DILLARD, Martha 13 (stepdau) (T T KY)
72. ADKISSON, Ab? 36 (T VA T), Agnes 34 (T NC T), Lizzie E. 10, James M. 8, Cora G. 6, Alice I. 4/12 (b. Jan), Wm. T. 11 (nephew)
73. MATTHEWS, Jas. W. 81 (widower) (feeble from age) (NC NC NC); DAVIS, Lizzie J. 43 (dau) (school teacher) (T NC T), Ethleen 19 (g dau) (AR T T); ADKISSON, Robt. 22 (boarder) (house carpenter)
74. MATTHEWS, G. D. 39 (T NC T), Laura A. 34, Anna G. 11, Willie E. 8, Jas. F. 3, Horace 2/12 (b. Mar); BOOKER, Lewis (B) 22 (hired)

Page 10, Dist. 8

75. DIXON, Geo. C. 66 (VA VA VA), Eliza K. 39 (wife) (T SC NC), John A. 14, Thos. E. 13, Geo. S. 10, Hattie E. 10/12 (b. Jul)
76. LEWIS, P. W. 36 (T T NC), Sarah J. 36 (T MO NC), Wm. W. 12, John E. 10, L. D. 4 (son); HASSELL, Mary C. 34 (sis in law) (paralysis) (T MO NC); DODD, John C. 20 (hired)
77. MARTIN, James (B) 71 (KY KY KY), Lovey 60 (wife) (NC NC NC), Jack 18 (g son), Lena 14 (g dau), George 8 (g son), Maggie 6 (g dau)
78. PORTER, Harriet (Mu) 56 (widow) (T T NC); JONES, Tennie (B) 23 (T VA T), James 22 (son in law), Lee 6 (g son), Tyre 4 (g son), McLenan 1 (g son)
79. WALKER, Lewis (Mu) 34 (brick mason), Sarah 36, Thomas 18; THOMAS, Florence 2 (niece)
80. ARMSTRONG, Junius (B) 52 (stone mason), Ellen 39 (wife) (VA VA VA), James 14, Alex 12, Alice 9, Harriet 7, Albert 5, Eliza 3, Robt. 1
81. WHEAT, Jo (B) 36 (AL SC SC), Susanna 25 (wife)
82. BUNCH, Isaac (B) 42, Sarah 40, Calvin 17, Clarissa 14, Mary 13, Martha 11, Marcus 7, Lugenia 6, Lily 4, Dorsey 3 (dau)

Page 11, Dist. 8

83. BROOKS, Saml. (B) 33 (T __ __), Julia 19 (wife), Willie 4, Horace 1
84. GHOLSON, Isaiah (B) 35 (widower) (brick mason), Martha 16, Ann 6; HAMNER, Amy 73 (g mother) (VA VA VA); HARRIS, Margaret (Mu) 21 (boarder) (T SC T)
85. JONES, Peggy (B) 70 (SC SC SC), Mary 48 (dau) (T SC T), Theodosia 22 (g dau), Morgan 13 (g son), Harriet 12 (g dau); CROLLY, Robt. 6 (g son), Jo 4 (g son), Mary E. 3 (g dau); POLK, Rufus (Mu) 26 (g son), Amanda 21 (g dau); JONES, Lucius 1 (g son)
86. LEWIS, Marshall (B) 37 (teacher), Laura 23 (wife), Granville 4, Ann 3, Lucy 1
87. DUE, N. E. 36 (T T VA), Hannah J. 33 (wife) (T VA VA), Mary E. 11, Ida V. 10, Lucretia 8, Sallie 7, Hettie 4, Margaret 3
88. DUE, John B. 47 (T T VA), T. L. 48 (T GA GA), Joseph J. 14, Margaret V. 11, Anna L. 9; ERWIN, W. E. 82 (father in law) (VA Ire Ire); REDDICK, W. J. 18 (nephew) (AR T T)
89. DUE, William 76 (T NC NC); REDDICK, Elizabeth 50 (dau) (T VA T), ERWIN, Margaret 45 (dau) (T VA T), Jonas H. 18 (g son); JONES, Calvin (B) 18 (hired)
90. DAVIS, Lou (B) 24 (f) (AL AL AL), Georgiana 6 (dau) (T AL AL), Ann 5 (dau) (T T AL), Lizzie 4 (T FL AL), Jane 2 (T T AL), John 1/12 (b. May) (T T AL)

Page 13, Dist. 8

91. PEDIGO, A. J. 36 (miller) (T VA T), Caroline 32 (T T NC), Alfred R. 13, Susan K. 7, Joseph 6, Hester 4, Henry 7/12 (b. Oct)

MAURY COUNTY

Page 13, Dist. 8 (cont'd)

92. MORGAN, Moses (B) 21 (blacksmith) (T NC T), Malinda 20, Anderson 6/12 (b. Nov)
93. MARCOM, Jas. R. 71 (T NC NC), Sarah 66 (T __ __)
94. MARCOM, W. S. D. 27, Henrietta 23 (wife) (T T NC), John 6, Cora 4, Ada C. 2
95. PORTER, Red Thos. (B) 37 (T T VA), Mary 31 (neuralgia), Lizzie 14, Agnes 10, Elijah 7, Mahala 6, Clara 2; MATTHEWS, Laura 15 (sis in law); CROSS, De (m) 15 (hired); PORTER, Abe 19 (hired)
96. ERWIN, Geo. W. 35 (T VA T), Martha 36 (T T VA), W. E. 11 (son), John T. 8, Mary E. 6, James 3
97. McNAIR, William (B) 52, Mary 35 (wife) (KY KY KY), Harriet 16, Fanny 14, Margaret 12, Lizzie 10, Eliza 8, Ellen 6, Laura 4, Mary 11/12 (b. Jun)
98. FRIERSON, William (B) 22 (brickmason), Malinda 22, Ruth 4, William 1; GORDON, Thomas 67 (father in law) (T NC KY), Robert 11 (bro in law)
99. WEBSTER, Amarintha (B) 60 (widow) (T __ SC), John 30 (T VA T), Ellis 28 (T VA T); COLLINS, Plummer 18 (g son) (T NC T), Albert 16 (g son) (T NC T), Ella 14 (g dau) (T NC T), Robert 10 (g son) (T NC T)

Page 14, Dist. 8

100. WEBSTER, Jack (B) 34, Ann 25, Samuel 14, Willie 12, Matt 8, Sherman 4, Ada 3, Annie 11/12 (b. Jun)
101. WEBSTER, Plummer (B) 36, Sallie (Mu) 27 (wife), Mary (B) 5, Oliver 1; BINGHAM, Milly 60 (mother in law)
102. MATTHEWS, J. A. 35, Bettie 29 (wife), Willie B. 11, Ella J. 9, J. S. T. 7 (son), Clarence 4, Eugene 1
103. FINCH, Martha (Mu) 34, James 13 (son), Alice 10 (dau)
104. TROTTER, Richard (B) 35 (MO __ __), Louisa 29, Lizzie 12, Saml. 8, William 6, George 2, Lou 3/12 (b. Feb) (dau)
105. MATTHEWS, Elijah (B) 55 (T __ __), Mahala 40 (wife), Elijah jr. 12, Lucius 9, Etta 5; CROSS, Alfred 21 (son in law), Melissa 16 (dau)
106. MATTHEWS, M. J. 58 (widow) (T NC NC), John W. 21; KITTRELL, John 26 (B) (hired)
107. PURSLEY, Silas (B) 22, Jennie 22 (married within yr)
108. SMERSON, A. L. 30 (KY T T), Sallie 27 (wife), Martha 4, Willie D. 2 (dau)

Page 15, Dist. 8

109. CECIL, Emeline (B) 41 (VA VA VA), Eliza 13 (dau) (T T VA), Ben 3/12 (b. Feb) (son) (T T VA)

Page 16, Dist. 8

110. WHITEHEAD, Spencer (B) 60 (GA GA GA), Jemima 50 (wife) (AL AL AL); WILLIAMS, Harriet (Mu) 16 (step dau) (T AL AL); COPELAND, Oney Ann 7 (g dau) (T __ AL), TURNER, Eddy (B) 6 (adopted)
111. McCANDLESS, J. R. 55 (widower) (T T NC), C. A. 28 (dau); JONES, Jane (B) 10 (servant)
112. HALL, Robb (B) 30, Mary 32, Ida (Mu) 16, Amanda 12, John 8, Monkey 6 (dau), Knox 4 (dau), Samuel 2
113. DAVIS, David (B) 50 (T __ T), Eliza 26 (wife) (T NC NC), Moses 4/12 (b. Jan)
114. DIXON, John (B) 66 (widower) (VA __ __), Caroline 6 (dau) (T VA T)
115. ESTES, Lizzie M. 49 (widow) (T NC NC), Robt. K. 28, Jessie E. 22 (dau), Anna B. 19
116. COFFER, Anthony (B) 24, Cornelia 21
117. DAWSON, H. A. 57 (NC NC NC)
118. DAWSON, Tabitha (B) 45 (widow) (T NC NC), Sarah 14, Maggie 5

Page 16, Dist. 8 (cont'd)

119. DAWSON, Essex (B) 24 (T NC T), Lou 23 (T NC NC), Cora 3, Jesse 1, Charlotte 56 (stepmother) (NC NC NC)
120. DAVIS, Turner (B) 21, Laurissa 21
121. HANNA, Jas. R. 55 (T NC SC), Sarah A. 47 (NC NC NC), Samuel 23, Wm. J. 21, Mary K. 18, Maggie 16, Sallie 13, Polly W. 10
122. WRIGHT, E. G. 48 (T T NC), On P. 50 (wife) (T NC NC), Charley 13, Maud 6, Josh S. 35 (bro) (T NC NC)

Page 17, Dist. 8

123. TERRY, Thomas (B) 67 (NC NC NC), Mariah 37 (wife); WEBSTER, Ad (m) 20 (hired)
124. WRIGHT, Frank (B) 24 (T NC NC), Nora 24, Frances 9, Mack 5; PORTER, Lou 12 (step dau); RANKIN, Jo 20 (boarder)
125. RANKIN, Nat (B) 23, Agnes 18, Willie 2; CHEATHAM, Queen 7 (boarder) (T GA T)
126. BIRCHETT, Wm. H. 69 (rheumatism) (VA VA VA), Sarah 57 (wife) (AL VA T), Jas. M. 31 (AL), Lucy 28 (AL), Eveline 73 (sis) (VA VA VA); BROWN, Lee (B) 14 (servant) (T __ __)
127. HARRIS, Isham (B) 44 (T NC T), Mariah 37 (T NC NC), Frances 16, Hettie 13, Willie 14, Anice 13, John 8, Isaac 5, Matilda 10, Rosetta 11, Jeff 4, Otey 3 (son)
128. PENDER, Mary E. 53 (widow) (NC NC NC), Emma 30 (FL NC NC), Eugene 20 (FL NC NC), James 17 (FL NC NC), Willie 14 (FL NC NC), Lula 12 (FL NC NC)
129. WILBURN, N. P. 46 (AL VA VA), Emma 45 (SC SC T), Sallie M. 21, Carrie K. 20 (AL), Jas. H. 19 (AL), N. W. 17 (AL), Jas. H. 19 (AL), N. W. 17 (AL), Joel L. 16 (AL), Emma 9 (T), Maury 6
130. HALL, Margaret (B) 25 (NC NC NC); NEWBY, Charles 15 (boarder) (AL NC NC)
131. THOMAS, J. J. 67 (widower) (rheumatism) (VA VA VA), Wm. J. 22 (T VA T), Katie E. 18 (T VA T), Geo. S. 15 (T VA T)

Page 19, Dist. 8

132. WILSON, Alfred (B) 61 (LA SC SC), Louisa 45 (wife) (T KY KY), Judy 24, Laura 22, Jacob 19, Margaret 18, Newton 16, Alfred J. 12, Patience 7, Ellen 32 (dau), Harriet 5 (g dau), Missy 1 (g dau)
133. EZELL, Porter (B) 28 (widower) (T T VA), Thomas 6, Anderson 5, Mary 4, Alonzo 3, Delilah 75 (mother) (VA VA VA); SPAIN, Bony 22 (hired) (f) (T __ __), Clinton 10/12 (b. Jul)
134. NEELLEY, John W. 44 (widower) (T VA T), Lizzie A. 39 (IN VA VA), Lena D. 13, Thurston H. 11
135. EWING, Emanuel (B) 18; BARKER, Willis (Mu) 18 (FL GA SC)
136. WILLIAMS, Rachel (B) 65 (widow) (T __ __), Henry 34, Henry J. 6 (g son)
137. PORTER, Jack (B) 60, Mary 48 (wife) (VA VA VA), Angeline 16, Willie 15, Lou 11 (dau); JONES, Fanny E. 6 (g dau); BOYD, Willie 2 (g son), Lucias 1 (g dau)
138. PORTER, Anthony (B) 68 (T __ T), Matilda 60 (VA VA VA)
139. THOMAS, John A. 31 (T NC T), Nora A. 29 (T VA T), Houston 7, Charley 5, John 4, Horace 9/12 (b. Aug), Tennie 14
140. THOMAS, David (B) 25, Hayes 18 (relationship omitted)
141. THOMAS, Abner (B) 50 (NC __ __), Mary 45 (VA VA VA)

Page 20, Dist. 8

141. RANKIN, Sarah (B) 48 (widow), Judy 19 (dau?)
142. BONNER, King (B) 46 (T FL FL), Mary E. 29 (VA VA VA), Elmo 7, Martha 4; WHITAKER, John 25 (boarder) (VA VA VA)
143. LOONEY, Sawny (B) 42 (T __ __) (crippled), Jenny 38 (T NC NC), Thomas 18, Carol 16 (son)

Page 20, Dist. 8 (cont'd)

144. THOMAS, Eliza (B) 34 (widow) (T VA T), Martha 17, Frank 14, Margaret 11, Harriet 8, John 6, Sarah 4, Georgia 1 (g dau)
145. STUART, Littleton 39, Elizabeth 36 (SC SC SC), John 11, Martha 9 (T T T), James 6 (T T T), Lucy 4 (T T T), Thomas 1 (T T T)
146. YOUNG, Alex (B) 50 (liver disease) (T __ VA), Sallie 40 (wife) (T T VA), Wiley 22, Martha 19, Thena 14, Zach 15; PILLOW, Henry 6 (g son); YOUNG, James 2 (son)
147. WATSON, W. W. 47 (T VA VA), Delitha 47 (NC NC NC), Lizzie J. 23 (bilious fever), Mildred 21, Sarah 14, Mary A. 13, Maria 10, Robert 8, Doka E. 6 (dau)
148. FRIERSON, Newton (B) 47, Jennie (Mu) 39 (T T Indian Territory?); Lottie (B) 6

Page 21, Dist. 8

149. BROWN, Alex (B) 57 (T SC SC), Ferriby 52, Susan 17, Mary 22 (niece), Lou 16 (niece)
150. WRIGHT, Chaffin (B) 44 (T NC NC), Mary (Mu) 37 (NC NC NC), Willie 16, Andrew 10; ESTES, Lausetta 16 (niece), Wm. G. 13 (nephew), Anderson 11 (nephew); ROVER, Martha 25 (hired)
151. WILLIAMS, Becky (B) 52 (widow) (GA VA VA), Thaddeus 17 (GA GA GA), Alice 15 (GA GA GA), Allen 12 (GA GA GA), Charly 10 (T GA GA), Amanda 9 (T GA GA), Martha 5 (T GA GA), Eugene (Mu) 3 (T T GA), Buck 2 (T GA)
152. BROWN, Joseph P. 36 (T NC T), Milly E. 26 (wife), Maggie 10, Josephine 7, Ida 4, Foster 1
153. GIDDENS, Andrew (B) 44 (T VA T), Ella (Mu) 30 (T __ __) (wife), William 10, Robert 9
154. GIDDENS, John W. 26, Mollie 23, Bessie 10/12 (b. Jul)
155. GIDDENS, Easter (Mu) 65 (widow) (T __ __), De 21 (son), William 14, Wes 16, Henry 12, Thomas 6 (g son), Bartley 5 (g son)
156. GRANBERRY, Wash (B) 26, Susan 20, George 6 (son), Seney 4 (dau)
157. GRANBERRY, Malinda (B) 66 (widow) (T __ __), Lidia 27 (widow), Jack 12 (g son); CROOK, John (Mu) 9 (g son), Wash jr. 4 (g son)

Page 22, Dist. 8

158. WILLIAMS, Charlotte (B) 50 (widow), Jo 19, Alice (Mu) 10
159. BENDERMAN, Julia (B) 38 (widow) (VA VA VA), Laurena 14, Walter 13; POLK, Lucius 5 (g son); HARRIS, Silas 50 (boarder) (T VA VA)
160. MATTHEWS, George (B) 37 (T __ T), Mildred (Mu) 30 (T VA T), Wm. C. (B) 14, Robt. F. 11, Laura 10, Mary S. 8, Magdelene 5, Fanny 3, Samuel 1/12 (b. Apr), John B. 1; HARRIS, Belle 16 (hired)
161. PENDER, George (B) 35 (GA GA GA), Cynthia 25 (wife) (T MS T), Evan A. 3
162. PENDER, Susan (B) 26 (widow); CRAWFORD, Mary 7 (dau); BURROW, Dan 3 (son)
163. MATTHEWS, S. S. 58 (T __ __), Ann 57 (T VA T); MACK, Zulu 12 (g dau), Lela? 10 (g dau)
164. WINGFIELD, William (B) 23, Emily 21
165. WINGFIELD, David (B) 25, Fanny 23, Robb 14 (bro); JONES, Austin 10 (stepson), John 1 (stepson)
166. HOWARD, James 58 (T NC NC), M. F. 39 (wife); ALEXANDER, Mary 73 (mother in law) (T NC NC); McCANDLESS, W. S. 42 (hired) (T T)
167. HUNTER, Caroline (B) 44
168. COOPER, Ed (B) 38 (T VA VA), Cynthia 35, Jennie 13, Seeley 8 (dau)
169. MARTIN, Charles (B) 67 (KY KY KY), Viney 54 (wife); McFALL, William 9 (g son) (T MS T)

Page 23, Dist. 8

170. TAIT, C. B. 59 (widower) (farmer & miller) (T VA VA), Fanny 32, Henry 21, Mary 16
171. NOTGRASS, T. C. 44 (farmer & carpenter), Elizabeth 37 (wife), William 16, Edward 13, Maggie 11, Charley B. 7, Harriet S. 2
172. THOMAS, Spencer (Mu) 38 (MS VA VA), Martha (B) 35, Thomas 11
173. BOWEN, William (B) 35 (T __ __), Mary 32, Belle 8, George 2, Eugene 1
174. POLK, William (B) 55 (widower) (NC NC NC)
175. LOCKRIDGE, Robertson (B) 29, Alice (Mu) 26, Seena 7; LISTON, Henrietta 17 (niece); LOCKRIDGE, Lucinda (B) 56 (mother) (T __ __)
176. WOODSON, George (Mu) 28 (T AR T), Eliza (B) 24, Mitchell (Mu) 4, Jane 2; KITTRELL, Alex (B) 24 (hired)
177. GRAVES, B. M. 49 (huckster), Mary 44 (wife), The. 15 (son), Pattie 13, Ollie 6; RAMSEY, W. W. 30 (boarder) (m)
178. RANKIN, Anderson (B) 48 (MS __ __), Eliza 50 (T __ __), Joseph (Mu) 8
179. JAGGESS, Thomas 44, Antoinette 35 (MS VA NC), William 9, Frances 6, Florence 4, Lula J. 2
180. CROSBY, Kemp (B) 52 (T GA MD), Amanda 36 (wife), Saint 13 (dau), Kerl 8 (son), Early 6 (son), Kemp jr. 1, Sarah 20 (stepdau)

Page 24, Dist. 8

181. ALEXANDER, A. F. 49 (T NC T), Susan 38 (wife) (T NC T), Henry F. 14, Willie 13, Samuel 12 (white swelling), Carrie 11, Clarence 8, Eugene 5
182. FLEMING, Sarah (B) 20 (T NC NC)
183. GWINN, Frank (Mu) 70 (NC NC NC), Betsy 50 (wife), Ada 14, Lucius 8
184. KIMBAL, Peter (B) 58 (VA __ __), Malinda 51 (T __ __); GILLESPIE, Adaline 37 (stepdau); HACKNEY, Anna 14 (stepdau)
185. PILLOW, Emanuel (B) 55 (GA VA VA), Phillis 50 (VA VA VA), Lou 18 (dau), Emanuel jr. 15, Roxy 8
186. PILLOW, George (B) 25 (T GA VA), Osa 21 (wife)
187. WINGFIELD, Milton (B) 50 (T __ __), Nancy 43 (T __ __), Hattie 21, John 15, James 13, Susan 8
188. GUTHRIE, Anthony (B) 60 (T VA VA), Caroline 55 (T __ __), Martha 23; POLK, Sallie 18 (hired) (T NC NC)
189. NEELLEY, E. D. 35 (T NC T), Nannie 26 (wife) (T NC T), Benny G. 6, Susan A. 4, Saml. M. 1; IRVINE, E. C. 31 (boarder) (T KY T)
190. HILL, Ann M. (B) 30 (widow) (T __ NC); LAURENCE, Jas. M. 7

Page 25, Dist. 8

191. BAXTER, Albert (Mu) 28 (SC SC SC), Lou 17 (wife)
192. ESTES, Thomas 26, Bettie 23 (T NC T), Willie 2, Mary 37 (sis) (idiotic), Mattie 28 (sis)
193. BRYSON, Louisa (B) 25 (widow) (T T NC); JAGGESS, Essex (Mu) 17 (boarder)
194. HILL, Esau (B) 35 (T __ __), Ann 22 (wife) (T T NC), Callie 4 (dau), William 2; HUNTER, Hill 42 (bro in law) (T T NC)
195. PEYTON, David (B) 75, Harriet 65 (wife) (NC NC NC); KITTRELL, Alice 21 (dau in law); HUNTER, Thomas 15 (g son), Henrietta 6 (g dau) (MO T T)
196. HUNTER, Alfred (B) 50 (T NC T), Harriet 28 (wife) (GA __ __), Edmond 23 (son), George 11 (son); AKIN, Charity 17 (hired)
197. HUNTER, Harry (B) 24, Ann 23, Eliza 3, Alfred jr. 2, Elizabeth 6/12 (b. Nov); Hampton 22 (bro)
198. PILLOW, George (B) 31; KITTRELL, Giles 80 (stepfather) (VA VA VA), Jennie 70 (mother) (T VA VA); COFFER, Cynthia 13 (niece); McCANDLESS, Wes 11 (hired)

Page 25, Dist. 8 (cont'd)

199. GILLESPIE, Puss (B) 30 (T VA T), James 14 (son), Lizzie 12 (dau)
200. YOUNG, Nelson (B) 50 (T T VA), Biddy J. (Mu) 35 (wife) (T T VA), Mary I. (B) 8 (g dau)
201. COFFEY, Jane (B) 52 (widow) (VA VA VA); JONES, Jacob 21 (son) (T VA VA), Rose Ann (dau in law), Anna 18 (g dau) (T VA T); DAWSON, Agnes 25 (dau) (T VA VA), Minerva 9 (g dau), Mahala 7 (g dau), Biddy A. 4 (g dau), Fanny 2 (g dau); SETTLES, Rose Anna 13 (g dau)

Page 26, Dist. 8

202. KENNEDY, John (B) 26, Amanda 27 (T T VA); STOVALL, Ida 9 (stepdau) (T GA T); KITTRELL, Viney 26 (sis in law) (T T VA); LAWRENCE, Margret 10 (niece)
203. NELSON, P. H. 56 (AL VA NC), Nancy A. 57 (T NC T), Mattie B. 18, Felix 15, Ada R. 13, Jas. P. 11, Mary 54 (sis) (T VA NC)
204. THOMAS, Henry (B) 56 (T NC NC), Jennie 52 (T VA VA), Lucy 13
205. McCANDLESS, J. G. 26, Leora G. 22 (wife) (T AL T), Oscar W. 2
206. STEELE, William (B) 25, Sallie (Mu) 23, William jr. 4/12 (b. Jan)
207. FLEMING, Tucker (B) 34, Frances 26, Leandus 11, Belle 9, Rufus 7, Effie 5
208. PATTERSON, Thomas (B) 26 (T VA T), Alice 21 (T VA T), Andrew 2, Cora 11/12 (b. Jun)
209. SEWELL, R. B. 34, Bettie 28 (T __ __), Walter 10, Robert 6, Fanny 2, Joseph 20 (bro)
210. CURRY, John (B) 58 (SC SC SC), Mary 50 (VA VA VA), Milly 12, Frederic 9; PERRY, Rachel 18 (stepdau) (T SC VA), George 16 (stepson) (T SC VA), Henry 15 (stepson) (T SC VA); GALLOWAY, Amanda 22 (hired) (T SC VA), William 8, Charley 9/12 (b. Aug), Nat 9/12 (b. Aug); PERRY, Nat 3 (g son), Charley 1 (g son) (the Galloway children are apparently Amanda's)

Page 27, Dist. 8

211. HARRIS, Frank 28 (GA GA GA), Ollie 25 (wife), Austin 6, Eddy 4, Willie 2
212. CRAWFORD, John (Mu) 29 (T Ire T), Rose (B) 27, Willie (Mu) 6, John jr. 5, Alfred 2
213. PORTER, Austin (B) 55 (T NC NC), Milly 54 (T SC Canada), Alfred 22, Anna 19, Fanny 16, Harriet 14, Paralee 7, Nat 4; LANIER, Mary 14 (niece)

Page 28, Dist. 8

214. PORTER, James (B) 32, Mariah 30 (GA GA GA), Jerry 7, James 5, John 5, Peter 3, Ida 1
215. EDDINGS, Allen (B) 50 (T NC GA), Belle 35 (wife) (T VA VA), Thomas 16, French 15, Rose A. 12, Parker 10, Elmira 8, Mary B. 7, Lynnville 6, Jas. M. 4, Bettie G. 1; KITTRELL, Solomon 18 (boarder)
216. GALBRAITH, Green 60 (widower) (T NC NC), Thomas 21, Susan 62 (sis) (NC NC NC), Margaret 57 (sis) (T NC NC)
217. YANCEY, S. L. 46, Emma 30 (wife), William 9, Minnie L. 7, Mary 5, Etta 2
218. MOORE, Mat (Mu) 23, Lucy 25 (T VA T), Lott 4, Anderson 2, Mattie 7/12 (b. Oct)
219. GOOD, John W. 28 (house carpenter), Alice 22, Jeffie 2, Allen 1, Polk 17 (bro), Cora 10 (sis in law)
220. JONES, Samuel (Mu) (widower) 29 (T VA VA), Sarah 9, Lewis 7, Lucy 6, Samuel jr. 4, Galenas 2, Caroline 50 (mother in law) (NC NC NC), Henry 14 (bro in law) (T __ NC), Jane 12 (sis in law) (T __ NC)
221. SHEEGOG, Andrew 59 (B) (KY __ __), Sallie 57 (VA VA VA); CURRY, Laura 18 (hired) (T VA VA), Lewis 2 (relationship omitted)

Page 29, Dist. 8

222. THOMPSON, G. T. 33 (minister) (GA GA GA), J. A. 33 (wife) (GA GA GA), Alison 14 (son) (GA), Ernest 12 (GA), Milton 8 (GA), Jas. K. 6 (GA), Cleo 4 (T), Gillest 1; KING, Susan S. 20 (sis in law) (GA GA GA), Mary 18 (servant) (GA GA GA)
223. COFFER, Bird (B) 64 (T NC NC), Elizabeth 60 (VA VA VA), William 24, Candace 21; CECIL, Julia 6 (g dau), Bird 5 (g son), Doc 3 (g son); COFFER, Elizabeth (Mu) 5 (foundling) (T __ __), William 7/12 (b. Oct) (g son)
224. BOOKER, John A. 59 (T NC NC), Margaret 51 (NC NC NC), Minnie 12
225. REYNOLDS, James (B) 37 (T AL AL), Harriet 45 (wife)
226. COLBERT, John (B) 26 (T AL AL), Melissa 23 (MS MS MS), John jr. 2/12 (b. Mar); McFADDEN, Eddy (Mu) 2 (stepson) (T T MS)
227. FOSTER, N. T. 42, Fanny 36 (wife), Thos. R. 17, Regina 14, Tiney 8, Mattie 6, John 3, Lou 1 (dau); PRIEST, Susan 24 (sis in law); CONNOR, John (B) 17 (farmhand)
228. GILLESPIE, Frank (B) 27 (T __ __); BROWN, Harkless 32 (relationship omitted) (T __ __)
229. NORMAN, Calvin (B) 30 (minister), Cassie (Mu) 28 (T __ __), Iantha (B) 11, Ella 8, Minnie 3

Page 30, Dist. 8

230. PORTER, Eliza (B) 26, Wesley H. 9 (son), Matilda 6 (dau), Houston 3 (son), James 9/12 (b. Aug) (son); DAVIS, Robert 19 (boarder); WHITE, James 25 (boarder) (T T)
231. STEPHENSON, Andrew (B) 46 (T T NC), Fanny 38, Polly Ann 16, Mary I. 14, Phillip 12, Alfred 10, Andrewy 8, Fanny M. 6, Sykes 4, ____ 2 (dau); RANKIN, Sarah 51 (hired) (T __ __), Judy 18 (hired)
232. VAN BUREN, Martin (Mu) 38 (rock mason) (T T NC), Ro. 30 (wife) (T VA T), Fred 9, John 7, Mattie 5, Charity 3
233. WELDON, Bettie (B) 25 (widow) (T __ __); DAWSON, Samuel 12 (son); WELDON, Wash 10 (son), Henry 6, Webb 4, Thomas 2, Frank 5/12 (b. Dec); AKIN, Elvira 25 (boarder)
234. HILLIARD, John 73 (NC NC NC), Sarah 56 (wife) (NC NC NC), W. S. 29 (son), Mattie 25, Robert 22, Amanda 18; HOLDEN, Giles 17 (B) (hired)
235. COCKRILL, M. M. 42, Martha 36 (wife) (T VA VA), John B. 20, Virginia 18, Phillip 11, Cornelia 8, Walter 7, Wilkes 5, Robert 3, Ethel 9/12 (b. Aug)

Page 31, Dist. 8

236. ADKISSON, R. P. 32 (T NC T), Maggie 28 (FL NC NC), Raymond 8, Clifton 7
237. McCANDLESS, T. B. 57 (T NC T), Rebecca 29 (wife) (AL VA AL), Houston 7, Amarintha 7, Lucy 4, Ira B. 3 (dau); ALEXANDER, Fred (B) 15 (servant) (T __ __)
238. AMIS, Anderson 27 (T __ T), Adaline 17 (wife) (T __ VA)
239. COCKRILL, Newton 47, Mary 37, Sallie 12, Mattie 10, Katy 8, Carrie 5
240. HOUSER, Jacob 70 (house carpenter) (PA PA PA), Drusilla 77 (wife) (gravel) (T MD MD)
241. SCOTT, T. J. 28 (undertaker), M. S. 20 (wife), S. e. 8/12 (b. Sep) (dau)
242. PORTER, Hayne (B) 58 (T T VA), Mary 48 (VA VA VA), Alice 15
243. AYDELOTT, Joseph 81 (widower) (NC Wales Ire), Mary 50 (T NC NC), Sarah 48 (T NC NC), Nancy 42 (T NC NC)
244. HENDERSON, Henry (B) 57 (T VA VA), Narcissus (Mu) 50, William (B) 12
245. TROUSDALE, David 45 (T NC T), Henrietta 35 (wife) (nervousness) (T PA T), Charley 11, David jr. 8, Otis 5

Page 31, Dist. 8 (cont'd)

246. SMITH, Lewis (B) 60 (T NC NC), Milly 35 (wife) (T __ T), Charity 16, Lewis jr. 14, Albert 1 (g son); PERRY, William 12 (stepson), Delia 24 (stepdau), Robert 4 (g son), Alex 3 (g son), Anna 11/12 (b. Jun) (g dau)
247. McLAURIN, Anderson (B) 50 (T __ NC), Ann 35 (MD __ __), John 14, Willis 11, Sallie 9, Anna 13, Eddy 4

Page 33, Dist. 8

248. WALKER, Hannah (B) 27 (T __ T); JONES, Austin 21 (boarder)
249. PEOPLES, J. H. 45 (minister & farmer) (NC NC SC), Margaret 43 (wife) (SC SC SC), Jane 15 (NC), Minnie 13 (T), Richard 11, Robert 9, Margaret 5, James 3, Annie 1; COFFER, Epps (B) 20 (hired)
250. WEBSTER, Alex (B) 45, Callie 40 (wife) (T T VA); WILLIAMS, Mattie (Mu) 16 (stepdau) (T GA T), Frank (B) 4 (nephew); LEFTWICH, Charley 14 (hired)
251. GOODRUM, W. F. 27 (T KY VA), Ann 25 (wife), B. T. 47 (boarder) (epilepsy) (m), B. H. (m) 8 (boarder); MAXWELL, Robert 18 (nephew)
252. YOUNG, Mary (Mu) 21, Alice 5 (dau), Florence 1 (dau); PULLIAM, Ada 8 (servant)
253. HOLDEN, N. R. 58 (saddler & farmer) (NC NC NC), M. C. 53 (wife) (T NC NC), Carrie 31, A. T. 17 (dau), Anna L. 14
254. AMIS, Willis (Mu) 75 (NC NC NC), Maria 70 (VA VA VA), James 18 (son), Augusta 10 (g dau)
255. MAXWELL, M. V. 39 (widow) (T KY VA); PERRY, M. M. 14, Hattie A. 12 (epilepsy); MAXWELL, Gertrude 4 (dau), Wm. L. 2, GOODRUM, James 32 (bro); HANNA, Alice 23 (niece)
256. CECIL, James (B) 29
257. GOODRUM, T. J. 38 (T KY VA), Ella 25 (wife?), W. A. 1 (son)
258. SHACKLETT, James (B) 40 (SC SC SC), Jennie 30 (wife), Antony 11, Tabitha 9, Ruth 5, Frank 3

Page 34, Dist. 8

259. YOUNG, Nat (B) 19
260. MAXWELL, G. Wiley 66, Eliza A. 64 (VA VA VA), Thomas 23, Jonas D. 23, Susan A. 19 (dau in law) (T VA T), Thos. S. 7/12 (b. Oct) (g son)
261. ARNELL, Amelia (B) 21, Isaac 21 (bro), Marshall 18 (bro)
262. ARNELL, Jane (B) 43 (widow), Dona 16 (fever), John 10, Kate 6
263. MAXWELL, Robert (B) 36, Catherine 30, Henry 15, Sallie 11, Caleb 9, Susan 8, Lucius 6, Buster 4
264. GRAY, Joseph 22 (FL GA GA), Caffie 37 (sis) (GA GA GA), Alice 25 (sis) (FL GA GA); BARKLEY, Fanny 31 (sis) (GA GA GA), Davis 7 (nephew) (T NC GA), Luella 4 (niece) (T NC GA), Charles 24 (relationship omitted) (FL NC NC)
265. THOMAS, Isham (B) 53 (T NC NC), Priscilla 49 (T __ T), Ann 22, Josephine 19, Alice 16, Felix 14, Jeffy 13, Robert 3 (g son), Maria 1 (g dau), Mattie 1 (g dau)
266. CASON, John D. 34 (T VA T), Maria 32 (T NC T), Willie 10, Samuel 8, Bertha 6, Lizzie 3; NEELLEY, Lula 16 (cousin) (TX AL T)
267. CURRY, William 48 (T VA T), Margaret 25 (wife), Tennie 1

Page 35, Dist. 8

268. NEELLEY, Andrew G. 46 (widower) (teacher) (T NC T), Samuel 9 (TX T AL), Lizzie R. 5 (TX T AL), Sallie A. 2 (TX T AL), Carrie B. 3/12 (b. Feb) (T T AL); COOK, Ann M. 69 (relationship omitted) (VA VA VA)
269. THOMAS, Julia (B) 30 (GA GA GA)
270. NEELLEY, Paralee 61 (widow) (AL VA VA), Henry 33 (T NC AL), John F. 24 (T NC AL), Ella 22 (T NC AL)
271. SULLIVAN, Jas. B. 34, Martha 31

Page 36, Dist. 8

272. ERWIN, Robt. H. 36 (T VA T), Lizzie W. 34 (GA GA GA)
273. SHEEGOG, E. M. 34 (T Ire T), Anna J. 29, (T KY T), Fleming 8, William 6, Lula 5, Sadie 2, Henry 43 (boarder) (T Ire Ire)
274. NORTON, J. W. 58 (NC NC NC), R. M. 62 (wife) (T NC NC), Ella 24 (AL), John 21 (T)
275. MAXWELL, J. S. 36, S. P. 30 (wife), Ida L. 8, Edmond 4; ARMSTRONG, Isham 15 (bound) (T __ __)
276. CROSS, J. N. 38 (T VA T), M. E. 32 (wife), Margaret 9, A. B. 6 (son), Sarah C. 3, Lenora 5/12 (b. Dec)
277. KITTRELLS, Eton 54 (B) (T NC NC), Caroline 39 (wife) (MS __ NC), Thomas 19, James 16, William 13
278. FRIERSON, Sallie (B) 40 (widow), Lou 12 (dau)
279. PILLOW, Rufus (B) 21
280. SPAIN, William (Mu) 30 (T NC VA), Mary 20 (wife)
281. GIDCOMB, J. W. 26 (blacksmith) (T KY T), Sallie J. 21, Belle 2, C. S. 20 (bro) (T KY T)
282. SULLIVAN, W. M. 58 (T On Ocean NC), S. M. 54 (wife) (T GA GA), Mary B. 30, Ophelia O. 24, Theo. 21 (dau), W. B. 18 (son), Emma 15, John A. 13; WOOD, W. B. 38 (relationship omitted) (T GA T)
283. THOMAS, Hannah (B) 25 (T __ __), Mary 6 (dau), Ed 2 (son), Wm. J. 2/12 (b. Mar) (son)

Page 37, Dist. 8

284. HART, Jo (B) 26, Malinda 26; LEACH, George 9 (stepson)
285. WILLIAMS, Henry (B) 23 (AL AL AL), Malinda 31 (wife), Jessie 2, Charity 8/12 (b. Sep), William 12

Page 1, Columbia

1. WILLIAMS, Auston (B) 43 (GA GA GA), Easter 48 (wife) (GA GA SC), Ida 9, Saul 8, Bennie 2 (dau), Wahie? 16 (son), Cornelia 16, Smith 11
2. THOMPSON, Wiley (Mu) 24 (RR hand) (MS __ __), Nancy 24 (GA GA GA)
3. McCLAREN, Mary (Mu) 21 (dau) (MS T T), Georgiana 4 (dau) (T MS T), Sarah A. 2 (dau) (T MS T)
4. WHITTAKER, Richard (Mu) 41 (barber), Sallie 29 (wife) (bilious f), Henry 14, Archie 8, Virgal 3, Mary J. 1
5. WHITTAKER, Charles (B) 100 (father) (T NC NC)
6. BROWN, Dock (Mu) 45 (father) (VA VA VA), Eveline 41 (T VA VA), Mary 10, Anna 5, Johnson 2
7. BROWN, Charley (B) 30, M. 26 (wife), Gustie 11 (son), Joseph 9, Pulley? 8 (son) (internal ___), George 7 (internal ___), Caroline 5, Alexander 2, Albert 2/12
8. PROCTOR, Frank (B) 27 (brick molder) (GA GA GA), Mary (Mu) 22, Macy 11 (adopted dau), Wash 34 (boarder) (GA GA GA); IRVINE, Gilbert 51 (father) (huckster) (GA? VA VA), Adaline (Mu) 44 (wife) (T VA VA)
9. JOHNSON, Rafe (B) 55 (GA MD MD), Hanoretta 40 (wife) (AL MD MD), William 22 (GA), Walter 18 (GA), Peggy A. 14 (T), Artemesia 10, Ralph 8, Laney 6 (son), Gertrude 3
10. TERRY, Daniel (B) 50 (carpenter) (NC ___ ___), Sarah 30 (T VA NC), David 17 (son), Eddy 10, Anna E. 7, Lucrecia 6, James 1; THOMAS, Dacas 50 (boarder) (NC NC NC), Nelson 22 (relationship omitted) (T NC NC)

Page 2, Columbia

11. JOURDON, Chalotte (B) 30 (divorced); CRAIG, Alonzar 15 (niece) (consumption); JOHNSON, Wurray 6 (g dau)
12. JONES, Pelts (B) 40 (father)
13. HOLLER, Rena 22 (mother), Charley 8 (son) (T Eng T), Lilley 6 (dau) (T Eng T), William 4 (T Eng T), Nettie 1 (dau) (T Eng T); JONES, Berman (B) 15 (son), Annie 18 (dau), Josey 21 (dau)
13. HOLLER, Rena 22 (mother), Charley 8 (son) (T Eng T), Lilley 6 (dau) (T Eng T), William 4 (T Eng T), Nettie 1 (dau) (T Eng T); JONES, Berman (B) 15 (son), Annie 18 (dau), Josey 21 (dau)
14. WIGFALL, Frank (Mu) 26 (brick mason) (T __ __), Maggie 23, Anna 4, Robert 2
15. MOSS, Bazle (B) 65 (MD MD MD), Mary 54? (T KY T), Callie 18 (dau), Lizzie 11? (g dau)
16. JORDON, James B. 52 (carpenter) (VA VA VA), Ann 50 (NC NC NC), Allice 26, Lula 14; SHERRELL, Frank 26 (son in law), Ara 5 (dau)
17. SHEPPARD, William 34 (dentist) (T NC VA), Lucia 27, Maggie 9, Katy 7, Palmer 6, Ernest 3, Patty 1, Parthinia 74 (mother) (T VA VA), Fannie (B) 17 (servant) (childbirth)
18. WALLIS?, Albert (Mu) 54 (house carpenter) (T NC T), Sarah 48, James 15
19. WIGFALL, Frank (Mu) 50 (brick mason) (NC NC NC), Emly 46 (T __ __), Jennie 19
20. PATTERSON, Ann 68 (widow) (NC NC NC)

Page 3, Columbia

21. WILNER?, Eliga (B) 40, Mariah 25 (wife) (rheumatism), Sallie 9, James 5, William 2
22. ADKISSON, John 28 (plummer) (T __ __), Jennie 27 (T __ __), Lula 5, Ida 2; PATTERSON, Rose (B) 15 (servant)
23. DODSON, Caroline 39 (widow) (T NC T), Charlie 21 (T VA T), George 20 (T VA T), Lee 13 (T VA T), Mary L. 17 (dau in law); ADKISSON, Henry 26 (son in law) (plummer) (T __ __), Mattie 17 (wife) (T VA T)
23. DODSON, Caroline 39 (widow) (T NC T), Charlie 21 (T VA T), George 20 (T VA T), Lee 13 (T VA T), Mary L. 17 (dau in law); ADKISSON, Henry 26 (son in law) (plummer) (T __ __), Mattie 17 (wife) (T VA T)
24. FORSYTHE, Mary 36 (widow) (T NC T)
25. HARIS, Sam (B) 25 (RR hand), Caroline 30 (wife) (T VA NC)
26. JOHNSON, John 41 (fisherman) (T T NC), Mary 39 (T T NC), Martha 16
27. YOUNG, Arthur (B) 55 (blacksmith) (NC NC NC), Mary 55 (T VA VA)
28. TROTTER, James (B) 50 (T __ __), Cordelia 40 (wife) (MS MS MS)
29. THOMAS, Mary 52 (Wales Wales Wales); CAMPBELL, William 27 (son), Elizabeth 15 (dau)
30. BENTLY, George (B) 28 (T NC NC), Ella 26 (T AL AL), Dan 7, Albert 5, Monroe 4
31. FREERSON, Robert 35 (druggist) (T AL T), Lizzie 30 (T Ire T), George P. 6, Lena M. 2; MILLER, Callie 30 (B) (servant); CLATON, Laura 22 (servant); MILLER, William 40 (servant) (GA GA GA); McCURDY, George 25 (W) (boarder) (proscriptionist) (KY KY NC)
32. YEAST, Earnest 29 (telegraph operator (T Ire T), Nannie 30, Lizzie 6, Louise 4, Nellie 2; FRAZER, Mary (B) 23 (servant) (T T VA)

Page 4, Columbia

33. HUNTER, John 30 (clerks in store), Della 28, Cecil 4 (son); BEKENS, Emma 24 (sis)
34. WITHERSPOON, A. (B) 54 (stone mason) (T NC NC), Caroline 53 (KY VA VA)
35. BRYANT, _____ (B) 34 (widow) (T VA KY), Orange 18 (son) (T VA KY), Amona 16 (son) (T VA KY), Ella 10 (dau) (T VA KY)
36. NICHOLSON, Albert (Mu) 28 (works in stable), Mary 25 (T VA T), Florance 1/12
37. NICHOLSON, York (Mu) 62 (T __ T), Paulina 60, Allen 13 (g son)
38. MOLTON, Holly (Mu) 35 (AL AL AL), Ann (B) 35 (married within yr) (T T VA); SYKES, Marshall (Mu) 19 (son), Abraham 13 (son), Robert 13 (son); DUNSON, Adaline (B) 15 (relationship omitted) (T GA GA)
39. WHITE, John (B) 65 (blacksmith) (T VA VA), Matilda 60 (VA VA VA)
40. SMITH, Richard (B) 55 (stone mason) (T SC SC), Harriet 48, Ada 12 (adopted), Ida 12 (adopted) (MS T T)
41. CAMPBELL, D. 31 (carpenter) (T T AL), Athena 30 (wife), Albert 1
42. BARKER, Isaac K. 40 (huckster) (Russia Russia Russia), Sarah 43 (Russia Russia Russia), Jake 18 (Russia), Racheal 13 (Russia), Louis 9 (T), William 7, Mamie 3; YOUNGER, Kate 21 (dau)
43. ANDREWS, William 42 (hardware mcht) (T Ire Ire), Calodonia 43, James 21, William 20, Mary 18, Clara 16, Maggie 12, Dona 9, David 6, Edward 3; DAVIS, James (B) 20 (servant); WALLACE, Cordia (B) 16 (servant)

Page 5, Columbia

44. MARTON, Sallie 43 (widow) (T NC NC), Sallie 17
45. GILLESPIE, Dock 45 (painter) (T __ __), Josephine 39, Anna 22, Charly 18
46. LITTLE, George (Mu) 42 (huckster) (NY NY NY), Hagar 39 (T T VA), Rufuss? 13, Alice 11, Matt 10; PORTER, Mariah 62 (mother) (VA VA VA)
47. CHERRY, William 43 (waggon maker) (T NC NC), Mariah 39, Nelson 17, William 10, Octis? 8 (son); SURETTE, Larkin (B) 18 (servant)
48. BEGLEY, Sarah 45 (widow) (T Eng NC), John 25 (T Ire NC)
49. GARTNER, John 49 (blacksmith) (Ger Ger Ger), Anna 43 (T ME CT), John 26, Tenna 17, Lizza 14, Anna 11, James 8; BROWN, Ama (B) 40 (servant) (NC NC NC), George 52 (relationship omitted)
50. COOK, Mary 53 (widow) (T NC NC), Hugh 32 (plasterer), Fanna 19 (dau in law); BROOKS, Lizza 33 (dau) (dressmaker) (T NC NC), John 11 (son), Lelion 6 (dau); COOK, Sam 23 (son) (clerk in grocer), Matta 21 (dau); FITSPATRICK, Ella (B) 21 (servant)
51. WHITE, Pitts 35 (cabinet maker) (T VA VA), Susan 33 (T NC NC), Calvin 10, Callie 8 (dau), Ralph 4
52. WEBSTER, Albert 32 (clerk in store), Mary 31 (T Ire PA), Mary 9, Felix? 7, James 6, Sam 1

Page 6, Columbia

52. WILK, George 26 (bank clerk), Agnes 25 (T AL T), Samuel 1; CARMACK, Kate 45 (mother) (teacher) (T KY T); JOHNSON, Anna (B) 11 (servant); PARTEE, Dicie 55 (servant) (T NC NC)
53. WORTHAM, Elias (B) 25 (T __ __), Delina 18 (wife) (married within yr)
54. SLATON, Peter (Mu) 46 (carpenter) (T VA VA), Louisa 25 (wife) (T VA VA), Mary 7, Bennie 3, Arch 4/12, James 17 (T T NC), Simon 12 (T T NC)
55. PARTEE, Adderson (Mu) 40 (T __ __), Annie (B) 40 (T NC NC)
56. JOHNSON, Allice (B) 27 (T VA T), Carry 9 (dau) (T AL T), Sarah 7 (T AL T), Sarah 7 (T AL T), William 6 (T AL T), Haston 3 (T AL T); BROKER, Lucinda 22 (boarder) (T VA T)
57. COOPER, Hariet (B) 36 (widow), Marion? 10 (dau), Joseph 8, Emma 6, Fannie 4

Page 6, Columbia (cont'd)

58. SMITH, Horace (B) 60
59. KEMEY, James 33 (dry goods mcht) (AL __), Kate 23 (wife); BUMPAS, Lenart (Mu) 22 (servant) (T __); AUSBURN, Lavenia (B) 15 (servant); KEMEY, George (W) 24 (boarder) (attorney at law) (AL __)
60. LITTLEFIELD, William 34 (T KY? KY), Mary 29 (LA T LA), Bessie 10, Estien 9 (son), Elizabeth 52 (mother) (KY VA VA); PORTER, Bettie (B) 19 (servant)
61. SYKES, William 59 (attorney at law) (AL VA VA), Susan J. 54; GOLSTON, Harrice (B) (f) 22 (servant)
62. POLK, Mary 83 (widow) (NC NC NC); HEMPHILL, Frank 27 (son in law) (MS __ AL), Mary 26 (dau) (T NC MS); BOMAN, Mack (B) 35 (servant), Kate 30 (wife); WHIGLET, Kitty (Mu) 20 (servant)

Page 7, Columbia

63. PORTER, Mary 40 (widow), Lizza 18, William 16; CLEGGET, Jane (B) 46 (servant), Ida 11 (dau), Andrew 19? (son), Lou 7 (dau)
64. AKIN, Mary P. 21, Charley 19 (bro) (dry goods clerk), Anna L. 17 (sis), Clara B. 15 (sis); EMBY, Juley (B) 50 (servant)
65. MITCHELL, James C. 56 (minister Pres) (VA VA Eng), Nancy 48 (VA VA VA), Charley 21 (AL), Fauna 15 (AL), Virginia 11 (AL), Maude 9 (AL)
66. WATTERS, Sarah (widow) (Mu) 35 (T MD VA), Berton 6, George 4; CLAYET?, Ada 80 (mother) (VA VA VA)
67. PORTER, Clarah (B) 20, Charley 24 (husband), Willia 2 (dau); MACK, Millia 60 (mother) (T VA VA)
68. PILLOW, Elizabeth 61 (widow) (T T VA), Robert 28, Ella 22
69. DRAPER, Charly (B) 23 (AL AL AL), Jane 20, John 2, Anna 4/12 (b. Jan)
70. NEELEY, Mary (B) 24 (widow), Laura C. (Mu) 7
71. HILLIARD, William 33, Laurah 25 (T KY T); COUNT, Lou (Mu) 22 (f) (servant); ABERNATHA, Ada (B) 9 (servant)
72. LATTA, John 36 (citty marshall) (T NC T), Anna 32 (T NC AC?), Mertia 10, Freddy 9, Irene 5, Mamma 3, Kate 9/12 (b. Aug); CHERRY, Mary 76 (mother) (NC NC NC), Thomas 40 (son) (harness maker) (T NC NC); JOHNSON, Tenna (B) 25 (servant) (T T VA)

Page 8, Columbia

73. WHITGHT, Sarah 76 (widow) (T NC T), Eddy 33 (sine writer), Mary 30 (dau in law) (T NC T); ESQUE, Sallie 17 (g dau) (dress maker); WHITGHT, Ed 13 (g son), Lizza 9 (g dau)
74. TURPIN, Thomas 60 (carage manufacturer) (VA VA VA), Mary 49 (wife) (VA VA VA), Sarah (Mu) 68 (servant) (VA VA VA), John 21 (boarder) (VA VA VA)
75. BLACK, Louther 50 (mayor) (PA PA PA), Fannie 42 (T NC T), Mary 13, John 10; JONES, Anna (Mu) 22 (servant) (T GA LA); MACK, Emma (B) 13 (servant)
76. MAYES, Mrs. Mary 55 (widow) (T Ire NC), Nellie 13 (T T SC); PORTER, May 85 (mother) (NC NC VA); PENNINGTON, Cary 23 (servant); SPINDLE, Landon (B) 59 (servant) (carage driver), Jane (Mu) 50 (servant) (T __ T); BENCON, Jane 8 (servant)
77. EMBERY, Watts 29 (hardware merchant), Lelia 26, Wiley 4; MACKY, Janet (B) 41 (servant); ARMSTRONG, Feeby 28 (servant)
78. FLEMING, Thos. 34 (dept clerk), Leley 26, Julia 6; BAIRD, Julia 30 (sis), Sallie 22 (sis); PILLOW, Magga (Mu) 23 (servant)
79. WILSON, John 48 (claim agent) (crippled) (Canada __), Sallie 46 (crippled) (T VA T); WALES, Elizabeth 66 (mother) (T T NC); BROWN, Harrisse? (B) (f) 21 (servant)

80. STREET, James 31 (T NC T), Mary 24 (T GA T), Lucile 2, Wallace 6/12; BECKNELL, Mary 61 (mother), Margret 36 (dau), Laura 24 (dau); CARETHER, Sallie (B) 47 (servant), Josey 12 (dau); FRIERSON, Sallie 8 (servant) (T T KY)

Page 9, Columbia

81. STRAVINSKY, Leon 27 (grocery merchant) (Rushia Rusha Rusha), Flora 22 (T Rusha Rusha), Bennie 3 (KY), Lesley 1 (son) (T); ERENSTEIN, Mary 17 (boarder) (Prusha Prusha Prusha), Meyer 16 (boarder) (grocery clerk) (Prusha Prusha Prusha); FRY, Sarah 16 (border) (T Prusha Prusha); SYMINGTON, Mary (B) 21 (servant) (T __)
82. DORIS, Alexander 41 (florst) (crippled), Anna 36, Lena 14, W. H.? 9 (son), Mira? 7 (dau), Eunice 4, Allice 1
83. CANON, Harry (B) 53 (blacksmith), Emly (Mu) 48 (T NC T), Marindia 7, William 2; BLACK, William 4? (Orphant) (T AL T), Mary 1 (orphant) (T AL T)
84. JOHNSON, Ada (Mu) 25 (seamstress) (T VA T)
85. RITTER, Peter 48 (blacksmith) (OH OH OH), Elizabeth 44, Florance 19 (dressmaker) (coald), Harry 13 (dry good clerk), Mary 10
86. TRUETT, Wm. 41 (painter), Mary 34, Sella 7 (dau)
87. WILKINS, Dave (Mu) 45 (bank clerk) (T VA T), Sallie 24 (wife), Harry 8, Magga 6, Estell 1 (dau)
88. DALE, William 37 (dry good merchant), Margret 34, Frank 13, Andrew 11, Bessie 5; OGLESVIE, Nancy (B) 20 (servant)
89. SMITH, Albert (B) 29 (hotel porter), Bettie 31 (T __ T)
90. ADCOCK, Huston 40 (blacksmith), Magga 36, Wm. 20, Rufus 17, Lona 13 (son), Eugenia 11, Anna 7, Merty 5 (dau), Coral 3 (dau)

Page 10, Columbia

91. HACKNEY, James 65 (shoemaker) (T __), Jezabell 60 (T __); HUNTER, Jourdin 40 (son in law), Thos. 13 (son), Blank 11 (dau), Jas. 9 (son), Lena 6 (dau), Charles 4 (son); FULTON, Mary 35 (servant) (T __); HUNTER, Wm. 50 (boarder) (saddler)
92. TRUETT?, A. 38 (painter) (T T VA), Sallie 20 (wife) (T NC NC), Minnia 11, Nettie 6, Mattie 5
93. ALFORD, Ollea 58 (f) (straw worker) (NC NC NC); HAM, Anna 18 (niece) (dry good clerk), Janet 16 (niece)
93. PENIONN, Elizabeth 45 (NC NC NC), Mariah 42 (sis) (NC NC NC)
94. LAMBRITT, C. 36 (widow) (NC __), Lizza 16 (T __), PENIONN, Sarah 25 (niece) (T NC __)
95. WILKINSON, Cris (Mu) 25 (plasterer) (T VA T), Jennie (B) 25 (married within yr) (T __), Louise 60 (mother) (T NC NC)
96. WILKINSON, Jim (Mu) 25 (T VA T), Judia 21, PATTON, Aron 15 (orphan) (T __ T)
97. RICHARD, Thos. 29 (tinner) (T VA KY), Mary 24 (T VA Ger), Herman 7, Gertrude __, Racheal 1/12; RICHARDSON, Hellin (B) 8 (servant) (T __); BENNETT, Walter (W) 26 (boarder) (tinner) (Eng Eng Eng)
98. JOURDIN, Mary 56 (widow) (dress maker) (KY KY KY)
99. THOMAS, Henry 50 (VA VA VA), M. 34 (wife) (T VA KY), Charley 12 (India), Mary 10 (T), Henry 7, Adda 6, John 1
100. STUART, Louise 40 (widow) (T NC NC), Mollie 16
101. VOSS, William 32 (grocer) (T NC NC), Anna 25 (T NC NC), Lena 5, Edner 3 (dau), Auston 2, Lou 21 (sis)

Page 11, Columbia

102. THOMPSON, Almo (B) 32 (barber) (T ___), Sarah 20 (wife), Almo 10/12; MORGAN, Allis 39 (mother)
103. LAWLER, Joseph 32 (drugist) (T KY T), Minnie 30 (T NC T), Joseph jr. 9, William 5, Minnie 3, Daisey 1; AKIN, Florance (B) 17 (servant)
104. TUCKER, William 37 (engineer), Mary 27 (wife), Hermon 5, Horace 9/12?
105. GREEN, Jourdan 26 (dry good clerk), Nettie 23, Magga 2; FOSTER, Mollie (B) 40 (servant) (SC VA VA)
106. TUCKER, William 69 (retired merchant) (T VA VA), Mary 56 (wife) (T SC SC)
107. DEREBERRY, C. 36 (boot & shoe clerk), Mary 29 (wife), Marshall 8, Homer 6, Perle 4 (dau)
108. FLEMING, Wm. 64 (chanler) (T SC SC), Ruthe 53 (wife) (T NC VA); DUNINGTON, John 47 (son in law) (coal dealer) (KY MD MD), Susan 35 (dau)
109. HOLDON, Rufe 47 (grocery) (T KY T), Margrett 44 (T GA GA), Jeffie 17, Sanoma 12 (son), Minna 10; PORTER, Lizza (Mu) 19 (servant)
110. MAYS, Ellin 62 (widow) (T Ire KY); FRIERSON, Mary 21 (g dau); PRESTON, Susan 45 (sis) (T Ire KY); FRIERSON, George (Mu) 27 (servant); FREEMAN, Fannie (B) 30 (servant); KENNEDY, Mary 20 (servant); FREEMAN, Minna (Mu) 11 (dau)
111. FRIERSON, Horace 36 (dry good merchant), Janna 28 (LA NC T), Luther 4, Lena 2; OREEN?, Mary (Mu) 70 (servant) (NC NC NC); BOOKER, Hattie (B) 20 (servant)

Page 12, Columbia

112. McEWEN, Sam? 29 (merchant), Margret 25 (T NC T); KINZER, Mary (B) 35 (servant); BELL, Erma 26 (servant)
113. OWEN, Obedia 44 (dry good merchant) (T VA VA), Margret 38 (T NC T), Mary 11; THOMPSON, Clara (B) 55 (servant) (AL AL AL); SANDERSON, Sarah 17 (Mu) (servant) (T ___)
114. DUNLAP, J. L. 54 (keeping borders) (T SC SC), Mary 52 (T SC SC); CARMACK, Sam 23 (son in law) (bank clerk), Sallie 21 (dau); FLEMING, Knox 32 (border) (cashier in bank) (___ ___), Kate 18 (wife) (married within yr); PETERS, Ella (Mu) 21 (servant) (MS NC VA); BRADEN, Jane 50 (servant)
115. THOMPSON, Sarah 39 (widow) (T PA T), John 19 (telegraph operator), Clara 14, Alfred 12
116. YETCOME, Hiram 57 (drugist) (ME ME ME), E. R. 45 (wife) (acute reumatic) (VA Ire VA), Jos. A. 23 (drug clerk); SMITH, Hannah 44 (servant) (T ___)
117. ROBERTS, Jan M. 26 (painter) (T NC NC), Susan 21 (wife) (T ___), F. W. 2 (son), I.? P. 6/12 (m)
118. WELKS, Nathan 44 (attourna) (NC VA NC), Ocenad? Y. 34 (wife); BAIRD, Mary 32 (sis) (teacher), Allice 17 (sis); GOOLOW, Sarah (B) 25 (servant); KINZA, Rana 25 (servant); WELKS, Jas. 33 (servant)
119. EDMONSON, A. 58 (widow) (T Ire NC); ARMSTRONG, F. G. 39 (dau) (widow), Anna 18 (g dau), Minnia 15 (g dau), Harry 13 (g son), Charley 10 (g son); PORTER, Mary 23 (Mu) (servant)
120. NICHOLS, Henry 27 (attourna), Lanorah 24 (T Eng Eng), Loue 1 (dau); MADEY, Tenna (B) 18 (servant) (T T VA), Anna 13 (servant) (T T VA)

Page 13, Columbia

121. DALE, Wm. J. sr. 69 (fire & life ins agent) (widower), James T. 36 (dry goods clerk); FIGUARS, Harden 30 (son in law) (attny), Lelia 27 (dau); DALE, Alford 22 (son) (fire & life ins agt); WITHERSPOON, Charly 28 (son in law) (attny), Anna 24 (dau); PERKINS, Mary (B) 25 (servant); SMITH, Norah (Mu) 10 (servant)
122. MORGAN, Louiza 63 (widow) (T Ire NC), William P. 37; DOBBIN, Sadie (B) 36 (servant)
123. FRIERSON, Laush? 40 (cashier of bank), Sarah K. 35, John M. 8, Samuel D. 6, Lucus 5, Love P. 2 (dau); COTHRON?, Roads (B) 36 (servant); COLLINS, Sallie 40 (servant), Ella 13 (servant)
124. DUNINGTON, Ella 45 (widow) (KY KY KY), Lucile B. 28 (T KY KY), Copley E. 21 (T KY KY), LANDER, Frank 25 (nephew) (attorna) (KY KY KY); CAMPBELL, Lizza (Mu) 21 (servant); JOHNSON, Henry 27 (servant)
125. FRIERSON, Jim (Mu) 27 (carpenter), Adline 24, Lucile 13, Albert 10, Lelia 7
126. MAYES, Marshal 53 (retired merchant) (T SC SC), Willia B. 41 (wife) (T NC VA), W. C. 18 (dau), Waker M. 16 (son), Annie 12, Cheair 4 (son), Rebecca 3/12; GANT, Loucinda (B) 61 (servant) (merchant) (T VA VA); BOOKER, Mahaley 56 (servant) (NC NC NC); BLAIR, Ellen 23 (servant); ARMSTRON, D. (f) 20 (servant)
127. PILLOW, Dr. A. L. 60 (phison--physician) (T NC VA), Evan 31 (son) (sircett clerk), Eugena 28 (son) (fire insurance); FRANKS, Sarah (B) 35 (servant) (GA GA GA), Ed 12 (servant)

Page 14, Columbia

128. BRANCH, Mary P. 47 (widow) (NC NC NC), Mary P. 19 (T NC NC), Lawrence 17 (clerk in store) (T NC NC), Lucie 15 (T NC NC), Jo G. 14 (T NC NC); TOWLER, Liza (B) 33 (servant), Tenna 15 (servant)
129. COOPER, Henry 53 (widower) (attorna) (T SC SC), Sarah 21; FRIERSON, Edith (B) 35 (servant) (AL AL AL), Lucil 10 (servant), Segar 10 (servant)
130. FRIERSON, James (B) 54 (T VA VA), Margret 43 (wife) (T VA VA), Morow 14 (son), John 10, Brady 2
131. FRIERSON, Laura 53 (T SC T), J. W. S. 41 (bro) (retired merchant) (T SC T), Mary J. 34 (sis in law), James W. 7 (nephew) (LA T T), Andrew 5 (nephew); PATTON, Tennie (Mu) 38 (servant), Brady (B) 54 (servant) (AL AL AL); GORDON, Ella (Mu) 14 (servant)
132. EMBRY, W. J. 32 (m) (dry good merchant)
133. WHITE, Mary A. (Mu) 47 (widow) (SC SC SC); ROADS, Sallie 8 (adopted)
134. HOLDMAN, N. 45 (confectionary) (T NC NC), Nannie 35 (wife) (millinary) (T NC NC), John 17 (clerk in store); SKERIMER, Fellis 40 (boarder) (baker) (OH OH OH)
135. TOWLER, Dr. J. M. 57 (physician) (Eng Eng T), Cathran 54 (wife) (T NJ NC), Mary (B) 50 (servant) (T NC NC)
136. HARLAN, Dr. B. J. 31 (m) (physician) (T KY KY)
137. FRANKLIN, John 19 (guinsware? clerk) (T VA T)
138. OWENS, D. H. (m) 33 (dry good clerk) (T VA VA)
139. FRIERSON, John 21 (drug clerk)
140. McLAUGHLIN, Jo 48 (taylor) (Ire Ire Ire)
141. PREWITT, H. K. (m) 22 (boot & shoe clerk) (MS MS T)

Page 15, Columbia

142. ROSE, Wm. A. 23 (dry good clerk); LONY, Wm. B. 24 (dry good clerk); WALKER, John E. 23 (dry good clerk) (AL NC AL); GORDON, Tan? (m) 16 (dry good clerk)

Page 15, Columbia (cont'd)

143. GIBSON, W. A. (m) 25 (dry good clerk) (KY KY KY); ROSENBERG, G. A. 31 (m) (dry good merchant) (PA GA GA)
144. MAYS, M. C. 35 (widower) (hotel keeper); WOLDRIDGE, Walter 23 (drugist); CHILDRES, J. B. 38 (gentleman); ORMAN, Henry 16 (hotel clerk); CRAFTON, Wm. S. 46 (dept clerk); ORMAN, J. S. (m) 25 (asst hotel prop.); BUCKANAN, Wm. 25 (blacksmith) (PA PA PA); KERSEE, Thos. W. 63 (retale merchant) (VA VA VA), Narcissa 52 (wife); INGRAM, W. P. 55 (banker) (KY VA VA); SHEPARD, N. B. 40 (drummer) (VA VA VA); PHILLPS, W. J. (m) 45 (dry good merchant) (T __ __); HAIMES, W. R. (m) 66 (retired planter) (KY MD MD); PORTER, Miss Ella 24 (boarder); MOORE, Florance 23 (boarder), Henry 6 (son); PLEDGAIR, A. E. (f) 50 (boarder) (SC SC SC); DODSON, R. P. 35 (hotell propr.) (T NC T), Lorarela 26 (wife); PULLIAN, Eliza (Mu) (servant) (T __ T); PORTER, Sallie (Mu) 17 (servant), Betsey 1; BOWEN, Pauline 41 (servant) (SC SC SC)
145. POLK, L. J. 27 (m) (livery ___) (T NC NC); GREGG, John 19 (transfer driver) (OH OH OH)
146. BROWN, John (Mu) 70 (barber) (VA VA VA)
147. TAYLOR, Jas. C. 24 (drug clerk) (T VA KY)
148. WHITE, George 30 (clothing salesman) (T VA T); McCRORY, Charles 43 (taylor)
149. NICHOLS, A. J. (m) 28 (grocery clerk)
150. TUCKER, F. J.? (m) 27 (grocery clerk), E. A. (m) 18 (grocery clerk); ALFORD, Wm. H. 18 (butcher clerk); JONES, C. W. (m) 24 (painter) (relationship omitted on above individuals)
151. ALLEN, Ben N. 18 (dry good clerk)
152. VOORHIS, Ned (Mu) 40 (stable hosler) (T __ T)
153. COHEN, Michal 32 (grocer) (VA Ger Ger)
154. YARBRA, Sam (B) 35 (brick mason) (AL AL AL)
155. VOON?, Frank (B) 70 (VA VA NC?)
156. MALLERY, P. W. 40 (hotell clerk) (NC Ire Ire), Mary 28 (wife) (KY Ire Ire), Sarah 12 (dau) (OH), E. T. 10 (son) (OH), B. A. 2 (son) (T)

Page 16, Columbia

157. PILLOW, Joseph (B) 56 (plasterer) (MD MD MD), Rosetter 55 (wife) (VA VA VA)
158. KISON, Kitty (B) 56 (VA VA VA), Rachal 7 (stepdau) (T VA VA), Lizzia 5 (stepdau) (T VA VA); CARETHERS, Marlin 52 (boarder) (T T VA)
159. JOHNSON, Marchal (B) 39 (widow) (T NC T); HODGUS, Tenna 13 (dau) (T LA T), Jenny 13 (dau) (T LA T), Wm. 9 (T LA T), Susan 5 (dau) (T LA T); ROBB, Wm. (Mu) 4 (orphant)
160. LIPSCOMB, S. (B) 40 (widow) (T __ __), Anna 20, Kate 18, Susan 6, Beral 3 (son)
161. HARWELL, King (Mu) 24, Allice 24, Wallice 4 (dau), Lucina 1/12
162. CANNON, Geley (B) 36 (widow), Tetney 15 (son), Netty 10, Rodgers 7
163. JONES, Tempy (B) 27 (widow) (T __ __); WELB, Adda 8 (dau) (T GA T); JONES, Moses 5, Carry 1
164. FOSTER, Mollie (B) 38
165. MALONE, Mollie (B) 45 (T T __0
166. SMALL, Wm. 58 (carage workman) (PA PA CT), Mary J. 47 (wife) (NY CT CT), Charley 21, Magga 20, Manny? 7 (dau)
167. ROBERTS, Martha 64 (seamstress) (NC VA VA), HOLMAN, Sarah 38 (dau) (NC NC NC), Ada 10 (g dau) (T VA VA), Wm. 8 (g son) (T VA NC), Henry 3 (g son) (T VA NC); ROBERTS, Mary 41 (NC VA VA) (dau), Henry 30 (son) (tinner) (T VA NC), Franklin 21 (son) (varnisher) (T VA NC)
168. BOOKER, George (B) 60, Jane (Mu) 35 (wife) (coaled)
169. CAMPBELL, Carline (B) 50 (widow), Cely 20, Carter 9 (orphant); WILEY, Willie 8 (orphant); CAMPBELL, Lousa 10 (g dau); BLAIR, James 15 (boarder) (f--sic)

Page 17, Columbia

170. DOERT?, Robert 22 (asst clerk) (MD MD MD)
171. HERNDON, Frank 30 (asst clerk)
172. PINION, George 39 (carpenter), Nanna 37 (T VA KY); RUSSELL, James 16 (son), John 14 (son), Rosana 12 (dau), Pollie 59 (mother) (KY KY KY)
173. LINCOLLEM, Mary 33 (seamstress), Janney 9 (dau), Johnna 2 (son); RUSSELL, Susan 28 (pardner) (T ME T)
174. ELLISON, Aron (B) 28 (baker) (T __), Ida? 19 (wife), Gurtrude 2; MILLER, Liddy 77 (mother) (NC VA VA)
175. DUKE, Nancy 49 (widow) (T __ T), Mattia? 25 (billious fever), Sallie 16, Mattie 5 (g dau)
176. SHAVOR, Sarah 25 (AL GA GA)
177. OGLEVY, Anna 21, Jessey 1 (dau?)
178. SIMES, Vady 23 (f) (T T SC); GOODMAN, Deny (f) 23 (relationship omitted)
179. CARTER, Rebeca 75 (widow) (T NC NC), John 25 (T NC T), Liddia 30 (T NC T), Prissiler 32 (T NC T)
180. ALLEN, J. C. 36 (seamstress) (T SC SC), S. E. 16 (dau)
181. AKIN, Louzena (B) 60 (widow) (VA VA VA); WILLIAMS, Sarah 35 (dau) (T VA VA), Carry (Mu) 11 (g dau) (T VA VA); AKIN, Sallie (B) 25 (dau) (T VA VA), Marth 18 (dau) (T VA VA)
182. BULLARD, Jas. (B) 53 (carpenter) (GA VA SC), Anna 45, Eliza 14
183. CHAPIN, Albert (B) 55, Talitha (Mu) 26 (wife), Ryley 7, Pattie 4; HOSLEY, Lousinda (B) 53 (relationship omitted) (VA VA VA)
184. LONG, Lucresy 52 (widow) (T T VA), Rebeca 21
185. COCKRIL, E. 24, Callie 25 (wife); BROWN, Hamminn? 12 (dau); COCHRAN, Clarah 4 (son--sic), Genie 1/12 (b. May)

Page 18, Columbia

186. COCHRAN, Eda 50 (widow) (T KY T), Bettie 19 (T KY T), Liddia 18 (T KY KY); SWEET?, Mary 15 (dau) (T KY KY); BROWN, Allice 32 (boarder)
187. LACKEY, Magga 23 (AL __ AL); LANEY, M. 35 (widow) (relationship omitted) (TX Ire __), Janey 16 (relationship omitted) (SC SC SC)
188. LANOR, Barbra 25 (T __ SC); HOUGHF, Janna 28 (relationship omitted)
189. BURGUS, Carry 30 (f); ASHTON, Jessey 31 (KY KY KY); CORNELL, Agness 27; ASHTON, Lilia 14 (T IN KY) (relationship of these 4 women omitted)
190. WOOD, Elizabeth 50 (widow) (Eng Eng Eng), John F. 26 (son?) (plasterer) (NY Eng Eng), William 19 (son? (T Eng Eng)
191. McDONAL, Elizabeth 70 (widow) (AL T T), William 26 (carpenter) (T NC AL); MADDON, Monroe 33 (son in law), Lenorah 30 (dau) (T NC AL), Corah 9 (g dau), Nancy 6 (g dau), William 3 (g son), infant 2/12 (g dau)
192. ETRIDGE, J. P. 28, Lucresy 33 (wife), Eliga 10, W. G. 56 (father) (T NC NC)
193. WADKINS, Lonas (Mu) 38, Susan 35, Eliza 15, Jane 13, William 11, Anna 9, Aron 7 (dau), Emma 4, Etha 6/12 (b. Jan)
194. HARRIS, Wick (B) 33, Allice (Mu) 34 (wife), Bud 14, Jas. 12, Mathew 8, Robert 1
195. FERGERSON, B. W. 36 (shoe maker) (T NC T), Mary 47 (wife) (T NC T), Meredith 15, Arela 13 (son), Wm. T. 10, Ada P. 9, Charly R. 6, Lecuraza 4 (son)

MAURY COUNTY

Page 19, Columbia

196. STONE, Mark (B) 75 (T __ __), Mira 70; MAXWELL, L. 11 (orphant); STONE, Mary 4 (g dau); CLEAVLON, Judia 20 (staying), Ella 6 (dau); Cassa 3 (dau)
197. WOOD, William 68 (machinist) (MA MA MA), Henry 65 (CT CT CT)
198. WOOD, Alonzo 30 (machinist) (T ME CT), Mary 24 (T __ T), Ama 4, Lebia 2, Ella 6/12 (b. Dec); KIZER, Rachal (B) 8 (servant)
199. CANE, Elizabeth 65 (widow) (VA VA VA); SCRUGS, Allice 17 (niece)
200. PORTER, Wm. C. 68 (omnibus driver) (T NC NC), Martha 57 (wife?) (T VA VA), Medorah? 38, William 30 (crocer clerk), Ellan 26, Charley 21, Walter 15
201. WORTHAM, Alfred (Mu) 25 (hosler), Mary 26, Nellie 2/12 (b. Mar); SMITH, Mary (B) 13 (servant) (AL AL AL)
202. DOWELL, J. B. F. 45 (police officer) T VA NC), A. D. 29 (wife) (T AL T), Mary 10
203. DOBBINS, J. D. 27 (hardware clerk) (m) (T LA T)
204. MAYS, Jas. 29 (grocery clerk) (T T AL); STEPHENSON, C. 23 (pardner) (grocery clerk)
205. CHAFFIN, W. T. 28 (m) (retired merchant)
206. GREEN, Ed (m) 24 (grocer clerk)
207. SELLERS, J. J. 32 (m) (grocer clerk)
208. SAWYERS, S. C. (m) 21 (boot & shoe clerk) (Poland Poland Poland)
209. IRWIN, Robert 26 (drug clerk) (T KY T)
210. GROSS, Solamon 31 (dry good merchant) (Ger Ger Ger)
212. McKAY, R. M. 29 (attorney)
213. PICKINS, Thos. J. 59 (carpenter) (T SC GA)
214. HUNT, Bertton? 23 (grocery clerk)
215. VESTAL, A. D. (m) 28 (grocery clerk)
216. CRADDOCK, E. A. 24 (m) (printer) (VA VA VA)

Page 20, Columbia

217. ADLER, Leon 21 (dry good clerk) (Ger Ger Ger)
218. COLBURN, T. J. (m) 48 (counstable) (T VA T)
219. FRIERSON, G. P. (m) 39 (attorna) (T SC T)
220. HARRIS, Webster 17 (jeweler)
221. GANT, Walter 18 (grocery clerk) (MS T T)
222. FLEMING, J. F. (m) 30 (grosey), Whitney 26 (croser); MERPHA, Isack 17 (relationship of these individuals omitted)
223. CHAFIN, Sol (B) 29 (T T AR)
224. RUTTLE, Michal 53 (merchant) (CW CW CW), Wm. 18, Mary 14; HARRIS, Sallie (B) 26 (servant)
224. TAYLOR, W. C. 28 (attorna) (m) (KY KY KY); CARMACK, G. W. 21 (m) (attorna) (T MS T) (relationship omitted)
225. HENDLEY, F. J. 45 (m) (bookkeeper) (T SC SC), G. A. 38 (wife) (millner) (PA Eng Eng), Willie 19, M. E. 18 (dau), Celia 14, Owen 11, Louisa 6, Ethell 3; JAMES, Elizabeth 65 (mother) (dress maker) (Eng Eng Eng); COCHRAN, H. B. (m) 33 (merchant) (T MD T), Mariah J. 24 (wife) (T Eng Eng), Bruce 2 (son), Lizza J. 8/12 (b. Oct) (dau); BRADSHAW, Lou (B) 30 (servant?); HENDLEY, G. (W) 26 (sis) (milner) (T VA NC); CLAGETT, Bet (B) 25 (servant)
226. EVANS, Henry G. 37 (merchant) (T NC NC), S. W. 33 (wife) (T VA T), F. W. 9 (son), Mary 7, W. W. 4 (son), H. G. 2 (son), Ama F. 5/12 (b. Dec); WILKS, Sarah (Mu) 35 (servant) (T MD MD), Allice 10 (dau?), WINGFIELD, Selina (W) 77 (border) (SC SC SC)
227. IRVIN, Junson (B) 27 (grocer), Mary 26, M. J. 6/12 (b. Nov) (dau); WILLIAMS, Lucile 9 (servant)
228. WIM?, Mary (Mu) 32, Cornelia 18 (dau) (AR AR AR), Davis 9 (dau) (T T T); HARRIS, Jessy 6 (son); FREEMAN, Caroline 65 (mother) (VA VA VA)

Page 21, Columbia

229. STEPHENSON, Jannie (f) 22 (B)
230. GRAY, Dr. A. W. (m) 25 (dentist) (T T VA); SOUTHALL, P. H. (m) 26 (attourney) (relationship omitted)
231. CHILDRESS, George 30 (RR superintendent), Nattie K. 23 (T VA T), Sallie 10/12 (b. Aug); PARKS, Dorah (Mu) 20 (servant)
232. KUHN, Ed 55 (manufacture) (VA PA VA), Florah S. 44, Mumfred 13 (son), Ireane 11, Florah Edward 5, W. Hulett 3
233. RAINES, T. B. 48 (m) (druggist) (T KY T), M. E. 44 (wife) (T VA T), Thos. B. jr. 18 (drug clerk), Ares 20 (son) (drugist), Hettie T. 21 (dau in law); MOORE, Millie (Mu) 38 (servant) (T GA GA), Kate L. 17 (servant); BROWN, Ben 40 (servant)
234. WATKINS, F. H. 64 (widower) (VA VA VA), Robert W. 23 (boot & shoe merchant) (T VA T); ARNDREWS, James (B) (f) 40 (servant), Eliza 17 (servant); YOUZE, Watkins (Mu) 70 (servant) (T SC SC)
235. DORSETT, Dr. W. C. 38 (physician) (MD MD MD), Jane M. 32 (wife) (T NY SC), Marian D. 7 (son), H. B. 5 (dau); FATH, F. A. 16 (servant) (GA Ger Ger); DORSETT, Harriett 72 (mother) (MD MD MD)
236. ANDREWS, Jam H. 36 (merchant) (T Ire __), Johnna 32 (wife) (T KY T); FIERSON, Laura (Mu) 25 (servant); WIGFALL, Frank 7 (relationship omitted)
237. SMITH, R. D. 38 (atheneium principal) (T VT VA), M. J. 33 (wife) (asst teacher) (T NC T), H. F. 12 (son), Frank G. 10, Emma 7, Wm. A. 35 (bro) (professor in school) (T VT VA), Clara 33 (sis in law) (MS MS MS), Fannie L. 3 (niece) (MS T MS), Clabern 1 (nephew) (AR? T MS), Carrie 22 (sis) (teacher) (T VT VA); HOSEA, Fannie P. 39 (sis) (T VT VA), F. L. 13 (niece) (OH AL T), S. D. 12 (niece) (T AL T), Leda 5 (niece) (OH AL T); MACKENZA, J. J. (f) 45 (boarder) (others below with relationships omitted were listed as boarders) (asst teacher) (Washington DC Scot PAP; ADAMS, J. B. (f) 45 (asst teacher) (VA VA VA); THOMAS, Kate 35 (asst teacher) (T NC T); McKINNEY, Emma 38 (asst teacher) (T NC? T); Maggie B. 12 (T VA T), Robb 9 (T VA T), Kate 7 (T VA T); CRAPSKE, N. B. (f) 30 (teacher) (T T KY), Beancie 10 (T Poland T), Bennie 8 (T Poland T), Anne C. 6 (T Poland T), Louise 3 (T Poland T); KETCHUMM, A. C. (f) 55 (teacher) (KY Eng VA); ODUM, M. C. (f) 21 (teacher) (T GA T), Mary 14 (TX GA T); IRWIN, C. L. (f) 45 (teacher) (T GA NC); HARRIS, M. L. (f) 18 (MS VA LA); McCLURE, Anna 18; ROBERTS, W. J. (f) 17, Navore? 17; KITTRELL, Lizzie 18 (AR NC T); JOHNSON, Miama 18, Emma 16; ROBERTS, Laura 17; JONES, Gertrude 17 (T T GA); HAMPTON, Cynthia 19 (AL AL AL); KITTRELL, Anna 16 (AR NC T); STILL, Anna 17 (MS MS LA); HORD, Carrie 16 (MS MS MS); ALLMAN, Mattie 18 (T MS T); THURMOND, Mary 16 (MS SC T); BOWDREW, Anne 16 (GA GA GA); STREAKLAND, Ida 17 (MS NC MS); BROWER, Lily 16 (MS VA MS); MOORE, Anna 15; HARRINGTON, Lula 15; BROWN, Lula 14 (MS MS LA); HUNTER, Lizzie 15 (MS VA NC); BOBO, Mary 14 (MS SC SC), RAMEY, Susee 13 (MS MS T); SMITH, Estelle 12 (TX T TX); VAUGHN, Lana 11; COCKE, Celia 17 (MS MS VA); BRYANT, Ida 15 (T NC T); EDENS?, C. (f) 16 (MS MS T); STRANDS, Ada 14 (SC SC SC); ST. CAIE?, Mag 13 (MS MS T); CHURCH, Caroline (B) 35 (servant), Janey 1 (dau?, Orsban 30 (merchant sedler)

Page 23, Columbia

238. THOMPSON, Yance (B) 51 (T VA VA), Julia 38 (wife?), Mary 17, Curley 1, Fauna 15, Dorah 12
239. HOUGLIF?, Lewis (B) 50 (wagoner), Julia 45 (wife?), Sherman 10

Page 23, Columbia (cont'd)

240. SHEPPARD, L.? (Mu) 46 (m) (GA GA GA), Susan 35 (wife?), John 12, Sallie 9, William 6 (invalid); MAIYS, Sidney (B) 70 (father) (T SC SC); PILLOW, Charity 50 (servant)
241. JONES, Alfred (B) 35 (GA GA GA), Nellie 40 (wife?), Martha 9
242. POLK, Rubin (Mu) 75 (VA VA VA), Laney (B) 55 (wife)
243. BECKETT, Dr. Geo. 61 (principal of the institute) (Eng Eng Eng), E. A. 59 (wife) (KY VA VA); ESTAVE, L. 45 (boarder--and all others below whose relationship not given were also boarders) (teacher) (Fr Fr Fr), Mary 17 (NY Fr Fr), Leonora 15 (KY Fr Fr); PRESTOW, E. (f) 31 (teacher) (KY KY MS); HOLMES, Bettie 40 (teacher) (Ire Ire Ire); BOWLES, Margrett 35 (teacher) (KY KY KY); BRYANT, Mary 25 (teacher) (KY KY KY); MIGNECKE, E. 28 (f) (teacher) (Ger Ger Ger); ATTLEY, Emma 19 (MS Eng MS); TULLIS, D. (f) 16 (LA LA LA); MOORE, Cary 15 (LA LA LA); SANDERS, Adah 15 (LA LA LA), Laura 13 (LA LA LA); VENTRISSE, A. (f) 15 (LA LA LA); DUSSOM, Mary 13 (MS MS MS); WARD, Cher (f) 13 (MS MS MS); BRISTOW, Panlimo? (f) 18 (KY KY KY); POLK, Elsen (f) 15 (LA LA LA); HELMS, Maima 16; STEPHESON, Camile 26 (KY KY KY); Elleana 7 (KY KY KY); TILMAN, Magga 19 (servant) (OH Ger Ger); GRESKE, Lizza 16 (servant) (MD Ger Ger); WEBSTER, Jim (B) 14 (servant); STEWART, Bell (W) 16 (servant); ASHFORD, Mary 36 (servant) (MS MS MS); FRIERSON, Rachal (B) 58 (T SC SC), Manesere 23 (servant); PARKS, Rachal 88 (servant)

Page 24, Columbia

244. THOMAS, Gorg L. 29 (retired planter) (NY NC NY), Norah C. 28 (T NC GA), Raula L. 5 (son), Anarella 52 (mother) (GA VA GA); MITCHEL, Ellen (B) 29 (servant); JONES, Albert (Mu) 18 (servant); PILLOW, Ann 46 (servant?), Aron (B) 50 (relationship omitted) (rock mason)
245. HORSLEY, Alfred S. 45 (editor) (T Eng NC)
246. DAVIS, W. D. 66 (sherif) (T ___), L. M. 47 (wife) (NC NC NC); GUSSET, R. H. 32 (son in law) (turn key), Susan W. 23 (dau) (seamstress), Laneora 1 (g son); DAVIS, Scott 18 (son), Jos. J. 13 (son), Antnett 6 (dau); SOWELL Ann (Mu) 35 (servant), Paralee (B) 15 (servant), Carah 8 (servant); GRIMES, Wm. M. 45 (W) (this person & the following were all prisoners) (T NC VA); JAMERSON, R. B. 30 (T KY KY); RATCLIF, S. R. 23 (T SC T); HOPWOOD, R. M. 20; PILLOW, Jean (B) 31 MOORE, Alfred (Mu) 28; STOCKARD, Frank (B) 31 (MD MD MD); WEBSTER, Jim (B) 21, BLEWING, John (Mu) 54 (VA VA VA); BELL, John (Mu) 28; SOUTHALL, James (B) 24 (T ___ VA); KINCADE, George (B) 24; NEELY, Riley (B) 28; WEBSTER, Sam (B) 16; FLEMING, Walter (B) 30; PEAKE, Marton (W) 34 (NC VA VA), LINSEY, A. J. 47; RATCLIFF, N. W. 28; RATCLIFF, E. N. 58 (NC NC NC); BARIONGER, L. 29; ANDERSON, Wm. 28; CANTRELL, C. B. 51 (T SC SC); COOK, M. D. 35 (KY T T); KENNEDY, Sam 35 (KY KY KY); WILLIAMS, July (B) 22 (KY KY KY) (all the prisoners except July above were male)

Page 25, Columbia

247. STANFORD, A. L. 30 (painter) (PA PA PA)
248. SAMUELS, S. 21 (grocer) (OH Prussha Prusha)
249. GUEST, J. L. 61 (T VA VA), J. A. 52 (wife); ERWIN, E. E. 31 (son) (account clerk), H. P. 20 (son) (harness maker); GUEST, Joshua 22 (son) (printer), Wm. J. 19 (son) (butcher clerk), J. H. 9 (son);

249.--cont'd

ERWIN, Porter 6 (son); TUCKER, J. T. 49 (boarder) (grocer) (m), Mary 45 (boarder) (hat trimmer); BURCH, A. B. 43 (boarder) (m) (livery clerk) (NY NY NY); STONE, Lucil (B) 54 (servant); BROWN, Catherine (Mu) 40 (servant); PERKINS, Hilyard 26 (servant) (AL AL AL), Cinthia 23 (servant), Sada 1 (dau) (T AL T); PINKERTON, Fancy 44 (servant) (T ___ AL); HOWARD, Rusell (B) 7 (orphant), Loula 5 (orphant); COOPER, H. H. 27 (boarder) (W) (sewing machine agent) (LA SC Fr)
250. MOORMAN, Dr. H. A. 32 (druggist) (KY KY KY), Emma 26 (wife) (KY KY KY), Mittie 5 (KY)
251. GROSS, Henry 40 (dry good merchant) (Ger Ger Ger), Jemitten? 36 (wife) (Ger Ger Ger), Leon 13, Emil 10, Mosey 7 (son), Ross 5
252. JOHNSON, Wm. 55 (dentist) (AL NC NC), Martha E. 50 (T VA T), DEW, Nettie 17 (adopted), Rebeca G. 79 (mother) (T NC VA); ELUM, Sallie A. 40 (relationship omitted) (T (Ire PA)
253. ELIM, W. R. 43 (m) (merchant) (VA VA VA), Mama 13 (dau) (T VA T), Willin 11 (son) (T VA T), Walter 10 (T VA T), Jame 7 (son) (T VA T), Eliza 5 (T VA T), Ernest 3 (T VA T)
254. EDDY, Marom 45 (carpenter) (NY NY NY), Annie 40 (Ger Ger Ger), Charley B. 14, Hellin 11, Harry 7
255. McGAW, J. P. 58 (widower) (livery? business) (SC NC NC), Miss Millie 23 (T SC T), Jno. 18 (son) (bookkeeper) (T SC T); ELAM, J. J. 36 (son in law) (fire & life agent) (VA VA VA), Lanna? M. 27 (dau) (T VA T), James A. 3 (g dau--sic) (T VA T); SMITH, Tennia (B) 30 (servant); GORDON, Russell (Mu) 5/12 (b. Jan) (relationship omitted); FOSTER, Lizza (B) 11 (relationship omitted)

Page 26, Columbia

256. BROWN, Dr. Wm. H. 51 (widower) (physician) (T NC NC), John P. 27 (son in law) (T NC T), Maggie 17 (dau) (T T VA), Martha 70 (sis) (T NC NC); BOOKER, Mirah (B) 25, Wm. 5
257. THOMAS, John (Mu) 40 (waggoner), Harriet 35
258. JAMES, A. S. 25 (jeweler) (VA VA NY), Sallie C. 24 (wife), J. C. 3 (son), Eva 1
259. BAILEY, J. G. 41 (RR Fra agent), Mary C. 35 (wife) (T SC SC), Lee 18 (son) (baggage agent), Warrim E. E. 59 (mother) (SC VA SC); PORTER, Florance (B) 20 (servant)
260. BARNETT, J. N. 63 (attourney) (KY VA VA), Jane C. 59 (wife) (T KY NC), Rosa 30 (AR), Walker 24
261. HELM, Dewett 49? (druggist) (T KY T), Ella 42 (T KY T), Dewitt 18 (harnis ___), Sallie 16, Evan 12, Jas. 10, Ella 7, Annie 4; HARVERSON, Dorah (B) 28 (servant)
262. ESTES, H. B. 41 (attorney), Mariah 36 (wife), A. H. 13 (son) (NC T NC), A. N. 1 (son); VOORHIS, Lizza (B) 37 (servant) (T VA T); GORDON, Florance 16 (servant); ALLEN, Lila 14 (servant); HATCHER, E. H. 32 (W) (boarder) (plumber) (MS MS MS), Julia G. 36 (wife) (T GA NC); KERR, Kate 19 (boarder) (T GA T); COFFEE, V. C. 5 (f) (relationship omitted) (T MS T), Cameltee? (f) 1 (dau) (T MS T); BENSON, Laura (B) 38 (servant)

Page 27, Columbia

263. CRAKE, J. T. 34 (RR master) (VA VA VA), Gurtrude 26 (OH LA KY), Louisa 6, James 4, Gurtrude 1
64. ROSENTHALL, J. 36 (dry good merch) (Prusha Prusha Prusha), S. 28 (wife) (Prusha Prusha Prusha), Rebecca 5, Bertha 1; DUDLEY, Mary (Mu) 17 (servant)
265. GREEN, R. M. 31 (AR AR AR), M. J. 31 (wife), Charly 3, William 11/12; PORTER, Sarah 21 (Mu) (servant)

Page 27, Columbia (cont'd)

266. MACK, London (B) 35 (grocery merch), Millie 30, William 14
267. DILLON, F. A. 77 (widow) (VA VA VA), Ed B. 51 (printer) (T T VA), John M. 28 (son) (T T VA)
268. BROWN, Dr. A. H. 64 (physician) (NC NC NC), Mary J. 59 (wife) (T SC SC); PARKS, A. B. 17 (g son), Mary 15 (g dau)
269. WILLIAMSON, J. T. 40 (attourney), Goode 35 (wife?) (VA VA VA), Mary 9, George 5, Lucie 2
270. FRIERSON, Dr. Geo. 53 (physician), Harriett 46 (T SC T), A. G. 18 (dau) (MS), W. B. 14 (son), Ada 12; POWELL, James (B) 26 (servant)
271. LAMB, Reese 50 (mechanick); Lizza 39 (wife), Mary 9; PARKS, Manda (B) 35 (servant)
272. DONELSON, Mannie (Mu) 73 (carage driver) (T ___), Malinda (B) 52 (wife)
273. SYKES, J. H. 40 (dry good clerk) (VA VA VA), Kate 39 (wife) (KY VA KY), Walter 18, Annie 15, D. 8 (son), Sallie 6, E. R. 7/12 (b. Nov) (dau)
246. (error in numbering) GOODLOW, Ann B. (B) 30; COX, Martha 25 (relationship obscured)
274. JAMERSON, James 37 (bookkeeper) (T NC VA), Emley 33, Edgar 15, Estell 13, A. 9 (dau), Charly 5; DILLERHA, Chaney (Mu) 21 (servant)

Page 28, Columbia

275. MACK, S. B. 50 (f) (teacher) (NH VT NH)
276. FLEMING, Stuart S. 21 (bookkeeper) (T T KY); NICHOLS, J. H. 20 (grocer clerk) (T MD T); WORMACK, Jessey (B) 51 (AL NC AL) (relationship of these individuals omitted)
277. STRIBLING, E. L. 25 (RR engineer); BROWN, C. W. 22 (sivel engineer) (MA MA MA) (these individuals both male, relationship omitted)
278. ANDREWS, James 62 (merchant) (Ire Ire Ire), Mary 62 (PA Ire Ire), Margret 30, Laura 29, Russell E. 26 (merchant); McGREGGAR, W. A. 28 (son in law) (merchant), Almira J. 23 (dau), Wm. A. 10/12 (b. Jul) (son); EVERTT, Thos. W. 18 (boarder) (clerk); HUGHS?, ___ (B) 29 (servant); WILKS?, Manda 22 (servant); WHITE, F. Jnis? 21 (servant) (AL AL AL)
279. WEST, J. J. 53 (saloon keeper) (AL NC NC), Mary F. 42 (wife) (T GA GA), Laura 17
280. HART, John 44 (painter) (VT Eng Eng), E. E. 29 (wife) (IN IN IN)
281. VOORHIS, John 28 (grosery clerk)
282. TOWED?, George (B) 56, Sarah 26 (wife)
283. BROWN, Julis 40 (widow) (VA VA VA); BOND, Armstead 26 (T VA VA) (son), Mary 23 (dau in law)
283. WARDEN, Aquilla 35, Mary 29 (wife) (flux), Zelmon 11, Rockey 8 (dau), Joseph 5, Jourie? 2 (son)
284. BROWN, Jos. 70 (blasting manager?) (Ger Ger Ger), Mary 70 (Ger Ger Ger), C. C. 40 (son) (liver ___) (MD)
285. MATTHEWS, L. M. 50 (sickle dealer?) (m)
286. LEACH, Miley (B) 70 (m), Jane (Mu) 35 (dau), Roena 12 (g dau), Rebecca 13 (g dau)

Page 29, Columbia

287. DOOLEY, F. M. 46 (merchant) (T VA VA), Sarah A. 45 (wife), Fannie P. 9, S. J. 6 (dau)
288. CULBERT, John H. 46 (wool carding) (T AL T), Sarah E. 35 (wife), Ella 14, Lurinda 13, Elvera 11, Mary E. 8, George H. 2
289. CANADY, Easter (Mu) 49 (widow) (T T NC), Ellen 20, Georja 19 (dau) (fever)
290. CANADY, Ann (Mu) 30, Ryley 16 (son), Lena 8 (dau), Henry 5 (son), Russell 4 (son), Maanah? 1 (dau)
291. BRADSHAW, Isack (B) 32 (carpenter) (T VA VA), Sopha (Mu) 25 (T SC SC), Isack 5; MILLER, Liza (B) 19 (boarder) (confined)
292. ORTAN, R. S. (m) 72 (T VA VA); POLK, Monrow (B) 25 (relationship omitted)
293. WILKS, Huce? (Mu) 55 (m) (T ___)
294. STRAHORN, Ephran (B) 36, Kate 22 (wife), Jinnia 10, Alex 8, Nannia 5, Eba 3, Sarah 10/12
295. EVINS, Sidney (Mu) 24 (T ___), Mollie (B) 23, Hattia 2; JONES, Bettie 23 (relationship omitted) (T ___), Lou 7 (dau)
296. WILKERSON, Emley (B) 69 (widow) (VA VA VA); MORGAN, Harret (Mu) 40 (relationship omitted) (widow), Eddy (B) 16, Jane 8, Joseph 1; PHILLIPS, Dasey 16 (relationship of all these people obscured)
297. RICHARDSON, Pinky (Mu) 24 (widow) (T NC NC), Laura 10
298. NEELY, Ann (B) 55 (widow); MAYES, Andrew 17 (son)

Page 30, Columbia

318. (numbers out of order) BIDDLE, Dr. W. M. 32 (doctor), Julia 31, Kate 3, Willie 8/12 (b. Sep); EDSELL, Jane M. 46 (boarder), Willia 14 (m) (boarder) (OH NY T); HARRIS, Chery (B) 18 (servant) (f)
319. FOSTER, Green (B) 58 (T VA VA), Sarah 56 (T SC SC); PHILLIPS, Lizza (Mu) 11 (relationship omitted) (T AL T)
320. LOONEY, Thos. (B) 40, Jane 30 (wife), Lucy 10, Eddy 6, Frank 3, Rose 10/12 (b. Aug)
321. ALLWELL, Isack (B) 48 (plasterer) (T VA VA), Harriet 52 (wife) (VA VA VA); BODDY, Syrus 23 (son in law) (plasterer) (GA GA GA), Allis 20 (dau) (T VA VA); HUGHS, Ida 8 (g dau)
322. IRVIN, Wesley (B) 27 (T VA VA), Carry (Mu) 25, Lena 6, Ada 4, Annie 2, Mary 1
323. SHERLEY, Alford 24 (monument builder) (T Eng MA), Mary 23 (IN KY VA), Charley 2, Dasey 1
324. WILLIAMS, Wm. 34 (merchant), Mary 26 (T NY NY), Nellie 5, Sada 4, Howard 1, Allice 18 (sis); BAIRD, Martha (B) 50 (servant) (VA VA VA)
325. SARVIN, Jos. D. 64 (carage manufacturer) (NY NY NJ), A. D. 60 (wife) (NY NY NY), George 20 (nephew) (cabinet maker) (T NY NY)
326. HODGE, George 35 (merchant) (T VA VA), Virginia 28 (KY KY KY), Clark T. 9 (KY), Marien E. 6 (dau) (T); GLESBY, Meruda (B) 20 (servant)
327. HUGHS, George 33 (attorney) (T ___ MD), Lelia 36 (T NC SC), L. B. 8 (son), Emma C. 6; BENTLEY, L. B. 20 (niece)

Page 31, Columbia

299. (numbers out of order) CANE, Arttra? (B) 50 (baker) (T LA LA), Emiley (Mu) 53 (wife) (T VA VA), Julie E. (B) 17, E. A. 15 (dau), Annie M. 13, Laura 11, Mary 9, H. V. 4 (dau), Janey 90 (mother) (VA VA VA); SPINDLE, Rob H. 18 (bro)
300. CANE, Malinda (Mu) 36 (widow) (KY KY KY), Mollie E. 17 (dau) (T KY KY), Magga 11 (T KY KY)
301. HOLCOMB, Pattunia 70 (VA VA VA) (widow), Julia 50 (dau) (dress maker) (T VA NC)
302. HOUGHF, Luck (B) 52 (T ___), Matilda (Mu) 46 (wife); STOCKARD, Inis (B) 15 (niece), Rosey 10 (niece)
303. WILKS, Amelia (Mu) 46 (dress maker) (NC NC NC), Jane 65 (mother) (NC NC NC); PARKS, Namia (B) 15 (servant?)
304. VAUGHAN, Wm. (B) 50 (carpenter), Sallie 35 (wife), Ella 14, Jessey 11, Lena 10, Willia 8 (son), James 4, Evan 3, Charly 2
305. BARKER, Manda (B) 25, Lizza 25 (wife--sic); WILKS, Emly 45 (relationship omitted) (GA GA GA); SMITH, Julia 22 (boarder)
306. ELLISON, Ely (Mu) 35 (rock mason), Caroline 33 (T CA NC), Ada 7, Wm. 5, Jane 2; RIVERS, Laura (B) 22 (boarder)

Page 31, Columbia (cont'd)

307. LAZRUS, David 52 (merchant) (Prusha Prusha Prusha), Amey 47 (Prusha Prusha Prusha), Mary 18 (OH), Benjiman 16 (clerk in store) (OH), Moses 14 (OH), Henriette 12 (OH), Amey 11 (OH); SAWYERS, Sall (m) 20 (boarder) (clerk) (Poland Poland Poland)

Page 32, Columbia

308. BUGG, J. R. 39 (house furnishing clerk) (VA VA VA), Anna M. 36 (wife) (T T VA)
309. PILLOW, John (Mu) 21, Callie 19, Mimma 2
310. PORTER, G. M. (B) 34 (f), Thos. 12 (son)
311. WINGFIELD, Adly (B) 35 (express driver) (T SC T), Crily? 25 (wife), Thos. 5, Harriet 70 (mother) (T SC SC)
311. (this family included with 311 above) SHACKLETT, Henry (B) 39 (VA VA VA), Ruth 30, John 13, Mary 10, Carry 8, Alla 2; MONE, Luiel 50 (mother)
312. CAMPBELL, Dock (B) 40 (engennier) (T T VA), Kate (Mu) 32, Mary J. 14
313. GORDON, Thos. (B) 65, Ruth (Mu) 62; ROTHROCK, Namue (f) 16 (relationship omitted)
313. FRIERSON, E. (B) (f) 32; DAVIS, Walter (Mu) 5 (son), Eavy 2 (dau); FRIERSON, Allice (B) 24 (relationship omitted); WILKINS, Wm. (Mu) 8 (son)
314. CRIGGS, Martha 50; BURTON, Mary 32 (relationship omitted)
315. BURNETT, E.? C. 45 (widow) (T SC VA), Bell 24 (dressmaker) (T VA T), James 21 (undertaker) (T VA T), Richard 17 (grocery clerk) (T VA T), Willis 15 (T VA T), Nettie 13 (T VA T)
316. DANIEL, Harriet (B) 55 (widow) (T VA VA), Sallie (Mu) 19, Wm. 2, Theodore 3/12 (b. Feb)
317. BUTLER, Jos. (B) 52 (T __ __), Fanny (Mu) 41 (wife) (T __ __), John 14, Marsh (B) 12, Jos. 10, Wm. 7, Emma 3; MARTON, Tennie 83 (mother) (GA GA GA)
318. BIDDLE, Dr. W. M. 32 (doctor)

Page 33, Columbia

328. (numbers missing) BENTLEY, Dackney (Mu) 22 (AL AL AL)
329. JOSEPH, Jos. 51 (merchant) (Prusha Prusha Prusha), Henrietta 38 (wife) (GA Prusha Prusha), Sarah 20 (GA), Rosey 16 (IL), Leon 14 (IL), Samica 12 (son) (IL), Charley 10 (T), Ella 8, Morris 6, Ella E. 4, Ermane 2 (son), Mosey 1/12 (b. May) (m)
330. WILLIAMS, C. A. 43 (widow) (dress maker) (VA VA VA), Anna 11 (T VT VA), Andrew 10 (T VT VA); BURNETT, Fanna 45 (relationship omitted) (dressmaker) (VA VA VA)
331. CHRISWELL, W. T. 45 (dry good clerk) (T VA VA), Anna 41 (T VA VA); WRIGHT, Mary 17 (niece), Mattie 15 (niece)
332. WRIGHT, John V. 51 (attourney) (T GA VA), Georgia H. 40 (wife) (AL VA VA), Annie 18 (AL), Pauline 14 (AL), Georgie 12 (dau) (AL), Jno. V. jr. 10 (T), Lily 7; WORMACK, Ann 75 (mother) (VA VA VA)
333. PICKARD, John 40 (cotton buyer) (GA NC GA), Augsta 31 (wife), Pillow 9 (son), Mary 6, Augsta 5, Allin 2
334. FOSTER, Freeman (B) 40 (T __ __), John 12 (son) (T __ __)
335. SPINDLE, Selina (B) 28 (T T __), James 10 (son), William 8 (son), Annie 4 (dau), Bud (Mu) 5 (nephew) (T T __)
336. COLQUETT, Lucie 69 (widow) (SC VA VA), Wm. T. 40 (son) (carpenter) (T VA SC); THOMPSON, Bettie 53 (niece) (VA VA VA)
337. LANE, Margret 57 (widow) (T Eng GA), Thos. 37 (painter) (T GA T), Fernando 35? (painter) (T GA T), Augusta 30 (T GA T), Famia 27 (T GA T)

Page 34, Columbia

370. (numbers out of order) GLENN, Auston 12 (g son), Earnest 10 (g son), Dasey 7 (g dau), Hasell 1 (g son) (these children obviously belong with some family, perhaps later on in the transcription)
371. BOYD, L. A. 48 (macanick) (T MS VA), S. A. 39 (wife); EASTMAN, M. M. 31 (sis), F. H. 9 (nephew); JOHNSON, Thos. (B) 11 (servant); DAVIS, Charitty 47 (servant) (T T KY)
372. HARRIS, John (B) 30 (GA GA GA), Mollie 28 (GA GA GA), Ida 13, Willie 7, Mima 5/12 (b. Jan)
373. WHITE, Medooth? (Mu) 28 (f) (T T VA); CROSBY, Wm. 14 (nephew) (KY T T), Horace 27 (bro)
374. ELLIOTT, Wesley (B) 30 (RR contractor) (T __), Nancy (Mu) 37 (wife) (SC SC SC)
375. CAMPBELL, Jos. P. 31 (carpenter) (T T AL), Mary V. 28 (dressmaker), Mary E. 11/12 (b. Jul); TUCKER, Jessey 21 (bro) (carrage maker)
376. SAMUELS, M. 58 (merchant) (Poland Poland Poland), Rachal 58 (wife) (Eng Eng Eng), A. 25 (son), Harnis maker) (Eng Eng Eng), Hannah 20 (dau in law) (NY Poland Ger), Saul 28 (son) (atourna) (Eng Poland Eng); MOORE, Bettion (f) 27 (servant); Bettie 11/12 (b. June)
377. ONEILE, Edman 41 (grocery clerk) (Ocion Ocion Eng), Roanna 34 (teacher) (T PA T), Estell 14; DILLIN, Minnie 12 (dau) (T KY T); McGUTHRY, Harriet 20 (servant)
378. WALKER, Isack (B) 35 (rock mason) (GA GA GA), Manda 32, Charley 11
379. HANEY, Benn (B) 30 (T __ __), Josey (Mu) 20 (wife)
380. PORTER, Rachel (B) 36 (AR NC NC), Emma (Mu) 5 (dau) (T __ AR)
381. CALVERT, Thos. H. 38 (merchant) (T AL T)
382. WORTHAN, Levia (B) (m) 36 (black smith)
383. RUSSELL, R. E. 24 (grocery clerk), Elizabeth 30 (wife?), John 2; CANNON, Nancy 11 (niece)
384. WEBSTER, Aderson (Mu) 36, Fannie (B) 28 (T __ VA), Rosey B. (Mu) 10, Anna 6, Wm. 1?

Page 35, Columbia

385. WRIGHT, John (B) 36 (rock mason) (T __ __), Rachell 25 (wife) (T VA VA); FIELDS, Rachall 64 (mother) (VA VA VA), Wm. 10 (relationship omitted)
386. FISHER, Llucinda (Mu) 35 (T __ __), George 15 (dau), Lizza (B) 12 (dau)
387. DOOLEY, Gorge 23 (printer), Hattie 19 (T GA T)
388. STEVENSON, Jack (B) 40 (GA GA GA), Maggy (Mu) 19 (wife), Arch 5/12 (b. Jan); HOPKINS, Norah (B) 12 (servant)
389. MONTAGUE, Frank (Mu) 27 (teacher), A. E. 23 (wife) (seamstress) (T AL T)
390. WILKS, Sallie H. (Mu) 30 (dress maker) (NC NC NC), Mattie 13 (dau?) (NC T NC)
391. FRIERSON, Balum (B) 33 (minister) (T T NC), Mary E. (Mu) 26 (T KY KY), Wm. (B) 10, John 9, Mary 7, Thos. 4, Henry 27 (bro) (T T T); PITMAN, Hannah 50 (mother) (VA VA VA)
392. HADDOX, Jim (B) 50 (T VA VA), Caroline 33 (wife); ANDREW, Ella (Mu) 17 (dau?); BOOKER, Aron (B) 19 (nephew)
394. MORMAN, Alford 63 (drugist) (KY VA SC), Mary J. 57 (KY VA VA), Effie 18 (g dau) (KY KY KY), L. A. 16 (g dau) (KY KY KY)
395. JENNINGS, Sharlet (B) 64 (widow) (NC NC NC), Charley 24 (T NC NC), Eliza 17 (T NC NC)
396. SHOOT, Wesley (B) 53 (widower) (shoemaker) (T __ __), Mattie 20 (seamstress), Nannie 17, Ida 12, Eddy 10
397. DAVIS, John (Mu) 40 (express driver) (T __ __), Susan (B) 28 (wife) (GA GA GA), Gertrude (Mu) 2; JAMERSON, Green (B) 36 (widower) (stone mason); PORTER, C. 19 (stepdau); MARTOM, Marton (B) 27 (f) (boarder) (dressmaker)

Page 36, Columbia

398. WILLIAM, Thos. (Mu) 36 (rock mason), Laura 26 (wife); JOHNSON, Minnie (B) 8 (son--sic); WATKINS, Criss 3 (son); WILLIAMS, Thos. 2/12 (b. Mar)
399. KENEDY, Auston (B) 65 (T _ _), Caroline 62 (VA VA VA)
400. CANEDY, Matilda (B) 30 (T T VA), Carry (Mu) 15 (dau); KUNEYHAN, Virgle (B) 20 (visitor)
401. IRVIN, George (B) 28 (T _ _), Anna 25; COATNEY, Sallie 16 (orphant)
402. WOOD, Felix 33 (care maker) (T MA Cannaday), Mary 32 (T VA T), William 13, Walter 10, Ada 8, Ellice 5 (son), Earnest 3, Lonnia 8/12 (b. Aug) (dau); GEE, Adline 64 (mother); CALVERT, Mary 51 (boarder) (seamstress); BOND, Janey 31 (relationship omitted), Nathal 3 (son), Harry 1 (son)
403. SIMES, Jessy (B) 60 (T _ _), Fanny 60 (T _ _)
404. EMBY, Stepperd (B) 55 (T AL AL), Silvesta 45 (wife) (T _ _), July A. 17 (dau) (crippled), Lavenia 13, Sallie 11, Thos. 10, R. 6 (dau); GALLAWAY, _____ (Mu) 4 (boarder) (T _ _)
405. RYLEY, James (Mu) 38 (brick mason) (KY KY KY), Mary (B) 30, Merrell (Mu) 11 (T KY T), Henry 6 (T T T), Lucey 4 (T T T), Mary E. 1 (T T T)
406. WOODSIDE?, J. B. 43 (drummer) (Ire Ire Ire), N. E. 43 (wife) (KY KY VA); COWLEY, Josepen 26 (son in law) (dry good clerk) (T VA T), Josephine 25 (dau), W. J. 22 (son), Edward 18 (printer), Lillia 15, Harry 6, F. L. 3 (dau); HELMS, W. (B) 77 (servant) (KY KY KY)

Page 37, Columbia

407. PORTER, Abraham (B) 28 (barber), Carry 25 (T _ _), Corah 4, Hanna 2, Josee 3/12 (b. Mar) (son)
408. WINGFIELD, D. (B) 35 (waggoner), Susan (Mu) 25 (wife), Charly 10, Alice 8 (B), Mary E. 6; DAVIS, Queeney 16 (boarder); HARRIS, Robert 56 (father) (SC SC SC), Anna 42 (mother) (T GA GA)
409. WEBSTER, Syrus (Mu) 69 (KY KY VA), Eliza (B) 68 (T NC NC), Jno. B. 38 (teacher), Simpson 25, Ella (Mu) 23 (dau in law), John 1 (g son)
410. WEBSTER, F. (B) 36 (f) (widow); NICHOLS, Anna 11 (dau), Nettie 8
411. McEWEN, Luciel (B) 55 (widow) (VA VA VA), Paralee 26 (T NC NC), John 23 (T T T)
412. WILKS, Sal (Mu) 34 (barber) (T VA T), Annie 22 (wife), Leveinia 6, Tennie 4, Parall 1 (dau); TUCKER, Lottie (B) 50 (relationship omitted)
413. FRIELD, James 43 (policeman) (Ire Ire Ire), Bridgett 40 (VA Ire Ire), Cealia 18, Ella 13, Thos. 10, Mary 8, Owen 5, Sarah 3, Bessie 1
414. SANSDOWN, E. L. 47 (policeman) (T PA T), M. J. 42 (wife), Ida 12, Wm. 8, Ed. L. 5, Frank 3
415. CHERRY, Wm. C. 46 (plasterer) (NC NC NC), G.? P. 49 (wife?) (T NC NC), James 26 (cake baker), D. T. 24 (son) (printer), Ke 22 (son) (express man), Rosey E. 17

Page 38, Columbia

416. BUTLER, R. S. 58 (taylor) (T VA VA), Maritha 57 (T NC NC), Mattie J. 19 (orphant) (dress maker) (AL NC NC); WELCH, F. H. (m) 60 (boarder) (madgistrate) (NY NY NY)
417. HOLLER, S. J. 46 (m) (shoemaker) (Ger Ger Ger)
418. VAUGHN, N. J. 42 (retired merchant) (T NC NC), M. B. 31 (wife) (T Scot T), Magga 8, Wm. H. 6, Rob L. 3; JOHNSTON, Carry L. 16 (sis) (T Scot T)
419. UPSHAW, Alex B. 30 (editor) (MS T MS), J. T. 21 (wife) (T NC GA), Mary B. 9/12 (b. Sep); FLEMING, Henerietta (B) 35 (servant); GALLAWAY, Jane 33 (servant); GOODLAW, Henry (Mu) 35 (servant)
420. COX, Henry S. 43 (physician & surgent), Rebecca A. 34 (AR VA Ire), John 11, Ella 10, Marton 3
421. CHAFIN, Wm. B. 64 (waggon maker) (T Eng Eng), Margret 48 (wife) (T VA Ire), Laurah 19, Wm. M. 9; MOORE, Anna (B) 22 (servant); JACKSON, Birda 2 (relationship omitted) (T KY T)
422. CHAFFIN, G. T. 53 (flour merchant) (T VA MS), Sallie C. 39 (wife) (T NC T), Lizza 27; MARTON, Tennie (B) 30 (servant) (T _ _); DOBBINS, Wash 44 (servant) (T _ _)
422. (this family included with #422 above) RUSHTON, W. J. 34 (merchant) (PA Eng Eng), Luciel 24 (wife), Jas. F. 3
423. CROSS, Robert 67 (painter) (paraysis) (PA Ire Scot), Hannah 68 (dropsey) (PA PA PA), Robt. A. 39 (son) (carage trimmer); IROWIN, Jos. A. 37 (son in law) (dept sheriff) (T VA VA), Mary A. 29 (dau) (T PA T), India 12, Nettie 9, Abba S. 7/12 (b. Nov)
424. HALKHAM, Ada 43 (widow) (AR AR AR); DAVIS, Ophelia 24? (dau) (seamstress) (T T T), Hal 5 (g son) (T AR T); HALKINS, _____ 17 (dau)

Page 39, Columbia

425. STEVENS, Frank (Mu) 23 (GA GA GA), Elvira (B) 25, George (Mu) 1
426. ALDERSON, L. P. 77 (widow) (T NC NC); WHITE, Henry R. 42 (son in law) (RR supervisor) (MS NC MS), S. A. 43 (dau) (T VA T); ALDERSON, Seven (B) 102 (m) (KY T _), Temple (f) 103 (T _ _); WHITE, Lucie 12 (idiotic) (relationship of last 3 individuals omitted)
427. OVERTON, Wm. 37 (dept marshall) (T VA VA), Mattie 26 (wife?) (T NC NC), Wm. 6, Jessie 2 (f), Annie 11/12 (b. Apr)
427. JOHNSON, Elizabeth (Mu) 60 (widow) (T Ire T), Rob G. 21 (teacher), John W. 16
428. GRISSON, Green (B) 51 (VA VA VA), Mattie 22 (wife), Eliza 23 (cook); GORDON, Famus? (Mu) 20 (son)
429. CHAPMAN, B. C. 62 (minister) (KY PA VA), E. K. 38 (wife) (teacher) (T NC T), J. A. 17 (son)
430. FUSSELL, Jos. H. 43 (attorna gen) (T NC T), M. B. 39 (wife) (musick teacher), E. C. 61 (mother) (T KY PA); BRADSHAW, Ike (B) 21 (porter)
431. FRANKLIN, Bob (B) 40 (carpenter) (GA _ _), Rachell 20 (dau _ _), Richard 8, Mary L. 6; HARDISON, Laura (Mu) 26 (wife) (T _ _) (this last lady may belong in the next household)
432. HARDISON, Robert (B) 56 (butcher), Robert 8 (son), Elizabeth 7 (dau), Edman 5 (son), Wm. 4 (son), Harry 2 (son), Thos. 2/12 (b. Mar) (son); ARMSTRONG, Seven 50 (widow) (T VA VA), Andrew 16 (son), Johnst 13 (son)
433. RANEY, Thos. (Mu) 49 (rock mason) (KY KY KY), Lettie 27 (wife), Jinnie 13, Tishua 11, Anna 8, Fannie 6

Page 40, Columbia

434. JOHNSON, Harry (B) 56 (AL _ _), Feby 35 (wife) (VA VA VA), Charley (Mu) 18, Emma 11, Allis (B) 10 (dau), Lizza 7, D. 4 (dau), Lulia B. 4/12 (b. Feb)
435. MYARS, Gilsey (B) 60 (f) (T _ _)
436. MYERS, Isack (B) 54 (T _ _), Millia 40 (wife) (T GA _), Jno. 25 (reacher) (T GA _); BRADSHAW, _____
437. FITSPATRICK, A. (B) 52 (rock mason), Mary 53 (NC NC VA)
438. FITSPATRICK, Mariah (B) 45 (widow) (VA VA VA); McINTOSH, Albert 7 (g son), Lizza 5 (g dau)

Page 40, Columbia (cont'd)

439. JACKSON, Fely (B) 48 (VA VA VA), Elizabeth 35 (wife) (VA VA VA), Anna 15, Edward 13, William 12, David 6, Mary 4
440. DAVIS, A. A. (B) 60 (T __ __), Bessey 50 (wife) (T __ __); THOMAS, Rob 18 (g son)
441. TERRY, Wels (B) 50 (T __ __), Elvira 30 (wife) (T __ __)
442. FRIERSON, Wm. (Mu) 23 (stone mason) (T __ VA), Selina (B) 21?, Eugene 3, Mary 2, Retta 1/12 (b. May)
443. FRIERSON, Walter (Mu) 25 (stone mason) (T __ __), Sallie (B) 24 (T __ __), Lenorah 8, Wm. J. 6, Eddie T. 3
444. HOLLAND, Joseph (B) 77, Clarah 70
445. LEROY, Tom (Mu) 25 (T __ __), Amanda 25 (T __ __), Lewis 8, Maggy 5, Fanna 2, William 10 (dau--sic); GORDON, Cornelas 50 (g mother?) (T GA GA)

Page 41, Columbia

446. BOHANNA, William (B) 39 (carpenter) (GA GA GA), Laurah 29 (wife), Anna 8, Mary 5, Wm. 2; McKNEEL, Nellia 22 (sis); LEFTRICK, Milton 40 (servant?), Florah 52 (wife) (T __ __); PORTER, Hannah (Mu) 19 (dau) (teacher); LEFTRICK, Ella (B) 15 (dau)
447. KELLY, J. H. (Mu) 37 (teacher) (MA T T), A. M. 31 (wife), A. P. 1 (dau); PHILLIP, Robert 48 (mother--sic); HAYES, Mary L. (B) 20 (servant)
448. PORTER, Andrew (B) 40, Agnis (Mu) 50 (wife) (VA VA VA); THOMAS, July (B) 8 (niece); ARMSTRONG, P. 3 (niece); THOMAS, C. 40? (sis), Mariah 15 (dau), Adline 12 (dau), Thos. 10 (son)
449. WEBSTER, Plumer (Mu) 52 (waggoner) (T __ __), Mary (B) 54 (T __ T); MYERS, Jack (Mu) 30 (paralisis) (idiotic) (relationship omitted); KENNEDY, Hugh (B) 25 (relationship omitted), Mary (Mu) 23 (dau), Gentry (B) 12 (son)
450. AUSTON, Wm. (Mu) 30 (AL __ __), Magg 22 (wife) (AL __ __), Wm. 2/12 (b. Mar)
451. HALFACRE, Dr. J. C. (Mu) 31 (physician), Illey K. 21 (wife), Anna H. 8/12 (b. Sep); ADKINSON, Jim 11 (servant)
452. VASSER, Yott (Mu) 35 (carpenter) (VA VA VA), Martha (B) 36 (wife) (T __ VA)
453. DUGGAR, Nancy (B) 26 (T __ __), Mattie 3 (dau)
454. BOOKER, Criss (B) 60 (T NC VA), Alsey (Mu) 56 (wife) (VA VA VA), Milley (B) 20, Ruth 18; MOORE, Mattie 15 (niece) (T __ __); PORTER, Manda 10 (orphant) (T __ __); BOOKER, William 9 (son), William 22 (son)
455. CATHA, Lucy (B) 26; GORDON, Anna 20 (sis), Florance 16 (sis), Luciel 5 (dau), Wm. 4/12 (son)

Page 42, Columbia

456. GRISSUM, Robert (B) 21 (T __ __), Carry 19 (wife) (T __ __)
457. GORDON, Mary (B) 28 (T GA GA), Connie 11 (dau), George 8 (son), Ida 7 (dau); NAPURE, Angline 54 (mother)
458. MILLER, Alex (B) 51 (T NC NC), Elizabeth (Mu) 49 (T MO MO), Mack 25, W. L. 18 (son) (teacher)
459. YOUNG, Rhoda (B) 56 (widow) (T __ __), Liza 9 (g dau)
460. JOHNSON, Andrew (B) 40 (GA __ __), Nancy (Mu) 30 (wife), Rosey (B) 15, James 13, Thos. 12
461. KERBY, Horris (Mu) 29 (sexton), Anna (B) 27, Carry 10 (dau), Laura 6, Leona 4, Horrace 2; NEWBY, Minnia 3 (orphant)
462. CLEGGETT, Calvin (Mu) 26 (hack driver), Bettie (B) 24
463. FITSPATRIC, Bettie (Mu) 28, Luciel 23, Fanna 14 (sis)
464. JENKINS, Eliza (B) 44 (widow), Anna 5, Wash 3
465. LEACH, Mary (Mu) 38, John 13 (son), Jane 7 (dau), George 5 (dau)
466. FRIERSON, John (B) 40, Tenny (Mu) 37
467. WORDE, Dodo (B) 27 (RR frate hand), Lillie 27, Tenna 1
468. FRIERSON, Gibb (B) 48, Alsey (Mu) 31 (wife), Jinnie 20 (sis), Albert (B) 15 (son)

Page 43, Columbia

469. FRIERSON, Weston (B) 40 (carpenter)
470. SANDERSON, Moses (B) 31 (T __ __), Kate (Mu) 29 (T __ T); BROWN, Mary 13; SANDERSON, Malinda (B) 8, Nettie 6, Richard 1
471. HADDOX, Henry (B) 35 (T __ __), Manerva 32 (T __ __), Love 10, Willise 10, Charly 8, Rosey 6, Robert 4, Minnie 3/12 (b. Apr)
472. BROWN, Henry (B) 37 (carpenter), Harris 33 (wife)
473. BROWN, Mara 68 (B) (widow) (T NC NC), George 24, Margret 23 (dau in law), Henry 1 (son), Masnel? 21 (son), Larkin 18 (son)
474. WALKER, John (B) 38? (scrofulo), Mary J. (Mu) 24 (wife), TYLOR, Ophelia 10 (dau)
475. ALDERSON, Lucy (B) 40 (widow) (T __ __)
476. AMOS, Henry (B) 33, Marthie (Mu) 41 (wife); CARTER, Julia 10 (niece)
477. SANDERSON, Richard (Mu) 59 (minister) (T VA VA), Eastes 56 (wife), Jim 21, Jemima 20, Mandy 15, Anday 12 (son); HARDISON, Mart (B) 15 (nephew)
478. McCARRELL, Gilbert (B) 52 (shoe maker), Mary 32 (wife), Thos. 15, Sarah 13, Grant 11, Gilbert 8, Anderson 7, Tennie 6, James 2
479. BOSTICK, Eddy (B) (f) 56 (T T __); HADDOX, Ison 80 (father) (T __ __)
480. CALDWELL, Jerry (B) 50 (T __ __), Martha (Mu) 40 (wife) (T __ __); FORD, Dennis 11

Page 44, Columbia

481. AMIS, Sharlott (B) 50 (T VA SC); WINN, James (Mu) 19 (son in law) (carpenter) (AR __ __), Laura (B) 18 (wife)
482. AMIS, Frank (B) 22 (brickyard hand), Inis 22, Charlet 1, Charly 18 (g son), Ada 14 (g dau)
483. LOVE, Patsey (B) 65 (widow) (VA VA VA); HUGHS, Jerry 51 (son in law) (T __ __), Paralee 32 (wife) (T VA VA); CONNER, Fanny 15 (orphant) (T __ __); HUGHS, Wm. 9 (nephew)
484. GRISSOM, Richard (B) 22 (saw mill hand) (T __ __), Nettie (Mu) 23, Tennessee? (B) 7
485. DUNSON, Nathan (B) 55 (NC NC NC), Lucinda 50 (NC NC NC), Mary 7?
486. RENOLDS, Wm. (B) 25 (T __ __), Marih 24 (wife) (T __ __)
487. FREEMAN, Richard (B) 90 (shoemaker) (VA VA VA), Fanny 17 (g dau), Alford 16 (g son)
488. PORTER, Alma (B) 32 (carpenter), Allis (Mu) 27 (wife) (GA NC GA), Annie 7, Almo 5, Emma 3, Joseph 1
489. VOORHIS, Rob (B) 52 (rock mason) (MD MD MD), Mary 25 (wife) (KY VA VA), Becca 3, Charley 8/12 (b. Aug); NICHOLSON, Bob 14 (g son)
490. WARD, Edward (Mu) 38 (blacksmith) (T __ __), Susan (B) 34 (dress maker) (MS __ __), Laura 18 (teacher) (MS)
491. JOHNSON, Acy (B) 35 (livery hand), Allis (Mu) 25 (wife); BOOKER, Florance (B) 11 (sis)
492. WATSON, Brim (Mu) 62 (plasterer) (NC NC NC), Lucresia (B) 58 (T NC NC), Fannie 14, Liddia 13, Marton 12 (g son), Norfort 10 (son)
493. NEVELS, Mary (B) 38 (widow) (T __ NC); DUNLAP, Henry 40 (boarder) (T __ __)

Page 45, Columbia

494. BOOKER, Elsey (B) 24 (f), Emma (Mu) 9, Susan 7 (relationships omitted)
495. BOOKER, S. B. (B) 26 (divorced) (m)
496. COMSTOCK, S. G. 45 (merchant) (MI NY NY), R. J. 35 (wife), Nellie 10, Margrett 5, E. R. 2 (dau)

Page 45, Columbia (cont'd)

497. JAMERSON, R.H. 63 (produce merchant) (NC NC VA), S. M. 43 (wife) (T __ __)
498. WILLIAMS, Ben (Mu) 69 (VA VA VA), Hariet 55 (T GA VA); BOOLING, Edney 26 (dau)
499. HACKNEY, Rina (B) 28, John 14 (son), Lizzia 11 (dau), Bennie 7 (son), Walter 4 (son), Manerva 17 (relationship omitted)
500. RODGERS, D. (Mu) 19 (f), Mandy 2 (dau); ARMSTRONG, Sallie (B) 18 (boarder), Susan 1/12 (b. May); LEFTWICK, Annie 20 (boarder)
501. BARKER, Pheby (B) 40 (widow) (T __ __), Allis 16 (dau), Wm. 4 (g son); DAVIS, Charley 2 (g son); WILSON, Lizzie 18 (boarder); LITTLE, Eddy 1 (son); McFADDON, Kate 16 (dau); WILSON, Emma 12 (servant?) (T __ __), Mollie 10 (relationship omitted) (T __ __); SHACK, Walter 4 (relationship omitted) (T __ __)
502. ADCOCK, Allin 48 (gunsmith) (T __ __), Amanda 50 (T VA NC), D. A. 17 (son), George 14 (dry good clerk), Robert 11, Addison 8; KING, Mary 37 (boarder) (seamstress) (NC NC NC); PASCHALL, C. 9 (niece) (NC NC NC); BROWN, Phillis (Mu) 30 (servant) (VA VA VA); HARRIS, Henry (B) 9 (servant?) (T __ __); MASON, Charley (W) 18 (boarder) (blacksmith) (T OH T)
503. DAVIS, Anne (Mu) 32 (widow) (T __ __), Eliza 16 (dau), Martha 14, Allis 10 (dau); DAVISON, Charly (Mu) 7 (son), Harriet 4 (dau), Annie 5/12 (b. Jan) (dau); DEEN, Angline (B) 21 (relationship omitted) (GA GA GA); JAGGERS, Drucilla (Mu) 18 (orphant)

Page 46, Columbia

504. REAVES, Jas. W. 74 (waggon maker) (KY T T), Ruth D. 72 (T VA VA), Margret J. 39 (clerk), Wm. T. 29 (carpenter)
505. REAVES, George W. 43 (carpenter) (T KY T), Mattie E. 13? (dau), James E. 10 (son), Wm. A. 8 (son); SHELTON, Mary E. 74 (boarder) (VA VA VA)
506. BANNER?, H. E.79 (taylor) (PA PA PA), Margret 56 (wife) (T VA VA), Henry 7 (g son) (crippled)
507. LAMAR, Thos. W. 42 (carpenter), J. S. 34 (wife) (GA T T), Thos. 8 (son?); BROOKS, M. A. 25 (f) (boarder) (dressmaker) (MS T GA)
508. AKIN, Chaney (B) 35 (widow) (GA GA SC); BUMPIS, Lenora (Mu) 22 (RR hand--sic) (KY __ __), Harriet (B) 18 (relationships omitted)
509. BOOKER, Tilda (B) 26, Matildy 9 (niece), Frank 2 (son); PORTER, Albert (Mu) 22 (son in law), Bettie 20 (wife) (married within yr); AKIN, Izabell 14 (relationship omitted)
510. HARDISON, Malinda (B) 60 (widow) (T NC NC), George 27 (idiotic), Margret 24, Isack 20
511. BRADLEY, Morris (Mu) 32, Patsey (B) 29, Cassa 8 (son); McCREE, Caroline 11 (niece)
511. WINGFIELD, Albert (Mu) 36 (blacksmith) (T __ __), Hattie 25 (wife) (T MD T), Clifford 10/12 (b. Aug); VOORHIS, A. 11 (sis)
512. PORTER, Sol (B) 30 (hosler), Susan 26, Melvil 15 (son)
513. THOMPSON, Charly 40 (shoemaker) (PA Ire Ire), Lizza 39 (Ger Ger Ger) (married within yr); BECKENBACH, C. M. 19 (son) (shoe maker), J. J. 17 (son) (printer) (T Ger Ger), Peter 13 (T Ger Ger), Charly 11 (T Ger Ger), Samma 8 (son) (T Ger Ger), Mary A. 5 (T Ger Ger)

Page 47, Columbia

514. ARMSTRONG, Gid (B) 21, Mary 24 (married within yr); GREEN, Albert 5 (son); WHITLEY, John 2 (son); ARMSTRONG, Gid 2/12 (b. Apr) (son); MARKS, J. 40 (mother)
515. BARR, A. 47 (undertaker) (T SC T), Rachal 44 (wife) (T SC SC), Lelia 11, John 23 (bank clerk)
516. MARKS, Louis 36 (dry good merchant) (Ger Ger Ger), A. 28 (wife) (Ger Ger Ger), Joseph 5 (GA), Florance 3 (T), Sigmad 1; JONAS, L. 23 (boarder) (dry good merchant) (Ger Ger Ger), Rebeca 22 (boarder) (Ger Ger Ger); MOSS, Callie (Mu) 18 (servant) (T __ __); TURNER, Lizza 18 (servant) (T __ __)
517. CABLER, John M. 51 (mill wrigt) (T __ __), Eliza 47 (T VA VA), Anna B. 18, Mattie L. 16, Eliza M. 10, Lena 7, Auston W. 5; FARRIS, Richard 22 (boarder) (dry good clerk), John A. 19 (boarder) (dry good clerk)
518. HODGE, J. M. 38 (dry good merchant) (T __ __), Mary 30 (KY KY KY); SMITH, Julie (B) 25 (servant) (T T VA); EEDY?, Martha 17 (servant) (T T AL)
519. WILEY, E. J. 62 (doctress) (T VA NC), J. F. 37 (son) (deputy post master) (T GA T), Elizabeth 21 (dau) (seamstress) (T GA T); MOORE, Anna 38 (dau) (dressmaker) (T GA T), Mary (Mu) 24 (servant) (LA LA LA); BENNET, Frank (W) 8 (g son)
520. WILKS, Dr. Jos. H. 40 (physician) (T VA NC), Dorah D. 30 (wife) (T VA NC), K. A. 11 (dau), Mary E. 7, Jas. W. 4; DAVIS (DAVID?), M. D. 65 (mother) (NC NC T); BOOKER, Lanore (B) 23 (servant) (T __ __); PORTER, Amanda (B) 10 (servant) (T T)
521. BENNET, Mary B. 69 (widow) (T KY KY); YOUNG, W. A. 32 (son in law) (book agent) (MS __ __), M. P. 32 (dau); SMITH, Horris (B) 79 (servant) (VA VA VA)

Page 48, Columbia

522. TIDWELL, Nanny 48 (widow), R. B. 23 (dau) (teacher), Jennie 21, Rebeca 18, Anna 15
523. COX, Frank 25 (painter) (MS __ VA), Eliza 25
523. JOHNSON, Tommy (B) 35 (T __ __), Lizza 23 (wife) (T __ __); HATCHER, Emma (Mu) 15 (dau)
524. CATHA, Susan (B) 70 (widow) (T __ __)
525. NICHOLS, F. M. 39 (grosey) (T NC NC), Mary A. 24 (wife); FRIERSON, Sallie (B) 22 (servant)
526. McCRADY, Wm. (B) 40 (divorced) (T __ VA), Henry 14 (son) (T __ __)
527. KESKY?, George (B) 43 (saloon clerk), Susan (Mu) 38 (dress maker) (T T VA), Angeline 16; WEBSTER, Anny (B) 9 (orphant); WARD, Sallie 68 (boarder) (T VA VA), Russell (Mu) 8 (g son)
528. COOK, W. D. 34 (merchant) (T T __), M. L. 33 (wife), Henry F. 9, Thos. H. 4 (T KY T); JOHNSON, M. E. 17 (step dau) (KY KY T), Albert 15 (stepson) (trimmer) (KY KY T), Sussa A. 12 (stepdau) (T KY T)
529. WALKER, John A. 60 (merchant) (NC NC NC), Martha C. 50 (wife) (SC SC SC), Mary E. 25 (AL), J. A. 22 (dau) (AL), Charly B. 18 (book store clerk) (AL), Carrie S. 15 (AL), Irene T. 12 (AL)
530. COOK, George (B) 45 (carpenter) (T __ __), Eliza 40 (T T VA); STRICKLING, Vina 70 (mother) (T __ __); LIPSCOMB, India 45 (servant) (T __ __); VINSON, Nanny 38 (relationship omitted) (T __ __), July 19 (dau), John W. 15 (son), Jennet 13 (dau)
531. TUCKER, James 40 (confectionary) (T __ __), E. C. 29 (wife) (T NC NC), Mama 3 (dau), Bruce 2, Eugene 55 (aunt) (dress maker) (NC NC PA); JOURDEN, Robert (B) 11 (servant) (T __ __)

Page 49, Columbia

532. JOURDEN, Lou (Mu) 45 (widow) (T __ __)
533. CLEGGET, Emma (Mu) 22 (VA VA VA), Lula 8 (dau) (T VA VA), Andrew 13 (T VA VA) (son); JOHNSON, Mollie 24 (relationship omitted) (divorced) (KY KY KY), Sallie 12 (dau) (T AL KY)

Page 49, Columbia (cont'd)

524. HERNDON, S. D. 62 (redgister), Mary E. 58 (wife) (MS MS MS), M. C. 24 (dau) (teacher), Mary K. 22, S. D. 21 (son), Annie 17; BLACK, Kate (Mu) 25 (servant) (T __ __), Ella 1 (T __ __)
525. GAMBLE, E. W. 41 (merchant) (OH NY CT), Dorah 31 (wife) (T __ __), Charley 12, Fredy 11 (son), Nellie 9
526. BOYD, Wm. C. 45 (mecanic) (T __ T), Angeline 40 (T NC T), William 17, S. R. 10 (dau)
527. MULLIN, Ursula 40 (dress maker), Wm. J. 48 (husband) (carpenter), Anna 20, Edward 18 (painter), Hervy 16 (cabinet maker), R. L. 14 (son), Willie S. 12 (dau), Joh O. 10 (son), Mary A. 7, Soloman 5; SHELTON, Ursula 17 (niece)
528. THOMAS, Sarah 50 (widow) (KY VA VA), Jos. L. 14 (T VA KY)
529. LATTA, Mary S. 37 (widow), Wm. B. 15 (crippled), Hettie G. 13, J. O. 10 (son), S. C. 8 (son), Ada L. 5; BRADON, E. E. 28 (sis)
530. COX, M. A. 55 (widow) (NC NC NC), Hnry Y. 31 (dry good clerk) (AL NC NC), P. L. 18 (dau) (AL NC NC), Ella 5 (g dau) (T NC VA)

Page 50, Columbia

531. WALKER, Jas. A. 70 (magistrate) (VA __ __), Elizabeth 61 (T SC SC); AKIN, Mahaley (B) 60 (servant) (VA VA VA)
532. GORDON, C. M. 65 (widow) (NC NC NC), John 46 (crippled) (T VA NC), Rose 6 (g dau) (T SC T)
533. WHITE, H. L. 37 (RR superintendent) (T NC NC), Hellin 34 (wife) (OH Ire OH), infant 1/12 (b. Apr) (m); OBRIEN, Caroline 57 (mother) (OH PA PA), Wm. 33 (bro) (flour agent) (OH Ire OH); MORGON, Ellin (B) 35 (servant) (T NC KY)
534. WILLIAMS, Hardy (Mu) 30 (barber) (T __ __), Emma F. 18 (wife), William 8/12 (b. Sep); MARTON, Ada (B) 13 (sis)
535. STONE, Richard (B) 35 (barber), Susan 26, Henry 1
536. RUCKER, Willis (B) 22 (barber) (T __ __), Lizza (Mu) 20 (India __ __)
537. MASON, George 42 (widower) (carage trimmer) (OH VA VA), Rosa 19 (T OH T), Harry 14 (T OH T), Phillip 8 (T OH T), Eugena 6 (son) (T OH T)
538. FISHER, S. F. 25 (watch maker) (KY Ger Ger), J. M. 20 (wife) (NY Ger Ger), Arebel J. 2 (dau), Wm. F. 1/12 (b. May)
539. MAYES, Porter (B) 39 (rock mason), Serrena 27 (wife) (T __ __), Ersey 10 (dau)
540. ROADS, Mands (Mu) 42 (divorced) (VA VA VA), Anna 15 (T T VA), Lenoraba 12? (T T VA), Jimmie 8 (T T VA), Jane 6 (T T VA), Walter 4 (T T VA)
541. TINDLE, Adam (Mu) 70 (SC SC SC), Rebeca (B) 58 (wife) (T SC SC); WADKINS, Harry 25 (son); TINDLE, Mary (Mu) 18 (dau) (coal); GOLSTON, Hariet (B) 16 (g dau); WINGFIELD, Sallie 7 (g dau); HAMILTON, Wade 3 (orphan)
542. STEWART, Martha 37 (widow) (selling cloth), Cabral 17 (RR hand), Jubell 16 (dau), James 10, Josephine 8

Page 51, Columbia

543. DEW, Ed 41 (blacksmith), Eliza 51 (wife) (dress maker) (GA VA VA), Eddy 10
543. HENLEY, Horan? 41 (redgister) (T SC SC), Ada 35 (wife) (consumption), E. F. 18 (son), Clifford 12, Cloud 10 (son), Callie 7 (dau), A. 2 (dau); ALDERSON, Sue (B) 17 (servant)
544. GERSTELL, Ad. 28 (merchant) (KY __ __), Anna 23 (wife), Minnie 4/12 (b. Jan); NEWLE, Jane (Mu) 25 (servant)
545. SYNCLAIRE, Archa 48 (carpenter) (CT CT CT), Fannie 37 (wife), Mary E. 12, Archa 10 (son), Daurcon 8 (son), Fanna 6, David 3
546. WHITE, St. Ledger 53 (auctioneer) (T KY T), Nancy P. 50 (NC NC NC), Guss 21 (son) (painter), Terry K. 33 (son) (painter), Major 18, Thos. H. 16, Sallie B. 14
547. MOSS, John 72 (keeping boarders) (T NC NC), Elizabeth 70 (T NC NC), Paralee 30 (seamstress), Taylor 28 (confectionary); SHARP, H. L. 10 (g dau) (T India NC)
548. LEONHORD, Frank 43 (machinist) (Ger Ger Ger), Sarah 39, E. L. 15 (dau), Estella 12, Eugen 9 (son), F. T. 7 (son)
549. WARE, W. T. 29 (shoemaker) (VA VA VA), Mary A. 25, Nettie F. 6, Willie May 4 (dau), Louize 1
550. PORTER, Jack 45 (dept tax collecter), R. E. 38 (wife) (AL AL AL), W. J. 14 (son), Albert 12, Lillia 11, Arther L. 9; STANFORD, Rebecca 30 (sis) (seamstress) (AL AL AL)

Page 52, Columbia

552. ALDERSON, R. G. 28 (engineer) (T T __), C. A. 22 (wife) (married within yr) (IN T T)
553. SULLIVAN, Isack 40 (turnpike bidder) (AL __ __), S. E. 33 (wife) (MS __ GA), Emma J. 8, Lillia 7, J. W. 2 (son)
554. SMITH, Waid (B) 28 (T SC SC), Eliza 22 (T T __), Mamma 4 (dau)
555. BAIRD, Pink (Mu) 28, Allice 24 (wife), Lula 7, Mattie 4, John 1, Ida 16 (sis), Mary 19 (sis)
556. JOHNSON, Selvanis (B) 40 (express deliver) (__ __ __), Ella 20 (wife) (T __ __), Lizza 8 (T __ T), Tildia 5 (T __ T), Savanis 2/12 (b. Mar) (son) (T __ T)
557. DEW, Sollaman (B) 50 (carpenter), Ann (Mu) 40 (wife), Margret (B) 18, Mary 14, Martha 11, Amanda 9, Julie 5, William 8/12 (b. Sep)
558. VOAS, Elylane 58 (horse doctor) (T T NC), Izabell 59 (wife) (T NC NC), Mary J. 35, Sarah 28, Frances 18, Persilla 16, Wm. A. 26 (dry good clerk), John W. 23 (tin clerk), Thos. M. 22 (dry good clerk)
559. HUGHS, Fanie (B) 32, Madorah (Mu) 8 (dau), Aarch (B) 6, Harva 4 (son) (T __ T), Mattie B. 1 (dau) (T __ T)
560. HENDERSON, G. W. 27 (typhoid fever) (T KY T), M. F. 24 (wife) (T NC T), Dorah 5, Jas. W. 2, Jack P. 2/12 (b. Mar)

Page 53, Columbia

562. WEAVER, W. T. 30 (brick mason) (T VA __), J. B. 20 (wife) (T T __)
563. WAGGONER, H. B. 54 (painter), A. E. 52 (wife) (T VA KY), Mira 25 (cousin) (seamstress), Mattie 18 (dau), Foster L. 16 (printer); VOSS, Eddy 7 (g son)
564. JENKINS, John J. 30 (boot & shoe maker) (AL __ __), F. E. 29 (wife) (T NC T), Jas. S. 4, Mary B. 2, Bessey 1
565. LARANCE, Jos. (B) 39 (T __ __), Julia (Mu) 24 (wife) (T __ __), Jeff (B) 7, Mary L. 2, Frances 4/12 (b. Jan)
566. HILL, Lewis (B) 40 (GA __ __), Sarah 20 (wife) (T __ __), Cornelia 11, Annie 8, Nancy 5, Lewis 3
567. LOVE, Henry (B) 39 (hosler) (T VA VA), Susey 29 (wife) (T NC T); PICKENS, John 22 (cousin) (T NC T); HOPKINS, Nelli (Mu) 39 (relationship omitted) (GA GA GA), Sallie 28 (relationship omitted) (SC SC SC); HALL, Minnie (B) 5 (relationship omitted) (SC SC SC)
568. BROOKS, Malissa (Mu) 65 (widow) (T __ __), Antney 20; THOMPSON, Ely (B) 40 (boarder) (wood sawyer) (T __ __)
569. BOOKER, Thos. (B) 25, Emly 25 (T __ __), Eliza 11; NELSON, Ada 30 (boarder) (T __ __)
570. COWAN, Abner 28 (dru good clerk) (AL __ __), Sula 26, Lizza 4, Janes 2 (dau), Samm 2/12 (b. Mar)
571. SMALL, Wm. H. 26 (turner mecanic) (T PA T), Fannie 19 (T VA T)

MAURY COUNTY

Page 53, Columbia (cont'd)

572. RAGAN, S. E. 43 (widow) (VA VA VA); HOWELL, S. H. 30 (son in law) (sewing machine agent) (fever) (OH OH OH), Annie 17 (dau) (T VA VA), H. D. 21/30 (b. May) (g son) (T OH T); GUNNER?, Wm. 22 (son) (RR man) (T VA VA)

Page 54, Columbia

574. ROTHRECK, Margret (B) 33 (T __ __), Nannie 13 (dau), infant 3/12 (b. Mar) (dau) (T T)
575. PORTER, Grissie (Mu) 28 (T __ __), Thos. (B) 12 (son) (T T)
576. RANKINS, Mary (B) 58 (widow) (VA VA VA)
577. DUDLEY, Mollie (Mu) 50 (T __ __), Mary 15 (dau), Allis 9 (dau), John 5 (son)
578. JONES, George (B) 55, Manerva 50, Monro 6 (g son); KIMBLE, George 25 (boarder), Mary 2 (dau); GOODMAN, Bob 65 (relationship omitted)
579. SEDBERRY, George 27 (dry good clerk), Norah 25 (wife) (T KY NC), Ella B. 2
580. WILSON, W. N. 29 (painter & paperer) (T NC T), Emma J. 23 (wife), May F. 4
581. WILSON, J. A. 58 (painter) (NC PA NC), M. J. 52 (wife) (T NC VA); REEDE, M. F. 32 (dau) (T NC VA), Eddy H. 6 (g son) (T IN T); WILSON, Allis 28 (dau) (T NC VA)
582. FRIERSON, Calvin 57 (grocer) (T SC SC), Sarah H. A. 50 (T T VA), Dr. Week 28 (son) (phisician), Mead 19 (dry good clerk); SUTTON, Ron (Mu) 33 (servant) (T)
582. FRIERSON, Calvin 57 (grocer) (T SC SC), Sarah H. A. 50 (T T VA), Dr. Week 28 (son) (phisician), Mead 19 (dry good clerk); SUTTON, Ron (Mu) 33 (servant) (T)
583. WILLIAMS, Josey (B) 29 (AL __ __), Houston (Mu) 10/12 (b. Jul) (son) (T VA AL)
584. TODD, Ella (B) 25 (T VA VA), Martha 10 (dau), Persey 13 (boarder) (T VA VA); CURY, Flecia? 23 (boarder) (AL AL AL), Anna 6 (dau) (T T AL), Ella 2 (dau) (T T AL), Eddy 1 (son) (T AL)
584. TODD, Ella (B) 25 (T VA VA), Martha 10 (dau), Persey 13 (boarder) (T VA VA); CURY, Flecia? 23 (boarder) (AL AL AL), Anna 6 (dau) (T T AL), Ella 2 (dau) (T T AL), Eddy 1 (son) (T AL)
585. GORDON, Richard (B) 28 (undertaker), Cornelia (Mu) 26 (T T SC), James 6, Wm. B. 2, infant 1/12 (b. May) (son); MOOR, Wm. 22 (bro), Manch 25 (bro) (teamster)

Page 55, Columbia

589. THOMAS, Mary (B) 28; ADCOX, Perry 60 (relationship omitted) (W) (T NC NC)
590. HOGE, Susan (B) 49 (widow) (T VA T), Eliza 17 (T KY T), Angline 14 (T KY T), Millie 12 (T KY T); MACK, Susan 7 (g dau)
591. HADDOX, Viblet (B) (f) 35 (T __ __), Sabra 6 (dau) (T T)
592. GREEN, Autney 51 (shoemaker) (MA __ __), Parthena 48 (T __ __), Ophelia 21, Charley 20, Saml? 18, Edward 15, Augustus 13, Ernest 10
593. VESSEY, J. S. 51 (druggist) (NC __ __), Roda 46 (wife) (AL SC AL), Allis 19 (MS), Joseph 17 (MS), Ida 9 (MS), Mary L. 5 (T); McGUIRE, Mary O. 19 (servant) (T __) (idiotic)
594. LAMAR, Henderson 33 (carpenter) (T __ __), Emley 30 (T SC SC), Lena 7, Willia 4 (son), Mabry 1 (dau); HUTSON, Norah (Mu) 15 (servant) (T)
595. SMITH, Seley (B) 50 (f) (T __ __), Alex 20 (son) (waggoner) (T __ T), John (Mu) 12 (son) (T T)
596. SHADDON, Wm. 63, Rebeca 36 (wife) (GA T T)
597. MURPHA, Kalif 28 (carpenter) (T __ __)
598. BRUNCE, P. (B) 50 (f) (NC NC NC)
599. HENDERSON, Jos. 62 (RR roading) (Ire Ire NC), Kate 55 (Ire Ire NC), C. E. 22 (dau) (teacher) (MD)
600. CHEATON, Anderson (B) 35 (minister) (T __ KY), Kate 33, Syras 5 (son) (T __ T), Vergal A. 3 (son) (T __ T); BAXTER, Ella (Mu) 19 (niece) (T __ T)
601. WALKER, Louisa (B) 54 (widow) (T __ __), Nannie 17 (T __ T), Henry 7 (T __ T)
602. DENTON, Selvesta 65 (widow) (T __ __); HAYS, Plummer 53 (bro) (T __ __), Almira 60 (sis in law) (AL __ __); ERWIN, Mary (Mu) 16 (teacher) (relationship omitted) (T __ __); HAYES, Eugen (B) 13 (son), Mary 10 (dau), Sidney 98 (mother) (flux) (T __ __)

Page 56, Columbia

603. NELSON, Lem (B) 73 (T __ __), Harriet 45 (wife); WALKER, Sam 29 (son) (teacher), Tillie 21 (dau) (AL AL AL), Lemuel 4 (son) (T T AL), Sam 2 (son) (T T AL), Hattie 1 (dau) (T T AL); BRADLEY, Robert 4 (dau--sic) (T T AL)
604. REDEN, Berl (B) 37 (blacksmith) (AL __ __), Mary 34 (T T VA), David 10, Vina 8, Laula 6, M. 1/12 (b. Apr)
605. FLEMING, F. (B) (f) 25 (T __ __), Mary 5 (dau?) (T __ __), Mariah 4 (dau?) (T T
605. WHITTHORNE, W. J. 35 (attorney) (T Ire T), C. R. 26 (wife) (T RI MA), C. M. 9 (dau), Wm. J. 7 (son), Frank 5 (son), Lee 2 (dau); THOMAS, T.? T. (f) 12 (adopted); TROTTER, Led (B) (f) 59 (servant)
606. CHISSOM, Ben (B) 33 (AL NC NC), Margret 30 (wife), Elarly 8 (son) (AL AL T), Geor. 5 (son) (T AL T), Mattie 2 (T AL T); BRIDGET, Pallee 52 (mother) (T VA VA)
607. VAUGHT, Cary (Mu) 61 (fireman) (T __ __), Lou 45 (wife) (T __ __); BARKER, Mallissa (B) 62 (mother) (VA __ __); VAUGHT, Alex (Mu) 20 (son)
608. McKAY, Thos. (B) (T T __) 48, Jannett 40, Bettie 22, Emma 19, Tenna 17, Peter 3
609. PERKINSON, J. R. 36 (huckster) (NC NC NC), Mary 35 (NC NC NC), Emma 8, Lewis 7, Nathan 5 (son) (T AL AL), Anna 1 (T AL AL)

Page 57, Columbia

610. McNICE, C. P. 67 (widow) (coat maker) (T NC VA); DENNAM, Leona 24 (niece) (teacher)
611. FRIERSON, A. D. 36 (stationery merchant) (T NC T), L. S. 30 (wife) (MS MS GA), L. B. 6 (dau), J. W. 4 (son), Mary E. 2 (dau), L. S. 10/12 (b. Sep) (dau)
612. CARPENTER, Jos. E. R. 38 (jean manufacturer) (T VA T), Jas. W. 36 (wife) (MS SC T), Ada 14, Janes E. 13 (son), John 11, Lenard 8, Mary 5, Verginnia 3, Flave 1 (son), Mary A. 63 (mother), Rebeca 29 (sis) (T VA T), Willia 27 (bro) (T VA T); HAGLE?, Henry 24 (servant) (T __ __)
613. FRIERSON, John (B) 39 (blacksmith), Emma 22 (wife), Robert 6
614. COOK, Miles 69 (sadler), Nanna 56 (wife)
615. THOMPSON, H. T. 40 (m) (attourney), Margret J. 44 (sis) (dress maker); BRANDON, S. A. 38 (sis) (widow), Jaz. M. 44 (nephew), Jenny L. 18 (niece), Mary T. 11 (niece), S. M. 9 (niece), David C. 7 (nephew); THOMPSON, H. L. 36 (nephew)
616. GANT, R. C. 39 (gro. merchant), S. E. 37 (wife) (T SC T), Mary F. 6, John N. 4; BUFORD, Sarah (B) 26 (servant) (AL AL VA), Sarah 6 (servant) (T AL AL), All (f) 7 (servant) (T AL AL)
617. HODGE, Alger? 28 (grocery clerk), Ida B. 25 (T T MS), W. R. 6 (son), Fannie M. 3; BLAIR, Lucindia (Mu) 3 (servant) (age wrong here, as Lucindia listed as married & a cook); AKIN, Billie (B) 12 (servant); MOORE, Anna 8 (servant)

Page 58, Columbia

618. COHEN, Signal 27 (produce merchant) (Prusha Prusha Prusha), Sarah 25 (Prusha Prusha Prusha), Herman 14/30 (b. May); MARKIS, Dorah 14 (servant) (MI Ger Ger)
619. TAYLOR, J. W. S. 43 (miller) (VA VA VA), A. E. 32 (wife) (VA VA VA), Curtice 16 (VA), John 15 (VA), Anna 13 (VA), Edgar 6 (VA), Minna 4 (VA), Emma 1 (T)
620. HARVERSON, Nellie (B) 42 (widow) (T T VA), Martha 24, George 10, John 8, Jimmie 5, Wm. 11/12 (b. Jul)
621. BLAIR, Julia (Mu) 42 (m) (carpenter) (T __ VA), Mollie 37 (wife), Susa 13, Ella 11, Anna 13, Wash 9, John 6, Henrietta 6, Monrow 5, Willie 1
622. GALLAWAY, Wm. 65 (NC NC NC), A. M. 50 (wife) (T NC NC), Laura 32 (dau)
623. HAMNER, Elizabeth (B) 26 (divorcee), Frank 6, Clemcy 4 (son?); PORTER, Anna 23 (relationship omitted), Gertrud 2 (dau), Clifford 3/12 (b. Mar) (son)
624. HOLT, Bird (B) 42 (barber) (T ____), Ophelia 35, Mary 16, Lonnie 11 (son), Walker 8, M. 6 (son), Bird 4
625. FRIERSON, Elizabeth (B) 68 (widow) (T NC NC), R. E. 32 (dau) (teacher), Emma 31 (dau) (seamstress)
626. DUNKIN, Thos. J. 41 (minister), M. A. 44 (wife) (T GA VA), Hiram 17, Starkey 15, Boaz 13, Callie 8 (KY), Mama 6 (dau) (T); FRIERSON, Tama (B) 35 (servant) (T __), Ben 42 (husband) (T __ __), Martha 14 (dau)

Page 59, Columbia

627. CRYSMAN, Thos. (B) 31 (rock mason) (widower) (T VA VA), Thos. 14, Susan 1
628. WRIGHT, J. D. 30 (merchant) (T SC T), Kate 27 (wife) (T T KY), Elsey 4 (dau)
629. WILSON, Sam (B) 35 (tinner) (T ____), Amelia 33 (T ____), Willis 11
630. MARTON, Hanah 48 (B) (T __ __), Jos. 12 (son) (T __ T), Wm. 9 (son) (T __ T); FLEMING, Vina 55 (boarder) (VA VA VA)
631. STOCKARD, Mary (B) 35 (widow) (VA VA VA), Allis 20 (dau) (VA VA VA), John 13 (T VA VA), Andrew 9 (T VA VA), Lillia 7 (T VA VA)
632. WILKS, Thos. (B) 40 (T __ T), Mary 36 (T VA T), George 15, Thos. 12, Miallina 11
633. ANDERSON, John (B) 44 (blacksmith) (T __ __), Annie 40 (T __ __), Mary 11
634. BLACK, Frank (B) 30 (T __ __), Viola 25 (T __ __), Indiana 30 (sis) (T __ __), Jane 19 (dau) (T __ T), Nannie 22 (dau) (T __ T), Ann 14 (dau) (T __ T), Harriet 11 (dau) (T __ T)
635. BLACK, Henry (B) 37 (T __ __), Emana 25 (wife) (T __ __); STONE, Ellin 9 (orphant) (T __ T); ANDERSON, Georg 16 (orphant) (T __ T)
636. HERNDON, Jos. P. 34 (dentistry) (MS KY T), Joephine 32 (MO Itley MA), C. L. 10, Louise 8
637. HARVERSON, Dave 55 (painter) (T NC NC), L. 40 (wife) (T T NC); DOWELL, Ann 75 (mother) (NC NC NC), Laura 11 (niece)

Page 60, Columbia

638. ANDERSON, Peter (B) 44 (blacksmith) (T VA VA), Martha 47 (T VA VA); DALEY, Gordon 23 (son); MORRIS, Nancy 19 (boarder)
639. HODGE, Fanny 60 (widow) (bed ridden?) (T VA VA); RICHARDSON, Queenie 31 (dau) (widow), Sammie 13 (g dau) (T AL T); BOOKER, Tabitha (B) 51 (servant); HODGE, Jas. (Mu) 12 (servant)
640. MARTON, George 50 (produce merchant), Ruthe 43 (T GA GA), George P. 14, Mary R. 11, Eliza 9, R. M. 7 (son?); HICKS, Harriet (B) 40 (servant) (T __ __); WINGFIELD, Sallie 12 (servant) (T __ __)
641. STRATHER, W. J. 43 (produce merchant) (T NC NC) (crippled), F. H. 38 (wife) (T T MS), Jimmie 6 (dau), Emma J. 5; SHARP, Auston (B) 22 (servant) (T GA GA)
642. PHILLIPS, E. W. 51 (merchant) (T PA T) (blind), K. T. 47 (wife) (KY KY KY), E. J. 24 (dry good clerk) (son), Nettie 19, Allis 14
643. FRIERSON, Sam (B) 27, Elizabeth 24
644. SHOOKLEY, W. F. 56 (machinist) (T Spane Spane), Martha 28 (wife) (T __ __)
645. WOODARD, N. F. 36 (widow) (T KY NC); BULARD, Eugene 10 (nephew) (T MI T)
646. BULARD, Georg A. 38 (shoemaker) (MI MI MI), S. E. 34 (T KY NC), Florance 12 (MI), Willia 8 (son) (T), Perl 5, Harrison 3, infant 3/12 (b. May); GILL, Sarah E. 76 (mother) (NC NC NC), E. N. 38 (relationship omitted) (dress maker) (T KY NC)
647. GEE, David 25 (cabinet workman) (T KY NC), Dorah G. 18, Dasey 2
648. WRIGHT, Johnson 36 (sawyer) (IN IN IN), Adline 32 (OH OH OH), Arthur 7 (son) (Ire?), Gurtrude 5 (IN), Clide 2 (IN)

Page 61, Columbia

649. WATKINS, Young (Mu) 65 (SC SC SC)
650. ONEAL, Mary 35 (widow) (OH Ire? Ire), Tennie 16 (RR hand) (T Ire OH), John 10 (T Ire OH), Johnan 9 (dau) (T Ire OH)
651. HADDOX, Minna (B) 40 (AL AL AL)
652. WALKER, Miles (B) 21; MURPHA, Esma 6 (orphant); WALKER, Nettie 4 (orphant)
653. MAY, Nanna (B) 58 (widow) (T T __); FRIERSON, George 19 (son) (T __ T), Malinda 17 (dau) (T __ T), Porter 15 (son) (T __ T); MAYES, Sallie 35 (servant?) (widow) (T T __), Porter 1/12 (b. Apr)
654. CALDWELL, W. J. 41 (grocer) (T NC T), M. J. 44 (wife) (T NC NC), W. H. 6 (son)
655. SATTERFIELD, John (B) 26 (carpenter), Mollie 25 (MS MS MS); CLARK, Sandy 30 (boarder) (RR hand) (T __ __); DANIEL, Dan 35 (boarder) (baggage master) (T __ __)
656. HOWARD, J. D. 49 (hotel keeper) (T NC NC), N. J. 41 (wife) (T NC NC), Tennie 20 (school teacher); BARNETT, Mark 42 (boarder) (carpenter) (T __ __), Annie 22 (boarder) (T __ __); HOWARD, Clint (B) 41 (servant) (T __ __), Harriet 42 (servant) (VA VA VA), Senea 20 (servant?) (T T VA)
657. SHIELDS, A. H. 23 (RR ticket agent) (T T NC), A. B. 20 (wife), Kate H. 6/12, W. M. 21 (bro) (frate agent) (T T NC) (fever)
658. BERKS, Ann (B) 26, Bob 10 (son), Magga 7 (dau), Mary E. 4 (dau), Lelia 2 (dau0
659. WILKS, Antney (B) 35, Famey 30, Willie 14; SPINDLE, Ben 34 (relationship omitted), Janey 36 (his wife?)
660. PICKENS, Henry (Mu) 35 (engineer) (MS __ __), Margret (B) 35 (T SC T), Jos 18, Lewis 17 (baker), Caroline 12, Grace 9; WEBSTER, Lee (Mu) 30 (boarder) (RR hand) (T __ __); OGILVIE, Bill 25 (boarder) (RR hand) (T __ __)

Page 62, Columbia

661. COMODRE, W. H. (m) 22 (express agent) (IN IN IN)
662. BRAY, Julies C. (B) 61 (LA __ MD)
663. POLK, G. B. 64 (blacksmith) (T NC SC), M. C. 47 (wife) (T NC NC)
664. JONES, R. R. 42 (minister), Emma 34 (wife) (T NC T)
665. REAVES, Luke (B) 50 (widower) (T __ __), Lucresa 16, Dan 23
666. FARRIS, Rob L. 47 (printer), Sarah E. 34 (MS T T), Annie K. 5 (MS), Rebeca 3 (T)
667. WEAVER, Jas. T. 47 (brick mason) (VA VA VA), Lou 38 (wife), Aron 10
668. BENNET, R. F. G. 34 (coal merchant) (T ME T), Jennie W. 31, E. M. B. 10 (dau), A. L. 6 (dau), A. B. 3 (dau), C. A. 10 (stepson), F. O. 7 (stepson)

MAURY COUNTY

Page 62, Columbia (cont'd)

669. PORTER, Calf? (B) 58, Sarah 47 (wife) (LA LA LA), Charly (Mu) 23, Abram 22, Lizza 18 (dau in law), Florance (Mu) 17, Loula 13, Walter 11, Buddie 8, Mattie 7, Galanil? 6 (son), Willie 4, infant (Mu) 3/12 (b. Apr) (son) (T MO T), Julie 30 (dau) (LA LA LA)
670. GORDON, Louisa (B) 35 (T T NC), Laura 11 (dau), Ella 7 (g dau); CROSLY, Kassa 77 (mother) (NC NC NC)
671. HICKS, Henry M. (B) 24 (widow--sic); RUCKER, Ed 21 (bro); POLK, Monro 5 (boarder)
672. BENNET, O. H. P. 65 (widower) (surveyor) (VT VT VT), A. M. 19 (m) (sawyer) (AL)

Page 63, Columbia

673. SERRILL, James B. 50 (plasterer) (T NC NC), Louisa 46 (T NC NC), Mollie 20, George 15, Clarance 9
674. HART, Stepen 67 (Bible agent) (NC NC NC), Kate 56 (wife) (T VA VA), James 25 (telegraph operator), Fount 21 (son) (well boarer), Madges 17 (dau)
675. CORNELL, Henry 48 (carage maker) (NY NY NY), Henryetta 43 (NY Eng Eng), Harry 55 (relationship omitted) (carage maker) (T NY NY), Nettie 17 (dau), William 13, Alonzo 11, Frank 8, Mary 6
676. McCLELLIN, Moses 44 (RR superintendent) (NY Ire Ire), Josephine 22 (wife) (T VA NC), Wm. T. 9, E. L. 8 (dau), Jos. T. 6, R. 4 (dau), Janna 1; WHEARLEY, Mary 22 (servant) (AL GA GA); MANGRAM, Mary 68 (mother) (NC NC NC)
677. TRANTHOM, W. M. 30 (RR bridge builder), Jones? 25 (wife), Harlan 1; WILSON, Mary (B) 15 (servant)
678. MOONEY, J. J. 41 (waggoner) (T NC T), Mary E. 35 (wife), Luciel E. 12, C. A. 10 (son), W. A. 8 (son)
679. TRANTHOM, John 33 (carpenter), Fanny 21 (wife) (T NC T)
680. OWENS, George 29?, Nancy 54 (mother) (T __ __)
681. OWENS, J. 25 (brother--of #680?) (waggoner), Sarah (sis) (seamstress), Auston 4 (nephew), Carry 6/12 (b. Nov) (niece?)
682. OWEN, Frank 22 (waggoner), Lena 19, Jake 1, Florance 3/12 (b. Feb)
683. CAMERON, W. D. 32 (carpenter) (T VA VA), Fancy 27 (wife), O. Z. 9 (son), Maud 6, Wm. D. 3, Sidney 11/12 (b. Jun), Julia 28 (sis)

Page 64, Columbia

684. CRAFT, A. J. 50 (cabinet maker) (Ger Ger Ger), Mary H. 41 (wife) (KY T T), Wm. W. 32 (son) (express agent), G. R. 19 (son) (confectionary), E. F. 17 (son), Ida M. 11 (dau)
685. POWELL, J. M. 61 (painter) (NC NC NC), E. H. 54 (wife) (NC PA VA), Allin 33, Cary 18 (dau), E. L. 12 (dau), Isack 10, Jessey 27 (son), Guss 23
686. THWEATT, P. S. 47 (carpenter), A. K. 32 (wife) (T VA VA), S. F. 9 (dau), M. A. E. 7 (dau), Wm. T. 5
687. MARTON, John S. 38 (carage painter) (VA VA VA), M. F. 29 (wife), E. M. 10 (dau), Jno. E. 8, J. H. 7 (son), Auston 5, Wm. 3, Robert 2, Elwin 6/12 (b. Dec); FOGG, Eliza (B) 14 (servant) (T __ __)
688. GUEST, Thos. M. 31 (carpenter), L. S. 29 (T NC NC) (wife), A. H. 6 (son), E. M. 4 (son), H. H. 1 (son)
689. McDONAL, Jos. 50 (huckster), S. A. 41 (wife) (T NC NC), J. J. 18 (son) (painter), Wm. J. 15 (crippled), Rob H. 8, George M. 5
690. COOK, Sam 32 (grocery clerk), Sarelda 27 (VA VA VA), Miles M. 8, Lena 7, Fred 5, Louella 2, Frank 5/12 (b. Oct)

Page 65, Columbia

691. GRIFFIN, M. W. 3 (f) (married within yr) (birth of child) (KY KY KY), Dorah 10 (KY KY), Mary 3 (KY KY KY)
692. THOMAS, John H. 24 (cabinet workman) (T T __), Ella 28 (wife) (T NC T), Willia 4 (son), Herbet 2 (son)
693. HUDSPETH, Wm. 56 (KY NC T), Sophia 48 (LA __), Sarah E. 24 (teacher) (LA), H. L. 14 (dau)
694. USSERY, W. T. 44 (minister), M. S. 42 (wife) (T NC GA), G. G. 16 (son), W. W. 13 (son), Agness 10, B. M. 6 (dau)
695. HASTY, Jos. 50 (sawyer) (KY KY KY), Mary J. 46 (KY KY KY), E. F. 20 (son) (teacher) (IL), L. M. 16 (dau) (T), J. W. 17 (son) (sawyer) (IN), M. D. 14 (dau) (IN), S. F. 11 (dau) (IN)
696. ENGLE, John A. 57 (dry good merchant) (PA PA PA), Mary E. 48 (T T SC), Wm. 32 (insane) (AL PA OH), Mary 22 (T PA T), Ida 20 (T PA T), David 18 (carpenter) (T PA T): CAMPBELL, Emma 16 (dau) (T PA T); ENGLE, J. M. 24 (son in law) (T __ __), Jno. F. 14 (son) (T PA T), George 12 (son) (T PA T), Annie 10 (dau) (T PA T), Hettie 7 (dau) (T PA T), Laura 4 (dau) (T PA T); BOANE, Drusill (B) 33 (f) (servant) (T SC SC), Roanda? 8 (servant)
697. SAFFORRENS, Jno. 73 (retired merchant) (VA Ger Ger), M. J. 55 (wife) (T VA T), W. H. 23 (son) (merchant), E. A. 21 (dau in law) (KY T KY), Thos. J. 15, Luciel 1 (g dau) (T T KY)
698. AYDILOTT, A. F. 47 (produce merchant) (T __ NC), M. H. T. 36 (wife), G. T. 7 (son), Paul 3, Ky M. 1 (dau)

Page 66, Columbia

699. WRIGHT, W. N. 39 (mashean agent) (T NC GA), S. J. 20 (wife), Susan A. 2, P. D. 32 (bro) (T NC GA)
700. STAPLES, David 53 (bee keeper) (ME __ __), M. C. 45 (wife) (ME __ __), C. A. 26 (dau) (corset manufacturer) (WI), E. A. 24 (dau) (WI), L. M. 21 (son) (machanic) (WI), Nettie 15 (dau) (WI)
701. FOSTER, Henry (B) 42 (waggoner) (T __ __), Nancy 30 (wife) (T __ __); WEBSTER, Nannie 16 (niece) (T __ __), Lizza 13 (niece) (T __ __), Julia 14 (niece) (T __ __), Sye 18 (nephew) (T __ __), Lewis 16 (nephew) (T __ __)
702. MORRIS, Magga 27 (MS MS MS), Thos. 8 (son) (KY KY MS), Dorah 4 (dau) (AL KY MS), Bennie 2 (son) (T KY MS), Eugene 1 (son) (T KY MS)
703. QUARTERMAN, W. A. 45 (bookkeeper) (Eng Eng Eng), E. S. 39 (wife), Minna F. 9, Charley 7, Lou 4, Lavenia 1
704. STUART, Thos. J. 40 (carpenter) (T VA VA), Martha 38 (T NC T), W. G. 12 (son), Blanch C. 10, A. T. 2 (son)
705. WALKER, Thos. J. 35 (sewing machine agent), E. J. 27 (wife), S. T. 2 (son)
706. WEBB, Jos. (B) 45 (blacksmith), Charlot 44 (AL NC MD), Gustis 18 (RR hand), Mary 12, Edmon 9, William 7, A. 6 (dau); GREENFIELD, Magg 4 (g dau) (T T AL); ALLEN, Press 81 (g father) (NC NC NC)
707. SMITH, Poppa? (B) 74 (NC NC NC), Timpa 60 (NC NC NC), Elvira 23, Levy 18 (g son) (T NC NC)

Page 67, Columbia

708. PERRY, S. D. 48 (widow) (T NC VA), Thos. 14, Minnie? 12; BAUSHOK, W. E. 25 (son in law) (grocery merchant) (NC NC NC), S. E. 23 (dau), Marvin A. 2 (g son) (T NC T), Manerva? 2 (g dau) (T NC T)
709. JOHNSON, D. T. 30 (T T NC), Emby 30 (T NC NC), Mattie M. 1; WEBB, Kate 14 (step dau) (T VA T), Loula 9 (stepdau) (T VA T), A. J. 7 (stepdau) (T VA T), Wm. P. 5 (stepdau) (T VA T), N. B. 3 (step dau) (T T T)

Page 67, Columbia (cont'd)

710. ODON, Elizabet 75 (widow) (SC SC SC), Hannah 38 (coald)(SC SC SC); PAIN, George 18 (g son) (T NC SC); WITHERS, Margret 32 (widow) (relationship omitted) (NC SC SC), John 14 (son) (T SC NC), Georg D. 10 (son) (T SC SC)
711. WINGFIELD, Dowell (B) (f) 104 (SC SC SC)
712. CARETHERS, Catha 33 (widow) (KY __ __), Samuel 16 (dry good clerk) (T T KY), James 10 (T T KY), Eugene 8 (T T KY), Cathern 5 (T T KY), Jos. F. 3 (T T KY)
713. LATTIE, John 70 (widower) (retired farmer) (NC NC NC); HAMM, Wm. M. 43 (son in law) (blacksmith) (T NC NC), Susan 34 (dau) (T NC T), Sophia 18 (g dau) (seamstress), Minnie 13? (g dau), Mattie 6 (g dau), Willis W. 2 (g son)
714. HALEY, John F. 37 (livery stable), Pernina 30 (T VA VA), Annie 12, Nettie 10, Florance 8, Perl 6, Jeffie 4 (dau), Lucie 1
715. JOHNSON, J. A. 38, M. L. 44 (wife), Janie 14, Harvey 6, Minnie 1, Wm. A. 19 (son), Nannie 21 (dau in law)

Page 68, Columbia

716. TAYLOR, J. A. 52 (RR man) (Eng Eng Eng), Caroline 37 (wife) (Eng Eng Eng), G. W. 9 (AL) (son), A. L. 7 (son) (T), H. M. 5 (dau), E. L. 3 (dau), E. A. 1 (dau), infant 1/12 (b. Apr) (dau)
717. PERRY, Wm. jr. 65 (T NC T), Jamie W. 45 (wife) (MD Ire Eng), Thos. Linch 26 (printer), E. C. 21 (grocery clerk)
718. HINE, Silas 37 (coal merchant) (AL VA IN), A. L. 36 (wife) (T NC T), John H. 11; HUGHS, A. M. 25 (sis) (T NC T), M. A. 23 (sis) (T NC T), L. B. 21 (bro) (lumber merchant) (T NC T); LAGUE, Malinda (B) 37 (servant) (T __ __)
719. BENNETT, A. B. 35 (widow); BOND, M. E. 35 (sis) (teacher), M. L. 31 (sis)
720. AYDELOTT, Wm. 38 (ice dealer), Sallie 36, A___ston 8 (son), Mary S. 7, Jones 4, Frank 2, Sallie 2
721. GOODLOW, Malinda (B) 36 (widow) (T NC NC), Vick 16 (dau), Mack 14 (dau); MAYES, Charles 40 (boarder) (RR hand) (T __ __); GOODLOW, Jinc (m) 17 (boarder) (pike hand)
722. PACKARD, Y. S. 82 (NC NC NC), Eliza A. 60 (wife) (NC NC NC); WEBSTER, Matt (B) 15 (m) (servant)
723. KUL__, A. J. 53 (miller) (VA PA VA), C. P. 50 (VA VA VA)
724. MAXELL, A. 29 (taylor) (Rusha Rusha Rusha), Annie 29 (wife) (PA PA PA), Julia 6 (son) (KY), Anna 1 (KY); RODES, Annie (Mu) 18 (servant)
725. FRIERSON, John 48 (RR contractor) (T SC SC)
726. WHITE, B. M. 27 (B) (AL __ __)
727. BALOW, Wm. 25 (engineer) (AL KY KY)

Page 1, Dist. 9

1. SHIRLEY, William 54 (marble worker) (Eng Eng Eng), Manervy E. 55 (MA __ MA), Samuel T. 19, William N. 15, Emily R. 13; PAYNE, Geo. 17 (servant) (T Fr NC)
2. RIDDLE, Marquis L. 40 (saddle & hamepills?) (__ __ __), Mary A. 35 (T __ T); PEEPLES, Eudora A. 20 (niece) (__ __ __); WILKENS, Marcus R. 65 (boarder) (retired grocer) (VA NC VA); EWING, Malissa (B) 23 (servant), Jerry 21 (servant?)
3. JOHNSON, James (B) 36 (blacksmith) (T VA VA), Betty (Mu) 21 (wife) (T NC __), Richard (B) 19 (son), Angeline 15? (dau), Maryann R. (Mu) 7 (niece) (T __ T)
4. HALEY, Charles W. 52 (wagon maker) (cholera morbus?) (T __ __), Rebecca S. 41 (T VA VA), David J. 13, Rosa B. 11, Headerick? N. 9

5. HALL, Redden B. 65 (selling monuments) (NC NC NC); SYKES, Susan 40 (dau) (consumption) (T NC NC); HALL, Lizza 36 (relationship omitted) (__ __ __)
6. PEELER, Thomas (Mu) 50 (blacksmith) (T __ __), Potia 50 (T __ VA), Ida 11, Mary 9, Henry 7
7. HARRISON, Wyatt C. 43 (widower) (general merchant) (VA VA VA), Robert B. 13 (T VA T), Wyatt C. 11 (T VA T), Fanie May 10 (T VA T), William Lee 6 (T VA T); SMITH, Hannah (B) 45 (servant)
8. PRIDE, Elizabeth V. 31 (widow), Neely 11 (son) (AL AL T), Thomas E. 7 (son) (AL AL T)

Page 2, Dist. 9

9. SHEPPARD, James M. 51 (general merchant) (T NC T), Emma C. 45 (VA VA VA), Ella B. 20, James M. 18, Florence 15, Mattie 12
10. NICHOLSON, Carolina 68 (widow) (T Ire NC), Osborn 49, Alfred 39, Lena 18 (g dau), Anna 17 (g dau), Andrew 14 (g son), Alfred 6 (g son)
11. HILL, Henry (B) 55 (horse trainer) (LA LA LA), Emily 35 (wife)
12. HOLSTON, John (B) 58 (shoe maker) (GA GA GA), Maria 30 (wife) (T T VA), Lena 6, Lucius 3, Percy 3/12?
13. PILLOW, Thomas 38 (carpenter) (T __ T), Ann 48 (wife) (T __ __) (T __ __), Gustavus 19, Mary 10 (niece), Brucy 8 (nephew), Purcy 3 (nephew)
14. POLK, Alexander F. A. (B) 29 (teacher) (T NC T), Amelia I. 22 (PA PA PA), Cassa W. B. 10 (son)
15. GIBBS, Daniell (B) 46 (minister of gospel) (SC SC SC), Sarah Ann 32 (wife) (SC SC SC), Joseph B. 13 (SC), Sarahan 11 (SC), Mary Julia 4 (SC), Delphena 1 (T); WYCKS, Robt. P. (Mu) 28 (asst teacher) (NC VA NC); FREEMAN, Virginia (B) 24 (servant)
16. GHOLSON, Julia (B) (widow) 46, Hariett (Mu) 23 (T MS T); KELLY, Salina (age omitted) (relationship omitted) (T MS T), Isaac 14 (son in law--sic) (T __ __)

Page 3, Dist. 9

17. LETHGO, James 50 (carpenter) (T VA VA), Nancy S. 47 (married within yr) (VA VA VA), Nannis A. 18 (dau) (KY T KY); ONEAL, Ida C. 18 (ward) (GA GA IL); PILLOW, Sarah A. (B) 26 (servant) (T __ T); JORDON, Martha (W) 88 (mother in law) (VA Ire Ire)
18. SEARCY?, HIal P. 38 (degariart arts) (VT VT VT), Louise 31 (T Prussia Prussia), Hall 10; STRACHAUER, Amelia 68 (mother in law) (Prussia Prussia Prussia); HARVEY, Wm. F. H. 29 (employee) (photographer) (OH OH OH); DEW, Mary (B) 14 (servant)
19. THOMAS, James D. 42 (civil engineer) (T NC VA), Virginia 32 (wife) (VA VA VA), Margaret B. 11, Virginia G. 9/12; SMITH, Mary (B) 17 (servant) (T GA NC); JOHNSON, Angeline 18 (servant)
20. HARRISON, Wm. B. 48 (physician) (VA VA VA), Ella P. 25 (wife) (AL NC NC), Benjamin 75 (father) (ex justice of peace) (VA VA VA), GRAY, Julia 27 (servant); HUGHES, Amanda (B) 14 (servant); PIKCENS, Joseph (B) 20 (servant)
21. FLEMMING, Richard (B) 39 (blacksmith), Celia (Mu) 38 (GA SC SC); MARSHAL, Mary 14 (stepdau) (GA GA GA); COOPER, Sallie 12 (step dau) (T T GA); FLEMMING, Gupee? 7 (dau), George 5 (son), Peter 3 (son)
22. OLFERD, Monroe 45 (T __ __), Sallie 33 (wife) (T VA VA), Charles 11, Henry 9
23. DUNSAN, Charles (B) 40 (GA VA GA), Fanny 39 (T VA VA)
24. JONES, John 26 (Mu) (T VA T); DRAKE, Emly 22 (sis) (T VA T); JONES, Henry 21 (bro) (T VA T); THOMAS, Frances 19 (sis) (T VA T); BAXTER, Kate 6 (niece)

Page 4, Dist. 9

25. WILKS, Joseph 30 (T __ NC); WILLIAMS, Maggie 32 (sis) (T __ NC)
26. SMITH, Hannah (B) (widow) 40 (GA __ __), Ella 12 (T GA T), Melvina 10 (T GA T), Susan 6 (T GA T), Anna 4 (T GA T), Larkin 19 (son) (GA GA T)
27. SLAUGHTER, Edward (B) 34 (R R hand) (T NC __), Lucinda 32 (T T SC)
28. MOSS, Anthony W. 30 (horse trader) (T __ T), Dixie 18 (wife) (AR GA KY), Burfred? P. 1¼ (son) (TX T AR)
29. HENDLY, Smith 44 (horse trainer) (T T NC), Lucinda 41 (T T VA), Ella 13
30. ATWELL, Leonard H. 39 (tinsmith) (KY VA VA), Celia G. 34 (KY CT DE), Edith A. 12 (KY), Florence O. 10 (T), Ashley W. 9, Samuel B. 7, Leonard K. 5, Mary S. 3, Celia S. 1; DANNER, William C. 25 (copartner) (tinsmith) (KY KY Ger)
31. TROTTER, Jesse (B) 66 (crippled) (T __ __), Susan 56 (wife) (midwife) (NC NC NC), Florence 17 (g dau) (T MS T); PHILIPS, Laura 6 (g dau); TURNER, Allen 1 (g g son)
32. GORDON, Hugh T. 31 (attorney at law) (T NC T), Anna N. 28, Mary 3, Charles L. 11/12, William B. 40 (bro) (attorney at law), Mary F. 30 (sis in law) (MS MS T)
33. ALEXANDER, Madison (B) 59 (__ __ __), Harriett 48 (wife) (NC NC NC); PILLOW, Amelia 52 (boarder) (T __ __)

Page 5, Dist. 9

34. YOUNG, Walker 37 (Mu) (T NC NC)
35. LESTER, Manerva 60 (T PA PA)
36. RIVERS, Alena? (B) 49 (m), Nancy 40 (wife), John 8 (g son)
37. HUGHES, Abram (B) 36 (VA VA VA), Savanna (Mu) 21 (wife); FRIERSON, Sally (B) 60 (renter of room) (T Africa Africa); ENGLISH, Geo. (Mu) 23 (boarder) (blacksmith); YOUNG, William 21 (T NC T); FRIERSON, Polly 12, Cornelia (B) 18; ENGLISH, Mary Ann 6 (relationship of last 4 persons omitted)
38. WILSON, Adam (B) 20, Lizzy (Mu) 20 (MD MD MD)
39. GANTT, Soliman (B) 35 (rock mason), Fanny 30
40. BOOKER, Peter (B) 40 (rock mason), Laura 39, Mingo 23 (son), Phillip 15, Peter 11, Rebecca 8, Lena 5, Willy 21, Susan B. 10 (niece)
41. HUGHES, William (B) 36 (T NC NC), Lizza (Mu) 26 (wife) (T __ T), Martha A. 7, Archy M. 5, Lilly 1; BAERD, Lyth (B) 87 (step g f) (T __ __); DAVIS, Allen (Mu) 8 (ward) (T GA GA); BAERD, Mary (B) 60 (step g m) (T __ __)
42. DICKENS, Hardy (Mu) 50 (rock mason) (KY KY KY), Mary (B) 48; PILLOW, Nelson 25 (stepson), Dock 22 (stepson)

Page 6, Dist. 9

43. POLK, Oscer F. (Mu) 68 (SC SC NC)
44. HADDOX, Peter (B) 54 (T SC VA)
45. DOUGLASS, Robert (B) 50 (stone mason) (T __ __), Mary (Mu) 45 (T __ __), Tism? (B) 15 (son), Gilbert 13 (stepson), Harkless 10? (stepson) (__ __ __); PILLOW, Cynthia 6 (stepdau) (__ __ __)
46. PILLOW, Jennie (Mu) 36 (widow) (seamstress) (T SC SC), Jennie jr. 16 (adopted dau) (teacher) (T __ __), Sophia (B) 6 (niece) (T T GA)
47. ARMSTRONG, Daniel (B) 40, Anna 29 (wife), Maggie 13, Julia 11
48. PILLOW, Washington (B) 65, Jane (Mu) 63 (SC SC SC)
49. GRAY, Nancy 65 (widow) (dress maker) (T T VA), Sallie E. 25
50. McFALL, Jefferson (B) 26 (brick mason), Kate 25, Charles 10, David A. 3
51. HALL, Geo. (B) 32 (blacksmith) (T NC VA), Sallie 26, John 8, Cornelia 6, George 4, Celia 1
52. DOBBINS, Margaret (B) 40 (widow), Minda 15, Wm. H. 4

Page 7, Dist. 9

53. PILLOW, Jeffrie (B) 55 (VA VA VA), Frances 40 (wife?) (T __ __); DAVIS, Hadder? 5 (niece) (T __ __); MACKY, Margarett (B) 20 (niece)
54. JONES, George (B) 44, Jane 39 (AL AL VA); WILLIAMS, Louisa (Mu) 19 (stepdau) (AL T AL), Smitt? (B) 35 (son in law) (rock mason) (GA GA GA); JONES, Jane 12 (dau), Susan 11, James 9, Hariett 4, Edith 2
55. WRIGHT, Robert (B) 50, Susan 38 (wife) (T VA VA); LOONEY, Laura 20 (stepdau); WRIGHT, Robert jr. 14, Anna 9; GANTT, Mary E. 2 (g dau), William (Mu) 2/12 (g son)
56. McFALL, Aaron (B) 40 (rock mason), Mariah 28 (wife)
57. PILLOW, Washington (race obscured), Jane (Mu) 73 (wife) (NC NC NC)
58. GROOM?, Daniel (B) 27 (hostler) (GA GA GA), Elinora 25, Aery 6 (dau), Jefferson 5, John 7/12
59. WHITNEY, Malinda 25 (widow) (dress maker) (GA SC GA), John W. 11, Amanda E. 9
60. MURPHY, Mary A. 20 (dress maker), Isaac 17, Willanna 1 (relationships omitted)
61. BULLOCK, Catherine (B) 38 (widow) (T VA VA); ANDERSON, Eveline 20 (dau); BULLOCK, Sarah I. 11 (dau); FRIERSON, Mary E. 6 (g dau), Willie 2 (g son), Queeney 5/12 (g dau)

Page 8, Dist. 9

62. McFALL, Orange (B) 39 (rock mason), Cynthia 25 (wife), John W. 12, George W. 10, Catherine 7, Sallie 5, Willis 1
63. BULLOCK, Leonidas I. 43 (attorney at law) (T VA T), Laura 38 (wife), Robina 16, Effie 14; HULET, Harriet (B) 30 (servant) (VA __ __)
64. MATHEWS, Francis 30 (civil engineer) (__ __ __), Alice 24 (__ __ __), Patty 4 (__ __ __), Asa? 8/12 (__ __ __); LAWRENCE, Morena (B) 11 (servant)
65. MORGAN, James (B) 36, Lucy 30
66. BUCHER, John S. 52 (teacher) (OH OH OH), Eliza M. 38 (wife), Mary E. 17, Bell 11, Delea S. 6
67. DOBBIN, Margarett (B) 35 (widow) (T NC NC); ARMSTRONG, Henry 8 (son)
68. HUGHES, Archilius M. 33 (attorney at law) (T __ T), Lillie T. 32 (DC MD VA), Falls N. 10, Charles A. 9, Architaus M. 7, Mattie B. 4; HOWARD, Henry (B) 27 (servant), Edith A. 24 (servant) (T TX VA)
69. STRATTON, John H. 75 (VA VA VA)
70. EWING, Joseph (B) 55 (stone mason), Rosella 45, Anna 8

Page 9, Dist. 9

71. EDWARDS, Wm. T. 38 (trustee of county) (T NC SC), Mary E. 36, Wm. T. jr. 13, Walter H. 11, Idah J. 10, Minnie M. 9, Philmon 7, Mary E. 6, Louella S. 2, India P. 1, Susan E. 72 (mother) (SC SC SC); PLUMMER, Dianna (B) 38 (servant)
72. SPENCER, Mary 45 (VA VA VA)
73. COOPER, Addison 32 (attorney at law) (T SC T), Eva C. 25, Sallie E. 5, Marian 3 (dau), Addison 1
74. STOCKELL, Albert W. 31 (attorney at law) (T Eng NJ), Eloise C. 26 (T SC T), Marian B. 2 (dau); COOPER, Martha A. 37 (sis in law) (T SC T), Alice J. 34 (sis in law) (T SC T), Emma S. 30 (sis in law) (T SC T); ELMORE, Margarett (B) 40 (servant) (__ __ __); MOOSE, Delphia (B) 19 (servant) (T __ T); BASSHAM, Paul (B) 18 (servant) (__ __ __), Fannie 12 (servant) (__ __ __)

75. WEBSTER, William J. 32 (attorney at law), Mary A. 26 (LA SC T), Wm. J. jr. 6, Hyleman A. 4, Virginia M. 2; ALLISON, Octavius 46 (mother in law) (T NC SC); GALLOWAY, West (B) 22 (servant) (VA VA VA), Kate 24 (servant); JONES, Susan 10 (servant)
76. MYERS, Sarah C. 56 (widow) (T NC T); BROWN, Anna 28 (dau) (T AL T), Harry 5 (g son) (T AL T), Georgia 3 (g dau) (T AL T); MYERS, Mary H. 20 (dau) (teacher) (T AL T), Lena D. 17 (dau) (T AL T); GODFREY, M. 11 (nephew) (MS AL MS); POLK, Mary (B) 19 (servant); McCONNEL, Sallie (B) 15 (servant); LONG, Nellie 18 (servant); CARUTHERS, Elizabeth (W) 65 (mother) (T __ __)

Page 10, Dist. 9

77. FOSTER, Major W. G. 55 (planter in LA) (MD __), Kate 41 (wife) (LA OH VA), Kate J.? 17 (LA), Ethel 6 (LA)
77. ASHBRIDGE, Alexander W. 48 (chemist) (KY __ Eng), Fannie 33 (wife) (LA OH VA), Edward 16? (Fr), Fany 13 (Switz), Kate 12 (MS), Ede W. 10 (dau) (LA), George 4 (LA), Lawrence 3/12 (LA); SAUNDERSON, Amanda (Mu) 18 (servant)
78. HERR, Andrew H. 46 (widower) (T NC NC), Robert L. 17 (T T VA), Harvy J. 13 (T T VA), William B. 20 (clerk in store) (T T VA), Sadie B. 11 (T T VA), Emma H. 9 (T T VA), Virgie V. 7 (T T VA), Eddie 5 (T T VA); WEBSTER, Amanda (B) 28 (servant); MONTAGUE, Arthur 22 (servant)
79. YOUNG, Robert J. 47 (carpenter) (KY KY KY), Saluda B. 41 (VA VA VA); MARSHALL, Strabelia 22 (dau) (IN); YOUNG, Ella 20 (dau) (IN), Laura 18 (T), Sada 16, Ida 12, Walter 7, Robert W. 4; MARSHALL, Robert W. 1 (g son); YOUNG, John L. 4/12 (son)
80. HUGHES, Anderson (B) 25, Sarah 24

Page 11, Dist. 9

81. BLACKBURN, George W. 63 (U.S. deputy Co) (T GA GA), Margaret E. 50 (wife) (T NC SC), Mary E. 21 (teacher), Ruth C. 19 (musician), George W. 13, William A. 9, Edward C. 7
82. SHUTZE, Henry 51 (Prucia Prucia Prucia), Mary 38 (wife) (Prucia Prucia Prucia), Frank 8, Kate 4
83. DAVIS, Richard (B) 22, Emma (Mu) 21, Richard 8/12
84. POLK, Samuel (B) 33, Matilda 34, Mary 12
85. RANSTEN?, Pheby (B) 47 (widow) (VA VA VA), Caroline 25 (T T VA), William 20 (T T VA), CHURCH, Maggie 13 (g dau), Lillie 8 (g dau), Willie 6 (g son), Thomas 5 (g son)
86. RIDDLE, Marcus L. 49 (sadler & ____) (OH PA PA), Maryann 49; PEEPLES, Elldora S. 24 (niece) (T NC T); EWING, Malissa (B) 21 (servant); CHURCH, Mary 3 (servant)
87. GREGORY, James H. 60 (claim agent) (VA VA VA), Susan E. 39 (wife), Mary L. 21, James M. 17, William C. 13; SIMMONS, Fanny 30 (servant), Maggie 6
88. CATENNA, Peter 48 (carpenter) (NY Itala Fr), Ellen 42 (VA Ger Eng), Horace 25 (cabinet maker), Carrie 24 (dau in law) (seamstress) (Canidy Eng Eng), Emma 3 (g dau), Minnie 1 (g dau)

Page 12, Dist. 9

89. McGAW, James C. 53 (constable) (T SC SC), Angie S. 39 (wife), Carrie 9 (dau), Mattie 7 (dau), James C. 4, Nellie 2, Alice M. 24 (teacher), Lizzie Y. 19, Margaret E. 43 (sis) (T SC SC)
90. MARTEN, Houston (B) 38 (carpenter) (T__ T), Callie 39 (wife) (T VA T); BROWN, Henry 22 (stepson); MARTEN, David 17 (son), Pinky 14 (dau), Willie 13 (son)

91. CAMPBELL, James B. 39 (carpenter) (T VA T), Mary J. 38? (AL VA T), Sarah 19; THOMPSON, Eulah 12 (niece) (T AL T)
92. WILSON, Powell (B) 38 (MS LA VA), Clarra 34 (T LA T), James 18, Maggie 15, Katie? 11, Vincent 8, Sallie J. 4
93. MILLER, William 45 (grocer) (VA VA VA), Amanda 24 (wife), Waller 21 (son) (printer) (VA VA VA), William 15 (son) (VA VA VA), Milton 12 (son) (VA VA VA), Jennie 11 (T VA VA), Francey 5 (T VA VA); WARN, Laticia 58 (mother in law) (VA VA VA)
94. HOOD, James K. 27 (butcher) (T NY T), Amanda L. 28 (T T VA), Harris M. 8, Lilian A. 5, Edgar J. 2, Permetia W. 60 (mother)

Page 13, Dist. 9

95. HIAL, Henry 35? (butcher) (Ger Ger Ger), Fannie 27 (T SC NC), Maggie 6, Mary L. 2 (GA shown as b. place of father these 2 daus)
96. RITTENBERRY, Isaac J. 47 (waggon maker) (VA NC), Mary E. 44 (T T KY), Alma 21, John C. 18, Robert J. 16, McDonald 13, Mary E. 10, Baxter 7, Cricket (m) 2?, Alexander 1/12
97. HARRISON, Phebe (B) 40 (widow) (VA VA VA); RANKIN, Caroline (Mu) 25 (dau) (T VA VA), Maggie 11 (g dau), Lillie 8 (g dau), Bird 6 (g son), Thomas 6 (g son)
98. NELSON, Elias (B) 44 (T NC NC), Ann 31, Alice 15, Robert 13, Brooks 11, Jenis? 4 (son), Dotey 2 (son), Carrie 11/12 (dau); THOMPSON, Robert 93 (g father) (NC __ VA)
99. RAMEY, Winfield S. 61 (Lawyer) (VA NC VA), Mary T. 59 (KY VA VA), Horace 30, Mary L. 20; FRIERSON, Robert (B) 35 (servant); DUNSTEN, Mary 45 (servant) (GA NC NC); BARKER, Amanda 22 (servant); DUNSTON, Sarah 7/12 (dau of Mary Dunsten)
100. HAWTHORN, Charles A. 25 (Eng Eng Eng), Cora 25 (CT CT NY)
101. GHOLSON, Anthony 65 (brick mason) (KY VA VA); COLE, Wat (m) (B) 50 (servant) (KY VA VA)

Page 14, Dist. 9

102. McBRIDE, Fountain 38 (carpenter), Mary 50 (wife) (MS VA T); COOPER, Alexander 15 (stepson)
103. NORMAN, Patsey 35, Jackson 16 (Mu) (son), Susan 10 (dau)
104. FOGG, Charles (B) 49 (VA VA VA), Lucinda 30 (wife), Eliza 14, Ella 12, Dee 7 (son), Arthur 6
105. VOORHIES, Allen (B) 64 (shoemaker) (T NC NC), Mary 36 (wife), Josie 18, Mary 14, John 12, Allen 8, Ella 2
106. MYERS, James (B) 51 (stone mason) (T NC NC), Mary 31 (wife) (MS VA AL), James 13, Charles F. 8, Mary L. 7, Sallie 5, Queeny 2, Edward 4/12
107. FLEMING, Lucy (B) 55 (widow) (SC SC SC), Sarah 28 (T SC), Dora 12 (g dau), Walter 9 (g son), Thomas 6 (g son), Florence 3 (g dau)
108. FRIERSON, Peter (B) 38, Caroline 30, Sarah 12; HUGHES, Barbriann 7 (niece)
108. HODGE, Jane (Q) 37 (widow), Roxey (B) 14 (dau), Joseph 7, John 7

Page 15, Dist. 9

109. TINDAL, David (B) 34 (RR hand) (T SC VA), Rosella 30 (bilious fever) (T NC NC), Vina 9, Willie 7, Joseph 5, David 2
110. JONES, Allen (B) 28 (RR hand), Anna 25, Mollie 8, Jane 6, Buddie 1
111. FRIERSON, Peter (B) 45, Caroline 40, Sarah 12; HUGHES, Barbaraann 10 (niece)
112. DRIVER, Julia (B) 30 (widow) (GA GA GA); NORWOOD, Carrie (Mu) 12 (dau), Robert 10 (son); DRIVER, Solomon (B) 7 (son), Nettie 5 (dau), William 3/12 (son); WEBSTER, Sarah 32 (boarder), Richard 45 (boarder), Victoria 12 (servant)

Page 15, Dist. 9 (cont'd)

113. HUGHES, Archelaus M. 68 (lawyer) (NC VA NC), Maller? B. 54 (wife) (T NC T), Edmund D. 26 (superintends turnpike), James W. 19; SMITH, Alice M. 24 (dau), Lena B. 3 (g dau), Lilian L. 3 (g dau); NIEL, Mattie (Q) 15 (servant)
114. WILLIAMS, Edward 58 (crippled) (T NC VA), Roberta H. 35 (wife) (VA VA VA), Eddie 11, Annie 10, Fannie 2; WITHERSPOON, Henry (B) 32 (servant); AKEN, Lizzy 36 (servant), Mary L. 1/12 (servant); MOSS, Benjamin 14 (servant)

Page 16, Dist. 9

115. KIRBY, Enoch C. 66 (stone cutter) (NC NC NC), Martha E. 56 (wife), Willie S. 24
116. HODGE, James R. 44 (agent for ___ mill), Mary L. 41, Pinkie G. 14 (dau), George B. 13, Charles O. 7; PICKET, Marten L. 14 (nephew); THOMAS, Howell (B) 62 (servant) (T VA VA), Ellen (Mu) 30 (servant) (T NC T), Joseph 12 (servant), Lizzy E. 10, Mary L. 9, Nellie C. 6, Walter 4, Hattie B. 1; BLACKBURN, Nellie 70 (mother of Ellen) (T __ VA)
117. FOSTER, James 24 (plaster & cooper), Zemrey 23 (wife) (GA GA GA), Maggie 4, Ida? 3, Eugene 11/12
118. OAK, William J. 56 (tailor) (T VA VA), Marthy A. 55 (T GA GA), Maggie 24, Jessie 17; RAGSDALE, Robert 11 (g son), James 9 (g son); JONES, Anna (B) 16 (servant) (parents of Maggie & Jessie listed as both b. GA)
119. NICK, Joseph 28 (carpenter), Mattie 26 (T PA T), Margarett 5, Alice 3, John 1
120. ANDERSON, William J. 78 (retired Dr. & farmer) (T DE VA), Elmira 66 (wife) (VA VA VA); WALLES, Robert 71 (bro in law) (Dr. retired) (diarrhoea) (VA VA VA); ZOLLICOFFER, Eliza (B) 50 (servant), Ida 12 (servant)

Page 17, Dist. 9

121. CARUTHERS, Eli (B) 49, Martha A. 36 (wife) (T VA T), Sallie 15, William 12, Thomas W. 9, Fideley 7 (dau), Martha 6, Mary 3, Millie 1
122. HODGE, John (B) 29 (T VA T), Sallie 27 (T __ VA), Cornelia 9, Anne B. 8, Eva 5, John 2
123. MARTIN, Persiville (B) 60, Sarah 50 (wife) (VA VA VA); DUNNINGTON, Ellen 26; MARTIN, Richard 13, Jane 11; DUNNINGTON, Walter 18 (g son) (T KY T), Thornton 8 (g son) (T KY T), Thomas 6 (g son) (T KY T), Rachael 3 (g dau) (T KY T), Anna 1/12 (g dau) (T KY T); HOWARD, Edward 14 (g son); RANKIN, Clifford 9 (g son) (T __ T), Benjamin 7 (g son)
124. MAXWELL, Anderson 53 (T SC T), Eliza 40 (wife), Thomas 24, Anderson 19, William 12, George 9, Mary E. 6, Daniel 2
125. MAXWELL, Harrison 22, Agnes 21
126. STEPHENS, Richard 27, Mary 24, Maggie 8

Page 18, Dist. 9

127. CRAIG, David A. 30 (produce merchant) (T SC T), Lizzie M. 28, Mary A. 5?, Callie M. 1 (dau)
128. PALMER, Joseph (B) 25 (__ __), Belle (Mu) 27 (T T NC); BLACKBURN, James 9 (stepson); PALMER, Minnie (Q) 4, Levenia 2
129. GANTT, Eli 64 (minister of gospel) (T T SC), Lucinda 54, Ida 25 (teacher), Charles 23, Lelia 21
130. STEPHENSON, Morrison (Mu) 28, Rebecca (B) 26, Nancy (Mu) 8, Carrie 6
131. PORTER, Abram (B) 63, Eliza (Q) 49 (wife) (T NC NC)
132. PORTER, Caleb (Mu) 21 (T T __), Sarah (Oct) 20, Mary J. (Q) 4, Gamsbal (Q) (m) 1
133. FRANCIS, Susan (B) 45 (half blind) (NC NC NC)
134. PORTER, William (B) 25 (T __ __), Louisa 24 (T NC NC)
135. WILKS, Willis (B) 26, Martha (Mu) 24, Anna (Q) 3, Emma (Q) 1
136. HODGE, Thomas (Mu) 26 (soldier USA), Jane (B) 26, Ida 13 (dau), Martha (Mu) 10, Thomas 6, Ata 5 (dau), Willie (B) 3

Page 19, Dist. 9

137. CAMPBELL, Henry (B) 25 (sawmill hand) (T AL T), Emeline 22 (T T MS), William C. 10 (son), Ella 9, Henry 7, Pink 1 (dau); SPRINGER, Anthony (B) 21 (boarder)
138. JONES, Jerry 81 (NC NC VA)
139. JAMES, Shenos? (Q) 24 (T VA NC), Alice (B) 21, Jennie (Mu) 1
140. OGELVIE, Richard H. 63 (T NC T), Susan O. 52 (wife) (T T NC), James R. 8, Negla (B) 18 (bound boy)
141. PORTER, Green (B) 70 (brick mason), Mary 56 (wife), Willie 12
142. CRAWFORD, Rachael (B) 60 (widow), Willie 15, Eliza 7 (g dau)
143. CHAFFIN, Abram (B) 22, Cynthia 17, _____ 6 (nephew)
144. LONSDALE, Ada 30 (widow) (MS NC AL), Marine 5 (dau) (T T MS), Louise 3 (T T MS), Ida 1 (T T MS); CANNELLY, John B. 55 (father) (paralysis) (NC NC NC), Mary 50 (mother) (AL GA GA); BLACK, Hariett (B) 12 (servant)
145. COONEY, Peter 41 (telegraph reporter) (Ire Ire Ire), Delia 29 (wife) (Ire Ire Ire), James 12 (KY), Lillie 11 (KY), Clarence 9 (T), Robert 7, James 30 (bro) (Ire Ire Ire)

Page 20, Dist. 9

146. ROBERTS, Isaac T. 31 (grocer), Sarah S. 24 (SC SC SC); COLDWELL, Janie 25 (sis in law) (SC SC SC); SMITH, Rebecca 44 (aunt) (teacher) (SC SC SC)
147. TAYLOR, George C. 28 (lawyer), Susan D. 30 (T NC T), Laura C. 3; CHARLTON, Thomas D. 20 (bro in law); WOODS, Ella (Mu) 17 (servant), Edward 11 (servant), Andrew P. 1/12
148. PARKER, Jeremiah M. 55 (T NC MD), Leanna C. 46 (T VA T), Charles A. 23 (clerk at bank), Robert D. 11
149. CAMPBELL, John 64 (T __), Mary E. 43 (wife) (T VA T), Hugh 20, Mary O. 17, Lizzie 16, Carrie 13, George R. 11, John S. 8, Virgie B. 2; GUENN, George W. 36 (bro in law) (miller dp mill) (VA VA T)
150. FLOWERS, John T. 41 (plasterer) (crippled) (T NC VA), Mary L. 35, Nelly R. 11, Minnie E. 9, Eddie W. 7, Anna L. 6, Jennie W. 4 (son--sic), Kate D. 1
151. ANDREWS, James (B) 45 (T __ T), Amanda 30 (wife); JONES, Celia 16 (stepdau), Noah 13 (stepson); DANIEL, Sophia 14 (sis in law)
152. TUCKER, William L. 32 (upholster), Sarah L. 28, Often L. 7 (son), Mary F. 6, Jessie A. 4 (dau)

Page 21, Dist. 9

153. WILLIAMS, Mary L. 44 (widow) (GA GA GA), Mary F. 14 (T T GA), Matilda 10 (T T GA), Virginia F. 7 (T T GA), May 6 (T T GA), Sceny J. 4 (T T GA); McKEE, William R. 32 (boarder) (steam mill hand) (T T GA)
154. TUCKER, Joseph F. 39 (upholster) (T NC NC), Mary F. 40, Irena M. 4, James M. 2; SHEPPART, John S. 57 (boarder) (book agent) (T Ire Ire)
155. CULLEN, Lewis B. 38 (KY Prussia Scot), Elizabeth 37 (OH NJ NJ)
156. STEPHENSON, Monroe (Q) 30 (T VA T), Rebecca (B) 30 (T VA VA), Nancy 8, Carrie 6

Page 21, Dist. 9 (cont'd)

157. ALFORD, Lambert 45 (carpenter) (NC NC NC), Lucy B. 39 (T VA VA), Leroy 19 (carpenter) (T NC NC), Ella 18 (T NC NC), Willie 16 (T NC NC), Anna 15 (T NC NC), Lambert 14 (T NC NC), Mark 12 (T NC NC), Alexander 8 (T NC NC); DUNSTON, Giles (B) 16 (servant) (T NC NC)
158. PUCKET, William (B) 19 (brick maker) (T GA GA), Mary 25 (wife) (T __ T), Huston 1; KINNERD, Lou W. (Q) 16 (sis in law); HADLEY, Rachael (B) 60 (g mother) (GA GA GA)
159. WATSON, Francis M. 53 (cabinet maker) (T SC SC), Narcissa E. 48, Frank O. 26 (cabinet maker), James B. 17, William F. 15, Edward J. 12; SMITH, Robert O. 72 (father in law) (surveyor) (T SC SC); CLARK, Lewis 22 (boarder) (coach maker) (KY __ __)

Page 22, Dist. 9

160. DUNNINGTON, Orongo (B) 50 (KY KY KY) (crippled), Collie 35 (wife) (NC NC NC), Rachael 13, Celia 11, Annie 9, Cora 5, Frank 2, Orongo 2, SIlas 1; BRANCH, Rachael 70 (mother in law) (NC NC NC)
161. MACK, Horling (B) 68 (T VA VA), Eliza 50 (wife?) (NC NC NC), Allan 8 (g son) (T T MS), Harriett 29 (dau) (MS MS T), Anderson 3 (g son) (T T MS), Malinda 6/12 (g dau) (T T MS)
162. LATTA, Sims 40 (T NC T), Mary C. 36 (T VA VA), Ida B. 18 (teacher), Semmie L. 16 (dau), Edgar 11, Herbert 8, Clide 2; NEWKIRK, Joseph F. 37 (employee) (KY __ __); ROBINSON, George 35 (employee) (Mu) (T __ __), Amanda (B) 34 (servant) (T T T) Saml. R. 12 (son of svt.), Scott 7 (son of svt.), Doat 4 (son of svt.)
163. COCHRAN, James T. L. 51 (lawyer) (SC SC Ire), Luceevy W. 22 (wife), James S. 2; LEVINSON, Charles (B) 22 (servant), Amie 18 (servant), William 22 (servant)
163. (family included with #163 above) HODGE, James 76 (T PA NC), Nancy B. 62 (wife) (T VA VA), Warrick (B) 68 (servant) (VA __ __), Sallie 60 (servant) (T VA VA); KELLY, Sarah 14 (T VA VA), Charles (Mu) (servant) (T __ __)
164. MATHEWS, Alice (B) 30 (widow) (T VA T), Lizzie 6 (T VA T), Lucius 5 (T VA T), Robert 3 (T VA T), William 2 (T VA T)

Page 23, Dist. 9

165. STEPHENSON, Richard (Mu) 33 (brick mason), Mary 26, Margaret 6
166. PEARSON, Robert G. 32 (minister of gospel) (MS NC NC), Mollie B. 26 (MS T MS); BOWEN, Lotta P. 9 (sis in law) (MS T MS)
167. WHITNEY, Darling L. 64 (SC SC SC), Clarrissa 54 (doctress) (GA GA GA), Melia 27 (dau) (seamstress) (GA SC GA), Elvin 25 (trans wagoner) (GA SC GA), Benjamin 20 (AL SC GA), William 11 (g son) (T T GA)
168. WHITNEY, Elbert H. 25 (wagoner) (GA SC GA), Mary 23 (MS __ __), Binton 3, Jimmie 1
169. NEELY? Elijah 50 (cabinet workman) (T SC SC), Juan F. 49 (wife?), Thomas A. 27, Mary E. 25 (seamstress), Martha D. 19, John A. 16, Sallie L. 14, Dora D. 11, Simpson 80 (father) (shoemaker)
170. WEBSTER, Jonathan (B) 50 (T __ __), Sarah 37 (wife)
171. KUSEE, Martha (Mu) 38 (widow) (MS __ __); TODD, Samuel (B) 79 (ward) (T __ __); KUSSEE, Malissa 30 (boarder) (widow) (T __ __), Cora 15 (boarder) (T __ T), Dennis 11 (boarder) (T __ T), Lizzie 5 (boarder) (T __ T), Mallord 1 (boarder) (T __ T)
172. WHITE, Augustus 52 (Mu) (GA GA GA), Matinda (B) 30 (wife) (T VA VA)
173. WITHERSPOON, Leroy (B) 35 (widower), Tupper 12 (son), Nannie 5, Maggie 4

Page 24, Dist. 9

174. REED, Thomas A. 42 (carpenter) (IN IN IN), Susan A. 35 (IN IN IN), John H. (IN) (carpenter), Charles F. 16 (IN), Elizabeth 15 (IN), Jessee 14 (dau) (IN), Grant 11 (IN, Schuyler C. 9 (IN), Earvin 8 (IN), William O. 7 (IN), Dianna F. 5 (IN), Madaline 1 (IN)
175. ERWIN, William T. 23 (T NC LA), Julia F. 30 (wife) (VA VA VA), Mary H. 10 (dau), Charles F. 9, Rebecca B. 7, Claude M. 6, William G. 2
176. EDWARDS, John A. 50 (shoe maker) (Eng Eng Eng), Virginia 46 (VA VA VA), Joseph T. 25 (carpenter), Jakie 23 (dau), Susie 21, Lula 19
177. DOBBINS, Walter (B) 21, Tennie 21 (married within yr); JOHNSON, Jossie 19 (sis in law); HILLMAN, Amanda 41 (mother in law), Thomas 70 (father in law) (VA VA VA), Sallie 7 (sis in law)(T VA T), Chenerch? 4 (bro in law), Gertrude 1
178. WINGFIELD, Jack (B) 40 (T GA GA), Caroline 34 (KY KY KY), Albert 13, John 7, Robert 5, Eva 4
179. KLYNE, William (B) 99? (carpenter) (insane) (GA GA GA), Lizzie 19 (wife) (insane), Walter 5 (son)

Page 25, Dist. 9

180. FULLER, Joshua (B) 30 (GA GA GA) (crippled), Phillis 40 (wife), Anna 11, Joshua 11
181. WILKS, Edmond H. 67 (toll gate keeper) (T VA VA), Sallie L. 35 (wife) (T NC T), William H. 15, John W. 8, Mattie C. 6, Samuel E. 4, Harry B. 11/12
182. WEBB, Alfred 48 (grocer) (T NC SC), Josephene 34 (wife) (MS MS T), Jeremiah 25 (son?) (grocer)
183. JAMES, Joseph H. 57 (jeweler) (VA VA VA), Sarah M. 57 (NY Fr NY), Edgar S. 22 (jeweler); THOMAS, David (B) 47 (servant), Caroline 42 (servant); RHODES, Henry (Oct) 8 (servant); GENNETT, Lorence? 60 (bro in law) (jeweler) (NY Fr NY)
184. BROWN, George W. 45 (painter), Lurana? 32 (wife), George 13, Mary Lu 12, William E. 8 (dau), James 5, John 2
185. YANCY, William 80 (carpenter) (VA VA VA), Mahala 77 (SC SC SC)
186. PRATT, William 28 (well digger) (AL AL AL), Amanda 32 (T KY T)
187. RUPLE, Alexander 31 (carpenter), Maha 28 (T NC NC), George F. 9, Wiley L. 7, Virgin A. 2
188. NORMAN, Martha 53 (widow)

Page 26, Dist. 9

189. PENNEN, Taylor 34 (mill wagoner), Margaret 28, Cherry B. 4, Martha A. 1
190. POLK, Robert B. 26 (miller) (T T VA), Almetta L. 32 (wife) (AR T T), George R. 4, Charles T. 1; BLAIR, Susan (Mu) 12 (servant)
191. ASHTON, John B. 30 (miller) (T Eng T), Rebecca B. 25, Anna L. 10/12, Mary L. 25 (sis) (T Eng T), Samuel F. 22 (bro) (miller) (T Eng T); LEFTWICH, Rebecca (B) 42 (servant) (widow) (T VA T), Mary E. 12, Bradley 4, Maggie 3
192. PAUL, Marcus M. F. 25 (miller) (T NC T), Aranupa J. 26, Araminta C. 10 (dau)
193. PAUL, Sarah 55 (widow), Nancy T., Rebecca T. 20
194. MURPHEY, James T. 52 (toll gate keeper) (crippled) (T NC T), Martha A. 41 (wife) (T GA GA), Mary J. 19, James B. 12, Walter 6
195. FRESTOND, William 45 (GA GA GA), Sarah 33 (wife) (IN KY KY), Anna C. 18, Thomas 11 (IN), James B. 9 (IN), Jeremiah 7 (IN)
196. CHAFFENK, James R. 41 (T VA VA), Ophelia A. 41, Mary E. 17, William E. 13, James H. R. 20 (nephew), Eliza 46 (sis in law); HOUGH, Sallie 17 (niece), Fannie 13 (niece)

MAURY COUNTY

Page 27, Dist. 9

197. BIRDSONG, Henderson (Mu) 54 (GA GA GA), Celia (B) 35 (wife), Thomas 10, Mattie 8, Nora 6, Paroline 2, Hamilton 2/12
198. BROWN, Tony (B) 60, Mariah (Mu) 52, Gabriel 27, Alice 24 (dau in law), Booker 5 (g son), Jefferson 1 (g son)
199. BOSE, Levi 31 (KY KY KY), Lillie 27 (KY KY KY), Thomas 6 (KY), Etta 4 (KY), Maggie 2 (KY); BRAUGHLER, Clander 24 (bro in law) (KY KY KY)
200. ROSI, Wyatt 26 (KY KY KY), Mollie 19 (KY KY KY), Walter 2/12 (KY), Arthur 1 (KY); OGILVIE, Henry (B) 20 (servant), Sarah 18 (servant)
201. BROWN, William (B) 50, Esther 35 (wife), William 14, Dolly 12, Anna 2
202. BROWN, Alfred (B) 36 (T T VA), Elvira 25 (wife), Benjamin W. (Mu) 13 (stepson), George H. 9 (stepson), Albert (B) 6 (son), Sallie 5 (dau), Campbell 3 (son), Callie 1 (dau)
203. BROWN, Americus (B) 35 (T VA VA), Mattie (Mu) 24 (wife), Canners (Q) 6 (son), Betty (Q) 5, Americus jr. (Q) 4, Lucius (Q) 2, Granvill (Q) 1, Bettie (B) 75 (mother) (VA VA VA)

Page 28, Dist. 9

204. OSBOURN, Joseph (B) 40 (blacksmith) (VA VA VA), Mariah 36 (wife), Daniel 19, Harrison 17, Buddie 14, Thomas 13, Benjamin 12, Scott 5, William 4
205. PORTER, Oss (Mu) 25, Harriet (B) 24 (wife), Lucretia 3 (dead), Estelle 2, Mattie 12 (stepdau)
206. BROWN, Frank (B) 45, Mary 36, Betsy 23 (dau), Cevry? (Mu) 11/12 (g dau), Lizzie (B) 17 (dau), Lena B. 4 (dau), Minnie 5 (dau)
207. BROWN, Solomon (B) 38, Tenny 28 (wife), William 13, Larkin 10, Mamie 2
208. DUKE, John H. 51 (fisherman), Mary B. 28 (wife), Louisa T. 15
209. HALL, Martha (Mu) (widow) 58 (VA VA VA), John 21 (LA T VA), George 13 (T T VA), Fannie 10 (T T VA); VOORHIES, Merret (B) 22 (son in law) (barber), Mariah 19 (dau) (T T VA)
210. CORNELL, John 69 (farmer & wagoner) (VA VA VA), Mary 33 (wife) (T T NC), Leora 15, Patty J. 9, Georgianna 7

Page 29, Dist. 9

211. STEEL, Alonza (B) 46 (T __ NC), Lizzie 46 (VA VA VA), Lillie G. 17, Emily E. 16, John O. 12, Becnuth L. 10 (son), Octovine 9, Nisper 7 (dau), John C. 6, Coby R. 6/12 (dau)
212. PERKINS, Thomas (Q) 46 (T AL NC), Sallie 37 (T __ VA), Maggie 17, James 15, George 10, Harriett 7, Milly 5, Thomas 2, Anna L. 2/12
213. HENDERSON, George (B) 57 (blacksmith) (SC SC SC), Emaline 36 (AL T AL); SANDIFORD, Foster 7 (g son)
214. WILLIAMS, Harriett (B) 96 (widow) (VA __), Harriett E. 13 (g dau) (T GA GA), Susan A. 11 (g dau) (T GA GA), Legenia 9 (g dau) (T GA GA), Aaron A. 7 (g son) (T GA GA), Narsis 6 (g dau) (T GA GA), Simmie 3 (g dau) (T GA GA), Charley 2 (g son) (T GA GA)
215. LAWSON, Henry (B) 48 (wood sawyer) (blind) (GA GA VA), Sophronia 42, Gilbert 11
216. FOUNTAIN, George (Mu) 36 (teacher) (GA GA GA), Amanda (B) 36 (GA GA GA), Sheppard 12 (GA), Daniel 10 (GA), Nancy 7 (GA), Susan 4 (GA), Geo. H. 2 (GA), Catherine 4 (GA), Mary A. 21/30 (GA); JONES, Catherine 18 (sis in law) (GA GA GA)
217. HORSELY, Henry (B) 38 (crippled), Lepy 25 (wife?)

Page 30, Dist. 9

218. WORTHAM, Cornelias (B) 40 (NC NC NC), Minerva 39 (NC NC NC), Ella (Mu) 17, Carrie (B) 15; MYERS, Willie 11 (g son)
219. BLAIR, Alexander 50, Harriett 39 (wife), Thomas 12
220. EDWARDS, Moses (B) 65 (AL AL AL), Margaret 41 (wife) (AL AL AL), Moses jr. 14
221. BOWEN, Randle (B) 30 (RR hand) (AL AL AL), Hatty 30 (MS __), Etta 7 (MS), James 5 (MS), Randle 3 (MS)
222. CARUTHERS, Lee (Mu) 47 (crippled) (T NC VA), Amanda (B) 30 (wife)
223. GOODWIN, Jane 72 (widow)
224. DAVIS, John T. 32 (T VA T), Nancy R. 33 (T NC T), William T. 8, Robert I. 6, John K. 7/12
225. CARUTHERS, Calvin C. 52 (T NC VA), Mary E. (Oct) 36 (wife) (T T VA); WILKS, Tennessee 20 (seamstress) (T T VA), Mary 20 (niece), William 8 (cousin) (Q)
226. HORSELY, Martha B. 36 (widow), William 17, Alfred S. jr. 15
227. HORSLEY, Nelson (B) 50 (NC NC NC), Gracey 50 (T VA VA)

Page 31, Dist. 9

228. PILLOW, Walter 36, Mollie E 30
229. COFFEY, Nancy 39 (widow) (T T NC), James F. 21, George D. 15, Thomas I. 10, Sallie L. 8, Jeremiah 5, John W. 3
230. CARUTHER, Tucker (Oct) (T NC VA) 37, Ann M. 28 (wife) (T T VA), Porter 10, Frank C. 8, Tucker V. 5, Lillie B. 1; BRYANT, Mariah 62 (mother in law) (Mu) (VA VA VA)
231. BYNUM, Andrew J. 65 (NC NC NC), Catherine 50 (wife) (VA VA VA), William W. 25 (cabinet worker) (T NC T), Gertrude 23 (T NC T)
232. WILKS, James (Oct) 25 (T NC T), Lizzie 23, Eddie 4, Adalin 2
233. HODGE, Frank M. 28 (T __ __), Sarah J. 28 (T SC T), Henry E. 10/12; SHELTON, Sarah J. 12 (niece)
234. FULTON, Mathew (B) 79 (T T NC), Sallie 19 (wife) (T T MS); ARMSTRONG, John 17 (boarder); TURNER, Susan 18 (boarder)
235. WHEATLEY, Alfred (Q) 56 (KY KY KY), Susan 35 (wife) IAL T AL); WILSON, Julia 14 (stepdau) (AL AL AL); WHEATLEY, Benjamin 7 (son) (AL), Mary J. 5 (T), John N. 3
236. WILLIAMS, Rufus 21 (T T GA), Martha J. 29 (wife) (T T GA)

Page 32, Dist. 9

237. HAM, James 25, Sallie 23, Anna 4, Frances O. 1; WILLIAMS, Joseph 20 (bro in law)
238. JOURNEY, John T. 59 (crippled) (T NC NC), Louisa J. 52 (T VA VA), George W. 17, Sallie L. 15, Charles 13, Eddie 10
239. CUNNINGHAM, Wm. H. 48 (MD), Nannie 36 (wife), George 20, Thomas 17, Maud 15, William 13, Andrew 10, Carrie 7, Gordon 4; WILLIAMS, Laura (Mu) 25 (servant), Nora (B) 7 (child of Laura), Thomas (Mu) 3 (child of Laura)

Page 33, Macedonia

240. SCRUGGS, Daniel (B) 52 (NC NC NC), Bettie 24 (wife), Sallie M.) 8 (stepdau) (T NC T)
241. HARRIS, Washington (B) 51 (carpenter), Esther 42 (T T VA), Tennessee 16, Anna 13, Jennie 11, Ida 9, Rufus 6, Thomas H. 3; MOORE, Mary 52 (sis in law) (T T VA)
242. MILLER, Hettie (Mu) 40 (widow) (DC DC DC), Kate 22 (AL AL DC); PICKENS, Hetta 3 (G dau) (T T AL)
243. MOORE, Henry (B) 57 (stone mason), Jane 49; McCRARY, Fanney 27 (dau), Lewis 40 (son in law) (RR hand) (KY KY KY), Minty J. 8 (g dau) (T KY T), Anna 7 (g dau) (T KY T), Lula 3 (g dau) (T KY T), Clayton 4/12 (b. Feb) (g son) (T KY T)

MAURY COUNTY

Page 33, Dist. 9 (cont'd)

244. THOMAS, Lucius (B) 40, Mary 35 (NC NC NC); BELL, Joshua 29 (relationship omitted) (AL __ __), Ermy 25 (wife of Joshua)
245. HARRISS, Samuel (B) 38 (stone mason) (T SC T), Phillis (Mu) 27
246. KINZER, Simon B. (B) 33, Mary A. 36; FRIERSON, Sallie 18 (step dau), Geo. W. 15; WHITE, Maria (Mu) 56 (mother)
247. GOODLOW, Monroe (B) 26 (teamster), Sarah A. 25, John 5, Mary 44 (mother); HACKNY, John 17 (boarder)

Page 34, Dist. 9

248. CARUTHERS, Sallie (Mu) 36 (widow), Tennie 14, Jessie 12
249. PILLOW, Samuel (Mu) 35 (RR hand), Jennie 35, Mack 17, Lizzie 5, Willie 3
250. PERRY, John (B) 55 (VA VA VA), Hannah 42 (wife), Mary 15, Washington 10
251. WALKER, Jeremiah (B) 65 (rock blaster) (T NC NC), Ann 45 (wife), Samuel 20, John 13, Mary 11
252. McREADY, David (B) 52 (house carpenter) (T VA VA), Harriett (Mu) 49 (T __ __); WEBSTER, Kitty 24, Gabriel (B) 30 (son in law), Harriett (Q) 2 (g dau); McREADY, Malinda (Mu) 14 (dau), Lillie 2 (dau)
253. HANNER, James (B) 30 (teamster), Sallie 23, Anna 9 (dau), COOPER, Vina (Mu) 8 (niece); EMBRY, Julia (B) 46 (mother in law), Samuel 22 (bro in law)
254. HANNER, Mariah (B) 49 (widow) (T T VA)
255. ALEXANDER, Henry (B) 26 (T T VA), Ella 24 (T T VA), Jennie 5, Mary R. 3; MILLER, Augustus (f) 48 (sis in law), Willie 1 (nephew)
256. BROWN, John 54 (B) (T NC KY), Mary 45, Dora 10

Page 35, Dist. 9

257. PORTER, Wilson (B) 29 (stone mason) (T VA VA), Alice 21, Richard 12
258. MOORE, Burwell (B) 37 (RR hand), Jane 25 (wife), Ida 11, Queeny 9, Anna 7, Willie 4
259. YOUNG, Walker (B) 37 (widower) (T NC NC), Eugenia 15 (T T MS), Mary 10 (T T MS), Virginia 7 (T T MS), Julia 6 (T T MS), Walter 3 (T T MS), Madison 1 (T T MS); HARRIS, Charles 52 (boarder) (stone mason) (T SC SC), Judy 60 (boarder) (invalid) (T __ __)
260. PAIN, Green (Mu) 38 (shoemaker) (GA GA GA), Fanny (B) 24 (wife), Mary 7, Lanie 5 (dau), Addie 3
261. ENGLISH, Mahala (B) 40 (widow) (T __ __), George 22; GALLOWAY, Henry 49 (boarder) (T __ __)
262. BUNCH, Frank (B) 39 (rock mason) (VA VA VA), Ruth 29 (wife?) (T VA VA), Alcie 1
263. ALEXANDER, Alis 49 (widow) (teacher) (T VA VA); BROWN, Ella 3 (g dau) (T AL T)
264. DOBBINS, Rachel (B) 58 (widow) (T SC SC), Elija (Mu) 24, Martha (B) 28 (dau in law), WORTHAM, Alice 10 (step dau); DOBBINS, Bradley 1 (relationship omitted)
265. MABERRY, John (B) 40 (pedler) (KY KY KY), Mary 50 (wife) (T NC NC); PILLOW, Martha 15 (adopted dau) (T KY T)

Page 36, Dist. 9

266. STEPHENS, Joseph (Mu) 50 (GA GA GA), Vina 45 (T GA T); PORTER, Willie (B) 14 (adopted son)
267. TILL?, Balam (B) 40 (T VA VA), Julia (Mu) 55 (wife) (seamstress) (T T SC); TURPIN, Mary (Q) 3 (adopted dau); MARWELL, Telora (B) 80 (mother in law) (VA VA VA)
268. MULHERRIN, Bedford (B) 60 (T T SC), Charlotte 45 (wife)
269. JOHNSON, Charles (B) 50 (T T VA), Frances (Mu) 34 (wife) (AL __ __); FRANKS, Jack (B) 38 (boarder) (horse trader) (T SC SC)
270. JENKINS, Catherine (B) 48 (widow) (T VA VA); WOOD, Ella 16 (g dau), Edward 14 (g son); BELLIFANT, Joanna 10 (g dau); FITZPATRICK, Chack 8 (g son); WOOD, Andrew 1/105 (b. May) (g son)
271. TAWLER, William (B) 58 (stone cutter) (T __ __), Lizzie 25 (wife), Charles 2; BROWN, Louisa 65 (boarder) (VA MD MD)
272. MILLER, Berry (B) 21 (teacher), Sarah (Mu) 18, Clefferson 21/30 (b. May) (son)
273. SMITH, Eliza (B) 42 (widow) (NC NC NC)
274. FRIERSON, James (B) 54 (T SC SC), Margaret 45, Minerva 15 (son--sic), John M. 9, Bradley 2
275. ROLAND, James (Mu) 23 (RR hand), Hellen (B) 20 (T NC AL), Ada L. 7; GUDRAM, Mattie 29 (cousin), Laura 7 (cousin), Jacob 2 (cousin), Clarence 1 (cousin)

Page 37, Dist. 9

276. MORRISON, James 27 (IL IL IL), Pheby 26 (MS T T), Charles 6 (IL)
277. PHILLIPS, Amelia (B) 60 (widow) (VA VA VA), Ellen 19 (T T VA), Fanny W. 16 (T T VA); BRAMLET, Richard 13 (g son) (T T VA), Mary 12 (g dau) (T T VA)
278. WEBSTER, Anthony (B) 66 (blacksmith) (T NC GA), Caroline 50 (wife) (MD MD MD); SMITH, John 37 (son in law) (blacksmith) (T VA VA), Lizzy 23 (dau); WEBSTER, Caroline 11 (g dau) (T VA T)
279. TENERSON, Arthur (B) 67 (preacher) (T SC SC), Milly ann (Mu) 59 (T SC SC)
280. BENNETT, Sophia (Mu) 75 (widow); HARRISON, Mary 29 (dau), James 12 (g son), Mattie 10 (g dau), William 6 (g son), Cora L. 1 (g dau); JONES, Albert 18 (son in law), Cora 17 (son in law), no name 12/30 (g son)
281. HAMP, Mack (B) 40 (carriage driver), Chany 29 (wife), Ellis 16, Eddie 10, Lillie 7
282. DUKE, Nancy 50 (widow) (T NC NC), James M. 47 (bro) (T NC NC), James 16 (nephew)
283. DUNLAP, Sernon (Q) 25 (MS MS MS), Celia 22 (AL AL AL), Carrie 2, James 6/12
284. KINZER, Henry (B) 37 (preacher & laborer), Roena 35, Henry jr. 10 (nephew)

Page 38, Dist. 9

285. WEBSTER, Martha (B) 42 (widow), Nannie 18 (teacher), Lula 9, Webster 20 (cousin)
286. SPINDLE, Bettie (B) 40 (widow) (T __ VA), Thomas 20, John W. 18, Ida 14, Mary 12, Benjamin 9, Sandy 10 (g son); BROWN, Jessie 4 (g dau)
287. FLEMMING, Richard (B) 44?, Harriett 43
288. DAVIS, Benjamin F. (carpenter) (T NC VA), Susan E. 42 (wife) (abscess in head) (T VA VA), Walter E. 22 (printer); HOLMAN, Lelia 12 (niece)
289. WHITTHORN, Rose (B) 60 (widow) (VA VA VA); FRIERSON, Felix 35 (son in law) (rock mason) (T SC SC); POLK, Frank 16 (g son); FRIERSON, Cillie 13 (dau), Saranna 9 (dau), John 3 (g son), Rebecca 1 (g dau), Calissa 8 (g dau)
290. COGGIN, Coroyody 48 (widow) (T SC SC), Robt. A. 30 (grocer) (AL NC T), Martha A. 17 (AL NC T), Ella 12 (T NC T), Elias 10 (T NC T), William 8 (T NC T), Fanny B. 5? (T NC T)
291. HALFACRE, James 55 (B) (widower) (T __ __) (crippled), Henry 31 (stone mason), Ellen 26 (dau in law), Virgin 4 (g dau), Elizabeth 2 (g dau), unnamed 4/12 (g dau); PATTERSON, Ann (Mu) 34 (boarder--& succeeding individuals all listed as boarders) (widow) (T VA VA), Mary F. 16 (T __ T), Rosa 13 (T __ T), Eliza 11 (T __ T), Maggie 4 (T __ T), Harriet 1 (T __ T)

Page 39, Dist. 9

292. JOHNSON, Nancy (B) (widow) 66 (VA VA VA); FLEMMING, George 25 (teamster) (T NC VA), Anna 19 (dau in law), John 14 (g son), William 2 (g son), Charles 8/12 (g son)

Page 39, Dist. 9 (cont'd)

293. JOHNSON, Edmond (B) 50 (teamster) (T VA VA), Juliann 39 (wife) (T NC NC); FRIERSON, Tenny 24 (T T NC), Porter 25 (son in law) (teamster) (T T NC); JOHNSON, Nelson 23 (son) (crushed by bales of cotton) (T T NC), Henry 19 (son) (carriage driver) (T T NC), Peter 18 (son) (RR hand) (T T NC), William 14 (son) (T T NC)
294. FLEMMING, Jack (B) 52 (stone mason) (T VA VA), Sarah 46 (AL VA VA); TYLOR, Eliza 24 (seamstress) (dau), James 30 (son in law) (stone mason) (T T MD), Sarah 4 (g dau), Manda 1 (g dau); BOOKER, Betsy 68 (mother) (grave yard keeper) (crippled) (VA VA VA)
295. KILLCHRIST, Peter (B) 65 (stone mason) (VA VA VA), Louisa 45 (wife) (VA VA VA); FLIPPIN, James 21 (stepson) (T VA), Sallie 18 (stepdau) (T VA), Louisa 2 (step g dau), Willie 11/12 (b. Jul) (step g son)
296. BOOKER, York (B) 65 (carpenter) (VA VA VA), Louisa 53 (wife) (T VA), Alice 27, Lucretia 21; MAKINS, Lillie 10 (g dau)
297. McKEVIN, William (B) 50 (T VA VA), Angeline 48 (chair bottomer) (T _ _), Thomas 21 (bro) (brick mason) (T _ _)
298. GORDON, Moses (B) 35 (widower) (T _ _), Ella 14, Maggie 9
299. BROWN, Isaac (B) 59 (T T KY), Mary 45, Dora 10 (niece); FITZPATRICK, Lizzie 18 (orphan)

Page 40, Dist. 9

300. BROWN, Solomon (Q) 24 (shoe maker), Nancy (B) 24, Catherin 13, Solomon 12, Dianna 10, Anna 7, Malonia 5 (son), Melvin 3, Ebenezer 10/12, Eleazer 10/12
301. HUNTER, Calvin (B) 46 (wagoner) (T T VA), Vina 44 (MS T T), Susan 8, Dolly 85 (mother) (paralysis) (VA VA VA); BEARD, William 10 (ward) (T T SC); WEST, Thomas 21 (relationship obscure)
302. CLAGET, John (Mu) 54 (blacksmith), Jane (B) 50, Andrew (Q) 15, Ida 12, Louisa 10; PORTER, Walter (B) 17 (stepson)
303. PORTER, Richard (B) 80 (T _ _), Elizabeth 57 (VA Africa VA), James 46 (son), Ruth 30, Richard I. (Mu) 15 (g son)
304. PORTER, Anthony (B) 29 (T VA T), Mary 23; BRADSHAW, Isam 22 (bro in law)
305. PORTER, Robert (B) 39 (barber), Lillie 34 (VA VA VA), John R. (Q) 16; VOORHEIS, Frances (Mu) 50 (boarder) (T NC NC)
306. MITCHUM, Nathan (Mu) 64 (preacher) (KY KY SC), Lucindy 47 (wife) (GA NY GA), Lucindy 10 (g dau) (IN IN IN)
307. FLEMMING, Russle (Q) 25, Florence 19 (T T NC), Russle jr. 3/12?

Page 41, Dist. 9

308. STEPHENS, Peter (B) 33 (RR hand) (GA GA GA), Mary (Mu) 28 (NC NC NC); BLACK, Carrie 8 (stepdau) (IN T NC), James 8 (stepson) (IN T NC); STEPHENS, Elinora 3 (dau), Leanna 1/12 (dau)
309. BROWN, Benjamin (B) 39 (T _ _), Hagar 39 (NC NC NC)
310. MARTIN, William (B) 35 (RR hand) (T T VA), Mary 35 (T T VA), William 7, Mima 5, Benj. H. 4, Alfred 2; BROWN, Mima 65 (mother in law) (VA VA VA)
311. BROWN, George (B) 45 (wood sawer) (T _ _), Amy 35 (wife) (T _ _)
312. WEBSTER, Marshal (B) 45, Hamilton 25 (wife), William 10 (son)
313. MOORE, Dolly A. (Mu) 45 (widow) (T VA VA), Queeny 22 (teacher); FRIERSON, Geo. W. 24 (son in law) (T VA VA), Maggie D. 24 (dau), Quinti A. 4 (g son), Maggie B. 2 (g dau)
314. YOUNG, Jaret (B) 69 (T VA VA), Nancy 60 (VA VA VA)
315. WALKER, Sammie (Mu) 29 (SC Scot SC), Anna (B) 34 (wife) (T NC GA)
316. HOPKINS, Charles (B) 75 (shoe maker) (NC VA MD), Olley 31 (wife) (T T VA), Mary 16, Robert 10, Thomas 6. Mariah 1; ADKINSON, William 25 (bro in law) (wood sawyer) (T VA VA)

Page 42, Dist. 9

317. WILLIAMS, Solomon (B) 77 (preacher) (VA VA GA) (crippled), Malinda 45 (wife) (T NC NC); MOODY, Mary 16 (cousin) (MS T T); OWEN, Elizabeth 61 (sis) (T VA NC)
318. CAMPBELL, Lucinda (B) 49 (widow) (VA VA VA)
319. MERRILL, Hugh (Mu) 26 (carpenter), Joelia 24 (T T GA), Lela 1, John 28 (bro) (carpenter)
320. GOODON, Maddison (B) 28 (T GA GA), Harritt 25, Lena 4, unnamed 16/30 (dau)
321. DAVIS, Clark (B) 46, Pheby (Mu) 43 (T VA VA); EWING, Charles E. 20 (stepson) (teamster) (T VA T); DAVIS, Richard 8 (son); EWING, Dana (f) 16 (niece) (T VA T); PATTERSON, Rose (Mu) 13 (niece) (T T)
322. MAGUIRE, Louisa (Mu) 52 (widow) (seamstress) (AL _ _), Adaline 30 (epaulepsy) (AL AL AL), Sarah 18 (teacher) (T T AL); LEWIS, Edward (B) 24 (son in law) (wagoner) (AL AL AL), Florence 23 (dau) (AL AL AL), Eddie 2/12 (g son) (T AL AL)
323. DUNGAN, John (Mu) 32 (carpenter) (AL AL AL), Julia 27 (AL AL AL), Jerry 7 (AL), Lula 5 (T AL AL)

(footnote at end of Macedonia Village schedules: "Macedonia is a suburban village of 386 inhabitants adjoining Columbia and mainly comprised of Negros say 95/100. They have one Methodist Church and one Primitive Baptist, both of good seating capacity, and both supplied with pastors. The Methodist pastor a resident of the village and occupying the parsonage belonging to the church.")

Page 43, Dist. 9

324. PARRISH, Samuel B. 44 (brick mason) (NC NC NC), Mary E. 43 (T NC T), Lillie M. 1 (adopted dau); NIEL, Lizzy (Mu) 21 (servant) (T TX T), Lula (Q) 8/12 (servant) (T TX T)
325. WALKER, L. D. 52 (sawmill keeper) (T NC NC), Martha 52 (T NC NC), Jerry P. 29 (sawmill hand) (KY T T), Mary 22 (dau in law), Brinkly 6/12 (g son), Samuel 23 (son) (sawmill hand), Georgia 21 (dau in law) (AR T T), Ida 22 (dau) (MS T T), Hays 20 (sawmill hand) (T), Soloman 17, Georgia 14
326. WITHERSPOON, Eliza J. 61 (widow) (T NC NC), William O. 34 (T T NC), Delia 18 (dau in law), Lona 1 (g dau), Thomas G. 31 (son) (T T T), Mary C. 23 (dau in law), Nellie L. 4 (g dau), Mary E. 1 (g dau); MOODY, Simos (B) 23 (servant) (MS MS MS); LOCKRIDGE, Andrew (B) 27
327. NELSON, Ben (B) 70, Ellen 65; DAVIS, Charles 36 (stepson), Davis 23 (step dau in law), John 1 (g stepson); THOMPSON, Tet 10 (sis in law)
328. BAIRD, Thomas (B) 38, Lou 35, Ella 10, Anna Bell 6, Thomas 4, Mary Lou 2
329. TYLER, John 55 (widower) (taylor) (T MD VA), Anna 22 (teacher-artist) (T T MS), Rush 21 (dau) (artist) (T T MS), William T. 19 (TX T MS); HUNTER, Charles (B) 17 (servant) (_ _ _)

Page 44, Dist. 9

330. BENTLY, Ida 43 (widow), Mary 19, Sallie 17, Lillie 15, Minnie 11; SPENCER, Egen H. 71 (father) (T VA T); BENTLY, Fanny (B) 2 (servant--cook--sic); FRIERSOND, Lillie 11 (servant); BENTLY, Arthur 18 (servant?), FRIERSON, Frank 18 (servant?)
331. ALLEN, John M. 62 (T NC NC), Pricilla A. 40 (wife) (T NC T), Lilian T. 8; UNDERWOOD, Permelia 68 (mother in law) (T VA VA), Mary J. 26 (sis in law) (T NC T); WORTHAM, Joseph 19 (hireling)

Page 44, Dist. 9 (cont'd)

332. BRIDGES, Betty (Mu) 22, Webaurn 6, John 1
333. McFALL, William H. 45, Emma 37, George C. 16, Mary D. 12, Willie S. 1, David D. 73 (father) (fox hunter) (T GA T), Ann D. 59 (stepmother); HOBBS, Lucy (B) 38 (servant), Sandy (Mu) 45 (m) (servant?), James (B) 15 (son of Lucy), Frank 11 (servant), John 8 (son of Lucy), William 3 (son of Lucy)
334. McFALL, Thomas (B) 53? (widower), Grant 13, Della 10, Saul 8; HACKNEY, Betty 37 (friend), Alford 15 (son of Betty)

Page 45, Dist. 9

335. SHULTZ, Frank 49 (Prussia Prussia Prussia), Caroline 39 (wife) (Prussia Prussia Prussia), John T. 20 (Prussia); PORTER, William (B) 12 (servant)
336. WHITTHOM, Washington C. 55 (member of Congress) (T Ire T), Matilda J. 52 (T NC NC), Ella M. 17 (MS), Washington C. 14 (T), Mary W. 12, Harry 11
337. STRATHER?, Christopher (B) 70, Eliza 40 (wife); EMBRY, Alice 20 (boarder)
338. GORDON, George W. 35 (T NC T), Charles 33 (bro) (civil engineer) (T NC T); LeCONTE, Mary G. 42 (sis) (T NC T)
339. AKIN, James T. 46 (farmer & MD) (T VA NC), Mary A. 38, Lizzie 18, Susan 15, Mamie 8, Bertha P. 2; FURGISON, Freeman (B) 22 (servant); BLACK, George (Mu) 11; SMITH, Lutia (B) 35
340. HALMAN, William 40 (widower) (T VA VA), Reubin 9
341. MANGRUM, George (Mu) 35, Bell (B) 30, Charles 9, John (Mu) 6, Austin (B) 5, Russle (Mu) 3
342. DOBBINS, Wilson B. 33, Kitty J. 27 (TX VA VA), Innis W. 4, Louise 2, Jean 7/12 (f); GUEST, Jane (B) 30 (servant), Jane (Mu) 4

Page 46, Dist. 9

343. REDDEN, Harrison (B) 35 (GA GA GA), Jane 35 (T SC SC); MAYES, Granville 19 (stepson), Ella 17 (stepdau), Queeny 12 (stepdau); REDDEN, Henry 10 (son), Willie 6 (son)
344. WARFIELD, Jamie (B) 30, Fanny 39 (wife), Robert 13 (nephew)
345. GRANBERRY, John (B) 46, Ann 40, Susan 16, Cato 13, Ada 11, Hannah 25 (concubina), Mary 5 (dau of Hannah), Fode 3 (dau of Hannah)
346. HELSOE, Henry (B) 35 (widower), Hariett 16, William 8, James 6, Baby 1 (son)
347. CHAPPELL, Dickey W. 33 (T VA T), Elizabeth 27, John 7, Eddie 5, Fannie 3, Walter 3/12; WHITACRE, Thomas 18 (cousin)
348. REESE, Isom J. 27, Laura M. 24, James C. 4, William C. 2

Page 47, Dist. 9

349. FERGESON?, Thomas N. 33 (merchant) (T NC T), Harriett P. 27, Willie M. 4 (dau), Thomas N. 3, Harden P. 5/12; STEPHENSON, Virgie (B) (f) 23 (servant); PERKINS, Anderson (Mu) 35 (servant)
350. WEBSTER, Martin (B) 37 (widower), Lee 12, Sherman 9, Frank 6, Hammond 4, Anna 2
351. BOOKER, Cesar (B) 35, Ann 29, Susan 3
352. TUCKER, Charles P. 25 (train superintendent)
353. LANE, John D. 51, Elizabeth 37 (wife) (T NC T), Sallie J. 17, Cora A. 14
354. LANE, John S. 25 (wool & rag peddler), Anna C. 16 (Switz Switz Switz)
355. WILSON, William R.57 (deputy Co. clerk), Julia A. 28 (wife) (T SC SC), William H. 22 (T T AL), James K. 17 (T T AL), Minnie D. 15, Julia D. 7 (T T GA), Alec 4 (T T GA), Nick 2 (T T GA); HUDSPETH, Tucker (B) 45 (servant), Nancy (Mu) 42 (servant)
356. WITHERSPOON, Ray (B) 45 (widower), Charles 13, Bell 10, Mollie 8

Page 48, Dist. 9

357. PADGETT, Rebecca C. 50 (widow) (T KY T), Lemuel P. 24 (lawyer), Mary 22, Henry 17, Hazle 12 (son); HADEN, Mary L. 14 (niece) (AL AL T), Sallie R. 13 (niece) (AL AL T)
358. GORDON, John C. 44 (T NC T), Frances A. 35, Charles G. 13, William B. 11, Robert L. 9; DAVIS, Retta (B) 15 (servant) (GA GA GA)
359. HOLLAND, James (B) 22 (T VA NC), Mary A. 19, Susan 1, Virginia 66 (mother) (_ _ _); HILL, Ophelia 16 (niece); GELHAM?, James 12 (nephew)
360. LEMMON, Martha 27 (widow) (toll gate keeper) (AL NC GA), Chany C. 10 (dau) (T T AL), Martha L. 7 (T T AL), Polly A. 4 (T T AL); TUCKER, Harriett 45 (boarder)
361. SCOTT, Henry (B) 55 (GA GA GA), Jane 25 (wife), Sarah 14, Samuel 12, Washington 4
362. GORDAN, Elbert (B) 47 (GA GA GA), Martha 46; WHITAKER, George 21 (son in law) (MS T MS), Hariett (Mu) 21 (stepdau) (GA T T), Sallie B. 5 (g dau), Mary E. 4 (g dau), Hariett 2 (g dau); HILL, Nathan (B) 13 (nephew)
363. BRADSHAW, Lethy A. (B) 38 (widow), Anna 13, Dock 15, Jefferson 10, Harkless 8 (g son), Mary 5 (g dau), Kate 3 (g dau)

Page 49, Dist. 9

364. WILLIAMS, Thos. H. 36 (T T AL), Anna C. 33, Maggie L. 12, Irene H. 5, Mamie 2, Frank W. 9/12 (b. Aug); DOWELL, Jas. T. 28 (employee); COVEY, Narcissa 17 (employee); HORTON, Elizabeth (B) 19 (servant) AL AL AL); GARRETSON, Lou (Mu) (f) 40 (servant) (T T VA), Elvira 4 (dau of Lou), Moses 2 (son of Lou); COLLINS, Sydney 17 (servant) (MS NC AL); SMITH, Edward 18 (servant) (T NC T); GANTT, Lemuel 27 (servant) (T AL VA); HAMILTON, J. B. (W) 72 (boarder) (T SC SC), Catherine 54 (boarder) (KY KY KY)
365. BARBEE, George F. 42 (T NC T), Evaline 39 (T NC T), George 16 (crippled), Lou Ann 8, Malinda E. 5, Allen N. 3
366. OAKLEY, Powhatan (Mu) 50 (T NC NC), Henrietta 60 (wife) (VA VA AV); COLLINS, Jane 35 (stepdau) (AL AL VA), Ann B. 13 (dau) (T NC AL), John W. 8 (g son) (T T AL), Octavia 2 (g dau) (T T AL)
367. BUTLER, George 35 (butcher), Ella 23 (wife), Gurtrude 4, Lela 3
368. POLERO, James T. 32 (carpenter) (T T VA), Cynthia C. 40 (wife) (T VA T), Carrie 1 (dau); BRADSHAW, Lizzy G. 16 (stepdau); DAVIS, Bell (B) 14 (servant)
369. GORDON, Gabriel (B) 48, Susan 50; CROSS, Nora 12 (niece)

Page 50, Dist. 9

370. WEBSTER, Myny (B) 38 (widow); AKEN, Dyeer 16 (son), Georgie 16 (son); WEBSTER, Willis 14 (son), Dora 12 (dau), John 10 (son), Thomas 8 (son), Emma 4 (dau)
371. THOMLENSON, William 22, Susan M. 19, Nora L. 1
372. THOMLENSON, William 56 (T NC NC), Nancy 45 (wife), John H. 26, Mary E. 25, Sallie 16, Benjamin 14, Louella 10, Reena 8, Jennie 6, Eddie 4
373. TISDAL, Frank M. 52 (T VA T), Mary 35 (wife), Kitty 27 (dau)
373. MILNER, Joanna R. 50 (widow) (NC NC NC); HARRISON, Bennie 15 (adopted dau) (AL AL NC); MANGREM, Frank 25 (employee?), Harriett (Mu) 40 (servant), Nicy 11 (servant)

MAURY COUNTY

Page 50, Dist. 9 (cont'd)

374. WARFIELD, Robert (B) 70, Becky (Mu) 50 (wife), Juno (Q) 20 (dau), James 1 (g son); KELSO, Jennie (B) 20 (g dau); WARFIELD, Cora 9 (g dau), Fannie 24 (dau in law); KELSO, Mary 8 (g dau), Robert 2 (g son)
375. FLEMMING, Esther (B) 53 (widow), Thomas 19, George 10 (g son), Mary 4 (g dau), Esther 2 (g dau); CAMPBELL, David 14 (farmhand)

Page 51, Dist. 9

376. LEWIS, James 45, Ann 35 (wife), Willie 15, Martha 28 (sis) (idiotic)
377. JARRET, Cyrus (B) 51?, Honrietta 47; COOPER, Susan 5 (adopted)
378. WINGFIELD, Edd 27, Addie 23, Haywood 10 (son), Richard 8, Robert 6, Mahala 2, Lenora 4/12
379. PORK, William 71 (widower) (T Ire DE), Samuel 40, Virginia 28, Mattaline 26 (dau); CAMPBELL, Mary (Mu) 45 (servant), Willie 8
380. BROWN, Archie F. 30 (T VA T), Virginia H. 23, MORGAN, Calvin 47 (father in law); CHERRY, Jacob (B) 24 (servant), Jane 24 (servant)
381. BOOKER, Felanders (B) 34, Mariah (Mu) 24 (wife), Maggie 3, Joseph (B) 7 (stepson)
382. LOONEY, Abram M. 60 (lawyer), Susan K. 58 (VA VA Ire), Sallie J. 32, Abram M. jr. 27, Fannie 20 (dau in law), Christopher T. 25, Susan F. 22, Mary L. 20, Edmond D. 16, Anna W. 13; BROWN, Queeny (B) 35 (servant); McCARROLL, Thom 15 (servant)

Page 52, Dist. 9

383. BROWN, Samuel (B) 74 (NC NC NC), Rachael 45 (wife) (VA VA VA); BAIRD, Laura 30 (stepdau), Susan 15 (step dau), Susan 15 (step g dau), Maria 11 (step g dau), Mary 9 (step g dau), Martha 7 (step g dau), Manerva 2 (step g dau); MULHONEN?, Henry 11 (adopted)
384. VAUGHAN, Francis M. 52 (T NC VA), Mary F. 50 (T NC T), Susan A. 20, Dee A. 22 (son), Newton J. 18, Lona K. 12; FARROW, Henry (B) 40 (servant); BARKER, Matilda 55 (charity boarder); BRAZIER, Susan E. (W) 48 (boarder) (T NC T)
385. FLEMMING, William W. 52 (lawyer & farmer) (SC SC SC), Margaret 45 (KY VA VA), Gideon (B) 25 (servant) (T T SC)
386. PATTON, Jack (B) 55 (T __ __), Laura 50, Henry 6 (g son), Lou 4 (g dau), Thomas 22 (nephew); WHITAKER, George 18 (nephew)
387. WOODSON, Thomas (B) 50 (hostler), Jane (Mu) 45, Thomas (B) 13, Robert (Mu) 5
388. BOOKER, Ellen M. 65 (widow) (MS MD VA); CLOPTON, Mary 42 (dau) (widow) (T T MS), James B. 20 (g son), Carrie 16 (g dau), Susie (g dau) 14, Ellen 11 (g dau), Drake 9 (g son), John S. 6 (g son); SMISER, Lucy 20 (niece) (AR T T)

Page 53, Dist. 9

389. BOOKER, Samuel (B) 40, Myra 38, Robert 9, Stokes 6, Gabriel 3
390. MAXWELL, Abram (B) 45, Hanah 40; CARUTHERS, Jenney 65 (mother in law) (T __ __)
391. WADE, Edmond (B) 30, Milley 30 (T NC NC), Mary 11, Precilla 9, Nancy 7, Marill 5 (dau), William 3, Susan 7/12
392. RUCKER, Henry (B) 53 (T NC NC), Fanny 37 (wife) (T NC NC), Jeany 20 (blind), Nannie 15, Vina 14, John 12, William 10, Fannie 4, Carrie 3/12
393. PORTER, Thomas L. 45 (T T KY), Fannie P. 41, Janie 18, Della 16, William W. 15, Thomas L. 12, Fannie 10, Bessie 8, Nimrod 6, Frank 5, Mattie 2, Bradhan W. 60 (bro) (T T KY)
394. ARNELL, Paul (B) 60 (T __ __), Nancy 60 (T __ __), Austen 26, Hannah 23 (dau in law), Bradley 17, Cornelia 11
395. PORTER, George (Q) 52 (plasterer), Adaline (Mu) 48

Page 54, Dist. 9

396. PATTON, Alfred (Mu) 59 (T NC NC), Ann 36 (wife?), Martha 16, Carrie 13, Alfred 6, Manda 4, Allen 10/12
397. THURMAN, Henry (Mu) 30, Amanda 25, James 13, Mollie 11, Nannie 9, Harrison 1
398. RODDY, Alfred 60 (toll gate keeper) (T VA T), Elizabeth 63 (NC NC PA), Rozena 18 (dau) (T T NC)
399. RANKIN, Joseph F. 74 (KY VA KY), Sarah A. 58 (T SC SC), Alice F. 22, Caroline (B) 42 (servant), Susan 33 (servant), Henry 8 (son of Caroline), Robena 4 (relationship omitted), Joseph 4 (son of Caroline), Edmond 1 (relationship omitted)
400. HARLEN, Smith (B) 60 (KY KY KY), Charity (Mu) 40 (wife), James (B) 20 (stepson), George 17 (son)
401. KEELS, Daniel (B) 36, Fanny 37, Harriett 20, William 17, Doctor 10, Violetta 8; PRIM, Harriett (Mu) 72 (mother in law) (MD MD MD); HUDSON, Charles (B) 5 (g son); SMITH, Polka 6 (g dau); PRIM, Cally 9 (g dau)
402. PORTER, Harriss (B) 55, Cynthia 40 (wife), Ida 16, Sarah 14, Ella 12, William 16, Betty 5, Charlotte 3

Page 55, Dist. 9

403. WARFIELD, Cornelia 45 (widow) (T VA NC), Seth W. 23 (T MS T), Amos W. 21 (T MS T), Mary M. 16 (T MS T), Amy C. 14 (T MS T); DAVIS?, Page (Mu) 22 (servant), Dolley 15 (servant); FLEMMING, Ken? 22 (servant); McCARROL, Ulises G. 10 (servant)
404. PORTER, William (Q) 31 (T T NC), India (Mu) 28, Chink 10 (son), William 8, Edward 6, Mary 4, John W. 2; YORK, Elizabeth (B) 48 (mother in law)
405. COCKRELL, William 26 (wagoner), Clemmy 24, Monie M. 6 (dau), Maud 5, Cricket 2 (dau)
406. FRANCIS, John M. 75 (VA VA VA), Sabra B. 69 (NC NC NC); JANES, Lou (Mj) 25 (servant) (f), Thomas 9 (son in law)
407. DAVIS, Rufus (B) 22, Cally (Mu) 18 (wife), Turner (Q) 1, Lazenque? 2/12 (dau)
408. WILSON, James (B) 19; WILLIAMS, Samuel 18 (relationship omitted)
409. YORK, Jane 72 (widow) (KY VA KY), Joseph O. 42 (son) (T KY KY)

Page 56, Dist. 9

410. McDOWELL, Edward C. 40 (lawyer) (KY KY KY), Bettie M. 25 (wife) (T SC T), Lenard M. 5, Anny G. 4, Sarah 3, Edward C. 10/12; HAMSON, Ann (B) 30 (servant)
411. NEUBENRICH, Albert 35 (Ger __ __), __ __ 30 (wife), Maryon 15, Jacob 7, Harmon 5, Tracy 3 (dau); CROUSE, Jacob 22 (farmhand)
412. MARTIN, Barcley 77 (retired lawyer) (SC VA VA), Ruth M. 75 (MS NC NC)
413. MOORE, Henry C. 31 (toll gate keeper) (LA T LA), Mary S. 30, Thomas C. 16; WILLIAMS?, James 17 (ward) (AR __ __); YOUNG, Abby (Mu) 21 (f) (servant)
414. DAVIDSON, Mary M. 64 (widow) (T NC T); WIGGS, Nancy 50 (relationship omitted) (T NC NC)
415. CAMPBELL, Anthony (B) 45 (T VA VA), Ellen 37 (T T VA), Willie 15 (dau)
416. BROWN, Mary A. 42 (widow) (T NC T), Gideon P. 19 (commercial clerk) (T NC T), Thom J. 18 (T NC T)
417. BAILEY, John (B) 35, Lena (Mu) 28, Anna 11; BODY, Abram (B) 17 (relationship omitted)

Page 56, Dist. 9 (cont'd)

418. RODGERS, Benjamin 45 (lawyer) (T T KY), Ann F. 33, Olen G. 10 (dau), Thom R. 8, Benjamin 7, Henry D. 3; McLAMORE, Henry A. 30 (bro in law); AKIN, Addy Z 35 (boarder), Hally L. 6 (boarder?); RANDALL, John R. W. 28 (relationship omitted)

Page 57, Dist. 9

419. GORDON, Ann (B) 35; WILKS, Lelia 4 (dau); RIVERS, Amelia 11 (servant?) (MS MS MS)
420. SAULSBY, Mary 55 (LA LA LA)
421. MARTEN, Sarah M. 63 (widow) (PA PA ?), Arthur P. 18 (T T PA)
422. JONES, Isaac (B) 40 (hostler), Phillis 35, John 13
423. PILLOW, Charles (Mu) 60, Embry 51 (wife), Susan 28, Harriett 19
424. CHAFFIN, Robert (B) 60, Mary (Mu) 49 (wife) (DC DC DC), Felix 17 (g son) (T DC T), Anna 12 (g dau), William 4 (g son)
425. RILEY, Thomas (B) 28, Hattie (Mu) 25 (AL T T)
426. OWEN, Samuel (B) 40, Sarah 30 (wife), William 13, Frank 12, Rush 5, Alice 1, James 1 (g son), Ida 6 (dau)
427. PORTER, Green (B) 56 (brick mason) (T VA T), Mary 50 (T NC NC), William 11
428. WILLIAMSON, Thomas (Mu) 72 (preacher) (NC NC NC), Patsey (B) 55 (wife) (LA LA LA), Jordan (Q) 21 (g son)

Page 58, Dist. 9

429. ARNELL, Samuel M. 47 (lawyer & PM) (T NY SC), Caroline C. 48, May 22 (teacher), Nina 20, Harry C. 18 (deputy PM), Samuel M. 14, Cornelia W. 12 (DC T T)
430. MARTEN, Annanias (B) 36, Clara 28, Milly 16, Sallie P. 14, Rachel H. 13, Willie 10; MITCHELL, Annanias 18 (nephew)
431. WEBSTER, Haywood (B) 60, Lany 58 (wife), Jane 21, Haywood jr. 23, Amanda 22 (dau in law), Anna 1 (g dau)
432. WEBSTER, Felix J. (B) 30, Mary 32, Lona 12; FRIERSON, Rufust 30 (hireling), Clara 22 (hireling)
433. WEBSTER, Anthony jr. (B) 28, Ellen 23, Lora 9, Mary S. 7, Willie 5, Eddy 9/12
434. WEBSTER, Overton (B) 34 (blacksmith), Rebecca (Mu) 33 (IN __ __), William J. (Q) 11, Mary L. 8, Mack P. 6 (dau), Felix H. 2/12
435. BRYANT, Calven (B) 30, Edna 23, John (Mu) 12 (adopted son); CANNON, Susan 13 (hireling)

Page 59, Dist. 9

436. ODELL, Washington (B) 40, Cherry 28 (wife), Robert 10, Felix 7, Betty 4, George W. 5, Ofelia M. 7, Clarence 1, Everodge? 8/30 (son)
437. CHAFFIN, Thompson? (B) 55, Nora 52
438. JONES, John L. 32 (lawyer), Emma J. 29, James W. 7, John L. jr. 4, Robert M. 2; WEBSTER, Harvey (B) 22 (servant), Caroline 19 (servant)
439. LEFTWICH, Eugeni P. 21 (T T KY), Emma 18 (wife) (married within yr); HAMP, Ollie (B) 14 (servant)
440. SOWELL, Agustern F. 34 (T NC T), Margaret 34, Jenny P. 10, Agustus F. 6, Lizzie M. 1
441. SELLERS, Isom 67 (T NC NC), Elizabeth 64 (T SC SC); DAUGLASS, Robert (B) 10 (servant), SELLERS, Henry 7 (servant?)
442. SELLERS, Hugh D. 24, Mattie J. 26 (milliner)
443. WINGFIELD, Robert (B) 65 (GA GA GA), Nancy 60; SELLERS, William 10 (g son); WINGFIELD, Samuel 6 (g son)
444. CARPENTER, John (B) 52 (GA GA GA), Mahala 49

Page 60, Dist. 9

445. YOUNG, George (B) 23, Anna 26 (LA T T)
446. WEBSTER, Alexander (B) 24, Catherine 24
447. OAKLEY, William H. 30, Nannie A. 40 (wife); SAUNDERS, Hattie 12 (stepdau), Nannie 10 (stepdau)
448. DOBBINS, Albert A.? 39, Mary W. 38, Fannie B. 13, William F. 9/12
449. MACK, Marshall (B) 36, Julia 30, Jane 19 (dau), Minnie 5/12 (g dau)
450. FRIERSON, John (B) 27, Jane 25, Catherine 7, Gideon 17 (bro)
451. ARMSTRONG, Thomas (B) 34, Eliza 32, Queeny 15, May 8, Thomas 6, Anna 4, Emma 2, Ella 2
452. STEPHENSON, Quincy (B) 45, Mary F. (Mu) 43, Alice (Q) 13, Carney 11 (dau), Harriett 9; CARUTHERS, Thomas (Mu) 26 (son in law) (carpenter), Mary (Q) 21 (dau), Thomas 1 (g son)
453. MULHERREN, Mariah (B) 75 (widow) (T SC SC)

Page 61, Dist. 9

454. CATES, Green W. 54 (NC NC NC), Fannie A. 36 (wife), William B. 14; STANFILL, Lemira 11 (step dau), Lizzie 8 (stepdau); RICKETS, Mary 75 (mother) (NC NC NC)
455. GOODLOW, Benjamin (B) 41 (T NC NC), Rebecca 31 (wife) (T VA T), Elenora 11, Beb 8 (son), Tennie 7, Margarett 5, Anna 3, Roxey 4/12
456. GUNNER, Ray (B) 25 (AL AL AL), Harull 17 (wife), Joseph 11/12
457. WEBSTER, Scott (B) 21, Alice 19
458. WEBSTER, Philip (B) 24, Frances 20, Philip jr. 6/12
459. WEBSTER, Mahala (B) 50 (widow), Mary 18, Lizzy 8/12 (g dau), Clarence 4 (g son), Larence 4 (g son); WALKER, Joseph (Q) 16 (lodger)
460. SMITH, Elvira (B) 40, James 6 (son), David 4 (son); HARDEN, William 1 (g son)
461. BLOUNT, Henry (B) 35, Emby 30 (wife), William 15, Patience 12, Thomas 9, George 4, Ella 7/12; HUNTER, Matilda (Mu) 20 (niece), Rufus (Q) 4 (nephew)

Page 62, Dist. 9

462. JACKSON, James 56 (VA VA VA), Az? 58 (wife) (VA VA VA); RAINS, Hariett 18 (ward); CAYCE, Joseph 20 (nephew)
463. CAYCE, Thomas 27, Betty 24, Mattie 4, Thomas 2, Lee? 5/12 (dau), Edward 23 (bro)
464. MABERRY, Eveline H. 61 (widow) (T SC SC), George H. 23 (T VA T), John W. 20 (T VA T), Mary (B) 32 (servant) (T T SC), Harriett 5 (dau of servant), Henry 1 (son of servant)
464. MABERRY, Eveline H. 61 (widow) (T SC SC), George H. 23 (T VA T), John W. 20 (T VA T), Mary (B) 32 (servant) (T T SC), Harriett 5 (dau of servant), Henry 1 (son of servant)
465. OSBOURN, Alexander (B) 23 (GA GA GA), Mary 27; WEBSTER, James 14 (stepson), Marcus 9 (stepson), Lizzy 7 (stepdau); OSBOURN, Jesse 3 (son), unnamed 1/12 (dau)
466. HARRIS, Jessey S. 59 (boarding at T. S. Porter's) (messenger in Congress) (AL VA VA)
467. JANES, Isaac (B) 50, Phillis 32 (wife); EASLY, John 15 (stepson); THOMAS, George 17 (boarder)
468. AKIN, Alferd N. 39 (clerk of county ct), Sarah J. 36 (T Wales Wales), Cannon 11 (son), Marion 4 (son); FRIERSON, James (B) 21 (servant), Pheriby 20 (servant), Mary 25 (servant); GEERS, Edward F. (W) 28 (boarder) (horse trainer) (T VA T)
469. NEELY, Sallie E. 48 (widow) (T Fr T), Joseph T. 18, Mollie M. 26 (step dauin law) (seamstress), Emma P. 5 (g dau); SHEPPARD, Parthena 75 (mother) (T VA VA)

Page 63, Dist. 9

470. WHITAKER, Thomas J. 28 (miller), Urilda 27, John M. 9, Milton H. 6, Stella 1
471. EVERETT, Ephriam 46, Ellen D. 41, Edward R. 14, Frank F. 13, George W. 11, Harry B. 9, Willey M. 9
472. DOUGLAS, Mary A. 68 (widow) (NC NC NC)
473. LAWRENCE, Lewis (B) 50, Nancy 38 (wife), Lucinda 17 (stepdau), John 1 (step g son), Eliza 11 (dau), Rose 9 (dau); BROWN, Lucinda 72 (mother in law) (T SC SC)
474. HILLIARD, Thomas 36 (miller) (T NC NC), Jenny B. 35 (T T NC); TUCKER, Laura 23 (sis in law) (T T NC)
475. KITRILL, Peter (Q) 55 (blacksmith) (T NC NC), Isabella (B) 45 (wife) (T NC NC); LESLIE, Lou 24 (dau), Christian 2 (g dau); KITRELL, Mary J. 13 (dau), William 10, Edgar 8, Isabella 5, Clarence 3, Jaicy (Mu) 71 (mother) (NC NC NC)
476. GOODLAW, Solomon (B) 30, Frances 21, Robert 3, Virginia 2, Selena 2/12
477. ZACHERY, Randal (B) 45 (GA GA GA), Hariett 40 (___ ___); COOPER, Parilee 16 (stepdau), Eliza 12 (stepdau); ZACHERY, David 8 (son), Charles 6, Willis 3, Nelly 1

Page 64, Dist. 9

478. DUNLAP, Albert (Mu) 32 (carpenter), Sarah (B) 25, Albert (Q) 10, Mary 8, Webb 6, Walter 4, Sally 2
479. HARRIS, Isaac (B) 49, Hester 40 (MD MD MD)
480. BUNCH, Solomon H. 49 (T NC NC), Ruth D. 50, Lucretia 16, James I. 11; SMITH, Samuel 55 (cousin) (cattle dealer) (T NC T); STEPHENSON, Angie (B) 27 (servant), Stepen 6, Louise 8
481. HACKARD, George (B) 30, Precilla 25, George jr. 9
482. HOGUE, Collumbus (B) 25, Maryann 20, Ida 1
483. HOGUE, Milton (B) 60, Flora 50 (wife); OVERTON, Aggy 25 (dau), Allen 35 (son in law) (RR hand); FRIERSON, Andrew 7 (g son); HOGUE, Betsy 20 (dau), John 18 (son), David 16 (son), Lucy 14 (dau)
484. JONES, Jackson (Mu) 50 (blacksmith), Jamima 35 (wife) (married within yr), Jackson jr. 18, Marietta 16, Laura I. 13, Reuben 12, Washington 10, Akin 8
485. THOMAS, Washington (B) 36, Leanna 25 (wife), Janie 3

Page 65, Dist. 9

486. JONES, Frank (B) 50, Nancy 27 (wife), Marshall 18, Green 16, Parilee 14
487. HOGUE, James K. 46 (T VA T), Lucinda 42 (T NC T), Lace W. 20 (dau); STEPHENSON, James W. (B) 7 (servant)
488. BARNS, George (B) 65 (farmer & preacher) (NC NC NC), Sallie 50 (wife); MOSS, Alfred 27 (son in law), Sarah 35 (stepdau), Joanna (Mu) 18 (step g dau), Lizzie 16 (ste g dau), Ned (B) 14 (step g son), Selvy 5 (step g dau), Sady 2 (step g dau)
489. JANES, Thomas (B) 35 (consumption), Margarett 30, Frank 13, Harriett 11, Betty 6, Henry 4, James 20 (bro), William 16 (bro)
490. JONES, Caroline (B) 40 (widow), Alexander 19, Esther 16, Lily 12; MARTEN, Ruth 8 (niece)
491. JONES, Henry (B) 26, Ugenia 20, Sarah 4, Ebenezer 2
492. MAYES, Ellen (B) 22 (widow), Benjamin 4 (crippled)
493. HARRIS, Green (B) 22 (painter), Lillie 19 (married within yr)

Page 66, Dist. 9

494. GRY, John M. 43 (merchant & farmer) (T KY T), Elvia P. 34, John M. J. 10, Annie 9; GRAHAM, Carroll (B) 35 (servant); EWING, Frank 18 (servant)
495. RIDLEY, James W. S. 55 (T NC NC), Anna P. 42 (wife), Webb 21, Annie G. 10, Willie P. 7, Mary 7/30 (b. May); SHAW, Ann (B) 45 (servant); PILLOW, Patience 55 (servant); STOCKARD, Ike 15 (servant); ELLIS, Mary (W) 22 (servant); McCLENCH, Mary B. 24 (niece)
496. LYMAN, Eli (Mu) 38 (carriage driver), Mary E. 30, Clarrissa (Q) 19, Drynam 10, Amanda 9, Sallie 7, Martha 5, Webb 4, Cynthia 2, Lucius 1 (dau)
497. ANDERSON, John (B) 32, Tenny 30, Eliza 10
498. BROWN?, Joseph (B) 24
499. ZOLLICOFFER, Francis (B) 24
500. ARMSTRONG, Palmer (B) 23, Esther 21, Webber 1
501. HARDIN, King (B) 24, LIzzie 30 (wife), King j4. 7, Lucy 9

Page 67, Dist. 9

502. PILLOW, Jordon (B) 44, Jenny 45, James 10, Loui 8 (son), Rhoda B. 7, Caroline 5
503. BAILY, Wesley H. 36 (blacksmith), Mary A. 35, Daisy 14, Margarett 13 (white swelling), Nancy 10, Carrie 7, Ellen 5, James W. B. 2; WILLIAMS, Elias (B) 26 (servant)
504. PILLOW, Jerome B. 21 (T NC NC), Alvira 63 (T MD NC); HUBANK, Henrietta (B) 24 (servant)
505. FRIERSON, John (B) 28 (farmer & preacher), Rebebecca 28, Ella 12, Milly 7, Anna 2, Dolly 60 (mother), Anderson 20 (bro)
506. HARBISON, Thomas (B) 50, Selia (Mu) 30 (wife), Ellen (Q) 12, Cordelia 10, Martha 8
507. CECIL, Samuel S. 29 (T VA KY), Mary 29 (T VA T), John L. 5, Harvy J. 3, Mary 4/12 (b. Jan)
508. FRIERSON, Newton (B) 23, Rhoda 23, John 2, Jonah 7/12 (b. Oct)
509. STEPHENSON, Peter (B) 25, Elizabeth 18

Page 68, Dist. 9

510. FRIERSON, John W. (B) 25; ARMSTRONG, Alexander 22 (fellow lb); FRIERSON, Eppinger 19 (fellow lb)
511. PATTERSON, George (B) 30, Louisa 29, Robert 8, Mary L. 1; ARMSTRONG, Mary 60 (mother in law)
512. SHULTS, Stephen M. 30 (AL AL AL), Martha E. 30, Mary D. 6, Willie B. 4
513. BROWN, Plummer (B) 21, Carrie 20
514. NEELY, Calvin (Mu) 50 (widower), Callie 21, Lanna 18, Mary 16, Alexander 14, Hattie 12
515. ARMSTRONG, William J. 43 (T SC SC), Sallie 39, Matt M. 19, Mary G. 16, Maria B. 12, George D. 10, Willy C. 4, Maury D. 1 (dau)
516. FRIERSON, Theophelas (B) 50 (T SC SC), Hager 45 (wife) (T SC SC), Malvina 20, William 15
517. ARMSTRONG, Peter (B) 50 (SC SC SC); Hetty 70 (wife) (SC SC SC); FLEMMING, William 9 (gg son), Mary 7 (gg dau)
518. WILLIAMS, Vina (B) 75 (widow) (NC NC NC), Indy 30 (widow); JONES, Robert 10 (g son), Wopsey 7 (g dau)

Page 69, Dist. 9

519. FLEMMING, Peter (B) 70 (SC SC SC), Amy 60 (wife) (NC NC NC), James 20 (g son), George 18 (g son), Anna 16 (g dau), Rebecca 20 (g dau)
520. BARKLEY, Edward (B) 40 (GA GA GA), Amanda 30 (wife) (consumption), Alice 14, Mary 12, Ellen 10, Edward 5

Page 69, Dist. 9 (cont'd)

521. ARMSTRONG, Harry (B) 35, Ellen 30, William 7, Florence 5, Hester 3, unnamed 10/12 (b. May) (dau), Elizabeth 65 (mother)
522. FRIERSON, Henry (B) 58 (T SC SC), Emaline 50, Joseph 25, James 13 (g son)
523. EMBRY, Samuel (B) 40 (T SC SC), Cornelia 30 (wife), Albert 12, Emma 10
524. BROWN, Benjamin (B) 40 (T NC NC), Lidia 35, Agnes 17, Caroline 15, William 3
525. CECIL, Gordon L. 33 (T VA VA), Corinne 31 (T T SC), Robert W. 8, Alexander 7, William F. 5, Wilson D. 1; COOPER, Harice S. 33 (boarder) (lawyer)
526. COOPER, Horace (B) 24, Elizabeth 21, Emma 8/12 (b. Jul)

Page 70, Dist. 9

527. COOPER, Levi (Q) 55 (VA VA VA), Manerva (B) 50 (wife); ARMSTRONG, Lizzy 23 (dau), Saml. H. 27 (son in law), Laura 5 (g dau), Charity 3 (g dau), Mary J. 1 (g dau), Eliza 4/12 (b. Jan); COOPER, Anna 5 (g dau)
528. COOPER, Frank (B) 35, Emma 26 (wife), Mary A. 8, Jane 5, Robert 3, Clarance 1, Delimar? 7/12 (b. Nov) (son)
529. WALKER, Thomas C. 74 (T NC NC), Eliza A. 54 (wife) (LA VA VA), Mary 24, Ida 22, Lilla M. 20, Alice G. 17, Willis W. 16
530. EMBRY, Hannah (B) 35, Grandison 17 (son), Lucy A. 11 (dau), Mary A. (Q) 6 (dau), Eliza A. 3 (dau)
531. DAVIS, Barbryann (B) 55 (widow) (native __); JOHNSON, Alice 30 (dau); WALKER, Ben H. 22 (son), Addie 20 (dau in law); FRIERSON, Philip 18 (son), Corny 18 (dau in law); JOHNSON, Ann 4 (relationship omitted)
532. PANDER, James (B) 45 (GA GA GA), Eliza (Q) 40, Nannie 14, Mary 10, Fanny 8, Jane 6, Zoo 4 (dau), George 2; HARDISON, Green 24 (boarder)

Page 71, Dist. 9

533. WINGFIELD, Jane (B) 24 (widow), Willie 4, Mary 5, James 1/12 (b. May)
534. WALKER, Robert G. 33 (farm superintendent) (T T LA), Mattah 28, Loula D. 5, Eugene 2; WILSON, Patty (B) 14 (servant)
535. GOODLAW, Lidia (B) 40 (widow), Eugene 10, Willie 8, Nancy 6, Ada 1, Benjamin 1; WILSON, Lucy 4 (sis)
536. PERYEAR, Lewis (B) 65, Milly 56
537. FRIERSON, Jefferson (B) 49 (T VA VA), Mary J. 38 (wife) (LA LA LA), Mary F. 19, John L. 16, Malinda A. 14, Robert B. 12, Lacy B. 7, Julia M. 5
538. BAIRD, James P. 56 (T NC T), Permelia R. 48 (T NC T), Leonora B. 25, Sallie W. 20, James P. jr. 11; FLEMMING, Ann (B) 30 (servant), Anna 8 (dau of servant), Horace 2 (son of servant)
539. ORR, Anna 40 (Ire Ire Ire), Rebecca 40 (twin sis) (Ire Ire Ire); HUNTER, Ellen R. 26 (niece) (T Ire VA); ARMSTRONG, Foster 20 (relationship omitted); HOWARD, Jesse (B) 22 (servant); JONES, Gracy 26 (servant); RAMEY, Ann (Mu) 22 (servant)

Page 72, Dist. 9

540. COOPER, George (B) 46 (T SC VA), Henrietta 46 (T __ SC), Duncan 19, Margarett 17, Gideon 14, George 12, Matilda 10, William 5, Caffey 78 (father) (SC SC SC)
541. GORDON, Jacob (Mu) 59, Catherine (B) 33 (wife), Oceola (Q) 15, Martha 12, John 10, Indiana 1 (dau); BRADEN, Gilbert (B) 56 (hireling)
542. TROUSDALE, Geo. 29 (carpenter), Mary E. 25, William I. 2, Charles P. 4/12 (b. Jan)
543. FISK, James 26, Polly 56 (mother) (widow), Betty 18 (sis), Molly 13 (sis)

Page 72, Dist. 9 (cont'd)

544. HATMAKER, William 24 (AL AL AL), Eliza 22 (AL AL AL), unnamed 1/12 (b. May) (son) (AL)
545. HUCKEBY, William H. 56 (T NC NC), Martha J.? 46 (wife), Phillip 23, Alice 17 (dau in law), Hannah D. 21 (dau), John W. 12 (son), George O. 7 (son); BAIRD, John 27 (nephew)
546. YOUNG, George (B) 23, Emma 26
547. FLEMMING, Ephraign (B) 60 (LA LA LA), Letty 51; COOPER, Evalina 12 (adopt dau)

Page 73, Dist. 9

548. CROWLER, William (Mu) 46, Jane (B) 34 (wife), Josephine (Q) 10, Larkin 14, Richard 13, William 7, Edith M. 11, Benjamin 4, Walter 2, Caron 3/12 (b. Feb) (son); SHEPPARD, Edith (B) 67 (mother in law) (blind)
549. WEBSTER, Overton jr. (B) 23, Zuella 22, Mary A. 2/12 (b. Mar)
550. ARMSTRONG, E. G. 36 (miller) (T SC T), Elizabeth L. 35 (T T MD?), Mariah A. 13, Alf D. 11, Jay 9, Eliza G. 7, Henry W. 5
560. (error in numbers) ARMSTRONG, Samuel (B) 56 (T SC SC), Irene 56 (NC NC NC), James 22, Daniel 20, Pheby 18, Mary 14; YOUNG, Joseph 8 (ward)
561. ARMSTRONG, Jack (B) 85 (SC SC SC), Sarah 84 (SC SC SC), Harry 47 (son in law) (MS SC SC), Celena 43 (dau) (crippled); FRIERSON, Jennie 60 (dau), Salina 19 (g dau) (MI T T); GANTT, Samuel 2 (gg son) (T T MS); YOUNG, Alexander 10 (ward) (T T MS)
562. ARMSTRONG, Samuel G. (B) 65 (MS SC SC), Malinda 60 (T SC SC); STEPHENSON, Sarah 40 (dau), Bilsy 16 (g dau) (MS MS T)
563. ERWIN, Thomas (B) 33, Caroline 40 (wife) (MS MS MS), Wesley 9 (adopted son); STEPHENSON, Liddia 22 (boarder) (GA GA GA)

Page 74, Dist. 9

564. BRADSHAW, Geo. W. (B) 54 (T KY NC), Martha 37 (MS MS MS), Charley 18 (MS), Mary 12 (T), Isom 10, Amisted 8, Lizzie 7, Geo. W. jr. 5, Simon 3
565. ZOLLICOFFER, Frank (B) 57, Pocahuntas (Mu) 46 (wife), Joseph M. (Q) 13, Charles 8, Peter (B) 58 (bro)
566. SEALY, Amos C. 46 (T SC T), Susan A. 43, Lotty I. 21, GeorgeAnn 19, William H. 14
567. KING, Meridith D. 41 (merchant) (NC VA NC), Catherine L. 34 (T NC T), Sallie J. 7, Mary E. 5, Meridith U. 3, Katey 1; FOSTER, John M. 22 (hireling) (T NC T)
568. ROBINSON, William (B) 22 (T VA VA), Sophronia 23, Johnson 8, Mary 4, Harriett 3, Sallie 2
569. SMITH, Joseph W. 36 (T NC T), Mary R. 56 (sis) (T NC T)
570. BAKER, Andrew A. 44 (preacher) (T T NC), Martha A. 35?, James L. 13, Carrie E. 12, Andrew H. 9
571. ROBINSON, Charles (B) 22 (T VA VA), Levinia 21, Mary 1/12 (b. May)
572. KINZER, Felany E. 45 (widow) (T T NC), William H. 24, Elizabeth J. 22, Mary C. 19, Emma L. 15, Anna C. 13, Rosetta 12, Lena A. 10, Sterling B. 8

Page 75, Dist. 9

573. ESTES, Daniel J. 65 (T NC T), Nancy B. 51 (T NC T), John 28, Dora 26, Ellalee 5 (g dau), Daniel D. 2 (g son), Bessie B. 6/12 (b. Nov) (g dau); STEWART, Charles 13? (adopted)
574. ERVINE, Jackson (B) 45, Lou 35 (wife), Andrew 10, Lena 5, Ella 3, unnamed 1/12 (b. May) (son)

Page 75, Dist. 9 (cont'd)

575. BROWN, Edgar (B) 22 (VA VA VA); STEPHENSON, Oliver 23 (fellow laborer); FRIERSON, Horace 23 (fellow laborer)
576. ESTES, Alexander (B) 33, Margaret 26, John 9, Kate 7, Susan 5, Samuel 3, David 1
577. BUTLER, Lawson (B) 50, Lucinda 50, Ann 18 (adopted), Isora 1 (g dau); MOORE, James 7 (adopted)
578. GANT, Frank (B) 75 (VA VA VA), Fanny (Mu) 60 (wife); OSBORNE, James (B) 25 (son in law), Agness (Q) 20 (dau)

Page 76, Dist. 9

579. WEBSTER, Lou 25? (widow), Jane 9, Leon 6?
580. HALSTED, Frank 18, Amanda 53 (mother) (widow) (T AL AL), Josey 16 (sis), Sallie 12 (sis)
581. HALSTED, Benjamon 37, Evergreen 38 (wife), Kelly 15, Anthony 10, Sarah 7, Susan 5, John I. 2
582. PARKER, William S. 29, Sarah 29 (T T NC), Zerelda J. 9, Mary E. 6, John W. 5, James H. 2, Frances 5/12 (b. Dec); HATMAKER, Louisa 49 (mother in law) (T NC NC)
583. BAIRD, John L. 41
584. LINTZ, Alexander 40, Mary 39, Matty 18 (dau), Albert 15, Sophronia 13, Sarah 11, Eddie 8, Thomas 5, Marshall 1
585. MOURTON, Frank 58 (widower) (sawyer) (VA VA VA), Jennie 20 (T VA T), Ella 18 (T VA T), Emma 15 (T VA T), William 15 (T VA T), Thomas 14 (T VA T), Hattie 11 (T VA T); DISHON, Horace 19 (boarder) (engineer)

Page 77, Dist. 9

586. CURRY, Henry B. 27 (T T NC), Mollie 31 (wife) (T NC T), Isaac 6, Luther 4, Nelly C. 1; WHITE, Isaac 73 (father in law) (NC NC NC), POPE, James 22 (boarder) (MO __ T)
587. CURRY, Samuel G. 21 (T T NC), Lee O. 18, Willie B. 3/12 (b. Feb)
588. EDMONSON, Joseph 35 (T NC NC), Margarett 31 (T NC T), Andrew 11, Sarah 65 (mother) (NC NC NC), Minerva 45 (sis) (T NC NC)
589. HARLIN, Lee (B) 30, Agnes 18 (wife)
590. YOUNG, Semore (B) 57, Betty 55, Lou 20 (dau), Lizzie 12, Charley (Mu) 16 (nephew)
591. WHITE, Albert 49 (T NC T), Jane 48 (T NC NC), William 19, Mary E. 17, Lizzy 14, Nash 12
592. HOWELL, Cornelia (B) 40, Ada (Mu) 16 (dau), Nash (B) 6 (son)
593. ALDERSON, Alice (B) 30, Fanny 7 (dau), Joseph 5 (son)
594. DANIELS, Amos B. 40 (T NC NC), Martha P. S. 35, Rebecca A. 15, Sarah V. 12, Amence E. 10 (dau), Marietta 8, Ephraim 6, Rosey M. 6/12 (b. Nov); CHILDRESS, Thos. B. 61 (father in law) (VA VA VA)

Page 78, Dist. 9

595. WINGFIELD, David (B) 25 (T GA GA), Addie 20, Hoyte 2
596. WEBSTER, Overton (B) 52, Mary E. 40, Hammon 10, Kate C. 8, Luther F. 7, Florence 4, Mary A. 3, Corene 1; FRIERSON, Hager A. 57 (sis in law), James 13 (nephew), Willy 11 (nephew), Mary 10 (niece), Bobb 5 (nephew); WEBSTER, Marthy J. 18 (dau)
597. MOSS, Edward 23, Molly 24, Heny 8/12 (b. Sep) (dau)
598. JOHNSON, Henry 38, E. T. 26 (wife), Charles 12, Kate 10, Mary 8, Ella Lou 6, Sammie 4, Scott 1
599. GALLOWAY, Calvin (B) 32, Catherine 25, Jane 15, William 9, Nellie 7, Jones 5, Calvin jr. 3, Westley 2, Sallie 5/12 (b. Dec)

600. MILNER, George C. 27 (AL Eng NC), Fannie 25 (T SC T), Isaac C. 5, Joana R. 3; MACK, Lilly (B) 15 (servant), Harriett 40 (servant)

Page 79, Dist. 9

601. GORDON, Edward 55 (GA GA GA), Martha 54, BRADSHAW, Lolla 44 (sis in law), Dock 16 (nephew); HILL, Nathaniel 12 (nephew); WHITAKER, George 21 (son in law), Harriett (Mu) 23 (dau); GORDON, Susan B. 5 (g dau), Augusta 4 (g dau); WHITAKER, Hariett (B) 1 (g dau); BRADSHAW, Anna 14 (niece), Jefferson 10 (nephew); PILLOW, Harkless 8 (nephew), Mary 5 (niece), Katy 2 (niece)
602. JACKSON, Fred (B) 56, Esther 40 (wife), Alice 13
603. VOORHIES, Wm. M. 64 (T KY NC), C. H. 54 (wife) (T VA VA), Sarah A. 20, Maury H. 18; DUNLAP, Margarett (B) 25 (servant), Mattie 12 (f) (servant), Fanneo 8 (servant?)
603. VOORHIES, Wm. M. 64 (T KY NC), C. H. 54 (wife) (T VA VA), Sarah A. 20, Maury H. 18; DUNLAP, Margarett (B) 25 (servant), Mattie 12 (f) (servant), Fanneo 8 (servant?)
604. JONES, William (B) 47 (RR hand), Mally 25 (wife)

Page 1, Dist. 10

1. GANT, Wm. L. 52 (T SC __), Laura 39 (wife) (T KY T), Wm. P. 19, Laura 14, Pillow 11 (son); YOUNG, James 43 (bro in law) (T KY T)
2. WILLIAMS, Edmond (B) 69, Liddy 55 (wife) (T SC SC), Ella 16, Wm. 6, Bonia 4 (dau), Minnie 1
3. TINDALL, Frank (B) 44, Maria 28 (wife), Harriet 17, Anna 15, Simon 10, Harvey 6, James 8, Columbus 4
4. GANT, Hewy (Mu) 30, Mary 31, Mollie 9, James 8, Laura 6, Henry 5, Robert 4, Ata 7/12 (dau), Otie 3 (son); HARLAND, Florrenc 19 (sis in law)
5. VINSON, Right (B) 19
6. McCAUBEY, Wm. 14 (Mu)
7. BLAIR, Phill (B) 64 (T __ __), Lucy 34 (wife), Willie 7/12
7. GUS, Dave 18 (Mu), Mary 13 (wife) (B)
8. McNARY, Wm. M. (B) 19, Anna (Mu) 18
9. HILL, Abe (B) 53, Martha 51 (T NC NC), Willie 6 (g son), Lena 5 (g dau); FULLER, Alice 12 (g dau); BRIANT, Tom (Mu) 24 (boarder) (FL SC GA)
10. CULBURSON, Sam (B) 29 (T T NC), Irene 24 (T VA T); GANT, Fred 8 (stepson); BROWN, George 2 (stepson)

Page 2, Dist. 10

11. HARLEM, Ben 76 (KY VA VA), Mariah 78 (mother in law) (KY VA VA), George W. 36 (son) (T KY KY), B. 27 (son) (T KY KY), Katie 20 (dau) (T KY KY), Scott 16 (son) (T KY KY), Alice 15 (niece) (T KY T)

Page 3, Dist. 10

12. HARLAN, Mose (B) 37 (VA KY KY), Elizabeth 25 (wife) (T KY KY)
13. HARLAN, George (B) 38, Docia 35, Frank 11, Mary E. 8, Richard 7, Joe 5, George Ann 8, Sam R. 8/12 (b. Sep)
14. COLGET, Marthay (B) 54 (T KY VA); GESS, Cora 6 (g dau); DRAKE, Mattie 5 (g dau) (T VA AL?)
15. JOYCE, P. R. H. 48 (T SC SC), Lourinda 46 (wife) (T SC SC), Mary E. 23, Anna F. 21, Bettie 20, Margret 18, Emma 15, Sammie 11, Willie 11
16. JOYCE, P. H. 31 (T SC T), Loula 18 (wife); PARSON, Rollie 78 (boarder) (VA VA VA), Ida 11 (sis in law)

Page 3, Dist. 10 (cont'd)

17. MODE, Wm. G. 28 (blacksmith) (NC NC NC), Mary E. 23 (T T NC), Cordelia 8, James H. 6, John Wm. 3, Mary A. M. 1; HARDWICK, John 21 (servant) (T _ _)
18. RAY, Stanford 59 (huckster) (T NC NC), Mary 46 (wife) (T _ _), Elizabeth 35 (dau), Rebecca 27, John 25, Sophenia 22, Tom 8 (g son); GRIFFIN, Mary 6 (g dau), Lou Willie 2 (g dau)
19. McKINIS, Henry (B) 64 (NC NC NC), Harriet 46 (wife) (T VA VA), Mary 13, Nancy 10, Tom 8
20. JOYCE, Eliza 51 (widow) (T NC NC), Webb 15 (T NC T), Mary E. 21 (T NC T); BRAGG, Laura 26 (T VA T) (niece)

Page 4, Dist. 10

21. YOUNG, Erwin (B) 23, Abby 21 (wife) (married within yr) (T MD VA)
22. JOYCE, Jerry (Mu) 36, Viny (B) 27 (wife) (T MS T), Penny (Mu) 16, Jerry 11, Elizabeth 7, Lula 6, Queen 3, Olie 2, Loupenia 1
23. JOYCE, Wm. C. 34 (T NC T), Alice 34 (T NC T), Mollie 18, Anna 9, Johnnie 5, Wm. H. 2
24. FLEMING, Monroe (B) 22 (T _ _), Harriet 21 (T _ T)
25. POLK, William 61 (miller) (T NC T), Susan J. 57 (VA VA VA), Gideon 23, Marie S. 22, Tennie C. 20, Lee W. 18, Sam H. 16, BRIDGFORTT, Sam 43 (bro in law) (teacher) (T VA VA); DAWSON, Isac 18 (boarder)
26. HOWELL, George W. 52 (T NC NC), Elizbeth R. 46 (T VA VA), Fannie B. 16, George W. 18, Dora A. 13, Lonatta 9, Gusta D. 7; BAIRD, Mattie W. 20 (dau)

Page 5, Dist. 10

27. VARTAS?, George W. (B) 28, Mollie 29, Mollie 5, Snow 4 (dau), Rufus W. 1
28. BAIRD, James 57, Sallie E. 57, McKeny 26, Mary J. 22, I. L. M. C., 21 (son), Reece 16
29. HOWELL, W. P. 27 (m)
30. HUGHES, Esic (B) 42, Anna 38 (wife) (VA VA VA), Alice 14, Laura 11, Gilbert 10, Willie 7, Eliza 4, Margret 3; EASLEY, Frank 20 (boarder)
31. ENSLEY, Miley (B) 40 (widow) (T NC T), Anderson 20, Rash 15 (son), Daniel 10, Shephrerd 7
32. BROWN, Gilbert 47, Jane 49 (sis); SELLERS, Collie 12 (nefew)
33. ANDERSON, Wm. 35, Virginie 29, Arbelle 5, Haddy 1 (dau)
34. YOUNG, Green (B) 54 (_ _ _), Maria 46 (T _ _), Yelli? 20 (dau), Becky 18, Green 17, William 8, Evun 5 (son), Maria 11
35. HILL, A. E. 30 (T NC T), Dollie 26, Lizzie 5/12 (b. Dec)
36. HILL, Mary 62 (widow) (T Ire Eng), Ashley 19, Willie 17; KINGER, Belle 23; HUNTER, Wm. (B) 13 (servant); CRESLY, Riley 28 (servant)

Page 6, Dist. 10

37. HICKS, Wm. J. 31, Fannie 21 (wife), Sara 2/12 (b. Apr)
38. THURMAN, A. S. 52 (T VA VA), Elizabeth 44 (T T NC), Mary 23, Thomas 19, Harriet 18, Matty 15, Ida 12, Sara 10, Rebecca 8, Benj. P.? 6, Andrew 3, George W. 3
39. GIBSON, Kirk 22 (NC NC NC), Margret 40 (wife) (T NC KY); CONLEY, Anna 13 (niece) (T Ire T); GIBSON, John 5 (son), Wm. C. 3 (son)
39. (this family included with #39 above) McCLELLAND, John 36 (T NC VA), Alice 34, Julia 8, Sara, Mankon? 4 (son), (continued)

39.--continued
Mary C. 2: HALL, George (B) 18 (servant) (T _ T), John 15 (servant) (T _ T), WILSON, George 13 (relationship omitted) (T _ T)

Page 7, Dist. 10

40. FOSTER, Aren (B) 40 (crippled) (T _ _), Ella 30 (wife) (VA VA VA), Cora 8, Henry 5, Mary 4, Johnnie 2, Arch 8/12 (b. Dec)
41. JOHNSON, Giddie 29 (T _ _), Adelia 28 (wife) (T VA T), Laura 9, Nettie 6, Eva 3, Merl 10/12 (son); SANEFES?, Mary E. 35 (sis in law) (T VA T)
42. FLY, Jackson 51 (T NC T), Hanna 51 (T VA SC), Johnnie 26, Ida 20, James 17, Mattie 14, Josie 12; BOOKER, Phill (B) 16 (servant) (MS _ _)
43. JOYCE, W. W. 51 (physician) (T NC NC), Emma E. 31 (wife), Olie 8 (son); BRAGG, Susie 23 (niece) (T NC T); MOORE, Denis (B) 12 (servant)
44. MOORE, John 40 (MS MS MS), Lucy 34 (GA GA VA), Estis 11, Isic 8, John 7, Willie 4, Emma 1
45. STRANG, Janes 55 (VA _ VA), Harriet 48 (T NC VA), Mary 17, Minnie 13, Nettie T. 8
46. TEMPLE, Wm. 34 (T _ T), Saphrony 34 (T _ T), Walter 10, Minnie 5, Willie 7/12 (b. Nov)
47. FRIERSON, Anderson (B) 55 (T SC SC), Luissa 45 (MS NC SC), Anderson 5, Lucus 2, Tommie (Mu) 21 (nephew) (KY Ire T)

Page 8, Dist. 10

48. GOODMAN, Henry 46 (huckster) (T NC SC) (crippled), Celia 40 (T NC T), Martha 19, Henry 17, Sarah 15, Drury 13, Celia 10; GOODWIN, Bettie 18 (niece) (MS T T), Alice 17 (niece) (MS T T), James 15 (nephew) (MS T T), George 14 (nephew) (MS T T), Eliza J. 11 (niece) (MS T T), Josie 9 (niece) (MS T T), Anna 7 (niece) (MS T T)
49. SMITHSON, Hanks 28 (T NC T), Mollie 20 (married within yr); KINZER, Malinda 63 (mother) (T _ _)
50. FITE, William 45 (T _ _), Mary 42, John 18, Francis 14, Edwin 12, Evalena 11, Sree A. 9 (son), Arthur 3, Emma J. 1
51. ARIMON?, Julia 58 (widow) (T VA _), Tebe 18 (son), Elizabeth 57 (sis in law) (NC NC NC)
52. JOHNSON, Thomas 24, Sallie 22, Louetta 4, William 2
53. HILL, Henry (B) 46 (T NC NC), Lucy A. 38 (T _ _), Frank 20, Jake 16
54. DOOLEY, George (B) 59 (sub. to flux) (T T NC), Katie 40 (wife) (T _ _), Georgie 14 (dau)
55. HARLAN, Alexander (B) 65 (KY _ KY), Sarah 45 (wife) (T NC NC), James 25, Alexander 19, Edward 16, Mary 11

Page 9, Dist. 10

56. HOWELL, Brinkley J. 56 (blind) (T NC NC), Belle 44 (wife) (T NC T), Mary B. 14, Maggie 6; ALFORD, Mollie 24 (sis in law) (T NC T)
57. BROWN, Jeff 56, Fannie 45 (wife), Mary 28 (blind), Lou 24 (dau), Sam 22, Catherine 20, John 17 (blind), William 15, McKenny 10, James 12, Anna B. 8
58. BRIOM, Clayborn 25, Anna 18, Lola M. 3/12 (b. Feb)
59. LENTZ, William 31, Sallie 21 (wife), Charley T. 8/12 (b. Nov)
60. LENTZ, John 29, RoeBenia 21 (wife), Nancy 66 (mother) (T NC _)
61. LENTZ, James 35, Sarah A. 21 (wife) (T _ _), James T. 3, Nancy M. 1, Mattie 40 (sis), Lou 37 (sis), Lizzie 33 (sis), Sallie 22 (sis)
62. ESTES, Abraham (B) 52 (VA VA VA), Emma 26 (wife), Abraham 7, Millie 5, Josiah 2, Mariah 4/12 (b. Jan)

MAURY COUNTY

Page 9, Dist. 10 (cont'd)

63. MATHEWS, James 28, Julia 29, Mary L. 2, Sarah E. 33 (sis in law)
64. RENFROW, Jessie 21 (T T KY), Marthy 26 (sis) (T T KY), Sara 23 (sis) (T T KY), Ellen 16 (sis) (T T KY), Margret 6 (niece)

Page 10, Dist. 10

65. SELLERS, William 34 (crippled), Mary R. 26, Willie 1; OAKLEY, A. E. T. 53 (mother in law) (T VA VA)
66. ALISON, Albert (Mu) 33, Nancy 26 (T _ T), Armistead 6, Carry 3, Lillie B. 1
67. STAMPS, James 48 (IL GA NC), Nancy 38 (T NC AL), Gavrich 9 (son); COTHERAN, Mary 12 (niece), Mattie 7 (niece)
68. McCLURE, Poke 25, Loucindy 21, Mary E. 1; COTHERAN, Dora 1 (niece), Hary 66 (mother in law) (AL _ _)
69. JOHNSON, William 49 (T T NC), Marthy 43 (T T VA), Alice 16, Willie 14, Maria 12, Walter 9, Otie 5 (son), Dock 3
70. BLOCKAR, Alexander 32 (T _ _), Arzilia 32, Alonzo 12, Walter 10, Loies 8, Rodie 6, Lillie 4, Edwin L. 1
71. COTHERAN, Thomas 30 (T AL AL), Mollie A. 23 (T _ T), Sarah E. 8, James C. 6, William 2
72. MILLER, William 29, Elizabeth 30, Marshal 7, Layfaette 5, David 2, Babe 1/24 (b. May) (son)

Page 11, Dist. 10

73. LENTZ, Jeff L. 25, Laura 21, Addie 3, Emma 6/12 (b. Nov)
74. GOODMAN, Elviry 32 (widow), Ferril 14, Johnnie 11, Renni 10 (dau), Viny 8, Andrew 5, Vonie 2 (dau)
75. BROWN, Charles 33 (AL NC NC), Fannie 34 (T VA KY), Maryeli 4; MILLER, Susan 44 (sis in law) (T VA KY)
76. WEBSTER, Richard (B) 54 (divorced) (VA VA VA)
77. HAND, Ross 22 (GA GA GA), Nettie 19, William 10/12 (b. Jul), Lucy 50 (mother) (GA AL AL)
78. WHITE, James 19, Lizzie 17 (T T VA), Mary B. 9/12 (b. Sep)
79. GRAY, Mary 54 (widow) (T NC NC), Alice 18 (T KY T), Edgar 14 (T KY T), Marshal 10 (T KY T)
80. GRAY, Andrew 26 (T KY T), Janie 22, Marvin 2; PIPKIN, Perry 19 (boarder)
81. WHITE, Luke L. 60 (T NC NC), Nancy 50 (wife) (T NC NC), Viola 14, Raner 10, Ephraim 8, Katie 6

Page 12, Dist. 10

82. WEBSTER, Thomas (B) 57 (MD MD MD), Henretta 52 (VA VA VA), Gilbert 20, Mary 14, Margret 11, Lucindy 7 (g dau)
83. GOODMAN, Dicy 68 (T NC GA) (widow), Annie 46 (T KY T); DENTON, Viny 33 (T KY T) (dau)
84. ESTES, Martha 47 (T NC SC), William 18 (son), Sallie 13 (dau)
85. COLLIER, Washington 25 (T NC _), Honie 22 (wife), Albert 3; TROUSDALE, James 23 (boarder)
86. GIBSON, James 75 (NC NC NC), Lizzie 55 (wife) (NC VA VA), Frank 18 (NC), Balue 12 (son) (T)
87. FOSTER, Sosney? (B) 45 (T VA VA), Janie 32 (wife) (T VA T)
88. MURPHY, James 22, Mandy 18
89. TROUSDALE, John 32, Mollie 33, Virginia 6, John W. 3, Estis 1, Annie 18 (sis); CAMBELL, Bentley 16 (boarder)
90. JOYCE, Monro (Mu) 46 (T T NC), Ester (B) 40 (KY VA KY), Jerry (Mu) 21, Henry 20, John 17, Mary 12, Sarah 9, Laura 7, Monroe 15, Mariah 6, Julia 4, Katie 2

91. GOSLEN, L. A. 37 (NC NC NC), Katie 38 (T VA T), Jimmins 2 (son); PARSONS, Osco 20 (stepson)

Page 13, Dist. 10

92. NORFIELD, Tennie (B) 30 (widow) (T _ _), Mary 9, Emma 3, Osco 3/12 (b. Feb) (son)
93. COTHERAN, Charles 22 (T AL AL), Bettie 23 (AL AL AL), Henry 2
94. PLANT, Thomas (B) 52 (widower) (SC SC SC), Lewis 21 (GA SC GA), Dora 18 (GA SC GA), Thomas 10 (T SC GA), George H. 8 (T SC GA), Millie A. 6 (T SC GA)
95. PARSONS, William 23, Ardella 21, J. Elija 3, Jodie 8 (bro), Walter 15 (bro); GOODMAN, Davis 16 (boarder)
96. ESKEW, Elizabeth 48 (widow) (T VA T), James 21, Marie 18, Johnnie 14, Tommie 9
97. LINSKE, William 30, Lizzie 31, Ethel 3, Ata 4/12 (b. Feb); GOODMAN, Callie 10 (stepdau)
98. DODSON, Antney (Mu) 33, Sarah (B) 8, Gilbert (Mu) 7, Elizebeth 5, Grabriel (B) 4, William (Mu) 2
99. FLY, William 27, Addie 25, Henry M. 2
100. WHITE, Benjamin (B) 48 (T VA VA), Mariah 32 (wife), Malinda 8; PORTER, Nathan 85 (father in law) (blind) (NC NC NC); MAYBERRY, Katie 85 (mother in law) (VA VA VA); FOSTER, Alex 77 (father) (VA VA VA)
101. HARLAND, Ester (Mu) 50 (widow) (T VA NC), Walter 23 (T KY T), Sam 21 (T KY T), Emma 17 (T KY T), Mariah 13 (T KY T), Monroe 11 (T KY T), Matilda 8 (T KY T), Tilmon 5 (T KY T)

Page 14, Dist. 10

102. ADKISON, Benjamin 49 (blacksmith) (VA VA VA), Roena 42 (T _ _), Rosa 11, Johnnie 8, Belle 6, Ellen 1/12 (b. Apr)
103. ANDERSON, Welthy 57 (widow), Lafayette 26, Robert 17
104. MUSGROVES, Nancy 35 (widow) (NC NC SC), Julia 17 (T T NC), Johnnie 14 (T T NC), Sufora 12 (T T NC), Ellen 5 (T T NC)
105. LENTZ, George 42 (huckster), Calline 42, Alice 14, Archy? 13, Willie 8, Webb 4

Page 1, Dist. 10

1. STEPHENSON, Jas. A. 30, Annie B. 23, Sadie 3, Fannie May 11/12 (b. Jun)
2. EMBRY, M. W. 48 (teacher) (T KY T), Fannie J. 42 (music teacher) (T SC SC), Clarrence 13
3. STEPHENSON, W. W. 36, Mary F. 29 (MS MS T), Theodore 6, Mary Bell 1
4. STEPHENSON, Saml. H. 70 (T NC SC), S. E. 64 (wife) (T SC SC), Jno. F. 27
5. FLEMING, Elija (B) 66 (chills) (T SC SC), Louiza 54 (wife) (T SC SC), Agness 35, Willie 10 (g son), Cornelia 5 (g dau), Lucino 2 (g son), Jennett 21 (dau), Earnest (Mu) 2 (g son)
6. GORDON, Lewis (Mu) 27, Mariah 23, Fannie 6, Willie 3, Aubry 2, Florence 2/12 (b. Apr)
7. TINDALL, Clark 52 (T VA NC), Alice W. 47 (T VA VA), Walter C. 27 (gentleman of leisure)
8. TINDALL, Edmon (B) 50, Jane 40 (wife), Emma 14, George 9, Archie 6, Horace 4, Mariah 70 (mother)
9. FLEMMING, William (B) 25 (son in law-- whose?), Louiza 20, Algie 3 (son), Thomas 1
10. DAILEY, Evaline (B) 50 (divorced), Martha (Mu) 5, John (B) 3
11. GANT, Charlie (B) 22, Agness 18 (married within yr); BROWN, Vance 25; STEPHENSON, Horace 25; HADLEY, Austin 22 (relationship of last 3 persons omitted)

Page 2, Dist. 10

12. DOBBIN, Robt. W. 70 (T SC SC), Rebecca 68 (T SC SC)
13. ARMSTRONG, John (B) 24, Bamy (Mu) 19 (wife)
14. GORDON, John (B) 40, Virginia 24 (wife) (crippled), Nervy 7 (dau), Dicy 8
15. RAY, Daniel (B) 21, Maggie 16
16. HARLAN, George (B) 80 (KY __ __), Ritta 82 (T __ __)
17. MABERRY, George W. 46, Martha 38 (MS T T), William 20, Ida 12, George 10, Nora 8
18. BRADY, Mike 22 (Ire Ire Ire), Margaret 60 (mother) (Ire Ire Ire)
19. ACRES, I. R. 31 (T OH T), Bridget 27 (Ire Ire Ire), Margaret 7, Patrick 5, Mary Ann 2
20. HILL, Jos. T. 37, Mollie 39, Henry 12, Edgar 10, Nicholls 1; HOWSER, Frank 18 (stepson) (T Ger T)
21. CHAFFIN, Zero (B) 57 (AL MD MD), Susan 49 (T NC NC); ANDERSON, Any 18 (stepdau); BAKER, Henry 11 (stepson)
22. BOWEN, Eli (B) 37, Liza 33 (T VA VA), Mack 7, Jessee 6 (scrofula), Rintha 4
23. BOWEN, Jessee (B) 29, Caroline 28, Emma 6, William 4, Linda 14
24. YOUNG, Nero (B) 75 (NC NC NC), Millie 55 (wife) (T __ T), John 17, Joe 16, Ambrose 11

Page 3, Dist. 10

25. CARUTHERS, Eli (B) 52, Ann 38 (wife), Sallie 15, William 14, Thomas 9
26. GANT, Gabriel (B) 65 (T NC NC), Rosetta (Mu) 46 (wife) (T NC __)
27. WELCH, Jos. H. 37 (T NC T), M. E. 42 (wife) (T T VA), Martha 48 (sis) (T T T)
28. JOHNSON, Newton 40 (T T VA), Martha 47 (wife) (T VA __), J. Wilson 20, Mary 18, Richard 15, Georgianna 11, Lamb M. 7 (son)
29. McKANNON, B. M. 32 (T SC T), Cassie 27 (wife), D. B. 40 (bro) (T SC T); SHELTON, Margaret 20 (niece), Jennie 19 (niece), Collie 17 (nephew); RANKIN, Grandison (B) 22 (hired); McKANNON, Fletch 17 (cousin)
30. McKANNON, George W. 46 (T SC T), Lou 37 (wife) (T VA T), Laura 14, George 13, Henry 7
31. BOWEN, Achilles 54 (KY MD KY), Rebecca O. 46 (T KY T), Wilmot 21, Mary 16, Robert 14, A. 12 (son), Bowen 10, Lizzie 8, Flint 5, John 15 (son) (physician), Henrietta (B) 14 (bound) (GA T T), Will 8 (bound); BROWN, Frank 25 (hired)
32. BROWN, John James (B) 38, Katie 35, Matt 8 (dau), Florida 6, Margaret 4, Lou 2 (dau), Harriet 1, Josie 16 (stepdau)

Page 4, Dist. 10

33. COLLINS, Simon (B) 21 (KY KY KY), Mariah 20, Benjamin 3, Loney 1 (son)
34. BOWEN, Eliza (B) 30, Jeff 8 (son), Martha 6 (dau), Roxey 2 (dau)
35. COOPER, Rebecca (B) 40, Elija 12 (son)
36. ARMSTRONG, Lizzie 50 (widow) (LA T NC), Edds 25 (T T LA), Horace A. 23 (T T LA); WEBSTER, Carver (B) 12 (servant); DOBBIN, Everett 18 (hired)
37. TINDALL, Sam (B) 30, Ada 15 (wife) (married within yr)
38. FRIERSON, Manda (B) 31 (T NC T), William 5 (son), Mariah 2 (dau)
39. FRIERSON, Cornelas (Mu) 65 (VA VA VA), Marita 53 (wife) (T VA VA), Elizabeth 31, Florence 29, Rachel 20, Page 18 (dau), Alice 14, Willie 12, Judy 19 (niece) (T T VA), Dorcus 76 (mother in law) (T SC SC); WEBSTER, Richard 48 (hired) (T NC NC)
40. ARMSTRONG, Emeline (B) 44 (widow), Houston 19, Pattie 17, Cooper 15
41. WEBSTER, Rial (B) 58 (T __ SC), Barbary 60
42. WILSON, Thomas (B) 34 (son in law--whose?) (GA GA GA), Lucy Ann 26, Elizabeth 9, Mattie 7, Charlie 3, Walter 5, Margaret 4/12 (b. Feb)
43. FRIERSON, Cary (B) 40, Phebe 36 (wife); BOWEN, Dora 16 (step dau), Ella 12 (stepdau), Mack 10 (stepson), Robert 6 (stepson)

Page 5, Dist. 10

44. FRIERSON, Willie 24, Hinton 21 (relationship omitted), Martin 22 (B) (hired), Jacob 19 (hired)
45. SUMNER, Pompy (Mu) 27 (GA GA GA), Viney (B) 25 (T T __), George (Mu) 8, Cora 6, Aaron (B) 2
46. SHOTT, S. M. 30 (AL AL AL), M. E. 30 (wife), Anna 6, W. D. 4 (son)
47. BROWN, Plumer (B) 21, Caroline 25 (wife)
48. PATTERSON, George (B) 30, Lou 30 (wife), Robert 8, Mary 1; ARMSTRONG, Mary 60 (mother in law) (T SC SC)
49. HOUSER, John F. sr. 52 (widower) (Sweden Ger Sweden), John F. jr. 12 (T Sweden Ger)
50. WALKER, Caroline (B) 25 (GA GA GA), Adaline 4 (dau) (T T GA), Joanna 1 (dau) (T T GA)
51. HOWSER, Lewis (B) 37 (T VA T), Donia 34 (wife), Sallie 16, Willie 13, Lewis jr. 10, Minnie 3; POTTER, Charlie (Mu) 17 (hired)
52. JOYCE, David (B) 58 (T VA NC), Sarah 50 (MD MD MD)
53. ESTES, F. R. 34, Eliza 33, Ernest 8, Louella 6, Claud 4, infant 1 (son); CHILDRESS, Mary 17 (niece); ESTES, Andres (B) 22 (hired); WEBSTER, Romey 21 (hired); JACKSON, Marshal 33 (hired) (MD __ __), DOBBIN, Lucius 23 (hired); FRIERSON, Horace 19 (hired)
54. WISE, Simon 67 (T VA VA), Millie 56 (wife) (T SC SC), Phillip 19, Joseph 17

Page 6, Dist. 10

55. BURGESS, Martha 24 (dau--whose?), Louella 21 (g dau), Henry 4/12 (b. Feb) (g son); ADKINS, John 17 (boarder)
56. WISE, West 26, Mary 22, Willard 3 (fever)
57. CAMP, Jerry sr. (B) 50 (GA GA GA), Mary 27 (wife), Jerry jr. 9, Fannie 5, Addie 3, Jennie 1; COOPER, Aaron 19 (stepson), Elisha 17 (stepson); SMITH, Ellen 38 (boarder) (GA GA GA); GABRIEL, Eliza 50 (boarder); SPRINGER, John 9 (son) (T GA GA)
58. BROWN, Nelson (B) 58 (widower) (T SC SC), Joseph 15
59. MITCHELL, S. W. 60 (minister gospel) (ME ME ME), Mattie 38 (wife)
60. MAYES, Mary E. 65 (widow) (T SC SC), Albert W. 46, Mary F. 44, Alice 38
61. MAYES, Felix (B) 38, Fannie 18 (niece), Beckie 16 (dau), Manervey 15 (niece), Felix jr. 10 (nephew), Sheppard 8 (nephew), James 6 (nephew), Jane 6 (dau), Queenie 6 (dau), Rena 5 (dau); STEPHENSON, Charity 67 (mother) (T SC SC); HACKNEY, Mattie 18 (hired)
62. FRIERSON, Charity (Mu) 33, Harvey 14 (relationship omitted)
63. MAYES, Henry (B) 50 (T SC SC); PROCTOR, Albert (Mu) 17 (T __ __); NICHOLLS, Thomas 13 (T __ T); PALMER, Henry 12; SHOAT, Gilbert 34 (relationship of these persons not revealed)
64. MAYES, Emiline (B) 40 (widow) (T SC T), Willie 8, Ferlie 6 (dau), Manda 20 (dau), Caroline 4 (g dau)

Page 7, Dist. 10

65. FRIERSON, S. Wilson 36 (T T SC), F. Saguarde 45 (bro) (T T SC), Emeline 47 (sis) (T T SC), Martha Ann 43 (sis) (T T SC), Hester 41 (sis) (T T SC), Henrietta 38 (sis) (T T SC), Susan 35 (sis) (T T SC)

MAURY COUNTY

Page 7, Dist. 10 (cont'd)

66. FRIERSON, Wesley (B) 30, Charity 25, Mary 3, Florence 1, Patience (Mu) 56 (mother) (AL SC SC)
67. FRIERSON, Jahu (B) 52 (T SC T), Liza 46 (T VA __), Melissa 16, Lula 2 (g dau), Samuel 12 (son), Mary 10, Jacob 7
68. WEBSTER, F. J. 33, Mattie L. 27 (wife) (KY KY KY), Lawrence 6; DOBBINS, J. J. 56 (boarder) (m) (T NC GA)
69. JONES, Milton (B) 22, Rinda 20, Ida 2
70. FRIERSON, Josh J. 44 (T T SC), Mary 40 (KY VA VA), Elizabeth 11, Martha 8
71. FRIERSON, Peter (B) 57 (carpenter) (T T SC), Julia 65 (wife) (T __ __), Harret 19, Willie 17, Jennie 16, Ella 8, Ida 8 (twins)
72. FRIERSON, Thomas (B) 56 (carpenter), Levenia 53 (T SC __); SMITH, Whitney 6 (adopted); WEBSTER, Tennie (Mu) 18 (niece); THOMAS, Frank (B) 17 (hired)
73. WALKER, William (B) 48 (T NC __), Dilsey 40 (T __ SC), Samuel 16, William 10
74. WITHERSPOON, Peter (B) 70 (phthisic) (T SC SC), Amy (Mu) 60 (wife) (NC NC SC)

Page 8, Dist. 10

75. ARMSTRONG, Harriet (B) 48 (widow); BROWN, Willie 10 (g son) (whooping cough), Ephriam 6 (g son) (whooping cough); FRIERSON, Edd 8 (g son) (whooping cough), Eugenia 6 (g dau) (whooping cough)
76. DOBBIN, Alex 40 (T T SC), Lizzie 37 (T SC T), Annie 5, Wilson D. 3
77. RANKIN, Luther (B) 35, Ellin 28, Queenie 4, Nettie 3, Jahu 6/12 (b. Dec); FRIERSON, Mary 10 (sis in law)
78. BROWN, D. C. 70 (SC NC SC), Louisa 66 (wife) (T SC SC), Hanet 32 (dau); FULTON, Frank 22 (boarder)
79. BROWN, Rachel (B) 51 (widow) (T SC SC), Margaret 23, Eddie 5 (g son), Infant 1/12 (b. May) (g son); ARMSTRONG, Elvira 36 (sis) (T SC SC); HARRIS, George 18 (boarder), Robert 9 (boarder)
80. BROWN, Elias (B) 25 (son), Fannie 20, Evalina 2
81. BROWN, Andy (B) 40, Lethie 48 (wife) (T NC T), Robert 6, Ella 4, Andy jr. 1; HALL, Caroline 17 (stepdau), Jordan 14 (stepson); ARMSTRONG, Mack 16 (nephew)
82. BROWN, Richard (B) 52, Jane 49 (T T SC), Josiah 20, Sarah 16, Walter 16, Selina Jane 7; FRIERSON, Alice 14 (cousin) (T T AL)
83. FRIERSON, Cuffie (B) 50 (blacksmith) (T SC SC), Susan 8 (sic) (wife) (VA VA VA), James 8, Robert 6, Newton 4 (nephew) (MS T T), Houston 8 (nephew), Linda 78 (stepmother); ARMSTRONG, Albert 21 (nephew)

Page 9, Dist. 10

84. NICHOLLS, C. G. R. 53 (physician) (DC MD MD), Fannie 51 (T SC T), Nettie 15
85. McKANNON, Elizabeth 55 (widow) (T NC NC), Oty 24 (son) (crocer), Queenie 21, Lena 19, John 14; SARGENT, Jessee 58 (bro) (T NC NC) (crippled)
86. STEPHENSON, James (B) 55 (AL SC SC), Jane 50 (T SC SC), Grandison 23
87. ARMSTRONG, Moses G. 47 (T SC T), Elmira 44, Mary 13 (MS T AL), Willie 13 (twins) (MS T AL), Mitchell 10 (stepson), Samuel 11 (MS T AL), Gadsden 6; ADKISSON, Fannie 11 (niece), Cornelia 9 (niece)
88. FLEMING, Jos. A. 59 (T SC SC), Louisa 54 (T SC SC), Mary Wilson 23, Robert 20, James jr. 17, David 10
89. FLEMING, John D. 88 (widower) (SC SC SC); MOODY, Riley (B) 19 (hired)
90. ARMSTRONG, Friday (B) 53 (T SC SC), Betsey 48 (T SC SC), Florence 18, Lucy 75 (mother) (SC SC SC), Johnie 11 (cont'd)

90. (continued) (nephew), Mary Ruth 20 (dau), Annie Grace 2/12 (b. Apr) (g dau); MOODY, William 22 (farm hand)
91. FRIERSON, Luther (B) 24 (son in law), Margaret 24 (wife), Lillie G. 2, Alford 9/12 (b. Sep)
92. FLEMING, Peter jr. (B) 39 (T SC T), Harriet 30, Mary Jane 18, Thomas 14, Johnnie 10, Carrie 7, Mattie 6, Willie 3, infant 11/12 (b. Jun) (son)

Page 10, Dist. 10

93. DAVIDSON, D. A. 52 (farmer & retired physician), Josie 39 (wife), Joseph 17, Lillie 15, Wilson 13; MAYS, Alexander (B) 21 (hired)
94. GIBSON, Henry 55, Sallie 50, Jack 20, Samuel 15, James 11
95. WATKINS, Sam R. 41 (T VA T), Jennie 40, Mary S. 12, Goode 10 (dau), Jennie 8, Ford H. 6, Sam R. jr. 3, David M. 1
96. JONES, Martha (B) 44; CAMPBELL, Robert (Mu) 25 (relationship omitted)
97. DOUGLASS, James 24, Ann 22, Albert Sydney 5/12 (b. Jan), David 67 (father) (T SC SC); ALLEN, Alice 10 (hired)
98. FRIERSON, George (B) 50, Martha 44, Nero 9; HOWARD, Jane 17 (step dau), Mary 1 (g dau) (whooping cough), Cynthia 15 (step dau)
99. WATKINS, Boney (Mu) 46, Julia (B) 44, Stratton 19, James (Mu) 17, Martha (B) 13, Catherine 10, Dolly 7, Howard 4; POLK, Ann 50 (boarder) (NC NC NC)
100. GILLMON, James T. (B) 30 (minister gospel) (T VA VA), Virginia 26; BROWN, Jennie 6 (niece)
101. TINDALL, Nathan (B) 57 (LA LA LA), Caroline 50 (T VA VA), Austin 21, Brister 18, Phebe 18, Alice 16

Page 11, Dist. 10

102. FLEMING, Lauretta 35 (widow), Mariah 14, Seemi 12 (dau), Lizzie 6, Wheeler 4, Jamco 1 (son)
103. RODGERS, Abram (B) 57 (MD MD MD), Mary 57 (T SC SC)
104. CARETHERS, George (Mu) 33 (son in law-- whose?), Jane (B) 20 (wife), Seelie 5 (dau), Henry 3, Thomas 6/12 (b. Dec); FRIERSON, Bell 16 (niece); JONES, Wash 7 (nephew)
105. HARDY, Samuel (B) 46 (carpenter) (VA VA VA), Rachel 36 (wife), Samuel (Mu) 18 (MS), Ida 8 (T); COOPER, William 7 (boarder), Daniel 11 (boarder)
106. MATHEWS, George (B) 40, Elsey 36 (wife), Ebenezer 17, Alice 15, George 13, Annie 11, Jenkins 9, Hannah 7, Willie 4
107. WATKINS, Stratton (B) 48, Manda 38 (wife); LAUDRANA, Bettie (B) 18 (boarder); SMITH, Thadius 5 (boarder); COOPER, Martha 10 (boarder)
108. FRIERSON, Addie (B) 44 (MS __ VA)
109. HOWARD, John (B) 24 (son in law), Louiza 22 (dau) (T T MS); ANDERSON, Elsey 9 (dau) (T T MS), Margaret 9 (dau) (T T MS), Johnnie 7 (son) (T T MS); SOWEL, Richard 3 (son) (T T MS), Gilmon 1 (son) (T T MS); HOWARD, Hanley 3 (g son) (these relationships seem to refer back to #108)
110. MAYES, David (B) 37, Jane 36; POINTER, Lizzie 18 (stepdau), Mary 2 (step g dau), Monroe 5/12 (b. Jan) (step g son); FRAZER, Ella 15 (dau) (scrofula); MOODY, Caroline 45 (boarder) (T NC NC)

Page 12, Dist. 10

111. WATKINS, Daniel (B) 59 (minister gospel) (SC SC SC), Patsey 62 (wife) (T SC SC), Jane 11 (g dau), Benjamin 2 (g son); HARRIS, William 12 (g son)
112. HOWELL, Saml. (Mu) 36 (constable & grocer) (T _ T), Jane 26 (wife), Mary 8, Luan 6 (dau), Virginia 2, Amanda 6/12 (b. Dec)
113. FRIERSON, Jos. A. 45 (T SC T), Mary D. 43, Melia 19, Johnnie 8 (left by two straggling females four or five years ago) (_ _ _); BOOKER, Margant (B) 14 (hired)
114. PARTEE, Thos. (B) 23, Mary 23; JONES, Washington 5 (stepson); PARTEE, Charlie 2 (son), Eddie 15 (cousin)
115. BURGESS, Harry (B) 70 (plasterer) (VA VA VA), Caroline 60 (wife) (VA VA VA); STEPHENSON, James 3 (g son) (whooping cough)
116. FLEMING, Preston 34, Laura 29, Annie L. 1; HOWARD, George (B) 29 (hired)
117. FRIERSON, Edd (B) 33, Sarah (Mu) 24 (wife) (T VA VA), Joan 3, George 1
118. FRIERSON, Nick (B) 21, Florence (Mu) 17, John Quincy (B) 1 (son)
119. FRIERSON, George (B) 63 (T MD SC), Caroline 45 (wife) (T SC SC), Jeff 17, Tilda 13, Linda 10, John Manton 7, Caroline 5, Jay 1
120. POLK, Peter (B) 39 (T VA VA), Evaline 21 (wife), Emaline 14 (dau), Ann 13 (dau), Henry 11 (son), Clack 5/12 (b. Jan) (son); FRIERSON, Anna 16 (dau)

Page 13, Dist. 10

121. ARMSTRONG, R. H. 37 (T SC SC), Emma 27 (wife), Martha 44 (sis) (T SC SC)
122. BROWN, Sam T. 44 (T SC T), Medora 35 (MS KY T), Wallace 13, Annie Grace 11, Bledsoe 7; BLEDSOE, Mary Ann 57 (mother in law) (T SC SC)
123. FRIERSON, Hayes (B) (widower) 45 (T SC SC), Annie B. 18, Carrie 1 (g dau)
124. BROWN, William (B) 45, Lucy Ann 43, Thomas 22, Charlie 17, Henry 14, Benno 13, Lucius 11, Willie 8, Fleming 2
125. BROWN, Benj. (B) 39 (T SC T), Lidda 28 (wife), Agness 19, Carrie 7, George 3
126. WALKER, Leoni (B) 61 (widow) (T SC SC), Peter 19 (son)
127. FRIERSON, J. Newton (B) 56 (T SC SC), Elizbeth 53 (T SC SC), Sallie 18, Willison 17, George 15, Edd 12, Levenia 11, Lizzie 10; BOSWORTH, Henry (Mu) 28 (son in law) (GA GA GA); FRIERSON, Cornelia 18 (sis) (T SC T)
128. JONES, Thos. N. 41 (widower); MAYES, Martin (B) 10 (domestic)
129. MAISTELLA, Margaret (Mu) 48 (GA GA GA)
130. STEPHENSON, Roda (B) 24 (dau) (parted from husband) (AL GA GA); ALEXANDER, Gid (Mu) 7 (son) (T_ AL); STEPHENSON, Hettie (B) 1 (T T AL)
131. FRIERSON, Licie (B) 22 (dau) (T GA GA), Inie 5 (dau), Ford 1 (son) (T T AL)

Page 14, Dist. 10

132. FRIERSON, Robt J. (Mu) 27 (T _ T), Annie (B) 26, Ugene (Mu) 7 (son), Robert 4, Minnie 2, Albert 4/12 (b. Feb)
133. MARTIN, Benoni (B) 31, Fannie 28 (T SC T), Martha 12, Alice 11/12 (b. Jul); WILLIAMS, Louella 4 (stepdau)
134. STEPHENSON, Walter (B) 26 (T AL T), Levenia (Mu) 22, James (B) 4, Warren (Mu) 1
135. WEBSTER, Prince (B) 55, Mary 50 (VA VA VA)
136. FLEMING, Jas. S. 82 (SC SC SC), Louisa 69 (VA VA VA), Watkins 29, Cornelia 45 (dau in law) (T VA VA), May 17 (g dau)
137. HILL, Caroline (Mu) 60 (GA GA GA), Cornelia 16 (dau) (T _ GA)
138. McFALL, William (B) 38 (MS MS MS), Mary F. 30, Drussilla 4
139. FULTON, Josiah O. 67 (T GA SC), Emily S. 55 (wife) (T SC SC), Paul 17 (T T AL), Henry 15 (T T AL), Wilson 13 (T T AL); EMBRY, Mary F. 24 (stepdau) (teacher), Cora 22 (stepdau)
140. FRIERSON, Ellison (B) 34, Mary 30 (T MS MS), Willie 8, Gilchrist 5, Ida B. 2, James W. 3
141. BETTIE, Cyrus (Mu) 37, Ann (B) 32, George 12, Willie 10, Josiah 8, Robert 6, Calvin 5, Thomas 3, Annie 1; ROBINSON, Rebecca 58 (mother in law), Edom 21 (bro in law)

Page 15, Dist. 10

142. ARMSTRONG, Adam (Mu) 51 (T T NC), Margaret (B) 46 (T T SC), Eliza (Mu) 14, Hettie (B) 12, Ida 10, Martha 18 (sis in law) (T T AL), Charlie 1 (nephew)
143. WILLIAMS, Harry (B) 52, Kitty 42 (wife), Lucinda 20, Jennie 11, Aaron 9, Harry 7, Ellen 5, Martha 2, infant 2/12 (b. Mar) (son)
144. WEBSTER, Addison (Mu) 50 (carpenter & farmer) (T GA MD), Mary (B) 29 (wife) (toothache), Robert 11, Henry (Mu) 9, Eugenia 8, Thomas 6, Anderson 4, James 1, Marshall 20 (nephew); THOMAS, Natt 14 (bro in law), John 67 (boarder) (corea)
145. WEBSTER, Matt (B) 67 (bro) (MD MD MD)
146. BROWN, Albert (B) 27, Sallie 21, Houston 2, infant 3/12 (b. Mar) (dau)
147. DIXON, Joe E. 47 (physician) (T VA VA), Emily 40 (T VA T), Watkins 18, Cornelia 13, Joe E. 8, Alice 6, Earnest 2
148. MOSS, John (B) 25, Sallie 26, Willie 10, Ella 4, John 3, Samuel 1
149. BROWN, Mary (B) 46 (widow), John 12, Manda 8, Josie 3 (son)

Page 16, Dist. 10

150. WATKINS, Aaron (B) 35, Cynthia 28, Amos 10, Lou 8, Counsel 5 (son), Willis 2, Mary E. 1, Virginia 6/12 (b. Dec); FRIERSON, Rose 56 (hired) (KY KY KY); WATKINS, Jane 50 (hired) (AL T T)
151. WATKINS, Ben (B) 31 (widower), Johnnie 14, Lucy 20 (sis); TINDALL, Austin 3 (nephew); PILLOW, George 11 (relationship omitted)
152. FRIERSON, Arther (B) 48, Melvina 16 (wife), Mary 2, Alex 20 (nephew)
153. WALLACE, Andrew (B) 29, Lizzie 32, Andrew 10; TURKS, Parilee 17 (stepdau); WATKINS, Jeff 12 (bro), Johnnie 10 (bro)
154. ROBINSON, John (B) 38 (GA GA GA), Mira 37 (GA GA GA), Napoleon 13, Amy 8, Loyd 5, Orange 1; SWANSON, Willie 11 (boarder) (T T GA)
155. LUCKET, George (B) 61 (GA GA GA), Amey 47 (wife) (NC NC NC)
156. FRIERSON, Wash (B) 68 (T SC SC), Miley 70 (wife) (SC SC SC), Beckie 11 (relationship omitted)
157. WILLIAMS, C. Foster 61 (minister gospel) (NJ NJ NJ), Bettie A. 53 (T SC T), Charles 25, Mira 23, Mattie Gray 16
158. ARMSTRONG, Duncan (Mu) 30 (T T NC), Golden 25 (wife), Kittie 4, Mary 2
159. DUKE, W. J. 29 (out of business), Susan 18 (wife), infant 4/12 (b. Feb) (dau); PENNINGTON, Polly 13 (niece); DUKE, Mat 23 (bro) (merchant); GIBSON, Joel 27 (boarder); POTTS, P. A. 32 (m) (boarder)

Page 17, Dist. 10

160. ARMSTRONG, W. O. 68 (widower) (T SC SC), Hellen 33, Annie 27, Ida 25 (teacher)
161. FRIERSON, David (B) 51 (rock mason & farm laborer) (VA VA VA), Henry 20 (son) (T VA T)
162. ARMSTRONG, Joe (B) 38 (pulminary consumption), Amanda 28, Josie 10 (son), Mosie 8 (son), James Gray 4, Napoleon 2, Rhoda 1/12 (b. Apr)

Page 17, Dist. 10 (cont'd)

163. STEPHENSON, Jno. J. 41, Kate 39, Lousa 18
164. STEPHENSON, Patience (B) 34, Johnnie 13, Abram 4
166. WATKINS, Mariah (B) 50, Alfred 18, Ellin 6
167. STEPHENSON, Moses (B) 41, Manda (Mu) 34, Nannie 6, Moses 4, Wallace 2
168. MARTIN, Benj. 35 (wagon maker) (T T VA)
169. BUCKANNON, Prior (B) 34 (stricker in blacksmith shop), Julia (Mu) 26
170. CRAIG, W. R. 29 (blacksmith), E. B. 21 (wife), F. B. 6 (dau), T. F. 3 (son), C. 5/12 (b. Jan) (son); WADE, Bettie (B) 14 (servant)
171. DOBBIN, D. B. 49 (physician) (T SC SC)
172. CLARK, William 40 (toll gate keeper) (Ire Ire Ire), Winnie 30 (Ire Ire Ire), Mike 7, Lawrence 5, Mary 4, Patrick 2 (burned), Julia 4/12 (b. Feb); WADE, Martha (B) 40 (servant)

Page 18, Dist. 10

173. PILLOW, Jane (B) 50 (widow); WILLIAMS, Hannah 28, Caroline 16, Alice 8
174. FRIERSON, Samuel (B) 43, Manda 36, Mary 13, Sally 12; KENNEDY, Louisa 50 (mother in law), Joe 14 (son)
175. HOWELL, Kinch (B) 36 (GA GA GA), Phebe (Mu) 24 (wife), Liza Jane 8, Margaret 5, Edmon 3, Henry 1
176. JONES, Jacob (B) 74 (VA VA VA), Mary Ann 68 (T VA VA), Alice 15 (g dau), Albert 12, (g son), Nettie 4 (g dau), Lucius 2 (g son); WALKER, Seelie 40 (dau), Wyley 19 (g son); FRIERSON, Elias 10 (g son)
177. JONES, Anderson (B) 29, Ellen (Mu) 28, Lou-willie 4 (dau), infant 4/12 (b. Feb) (dau); McCANLESS, Margaret (B) 16 (sis in law), Martha 10 (sis in law)
178. POLK, George W. 62 (NC NC NC), Sallie 60 (NC NC NC), Sallie H. 31, Willilliam (sic) 21, Caroline 19; HARDEMAN, Mary 74 (sis in law) (NC NC NC)
179. HUNTER, Matilda (Mu) 34 (widow), Jennie 9, Ella 4, Lula 1
180. COFER, Cornelia (Mu) 21; ESTES, Hasting 23 (hired)
181. GOWENS, Wash (B) 50 (KY KY KY), Adaline 44, Thomas 11, West 9, Isaac 7, Emma 6; COOPER, Daniel 30

Page 19, Dist. 10

182. SOWELL, Jack (B) 53 (VA VA VA), Guss 16 (son) (T VA T), Julia 10 (dau) (T VA T); FLEMING, Jennie 19 (dau) (T VA T)
183. FLEMING, George (B) 43 (T NC VA), Sallie 30 (wife) (T NC T), Caroline 13, Henry 11, Charles 6; FRIERSON, Johnnie 19 (nephew), Ella 17 (niece); FREMON, Fannie 19 (niece)
184. FRIERSON, Manton (B) 44 (T SC SC), Linda (Mu) 36 (T __ T), Beng 16, Harvey (B) 53 (bro) (blind) (T SC SC), Eli 16 (nephew), Jeff 13 (nephew), White 13 (nephew)
185. ANDERSON, Peter (B) 52 (T SC NC), Ann 53 (T SC SC); JONES, Lethey 30 (dau), Albert 12 (g son), Billie 10 (g son), Thomas 4 (g son), Louisa 6 (g dau)
185. ARMSTRONG, David (Mu) 49, Mary 40 (T MS MS), Bettie 18, Willie 14 (scrofula), Peter 12, Johnnie 9, David 8, Moses 7, Wallace 4
186. COOPER, Thomas 45 (T SC T), Sarah 50 (wife), Martin 18, Loveoney 16, Finnetti 11, Florence 9, Coar 7, Kn ox 2; McKENNON, Emma 35 (sis in law)
187. HOFFMAN, Mary J. 45 (widow), J. H. 24 (son), C. W. 23 (son), M. E. 22 (dau), A. R. 19 (dau), J. E. 18 (son) (father of these children b. Ger)

Page 20, Dist. 10

188. LOYD, Leroy (Mu) 18 (AL AL GA), Addie (B) 21
189. FRIERSON, Joe (B) 25, Margaret 22, Walter 3, infant 1/12 (b. Apr) (dau), Annie 60 (mother)
190. WATKINS, George (B) 45, Rhoda 40, Derry 21, Jennie 18, Henry 13 (adopted)
191. WATKINS, David F. 36 (T VA T), Lillie 31, Annie 10, Albert 8, Christine 4, Lillie 1; ARMSTRONG, Joshway 21 (cousin); FRIERSON, R. W. 58 (uncle) (leisure & pleasure) (T SC SC)
192. FRIERSON, Tilda (B) 46 (widow), Caroline 5
193. ARMSTRONG, Robert (Mu) 25 (T T NC), Cornel-ia (B) 19
194. BUCKNER, Andy (Mu) 35 (blacksmith), Sarah (B) 45 (wife), Nellie 15
195. YATEMAN, H. C. 48 (T NC NC), Mary B. 45 (T NC T), Mary 19, Harry C. 14, Russel 11, Player 8 (son), Fanny Bell 6, Lucia P. 2; PLAYER, Mrs. 58 (sis) (T KY NC); POLK, William 41 (bro in law) (T NC T), Eliza 39 (sis in law) (T NC T)
196. BUGG, Sallie (Mu) 41, Charlie 7 (son), Isaac 5 (son), Emma 4 (dau), Kittie 2 (dau); POLK, Kittie (B) 17 (relationship omitted) (MS MS MS)
197. ROSS, Ellvira (B) 46 (widow) (AL AL AL), Sylvia 17 (T T AL), Emma 11 (T T AL), Rufus 7 (T T AL)
198. HUCHERSON, Charles (B) 44, Emma (Mu) 36; STOCKARD, Nathan 8 (stepson), Nora 5 (stepdau), Lucius 3 (stepson); MITCHELL, Hyram (B) 20 (servant)

Page 21, Dist. 10

199. OATMAN, Simon (Mu) 55, Mariah (B) 45 (wife), WATKINS, Alfred 14 (relationship omitted)
200. FRIERSON, James (B) 35, William 16 (nephew)
201. POLK, Van L. 23 (T NC T), Rebeca 43 (mother) (T PA PA), Rebecca 21 (sis) (T NC T); NEWEL, Dr. 84 (boarder) (minister gospel) (Eng Eng Eng)
202. MURPHY, H. (B) 24, Syrena 22, Ellen 6/12 (b. Dec)
203. BUGG, Nettie (B) 70 (widow); OATMAN, Tennessee (Mu) 26 (relationship omitted)
204. HENDERSON, George (B) 31 (IL IL IL); KENNEDY, Austin (Mu) 83 (NC NC NC); RANDOLF, Lucy 60 (NC NC NC) (relationships omitted)
205. POLK, Jessica (B) 87? (NC NC NC)
206. STEPHENSON, S. M. 41, Celestia 36, Wilson 5, John White 3, Rebecca 11/12 (b. Jun)
207. WEBSTER, Joseph (B) 23, Ellen 21, Annie 1; BROWN, Mary 5 (sis in law)
208. FRIERSON, Sam (B) 61 (T __ __), Dean 57 (wife) (T __ __), Hannah 24, Arnette 4 (g son), Harriet 22 (dau), James 18 (son), Richard 16 (son)
209. WARREN, Sam (B) 46 (AL AL AL), Tilda 31 (wife), Mattie 16 (step dau), Louwillie 1 (stepdau), Samuel (b. May) (T AL T) (father of first 2 children b. T); STOCKARD, Robert 10; KITTRELL, Mary (Mu) 20 (relationship last 2 persons omitted)
210. BROWN, Simon (B) 50, Lizzie 36 (wife), Willie 12, Johnnie 10, Bradley 8, Effie 6, Simon 3, LouElla 2

Page 1, Dist. 11

1. McKENZIE, John 30 (carpenter) (Scot Scot Scot), Ann 32 (Scot Scot Scot), Mary 8 (Scot), Margaret 7 (T), Anna B. 6, Thomas 4, John 3, Donald 2
2. CEZAR, George (B) 40 (KY __ __), Melina (Mu) 26 (wife), Mary 16 (dau)
3. PALMER, Robt. (B) 52 (carpenter) (T NC NC), Fannie 58 (wife), James 22, Margaret 21 (dau in law)
4. PALMER, James (B) 3 (g son), Joe 2 (g son) Sallie 11/12 (b. Apr) (g dau) (these children evidently belong with #3 above)
5. POLK, Henry (B) 54 (NC NC NC), Ella 50 (NC NC NC), Austin 17, Daniel 13, Henry 8, Alexander 3, Albert 1

MAURY COUNTY

Page 1, Dist. 11 (cont'd)

6. ANDERSON, Julius (Mu) 32, Martha 28, Willie 13, Henry 12, Sarah 8, Robt. 6, Lucinda 4, Tennessee 1
7. WAINWRIGHT, Metilda (B) 45; WILLIAMS, Anthony 16 (son); WINN, Toby 12 (son)
8. ALDERSON, Melissa (B) 22; GRAY, Elliot 3 (relationship omitted)
9. GORDON, Clay (B) 45
10. STOCKARD, Russell (B) 20; CALDWELL, Maria 25 (servant), Andrew 3 (boarder), Sarah 3/12 (b. Mar) (boarder); LAWRENCE, Ann 12 (boarder); THOMPSON, Preston 17 (boarder)

Page 2, Dist. 11

11. STOVAL, Green (B) 45 (GA GA GA), Catherine 30 (wife) (KY KY KY), Jim 15 (TX), Frank 10 (TX), Robt. 7 (T), Ann 5, Willie 3, Henry 2
12. SPRIGGERT, John 38 (shepheard) (Eng Eng Eng)
13. POLK, Hannon (B) 38 (LA NC NC), Kitty 36 (sis) (LA NC NC); CUPER?, Nancy 39 (boarder) (LA NC NC), Alex 24 (boarder) (LA NC NC); POLK, Julia 12 (dau) (T LA NC), Fannie 6 (T LA NC); FRIERSON, Geneva 3 (niece); POLK, (not named) 2/12 (b. Apr) (niece); COOPER, (not named) 3/12 (b. Mar) (nephew?)
14. HUTCHINSON, Henry (B) 35 (T NC NC), Jane 23 (wife) (T NC NC), Cornelius 12 (son) Henry 8, Robt. 5, William 4, Dan 7/12 (b. Nov)
15. GRAY, Stewart (B) 23, Mary 20
16. McGEE, David (B) 31, Martha 35 (wife), Alford 11, Dan 8, Charlotte 6, Georgia 4 (son)
17. McDONALD, W. M. 23, Katie 24; JACOBS, Susan 43 (boarder), Eliza 14 (boarder)

Page 3, Dist. 11

18. POLK, Genl. L. E. 45 (NC NC NC), Mrs. Sallie M. 37 (AL NC T), Rufus King 13, Rebecca 12, Lucius 10, William 4, Sarah M. 60 (mother) (T Ire NC)
19. BENNETT, William (B) 29, Parlie 26
20. POLK, Hanner (B) 60 (T VA NC), Bun? 35 (m) (son?), Kate 30 (dau)
21. BRYSON, Nathan (B) 53 (VA VA VA)
22. POLK, Jake (B) 24 (T NC NC), Sarah 22, Sallie 6, Bob 4
23. GREENE, Joe (B) 55 (VA VA VA), Tama 50 (VA VA VA), Martha 33, Jimmie 24, Geo. Smith 21
24. HIGGINS, Edward 50 (Ire Ire Ire), Kate 45 (Ire Ire Ire), Mary 14, Thomas L. 13, Edward 10, Katheran Ann 8, Michael 6, Winnie 3; McCARTHY, Dennis? 45 (laborer) (Ire Ire Ire)
25. BARRY, John 58 (Ire Ire Ire), Mary 50, Johanna 20, James 17, Lucy 14, Addie 13, William 11, George 9, Lizzie 7; McGHEE, Albert (B) 12 (servant) (T Ire Ire); NELSON, Robt. 13 (servant) (T Ire Ire)

Page 4, Dist. 11

26. BELL, Giles (B) 50 (AL AL AL), Charlotta 45 (wife), Lucy 14, Pricilla 12, Jim 8
27. PILLOW, Monroe (B) 25, Sallie 21, Mary 6, Martha 1
28. BELL, Charles (B) 25 (AL AL AL), Mary E. 23, Charles 1/12
29. HUDSON, Henry (B) 35 (T __ __), Jane 31 (T __ __), Neal 11, Henry 7, Robt. 6, William 3, Daniel 8/12; GRAY, Diana 35 (boarder), Mary 4 (boarder)
30. ESTES, George (B) 50 (T __ __), Betsey 40 (wife), Sam 18, Judy 16, Sarah 11, Georgia 10 (son), Frank 7, Charlotta 5, Henry 2
31. ESTES, Bradley (B) 22 (saw mill laborer), Bettie 19, Anna 2, George 5/12

32. PERKINSON, B. E. 44 (millwright) (NC NC NC), Sarah E. 32; SMITH, James W. 11 (stepson); PERKINSON, Frank L. 7 (son), Edgar 5
33. PERKINSON, R. A. 30 (NC NC NC), Sarah A. 33 (T NC NC); CURRY, Ike 11 (stepson); PERKINSON, Evan 1 (son)

Page 5, Dist. 11

34. FRIERSON, Julian 28 (officer depty sheriff), Anna M. 23, Mary Y. 4/12 (b. Jan); HOWARD, Jane (B) 10 (servant)
35. STICKARD, Jennie (B) 54; ARMSTRONG, Charles 24 (g son in law), Mary Jane 16 (g dau), Rufus (Mu) 4/12 (b. Jan) (g gr son)
36. SAUNDERS, Daniel (B) 50, Julia (Mu) 40 (wife) (MS T T), Thomas 15, John 11, Joe 8, Tennessee 12, Caledonia 10, Fanny 5, Maggie 4, Norah 2
37. McCLAIN, A. J. 46 (T VA VA), Roddy 35 (wife) (T T NC), Howard 12, Alfred 10, Rozzna 7 (dau), John H. 4, A. J. 2 (son)
38. GORDON, William 37 (T VA KY), Emma 26 (wife) (T __ __); WILLIAMS, Lizzie (Mu) 25 (boarder), Ellen 6 (boarder), Lula 3 (boarder?), Jane 5/12 (b. Jan) (boarder?)
39. SHEPPARD, A. R. 36 (T VA CT), Mary A. 47 (wife) (IL AL T), George R. 11, Ida B. 9, Elizabeth 4 (children all born IL)
40. ANDERSON, Harvey (B) 33, Fanny 23 (wife), Major 9, Mary 8, Harvey 6, Willie 1

Page 6, Dist. 11

41. GIDDENS, W. B. 27, Anna 22, Herbert 3, Linda 9/12 (b. Jul); GRIMES, Betsey (B) 30 (servant), Jim 9 (servant), Aria 7 (boarder); COLEMA, Henry 19 (servant)
42. DAWSON, Balam (B) 29 (T NC T), Fanny 28 (T NC T), Jessie A. 13 (niece) (T NC T); ALEXANDER, Toby 12 (servant)
43. DAWSON, William 25 (T NC T), Mary 23 (T NC T), William 6; HUNT, Sophia 27 (boarder) (T NC T), Balin? 13 (boarder) (T NC T), Tenny (f) 9 (boarder) (T NC T), Edward 4? (T NC T) (boarder); HOAG, Margaret 26 (boarder), Lula 2 (boarder) (T NC T)
44. MEACHAM, A. J. 45 (AL AL AL), Nannie R. 33 (wife), Fanny 17 (step dau), Mary 16 (stepdau), Jennie 14 (stepdau), Benj. F. 9 (stepson); TURNER, Nancy 81 (boarder) (SC NC SC) (mother of the step children b. AL)
45. EDELMAN, John W. 58 (T __ SC), Matilda 52 (T NC NC), Cynthia M. 15, Robt. E. Lee 13
46. EDELMAN, James A. 29, M. J. 30 (wife), John W. 5, Alice 9, Boyd P. 4, Luther C. 3, Sam F. 7/12 (b. Nov)
47. KENDLE, Fee 24, Mollie 23 (wife), Sarah 1; WATKINS, Etta (B) 20 (servant)

Page 7, Dist. 11

55. (numbers out of order)
    WATKINS, Osmund (B) 38, Emily 36, Henrietta 18 (widow), Dolly 15, Hester 10, Wesley 9, Jennie 3 (g son), Osmund 4 (son)
56. JONES, Jessie (B) 40, Celia 33, William 8, Rachael 6, Margaret 1, not named 1/12 (b. May) (son)
57. MARKS, J. H. 43 (T VA VA), Martha 33 (wife) (T T VA), James B. 13, W. S. 10 (son), Mary S. 6, Lucy A. 3, Albert S. 1; GRIFFITH, Susan C. 66 (aunt) (T VA NC), Kate 26 (cousin) (dressmaker) (TX T T); LINDSAY, Medina (B) 13 (servant); WATSON, MaryAnn (W) 50 (boarder) (NC NC NC)
58. GRIFFITH, James 39 (T VA NC), Susan M. 28, OReiley 6, Sam A. 5, Susie Lee 3, Devie 2 (dau); LINDSEY, Maria (B) 39 (servant), Lizzie 10, Albert 6, Anna 7/12 (b. Nov) (relationship last 3 persons omitted)

MAURY COUNTY

Page 7, Dist. 11 (cont'd)

59. McCLINCHEY, Marinda (B) 70, Jordon 55 (son) (blacksmith), Caroline 45 (dau in law), Charles 15 (g son)
60. CROOK, Henry (B) 20, Emily 22, Mollie 5; DAWSON, Balam 19 (boarder); McCLINCHY, Jake 52 (father in law), Millie 57 (mother in law), Amy 42, Lero 12 (sis in law), Martha 9 (sis in law), Ida 5 (sis in law), Babe 3 (sis in law), Sam 11 (bro in law); WHITE, Lucie 30 (boarder), no name 6/12 (b. Dec) (f)

Page 8, Dist. 11

61. THOMAS, Wm. F. 24, Fannie S. 23 (T VA T), Wm. J. 1; McCLINCHY, Willis 23 (bro in law) (T VA T), Lewis 20 (bro in law) (T VA T), Lucius P. 18 (bro in law) (T VA T), Anna C. 15 (sis in law) (T VA T)
62. JONES, Labe (B) 35, Kate 32, Alice 12, Addie 10, Fannie 6, Sam 4, Anna 3, Nettie 7/12 (b. Nov)
63. TAYS, Mack (B) 42, Lizzie 25 (wife), George 13 (son), Samantha 11, Jim 9, Estes 7, Rinda 2, Martha 60 (mother in law) (T NC NC)
64. COOPER, J. C. 53 (T SC T), Amerintha 48 (T VA T), John 23, Albert C. 21, James H. 18, Wm. D. 14, Geo. Lee 11, Robt. B. 8, Anna B. 6, Callie D. 3, Peter 30 (nephew)

Page 9, Dist. 11

65. GARRETT, Jake (B) 68 (MD MD MD), Juda 56 (wife)
66. FRIERSON, Jake (B) 22, A. Mariah 20 (GA GA GA), Anna 3, Joe 2, Susan 9/12 (b. Sep)
67. GRIMES, John A. 43, Alice M. 31 (wife), Sam H. 13, John 11, Robt. 9, Minnie 7; ADKISSON, Mary B. 22 (sis in law), Dora 2 (niece)
68. WIGFALL, Joe (B) 30, Laura 25, Lizzie 10, Willie 8, Sam 6, Joseph 2; IRWIN, Sallie 65 (mother in law) (T NC NC)
69. MILLIKEN, John 61 (NC NC VA), Easter 56 (T NC NC); KERSEY, Margarret 24 (stepdau); DICAS, J. F. 14 (adopted son)
70. HOLDEN, David 46, Louisa 35 (wife), James P. 12, John W. 9, Roda 7, Mary E. 3, Margaret R. 1/12 (b. May)
71. ATTKISSON, James 43 (AL VA AL), Lavina 47 (wife); SNEED, Leticia 20 (stepdau); J. A. 17 (stepson), Elizabeth J. 16 (stepdau)

Page 10, Dist. 11

48. (numbering error)
    JONES, Ned (B) 56 (VA VA VA), Fanny 40 (wife) (T NC T), Noah 16, Thomas 12, Caroline 10, Willie 9, Susie 5, Rachael 2, Granderson 19 (son), Esquire 15; KENNEDY, Henry 23 (boarder), India 21 (boarder), Harriet 1 (boarder)
49. FROST, Joe 33 (AL AL AL), Tressa Ann 27, Roxy 18, Joe 13, Carrie 10, Mollie 7
50. BLAKELY, Tennessee (B) 48, Matilda 76 (LA LA LA), Katie 30, Bese 28 (son), Washington 16 (g son), Robert 10 (g son)
51. PULLIAM, B. H. 34 (T NC VA), M. L. 37 (wife) (T NC T), M. L. 10 (dau), John A. 9 (stepson); THOMAS, Thom 23 (servant)
52. WILLIAMS, James 76 (widower) (VA VA VA); SHAW, Elizabeth 25 (niece); HUNTER, James 40 (servant)
53. POLK, Sylvester (B) 30, Rosa 20 (wife), Margaret 3
54. RIDLEY, Jack (B) 55, Katie 50, Tony 17

Page 11, Dist. 11

79. (numbering error)
    NELSON, W. H. 36, Laura E. 30, B. Hunter 10, Fannie Bell 8, Wm. G. 6, John C. 5, Sallie Seay 3, Susie S. 2, Wibbie R. 9/12 (dau); BRYSON, Malinda (B) 50 (servant) (T NC NC)

80. STRAYHORNE, Rev. J. H. 58 (preacher) (SC NC NC), Olivia M. 49 (wife) (T T __), Hattie E. 11, Wm. David 9; THOMASON, John 27 (servant); WHITEHEAD, Robt. 55 (boarder), Sarah 30 (boarder)
81. VERNON, John 22, Vina 22, John 1
82. PUGH, Sam 20, Tennie 20, Elizabeth 1
83. STAMPS, Nancy 45 (widow), Jack 27, Sarah A. 16, Melissa 12; BELLMYRE, Phillip 18 (boarder) (Ger Ger Ger)
84. WHITEHEAD, John 23, Mollie 20, Willie 2, Lizzie 1; BELLMYRE, Geo. 21 (boarder) (Ger Ger Ger)
85. KING, Marcella 27 (widow) (T NC NC), Lucy 10, Mary 8, John 6, Jasper 4, Joseph 6/12 (b. Dec)
86. STEVENSON, Simon (B) 45, Caroline 29 (wife) (LA LA LA), Washington 14 (T LA LA), Jimmie? 10 (T T LA), William 9 (T T LA), John 6 (T T LA), Ella 3 (T T LA), Walter 1 (T T LA)

Page 12, Dist. 11

94. (numbering error)
    GIBBS, Mary (B) 50 (divorced) (GA GA GA), Jack 22 (GA GA GA), Ferryby 18 (dau) (GA GA GA), not named 3/12 (b. May) (g dau) (T GA GA)
95. DAUSON, Arch (B) 45, Susan 34 (wife), Alex 20, Arch 15, Sarah 12 (dysentery), Will 9, Jake 6, Cora 5, Mollie 20 (dau in law)
96. IRWIN, John W. 25 (T MO T), Mollie 21, B. M. 3 (son), Knox H. 10/12 (b. Apr); BRYSON, Ann (B) 65 (servant), Willie 8 (boarder); KING, Lou 7 (nurse), Wiley 10 (servant), Wilkins 18 (servant)
97. WHITEHEAD, Levi 32, Mary 37 (wife) (T T __), Clara 10, Wm. 7, Luella 6, John 4, Sam 2
98. WEBSTER, Joe (Mu) 25, Sue 23, Sarah 3, Willie 1/12 (b. Apr); KING, Hannah (B) 47 (mother in law), Wiley 20 (bro in law), Mecia 6 (sis in law), Milton 2 (bro in law)
99. HUNTER, Benj. 38, Moses 43 (bro)
100. McGEE, Allen (B) 30, Henrietta 25, Richard 3, not named 6/12 (b. Dec) (m)

Page 13, Dist. 11

87. (numbering error)
    BRATTON, S. H. 43 (T SC T), M. W. 34 (wife) (T NC T), Mary C. 13, Minnie M. 12, Jennie S. 9, J. J. S. 8 (son), Annie R. 6, S. C. 5 (son), Willie O. 2 (f), Lela 4/12 (b. Feb)
88. BAUGUS, John 23, Rebecca 20; BLAKELY, Ben (B) 30 (boarder)
89. AKIN, Walter 35 (T VA T), Mary J. 35; FRIERSON, E. C. 73 (boarder) (m) (T SC SC); FULSOM, Mary (B) 30 (servant) (T VA VA), Jennie 8, Marie 5, Jeff 3 (these children apparently offspring of Mary Fulsom); FORSYTH, Hugh 12 (W) (field hand)
90. CECIL, Albert (B) 51, Cyntha 45, Seymore 15, Maggie 12, Frances 9, Josie 7
91. POLK, Sterling (B) 30 (T NC NC), Ann 30, Jule P. 11 (son) (T NC T); HACKNEY, Mat 16 (step son); PILLOW, Fannie 13 (stepdau)
92. DEBROE, Isom (B) 32 (T SC T), Agnes 30 (T NC T), Andrew 11, Charles 6, Eliza 5, Fount 2 (son), not named 1 (son)
93. HOWARD, Elijah (B) 30 (GA GA GA), Sarah 25 (T VA VA), Tama 5, Mary 3, Bob 1

Page 14, Dist. 11

72. (numbering error)
    LANIER, Lewis sr. 80 (old age) (NC NC NC), Caroline 32 (wife) (GA T T), Ambrose 15, P. Green 12, Sallie E. 10, William 44 (son); CUMMINGS, Cyntha 29 (boarder) (billious), Caroline 10 (boarder), T. W. 6 (boarder) (m)

Page 14, Dist. 11 (cont'd)

73. WATKINS, Robt. (Mu) 60 (VA __ __), Jennie (B) 50 (wife), J. W. (Mu) 31 (son), Wesley 29 (teacher), Melvina T. 20, Lewis J. 18, Robt. N. 16, Candace D. 13, Anna V. 8, Florence 11/12 (b. Jun) (g dau) (T VA T)
74. McMANUS, Aaron 68 (widower) (NC NC NC); PATE, Amelia 32 (servant) (AL AL AL), Mary 7 (servant) (AL AL AL)
75. McMANUS, Aaron 60 (T NC NC), Miram 61 (wife), Newton 23, Adaline 22, Miram 17 (dau), Fannie 20 (dau in law), not named 5/12 (b. Jan) (g dau)
76. HOLLOWAY, Eliza 47 (widow) (AL AL AL), Newton 25 (AL AL AL), Saml. 21 (AL AL AL), James 19 (AL AL AL), Thomas 11 (AL AL AL)
77. NOWLIN, S. A. 43 (blacksmith) (widower) (T KY VA), Alonzo 17, Wm. E. 13
78. DOUGLAS, Marina 70 (widow) (NC NC NC), J. R. 32 (son) (T NC NC), Geo.? 28 (T NC NC), Rosana 35 (T NC NC)

Page 15, Dist. 11

101. (numbering error) WHITTEKER, Joe (B) 21, Mariah 25 (wife), Anna 6 (stepdau); CECIL, Parlie 20 (f) (boarder)
102. HUNTER, J. B. 42 (T NC NC), Sallie F. 32 (wife) (T NC NC), Mary V. 9, T. B. 8 (son)
103. LUSK, Samuel 45, M. T. 35 (wife), Thomas E. 7, Earnest M. 4
104. GIDDENS, James M. sr. 64 (widower) (T VA VA), Tully 26; CRAIG, Harry 6 (g son); FLEMING, Albert 25 (son in law), Carrie 19 (dau), Murry 2 (g son), Earle 4/12 (b. Feb) (g son); THOMPSON, Mickey 25 (boarder) (teacher); FRIERSON, Rachael (B) 10 (boarder); WATKINS, Alice 20 (servant), Cyntha (Mu) 4 (boarder)
105. BOYLE, Henry H. 27 (GA GA GA), Sarah E. 21 (AL AL AL), John M. 1
106. HILL, James M. 43 (AL AL AL), Elizabeth 38 (AL AL AL), Wm. T. 16, Mary 12, Eli 9, Eveline 7, Geo. W. 4
107. THOMAS, Mary (B) 60 (T __ __); WATKINS, Wiley 24 (son)
108. KIMBRO, Jennie (B) 54 (T __ __)
109. BROWN, Albert (B) 30, Ann 25, Richard 8, Len 6, Albert 5, Rachel 3, Phebe 2, Charles 3/4 (b. Aug); THOMAS, Margaret 27 (boarder), Ida Bell 4/12 (b. Feb)

Page 16, Dist. 11

110. STEPHENS, Henry 32 (T NC NC), M. J. 19 (wife), Thomas 9, Wm. H. 7; ELLIS, R. V. 39 (sis) (T NC NC)
111. FOSTER, Wm. M. 44 (T KY T), Mary J. 44 (T NC NC), Mnoroe 19, Wm. M. 15, Cora Ella 11; HUNTER, Frank (B) 15 (servant)
112. CANNON, Zack (B) 37, Martha 37, Mary 11, Joe 8, Clarence 5, Sarah 8/12 (b. Oct)
113. MOSS, Wm. S. 34 (T NC T), W. M. 23 (wife), M. J. 7/12 (b. Nov) (son), Amanda 40 (sis) (spinal) (T NC T); MARTIN, Lou (B) 26 (f) (servant)
114. GILLISPIE, George (B) 48 (NC NC NC), Harriet 40, Stephen 15, Mariam 12, Katherin 10, Willoby 8
115. THOMAS, Buck (B) 23, Lucy 21; MARTIN, Katie 5 (cousin), not named 1 (f) (cousin)
116. WILLIAMS, S. A. 49, Mary K. 55 (wife), Frances O. 23, Ida E. 21, C. T. M. 18 (son), George E. 16, Benj. T. 13

Page 17, Dist. 11

117. JAMES, Abe 23 (AL AL AL), Mary 22, Sarah 3, Joe 1
118. FOSTER, Thomas 62 (T NC NC), Mary A. 42 (wife) (T VA T), Sarah E. 22, Bettie B. 18, Alex F. 16, Gilbert H. 12, Anna L. 10, Mary L. 5, Maggie B. 2
119. SWAN, John N. 58 (T __ __), Sarah J. 41 (MS MS MS), Thomas 20, Geo. M. 15, John N. 13, Willie X. 10, Mary J. 8, R. H. 6 (son), Dee 4 (son), L. R. 10/12 (b. Aug) (son); BLACK, Jennie (B) 28 (servant); WILSON, Jeff (W) 18 (boarder)
120. SCOTT, N. N. 30, M. J. 26 (wife), Sallie 8, Billie 3
121. WALKER, J. R. 25 (miller) (T VA T), Sallie 20 (wife), Wm. W. 5, Martha E. 3, Hattie B. 6/12 (b. Dec)
122. SCOTT, Wm. A. 56, Elizabeth 52 (KY KY KY), Mary R. 22, Sarah 20, J. A. 15 (dau), Ella 12; AKIN, Thomas (B) 23 (boarder)
123. GILBREATH, Henry (B) 48, Margaret 22 (wife); ROBERTSON, Ailsie 83 (mother in law) (T T NC); ALEXANDER, Charity 14 (boarder)

Page 18, Dist. 11

124. BECKHAM, W. H. 27, Martha E. 26 (wife), T. J. 4 (son), H. A. 1 (son)
125. DUKE, John H. 32, F. A. 20 (wife), S. A. 60 (mother); JOHNSTON, J. A. (B) 11 (boarder)
126. HENSON, W. R. 35 (clerk), Nancy 24 (T T KY), Wm. M. 10 (son), James F. 7, L. E. 5 (dau), E. J. 3 (dau), A. A. 10/12 (b. Aug)
127. HALL, Mrs. Melvina 73 (widow) (NC NC NC); RENFROE, Mrs. Susan 44 (widow) (T NC NC), Beatura 21 (g dau), Melvina 18 (g dau); HALL, Thomas M. 35 (son) (T NC NC), Joshua 32 (son) (T NC NC)
128. HALL, G. M. 34 (T NC NC), N. L. 32 (wife), Mary E. 9, William A. 7, Joe W. 5, Susie M. 4, Nancy L. 2, Minnie D. 5/12 (b. Nov)
129. BURKS, William 26 (T VA VA), Margaret 20, Viola 2
130. GILLISPIE, Moses (B) 30 (farmer & blacksmith), Mira 25, Cornelia 3; KEMPS, Bettie 24 (boarder); JONES, Leanna 22 (boarder); LANIER, Sol 15 (boarder)

Page 19, Dist. 11

131. JAMES, Amanias 57, Adaline 49, Sara F. 21, Nancy C. 19, Martha 17, Wm. J. 15, Mollie A. 7
132. HOWELL, Jack W. 24, Luretta 18, Ada P. 9/12 (b. Oct); FOSTER, Martha 70 (relationship omitted) (KY KY KY)
133. DUGGER, Wm. A. 29 (blacksmith), Rebecca L. 25, Martha A. 6, Harriet J. 5, Effie L. 1, Lillian A. 3
134. HANNA, Hugh B. 39, Naoma 66 (mother)
135. KING, John H. 50 (T MD SC), Sarah 40 (T VA T) (wife), Joshua 17, Henry 14, Samuel 10, Caleb 8, Thadeus 4, Bettie 3, Mary 5/12 (b. Jan)
136. WORTHAM, Lucy (B) 45 (widow), Nora 22, Emily 14; ALEXANDER, Mary 20 (boarder)
137. AKIN, John (B) 38, Eveline 24 (wife), Berthena 7, John 5; ALEXANDER, Maggie 16 (niece)
138. MORROW?, Jordan (B) 55, Elizabeth 30 (wife), Nancy 9, Susan 7, John W. 7/12 (b. Oct); MATHEWS, Joe 13 (nephew), Lot 8 (nephew)

Page 20, Dist. 11

139. CALVERT, Robt. W. 36, Sallie A. 47 (wife); COFFEE, Nancy J. 22 (stepdau), Mary L. 19 (stepdau), Margaret A. 15 (stepdau); CALVERT, James B. 12 (son)
140. McKISSACK, D. B. 42, Eliza 42 (T KY SC), Laura 16, Ella 14, Virginia 12, John 9, Lillie 6, Robt. 4
141. MOBLY, Benj. 38, Mary 28 (wife), Benj. 5, Naomie 2
142. GRAY, John 25, Mattie 27, not named 5/12 (b. Jan) (dau)
143. SMITH, James W. 48 (T VA VA), Mahala 38 (wife), Dora 10, Ada 8, Rosa 6; CULTINY?, John F. 6 (step son); SMITH, Luzell 3 (dau)

MAURY COUNTY

Page 20, Dist. 11 (cont'd)

144. GREEN, Peter 35, Melissa 37, John N. 11, William 9, Greeley 7, Silas J.? 5, Joe F. 3, Edna 8/12 (b. Sep)
145. RODDY, A. J. 27 (T T NC), L. V. 26 (wife), John N. 3, Ed T. 1

Page 21, Dist. 11

146. RATLIFF, Martha P. 28 (T VA T), M. D. 8 (dau), W. L. 6 (son), J. S. 4 (son), John Martin 1 (son); VERNON, N. J. 32 (sis)
147. RATLIFF, John N. 62 (T NC NC), E. Jane 38 (wife) (T KY NC), Thomas J. 14, Franklin 12, Alonzo 10, Walter L. 9, Isabell V. 8, Alice 7, Tennie J. 5, Laura J. 3, Joseph 84 (father) (NC NC NC)
148. ARMSTRONG, Dublin (B) 40, Caroline 35, Ellen 11, Joe 8, Mary Ann 7, A. F. 5 (son), Mattie 2, Harriet 50 (mother) (T SC SC), Tom 17 (son), Robt. 20 (son)
149. SUTTON, Geo. E. 38, Syrena 45 (wife), Mary E. 14, John N. 12, Geo. H. 10, Joe Lee 10/12 (B. Apr)
150. MURPHY, Z. A. 40, E. A. 40 (wife) (T VA KY), John S. 16, W. A. 15 (son), Charles W. 13, Isaac N. 10, Hortense 4
151. McKISSACK, W. C. 30, Ann S. 25 (wife), Mary E. 4, James M. 3, Susan A. 1, Nancy E. 58 (mother)

Page 22, Dist. 11

152. McKISSACK, R. L. 27, V. L. 23 (wife?), W. R. 4 (m), F. L. (f) 2, R. E. (m) 8/12 (b. Oct)
153. MURPHY, Chas. A. 68 (T VA VA), Jane R. 59 (T NC T), Emily M. 30, Mary J. 26; ROBERSON, F. P. 61 (boarder) (m)
154. MURPHY, C. M. 35, Susan 29 (wife), Lucy E. 9, Robt. E. 7, Clifford 5, Ada 7/12 (b. Oct)
155. CARROL, R. L. 20, M. E. 15 (wife), D. E. 59 (mother) (T GA NC)
156. MORROW, James L. 42 (T SC KY), Sarah L. 33 (T SC KY), Sarah J. 8, Hattie 3, John F. 2
157. VERNON, West 53, Sarah 40 (wife), Absalom 20, Wm. 17, Octavia 15, Beline 11 (dau), James 8, Joe 6, Viola 3
158. MATHEWS, Wm. (B) 50, Lucy 35 (wife), Sam 18, Sarah 10

Page 23, Dist. 11

159. MORROW, A. A. 44 (T SC SC), Martha S. 36 (wife) (T T AL), A. J. 16 (dau), Wm. L. 14, Ross A. 11, Nancy R. 9, James M. 6, John P. 4, Joseph F. 1; WEST, Isaac 12 (stepson), Lula E. 8 (stepdau)
160. PATTERSON, Joe (B) 35, Parlie 23 (wife), Sam 8, Lucy J. 6, Anna 1/12 (b. May)
161. SWAINER, Obediah B. 53 (T NC NC), Almeda K. 30 (wife), Harvey 8
162. VERNON, Nehemiah 57 (T NC NC), Elizabeth 44 (wife), Nettie 19, Virginia 17, Luella 14, Geo. W. 10, Sallie J. 7, Vora 4
163. WALKER, Wm. Q.? 39 (T VA KY), E. J. 37 (wife), Wyatt 74 (father) (VA __), Sarah 18 (sis) (T VA KY); RIDLEY, Mary (B) 10 (servant)
164. WILDER, A. J. 35, Martha 27 (wife), David R. 8, Wm. J. 6, Melinda 3
165. HOLT, Jeremiah F. 58 (clergyman) (T NC NC), Mary E. 48 (wife) (T NC T), Albert A. 11, Jeremiah 9, James M. 7, Robt. B. 4, MATHEWS, Parlie (B) 40 (boarder)

Page 24, Dist. 11

166. SCOTT, Clavin (B) 30, Mary 28, Henry 9, Nancy 6
167. COFFEE, Calvin 74 (KY NC NC), Elizabeth 71 (AL AL AL); BLACK, Vicie 12 (B) (servant)
168. KIRK, Martin 53 (VA VA VA), Edna 38 (wife); CERK?, Alonzo 3 (nephew); KIRK, Isabella 77 (mother); WATSON, Wm. 17 (servant)
169. THOMPSON, E. 37 (widow), Thomas 13, Ody 8 (son), Lilly 2
170. FOSTER, James 35, Unicie 25 (wife), Ann 9, Luella 6, Virgia 3, Joe 6/12 (b. Dec)
171. HENSON, George 30 (widower), Willie 8, Walter 6, Luther 4, James 2; WILCOX, Jane 66 (mother in law), Agnes 29 (sis in law), Turner 5 (nephew)
172. PINGLETON, Charles 26, Mollie 22, Cyntha 66 (mother in law)
173. PINGLETON, John R. 37 (IL NC T), Mary 35, William 14, John 12, Sallie 10, Etta 8, Joanna 6, Mattie 4, Alice 2, Reader 7/12 (b. Oct)

Page 25, Dist. 11

174. PINGLETON, J. C. 45 (T NC T), Mary A. 36 (wife), D. M. 20 (son), Susan T. 18, Louisa E. 13, Robt. S. 15, Albert R. 11, Fannie L. 9, Monroe 6
175. POORE, Frank 35, S. A. 30 (wife), John W. 11, Thersa E. 10, James R 7, Flora D. 4, Addie L. 11/12
176. FLEMMING, Zack? W. 28, Luella 23, Bettie 3, Johnie 2, Betsey 63 (stepmother) (T NC NC); HOOKS, Morgan (B) 14 (servant) (AL AL AL)
177. THOMAS, Wm. 33, Mary 35, Wm. 7, Martha 2 (son--sic)
178. FURGERSON, Elijah 24, Mariah 27
179. GILBREATH, John A. 26 (T T KY), Rebecca 27, Wm. H. 2, Jeff T. 11/12 (b. May); GIBSON, John 21 (boarder)
180. WOODARD, John 37, Susan 33 (T IL T), Lucy 11, Jimmie 9, Sallie 8, Dode 7 (dau), Ella 5, Florence 4, Charles 2, not named 2/12 (b. Mar) (dau)

Page 26, Dist. 11

181. FLEMING, W. O. 40, Mary J. 29 (wife) (AL NC T), Maggie 10, George 9, Winnie 7, Owen 5, Benton 2; BENDERMAN, Aaron (B) 58 (servant) (T T AL)
182. NORMAN, Charles 40, Lizzie 31, John 14, Susie 12, Sam 11, Bill 9, Sarah 7, Mary 4
183. GRAY, John 30, Sarah 25; TYLER, Polly 54 (mother in law); GRAY, Sallie 4/12 (b. Feb) (dau)
184. BENDERMAN, W. F. 40, Mary E. 38 (wife), T. F. 19 (son), Mary D. 18, John W. 16, Joseph 10, Robt. 8, Louisa 6, Jonah? 3; ESTES, Elizabeth 70 (boarder) (VA VA VA) (crippled)
185. BROWN, Al (B) 40, Caroline 33, Mary 10
186. ALLEY, Jonas E. 31 (T NC NC), Agnes E. (T NC T), Henry C. 7, Chas. W. 5, Hattie 3, Hamlin 2, not named 4/12 (b. Feb) (son)
187. ALLEY, Miles G. 36 (widower) (T NC NC), Ada R. 9, Julia 7, Mattie 4, Hamlin 2

Page 27, Dist. 11

188. CUMMINGS, Geo. 23 (AL AL AL), Quinyetta 32? (wife) (AL AL AL); BYFORD, John R. 8 (stepson) (T AL AL); CUMMINGS, O. M. 1 (dau) (T AL AL); BYFORD, Oma 20 (sis in law) (AL AL AL); CUMMINGS, Ruben 24 (bro) (AL AL AL)
189. ROE, Mary Ann 27 (divorced), Emma J. 5, W. F. 2 (son)
190. SPENCER, John M. 64 (T NC NC), Mary E. 57 (T NC NC)
191. SPENCER, John F. 27 (son), Lourena 26 (dau in law), Lucy A. 8 (niece), Mary J. 7 (niece), James J. 4 (nephew), S. E. 8/12 (niece); THOMASEN, Mary J. 29 (dau) (widow), Unnice E. 10 (g dau), John M. 6 (g son), Mary J. 4 (g dau); HOWELL, Thomas 24 (boarder)
192. SPENCER, James K. 40, Margaret 38 (T VA VA), Albert 5

Page 27, Dist. 11 (cont'd)

193. OVERSTREET, Wm. T. 27, R. E. 31 (wife), R. A. 6 (son), M. E. 5 (dau), Ida A. 3
194. EASOM, Ellen 75 (widow) (T VA NC), Emily 45, Wm. H. 16 (g son), Isora E. 14, J. F. 10 (m), Lucy F. 5 (relationship of last 3 persons omitted)
195. WALKER, Wash P. 50 (T VA VA), Frances 50 (T NC NC), Wm. W. 19, Mary L. 15, Eda C. 10

Page 28, Dist. 11

196. WILSON, Sam 31, Saphrona 23, Andrew J. 5, Wash P. 3
197. ENGLISH, Thomas 45 (T NC SC)
198. McKISSACK, R. (B) 30 (divorcee) (T __ __), Jessie 13 (son), Letha A. 12, Alex 10, Thomas 8, Ada 6, Ida 4, Mary 3, Jessie 2 (dau), Ophelia 5/12 (b. Jan)
199. ULDRIGE, John 35 (Denmark Denmark Denmark), Louisa 30 (Fr Fr Fr), Fred 11 (PA PA PA), Lena 9 (PA PA PA), Mary 4 (PA PA PA), Willie 2 (PA PA PA) (relationship of the children omitted)
200. BARNETT, Mary 48 (widow) (VA VA VA), Walter 20 (T VA VA), Jefferson 18 (T VA T) (rheumatism), Lizzie 20 (dau in law) (T VA T); NOWLIN, Eddie 13 (boarder); BAILEY, John 27 (boarder)
201. LINDSEY, Amos 32 (T NC T), Susan 39 (wife) (T KY T), J. Sidney 12, Tennie 10, Florence 3, Wm. 77 (father) (NC NC VA)
202. McMINN, Godfry 34, Mary 35, Robt. 14, Alice M. 12, Ella 10, Willie 4

Page 29, Dist. 11

203. PENNINGTON, Dent 60 (attorney) (T SC KY), Nancy J. 32 (wife) (T NC T), Henry C. 7, Daniel W. 5, John W. 3, Dick A. 11/12 (b. Jul); VOSS, R. A. 26 (boarder) (m)
204. NOWLEN, D. B. W. 42 (doctor), P. C. 36 (wife), A. E. 14 (son), M. O. 12 (son), R. E. 10 (dau), S. B. 8 (dau), J. T. 6 (son), M. U. 4 (son), Nellie 1
205. NORMAN, W. B. 22 (photographer)
206. ATTKISSON, W. J. 20 (T AL AL), Sarah J. 20, James M. 1
207. PULLHAM, Wm. A. 29 (T NC NC), Sallie 24, Ada 1
208. CROSTHWAIT, W. M. 30 (merchant)
209. HARRIS, Robt. G. 29 (SC SC SC), Alice 28 (T KY SC), Baston G. 8, Myrtle 3
210. MILLER, Elijah (B) 25 (GA SC GA), Lizzie 26 (T __ __), Anna 6, Henry 7; ALEXANDER, Parthena 20 (this & following persons listed as boarders); RIDLEY, Tennie 26; ALEXANDER, Cleburn 1; RIDLEY, Jackson 6, Johnie 4, Wm. 2, Frank 6/12 (b. Dec)

Page 30, Dist. 11

211. THOMAS, Caroline (B) 26 (divorced), James 14, Ida 11, Lucy 10, Eddie 3, Addie 2, Hattie 1
212. REED, Fanny 37 (widow), Wm. 18, Mollie 16, Lizzie 15, Bobbie 12
213. CECIL, Joe (B) 49 (VA VA VA), Rose 28 (wife), Nancy 7, Alice 3
214. HARRIS, Charles (B) 28 (GA GA GA), Hanner 27, Louisa 10, Sam 8, Grant 2; CONNER, Eve 29 (boarder) (those below were listed as boarders), Rachel 10, Clary 7, Bud? 4, Sam 2
215. KITTRELL, Allen (B) 43, Amelia 34, Sallie 17, Wash 7, Bedie 2 (dau)
216. HOWARD, Bithel 35, Ada G. 23 (wife), Leuie D. 3 (dau), Wm. J. 2, Carrie N. 1; REAMS, B. B. 26 (boarder) (preacher); HARDY, James 30 (B) (servant), Will 12 (servant), Joe 10 (servant), Ed 2 (servant), Sis 10/12 (b. Apr)

Page 31, Dist. 11

217. SHERRILL, Isaac (B) 70 (SC SC SC), Agnes 45 (wife), Emily 16, Sally 13, Jackson 12; HOGE, Jane 21 (step dau), Eddie 3 (step g son), Napoleon 2 (step g son)
218. SPAIN, A. T. 56 (VA VA VA), Ann 43 (wife), Lucius 27, Etta 16, Clary 10
219. SPAIN, Wm. 35 (VA VA VA), Letitia 30, Benj. 4, Ada 2
220. HELD, John 38 (Ger Ger Ger), Kate 21 (wife) (PA PA PA); LUNKENHEIMER, C. 17 (bro in law) (PA PA PA)
221. HELD, Charles 36 (Ger Ger Ger), Caroline 29 (PA PA PA), Emma 4 (PA PA PA), John 3 (PA PA PA), Henry 1 (T Ger PA); DeROLF, Mike 46 (boarder) (Ger Ger Ger)
222. ATTKISSON, Susan 67 (widow) (SC SC SC), Mary 34 (AL SC SC), Tenn? 41 (son) (AL SC AL), John 44 (AL SC AL), Elizabeth 20 (g dau) (T AL T), Thomas 14 (g son) (T AL T), Daniel 3 (g son) (T AL T), Kissie 1 (dau)
223. BREWER, Frances 29 (widow) (T T GA), Wm. A. 13, John R. 11, Mary 78 (mother) (GA GA GA), Laura 16 (dau)

Page 32, Dist. 11

224. BAUGUS, Richard 59, Eliza 52, Martha 25, Naomie 23, Lee 20 (son), Maggie 18
225. GERING, Wash (B) 43 (KY KY KY), Adaline 36, Wash 10, West 8, Isaac 6, Emiley 4
226. JONES, Peter (B) 41, Rositta 35, Wm. 14, Henry 11, Sallie 7, Emily 7, Gloster 1; POLK, John 18 (bro in law)
227. BOYD, Brutus (B) 60 (T NC NC), Nancy 55 (NC NC NC), Hawkins 15 (dau), Alfred 13; WHITTEKER, Ruth 27 (dau), Luvinia 7 (g dau), Rebecca 6 (g dau), Eveline 5 (g dau), Albert 4 (g son), Ida 3 (g dau)
228. HAMNER, Henry (B) 55 (VA VA VA), Vina 50, Narcissa 20, Henry 16, Anderson 13, Kate 12, Julia 10, Toso 8 (son)
229. COFER, Phillip (B) 36, Bettie 37 (VA VA VA), Carrie 5, Phillip 3, Susan 6/12 (b. Nov), Kate 19 (sis), Pete 22 (bro)

Page 33, Dist. 11

230. SMITH, William (B) 38, Lydia 32, Robert 12, Jimmie 10, Cyntha 5, William 3, no name 1/12 (b. May) (dau), Thomas 12 (nephew)
231. SULLIVAN, Patrick 55 (Ire Ire Ire), Mary 36 (wife) (T Ire Ire), Nora 17, Florence 15 (son--sic), Stephen 12, John 10, Julia 7, Jimmie 4, Katie 2
232. HICKS, D. R. 28 (T T NC), Sarah A. 28 (wife), S. W. 7 (son), Walter S. 5, Geo. W. 3, Nelson P. 2
233. DICAS, Edward 44 (blacksmith), Nancy E. 32 (wife), John M. 13, Udora 10, Thomas C. 7, Charlie R. 6, Wm. G. 3, Chesley P. 1
234. HUNTER, Joe (B) 51 (T NC NC), Mary Ann 60 (wife), Jake 15, Josie 12, Katie 8, George 6, Joe 12; PORTER, Martha 20 (niece), Jennie 6 (g niece)

Page 34, Dist. 11

235. FLEMING, Nero (B) 67 (T SC SC), Phoeba 55 (wife) (T T __), John M. 17, Dillard 13, Albert 21 (nephew), Laura 17 (niece)
236. GIBSON, Cahal 37 (T PA PA), Lina 34, John W. 12, Blanch 6, James 5, Joseph 3, Robt. 5/12 (b. Jan)
237. COLEBURN, Rachel (B) 50 (widow), Harriet 35, Margaret 17 (dau in law), Frank 24, Diggie 13 (son), Nancy 15 (g dau), Fren 9 (g son), Buster 7 (g son)
238. POLK, Gloster (B) 40, Angelina 35 (T VA MS), Mary 11, Louisa 9, Ellen 6 (scrofula), Hanner 5; PILLOW, Evelina 55 (mother in law) (MS MS MS); ALLEN, Bettie 24 (boarding), Charlie 8, Wm. 7

Page 34, Dist. 11 (cont'd)

239. ESTES, H. H. 39, Martha A. 32 (wife) (T T NC), Martha E. 10, Genia 9 (son), Hallie J. 8 (son), James T. 6, Thomas W. 5, Henry W. 2, Mary N. 8/12 (b. Oct)
240. TOMASSON, John (B) 22, Lucy 20; CROATWRIGHT, Henry (W) 12 (boarder), James H. 8 (boarder)

Page 35, Dist. 11

241. WRIGHT, Marie 67 (NC VA NC), Martha 56 (sis) (NC VA NC), Mildred 44 (sis) (T VA NC), Marilou L. 39 (sis) (T VA NC)
242. GURTHRIE, Finley (B) 39, Maggie 35 (AL AL AL), Finley 9, Lucy 8, Anna 6, Willie 4, Mariah 2
243. GILLESPIE, R. R. 44 (T NC T), Sallie 37 (wife), Katie 10, Wm. B. 7; DOUGLAS, Rebecca (B) 25 (cook); THOMASSON, Rufe (W) 23 (boarder)
244. RIDLEY, Edmond (B) 50, Jane 50, Mary 15, Susan 18 (g dau), Alice 6/12 (b. Dec) (g g dau)
245. GREENBERRY, R. W. (B) 24, Hettie 20, Katie 5, not named 1/12 (b. Apr)
246. JAMES, Joe 70 (widower), Maggie 27, Rachel 5 (g dau), Joe B. 3/12 (b. Feb) (g son)
247. DOUGLAS, Marina 65 (widow) (NC NC NC), Rosina 32 (T NC NC), James 30 (T NC NC), George 28 (T NC NC)
248. DOUGLAS, Hugh 40 (son) (T NC NC), Alice 33 (dau in law) (T NC NC)
249. GILLESPIE, Lewis (B) 28, Fanny 21, Lewis 5, Tempa 3

Page 36, Dist. 11

250. GILLESPIE, Peter (B) 52 (NC NC NC), Jane 47, Susan 27, Rebecca 25, Amanda 23, Laura 20, Ellen 17, Joe 15, Pete 13
251. FRIERSON, Joe (B) 30, Susan 26, Jim 5, Ellen 2; RIDLEY, Jeff 19 (boarder)
252. HARVEY, Chesley 57 (AL SC SC), Elizabeth 31 (wife), T. P. 16 (son), Delia 11, Fanny E. 5, Saphrona 7, Robt. 2
253. HARVEY, James 27 (T AL T), Emma 20, Florence 4, Mattie 2
254. WHITE, Joe (B) 19, Sallie 17
255. BLAKELY, Portia 56 (widow) (T NC NC), Sally 20; SEALY, Rufus W. 30 (son in law) (clergyman), Hattie 22 (dau), Bessie 7/12 (b. Dec) (g dau); BLAKELY, Joe B. 24 (son)
256. COFFEE, Irene (B) 29 (T NC NC), John 5 (son), Jim 3 (son), Daniel 1/12 (b. May); HOWARD, Mary 68 (mother); ALEXANDER, Lucy 10 (boarder)
257. KITTRELL, Allen (B) 30, Cornelia 24, Walter 7, Lucy Ann 2; MOSS, Wash 18 (boarder)

Page 37, Dist. 11

258. GIDDENS, James 40 (T __ __), Mary F. 33, James H. 11, Lucy N. 9, Hattie 6, Floyd B. 3, Charlie B. 1/12 (b. Apr)
259. WILLIAMS, Isom (B) 40, Mary 35, Gillie 6 (dau), Macy 6 (dau), Eliza 18 (stepdau)
260. PORTER, John N. 67 (T SC SC)
261. EDDLEMON, Jane 45 (widow) (T VA AL), John J. 27, Melinda 26 (dau in law), Walter 4 (nephew), Knox 3 (nephew), Annie 3/12 (b. Feb) (niece), Thomas 23 (son), Robt. Parks 16 (son), Joseph J. 11 (son)
262. WHITTEKER, Robt. (B) 50 (VA VA VA), Phoeba 48 (NC NC NC); WILLIAMS, D.? 30 (stepson) (T NC NC)
263. TURNBOE, Simon (B) 30, Mary J. 26, Wm. H. 5, Evan 4, Jennie 2
264. BURKE, Alice (B) 40 (widow), Lizzie 9, Phillis 2

Page 1, Dist. 12
(following households not numbered)

HARRIS, T. A. 60 (widower) (U.S. storekeeper & gauger) (disability) (VA VA NC), A. L. 32 (dau), V. Lee 14 (dau), Anna 16 (B) (servant) (GA __ __); WEBSTER, Ana 7 (servant) (T __ __)

WILLIAMS, R. R. 41 (druggist) (T NC OH), L. E. 38 (wife), M. L. 11 (dau), A. E. 9 (dau), Florence 7, L. J. 4 (dau); SMITH, Sarah (Mu) 45 (servant) (T __ __); HALL, Genia 20 (servant); SMITH, M. H. (W) 58 (aunt) (T NC NC)

WILLIAMS, Alvis 68 (merchant) (NC NC NC), C. M. 57 (wife) (T NC NC)

RICKETTS, R. D. 55 (NC NC NC), M. A. 55 (wife), F. M. 33 (son) (grocer), S. H. 32 (wife), A. M. 7 (dau), R. W. 5 (son, R. S. 3 (dau), F. A. 1 (son); STEWART, J. S. 30 (nephew) (grocer), N. B. 31 (nephew) (grocer clerk)

CAMPBELL, Bruce 26 (dentist); STRIBLIN, Thomas (B) 28 (servant?)

HALL, Sally (Mu) 37, Mary 15, M. 13 (f) (relationships omitted)

DICKSON, S. J. 56 (widow) (AL NC VA), J. F. 28 (son) (teacher) (T AL T), H. W. 20 (son) (teacher) (T AL T), H. W. 20 (son) (US mail carrier) (T AL T), J. A. 24 (son) (T AL T), F. B. 19 (dau) (T AL T)

STOCKARD, S. B. 40 (druggist) (T NC T), L. H. 27 (wife) (teacher) (NC NC NC), S. B. 2 (dau); WILLIAMS, Mary 11 (sis) (AR NC NC)

HUNTER, W. G. I. 60 (physician) (NC NC NC), M. R. 51 (wife) (T VA VA), M. N. 12 (dau)

DOWELL, C. (B) 25 (f), Eugene? 6/12 (son), Ida 4 (dau), Willie 6/12 (b. Dec) (son) (places of birth omitted this family)

GRAY, Andrew (Mu) 22

LONG, G. R. 57 (retired merchant) (T NC VA)

Page 2, Dist. 12
Mt. Pleasant

OWEN, R. O. 38 (merchant) (T VA VA), Precilla 25 (wife), Mary 2, Park 1/2

OWEN, W. P. 35 (merchant) (T VA VA), D. A. 26 (wife) (T NC NC), Bell 11 (T NC NC), Jocie 3 (T T T), Maggie 1 (T T T)

HOGE, Emily (Mu) 40 (widow), Anna 4 (dau)

DAVIS, G. E. (Mu) 30 (merchant) (T T LA), Lucy 19 (wife) (AL VA VA), Hattie V. 3, Silvanus 1

HARLIN, Wm. (Mu) 22 (clerk) (AL AL VA), A. (B) 11 (m) (relationship omitted) (T MS VA), Nancy 45 (mother) (VA MS VA)

STANSBLER, J. E. (Mu) 40 (minister) (VA VA VA), Susan (B) 38 (wife) (T VA VA), Maggie 19 (T VA VA)

JORDAN, S. P. 86 (physician) (NC PA MD), J. T. 72 (wife) (NC NC NC); FRIERSON, L. L. 23 (g son), Ida 22 (g dau); HALL, Zinka 17 (f) (Mu) (cook)

CROSS, E. O. 57 (good talker & miller) (VA VA VA), E. J. 56 (wife) (T NC NC), T. E. 25 (son), I. A. 22 (son), Sue W. 18

WINTRECH, Jas. 55 (merchant & tanner) (Prussia Prussia Prussia), Caroline 45 (wife) (SC SC SC), Jasper 14 (adopted), William 14 (adopted) (clerk); STACKNEY, Anna (Mu) 19 (cook)

BOND, W. R. 50 (saddler) (T NC NC), L. L. 48 (wife) (VA VA VA), Allice 8

HAGAN, J. W. (B) 33 (widower), Hattie (Mu) 12, Esther? 10, Anna 8

HILDRETH, John 48 (merchant) (AL NJ AL), M. A. 43 (wife) (VA VA VA), J. E. 14 (son), J. M. 4 (dau), Syd B. 10 (son); HUNTER, Fannie 44 (sis) (VA VA VA)

Page 3, Dist. 12
Mt. Pleasant

WEAVER, John 35 (bro--whose?) (brick mason) (T VA VA); HALE, Wm. 25 (sawyer) (relationship omitted)

NELSON, David 55 (stone mason), Sallie 30 (wife); HACKNY, Florence (cook) (Mu); MILLER, Jim 26 (laborer); DOWELL, Andrew (B) 33 (teamster)

Page 3, Dist. 12 (cont'd)

IRWIN, S. W. 38 (undertaker) (T VA NC), Mattie 27 (wife) (Baden Baden Baden), Willie 11, Iromondine 9 (dau), S. J. 7 (dau), Earnest 4, Leonel (age obscured), Anna 21 (niece)
ODIL, J. B. 33 (clerk), S. E. 28 (wife)(IL IL IL), A. E. 3 (dau), W. B. 9/12 (son)
BALY, N. A. 52 (widow), A. O. 24 (son), J. F. 22 (son), A. E. 21 (dau), F. N. 18 (son), C. L. 16 (son)
JONES, Jessie (B) 25, S. A. 20 (wife), C. F. 2 (son), L. B. 6/12 (dau); JACKSON, F. 19 (laborer); STOCKARD, Jim 21 (laborer)
BAILY, Mary (B) 35 (widow), Jonas 20, Anna 16, Sam 5, S. H. 3 (dau), Montague 1
ALTMYER, F. 50 (Bergenjiles? BJ Prussia), Bell 35 (wife) (T OH T), Eva 13; DUNHAM, M. A. 60 (mother) (T NC NCP; HACKNEY, Laura (B) 17 (cook)
INGRAM, J. G. 50 (KY VA KY), Rebecca 45 (NC NC NC), Mary 13, John 10, Mag 7, Charlie 4; WALKER, M. E. 54 (sis) (NC NC NC); PARKER, Walter 42 (bro) (physician) (NC NC NC), Jno. 40 (bro) (clerk) (T NC NC)

Page 4, Dist. 12
Mt. Pleasant

INGRAM, Joe (B) 55 (KY KY KY), Mary 15; SMITH, Julius 15; BAILY, Bill 15 (relationship these person omitted)
WILLIAMS, A. H. 31 (RR agent) (T NC T), S. A. 27 (wife) (T VA T), C. M. 8 (dau), A. N. 4 (son), S. J. 6/12 (dau); BAILY, Rosana (B) 33 (cook); RICKETTS, Lou 21 (f) (servant); JORDAN, Harrison 45 (laborer)
GRIMES, D. G. 61 (T NC VA), Jane 62 (rheumatism) (T NC VA), Ama 20 (dau), W. G. 18 (dau) (AR)
CROSS, S. H. 40 (saddle & harness) (VA VA VA), Jennie 18 (wife); FRANCIS, Mary (Mu) 23 (cook), Puss 1 (dau of cook?)
LONG, Henry 45 (physician) (T NC NC), F. B. 35 (wife) (T NC T), Henry H. 6, Katie 2; GELASPIE, Ann (B) 55 (cook) (NC NC NC); JORDAN, Henry (Mu) 24 (laborer)
IRWIN, S. H. 45 (carpenter) (T VA NC), Ella 30 (wife), Minnie 16, Gillie 12 (son), Nettie 7; GABRAL, Nancy (Mu) 20 (cook); DOWELL, Jno. (B) 20 (laborer)
STOCKARD, Wm. (B) 45, Martha 41; KINDLE, Tom 22 (son), Henry 20 (son), Estella 10 (dau)
REGANOLD, F. 56 (dispepsia) (Baden Baden Baden), M. 57 (wife) (Prussia Prussia Prussia), Willie 19, Charlie 17, James 15, Minnie 13, Ivo 10, Samuel 8
DAMERON, J. J. 85 (widower) (carpenter) (VA VA VA)
WORTHAM, Jas. 50 (T NC NC)
KINDLE, Robt. (B) 50 (stone mason)

Page 5, Dist. 12
Mt. Pleasant

SCRIBNER, J. N. 60 (T NC T), Louisa 46 (wife) (VA VA VA)
BENTON, Marie 30 (T T VA)
THOMASON, J. R. 62 (NC NC NC), Mary 65 (NC NC NC) (wife), Jones 26 (NC), Kissey 24 (dau) (NC)
WATKINS, Rich (B) 55 (VA VA VA), Lawrence 18 (son) (T VA VA), Bob 10 (son) (T VA VA), Ida 7 (dau) (T VA VA)
WARD, H. 48 (clerk), J. E. 45 (wife), A. L. 24 (son) (merchant), M. E. 26 (dau), R. E. 21 (son), J. H. 12 (son)
MILLER, Mary (B) 30, Sank (Mu) (m) 8, Tody 6 (f)
ODEL, F. J. 35, S. D. 29 (wife), Willie 8, John 6, Birdie 3 (dau), Mattie 1
KEETON, Lena 17 (sis), Millie 30 (sis), Thos. 22 (bro)
ODLE, G. W. 29, S. R. 26 (both listed as brothers --of Lena Keeton?)
ALFORD, M. 25 (m) (grocer)
GRIMES, J. P. 43 (T NC NC), M. A. 40 (wife), L. A. 20 (dau), Eveline 23, E. C. 18 (dau), H. A. 14 (son), W. F. 12 (son), W. J. 10 (son), Mary J. 7, L. 3 (dau), J. P. 1 (son), W. J. 3 (g son)

HART, W. S. 34 (carpenter) (AL AL AL), M. E. 34 (wife) (T T AL), Susie 6, Leonard 4
HARRIS, Essex (Mu) 30 (T T NC), C. 30 (wife) (T T NC), Willi 9 (son), Polly 7, J. E. 5 (son), Angeline 11 (dau)

Page 6, Dist. 12
Mt. Pleasant

LONG, Toney (B) 32 (RR laborer) (T T NC), Lou 28 (wife) (T T NC), Mary 10, Jeff 7
HARRIS, Rose (Mu) 26 (sis), Maggie 6 (dau), Mary 4 (dau), Bob 1 (son), Hettie 65 (mother)
GILMORE, C. C. 30 (T NC NC), Ellen 34 (wife) (T NC NC), J. W. 7 (son), R. E. 5 (son), Mary 6/12 (b. Dec)
HUNTER, J. H. 30, L. M. 29 (wife), Willie 5, A. B. 4 (son), Sarah 6/12; RIDLEY, Ann (B) 22 (cook)
PULLUM, Ella (B) 25, Mary (Mu) 11 (relationship omitted)
ANDERSON, J. M. 57 (waggon maker) (T NC NC), M. 45 (wife) (T SC SC), W. F. 20 (son), Joe 18, Eugene 16, Emmet 13, Sallie 25
CRAIG, B. F. 39 (T NC NC), L. A. 40 (wife) (NC NC NC), Ida 12 (T NC NC), Mattie 10 (T NC NC), Walter 8 (T NC NC), Oscer 7 (T NC NC); MORTON, Ella 20 (niece) (T MD NC)
CHRISTOPHER, Towns 70 (NC NC NC), Agnes 40 (wife) (NC NC NC), W. S. 34 (son), Emma 21, S. J. 18, H. M. 16
CHUMLEY, John 33 (miller) (T VA T), N. A. 30 (wife), Tom 12, H. A. 10 (dau), Lou 8 (dau), Ma 2 (dau) (T NC NC)

Page 7, Dist. 12

LONG, Jacob (B) 45 (blacksmith), F. 34 (wife)
HALL, Quinee (Mu) 25, Pricilla 20; LAWRENCE, Venus (B) 65 (mother)
GRIFFITH, J. R. 29 (T T VA), A. R. 21 (wife) (NC NC NC), Ann P. 2
CONNOR, George 68 (Cork Cork Cork), M. A. L. 63 (wife) (T NC NC), W. W. 32 (son), O. F. 23 (dau)
POLK, James (B) 70 (NC NC NC), Nettie 65 (NC NC NC), Lucy 50 (NC), Charlotte 10 (g dau) (T NC NC)
BUCKNER, E. D. 40 (wagon maker) (T VA VA), S. E. 38 (wife) (T VA T), J. R. 17 (son), M. R. 15 (dau), Mollie 13; BLAIR, Martha 78 (mother) (VA VA VA), J. L. 23 (son) (wagon maker)
FRIERSON, J. S. 50 (T SC T), J. G. 44 (wife) (T NC NC), D. M. 9 (dau) (SC T T), J. S. 7 (son) (T T T)
DAWSON, Jane (B) 30, Susan 6 (dau)
HUNTER, Jno. 25 (overseer)
FRIERSON, Jno. (B) 40, Hettie 35, Eliza 20, G. H. 18 (son), J. G. 16 (son)
FRIERSON, Luther (B) 24, Mary 25, Randol 7, Susie 5
CROSS, W. N. (Mu) 68 (boot and shoe maker) (VA VA VA), N. (B) 55 (wife) (VA VA VA)
WHITTEN, S. P. 58 (minister) (SC SC SC), Mary 43 (wife) (T PA T), Lucien 12; HARLAN, Mary (B) 25 (laborer)
MOODY, Sam (Mu) 74 (VA VA VA), Anna (B) 50 (wife) (NC NC NC); LONG, Agnes 24 (dau); MOODY, Abe 18 (son); LONG, Maria 6 (g dau), Charlie 3 (g son), Ella 1 (g dau)

Page 8, Dist. 12

WORTHAM, Burril (B) 65 (NC NC NC), Betsy 65 (T NC NC); LAWRENCE, F. (Mu) 55 (laborer); LONG, Polk 18 (son), Sarah 10 (dau), J. W. 6 (son), Drucilla 3 (dau), Fannie 1/6 (b. Apr)
SHEILL, P. A. 37, A. E. 35 (wife), Annie 15, Willie 13; HOGE, Ned 40 (boarder) (crippled) (T NC NC); JONES, W. S. 22 (bro in law)
LONG, Osie (B) 50, Annie 42, Florida 17, Manuel 10, Josiah 7 (dau--sic), Hexy (dau), Bet 1/3 (b. Feb) (dau); LAWRENCE, Sam 18 (nephew); ALLEY, Mary (Mu) 14 (niece)
GREENBERRY, Sol (B) 50 (T NC NC), Ann 40 (wife), Nat 10, Sarah 8, John 12, Elbert 17

Page 8, Dist. 12 (cont'd)

STEPHENS, David 76 (epilepsy) (NC NC NC)
MILLIKEN, Eli 21, Jemmima 32 (wife) (T NC NC); KERNEL, W. R. 11 (son), Mary 9 (dau), J. F. 4 (son)
GOODLOE, Jim (B) 53 (blacksmith) (MD MD MD), Hester 47 (T NC NC), Charlotte 18, Henry 15; SMITH, Ida 16 (relationship omitted); BRESSELL, H. 3 (g son), Sallie (Mu) 9/12 (b. Oct) (relationship omitted)
GOODLOE, D. (B) 23, Anna 18, Jim 6/12 (b. Dec); HOGE, Mag 12 (sis)

Page 9, Dist. 12

JONES, H. C. 37, Fannie 30 (wife) (T NC T), Florence 8, H. M. 6 (son); McBRIDE, Mollie 21 (cousin) (teacher); HART, M. C. 55 (mother), C. H. 14 (bro)
FRIERSON, Josie (B) 26, Roxie 5 (dau)
JONES, W. N. 27
ESTES, D. S. 30, E. M. 29 (wife)
SNIPES, Henry (B) 57 (VA VA VA), Mary 60 (wife) (T SC SC), Henry 19 (T SC SC); LONG, Sallie 20 (g dau)
GRANBERRY, H. (B) 32 (sore throat), Alice 30, E. J. 10 (dau), Fannie 4, Cairo 2 (dau); BROWN, Jane 15 (sis)
MITCHEL, Alec (B) 50 (T NC T), Adeline 45, Jack 19, Walter 11, Elbert 10, Ida 8, Estella 7
PENNINGTON, A. A. 51, M. J. 42 (wife), P. L. 25 (dau), Henrietta 24, Lilly 18, Zurilda 15, Mollie 12, Victoria 10, Anna 8, Ida 6, Henry 9/12 (b. Sep)
GRIMES, J. M. 28 (T T NC), M. W. 28 (wife) (T VA T), L. V. 4 (dau); HINSON, H. 16 (relationship omitted); NEELY, Josie 22 (cook), John 3 (son); GRIMES, W. B. 1/12 (b. Apr) (dau)

Page 10, Dist. 12

GRIMES, L. W. 61 (T NC NC), E. O. 45 (wife) (VA VA VA), W. G. 21 (son), A. E. 18 (dau), H. L. 17 (dau); HOPSON, Wm. (B) 14 (servant?)
BROOKS, E. A. 44 (T NC VA), E. J. 36 (wife) (T NC T), E. L. 11 (dau), E. K. 9 (dau), A. L. 6 (dau), J. M. 3 (son)
SEATON, W. R. 44 (T NC NC), M. E. 37 (wife), A. L. 11 (son), Wm. W. 10, L. E. 9 (dau)
GIPSON, T. A. 45 (T NC NC), Nancy 44 (wife) (T NC NC), M. A. 12 (dau), Bill 16, Z. A. 9 (dau)
DENTON, Gro 33, M. A. 33 (wife), S. E. 13 (dau), W. P. 11 (son), Ella 8, R. M. 4 (son), Henrietta 2 (dau), Mary 8 (niece)
AKIN, Craig (B) 38, Sophia 23 (wife), Sam 19 (son), Jim 1; NOLES, Fannie 19 (niece); KINDLE, E. 20 (servant?) (m)
JACKSON, Thomas (B) 54 (VA VA VA), Polly 42 (wife) (T NC NC), Ed 16, Lucy 14
LONG, Elias (B) 65 (NC NC NC), Mary 37 (wife) (flux) (T NC NC), Mary 12
GOODLOE, Robt. (B) 45 (T NC NC), Henrietta 27 (wife), Huston 16, E. J. 6 (dau), J. H. 2 (son), E. G. 6/12 (b. Dec) (son)
DURHAM, W. L. 31 (T NC NC), M. 28 (wife) (T NC NC), B. H. 11 (T NC NC) (son), J. E. 9 (dau), J. W. 7 (son), Ann M. 5, Patty 2

Page 11, Dist. 12

PICKARD, J. M. 50 (crippled), S. E. 46 (wife) (T NC NC), Laura 22, W. E. 20 (son), M. E. 18 (dau), C. L. 10 (dau)
JONES, J. H. 31, M. E. 33 (wife) (T NC T), Josie 9, L. G. 5 (dau)
BECKHAM, J. L. 24 (merchant) (m)
PICKARD, Milly 84 (widow) (blind) (NC NC NC); KLYCE, Emily 46 (dau) (T NC NC), Martha 20 (dau), Ada 4/12 (b. Feb) (dau), Fannie 17 (dau)
JOHNSON, Alfred 27 (NC NC NC), Cordelia 23, Willie 1
REAVES, Frank 28 (NC NC NC), Ann 28, Eddie 7, Walter 5, Lem 3

KING, Sallie 71 (widow) (T NC NC); DIXON, D. M. 33 (son) (wagon maker), A. E. 31 (wife), Ellen 6 (dau), W. T. 5 (son), Jesse 2 (son), Mary E. 5/12 (b. Jan) (dau)
LAWRENCE, Ben (B) 55 (T NC NC), Flora 42 (wife) (MS MS MS); RICKETTS, Dock 20 (son) (T MS MS); WINN, Martha 45 (sis) (MS MS MS), Jennett 18 (niece), Mary 6 (niece)
BROOKS, J. S. 47 (T NC VA), Lucy A. 43 (VA VA VA), Milton J. 22 (T VA VA), W. A. 19 (son), E. J. 15 (son), Sarah 12 (dau), N. V. 10 (dau)

Page 12, Dist. 12

ORR, Steve (B) 35 (T NC NC), Nancy 40 (T NC NC); HOGE, Stephen 75 (boarder) (SC SC SC), Jane 12 (dau)
NEELY, George 44 (blacksmith) (T SC VA), L. C. 46 (wife), George C. 12, Minnie 10, Nellie 7, R. L. 5 (son), R. F. 5 (g son)
BARNES, A. L. 78 (NC NC NC), Elizabeth 45 (wife) (NC VA VA), Camilla 25 (dau); WILLIAMS, W. M. 20 (stepson), M. E. 20 (wife), E. L. 18 (son), Webb 13 (son), A. L. 11 (dau), Inez 9 (dau0, Lou 4 (dau), Carrie 5 (g dau)
GRIMES, H. A. 64 (T NC VA), E. E. 64 (T VA VA), Giles (B) 28 (servant) (MS MS MS), Sallie 25 (servant), Bettie 9 (servant), Alice 7 (servant), Caroline 4 (servant), Annie 2 (servant)
KILPATRICK, J. 50 (m)
BURNES, J. P. 38 (overseer) (AL SC T), Priscilla 41 (wife) (T SC SC), Jeremiah 66 (father) (SC NC SC), F. E. 17 (dau), Wm. R. 13, Delphia J. 12, Atlanta 10 (dau), Reuben 6, C. W. 3 (dau?); RIDLEY, Ellen (B) 12 (servant)
McLAIN, W. L. 59 (T NC NC), Martha 67 (wife) (T NC NC), A.? 31 (son) (teacher), Jap 25 (son) (teacher); DIXON, Jane 41 (dau) (spasms); McLANE, John 103 (father) (soldier 1812) (NC NC NC)
BOUGUS, Sam 28 (gunsmith), Mary 28
THOMASON, N. J. 55 (widower), D. 16 (son)

Page 13, Dist. 12

ADAMS, F. V. 40 (stone mason) (T T VA), A. L. 29 (wife) (GA GA T), Lecis 8 (son), M. C. 5 (dau), J. S. 2 (son), Josiphine 2 (dau)
CONNELLY, John 44 (West West West), M. E. 40 (wife), Eunora 10, W. C. 4 (son), Oneel 1
STAGE, G. B. 40, Susan 41 (wife), Wm. M. 18, Jos. A. 15, J. M. 12 (son), G. S. 9 (son), C. A. 6 (son); LONG, Tonie (B) 32 (RR hand)
BRATCHER, Jno. 24 (T SC SC), Lucy 21 (T NC NC), W. W. 9/12 (b. Oct) (son)
BECKHAM, R. G. 46, Huldy 39 (wife), L. Z. 24 (son), M. A. 22 (dau), Jeeff 18 (son), Marion 14 (son)
TAYLOR, Sam (B) 45 (carpenter) (FL VA MD), Melissa 34 (wife) (AL AL AL); KNOTT, Jennie 16 (orphan)
THOMASON, Thomas 23, M. A. 24 (wife), J. E. 1 (son)
RENFRO, Robt. (Mu) 27, Bettie (B) 35 (wife), Della 7, Rufus 1
HINES, J. H. 37 (T VA VA); THOMASON, W. R. 3 (son); HINES, J. H. 16 (son), W. H. 14 (son), F. E. 11 (dau), Malinda 40 (sis) (T VA VA)
CHAPMAN, W. C. 38, Annie 30 (wife), Wm. F. 15 (son), M. A. 10 (dau), Mary J. 8 (dau), T. U. 4 (son)

Page 14, Dist. 12

RENFRO, Robt. (Mu) 58 (blacksmith) (widower), Alice 23, Rush 18, Clinton 15, N. J. 8 (g dau), Nelly 5 (g dau), Fleming 3 (g son), Wm. H. 6/12 (b. Dec) (g son)
CATES, Soloman (B) 55 (rock mason)
BODDIE, Wm. (Mu) 45, Mary (B) 46, Ida 15 (consumption), Willis 13; GRIFFIN, Camilla (Mu) 18 (niece) (teacher); LONG, Polly 14 (niece); BODDIE, Harriet (B) 65 (mother)
PICKARD, L. C. 32, Sallie 21 (wife), Mary A. 2; STEWART, Letha (B) 55 (cook)

Page 14, Dist. 12 (cont'd)

RICH, J. F. 51 (cooper) (ME ME ME), M. M. 45
(wife) (ME ME ME), C. W. 19 (son) (cooper)
(WI), F. L. 17 (son) (WI), M. A. 15 (dau)
(WI), F. W. 12 (son) (WI)
KENNEDY, J. M. 22, Emma 20 (wife) (OH OH OH),
Willie 1 (b. May)
BOSHEARS, J. W. 37 (T NC NC), Arnold 42 (wife)
(T NC NC), Lou 17 (dau), M. W. 15 (dau),
James 12, Webb 11, Laura 9, Edward 5, Nettie
3
SPRINKLES, Mose 51, M. J. 54 (wife), J. 24 (dau),
Paralee 22, J. M. 19 (son), H. N. 17 (son),
M. T. 15 (son)
BRISCO, Wis (Mu) 62, Celia 39 (wife?), Sands 17
(son?), Elizabeth 16, Annie 10, Mary W. 7,
Florence 4, Eddie F. 2

Page 15, Dist. 12

LAWRENCE, H. (B) 27 (preacher), Clarisy 24 (wife),
Elizabeth 7, G. W. 3 (son)
CHUMLEY, R. F. 60 (VA VA VA), Jane 50 (wife);
GBSON (sic), F. 16 (son)
COX, Joel 45 (T NC NC), M. A. 49 (wife) (T VA
VA); HENSON, James 9 (orphan)
SIMS, J. H. 29, T. J. 28 (wife), Ben 7, Jasper 6,
Gertrude 4, E. D. 1½
KING, G. W. 38 (T NC T), E. J. 37 (wife) (T NC
NC), W. J. K. 21 (leg cut) (son), T. J. 17
(son), F. M. 16 (son), Jospehine 15, Carrie
13, Willie 11, Gertrude 7, M. E. 2 (son)
SIMS, Wm. F. 64 (T VA SC), E. H. 61 (wife) (T NC
T), Susan 36, Ed 24, Hugh 19, Walter 16, T.
S. E. 14 (g son)
BECKHAM, J. T. 51 (T NC T), Lettie 52 (wife),
Alice 24, A. G. 22 (son), E. J. 18 (dau),
Josie 16, James M. 14, Rufus W. M. 10
(son)
BELL, John 26 (T NC NC), Sarah 21, Marion 1 (b.
May) (son)
KING, C. T. 50 (T NC NC), E. M. 50 (wife) (T NC
NC), Narcissa 20, Z. W. 18 (dau), James M.
14, A. A. J. 12 (dau), Geor. H. 9, Hugh A.
3

Page 16, Dist. 12

KING, Elizabeth 80 (widow), A. A. 30 (dau), Frank
17 (g son), L. W. 3 (g son)
BECKHAM, A. R. 26, M. E. 26 (wife), Loyd L. 1
(b. May); LASLEY, Ed (B) 6 (servant?)
SATTERFIELD, J. W. 19
HOGE, Nash (B) 55 (T SC SC), Harriet 54 (T VA VA),
Sarah (Mu) 32, Idena 15, James 12, Willie
11, Josie 8
STEVENS, A. M. 48 (shoe maker) (T NC NC), M. A.
37 (wife) (T SC SC); A. C.? 19 (dau), J. P.
13 (son), H. C. 10 (son), D. V. 7 (son), L.
C. 4 (dau), N. A. 1 (dau), Rob Lee 7/12 (b.
Nov)
HOGE, Augustus 31 (T NC T), Horace (B) 56 (laborer), Tabby (Mu) 50 (wife), Laura 26 (dau),
Bell 24, Mary 18, Ida 15, Caroline 12,
James 9, George 7, Wm. 11 (g son), Charles
9 (g son), John 4 (g son), Napoleon 6 (g
son), Florence 4 (g dau), Cora 1 (b. May)
(g dau); BLACKWOOD, M. (B) 70 (mother) (NC
NC NC); HARPER, Geo. 35 (laborer) (GA GA GA)
HOGE, Erwin W. 29 (T VA T), Alice 32 (dau), E. A.
63 (mother) (T LA LA)

Page 17, Dist. 12

HOLLAND, Mary (B) 23 (GA GA GA), B. W. 6 (son),
Fannie 4 (son), Gamiss 2 (son), Mary 6/12
(b. Dec)
CHUMLEY, Pete 22 (wagoner)
CRAWLY, M. (B) 30 (T VA VA), Martha 28 (wife),
Walter 8, Julia 6, Hattie 3, M. C. 1 (son)
JONES, Will (B) 20, Brunet (Mu) 18
JENNINGS, Jane 63 (widow) (NC NC NC), D. A. 27
(T VA NC), George 25 (T VA NC), Clarence 23
(T VA NC), Mary 37 (servant) (B) (T VA NC),
Jeff 17 (son) (T VA NC)

DURHAM, Thomas 52 (T VA VA), M. N. 50 (T NC NC),
Sarah H. 22, R. T. 21 (son), M. J. 18 (dau),
W. N. 16 (son), Margaret 14, Frances 12,
G. N. 9 (son?), M. N. 6 (son?)
JOHNSON, R. W. 56 (miller) (GA SC GA), E. M. 56
(wife) (GA SC GA), Wm. 34, J. P. 23 (dau),
N. P. 40 (sis) (GA SC GA), Thomas D. 80
(father) (SC SC SC)
CHENAULT, J. W. 32 (T AL T), Mary 27 (T NC NC),
Lavina 7, Wm. W. 6, David S. 5, N. E. 3
(dau), Sallie 9/12 (b. Feb) (dau?)
SMITH, Paul (B) 32 (T NC NC), Annie 29 (T MD MD),
C. H. 10 (son), Philip 7, W. L. 2 (son),
Walter 5/12 (b. Jan); COLBERT, Serena 25
(sis) (T NC NC), Mary 15 (sis) (T T T);
HARLAN, Jno. (Mu) 6 (orphan); TUCKER, Russel
4, Florence 3 (relationship last 2 persons
omitted)

Page 18, Dist. 12

HINSON, Tennessee 32, Jane 29 (sis) (crippled)
GRANBERRY, Cato (B) 70 (NC NC NC), KITTREL,
Harriet 37 (dau) (widow), Henry 16 (son),
Harry 11 (son), Cato 9 (son), Ed 5 (son),
Chesney 2 (dau)
GREENBERY, Louis (B) 50, Olivia 40 (wife),
Armstead 17, Thomas 14, Cornelia 12, Milly
9, Caroline 7, Payton 5, Charles 4, Lewis 3,
Olive 2/12 (b. Mar), Sherman 14 (son)
WHITE, Reuben 64 (widower) (blind) (T NC NC), V.
T. 36 (dau), W. T. 22 (son) (teacher), M. L.
19 (son), Jone 24 (dau), Izora 16 (dau);
LIDENER, L. B. 16 (g dau) (TX KY T), J. W.
11 (T KY T), John T. 8 (g son) (T KY T)
CAVENDER, S. C. 44 (T VA T), Lucy 24 (wife), Mary
18, Matilda 16, Robert 14, Thomas 13, Lucius
5, Stokes 3, Rosanah 2, Horlie 1 (dau),
Willie 3/12 (b. Feb)
JENNINGS, M. E. 48 (f) (T VA VA), L. M. 35 (sis)
(teacher) (T VA VA); STEWART, Rose (B) 9
(servant)

Page 19, Dist. 12

BROWN, B. John 32 (B) (AL AL AL), Susan 35,
Caroline 14, Robert 9, Zach 7, Nancy 4,
Henrietta 55 (mother) (AL SC SC)
JOHNSON, M. J. 38 (GA SC SC), M. E. 32 (wife),
Wm. H. 10, F. M. 8 (son), M. E. 6 (dau),
Charles T. 4, L. J. 1/12 (b. May) (dau)
DURHAM, J. L. 26 (T NC T), T. J. 29 (wife), G. H.
6 (son), L. A. 4 (son), J. E. 3 (dau), L. U.
1 (dau); SMITH, Betsey 62 (cook) (KY KY KY)
GOODRICH, Rich (B) 35 (carpenter), Elizabeth 35,
W. M. 14 (son), M. A. 12 (dau), M. A. 65
(mother) (T VA VA), M. J. 20 (dau)
LAWRENCE, Stephen (B) 45 (T T NC), Elizabeth 30
(wife), A. C. 12 (dau), Charles 11, Lou 6
(dau), Eula 2, Florence 6/12 (b. Dec),
Margret 17 (dau), Grandison 6/12 (b. Dec)
(g son)
LONG, Sabra (B) 50 (mother), Louisa 18 (dau), Ida
Belle 4 (g dau), Alberta 1 (g dau)
STEWART, Enoch (B) 67 (NC NC NC), Mary 35 (wife),
David 14, Alex 12, Louise 17, Enoch 5, Mary
2, Lillie 23 (niece), Susan 22 (niece);
GABRIEL, Jane 85 (mother) (T VA VA);
STEWART, Joe 17 (nephew)

Page 20, Dist. 12

NELSON, W. E. 63 (dept. P.M.) (T NC NC), Lavina
60 (wife) (T KY PA)
ANDRUS, James 67 (widower) (T VA NC)
STOCKARD, Nelson (B) 63 (NC NC NC), Fannie 43
(wife) (SC SC SC), Angeline 10 (g dau)
POWELL, F. D. 23
THOMSON, R. 52, Malinda 41 (wife), Evaline 19,
Priscilla 15, Belle 13, Anna 10, Mack 8,
Babe 6 (son), Jane 5, Luther 2
STONE, S. C. 32 (T SC VA), Elizabeth 26 (wife)
(T Baden Baden), Mary C. 6 (T Baden Baden),
Neva B. 3 (T Baden Baden), Fred 1 (T Baden
Baden)
PICKARD, G. W. 24 (T NC NC), M. E. 26 (wife) (T
NC NC)
STEWART, Joshua (B) 52, Abbie (B) 20 (wife),
George 16 (son) (RR hand), James A. 2, Huldah
1 (dau?)

Page 20, Dist. 12 (cont'd)

BECK, Richard (B) 32, Betsey 29, Matilda 13, William 13, Matilda 70 (mother), M. J. 17 (sis)
ANDRUS, Amy (B) 70 (widow) (NC NC NC), M. J. 48 (dau) (T NC NC); LAWRENCE, Mollie 22 (g dau), Mark 25 (g son) (teamster); ANDRUS, Dick 21 (g son)
JORDAN, Fred (Mu) 34 (carpenter) (VA VA VA), Becky 34, Fred 16, Charlei 12, J. W. 7, Annie 5, Willie 3
GORDON, J. W. 38 (T NC NC), Mattie 30, Thomas 6, Peyton 3, Sam C. 46 (bro) (T NC NC), Ellen 76 (mother) (NC NC NC), Eliza 48 (sis) (T NC NC), Mary 34 (sis) (T NC NC), Malinda 30 (sis) (T NC NC), Ann 26 (sis) (T NC NC)

Page 21, Dist. 12

PICKARD, R. S. (f) 54 (widow) (T NC NC)
CHAPMAN, J. H. 40 (T AL T), Margret 36 (T AL T), Nat 18, A. J. 16 (dau), John 11, Eliza 9, Joseph 7, E. J. 5 (dau), Mamie 2
WILLIAMS, J. (B) 21 (RR hand)
GABREN, Alex (B) 63? (VA VA VA), Adeline 32 (wife), Mary 12, G. Pillow 25; PILLOW, Sarah 30 (wife--whose?), Granville 2 (son)
HOLLERWAY, Nancy 28 (T VA T), Mary 8 (dau), Jasper 6 (son), Lula 3 (son--sic), infant 1/12 (b. May) (son), Martha 20 (sis), Mary 17 (sis)
WILLIAMS, Caleb 71 (NC NC NC), R. S. 73 (wife) (NC NC NC); TROUSDALE, M. A. 42 (dau) (T NC NC); BELL, Elizabeth 34 (dau) (T NC NC); TROUSDALE, C.Y. 18 (g son), Walter 13 (g son); BELL, Richard (B) 19 (servant); ORR, Thos. 35 (servant?)
KERR, R. S. 45 (T NC NC), M. A. 33 (wife), Nelly 10, G. N. 8 (son), M. E. 4 (dau); NICHOLS, L. M. 27 (sis) (teacher)
SHARP, Wm. A. 34, Nancy 32, M. P. 14 (dau), Jas. C. 12, Martha E. 10, Elizabeth 8, J. F. 6 (son)

Page 22, Dist. 12

DURHAM, Jas. 30 (teacher)
RIDLEY, Wash (B) 70 (T VA VA), Lucinda 45 (wife) (T VA VA), Margaret 19, Marinda 17, Judge 16, Sam 14, Beck 12 (dau), Smith 10, Willis 4
DICUS, John L. 36, Mary E. 30, W. S. 10 (son), M. M. C. 8 (dau), W. J. 6 (son), Rebecca 2, Samella 2/12 (b. Mar) (dau?)
BAILEY, J. L. 30, F. C. 27 (wife), E. G. 8 (dau), V. B. 11/12 (b. Jul); MARTIN, Frank (B) 12 (servant)
MARTIN, T. G. 49 (T VA T), L. K. 37 (wife) (T NC NC), Seth K. 10
DAWSON, Decatur (B) 49 (blacksmith) (T NC NC), Jennet 40, Rilda 18, Dick 16, Decatur 14, Clarissa 12, Fannie 10, Lizzie 7, Mann 4, Onnie? 2 (dau)
BECK, Anderson (B) 30, Lucinda 38 (wife), Lucie 15, Rowe 13, Wm. 10, Sam 6, Hattie 4; JUZRAHAM, Henry 18 (relationship omitted)
TERRY, Hester (B) 30, Harriet 10 (dau), Eliza 5 (dau)

Page 23, Dist. 12

KING, Susan A. 51 (NC NC NC), J. W. 31 (son), Susan M. 20 (dau), M. W. 18 (dau); MARTIN, John 10 (relationship omitted) (T VA T)
KING, Eli 51, Calliedonia 34 (wife), E. A. 17 (dau), Mary 13, F. F. 11 (son), A. E. 9 (son), Wm. J. 7 (son), L. S. 3 (dau); THOMPSON, Eliza 35 (sis), Harry 14 (nephew), Mack 10 (nephew), Anna 8 (niece), Barney 5 (nephew)
WITTSHIN, J. N. 35, A. E. 35 (wife), Eddie 12, D M. 10 (dau), M. L. 8 (dau), Eona C. 6 (dau), N. M. 3 (son)
GRIMES, Toney (B) 45, Amanda 40, Albert 18, Sam 12, Luther 9, Emma 7, Martha 17 (step dau), Rissa? 15 (stepdau)
CHENAULT, L. H. 46 (widow), J. L. 22 (son), Jeptha 20 (son)

HACKNEY, Joe 38, Martha 26 (wife), Willie T. 3, Mary 2; STONE, Caroline 65 (mother) (VA VA VA)
HIDE, Wm. K. 56 (T VA VA), M. J. 50; COLENSIM?, M. E. 25 (dau), E. S. 20 (son in law) (KY KY KY); HONN, Lula 6 (orphan); HOLLOWAY, John 23 (laborer)
ANDERSON, Elizabeth 45 (widow) (T NC NC), Jas. C. 18, Sid L. 15, M. A. 13 (f), M. N. 9 (f), Agnes 7 (f)

Page 24, Dist. 12

McKENZIE, Sarah 75 (widow) (SC SC SC), Eliza 30 (GA SC SC), Rosanna 28 (AL), F. M. 25 (AL), Lucretia 21 (AL), Mary 7 (g dau), Jonas 4 (g son)
SPRINKLES, Thos. 75 (widower); CALDWELL, Sarah 45 (housekeeper), Ida 7 (dau)
DAVIS, J. W. 24, Margaret 16 (wife), Sarah L. 1/12 (b. Apr)
DAVIS, Allen 46, Minerva 33, Wm. 16, T. N. 12 (son), Alfred 6, B. A. 3 (son)
PARKINSON, B. L. 24 (NC NC NC), M. J. 22 (wife), W. E. 2 (son), B. L. 2/12 (b. Mar) (son); COLEBURN, J. W. 24 (bro)
COLEBURN, T. L. 36 (widower) (T T NC), Jennie 11, Mary 10, Harvey 9, Samuel 6; TURUTO, Everline 37 (housekeeper)
WRIGHT, Garian? 49, S. A. 36 (wife), J. F. 22 (son), W. L. 20 (son), L. M. 17 (son), S. M. 12 (dau), S. A. 10 (dau), Willie L. 8, A. J. 6 (son), W. S. 4 (son), J. L. 3 (son), Eugene & Josephine 4/12 (b. Feb) (twins), P. H. 25 (son), Martha 28 (dau), Eula 2 (g dau)
SMITH, I. H. 29 (T VA VA), Fannie 24, Ida L. 8, W. C. 6 (son)

Page 25, Dist. 12

WATSON, J. H. 48, M. E. 42 (wife), Samuel 15, Joseph 12, Ben 11, Paralee 7, Susan M. 5, Sarah 1
STOCKARD, Perry (B) 65, Hulda 60; JORDON, Viney 20 (niece), Beck 16 (niece), Rose (Mu) 3 (g niece); JOHNSON, Alice 5 (orphan), Ann (B) 2/12 (b. Mar) (orphan)
SMITH, L. J. 77 (T VA VA), Elizabeth 68 (wife) (VA VA VA), Gantt, Agnes 37, Ella 8 (g dau), Walter 6, Minnie 2 (g dau)
THOMASON, Winnie 50 (widow); CARROLL, Winnie 20, John 20 (son in law)
BENNETT, Alex 63, Emily 40 (wife), Frank 20, George 18, Elija 12
DAVIS, West 39, Jane 30, Sarah E. 8, Mary A. 5
CHAPMAN, Jas. 50 (AL AL AL), Alfada 48
SMITH, Caroline 38
LINDSAY, Jane 55, Sarah 20 (dau); DUKE, Elizabeth 50 (sis); CROSS, A. A. (f) 19 (orphan)
ORR, Alex 79 (MD Ire Ire), R. H. 56 (wife) (T NC NC), A. K. 25 (son) (trader), E. A. 17 (son), John 63 (bro) (divorced) (KY Ire Ire)
MITCHELL, Lucy (B) 30 (widow); GEORGE, Ella 1 (dau)

Page 26, Dist. 12

CLARK, Jas. (B) 37 (VA VA VA), Margaret 26 (wife) (GA GA GA), Mary 8, Robert 6, Charles 4; KENDEL, Bob (Mu) 45 (boarder) (stone mason) (AL AL AL)
SARTIN, Monroe (B) 31 (plasterer) (GA GA GA), Harriet 28, Lizzie 14, Frank 12, Melissa 9, John 4, Sarah 2, Grant 3/12 (b. Feb); KITTRELL, Hester 48 (mother)
TUCKER, Hulda (B) 68; BRISCO, Andy 18 (son)
HINES, Nancy 76 (widow) (VA VA VA), Elizabeth 49 (T VA VA), Lucinda 42 (T VA VA), Franklin 16 (g son)
HINES, S. H. 40 (son of Nancy) (T VA VA), M. J. 34 (wife), Hattie 18, S. H. 13 (son), Rose 10, Ada 8, Sallie 6, Cora 4
HOGE, Geo. L. 38 (T VA T), Leora 39 (T NC T), W. L. 2 (son); LONG, W. H. 19 (m) (cousin) (FL T T)
HOGE, Alex (B) 19, Dick 7 (relationship omitted)
CHENAULT, S. A. 28 (T AL T), Fannie 20 (wife), J. V. 5 (son), Sarah 3, Franklin 6/12 (b. Dec)

Page 26, Dist. 12 (cont'd)

ROGERS, Thomas (B) 39 (MS MS MS), Henrietta 36 (MS MS MS), Henry 18 (MS), Sarah 16 (MS), M. A. 14 (dau) (MS), Bell 12 (MS), John T. 11 (MS), Elvira 9 (MS), Emma 7 (MS), Carrie 6 (MS)

Page 27, Dist. 12

SMITH, M. 37, Annie M. 30 (wife) (T VA KY), W. C. S. 6 (son), Julia J. 4 (dau)
CHARTER, Silla (B) 24
MERIWETHER, W. (B) 38, Lou (Mu) 29 (wife), George 8, Albert 6, Mary 4
HOLLAND, John (Mu) 32, Roxana 24, Elbert 3, Ed 2
HOLLAND, Geo. (Mu) 25, Mary (B) 17; CATES, Sam 20 (laborer)
PENNINGTON, F. E. 24, Isadora 23 (wife), E. C. 4 (son), E. G. 2 (dau)
McMAHAN, J. L. 18 (m)
BARNES, E. F. 43 (widower) (T NC NC), Lula M. 18, Claudia J. 16, Willieanna 14, Chas. F. 12, Rupert E. 10, Lucias G. 7
CRAIG, S. M. 36, Felicia 32 (wife), Willie 9, Hettie 7
HOLDEN, Thos. 70 (T NC NC), Mary 33 (wife) (T NC NC); CHUMBLEY, R. 35 (sis) (T NC NC), Rixy 6 (niece) (T NC NC)
BROWN, Chas. 21
SMITH, Geo. (B) 26 (widower)
WIGFALL, Annie (B) 43 (widow), Elias 18, John 16
ORR, Martha (B) 26, Addie 11 (dau), Thomas 9 (son), William 1 (b. May) (son)
WILLIAMS, C. (Mu) 16 (f)
KING, W. T. 24, S. E. 23 (wife), Leora 4, Ben 1

Page 28, Dist. 12

GRIFFITH, S. E. 63 (T PA VA), A. W. 60 (wife)
LYNUM, Gilbert (B) 18
GRIFFITH, J. S. 37, Mary S. 28 (wife), J. C. 6 (son), S. A. 4 (son), Susan L. 3, Dovey 2 (dau)
LINDSEY, Maria (B) 38, Lizzie 8 (dau), Allie 6 (son), Annie 10/12 (b. Aug) (dau)
PICKARD, A. J. 30, Josie 29 (wife), John A. 9, M. A. 8 (dau), Willie 6
TUCKER, Jerry (B) 40, Nancy 22 (wife), Emma 14 (dau), Amanda 12 (dau), Fannie 7 (dau), Leonard 5 (son), Harmon 2/12 (b. Apr), Walter 4 (stepson)
KITTRELL, S. R. 79 (widower) (NC NC NC), Agnes (dau) (T SC T), Ernest G. 23 (son) (T T T), Katie H. 21 (dau) (T T T), Seth W. 18 (son) (T T T)
DOBBIN, Esther 88 (mother--of whom?) (T Scot Scot), Mattie 41 (dau) (T Scot Scot)
THOMPSON, J. (B) 36, Mary 24 (wife), Bill 8
WHITE, Ed (B) 24, Phillis 22, Omor 6 (dau), Ike 4, Delia 8/12 (b. Nov); THOMPSON, Peter 8 (stepson)

Page 29, Dist. 12

KING, Layfayett 20
GIBBS, Geo. (B) 32 (well digger) (GA GA GA), Delia 31, Viney 12, Sarah J. 6, Martha 3
STRIBLING, Dan (B) 28 (R Road), Minty 24 (wife), Matilda 7, Daniel 5, Alex 3, Thomas 1 (b. May)
STAGGS, John 36, M. A. 34 (wife), James 14, Robert 12, S. G. 10 (dau), Annie 6; NEELEY, Sarah 60 (mother)
WYRICK, D. H. 35 (hunter) (consumption), Ellen 32, Walter 10, M. G. 8 (dau), Eva 3
WATKINS, Wm. (B) 52 (VA VA VA), Celina 45, Emma 24, Sam 7 (g son), Ernest 5 (g son), Frances 20 (dau), Ellen 7/12 (b. Dec) (g dau), Celina 16 (adopted) (b. place parents of last 6 persons listed as VA)
DALEY, West (Mu) 42, Tempy (B) 42, Caroline 19
WILEY, Lewis (B) 61, Mag 60 (wife)
RODGERS, Wm. (B) 21
POLK, Alex (B) 21, Patsey 20, Merret 2
JACK, Porter (B) 23, Sallie 20, Jane 3
McCLINCHEY, Geo. (B) 30, Lou 29, Eliza 7, Queen 5, Patty 3, Anthony 1

Page 30, Dist. 12

CLEARY, Micheal 45 (works on R Road) (Ire Ire Ire), Mary A. 29 (wife) (AL AL AL), Arthur 9, Julia A. 6, Emma 4, Minnie 1 (b. May); KATING, James 60 (father) (works on R Road) (Ire Ire Ire)
JACKSON, A. G. 38 (widow) (T NC NC), N. M. 18 (dau) (T VA T), M. D. 14 (T VA T), E. S. 9 (T VA T), J. G. 7 (son) (T VA T), R. C. 5 (son) (T VA T); GRANBERY, M. A. 76 (mother) (NC NC NC)
STOCKARD, Camilla (B) 20
GRANBERY, Jerry 35, Bell 20 (wife?), West 8
GOAD, Newton 45 (overseer), Minnie 23 (wife), Nathan 17, Ephraim 13, Genie 10 (son), Sallie 8
FLEMING, Lucy (B) 50 (widow), Jack 21, Hunter 18, Ella 8
COX, Jessie 48 (overseer), Rebecca 51, Mary E. 28, Sam. H. 19, M. J. 14 & dau), Ruth 11
DICUS, Geo. 19, Rhody 21 (married within yr)
GIBSON, J. W. 25, Martha 22, Robert 2
CLANTON, G. W. 32 (T NC NC), Caroline 31, M. C. 10 (dau), Walter 8, Robert 6, Louisa 4, G. W. 1/12 (b. Apr), M. E. 80 (father) (NC NC NC), Parthena 75 (mother) (NC NC NC)
JHONSON, Mary 80 (widow) (NC NC NC), Wm. H. 50 (NC NC NC)

Page 31, Dist. 12

DALEY, Wiley (Mu) 45, Tennessee (B) 46, Catharine 17, Tenny 11, Cynthia 7, Martin 60 (relationship omitted) (pauper) (crippled)
DALEY, Geo. (Mu) 61 (carpenter) (VA VA VA), Sophanna (B) 50, Harry 16, Walter 14, Babe 7 (g dau)
THOMASON, Jas. J. 66 (T NC OH), Catharine 56 (NC NC NC), Catherine 27 (dau) (consumption) (T T OH), Margaret A. 25 (dau) (T T OH), John 24 (T T OH), Thomas 23 (son) (T T OH), Wm. 21 (son) (T T OH), Alois 19 (son) (T T OH)
WISDOM, F. M. 52 (T VA VA), Emily 28 (wife), M. L. 14 (dau), Elihu L. 12, Thomas H. 1
BAUGUS, Wm. 29, Lavinia 24, Willie 5, Katy 2
WILLIAMS, J. R. 37 (NC NC NC) (insane), Ellen 36 (wife), Laura 7, Lana 5, Lucious 3, infant 11/12 (b. Apr) (son)
WILLIAMS, W. D. 79 (crippled) (NC NC NC), Mary 40 (wife) (AL AL AL)
SMITH, Willis (B) 32, Silvesta 29, Wm. J. 11, Willis 9, Dinah 7, Eddie 5, Missy 3, Henry 1
LASLEY, T. J. 62 (NC NC NC), L. M. 56 (wife) (T NC NC), Mary 19 (T NC NC)
LASLEY, Sam (B) 26, Fanny 20, Lou 6 (dau), Beckey 4, Annie 2

Page 32, Dist. 12

JENNINGS, W. S. 40 (T VA VA), C. M. 35 (wife), Wm. K. 12, J. W. 10 (son), Carrie 8, Patty 6, Fannie 4, Ada 2, Robert 1
MITCHEL, Jack (B) 18
CROSS, Sarah 70 (widow) (VA VA VA), James 40 (T VA VA), Lizzie 30 (T VA VA)
PENNINGTON, W. J. 39, B. J. D. 36 (wife), M. A. 10 (dau), Murtilla 5, infant 3/12 (b. Mar) (dau)
NOWLIN, T. A. 18
PENNINGTON, J. H. 72 (T NC NC), Araminta 74 (crippled) (VA VA VA); SIMS, Fanny 18 (g dau)
STOWERS, Berry 34 (AL AL AL), Caroline 44 (wife), Nancy E. 21 (AL), Mary E. 19 (AL), Chas. A. 15 (T), Martha J. 13, M. A. 10, Cynthia 7; GIBSON, Laura 19 (step dau), Emily 10 (stepdau), Murphy 6 (stepdau)
WORTHAM, Eve (B) 35 (widow), Joseph 17, Alex 15, Susan 11, Hulda 7, Fannie 5, Edwin 3/12 (b. Mar)
DOUGLASS, C. A. 49 (R R Boss) (IL MS MS), Lizzie 39 (wife) (T VA T), Chas. E. 12, C. M. 10 (dau), John 7, Elsie 4, Pearl 2
HUNTER, Green (B) 20

Page 33, Dist. 12

RIDLEY, Tom (Mu) 32, Emily (B) 30, Annie (Mu) 13, Alex 11, Laura 9, Thomas 5, Willie 3, Daniel 1, Eliga (B) 67 (relationship omitted) (T VA VA)
ORR, Manuel (B) 46, Mary 44, Charlotte 17, Martha 15, John 12, Eugene 10, Willie 8, Cora 6, Charles 4, Annie 2
GORDON, John (B) 25, Evaline 19, Mary 1; TURNER, Mary 11 (servant?)
BLACKWOOD, M. (B) 45 (widow) (VA VA VA), George 19 (consumption) (T VA T), Frank 16 (T VA T)
PRICE, Frank (B) 27 (works on RR), Rosana 26, Willie 8, James 6 (deaf & dumb), Emma 4, Walter 2, Thomas 1
HARRIS, Maria (B) 39 (widow) (crippled) (VA VA VA), Nettie 15 (scrofula), Ella (Mu) 1 (g dau)
TOOMS, Chas. (B) 59 (NC NC NC), Eliza 50 (T NC NC), Beckey 25; TERRY, James (B) 26 (son in law), Jereman H. 4 (g son), James W. 1 (g son), Clarissa 23 (dau); LAWRENCE, Hampton 27 (son in law), Eliza 6 (g dau), Geo. 4 (g son); HILL, Bell B. 22 (dau); JOHNSON, M. A. 16 (dau); LAWRENCE, Parthana 27 (cousin), Rachel 7 (dau)

Page 34, Dist. 12

BLACKWOOD, H. (B) 21 (works on RR), Josie 30 (wife), Henry K.? 15 (stepson); DENTON, Mary 16 (niece)
NICHOLS, Lewi 76 (KY KY NC), Jenney 48 (wife) (T KY VA), Carrie L. 18, John L. 16, M. M. 13 (dau), Annie M. 11, B. F. 9 (son)
LANIER, L. F. 56 (NC NC NC), M. P. 50 (wife) (T NC NC), Alice C. 28, Kate B. 25 (teacher), Chas. A. 23, Sarah C. 21, Louella 19, Maggie 17, Robert L. 15, Hugh H. 13, Wm. B. 11, F. G. 9 (son), Lizzie G. 7
ORR, Frank (B) 46 (T NC NC), Mary 35 (wife), Eliza 8, Edmud 6, John W. 2, Pinkey 54 (mother) (NC NC NC)
HUNTER, Gracy (B) 57 (widow) (T NC NC), Mary 23 (dau), James 19, Taylor 10 (g son)
WORKMAN, J. 38 (T NC NC), Ellen 40 (wife) (NC NC NC), Wm. K. 17, Martha G. 13, John A. 10, H. M. 7 (son), Tilden W. 3, Ninny 6/12 (b. Nov)
JOHNSON, D. W. 58 (NC NC NC), Nancy M. 51 (wife) (T NC NC), Sam H. 22 (divorced), D. R. H. 20 (son), P. A. 18 (dau), M. G. 16 (dau), Thos. G. 13, L. W. 11 (son), J. G. 1 (g son) (T NC T)

Page 35, Dist. 12

STONE, J. W. 45 (T SC VA), J. A. 32 (wife), E. M. 9 (son), T. T. 7 (son)
CONNER, H. (B) 46, M. G. 29 (wife), Betty 16, Gilbert 13, James 10; BAILEY, John 12 (nephew)
WATKINS, John (B) 68 (T SC SC), Sophia 45 (wife) (KY KY KY), Maria 12
BYNUM, Jack (B) 43, Betsy 38, Cornelia 17, Harriet 14, Jack 11, John 18, Charles 8, Eugene 6, George 4, Inez 2, Betsy 1
HUGHES, Mary (B) 52 (widow) (GA GA GA), Nancy 18 (GA GA GA), Andrew 16 (GA GA GA), Ben 12 (GA GA GA), Agnes 9 (GA GA GA)
TUCKER, Alex (B) 35, Elizabeth 31, Mary 10, Joseph 8, Willie 6, Harriet 2
NELSON, Ibby 50 (widow) (consumption) (T NC NC), Camilla 28, W. M. 23 (son), Sam E. 20, Geo. Ella 16, Sarah 26
KING, J. H. 53 (T NC NC), M. E. 43 (wife), M. E. 16 (dau), Jacob T. 20, Susan E. 13, M. D. 11 (dau), Ruth A. 9, E. L. 7 (dau), James 4; BARNET, Wm. (B) 10 (servant)

Page 36, Dist. 12

INGRAM, W. E. 43 (KY VA KY), Ava 29 (wife) (T NC T), Sam J. 9, Pearl 1

HOGE, Lewis (Mu) 27, Dora 24, Carrie 9, Ophelia 8, Charles 6, L. W. 4 (son), Mary 1
PENINGTON, A. M. 32, F. O. 33 (wife) (T NC T)
SIMMONS, J. (Mu) 25
CHAVERS, N. J. (Mu) 28 (T VA VA), Kissiah 25, Mary P. 5, John J. 3, J. G. H. 10/12 (b. Aug) (son)
DALEY, Amy (B) 73 (g mother--of N. J. Chavers?) (rheumatism) (VA VA VA), Stith 75 (g uncle) (VA VA VA), Mariah 74 (wife) (VA VA VA), Allen 48, Milly 46 (wife) (T NC NC), Allen 21 (son), Amy 19 (dau), David 43 (bro) (T VA VA), Parthena 14, Stith 12, Grant 10, Matilda 8
HOGE, Wm. (Mu) 52 (widower) (T VA VA), Jackson 19, Clary 14, Mariah 12, Nancy 24, Ernest 5 (g son), Mary 2 (g dau), Jenny 90 (mother) (old age) (VA VA VA)
CHAVERS, E. (B) 47 (widow), Johanna 16, Geo. 14, Edmund 9, Nepoleon 3
DALEY, H. (B) 69 (VA VA VA)
COX, Matilda (B) 64 (widow) (VA VA VA), Mary 12 (dau) (T VA VA)

Page 37, Dist. 12

LAWRENCE, Susan (B) 97 (widow) (NC NC NC), Harry 74 (son) (NC NC NC), Jame 48 (wife) (NC NC NC), Sam 28 (son) (T NC NC); RIDLEY, Annie 9 (g dau)
DAWSON, Eli (B) 44, Priscilla 43, Colonel 21, Haywood 13, Ella 16, William 12, Eli 10, Emanuel 10, Ernest 8, Milton 4, Grant 2; LAWRENCE, Wm. 5 (nephew)
MATHEWS, Tobe (B) 43 (T VA T), Jane 30 (wife), Charity 15
JENNINGS, Manuel (B) 50 (NC NC NC), E. J. 49 (wife), Henry 19, Walter 18, Eugene 14, Sidney 12, Martin 10, Bell 9, Albert 7, Willie 23, Susan (Mu) 25 (wife), Minnie 8, Manuel 6, Harriet 4
HARLAN, Willie (B) 26, Sarah 25 (T NC T); FRIERSON, Becky 20 (sis)
TERRY, Haywood (B) 57 (NC NC NC), Harriet 48 (T VA VA), Rose 12 (niece), Mollie 5 (niece)
LASLEY, Celia (B) 22 (dispepsia)
ROLAND, Alice (B) 17
POTTER, Ezra (Mu) 54 (T T KY), Mahala 43 (wife), William 18 (works on RR), Margaret 13, Mary 11, Watler 9, Boling 7, Grant 5, Cora 3, Hasey 2 (dau), Harriet 10/12 (b. Aug)

Page 38, Dist. 12

KENEDY, A. K. 31, Esther 26, Ella 9, Wm. A. T. 7, James H. 5, Geo. L. 3, Ada F. 1; HENDERSON, Edy 59 (mother)
BIBB, Thomas (B) 48 (AL AL AL), Sallie 29 (wife)
CONNER, Geo. (B) 51, Queen 45 (T VA VA), Alonza 17 (son), Clinton 15, Ella 12, Geo. & Mary (twins) 7, Sallie 5, Malcome 2
DOOLEY, McKinney 60 (T KY VA), F. E. 50 (wife), W. P. 24 (son), James M. 21, Lula M. 17, Frank 9
THOMPSON, J. W. 45 (T NC T), L. A. 38 (T KY T) (wife), J. M. 7 (son), Willie 2, M. E. 6/12 (dau)
GALBRETH, J. R. 32 (waggon maker), Jemima 27 (wife), Isadora 4, Adella 10/12 (b. Aug)
CHENAULT, F. R. 35 (blacksmith), M. E. 33 (wife), J. H. 17 (son), Wm. J. 14, Emily J. 12, Jemima 10, Lenora 8, Thos. J. 6, F. B. 4 (son)

Page 39, Dist. 12

PICKARD, J. F. 59 (T NC NC), Ruth 52 (wife); STEWART, Robert 15 (son)
KING, W. A. 31, Elizabeth 30 (wife), Frances 2
SLATE, S. L. 42 (T SC T), Martha 43 (wife) (AL AL AL), John 18, M. J. 10 (dau), Robert 7, Sarah 2
LASLEY, Kate 45 (T NC NC), Rebeca 35 (sis) (T NC NC), Elizabeth 50 (sis) (T NC NC); FRIERSON, Lucy (B) 10 (servant); HOLDER, Julia 55 (boarder)

Page 39, Dist. 12 (cont'd)

GIST, John J. 31, Margaret 36 (wife), M. J. 10 (dau), Fannie 8, M. E. 5 (dau)
NANCE, J. W. 57 (blacksmith) (KY VA SC), Nancy 48 (KY VA SC) (wife), Henrietta 21, Lafayette J. 18, J. W. 16 (son), A. N. 15 (son), Mildred 13 (son), J. F. 10 (dau), Eugenia 8 (dau), Walter 6, Ada 4
PUGH, James 73 (rheumatism) (NC NC NC), Lavinnia 77 (wife) (heart disease) (NC NC NC), Jane Sarah 50 (dau), A. N. 39 (son) (works on RR), M. E. 38 (wife), Creed H. 7 (son), V. A. 6 (dau), A. M. 4 (son), Ella R. 2 (dau)
PUGH, James H. 46 (son of James?) (fever) (T NC NC), P. E. 36 (wife) (AL AL AL), Sarah E. 17, Martha 16, Susan 13, Marcella 3
PUGH, W. J. 25, Sallie M. 23 (wife), Wm. E. 5, Ada B. 3, Robert M. 1

Page 40, Dist. 12

WILLIAMS, O. W. 40 (NC NC NC), N. F. 36 (wife) (T NC NC), A. S. 13 (son), Lula 3
CRAIG, John 71 (T NC NC), Nancy 65 (T NC NC), S. B. 42 (son) (shoemaker), R. N. 27 (son); WILLIAMS, Albert (B) 10 (servant)
CURTIS, W. J. 23
ESTIS, Sol (B) 25 (works on RR) (KY KY KY)
BRATCHER, J. K. 33 (teamster) (T SC SC), M. J. 36 (wife) (T SC SC), Wm. J. 14, Levi O. 11, Robert S. 9, Emily L. 7, Walter W. 5, Geo. L. 1
DESHON, G. B. 47 (miller), Mary 42 (NC NC NC), Ben 19, Horace 17, Jenny 15, Lizzie 13, Albert 10, Marvin 6
STOCKARD, Andy (B) 33 (T MO T), Alabama 27 (wife), Andrew 7, Willie 5, Annie 3/12 (b. Mar), Geo. 24 (bro) (T MO T), Jerry 21 (bro) (T MO T)
BELL, Willis 24 (engineer), Leona 23, Woddy 3 (son)
STEWART, Joe 19 (clerk)
JONES, N. W. 59 (trader) (T NC GA), A. M. 55 (wife) (T VA VA), Fannie N. 19
GOODLOE, Maria 18
GUTHRIE, John (B) 35 (shoemaker), Sabra 30 (wife), Wm. 10, Nick 8, Sabra 1

Page 41, Dist. 12

PILLOW, Randal (B) 63 (VA VA VA), Lavinnia 60 (T SC SC)
FRIERSON, Luther (B) 24 (T SC SC), Mary 23 (T VA T), Randal 8, Susan 4
HARLAN, Daniel (B) 30 (T KY KY), Elvira 27 (T VA T), Lavinnia 8 (dau) (T KY T), Simon 19 (bro) (T KY KY)
WISDOM, John 27, E. R. 28 (wife), H. A. 1 (dau), E. J. 3/12 (b. Mar) (dau)
GILMORE, W. H. 38 (carpenter) (T VA VA), Malinda 41, Franklin 14, Caleb 12, Geo. W. 8, Ida 6, L. C. 5 (son), Boys 10/12 (b. Apr) (sons)
BELL, W. H. 39 (m), Evaline 37, Mary E. 13, Sarah J. 11, W. H. 9 (son), J. R. 9 (son), Carrie 6, Virgie 3
HENDERSON, N. 52 (widower) (NC NC NC)
THOMASON, Sophia 75 (NC NC NC), Mary 40 (dau) (T NC NC)
GRIMES, J. A. 43 (T T NC), M. E. 48 (wife) (AL AL AL), Emily J. 20, James A. 17, Mary E. 14, John 12, Walter N. 9, Felix L. 6, Calvin E. 2; KING, J. B. 9 (relationship omitted) (deaf & dumb)

Page 1, Dist. 13

1. MAYES, J. M. S. 84 (SC PA SC), Susan M. 75 (SC SC SC) (wife), H. S. 35 (son); SMITH, Eva 26 (adopted dau)
2. HILL, Miss L. E. 42 (niece), F. E. 32 (nephew), Mary T. 35 (niece)
3. LIPSCOMB, A. A. 41 (dept. sheriff), M. R. 41 (wife), Susie M. 8
4. MAYES, March (B) 94 (infirm) (SC SC SC), Venus 74 (wife) (SC SC CS), Phebe 57 (dau) (SC SC SC), Georgie Anna 21 (g dau), March 22 (g son) (crippled), John W. 1 (g son); REDDIN, Leander 10
5. MAYES, Hannah (B) 82 (widow) (SC SC SC); WARD, Hillary 26 (son in law) (GA __ __), Sallie 22 (wife), Loretta P. 8/12 (b. Aug)
6. MAYES, Sam (Mu) 26 (T SC SC), Harriet (B) 26 (T __ T), Phillis 6; HARLAN, Phillis 60 (mother in law) (T __ __); MAYES, Jessee 19 (relationship omitted); BEATTY, George 18 (relationship omitted)
7. FRAZIER, Jordan (B) 35 (__ __ __), Levinia 30, Walter H. 13, Minnie 6; WADE, Munroe 16 (servant)
8. RANKIN, Martin (B) 37, Jansie 36, Lucy Ann 14, Lena 12, Charlie 11, Eddie 9, Phebe 3, Warman 3/12 (b. Feb)
8. MAYES, Jeff (B) 44 (T SC SC), Satyra Ann 39 (T SC T), Hannah 18, Martha 15, Jeff jr. 13, Ella 10, Emma 10, Tennie 8, McLemore 2, Sam Will Howard 5/12 (b. Jan); LONG, Rob 27 (servant); ROLAND, Charles 21 (servant), Sarah 20 (wife), HART, J. C. 68 (W) (relationship omitted)

Page 2, Dist. 13

9. FRIERSON, W. R. 53 (widower) (merchant & farmer) (T SC SC), G. M. 26 (son) (merchant), Miss A. V. 18 (dau)
10. FRIERSON, Edward (B) 49, Henrietta 48, Martin 20, Adaline 16, John 14, Milton 12, Sam 8, Eliza 6
11. RUSSEL, Julietta (B) 26, Lucy 9 (dau) (T SC T), Margaret 7 (dau) (T SC T), John 4 (son) (T SC T), William 2 (son) (T SC T); SMITH, Mack 20 (boarder)
12. FRIERSON, Billy (B) 44, Margaret 30 (wife), Peter 10; MAYES, Felix 12 (son), Ellen 16 (dau)
13. FRIERSON, Nat (B) 53 (T VA T), Drusilla 53 (hemorrage lungs) (T SC SC), Mary 18 (adopted dau), John 12 (adopted son), Drusilla 7 (adopted dau), Charlie 14 (adopted son)
14. BIFFLE, Parallee 40 (B), Sam Henry 10 (son), Eva Ann 5 (dau)
15. MAYES, Fanny (B) 40, Amanda 16 (dau), Becky 14 (dau), Grandison 10 (son)
16. FRIERSON, James (B) 46 (T SC SC), Lavinia 34 (wife) (T __ __); GALE, Annie 19 (dau); FRIERSON, Rufus 14 (son), Thomas 11, Joseph 10, Leroy 8, Samuel 7, Napoleon 5
17. FRIERSON, Ambrose (B) 80 (widower) (SC SC SC), Martha 21 (g dau)

Page 3, Dist. 13

18. HILL, Harvey (B) 60 (minister & farmer) (T SC SC), Judy 55 (T SC SC), Morgan 17, Susannah 13; FRIERSON, Frank 24 (farmhand), Nelly 23 (sis)
19. DOBBIN, William (B) 34, Bettie 26, Bateman 4, Dora Ann 2, Frank 7/12 (b. Oct)
20. DOBBIN, Munroe (B) 42, Celia 41 (T SC SC), Fannie 15, Sidney 14 (son), Tilda Ann 13, Harriet 11, Billy 9, Kate 7, Munroe 6, Sally 4, Laura 9/12 (b. Aug)

Page 4, Dist. 13

21. FLEMING, Prince sr. (B) 62 (SC SC SC), Cene 52 (wife) (dysentery) (T SC SC), Bill 23, Junius 20, Ambrose 16, Cene 13; EMBRY, Harrison 8 (g son); FLEMING, Lucy Ann 12 (g dau), Cora 7 (g dau); EMBRY, Kate 26 (servant) (AL AL AL)
22. FLEMING, Prince jr. (B) 28 (divorced) (T SC SC)

MAURY COUNTY

Page 4, Dist. 13 (Cont'd)

23. GRAY, Samuel 57 (T NC NC), Margaret J. 55 (T NC NC), Mary B. 21, Ada 18; FURGERSON, Addie 12 (niece); BELL, Sarah 75 (mother in law) (NC NC NC)
24. FRIERSON, F. W. 43 (T SC T)
25. CARTHEL, Mrs. M. M. 48 (sis--whose?) (T SC T), Ian? 20 (son), Jennie S. 17 (dau)
26. FOSTER, Mary L. 43 (widow) (NC NY NY), Thos. 20 (SC NC NC), William 17 (SC NC NC), Robert 14 (crippled) (SC NC NC), Susan 10 (T NC NC), Crafton 8 (T NC NC)
27. MASSEY, Sarah A. 44 (widow) (T VA VA), I. T. C. 19 (son)
28. FRIERSON, Leah (B) 55 (widow) (infirm), Cordelia 29, Lou 10 (g dau), Perry 5 (g son), Leah 3 (g dau), Musie 5/12 (b. Dec) (g dau), Perry 23 (son), Mary 16 (wife)
29. WILLIS, W. J. 32 (farmer & gunsmith), Mary A. 31 (wife), W. J. H. 12 (son), W. W. 9 (son), C. R. 7 (son), Emma C. 6, A. M. 3 (dau), C. H. 1 (son)
30. COLLIER, H. L. 39 (miller) (T NC VA), Nannie E. 8 (dau), Dosha L. 5 (dau)
31. WALKER, Newton (B) 35 (blacksmith)
32. PINKSTON, B. B. 37 (miller), Nancy 36 (wife); HODGE, Belle 18 (niece) (T T NC), Fannie 14 (niece) (T T NC), James 11 (nephew) (T T NC), Frank 7 (nephew) (T T NC)

Page 5, Dist. 13

33. MASSEY, John 59 (bee keeper) (NC NC NC), Rebecca 58, P. M. 21 (son) (blacksmith), Sallie 16 (dau in law), Harvey 19 (son)
34. BROWN, Wiley (B) 50 (blacksmith) (GA GA GA), Nancy 45 (GA GA GA), Lou 22 (GA), Martha 20 (GA), Joe 19 (GA), Fed 15 (GA), John 12 (T), Albert 10, Wiley 9, Harriet 6, Georgia Ann 2, infant 1/12 (b. May) (son), William 3 (g son), Nettie 5/12 (b. Jan) (g dau), Jackson (Mu) 1 (g son) (mother of g children b. GA)
35. MILLER, Saml. 34, Mary A. S. 43 (wife) (T SC SC); TALLY, Sarah 17 (stepdau)
36. WEBSTER, Mrs. M. R. 53 (widow) (T Ire T), T. C. 25 (son), Fannie K. 21; YEATMAN, N. P. 27 (son in law) (MO __), M. C. 27 (dau), Sarah M. 1 (g dau) (T MO T); DOZIER, R. P. 22 (boarder) (physician)
37. WEBSTER, Henderson (B) 33, Fanny 28 (AL AL AL), Dilly 8 (dau), Hatty 6, James A. 4, Felix 2; ROLAND, Jim 23 (servant) (AL AL AL)
38. FRIERSON, Adly (B) 27 (T T SC), Lucy 27 (wife), Lelia 3
39. CRAIG, Milton (B) 36, Elizabeth 36, Walter 18, Lucius 5, Charles 5, Charlie 4/12 (b. Jan)

Page 6, Dist. 13

40. BOFFMAN, William (B) 44 (KY KY KY), Margaret 30 (wife) (disordered liver), Maggie 14, Simon 10, Laura 8, Willy 6
41. FRIERSON, Shaw (B) 35, Nancy 30, Linda 10, Gardiner 6, Horace 2, Frank 1
42. WEBSTER, H. P. 31, Mary P. 27 (sis), Mattie R. 25 (sis); ARMSTRONG, Charles (B) 18 (servant)
43. MASSEY, J. H. 30, Martha J. 32 (T VA T) (wife), Florence 5, Fannie 4, Jas. O. 1
44. FERGUSON, N. S. B. 33, C. A. 30 (wife) (T VA VA), Arch 7, Anna U. 5, Wm. L. 2, J. W. 3/12 (b. Feb)
45. DAWSON, Philip 28 (T T SC), L. L. 27 (wife), Walter 5, Fannie E. 2
46. ENGLISH, Wm. H. 65 (T SC NC), Mary B. 65 (T SC SC), Alice 28, Etta 24, William 24; AKIN, T. E. 9 (g son), Nelly 11 (g dau)
47. ENGLISH, T. J. 32, Dora 30 (wife)
48. GRAY, Danl. 43, Nancy 43
49. PREWETT, D. B. 27 (m); KIRK, Joe 17 (relationship omitted)

50. NICHOLSON, Henry 26 (GA GA GA), Jennie 25, Maggie 5, Nellie 3, Sam 5/12 (b. Dec)

Page 7, Dist. 13

51. WALKER, Joseph 77 (SC Ire Ire), Mary 67 (wife) (VA VA VA), Joseph A. 32, Margaret 30 (dau in law) (T NC T), Eddy 6 (g son), Frank 28 (son)
52. JOHNSON, William 51, Elizabeth 53; McLURE, Alice 21 (dau), Frank 6 (g son), Anna 2 (g dau)
53. KITTRELL, J. P. 50 (T NC T), C. H. 49 (wife) (IN NC IN), Watkins 20, Leora 18, Ophelia M. 16, Dixee Lee 12 (dau), Florence 11, Millie 8, George 5
54. BRIGGS, Andrew (B) 52, Adaline 45 (__ __), Martha 10, Jay 8; WISENER, Charles 26 (stepson) (TX T T); HUNTER, Nancy 55 (relationship omitted)
55. BRIGGS, John C. 44 (T NC IN), Felicia A. 34 (wife) (T KY T), John J. 16, Charles C. 12, Chesley C. 6, Mellvin 1/12 (b. May)
55. SMITH, Wesley (B) 31, Rachel 30 (T VA VA), John W. 13, Anna 10, Ed Looney 5, Guy W. 4, Becky J. 6/12 (b. Nov)
56. JONES, John (Mu) 25, Becky 24, Lelia P. 7/12 (b. Nov)
57. HARLAN, Henry (B) 53 (KY KY KY), Caroline 50 (T NC T); WEBSTER, George 10 (stepson); DAVIS, Maria 40 (servant), Victoria 16 (servant)
58. WEBSTER, Jordan (B) 80 (widower) (NC NC NC), Anna 16 (g dau)

Page 8, Dist. 13

59. DOBBINS, Will (B) 36 (widower), Jennie 14 (hemorrage lungs), George 13, Mary 8, Ella 6, Josie 4
60. SMITH, Wiley S. (B) 45 (carpenter), Sallie 41 (VA VA VA), Thomas 19, Anna J. 17, Lincoln 16, Martha 12, Maggie 7, Wiley 1
61. CHARTER, Elijah (B) 53 (VA Africa VA), Susan 52 (VA VA VA), Henry 29, Mary 26 (dau in law) (T __ T), James 8 (g son), Ed 4 (g son), Susan 3 (g dau)
63. BOOKER, Dan (B) 28 (son in law), Martha 27 (dau) (T VA VA), Elijah 6 (g son), Susan 4 (g dau), Lizzie 3 (g dau), infant 10/12 (b. Jul) (g dau); CECIL, Maggie 26 (dau) (T VA VA)
64. TATE, Maria (B) 32 (stepdau) (T __ VA), Alfred 14 (g son), James H. 11 (g son), Mary F. 13 (g dau), Dan 5 (g son)
65. FRIERSON, Aleck (B) 43 (MS VA __), Emily P. 39, Virginia 12, Mary A. 9, Simon 4, infant 6/12 (b. Nov) (son)
66. KITTRELL, Hardy (B) 47 (crippled) (LA LA LA), Winny 40 (T NC NC), Laura 16 (T LA NC), William 15 (T LA NC), Aleck 13 (T LA NC); FRIERSON, Ben 21 (bro) (T VA LA)
67. LEWIS, C. P. 36 (T T NC), Martha 20 (wife), John J. 6, William 5, Minnie M. 3; BAKER, John 18 (boarder)

Page 9, Dist. 13

68. GRANBERRY, William (B) 54 (NC NC NC), Parthenia 38 (wife) (T SC SC), Harry 23 (T NC SC), Mary 21 (T NC SC), Lavinia 12 (T NC SC), Liza 14 (niece) (T __ NC), Jacob 9 (son), James 6 (son), Lucy 4 (dau), infant 11/12 (b. May) (dau); GOODLOE, John 18 (servant)
69. FLEMING, Edmund (B) 40 (T SC SC), Mary J. 37 (MO MO MO), Albert 15, Daniel 13, Lee 12 (son), Lilly A. 10; JONES, Richard 35 (boarder) (MO VA MO) (crippled)
70. SNIPES, James (B) 32 (T VA T), Betty (Mu) 32 (T __ T), George 17, William 12, Samuel 8, Laura 6, Mary E. 1

Page 9, Dist. 13 (cont'd)

71. FLEMING, Duncan (B) 51 (T SC SC), Ann 40 (wife) (T NC NC), Lucinda 18, Mary 16, Martha 16, Tennessee 14, Charlotte 12, Aaron 10, Cornelia 7, Whitney 6, George 2
72. CECIL, J.H. 67 (widower) (VA VA VA), Sallie A. 25 (T VA KY), Wm. G. 18 (T VA KY)
73. PORTER, Jane (B) 23, Henry 6 (son), Edna 3 (dau), Henry 22 (relationship omitted)
74. HAYWOOD, Charles (B) 25, Jennie 20, Charles 7 (son), William 3, John 1, Neil 10 (nephew)

Page 10, Dist. 13

75. RIDLEY, Charity (B) 37 (widow), Jake 19, Lewis 8, Will 6, Lee 4, Susan 3, Fanny 1
76. FLEMING, Ben (B) 27 (T NC NC), Judy 24, Delia 2, Addie 1
77. CHENNAULT, J. T. 65 (AL GA AL), E. L. 58 (wife) (T SC SC), Asenath 24 (dau) (T AL AL), C. C. 23 (son), Nancy 21
78. COTHRAM, John 21, M. Frances 22 (T AL T), Asenath 1 (dau)
79. GOODLOE, Henry G. 52 (NC NC NC), Mary E. 45 (IN VA VA), Eustatia L. 25, Mollie E. 18
80. TUNE, Elizabeth 40 (widow) (typhoid fever) (T NC T), Abe L. 24, Henry G. 16, Elizabeth 14, Willie 10
81. ENGLISH, Martha (B) 35 (widow), Allen 10, Henry 7, George 5, Martha 2
81. ALLEN, W. T. 29, Amanda G. 36 (wife), Thos. L. 11, Robt. Lee 9, Ida H. 3, Robert 18 (bro)
82. GOODLOE, D. M. 81 (NC VA NC), Adaline 69 (wife) (NC NC NC), John P. 40, S. H. 38 (son), Cornelia 26
83. WILSON, Rebecca (B) 40 (widow), Harriet 16, Ellen 7, Mahaly 5
84. DAWSON, Amos 51, Louisa 30 (wife), Darthula 20 (SC T SC), Phebe 11, Philip 10, John W. 1

Page 11, Dist. 13

85. KELLY, John W. 42 (T VA T), Jane 42, Malinda 14, Parallee 12, Willie 10, Bett 8, Kate 6, Tennessee 4, Ida 2
86. FRIERSON, Leon 53 (T SC T), S. C. 42 (wife) (AL SC T), J. E. 37 (sis) (T SC T), Emma 28 (sis) (T SC T); HARRIS, Martha 18 (servant)
87. BOSHEARS, A. J. 26 (T NC T), Mary F. 27 (wife), Josie M. 9, William 7, Darney W. 5 (son), Idella 3, infant 1/12 (b. May) (son)
88. WISDOM, W. J. 24, Martha J. 26 (wife), Mattie E. 4
89. ARMSTRONG, David (B) 39 (MS MS MS), Sarah 35 (T VA VA), Ellen 16, Harriet 14, James 12, Sally 10, David 9, Lucretia 1
90. FLEMING, Prince (B) 30 (T SC T)
91. FRIERSON, Green (B) 22, Sydney 20 (wife), Richard 1/12 (b. Apr); GREENFIELD, George (Mu) 15 (servant)
92. MAYES, Sam C. (B) 54 (SC SC SC), Tempe 54 (T SC SC), Liza 22, Joe 18, Martha J. 16, Antnette 22, Samuel 5 (g son), Lula 3 (g dau); FRIERSON, Cornelia 22 (cook)

Page 12, Dist. 13

93. FLEMING, S. W. 22 (m) (T SC T), C. L. 51 (mother) (T NC SC) (insane), J. J. 31 (bro) (T SC T), Lou 26 (sis) (T SC T)
94. BROWN, D. M. 29 (T NC T), Alice G. 26 (wife) (T VA T), J. Hugh 4
95. FLEMING, Esau (B) 50 (T SC SC), Elsy 44, Alice 14, Emma 13, William L. 10
96. ROBINSON, James (B) 42, Susan 40 (T VA VA), George 19, Ellen 16, Maria 12, Katy 6, James 2, M. J. L. 1/12 (b. May) (dau)
97. BELL, Ada (B) 10 (orphan), Frank 8 (orphan); VANDYKE, Bobby 7 (relationship omitted) (apparently living with #96 above)

98. ARMSTRONG, Joseph (B) 54 (T SC T), Satyra 25 (wife) (T SC T), Thomas 3/12 (b. Mar), Ella 15 (adopted dau) (T __ T); FRIERSON, Joe 15 (cousin) (AR __ T); ARMSTRONG, Leora 6 (stepdau) (T __ T)
99. BUGG, Neeley (B) 30 (T __ T), Kate 25 (T SC T), Lucius 10, Maria 8, Venia 6, Hayes 3, William 8/12 (b. Oct)
100. BROWN, Sarah 52, Ella 28 (widow) (T NC T), Ira E. 13 (son) (T NC T)
101. FRIERSON, J. H. 40 (carpenter) (T T SC), Sallie B. 26 (wife) (T NC T), Henry W. 1
102. GOODLOE, Merrick (B) 55 (NC NC NC), Eliza 45 (VA VA VA), Isabella 15, John 14, Rhoda 10, Henry 9, Arch 6, Robert 4, Mary 1

Page 13, Dist. 13

103. GRAY, Lizzie (B) 40 (widow), Whitfield 9
104. FRIERSON, Hiram (B) 27, Ann 21, Nettie 2, Aleck 5/12 (b. Jan), Bettie 8 (niece)
105. WEBSTER, Elsy (B) 49 (widow); FRIERSON, Austin 24 (son); COOPER, Mary 12 (g dau), Jenny 10 (g dau)
106. FRIERSON, Joe (B) 28, Sydney 28 (wife) (T SC SC); LEFTWICK, Maggie 12 (stepdau), William 10 (stepson), Becky 8 (stepdau); FRIERSON, Eddy 3 (son), Mary 1 (dau)
107. MAYES, Becky (B) 70 (mother in law) (SC SC SC), William 10 (nephew)
108. RIDLEY, Houston (B) 34, Mary 26, Maury 9, Ed 7
109. WEBSTER, Lee (B) 21
110. CECIL, Ed (B) 27 (T T KY), Jenny (Mu) 30 (T __ T), Fussell 5 (son), Cora 2; STANFEL, Tennie 15 (stepdau); ANDERSON, Dallus 9 (stepson)
111. YOUNG, Dianna (B) 35 (widow)
112. BROWN, Lucinda (B) 25 (GA GA GA), Mary 6 (dau) (T __ GA), Charles 1 (T __ GA)
113. CECIL, John W. 32 (T VA VA), Mollie E. 29 (cold & fever), Lou Willie 5 (dau) (fever), Horace 3, Roy 1, Elizabeth 69 (mother) (VA VA VA), Izera 24 (sis) (T VA VA), Charles 20 (bro) (T VA VA)
113. CECIL, Emily (B) 60? (widow) (VA VA VA), Rosanna 25 (T VA VA), Robert 6 (g son), William 10/12 (b. Aug) (g son)

Page 14, Dist. 13

114. PORTER, Major (B) 30 (T __ KY), Nick 28 (wife) (T T VA), Laura 8, Emma 7, Lela 6, Dora 4, Lilly 2, Jerry 1
115. ALLEN, Perry 28 (T SC T), Columbia Ann 23 (AL SC T), Henry 8
116. SPAIN, A. H. 56 (VA VA SC), Sarah J. 50 (T KY VA) (wife) (insane)
117. LANIER, John 26 (nephew) (T NC T), Sally 22 (niece) (TX T T), Louis E. 1 (g nephew) (T T TX); POLLACK, J. T. 22 (servant)
118. GIBSON, Lewis 33 (T NC T), Elizabeth 45 (sis) (T NC T), Fanny 30 (sis) (T NC T), Polly 34 (sis) (T NC T)
119. GIBSON, W. G. 46 (T NC NC), Nelly 48 (wife) (T NC NC), Munroe 16, Anna M. 14, Venie A. 12, Eddie 10, Lonnie 4
120. GIBSON, Jas. Wm. 25, Ellen 19, Aleck 21 (relationship omitted), Mary E. 22 (wife)
121. GIBSON, A. N. 36 (T NC NC), Mary E. 45 (wife) (T NC NC), Emma F. 14, Dora Dean 12, Mattie L. 10, Ernest 6, Ava 6, Daisy 2; DUKE, John L. 20 (nephew)

Page 15, Dist. 13

122. JENNINGS, J. W. 42, Sallie 38 (wife), Annie E. 18, Mary E. 16, Willie O. 14, John B. 13, Maggie 10, B. A. 8 (son), C. E. 6 (son), Whitthorne 3, infant 10/12 (b. Aug) (son); POLK, James (B) 18 (servant)
123. NOLIN, Thos. A. 60 (T __ SC), Margaret A. 56 (T NC NC), Rufus L. 26 (deaf & dumb), Adaline 20, Ellen 15
124. NOLIN, Harvey 30, Cerilda 25, Hinton 10, Martha 6

Page 15, Dist. 13 (cont'd)

125. GIBSON, John 48 (T NC NC), Elizabeth 38; JOHNSON, Sarah C. 21 (dau), Eddy 1 (g son); GIBSON, Martha E. 14 (dau), Alice M. 11, Samy F. 8 (dau), William J. 7, Maggy A. 4, George L. 1
126. TOLIVER, Milton (B) 69 (KY KY KY), Julia 35 (wife), Horace 13, C. N. S. Brown 11, Mary E. 8
127. GRIMES, Sarah 50 (widow) (T NC NC), Martha E. 25, Robert L. 23, Samuel E. 21 (consumption), Millie 19, John F. 16 (consumption), Wm. H. 13
127. (listed with #127 above) GIBSON, J. B. 23, Mary E. 18 (wife), John E. 1
128. HALL, Frank (Mu) 28 (T __ VA), Tennie 25, John F. 7, Willie 4, Lillie 3

Page 16, Dist. 13

129. FOSTER, A. B. J. 65 (preacher) (T SC SC), Nancy S. 54 (wife), John H. B. 18; CALDWELL, Jane 60 (sis in law)
130. LINDSEY, W. A. 27, R. E. 22 (wife), F. R. 6 (son), M. E. 4 (dau), Martha E. 2, Wm. G. 3/12 (b. Feb); JOHNSON, D. R. 20 (m) (servant) (T NC T)
131. LINDSEY, B. R. 25, Mary E. 20 (wife), Fanny E. 4/12 (b. Feb)
132. DAVIDSON, Geo. W. 32 (T SC SC), C. J. 34 (wife), E. J. 10 (dau), Geo. M. 4
132. (included with #132 above) HICKMAN, Z. T. 33 (T SC NC), M. J. 27 (wife) (T NC T), Nancy E. 6, T. J. 5 (son), Samuel J. 3, John A. 1
133. RIDLEY, John (B) 30, Amanda (Mu) 26, John L. 13, James B. 10, William 8, Saml. M. 4, Ella M. 1
134. KINDEL, W. R. 59 (m) (MS T AL), Sarah A. 61 (OH VA KY), Ed M. 22 (mule dealer); AKIN, Bettie 14 (g dau)
134. CRAIG, B. B. 31 (T T VA), L. A. 26 (wife), W. R. 7 (son), A. B. 4 (son), Walter W. 1, Sarah E. 64 (mother) (VA VA VA), Anna 18 (sis) (T T VA); SARTAIN, Lizzie (B) 14 (servant)
135. FARRIS, Solomon (B) 46 (T __), Charity 25; SINGLETON, Mary 7 (T GA T); FARIS, Solomon 6 (relationships omitted)
136. POLK, Kitty (B) 30 (cold) (T NC NC), Sophia 12 (dau), Maria 8 (dau), Peter 4 (son), William 1 (son)

Page 17, Dist. 13

137. EMBRY, Clay (B) 35 (T SC T), Sarah 36 (T SC SC), Charlotte 17, Bella 8, Moses 4, Cene 2 (dau); FLEMING, Eph 25 (bro) (T T T)
138. CECIL, Willis (Mu) 28 (T NC T), Ranie 23 (wife), William H. 6, Margaret E. 1
139. FLEMING, Dinah (B) 56 (widow) (T SC SC), Mary E. 29, Harriet 25, Caroline 22 (consumption), Sydney 19 (dau), James 10 (g son), Lavinia 7 (g dau), Coleman 5 (g son), Yeatman 3 (g son), Capt. Bethel 6/12 (b. Nov) (g son)
140. FLEMING, Andy (B) 32 (T SC SC), Jennette 42 (wife) (T SC SC), Adaline 13, Hodge 22, Indiana 10 (dau)
141. FLEMING, Lucius (B) 34 (T SC SC), Adaline O. 33 (T SC SC), Wm. J. 13, Thomas 10, Mary 7
142. BROWN, Nathaniel 53 (T VA VA), Lucinda 44 (T NC T), William H. 22, John F. 21, Harriet E. 18, Nichodemus 15, James A. 12, Walter W. 10, Eddie T. 3
143. CECIL, W. M. H. (B) 25, Elizabeth 23, Mary 50 (mother) (VA VA VA) (blind); KENNEDY, David 13 (bro in law), Sally 10 (sis in law); CECIL, Harry 65 (father) (NC NC NC), Viso 21 (bro) (T NC VA), Green 17 (bro) (T NC T), Duncan 14 (bro) (T NC T), Henry 21 (bro) (T NC T); ARMSTRONG, Lucinda 22 (servant)

Page 18, Dist. 13

144. WALKER, J. F. 32 (T VA VA), C. H. 30 (wife) (T NC NC), Nora 8
145. SARVER, Isaac 39 (VA VA VA), Nancy 42 (T KY T), David 12, Thomas 10; KETON, John H. 21 (stepson); BROWN, Parallee 24 (servant); WATKINS, John 14 (servant) (B)
146. TERRY, Hannah (B) 55 (NC NC NC)
147. HARRIS, B. W. 29 (m) (T GA NC), Mary K. 26 (MS T T), H. G. 6 (son), J. L. 4 (son), W. H. 2 (son)
148. DOBBINS, Mary P. 48 (mother in law) (T NC NC), Naomi A. 22 (sis in law) (AR T T)
148. WEBSTER, Tom (B) 75 (NC NC NC), Susan 65 (wife?) (NC NC NC), James 22 (son), William 3 (G son), Cary 65 (m) (relationship omitted) (T __ __)
149. WEBSTER, Lou 31 (f) (T __ __), Albert 10 (son), Minnie 4 (dau), infant (m) 2/12 (b. Apr) (son), Alfred 32 (bro in law) (T NC NC); DOBBIN, George 13 (servant)
150. ORR, J. K. 33 (farmer & mach dealer) (T MD T), Sally Clay 23 (wife), M. J. 27 (bro) (T T T), Ned (B) 32 (servant) (flux)
151. GRANBERRY, Bettie (B) 34, Martha 15, Charles 13, Anna 8, Mary 7 (relationships omitted)
151. PULLIAM, Sam (B) 28, Lou 25 (wife), Mary 9, Beddy 7, Nelson 5
152. ORR, Isaac (B) 22; COOPER, Surrey (m) 15; JACKSON, Fount 18 (relationships omitted)

Page 19, Dist. 13

153. GOOD, John 19
154. WATKINS, Charles (B) 50 (T NC VA), Lucy 50 (T __ NC), Eddy 18, Martha 16, Liza 15, Cornelia 13, Parker 10, Nancy 8, Jack 5, Julia 71 (mother) (VA VA VA)
154. WATKINS, Mary A. 69 (VA VA VA), Wm. W. 46 (son) (T VA VA), Harriet D. 40 (dau in law) (T NC NC), Mattie L. 18 (g dau), W. J. H. 8 (g son)
155. MAYES, Lias (B) 70 (T SC SC), Viny 61 (wife) (T SC SC), Mary 18 (dau)
156. FRIERSON, Whitfield (B) 49 (son), Lucy 40 (wife), Annie 15 (dau)
157. MAYES, Bradley (B) 12 (orphan) (T SC T), Sallie 16 (orphan) (T SC T)
158. MAYES, Sidney (B) 25, Rose 30 (wife)
159. ELLETT, John H. 46 (T VA VA), Ophelia A. 37 (insane) (T MS T), Anna L. 18, William M. 10, Watkins B. 8, Kate 4, Felix M. 1
159. GOODLOE, Lucy (B) 25 (T NC NC), Mary 10, William 8 (relationships omitted)
160. GOODLOE, Bettie (B) 45 (widow) (VA VA VA), Jeff D. 18 (T NC VA), John 16 (T NC VA), William 8 (T T VA) (relationships omitted)
161. GRANBERRY, Elias (B) 50 (T NC NC), Hannah 37 (wife) (T VA VA), Webb 17, Tempe 15 (dau), Bartlett 13, Cock 12; KELLY, Puss (Mu) 37 (servant) (KY KY KY), Annie 12 (servant) (T __ KY), Mamie 7 (T __ KY), George 5 (T __ KY)

Page 20, Dist. 13

162. BRATCHER, William 56 (GA SC SC), Matilda 57 (SC SC SC), Charity 19, Newman A. 12; ALLEN, G. W. 15 (nephew)
163. BOSHEARS, Jeff D. 19 (T SC NC), Mary 21 (T GA SC), Mathew 2
164. GIBSON, Wm. H. 20 (T T NC), Nancy J. 22 (T NC T), Florence J. 2; HOLLOWAY, John 22 (servant) (T __ __)
165. GIBSON, Frank M. 28 (T T NC), Callie 31 (wife) (T GA SC), Liekie 8 (dau), Evie Luna 5, Fuzzell 3 (son)
166. BOSHEARS, J. W. 70 (crippled) (NC NC NC), Winnie 46 (wife) (T NC NC), Jehu Benton 18, James M. 15, Vance T. 13, Ida C. 9

Page 20, Dist. 13 (cont'd)

167. WATKINS, Susan 41 (sis in law) (widow) (T NC NC), W. H. N. 14 (nephew) (T __ T), Winnie L. 12 (niece) (T __ T), Tenie 4 (niece) (deaf & dumb) (T __ T), Nancy 2 (niece) (T __ T); WILLIAMS, Fannie 21 (servant)
168. HICKS, William (Mu) 53 (NC NC NC), Emily 38 (wife) (T NC NC), Carrie 15 (T AL T), Edward 13 (T T T), Martha 10 (T GA T), Samuel 9 (T GA T), William 7 (T T T), Florence 5 (T NC T), Tiny M. 4 (dau) (T NC T), John 2 (T NC T) (crippled), Joseph 3/12 (b. Feb) (T NC T)
169. LONG, W. B. sr. 50 (T NC NC), E. T. 46 (wife) (T NC NC), Mary 23, Lem jr. 21 (torpid liver), Bettie 10, William 8, Mann 5, Emma W. 2
170. GALE, Jordan (B) 70 (VA VA VA), Maria 50 (T __ __) (wife?)

Page 21, Dist. 13

171. LAWRENCE, Sandy (B) 48 (T NC NC), Caroline 41 (wife?), Dempsey 5
172. SMOX, Milbey (B) 23, Rose 8, Henry 30 (painter & hostler) (KY KY KY); LAWRENCE, Sarah 45 (T NC NC) (relationships omitted)
173. JONES, Harry (B) 56 (T VA VA), Elizabeth 53 (T VA VA), Joseph 36, Clement 22 (rheumatism), John S. 16, Harry 13, Mary J. 17
174. JONES, Jennie 22 (Mu) (dau in law) (AR __), Calvin 5 (g son) (T AR T), Willia 2 (g son) (T AR T), Elizabeth 1 (g dau) (T AR)
175. GOAD, Wm. F. 21
176. LONG, Charles (B) 38, Maggie 24 (wife); FITZPATRICK, Josie 9 (orphan)
176. ENGLISH, Alley (B) 24, Indie 20 (wife?), Willis 4, Eddie 1
177. LEWIS, Peter (B) 22; LONG, Caroline 25, Hattie 4 (relationships omitted)
178. POLK, Alfred (B) 24, Martha 24 (T VA VA), Genia 8 (dau), Saml. 4, John 10/12 (b. Jul)
179. TROUSDALE, Puss (Mu) 34 (widow), Eddy (B) 4, Willie 2
180. MITCHELL, Isaac (B) 53 (T __ __), Bettie 50 (wife?) (T __ __), Lou 16 (f)
181. RAMSEY, Tom (B) 21 (T T VA), Ginsey 19 (wife?), Eddy 1; BAILEY, Jerry 19 (relationship omitted) (AL AL AL)
182. WARREN, Allen (B) 35 (AL AL AL), Cinthia 24 (wife?), Willie 9
183. CECIL, West (B) 20; WATKINS, Mandy 45 (mother) (T VA VA); GORDON, Frank 6 (son); KINDELL, Tom 23 (servant)

Page 22, Mount Pleasant

184. ROTHE?, E. 50 (postmaster) (Baden Baden Baden), Annie L. 43 (wife), Jessie M. 11, Edna C. 7, Grace 5, Robert E. 4, Seth M. 11/12 (b. Jun); KENNEDY, Sallie 23 (sis in law) (seamstress)
185. WILLIAMS, J. H. 43 (physician) (T VA VA)
186. SMITH, Thomas (B) 47 (blacksmith) (T NC NC), Martha 44 (T NC NC), Katie 21, W. H. 18 (son), Mary M. 8, Andrew P. 6, Florence A. 2
187. PILLOW, Martha (B) 45 (widow) (T VA VA); McGHEE, Millie 80 (mother) (VA VA VA); CANNON, Zach 30 (boarder) (blacksmith) (T __ T), Jackson 7 (boarder)
188. JENNINGS, Jim (B) 35 (laborer) (fireman at mill) (T __ __), Mary 24 (wife) (T VA VA), Jim H. 10 (son)
189. WATSON, James T. 49 (wagon maker) (SC NC NC), Martha J. 38 (wife) (T SC T), John F. 14 (SC), Millard 12 (SC), Lavonia A. 10 (SC), James E. 8 (SC), Lee A. 6 (SC), Hattie O. 3 (SC)
190. HARRIS, B. R. 79 (GA NC NC), Martha W. 66 (wife) (NC NC NC), Wiley 24 (son) (T GA NC); DIXON, B. H. 6 (g son)
191. STOCKARD, M. L. (f) 58 (widow) (T VA VA)
192. LAWRENCE, America (B) 40 (widow) (T T NC), Margaret 18, Grandison 6/12 (b. Nov)
193. SWAN, S. A. R. 51 (teacher), Mattie O. 28 (wife) (teacher)
194. ESTES, Mary (Mu) 24 (widow) (AL AL AL), John 6 (T T AL), Eddy 3 (T T AL), Mamie 1 (T T AL)
195. LONG, Elmira (B) 21, Lucius 2 (son), infant 2/12 (b. Mar) (dau); LINSEY, Charley (Mu) 16 (servant)

Page 23, Mount Pleasant

195. LONG, Wash 41 (physician) (spider bite) (T NC T), Eugenia 34 (T AL T)
196. FARIS, Sallie (B) 33 (divorced) (T VA SC), Georgia 11
197. GIBSON, Evaline 78 (widow) (VA Eng VA), Rebecca E. 39 (MS PA VA)
198. GOODLOE, M. A. 48 (widow) (T NC T), Addie 19, Mamie 17, James M. 16, Robert L. 9
199. GRIFFIN, Ellen (B) 50 (widow) (T NC NC), Robert 11
200. GUTHRIE, Jacob F. 76 (shoemaker) (KY SC SC), Nancy W. 68 (T Ire VA); BRISCOE, N. F. (Mu) 22 (servant)
201. GRIMES, L. G. 33 (carpenter), X. R. 30 (wife), Lizie 13, M. E. 9 (son), R. B. 7 (son), R. A. 2 (son)

Page 24, Dist. 13

CECIL, Caroline (B) 4; FLEMING, Anne 4 (not clear to what household these children belonged)
202. TURNER, Washington (B) 55 (T NC MD), Patsey 41 (wife) (MD MD MD), Cherry 15 (T T T), George 12 (T T T), Jennie 10 (T T T); ORTON, Anna (Mu) 14 (stepdau) (T __ T); LONG, Harrison 17 (stepson) (T T MD), Mary 11 (stepdau) (T T MD); WADE, Addie 9 (stepdau) (T T MD)
203. MASSEY, Pleasant 53 (merchant) (T NC NC), Rebecca F. 40 (wife)
204. MASSEY, W. J. F. 22 (merchant), S. E. 22 (wife) (GA GA GA), William C. 1, Pleasant P. 1/12 (b. Apr)
205. TAYLOR, Mark 27 (wagonmaker), Martha A. 27, Washington 1; WOOD, Catharine 48 (sis), Amanda K. 21 (niece)
206. USHER, Frederic 51 (Ire Ire Ire)
207. FISHER, Leonard 42 (AL MA T), Sarah E. 28 (wife) (KY KY KY), Joseph E. 9, Leanora E. 7, Leonard O. 5, Mary D. 2, Lula M. 3/12 (b. Feb)
207. WADE, D. F. 50 (VA VA VA), A. P. 35 (wife) (T NC T), D. F. 8 (son), Mary P. 7, Harry P. 6, John M. 11/12 (b. Jul); HILL, John 17 (servant)
207. FRIERSON, Kate (B) 24 (divorced), Kitty 21, Lucinda 2; WINGFIELD, Lou 12 (f) (T GA T); WADE, Jim 55 (VA VA VA) (relationships omitted)
208. KITTRELL, Thomas (B) 31 (T NC NC), Phillis 28, Frances 13 (sick headache), Susan A. 12, Joe 10, Phillis 8, Thomas 4, Eugene 3

Page 25, Dist. 13

209. DUDLEY, Green (B) 22
210. WEBB, Anderson (B) 30, Mary 39 (wife) (T __ SC), Alick 18 (stepson); MAYES, Thomas 75 (boarder) (SC Africa SC)
211. WADE, Green (B) 35 (T VA VA), Vina 25 (wife) (T VA T), Martha 7, Shaw 1, Nora 9/12 (b. Sep); STEPHENSON, Crissy 75 (g mother in law) (crippled) (SC SC SC)
212. McGAW, Sonny (B) 56 (VA VA VA), Pamelia 37 (wife), Augusta 15, Wm. H. 13, Carroll 11, Jimmy 8, Hattie 6, John 4, infant 3/12 (b. Feb) (son)
213. DAWSON, Ben (B) 55 (NC NC NC), Ann 50 (T VA VA); HOWARD, Gus 14 (servant) (T GA GA)

MAURY COUNTY

Page 25, Dist. 13 (cont'd)

214. FRIERSON, Hays (B) 38 (T __ T), Angeline 36 (T SC MS), Tom (Mu) 16 (stepson), Andy (B) 13 (son), John 11, Josy 9 (son), Mary 7, Nancy 3, Elmina 11 (niece), Dick 9 (nephew); CROSS, Laura 18 (servant) (MS T T)
215. GIVEN, J. W. 30 (Ire Ire Ire), Mary 31 (wife) (AL AL T), Charles 7, Viola 6, Walter 4; McCUTCHEN, Eleanor 55 (mother in law), Sarah J. 25 (sis in law) (AL AL T); COLLINS, Ava 13 (niece) (AL AL AL); PILLOW, Harkless (B) 25 (divorced); OSBORN, Henry 16 (T VA VA); MAYES, Ann 13 (__ __ __)

Page 26, Dist. 13

216. GRANBERRY, J. J. 41 (T NC NC), S. B. 33 (T NC T), Jas. B. 18, Wm. L. 16, Joseph 14, Hugh D. 10, Robt. Lee 8, Nettie 6, John M. 3, Harry 5/12 (b. Dec)
217. POINTER, H. P. (m) 58 (boarder) (VA VA VA), J. B. 34 (f) (boarder) (T NC T), H. S. (m) 6 (boarder) (T __ T) (relationships omitted)
218. WILSON, Esther (B) 70 (VA VA VA); HARRIS, Cele 17 (relationships omitted)
219. McGUIN, Julia 6 (VA VA VA); BROWN, Charlotte 10 (not clear what family these children belonged with, nor is their relationship to each other given)
220. WEBSTER, Wash (B) 35, Becky 25 (wife), Sarah 9, Wash 8
221. WINGFIELD, Lias (B) 65 (widower) (GA GA GA), Whitfield 20 (T GA T), Mag 18 (T GA T), Rumilus 8 (T GA T)
222. HUNTER, Lewis (B) 28, Fanny 27; COOPER, Genia 11 (stepdau), David 8 (stepson)
223. WILSON, John (B) 28 (AL AL AL), Satyra 18 (wife) (T GA T)
224. POLLARD, D. P. 43 (GA GA GA), Frances M. 44 (GA GA GA), Wm. S. 20 (GA), David O. 14 (GA), Wiley 11 (T), Nathan 11; LIGETT, Nancy 76 (mother in law) (GA __ __)
225. BUFORD, Fam (B) 26 (T VA VA), Sally 27 (wife) (T VA T), Mary E. 2
226. BUFORD, Oscar (B) 23 (T VA VA), Fanny 22 (MS MS T), Ananias 1; STEWART, Ada 9 (servant)
227. BUFORD, Tom (B) 28 (T VA VA), Celey 24, Jim 9, Liddia 3; McMILLAN, Jackson 14 (servant)

Page 27, Dist. 13

228. DANIEL, William 38, Caroline 35 (T GA GA), Joanna 8, James 7, Mary 4, Eddy 2; FRIERSON, Phineas (B) 40 (servant?) (T SC SC)
229. FRIERSON, J. M. 61 (T SC SC), M. G. H. 56 (wife) (T NC NC), Addie E. 26 (teacher), Ella T. 22, Sallie R. 20 (teacher), Lilla A. 18, Narcissa A. 16, Irene H. 14, Nettie 12
230. BROWN, Pinckney (B) 35, Maria 45 (wife), John 14, Gid 13, Albert 9, Lizzie 7, Willie 5, Eugene 2/12 (b. Apr); CROSS, Eliza (Mu) 49 (servant)
231. KITTRELL, J. M. 46 (NC NC NC), C. A. 43 (wife) (T NC NC), Lizzie B. 18 (AR), Martha A. 15 (AR), Georgia E. 10 (AR), John W. 8 (T), Charles B. 6, Carrie 2; CROSS, Wallace (Mu) 27 (servant) (T __ T)
232. HUNTER, Newton (B) 27, Harriet 27 (T VA VA), Jodie 7, Albert 5, Green 2; CECIL, Venia 14 (stepdau), Nellie 12 (stepdau)
232. McCORD, G. W. 35 (T NC T), S. A. 27 (wife), Ida B. 8, William 6
232. WILLIAMS, Julia (B) 35 (KY KY KY)
233. THOMAS, Jerry (B) 33
234. JACKSON, Elijah (B) 35 (GA GA GA), Dolly 28, Julia A. 12, Sam 10, Robert 6, Fletcher 4, Lizzie 1

Page 28, Dist. 13

236. HODGE, Samuel 27, Isabel 21, Cullie 9/12 (b. Sep) (son), Tellie 9/12 (b. Sep) (son); TOMASON, Annie 7 (niece)
237. JOHNSON, Thos. B. 53, Cinthia P. 52 (T T NC); WATTS, Nancy E. 22 (dau), Martha B. 1 (g dau); JOHNSON, Wm. T. 21 (son)
238. ROSE, M. F. 23 (son in law), Mary B. 18 (wife), Andrew J. 10/12 (b. Jul)
239. JOHNSON, Jos. T. 20, Rachel 25 (wife) (T NC T); MAYES, Ann (B) 14 (servant)
240. JOHNSON, Wm. P. 39 (T T NC), Martha A. 29 (wife) (AL AL AL), Gertrude 7, Lena 6, Wm. P. 4, Gilli P. 2 (son)
241. DICUS, Mahaly 55 (widow) (NC NC NC), David 22 (T T NC), Mina 25 (dau in law), Robert 21 (son) (idiotic) (T T NC)
242. WETHERLY, T. J. 37 (T NC T), Rachel 33 (wife) (KY KY KY), Nancy A. J. 12, Joseph A. 10, Mary S. 8, John M. 5, Dora 3, Algie G. 8/12 (b. Sep) (son)
243. RICHERSON, Charlotte 43 (widow) (T NC T), Mary E. 17, James F. 15, Susan V. 13, John W. 12, Ellen 8; BUOY, John W. 21 (boarder)
244. WALKINS, Derry (B) 17 (T VA T); RIDLEY, Alf 21 (relationship omitted)
245. ERVIN, Hardy (B) 37 (carpenter), Tenny A. 25 (wife), Lillie 2

Page 29, Dist. 13

246. RIDLEY, George (B) 54
247. HOWARD, J. W. 33, Mary J. 24 (consumption), Wm. J. 6/12 (b. Nov); CECIL, M. M. 33 (sis), Fanny 12 (niece); GOAD, Newton 17 (relationship omitted)
248. SNIPES, Sol (B) 30, Mary 30, Isaac 5, Nora 3
249. TURNER, Elvira (B) 18, Florence 6/12 (b. Nov); INGRAM, Amanda 19 (relationship omitted)
250. RICHARDS, John 22 (T __ __), Mary 26 (wife) (consumption) (T Ire T), Nora 2; BARRY, John 20 (bro in law) (T Ire T); JACOB, Eliza 16 (servant)
251. BENTLY, Cilla (B) 22
252. KITTRELL, J. R. 58 (NC NC NC), Frances 47 (wife) (flux) (T NC NC); IRWIN, Joseph 12 (stepson) (T MO T)
253. HOWARD, Lucy (B) 30 (GA GA GA), Bill 14 (son?) (T GA GA)
254. FRIERSON, Nelson (B) 26, Rhoda 24 (T VA T), Joe 12, Ed 10, Sally 14; PILLOW, Joe 17 (servant?) (flux)
255. STAGGS, Samuel 34 (MO IN IN), Margaret 24 (wife) (IN IN KY), Rosa A. 11 (IN), Mary E. 9 (IN), James H. 6 (IN), Amanda K. 3 (IN), George L. 2 (T)
256. ARMSTRONG, Albert (B) 22, Emily 21, Maggie 1
257. CARUTHERS, Edmund (B) 37 (T NC T), Amy 34, Emeline 11, Robert 7, Lavinia 5, Willie 19 (nephew), John 15 (nephew)
258. CARUTHERS, Philip (B) 66 (NC NC NC), Patsey 65 (T SC SC); WALKER, Maria 34 (servant), Louisa 9 (dau)

Page 30, Dist. 13

259. MOODY, Gustine S. (B) 32 (T NC NC), Mary J. 35 (T __ __), Gustine J. 8
260. EDGE, Dick (B) 50 (GA GA GA), Hannah 35 (wife) (GA GA GA), Becky 20 (GA), Susan 15 (GA), Walker 10 (adopted son), Eldridge 5 (son) (b. Sep), Eddy 4, Balsam 2, Richard 9/12 (b. Sep)
261. CALDWELL, Harrison (B) 21 (T NC T), Cordelia 24, Jeff P. 4
262. MASON, Manuel (B) 22, Liza 23 (GA GA IL), Richard 6 (T GA GA), Carrie 3 (T T GA)
263. OLIVER, R. B. 29 (MS SC SC), E. A. 28 (wife), W. H. 2 (son), George 1; HUGHES, W. R. 30 (bro in law) (mule dealer)
264. MOSS, Sallie (B) 19 (T __ T); HUNTER, Harriet (B) 7 (orphan); IRWIN, Luther 28 (realtionship omitted)

Page 30, Dist. 13 (cont'd)

265. BRYSON, William (B) 26; MOSS, Lena 41 (relationship omitted); BRYSON, Cora 1 (dau) (T T GA); ALEXANDER, Hinton 21 (cousin) (T KY VA), Lelia 18 (cousin) (T KY VA), Gilbert 12 (cousin) (T KY VA), Minnie 9 (cousin) (T KY VA), Abram 7 (cousin) (T KY VA)
266. SMITH, Richard (B) 37 (GA GA GA), Pemelia 33 (T GA T), Abby 18, Isaac 18 (T GA GA), Sarah 16 (T GA GA), Ella 15 (T GA T), Tom 14 (T GA T), Agnes 10 (T GA T), Jane 8 (T GA T), Missie 6 (T GA T), Sue 3 (T GA T), Zulika 11/12 (b. Jul) (T GA T), Carrie 4 (g dau), Roxa (Mu) 1 (g dau)

Page 31, Dist. 13

267. FOUNTAIN, William (B) 64 (VA VA VA), Frances 45 (wife) (MD MD MD); JONES, Loyd 13 (nephew) (T MD T); BUFORD, William 11 (g son); JONES, Martha 8 (niece) (T MD T); FREDERICK, William 7 (g son); FRIERSON, Lou W. 6 (g dau), Alice 27 (dau)
268. KENNEDY, Sarah (B) 22, Lou 5 (dau), Ella 3 (dau)
269. DAWSON, Mann 40 (T NC NC)
270. JAMES, W. J. 30, Ellen 21 (wife) (AL AL AL), William 10, Sallie 10, Henry 6, Harrison 2
271. BARRON, Thomas 60 (NC NC NC), T. D. 55 (wife) (T NC NC), Jacob E. 16
272. HUNTER, Jim (B) 18 (T NC T)
273. KITTRELL, William (B) 50 (T NC NC), Rebecca 44 (T NC NC); SANDERS, Sonny 11 (nephew) (AR __ __); POLK, Allen 25 (servant) (lost one foot) (T __ __)
274. JORDAN, Richard (B) 50 (T VA NC), Amanda 36 (wife) (T T VA), Cely 16, Daniel 12, Donia 9, John W. 6, Zinka 5, William 2, Tennie 1/12 (b. Apr)
275. LONG, Nick (B) 26 (T NC NC), Matilda (Mu) 22 (T T NC); STOCKARD, William (B) 13
276. LONG, Rufus 38 (T NC T), Virginia 21 (wife), Archie G. 2
277. LAWRENCE, Guy (B) 53 (NC NC NC), Dianna 46 (T NC NC), Caroline 20, Emma J. 18, Ella 16, Philip 14, John 10, Mary 8, Cora 9/12 (b. Aug) (g dau)

Page 32, Dist. 13

278. LONG, Peter (B) 45 (T NC NC), Charity 38 (wife) (T NC NC), Clarissa 19, Jim 13, Ella 10, Hester 9, Isaiah 7, Delia 5, Simon 4, Andrew 3, Ed 2, infant 1 (dau); HARRIS, Cele 70 (mother in law) (NC NC NC)
278. LONG, Ned (B) 35 (preacher & farm laborer) (T NC NC), Cynie 32 (T NC NC); HARLAN, George 1 (g son); LONG, Abe 15 (nephew) (T NC T)
279. LONG, Emeline (B) 42 (widow) (T NC NC), Milly 24, Solomon 18, William 9
280. WILLIAMS, John H. (B) 31 (T VA MS)
281. LONG, Ike (B) 26 (T NC T), Ada 22, Luzilla 4, Mattie 3, infant 2/12 (b. Mar) (dau), Amy 17 (sis)
282. LONG, Mrs. S. M. 60 (widow) (deaf & dumb) (T SC NC), E. R. 33 (son) (T NC T), Clifford 25 (son) (T NC T), Lizzy 17 (T NC T); CECIL, Luzellie 30 (dau) (T NC T)
283. GRANBERY, Jack (B) 47 (T NC NC), Tempi 29 (wife) (T VA T), Nora 12, Violet 10, Agnes 7, James 5, Martha 2
284. PILLOW, Lutisch (B) 28
285. LONG, Lem 53 (T NC NC), Martha W. 41 (wife), Ella 21, Maud 19, Annie 17, Jerome 14, Lenn 5, Wm. B. 2

Page 33, Dist. 13

286. CHERRY, Mary J. (B) 22; FRIERSON, Milton 21 (T T SC); LAWRENCE, Wash 20 (relationships omitted)
287. WATSON, Ann (B) 24, Ella 10, Nelson 5, Bragon? 4, Rose 1 (relationships omitted)
288. LAWRENCE, Rose (B) 48 (rheumatism) (T NC NC)
289. LONG, Johnson 46 (T NC T), M. O. 37 (wife) (T GA NC), Eugene 13, Mary 11, Amy 9, Johnson 6, Harris 4, Maria 2
290. HALL, Bettie (B) 23
291. PINNEO?, John (Mu) 22 (works on RR) (T __ T), Mary 22, William 1, Mittie 5/12 (b. Jan)
292. LAWRENCE, Monien? (B) 52 (widow) (T NC NC), Dolly 18, Agness 8; JONIS, Felix 24 (relationship omitted) (works on RR); GAINES, John 25 (relationship omitted) (works on RR)
292. CECIL, Loyd 47 (dysentery) (IN VA VA), J. W. 39 (wife) (T SC KY), Kate R. 11, W. P. 9 (son), M. B. 8 (son), Bessie T. 6, Nettie M. 5
293. FLEMING, Walter (B) 35
294. LAWRENCE, Armisted (B) 36 (T NC NC), Charity 27 (T NC NC), Joe 1, Jim 14 (stepson), Anise 53 (mother) (NC NC NC)
295. HARRIS, Nancy (B) 43 (sis) (T NC NC), Anne 14 (niece), Susan 11 (niece), Libby 8 (niece); BELL, Julia 27 (servant) (AL AL AL)
296. LAWRENCE, Catherine (Mu) 44 (T NC NC); MILLER, Jim 23 (son) (works at sawmill), John 21 (son), Walter 4 (son)

Page 34, Dist. 13

297. JORDAN, Martin (B) 45 (T __ __), Emily J. 31 (wife) (T VA T), Virginia E. 11, Mary M. 9, Sarah E. 8, Ann M. 1; DIXON, Mary E. 15 (sis); JORDAN, Sarah 35 (servant); BAILEY, Eliza 24 (servant) (rheumatism) (VA KY KY) (insane)
299. BOOKER, C. J. 45 (blacksmith) (T NC NC), Eliza 39 (wife), J. J. 16 (son) (works in BS shop), Laura 7, William 1
300. MASSEY, W. R. 33 (constable M. County) (T NC T), Dosia 23 (wife) (married within yr), Alice 13 (dau), Rebecca B. 8 (dau), J. Samuel 5 (son)
301. KITTRELL, H. G. 34 (T NC T) (m); HILL, Kinan (m) 16 (servant)

Page 1, Dist. 14

MITCHENER, J. Frank 45 (teacher) (T NC VA), Margaret 41 (T NC VA), Katie 12, Edgar F. 9, William H. 7, Jennie 4
MAYES, Davey (B) 43 (T SC SC), Ann 46 (T __ T), Annie 15, Lillie 13, Cinthia 11, Saunie 9 (son), Henry 8, Lavenia 7, Emly F. 6 (dau), Bishop 2 (T T SC)
WEBSTER, Richard (B) 46 (T SC T), Emily 39 (__ __), Harvey 23, Hunter 15, Susie 9
MAYES, Wesley (B) 65 (T SC SC), Jane 47 (wife) (T SC SC), Stephen 20 (T SC T), Annie 15 (T SC T), John Green 13 (T SC T), Tennessee 10 (T SC T), Jennie 8 (T SC T), Lunetta 6 (T SC T), Joshua 4 (T SC T), Charley 2 (T SC T)
FLEMING, Scott (B) 38, Rocena 36 (T VA VA), Rachel 14, Willis 12, John 10, Elvira 6, Esau 2/12
BOOKER, Dolly (B) (widow) 30 (T AL AL), Dock 18 (son) (T T AL), Houston 12, Octavia 10, Belle 8, Charity 6, Nelson 3, Alice 1
ARMSTRONG, Houston (B) 47, Harriet 35 (wife) (AL VA VA), Charles 16, Sarah 13, Willie 11, Mary 9, Albert 7, Sam Houston 4

Page 2, Dist. 14

SOWELL, Edmond (Mu) 59 (T SC __), Rhoda 59 (T MD SC), Matilda 24, Sallie 22, Billie 14, John 13, James 10, Roxana 1
ROLAND, Lewis (Mu) 22 (AL VA GA), Anna 20, Maryland 6/12 (dau) (T AL T)
DOUGLAS, Tamer (B) 49 (widow), Rufus (Mu) 23, Eddie 18, Bettie 16
MAYS, Wash (B) 18 (T SC T), Mary 16
JONES, Millie (Mu) 13, Adaline 36 (mother in law)

Page 2, Dist. 14 (cont'd)

WEBB, George (B) 44, Ann 35, Jefferson 21, Alice 16, Maria 15, Anderson 14
PECK, Horace (Mu) 28 (T __ T), Louisa (B) 27 (T T VA), Foy 8 (m), Julia Ann (Mu) 6, Ella May 3, James 5/12 (b. Jan)
CLABORNE, Doctor (B) 24 (MS MS MS)
FRIERSON, Gardner (B) 37, Sarah 34, Jennie 15, Perry 13, Amanda 11, Ida 9, Bennie 7, Sallie 5, Willie 2, Robt. 6/12
WEATHERSPOON, Rily (B) 61 (AL SC SC), Mary (Mu) 54 (T SC SC), Susan 20, Tillie 18, Mary 15; JACKSON, Mattie (Mu) 4 (g dau) (T MO T); WEATHERSPOON, Emma 1/12 (g dau)

Page 3, Dist. 14

ARMSTRONG, Derry (B) 54 (T SC SC), Catherine 48 (T SC SC), Ellen 21, Wallace 17, George 14, Annie 12, Lucy 10, Cornie 8 (dau)
FOSTER, Will (B) 26, Ellen 23, Callie 5, Early 2
WEBSTER, Nick (B) 18, Luginia 1 (dau)
PALMER, Chaney (f) (B) 28 (T VA VA)
JONES, Rufus (Mu) 26 (T SC T), Lena 23 (T VA T), Mattie 3, Mary 2, Willie 10/12; TIMMONS, Rhody 50 (mother) (T NC NC)
HARLAN, Jacob 27 (T KY KY), Janie 25 (T T NC), Austin 6, Flora 4, Belle 1; FRANKLIN, Sarah 62 (mother in law) (NC NC NC)
ELDER, Joseph 30 (miller) (T T __), Sallie 28, Robt. 8, Mary 5, Fannie 2, Frank 3/12
MASSEY, Alonzo 27 (carpenter & wagon maker), Callie 27, General 8, Lena 6, George 4
BEARD, Thomas 47 (carpenter) (T __ __), Laura 36 (wife), Ida 17, Della 8, Claud 6
WEBSTER, George 32
GORDON, Richd. 43 (T T VA), Mary 39, Eloise 13, Camille 11, Lucile 11, Bessie 8

Page 4, Dist. 14

WEBSTER, Sarah (B) 21, Frances 8 (child), Willie 5 (child)
MAYES, Fulton (B) 45 (T SC SC), Hannah 38 (T SC NC), Sarah 18, Isaac 16, Emma 13, Mary 12, Ada 8, Lurena 6, Bettie & John 2 (twins)
WEBSTER, Jim (B) 55 (MS AL MS), Mary 45 (wife), Lucy 9, Walter 7, Mattie 5, James 3, Willie 2, Lacy 1 (dau); NOLES, Annie 65 (mother in law)
BROWN, John (B) 40 (T SC T), Elvira 36 (T SC SC), John 21, Willise 17 (son), Cynthia 14, Bettie 18
FLEMING, Bradley (B) 32 (T T SC), Amanda 28, Willie 12, Lauretta 6, Stella 5, Jennie 3, Frank 1
ROLAN, Wash (Mu) 57 (GA GA VA), Dilcy (B) 40 (wife) (GA VA VA), Henry (Mu) 18 (AL), George 17 (AL), Robt. 14 (AL), Willis 11 (T), Cornelius 10, Bennie 7; FRIERSON, Nellie 7 (g dau)
LIPSCOM, C.? William 36 (T NC T), Laura 36 (KY VA VA), Willie 9 (dau), George 66 (father) (NC VA VA), Clarisa 62 (mother) (T NC SC), Ida 28 (sis) (T NC T)

Page 5, Dist. 14

BROWN, Becca (B) 30, Becca 9 (niece)
FOSTER, Harvey (B) 27
JONES, Albert (B) 25
McKENNON, Alex 44 (T SC VA), Mary 44 (T SC T), Mary 4, Lewis 21 (nephew), Susan 21 (wife)
HUFFMAN, Catherine (VA VA VA) (B) 60
LINN, Robt. 45 (wounded hand caused c_____) (T SC T), Elisabeth 45, Robt. G. 20, William 7, James 5, James R. 30 (bro)
JONES, James 63 (measles) (T Fr VA), Elisabeth 58 (VA VA VA), Danel 13
JONES, Tomas 30, Martha 25, Elisabeth 7, James 4 (MO), Mary 1
WEST, Bill (B) 23 (T T VA), Liza 22 (T SC T), Willie 3 (T GA T)
HARLAN, Henry (B) 24, Ella 21 (T T VA); WEBSTER, Rachel (Mu) 18; BOWEN, Henrietta (B) 3 (sis), Jessee 6 (bro), Mac 9 (bro); WEBSTER, Henry 3/12 (b. Feb) (nephew)

RAGAN, Mary 45 (widow), Malinda 14, Louvenia 11, James 9, Thomas 7, Ellen 7, Joseph 5, Anna 3, Jennie 1
ESTES, Wilse 33 (blacksmith), Lizzinka 27 (wife) (GA GA GA), Frank 7, Ana 4, Hardin 2

Page 6, Dist. 14

RITTENBERRY, John 45 (wagon maker) (NC VA NC), Elvira 40, Willie 19 (AR), Eddie 11 (T), John 4, Nat 2, Louvonia 5/12 (b. Jan)
HILL, Harry jr. (B) 35, Sarah 25 (wife) (T SC T), John 15 (son), Ophelia 12, Hannah 5
FRIERSON, John W. sr. 50 (T SC T), Bettie 47 (T SC T), Stella 25, Grace 16
WEBSTER, Carrie 36, Ella 23 (sis), Anna (B) 17 (cook)
GREEN, Sam (B) 33 (VA VA VA), Jennette 25, Sarah (Mu) 14, Malinda (B) 8, Della 6, Ben 2, Cuffee 2 wks old (b. May) (son)
MAYES, Harrison (B) 38 (T SC SC), Lana 28 (MS T T), Mary 14, Jennie 12, James 6, Willie 3
PORTER, Charles (Mu) 36 (widower), Winnie 19 (dau), Joseph 15, Charles jr. 13, Major 10, Albert 6
HARLAN, Henry 35 (T KY T), Josephine 35 (T SC VA), Amanda 12, Samuel 6, Emma 4, Robt. 1
WEBSTER, John (B) 34 (MS T VA), Nancy 35 (T SC T); FRIERSON, Charlie 17 (stepson) (T SC T), George 16 (stepson) (T SC T), Harvey 13 (stepson) (T SC T), ESTES, Fannie 11 (stepdau); WEBSTER, Luantia 5 (dau), John jr. 3 (son), Clark 1; MAYES, Lucretia 72 (mother in law) (T SC T)

Page 7, Dist. 14

WEBSTER, Sarah 52 (widow) (AL VA VA), Rowe 35 (dau) (T T AL), Lizzie 28 (T T AL), Frank 21 (T T AL); HARRIS, Jessee 12 (g son), Willie 10 (g son)
WARNER, Mollie (B) 35 (widow), Squire 12, James 9
WALKER, Walter (B) 15
CHAMBERS, Joseph 55, Media 47 (T VA T), Pleasant 22, Sarah 18, Mary 15, Malissa 13, George 9, Martha 7, James 4, Ophelia 2
HINES, James 35 (T VA T), Edney 22 (wife), Monroe 11, Andrew 7, Walter 3, Cordelia 6/12 (b. Dec)
PULLEN, Ves 22, Jane 24 (wife)
FRIERSON, Wash (B) 29, Harriet 43 (wife), Sallie 10, Bettie 8, Hattie 6, Nathaniel 2
THOMPSON, Mat (B) 18
WEBSTER, James 37 (T T AL), Fannie 37 (KY KY KY); ROBINSON, Susan 72 (mother in law) (KY MD VA), Kate 34 (sis in law) (KY KY KY)
FRIERSON, Jack (B) 20, Nancy 18, Nellie 8/12 (b. Oct)
DAVIS, Tom (B) 37 (SC SC SC)
GEORGE, Ann (B) 25, Alice 11 (dau), Mary 8 (dau), Lou 3 (dau), John 3/12 (b. Mar) (son)

Page 8, Dist. 14

CHAFIN, David (B) 70 (NC NC NC), Millie 65
JONES, Alex 23, Oma 23, Columbus 18 (bro), George 1/12 (b. May)
TAYLOR, Mary 43 (mother) (widow) (T NC NC), John 25, Moses 23?, Martha 18, Julia 14
MOORE, Tip 30 (T NC NC), Matilda 27 (wife), Harriet 10/12 (b. Oct); PENNEL, Anna 77 (g mother) (NC NC NC), Yozetta 28 (dau) (deformed from birth) (T NC NC)
STRAYHORN, Sam 68 (T __ __); FOSTER, Joseph 26 (nephew) (T SC MS), Callie 19 (niece) (T SC MS)
RIDLEY, Malinda (B) 23, Mary 5, Samuel 3
FOSTER, Thomas (B) 18 (T T MS)
CECIL, Henry (B) 53 (VA VA VA), Maria 56 (VA VA VA); JACKSON, Anna 9 (dau) (T GA VA); CECIL, Henry 7 (nephew) (T VA)
JONES, Caroline (B) (widoe) 48 (T VA VA), Mary 16, Louisa 13, Willie 10, Albert 18, Chester 23
CROSBY, Scott (B) 52, Laura 45 (T MD MD), Maggie 13, Bettie 16, Grant 17, Tobie 12, Annie 7, Wheeler 4, Allen 5/12 (b. Jan)
CROSBY, Sy (B) 19, Fannie 18

Page 8, Dist. 14 (cont'd)

FRANCES, Henry (B) 55 (VA NC NC), Patsey 55 (VA VA VA)
HADLEY, Archy (B) 40, Hattie 30 (wife) (T NC VA); FRANCES, James 12 (son) (T NC VA)

Page 9, Dist. 14

McCLAIN, James (B) 18
FRANCES, Lila (B) 20 (T NC NC), Cassy (m) 10 (son), Mary 10 (g dau)
FOSTER, Julia (Mu) 32 (MS NC MS), Harriet 20 (dau) (T T MS), Emma 15 (dau) (T T MS), Matilda 12 (dau) (T T MS), Amanda 9 (dau) (T T MS), Clay 7 (son) (T T MS), Fielding 4/12 (b. Jan) (son) (T T MS)
FOSTER, Ben C. 59 (widower) (not well) (SC SC SC), Lou 19 (dau) (T SC T), Mary E. 17 (T SC T), Henry 14 (T SC T)
LONG, John (B) 26, Katie 21, Mary 4, Tennie 2
FOSTER, John E. 55 (SC SC SC)
FOSTER, Thomas 31 (T SC T), Alice 23, Alison (m) 10/12 (b. Sep)
ROBINSON, Frank 33 (AL AL AL), Ioaklona 29 (T SC T), Fannie 4, Lillie 2
PIPKIN, Grief E. 61 (T NC T), Diana 63 (wife) (NC NC NC)
SOWELL, Bone 47 (T NC KY), Lizzie 37 (wife), Eddie 13, Tommie 11, Gussie 9, Maggie 6, Ernest 4
SOWELL, Martha 73 (widow) (KY NC NC), Thadeus 43 (T NC KY)
CARRAGAN, Maria 43 (widow), Jasper 20?, Belle 23 (dau in law)
ROACH, John 44 (SC SC SC), Winnie 42 (SC SC SC), Leroy 17 (SC), Janie 15 (SC), Weller (SC), Lizzie 12 (T), Samuel 10, Robt. 7

Page 10, Dist. 14

REESE, Elisabeth 69 (widow) (T VA MD), Ann 49, Addie 42, Robt. 27 (carpenter & wagon maker), Willie 13 (g son), Mary 11 (g dau), Lillie 9 (g dau)
BROWN, Elvira 48 (widow) (T T IL), David 21, William 19, Callie 17 (dau)
DOBBINS, James 24
FAIN, Samuel 15 (AR T T)
GREGORY, Ned (B) 20, Laura 20, Jerry 4, Robt. 1
CHAPPEL, Sandie 46 (T VA VA), Belle 34 (wife), Lizzie 19 (teacher), Florence 13, Eddie 10, Katie 7, Jennie Marion? 6
BULLOCK, Rufus (B) 50 (T MD MD); JONES, Alice 16 (cousin)
DOBBINS, Gardner 68 (T SC SC), Jane 52 (wife) (T NC VA); SOWELL, Lizzie 26 (stepdau) (T NC VA), Ema? M. 23 (stepdau) (T NC VA), John 20 (stepson) (T NC VA)
RETHERFORD, William 55 (T VA VA), Rutha 49, Maggie 18 (T VA T), Alfred 15, Preston 13, Robt. 11, James 9, Emma 6
ALLEN, William 26 (T VA T), Elisabeth 18, Louisa 3, Robt. 1
GUMMER, Wash jr. (B) 27 (MD MD MD), Sarah 30, Eda 5, Ella 3
TOMLISON, William 47 (T NC NC), Martha 45 (MS SC GA), Mary 5; HAMBLETON, Charles 13 (relationship omitted) (TX TX MS)

Page 11, Dist. 14

RUSSEL, William (B) 20, Minda 18, Lillie 6/12 (b. Dec)
RUSSELL, Maddison 59 (T VA VA), Rachel 54 (T NC NC), Willis 36, Lula 23, Jennie 22, Lillie 19, Henrietta 16, James 13
RUSSELL, Mat (B) 42, Nancy 36, Charles 12, Lemuel 10, Burrel 8, Jack 6, Ugenia 4 (son), John 6/12 (b. Nov)
ESTES, Savannah (B) 36 (widow), Ephraim 15, John 6
JOHNSON, Billie (B) 21, Lucinda 18, John 19 (bro)
RUSSEL, Burrel sr. (B) 30; PARKER, Julia 17 (relationship omitted) (T MD T)
PARKER, Stephen (B) 40 (MD T T), Martha 43, Pompey 14, Jessee 12, Mat 10, Ada 8, Fannie 6; GRAY, Sallie 14 (hireling?)
STRAYHORN, Henry (B) 65 (T NC); GANT, Bettie 46 (stepdau) (widow) (T NC), George 19 (T MD T), Alex 18 (T AL T); RUSSEL, Willis 20 (step g son), Robt. 15 (bro), Jane 12 (sis), Belle 10 (sis); BIBB, Amanda 17 (hireling?)
FRIERSON, Albert (B) 54 (T SC SC), Bettie 53 (T T NC), Wash 20 (T T SC), Ella 18 (T T SC), Lizzie 15 (T T SC), Watson 13 (T T SC), Albert 12 (T T SC), Elias 10 (T T SC), Mary 5 (T T SC); STRAYHORN, James 13 (laborer)

Page 12, Dist. 14

ROBINSON, Enos 66 (widower) (SC SC SC), William 33 (T SC T), Sallie 30 (T SC T)
JONES, Julia (B) 23, Malaki 5 (son), Ada 3 (dau), Eddie 10/12 (b. Aug) (son)
SELLERS, Jay (Mu) 22
NAPIER, Louis (B) 30, Olley 25 (wife), Anna 17 (dau), Steve 3, Jessee 3/12 (b. Mar); SMITH, Mary 10 (relationship omitted)
OSBORNE, Lenard 28 (VA NC NC), Eliza 27, Daniel 5, Frank 3, Lizzie 1
HOLT, William 35, Hollie 25, Alex 9, Mollie 5
JOHNSON, John C. 38, Virginia 28 (wife), William 10, Horace 8, Lillian 6, Henry 3, Ella 1
BROMLEY, Barton 60 (GA GA GA), Julia 46 (wife) (AL NC NC), Martha 22 (AL), David 16 (T), Henry 11, Louella 9, Fannie 5
KIRBY, James 22 (T T AL), Melverdy? 17 (AL GA AL)
CLAGET, Charlie (B) 23, Mandie 25; DAVIS, Julia 40 (wife Tom Davis); SELLERS, Jennie 20 (dau)

Page 13, Dist. 14

CLEMENT, William 20 (AL AL AL), Callie 23
CHOAT, Newton 36 (T T NC), Jack 43 (bro) (paralized) (T T NC)
EASLEY, Bettie (B) 25, William 6, Babe (f) 3
ROBINSON, Nat (B) 28
SOWELL, Bailey 22
BRIM, James 60 (NC NC NC), Lucy 59 (NC NC NC), Jessee 28, Dempsey 23, Clarissa 19
JOHNSON, Thomas 34, Mary 26 (T NC NC), Hailey 4 (m), Gussey 2 (dau), Anna 7/12 (b. Sep)
WALKER, Griffith 51 (T NC VA), Lou 42 (wife) (T VA IL), Thomas 26
FOSTER, John jr. 23 (T SC MS); STEPHENS, James (B) 12 (hireling)
DALE, Alex 46 (T SC T), Kesiah 28 (wife), Josephine 8, William 3/12 (b. Mar)
PORTER, William 43 (T SC VA), Mary 33, Otey 12 (son), Russell 7, Samuel 7, Walter 5, Hugh 2; PORTER, Catherine 62 (mother) (VA VA VA)
JOHNSON, Rose (B) 35 (T VA VA)
JONES, Richard (Mu) 19
OSBORNE, Jacob 60 (T NC T), Margaret 59 (T NC NC), Landen 37, George 7 (g son) (T T NC), Liza 5 (g dau) (MO T NC), Isaac 19 (relationship omitted)
SARGENT, Jerry (B) 25 (blacksmith) (MS MS MS), Paralee (Mu) 23, Willie (B) 4, Gus 2
PUTMAN, John 54 (widower) (minister) (AL NC NC), Mary 24 (T AL NC), Samuel 17 (T AL NC), William 15 (T AL NC), Furdy 12 (T AL NC), Virginia 9 (T AL NC)

Page 14, Dist. 14

KINZER, George M. 40 (electioneering) (T VA T), Annie 1 (dau), Nancy 71 (mother) (T VA T), Nannie 18 (niece)
HILL, Jim (B) 55 (GA GA GA), Caroline 47 (VA VA VA), Fayette 22 (VA VA VA), Cherry 25 (step dau in law); BROOME, Lule 8 (dau)
GRIMES, Arey (f) 65 (T VA GA)
KINZER, Mary (B) 60 (T T VA)
STOCKARD, George 54? (T NC VA), Sarah 52? (T GA NC)
CAGGETT, Sandie 30 (B), Matilda 25 (wife), Addie 13, Sandie 10 (son), Annie 7
CHOAT, J. P. 34 (grocery keeper) (T NC T), Cassa 26 (wife) (T VA T); COLLINS, Lycurgus 15 (half bro) (grocery clerk)

MAURY COUNTY

Page 14, Dist. 14 (cont'd)

DAVIS, Eliza (B) 50
WALKER, Otey 30 (T VA T), Laura 26 (MD MD MD)
ALDERSON, Caroline (B) 50 (T NC NC)
WARNER, Albert (B) 35 (GA GA GA)
REESE, William 51 (mechanic), Martha 24 (wife), George 3, Currain 1 (son)
KIRBY, Newton 27 (T T AL)
WEBSTER, Blair 36
DOBBINS, Wiley (B) 63 (T NC NC), Fanny 35 (wife) (MS MS MS), Anthony 15, Precilla 14, Henry 8, Felix 4, Willie 2; NEELEY, Mary 20 (niece)
JOHNSON, Richard 67, Kesiah 63 (wife) (VA VA VA)
ROBINSON, Jef. (B) 52 (T NC NC), Ibba 56 (sis) (T NC NC)
SOWELL, Grant (B) 46 (T KY NC), Sallie 32 (T Ger T), Thomas 11, Daniel 9, George 7, Daniel 73 (father) (KY KY NC), Freman 50 (½ bro) (T NC NC)

Page 15, Dist. 14

SHEDDON, William 21 (physician) (T T AL), Maria 19 (T NC T), Paul 11/12 (b. Jun); BLACKWELL, Annie 28 (aunt) (seamstress) (T T NC)
FAIN, George S. 49 (physician), Willie W. 10 (son)
DANABE, Robt. 46 (mechanic & sadler?) (T SC T), Lizzie 36 (wife) (T T VA), Ada 9, Gertrude 6; GRAY, Henry 24 (bro in law) (T T VA)
WALKER, Mira 33
NARLIN, Nick (B) 23
JOMS?, James 65 (mechanic--painter) (T NC NC), Martha 58, Alice 32
OATMAN, Daniel (B) 54 (blacksmith) (T SC SC), Henrietta 35 (wife) (MS T LA), Georgiana 16, Harry 6
AMIS, Joseph (B) 40 (blacksmith) (T NC NC), Mary 34, Maggie 8, Xena 8, Joseph jr. 4
BAKER, Samuel jr. 22
GRAY, George 40 (physician) (sick), Mary 32 (T NY T), Lila 5, Raymond 3
GARDNER, Alice (B) 21, Baby 6 days old (dau); SMITH, Charly 12 (relationship omitted)
CLAIBORNE, John (Mu) 50 (minister) (T __ __), Jane (B) 40 (wife) (NC NC NC), John B. (Mu) 30 (son), John W. 22, Joshua 11, Thomas 9, Charley 6, Narcissa 18 (relationship omitted), Mary 21 & relationship omitted)
BODY, William (B) 50 (GA SC SC), Edmony (f) 40 (wife) (GA SC SC), Jennie 10 (T GA SC), Josephine 7 (T GA SC)

Page 16, Dist. 14

HUFFMAN, Jacob 45 (Ger __ __)
PILLOW, Jane 52 (T VA NC), Lizzie 15 (dau) (T KY T), Christina 7 (dau) (both bastards) (T Ger T)
PIPKIN, Thomas 37 (wagoning) (T NC T), Martha 44 (wife) (T T VA), Anna 20, William 18, James 15, Martha 12, Ella 9, Walter 7, Etta 5
GANT, Judson (Mu) 68 (shoemaker) (MD MD MD), Parthena 59, Swodon 29 (teacher); HAWKINS, Fannie (B) 14 (niece) (LA LA LA)
ROBINSON, Sam (B) 23, Alice 19, Sherman 27 (bro) (teacher)
SMITH, Maria (B) 50
WALKER, John 50, Jim 22 (son) (iron shop work); GREER, Ben 36 (nephew)
TATE, Louis (B) 27
PORTER, Samuel 37 (mail carrier) (T SC VA), Addie 35, Laura 8, Beulah 7, Willie 5, Katie 1
FLEMING, Jacob (B) 55, Henrietta 27 (wife), Mary 14 (dau), Maggie 9, Joseph 7, Angie 5, Alice 1; ARMSTRONG, Jennie? 24 (niece) (T VA T), Annie 4 (dau)
DORSETT, Jefferson 50 (MD MD MD), Mary 47 (MD MD MD), Jefferson jr. 17, Lillie 15, Mary 13, Hattie 10, Irene 8, Patine 3
MARTIN, Austin (B) 27

Page 17, Dist. 14

YOUNG, John 31, Fannie 37 (wife), William 12, James 10, Celia 3

BEADEN, Robt. 56 (Mu) (MD MD MD), Lettie 52 (T MD VA), Delia 22 (T MD MD), Harriet 17 (T MD MD), Frederic 15 (T MD MD), Precilla 12 (T MD MD); COTHRAN, Laura (B) 2 (g dau)
MARTIN, Martha (Mu) 23 (wife), Addie 5 (dau)
PEELER, Robt. (B) 29, Roana 28, James 9, Alford 8, Harriet 6, Edea 5; HARRIS, James 15 (nephew) (T T AL)
ALLEN, Sam (B) 30, Lizzie 30, Richard 11 (NC), Sarah 9, Ada 7, Mattie 6, David 1
GREENFIELD, Irena (B) 35 (widow) (T MD T), Berry 12 (T AL T), Jennie 9 (T VA T)
CROSS, Bazil (B) 37, Alice 35 (MD MD MD), Jordon 12, Margrett 10, William 8, Mary 6
BULLOCK, Marton (B) 73 (T VA VA VA); COLEMAN, Eliza 30 (g dau) (T NC T)
KINZER, George 38 (T VA SC), Mary 25 (wife)(LA T LA), Archy 3, Tommie 9/12 (b. Sep); DAVIS, Maria (B) 10 (servant)
SARGENT, James 42 (T NC SC), Sallie 27 (wife) (T MD T), Wallace 5, Launa 4, Lizzie 4, Dempsey 2

Page 18, Dist. 14

SARGENT, Robt. 40 (T NC SC), Mamie 26 (wife) (T MD T), Albert 5, Willie 3 (dau), Robt. 1, Charlotte 73 (mother) (SC SC SC), Frank 33 (son) (T NC SC)
GUMMER, William (B) 25 (MD MD MD), Alice 22 (T KY T)
FOSTER, Larkin (B) 21 (T VA SC)
MAYBERRY, Meny? 67 (T VA VA), Dosia 60 (wife) (T VA VA), Henry 36 (T VA T), Polk 34 (T VA T), William 25 (T VA T), Dorry 19 (sons wife)
COTHRAN, Rufus 34 (engineer) (T NC AL)
STRAYHORN, Austin (B) 35 (blacksmith) (T NC T)
HILL, Harp 62 (trader--horse), Martha 56 (T SC KY), Joseph 33 (wagoner), Mary 28 (seamstress)
WILKES, Tennie 50 (MS Eng MS); KINZER, William 21 (son) (T T MS), Easom 19 (son) (T T MS), Ella 13 (dau) (T T MS), Ethel 9 (dau) (T T MS); WILKES, Joseph 3 (½ bro) (T NC MS)
ANDERSON, Jethro 35
LIPSCOMB, Ben 32 (trader) (T NC T)
McCANNON, James 39 (T SC VA), Mary 32, Viola 12, Tennie 10, Florence 6, Alma 3
McKANNON, Ed 24 (miller), Anna 18, Lena 1
LIPSCOMB, Neumon (B) 32, Mary 30 (wife), Charlie 4, Martha 3, Sam 2, Neumon jr. 7/12 (b. Oct); WEBSTER, Wiley 8 (stepson), Jack 6 (stepson)
WEBSTER, Mary 24 (B) (widow) (T NC NC), Hattie 6, Estell 2, James 4/12 (b. Feb)

Page 19, Dist. 14

WEBSTER, Scott (B) 20 (T MS T)
EASLEY, George (B) 18
FOSTER, Parthena (Mu) (widow) 40 (T VA VA), Mary 15, Alfred 10, James 8
HENDLEY, Wilson (B) 20 (T SC SC), Amilia 29 (wife) (T T MD); DAVIS, Daniel 11 (stepson), Maria 9 (stepdau), Thomas 7 (stepson), John 5 (stepson); HENDLEY, Fannie 11/12 (b. Aug) (dau)
BRINN, Barkley 27 (mechanic) (T NC T), Fannie 24
RUSSELL, Margrett (B) 27 (T MO GA), Laura 6 (dau), Maria 3
MAYBERRY, Robt. 38 (T VA T), Bettie 27 (wife), James 3
McBRIDE, Robt. 38 (T SC T), Helena 28 (wife) (T NC T), Dora 8, Willie 6, John 3, Hannah 66 (mother) (T Ger Ger)
McBRIDE, Henry 27 (T NC T), Susan 20
FOSTER, Jack (B) 40, Ann 35, Mittie 18 (dau), Sam 12, Quad 6 (son), James 4, Annie 1
DOTSON, Mary (B) (widow) 30, Piggy 12, Jessee 8, Fannie 6, James 5, Daniel 4, Mary 3, Jack 2/12 (b. Apr)
HELEM, Jerry (B) 70 (VA VA VA); DAWABE?, Sallie 35 (stepdau) (GA GA GA), Isaac 14 (step son) (GA GA GA), Jessee 10 (step g son) (T GA GA), Jerry 4 (T T GA), Joseph 3 (T T GA) (relationship last two persons omitted)

Page 20, Dist. 14

McBRIDE, Frank 34 (T SC T), Ellen 33, Osey 10 (son), Bascom 8, Belle 6, Cora 4
LAUSON, Peeler 31 (wagon maker) (T NC T), Sallie 28, Ida 8, William 6, Mary 4, Walter 2
McKENNON, Gideon 39 (T SC T), Georgana 29 (wife), Martha 12, Mary 11, Edward 8, Daniel 6, Flora 3, Alcena 2
LIPSCOMB, Theodrick 35 (miller) (T NC T), Elvira 33 (T VA T), Nelson 11, Archie 10, Charlie 8, Addie 6, Clara 3, Ida 1
GRAY, Maria (B) 33, Sam 5 (son)
WHITE, Robert 25 (wagon maker mechanic), Harriet 20, Mattie 7/12 (b. Oct)
McBRIDE, Wesley 18 (blacksmith), Jane 20, Emery 4/12 (b. Feb)
ESTES, Ervin 25, Tennie 19, Hester 49 (mother) (seamstress) (T NC NC)
CHAMBERLAIN, J. L. 50 (blacksmith) (T VA T), Mary 34 (wife), J. Lafayette jr. 14; BOND, Heny? 13 (step dau); EASLEY, Walter (B) 15 (servant)
KINZER, Clark 36 (T VA SC), Mary 28, Otey 8 (son), Emmet 3; GRAY, Jennie (B) 17 (servant)

Page 21, Dist. 14

KINZER, Jack (B) 35, Jane 35
GUNNER, Wash. sr. 50 (B) (MD MD MD), Ellen 50 (wife) (MD MD MD), Josh 18 (MD), Fed 22 (MD), Jennie 22 (dau in law), Ernest 9/12 (b. Nov) (g son); CAMBELL, Milton 16 (laborer)
RUSSELL, James 71 (disabled from broken thigh) (T VA VA), Charlotte 69 (wife) (T MD VA), Maddison 33 (son)
WOODSIDE, Celina (widow) (T NC NC) 47, James 27 (son) (partly paralized), Celina jr. 17, John 12
KINZER, William H. 35, Louisa 34, Anna 10, Mason 7
KINZER, Millie 70 (widow) (partly paralized) (T VA VA), Hannah 47 (dau) (seamstress); RUSH, Artemsia 33? (widow dau) (seamstress), Willia 7 (gr son)
SHIP, Sam 70 (B), Martha 45 (wife), James 16, Lucy 14, Mary 12, Lizzie 10, William 6, CLAGET, Annie 20 (sis in law), Pollie 9/12 (b. Oct) (bastard child)
KINZER, Frank 40 (T VA T), Aurora 27 (T T NC) (wife), Maud E. 9, Henry 8, Albert 5, Bertha 3?
JANES, William 60 (widower) (T NC NC), Rebeca 25 (dau), James 23, Annie 21, Sam 18
FORTEE, Ben H. 21 (T T MS) (laborer on farm)
MABERRY, Williee 20 (laborer on farm)
DILLARD, David (B) 60, Martha 50 (wife) (GA GA GA), Robt. 12, David 5
BLACK, Andrew (B) 35, Mary 28, John 7, George 5

Page 22, Dist. 14

McBRIDE, Rosana 56 (widow) (T VA VA), Mollie 26 (dau) (seamstress), Michael 24 (son), Elvira 21, Willis 19, Ella 17, Sallie 14
RUSSELL, Whitfield 50, Martha 37 (wife) (T T VA)
McKENNON, William 48 (school teaching) (T SC VA), Martha 45, George E. 19, John F. 17, Mary L. 15, Charles 13, Ada 8
LAWRENCE, James (B) 27 (T NC NC), Cornelia 24, James 6, Minnie 4, Ella 2, Gusbaker 11/12 (b. Jul)
FLEMING, Mary 46 (B) (widow) (T NC SC), Ida Belle 10, William 10?
ERWIN, John (B) 26 (married) (T NC T), John James 3, Waltie Lee 8/12 (b. Oct) (son)
WEBSTER, David (B) 31, Amanda 26, Julia 5, Jery 3, Lizzie 3/12 (b. Mar); HARLAN, John 15 (nephew) (T KY T), Eliza 13 (T KY T) (niece), James 11 (T KY T) (nephew)
ESKEW, Rufus 25 (T NC T), Jinnie 22, Roxana 4, Pearl 1, Hanty 1 (dau) (twins)
MILLER, Calvin 53 (widower) (disabled from sickness) (T VA VA), Milton 14 (son)
GRAY, P. M. 32, Mary 25 (wife), Minnie 5, Emma 3, Manera 1

Page 23, Dist. 14

ESTES, John 22 (laborer on farm)
WHITE, John 43 (T NC T), Rebecca 32 (wife), James 4, John 1; MILLER, Sallie 34 (sis in law) (seamstress)
BLACK, Alice 25 (laborer on farm) (B)
MARTIN, William 61 (T NC NC), Eliza M. 40 (wife) (T VA KY), John W. 1 (son)
WHITE, Jenkins 47 (T NC NC), Mary 45 (T VA KY), Manerva 22 (seamstress), Bird H. 14, Sarantha 6; BROWN, Mary A. 12 (niece)
WHITE, James M. 67 (farmer & minister) (sick) (NC NC NC), Penelope 65 (NC NC NC), William 35 (son)
WHITE, Luke S. 30 (T NC NC), Sallie 27 (T KY KY)
KINZER, Whitfield 52 (T VA T), Mary Jane 49, Marshal 16, Mattie 13, Walter 11
WEBSTER, Herrs? (B) 21 (m)
FRIERSON, Emeline (B) 50 (widow) (T SC SC), Millie 21, Florence 6/12 (b. Dec) (bastard)
KINZER, Michael 27, Belle 20 (wife) (disabled from consumption) (T NC T)
COCKRUM, Harry (B) 51 (GA GA GA), Anna 25 (wife); RUSSELL, Andrew 12 (bro in law), Louisa 14 (sis in law); THOMAS, Wesley 10 (bro in law)
WEBSTER, Matilda (B) 65 (SC SC SC)
ARMSTRONG, Jessee (B) 71 (SC SC SC)

Page 1, Dist. 15

1. SMITH, Geo. (Mu) 49 (AL T AL), Dicey (B) 42, Hal 26 (stepson), David (Mu) 20 (stepson), Victoria 19 (dau) (AL AL AL), Preston 17 (son) (AL AL AL), Charles 14 (son) (T AL T), George T. 12 (son) (T AL T), Hubbard (Mu) (son) (T AL T); FREEMAN, Richd. (B) 3 (g son)
2. ROGUE, John 48 (T T VA), Martha 41 (AL VA VA), Sarah C. 13, Martha G. 11, Rurasa? 8 (son), James W. 5
3. GARNER, Geo. 33 (billious fever) (T VA VA), Laura 31, John 13 (billious fever), Frank 9, Mildred 6, Thomas 1
4. GARNER, Nathan 37 (T VA VA), Bettie 37 (T VA VA), M. A. 13 (dau), James P. 10, Lois 6, Nathan E. 3, T. J. 1 (son)
5. KIME, Pleas 72 (VA VA VA), S. A. 68 (wife) (T VA VA), Buck 23, Cordelia 20 (dau in law)
6. CURRY, J. L. 57 (gravel) (T VA VA), M. A. 53 (wife) (T T VA), L. J. 25 (son), W. N. 20 (son) (billious fever), J. L. 18 (son), M. S. 16 (son) (billious fever), Fannie K. 13; FITZPATRICK, M. (B) (m) 36 (servant) (T VA T)
7. WHITE, A. J. M. 50, Eliza A. 45 (wife), Forrest 19, Ellen 15, Sue 12, Major 10, Albert 7, Annie 4; GRIMES, Alex (B) 23 (servant)

Page 2, Dist. 15

8. TILLMAN, Beckie 22 (widow), Wash 5, W. L. 3 (son), Stacia 4/12 (b. Feb)
9. FULLER, John 51, Elizabeth 46, Tennessee P. 15, E. J. 11 (dau), J. S. 10 (son), S. B. 7 (son), Brown 3
10. DODSON, John 38, Rose 36, Lucinda 14, Susanah 12, Sam 9, J. A. 7 (son), Robt. 4, G. H. 1 (son)
11. CECIL, Joe (B) 40, Cal 30 (wife), Sam 19, Tom 16, D. L. 13 (dau), E. J. 13 (dau) (twins), Mary 10, R. J. 8 (dau), Nettie 7, Nancy 3, Abe 6, Paralee 2/12 (b. Apr)
12. LONG, E. (B) 26, Syrrilla 20 (wife) (T VA T); HOBSON, M. 60 (father in law) (VA VA VA), Lucinda 50 (mother in law), Mary 18 (sis in law) (T VA T), William 15 (bro in law) (T VA T), Tamar 13 (sis in law) (T VA T), Moses 7 (bro in law) (T VA T), Laura 6 (sis in law) (T VA T)
13. ARMSTRONG, W. (B) 63 (VA VA VA), Frances 40 (wife), Henry 20, Ambrose 14, Cooper 8, Emma 5
14. LYLES, G. W. 30, L. A. 21 (wife), Alma 1

MAURY COUNTY

Page 3, Dist. 15

15. CRAWLEY, David (B) 30 (T VA VA), Mary 35 (wife), Anna 13, John 10, Edmonda 6 (dau), Willis 4, Ada 3, David 6/12 (b. Sep)
16. HINES?, Jeff 21, Jalcy? 19 (wife), Martha 1
17. McEWEN, James 65 (RR laborer) (GA GA GA), Mary 48 (wife) (GA NC NC), Martha 17 (AL), J. H. 15 (son) (AL), Louisa 14 (AL), James 11 (T), John W. 9, T. H. 7 (son)
18. STINSON, James 28, Mary J. 30, J. W. 7 (son)
19. GIBSON, Mark 33, Elizabeth 33 (AL AL AL), Martha 12, Rachel 10, Mary 7, William 2
20. GIBSON, Thomas 26, Nancy 26, Louisa 6, Leander 4, Hugh 1
21. CURRY, John 67 (VA VA VA), Annie 56 (wife), John W. 19, J. J. 18 (son), Mary 14
22. EMBLER, Geo. 45 (NC NC NC), Prissilla 41 (T VA T), Wm. T. 15, G. H. 12 (son), J. W. 9 (son), J. J. 6 (son), W. F. 18 (nephew) (T NC T)
23. RICKETTS, N. J. 41 (widow) (T T KY), R. M. 18; DONALSON, E. F. 26 (sis in law) (T VA T)
24. SHARP, Daniel (B) 57, Betsey 54 (SC SC SC), W. D. 18 (son), A. S. 17 (dai), H. S. 15 (dau), J. G. 13 (dau)

Page 4, Dist. 15

25. GIBSON, W. W. 52 (T NC SC), Lucretia 54 (wife) (NC NC NC)
26. ALLEN, Shelton 26, Mary 19, Levonia 6, James 3, Sarah 1
27. ALEXANDER, John 38?, Elizabeth 46 (wife) (T NC NC), J. F. 13 (son) (AR), Martha E. 7 (T), Robt. M. 5, E. H. 1 (son)
28. ALEXANDER, F. B. 26 (T KY T), Elizabeth 24 (wife) (T NC T), W. P. 6 (son), A. M. 4 (son), Luella 2
29. FRANKLIN, Robt. 53, S. Elizabeth 30 (wife), S. E. 23 (dau), Parmellia A. 17, M. F. 14 (dau), John M. 12, Elisha 9, Martha H. 7, Josephine 3; TURNIDGE, Mary 50 (mother in law)
30. CHILDRESS, N. T. 46 (T VA VA), Penelope 28 (wife); GRAY, George 26 (boarder)
31. ALEXANDER, Thos. (B) 42, Adeline 43, Catharine 19, Thomas 17, Cordelia 15, W. Henry 13, Louella 11, Boyd 9, Whitfield 7, Walter 5, Ada G. 2
32. BRADFORD, Nath (B) 40, Polly 32, Robt. 5, Georgia 1; HARRIS, Sallie 13 (stepdau), Harriet 6 (stepdau), Josey 4 (stepdau), Emma 2 (stepdau)

Page 5, Dist. 15

33. STEPHENSON, Ben (B) 51, Eliza 40 (wife), Susan 13, Amelia 8, Mack 6
34. BRADFORD, N. (B) 23 (f)
35. WEBSTER, Robt. (B) 31, Clara 22, Carver 6, William 8 (adopted), Anna 11 (adopted)
36. GRIMES, John 18, Belle 17
37. DUKE, W. G. 26, Ellen 22 (wife); RUSSELL, Virgie (f) 17 (boarder)
38. MASSEY, J. B. 26, Elvira 21 (wife), Wm. O. 2
39. CECIL, Albert (B) 23, Amanda 28 (wife) (T T SC), Vannie 6 (son), Frances 4, Willie 3, Eddie 1, George 1 (twins); PENNINGTON, Hasty 60 (mother in law) (SC SC SC)
40. HIGHTOWER, Boyd (B) 38 (blacksmith), Mary 33, Wm. J. and M. W. 2/12 (twin boys); WEBSTER, James 14 (adopted); McNELLY, Martha 39 (as one family); WILSON, Liddy A. 23 (niece), Major 2 (g nephew) (T ___), Eddie G. 1/12 (b. Apr) (g nephew)
41. LILES, W. M. 44 (T SC T), N. V. 41 (wife) (T SC VA), J. A. 20 (son) (billious fever), Sallie 17, Emma 14, Frank 10, John 6, Ida 4
42. LILES, Wm. 75 (widower) (SC SC SC), Elizabeth 46 (T SC T)

Page 6, Dist. 15

43. LILES, F. P. 29, Jane 24 (wife) (T SC T), Burton 4, Lula 1
44. CATES, W. G. 46 (T NC NC), M. F. E. 39 (wife) (T NC NC), Marietta 19, John H. 15, Mattie 6; NEELEY, Willie 16; RUSSELL, Ned 19; CATES, Joe 19, George 41 (T NC T); SHARP, Dan (B) 20; WILSON, Shep 18, Josh 27, Amy (Mu) (last 8 persons seem to have been employees of Cates)
45. BROOKS, N. B. 29, J. O. 24 (wife), B. C. 5 (dau), H. J. 2 (son), Susie E. 4/12 (b. Jan)
46. MARTIN, Rich (B) 25, Alice 19, Henry 1, Lizzie 1/12 (b. Apr)
47. BROWN, V. D. 63 (widower) (T NC NC), J. Erma? 33 (dau); HOBSON, John H. 11 (g son)
48. HOBSON, Mary C. 43 (widow), M. Fannie 22, Neil 16, Virginia 13, Carrie L. 9, J. S. 6 (son)
49. AKIN, Austin 64 (T SC SC), E. J. 62 (wife) (T SC SC), M. T. 37 (dau), Mattie J. 7 (g dau)
50. GRIMES, Dan (B) 30 (VA VA VA), Adaline 26 (T T VA), Alonzo 6, James 4, Mosses 2; SMITH, Ed 29 (boarder) (T T VA); DAVIS, John T. 19 (boarder), Cora 16 (boarder)
51. WEBSTER, Soph (B) 60 (widow), Celia 80 (mother), Henderson 18 (g son)

Page 7, Dist. 15

52. GRIMES, Jack (B) 43, Adaline 30 (wife), Carrie 15, Mary 13
53. LILES, Boy (Mu) 23, Olly 20 (wife)
54. AMICK, A. L. 25 (T NC T), Ella 19 (wife), Mary 4, W. R. 2 (son)
55. WEBSTER, Ishan (B) 68 (NC NC NC), Soffie 55 (wife), Athony (sic) 23, Fannie 18, Ella 20 (dau in law), W. P. 1/12 (b. Apr) (g son)
56. WEBSTER, Sidney (B) 29 (T NC T), Sylla 21 (wife)
57. WEBSTER, Willis (B) 40 (T NC T), Lucinda 30 (wife), George 16, Willis 10, Ellen 9, Walter 8, Hattie 7, Fanni 3, Ida 2
58. ARMSTRONG, Toby (B) 25, Clara 24, Kemp 6, Rose 4, Cornelia 1
59. FLEMING, Henry (B) 33, Margaret 27, Annie 11, Isora 9, W. H. 5 (son), Walter 2, Adley 1 (son); SMITH, Frances 21 (niece), Lula 2/12 (b. Mar) (g niece)
60. CATES, W. H. 32 (m)
61. CRAIG, Wesly (B) 44, Mollie 32, L. Jos? 15 (dau), A. B. 13 (son)
62. VINCENT, Henson (B) 50 (T VA VA), Bettie 40 (wife), Arch 5, John 2, infant 4/30 (b. May) (m); VENABLE, Albert 21 (bro in law) (T T VA); WALKER, Eliza 39 (sis in law), Henry 6 (nephew); VINCENT, Susan 90 (mother) (VA VA VA)

Page 8, Dist. 15

63. FRIERSON, Isac (B) 40, Jane 27 (wife), Cornelia 7, Manuel 4, Ida 3, Ann 2, Eliza 4/12 (b. Jan)
64. WEBSTER, John (B) 50 (MD MD MD), Isabel 43, Alexander 24, Georgia 19, Martha 14, Silas 12, Rachel 8, Pat H. 6/12 (b. Dec), Creasy 12 (niece); FOSTER, Porter 18 (bro in law)
65. LILES, Willis 53 (T SC VA), Martha 62 (T VA VA); CURRY, Lizzie 23 (dau), Delta A. 4 (g dau), Lelia 2 (g dau); RUNNIONS, H. T. 15 (laborer)
66. LILES, J. B. 23, Rebecca 20 (wife), Jasper 2, Willard 1
67. CEVA?, Joseph 41, Nancy E. 45, Monroe 16
68. BROOKS, J. C. 36 (T ___), S. L. 31 (wife), A. E. 7 (dau); JAGGERS, J. N. 17 (laborer); GRIMES, S. A. 60 (mother in law)

Page 8, Dist. 15 (cont'd)

69. ESTES, Albert H. 67 (VA VA VA), Lucy 61 (T T SC); NOLEN, E. B. 22 (boarder) (m), Lidy (f) 16 (boarder)
70. SMITH, James 27, Nancy 66 (mother), Arilda 20 (sis)
71. AKIN, E. E. 50 (T NC SC), E. J. 49 (wife) (AL GA GA), R. E. Lee 15, W. A. 14 (son), J. Travis 12, Maggie R. 10, J. E. 8 (son), Cynthia 72 (sis) (T SC SC), Amanda 48 (sis) (T SC SC)

Page 9, Dist. 15

72. ELLISON, Marion 24 (KY AL T), Annie 25 (wife) (married within yr); CASE, Virgie 9 (stepson) (T KY T), Rosa 7 (stepson) (T KY T), Eoline 5 (stepdau) (T KY T)
73. THOMPSON, J. F. 46, Mary J. 42 (wife), W. J. E. 22 (son), Martha L. 20, Sarah J. 16, Airie Anna 14, India 12, Nettie 10, Dora 7, Mary 60 (mother) (T VA VA)
74. CALLAHAN, John 21 (T VA T), N. E. 25 (wife)
75. ROGUE, Z. J. 37, Nancy E. 35 (wife), Z. J. 11 (son), Willie D. 7, Saml. H. 6, Anderson Y. 5, Joseph L. 8/12 (b. Aug)
76. ROGUE, Minda 62 (widow) (T VA VA); HOLDER, Eliza C. 41 (dau), Martha F. 18 (g dau)
77. SUGGE, Jane (B) 32 (widow); CECIL, Rufe 23 (nephew); FARRIS, Adaline 25 (niece), Ray 4 (g niece)
78. AKIN, Sam (B) 27, Louisa 30, S. H. 16 (son), W. J. 14 (son), John 10, Henry 4, Frances 5 (g dau)
79. PEYTON, Henry (B) 72, Mary 70 (T VA VA); CECIL, Izora 18 (g dau)
80. JONES, Gabe (B) 38, Louisa 29, George 5, Katie 4, Celia 2, Albert 1/12 (b. Apr); WEBSTER, Milly 70 (mother in law), Tennie 27 (sis in law)
81. SMITH, Maria (B) 61? (widow), Jossy 23 (dau) (blind & idiotic), Wesley 12 (g son), Lizzie 10 (g dau)

Page 10, Dist. 15

82. RAINS, M. A. 40 (widow), T. J. 17 (son), Mary M.? 16, Jennie A. 15, Willey C. 12, Alonzo 11, Walter J. 10
83. ODUM, Willis 34, Martha J. 33, Andrew M. 10, Nancy E. 8, Mary R. 6, Anna Bell 3, Charles N. 9/12 (b. Sep)
84. ALLEN, Sarah 48 (widow), Ann 23, Mollie 19 (divorced), Willie 11, Wm. 8, Emma J. 4 (g dau); DAVIS, John W. 1 (g son)
85. BAILY, J. Wesley 21, A. C. 20 (wife); SMITH, N. E. 44 (mother in law); BAILY, James 4 (nephew)
86. DUKE, Green 60, Mary 49 (wife) (T NC T), Johnny 14
87. COX, Jacob 41 (T NC NC), Lizzie 33 (T NC T), Ella 13, Martha 8, Walter 5, Jessie 3; BROWN, Nancy 35 (servant)
88. COX, A. J. 33 (T NC NC), Susan E. (wife) 35 (T VA VA), William T. 16, John H. 14, Henry W. 8, Ernest 6, Joel W. 4, James R. 22 (nephew)

Page 11, Dist. 15

89. COX, W. J. 78 (widower) (NC NC NC)
90. PERKINS, S. V. 58 (KY KY KY), Mary A. 37 (wife) (T NC NC), Wm. V. 13, Amanda L. 11
91. COX, Cato (B) 54, Adaline 48, Dora 12, Edie 6 (son), Munch 9 (nephew)
92. CATES, James M. 32, Mary A. 36, John M. 11, Tilda Etta 8, H. E. 6 (son), infant 1 (son), Theopholus 16 (nephew)
93. SHARP, F. P. 33, Mary F. 27 (T KY T), Emma J. 8, Robt. A. 5, James H. 3, John N. 1
94. JORDAN, E. J. 46 (widow), Tabbie 8 (dau), J. J. 6 (son), Mary H. 4, John F. 1; ELLERSON, Morg. 17 (son), Nannie 10 (dau)

95. BRADFORD, James (B) 46 (blacksmith) (T VA VA), Eley 30 (wife) (T VA T); HAWKINS, W. R. (m) 24 (boarder) (works in blacksmith shop)
96. WOOD, John H. 19, Martha 25 (wife), Frank 3, Enos 1/12 (b. Apr)
97. ELLERSON, Robt. W. 23, Mary A. 24 (married within yr)
98. PULSE, James (B) 48, Anna 38 (wife), Joe 16, Caroline 14, W. J. 11 (son), Thos. E. 8, Ada 1, Fletcher 17 (nephew); HALL, Joe 19 (hired)

Page 12, Dist. 15

99. POGUE, W. D. 39, Sue A. 24 (wife), Alice E. 9, James J. 6, Willie P. 4 (dau)
100. GRIMES, Geo. W. 26, Leronie? 21 (wife), Sella 2 (son), Stivis 5/12 (b. Apr) (son)
101. VENABLE, Martha (B) 36 (widow), Ada 13 (T SC T)
102. SANDFORD, M. F. 53 (widow), Isac J. 28, Greenberry M. 26, James N. 22; POPE, Mary D. 15 (cousin)
103. GRIMES, Martha 46 (widow) (T VA T), Sallie J. 23, John W. 21, George H. 18; DAVIS, James 68 (father) (VA VA VA); FARRIS, Adaline 56 (relationship omitted) (T NC NC)
104. DAVIS, Alex (B) 25, Ida 23, Dallas 4/12 (b. Feb), Antony 50 (no relation), Simon 16 (no relation), Harrison 8 (cousin), Judy 75 (g mother)
105. WEBSTER, C. H. (B) 35 (T VA VA), Elizabeth 17 (wife), Maggie 15, Mary 12
106. CURRY, E. H. 52 (T VA VA), E. J. 46 (wife) (T SC NC), Sidney 17 (son), Mattie 15, Nannie 12, Tommy 9, Isac 6, Omega 2
107. PICKARD, Arch (B) 48, Adaline 55 (wife); KNOTT, Jackson 15 (adopted); WALKER, Fannie 12 (adopted)
108. RUINS?, G. L. 40, S. E. 29 (wife), Morell G. 8 (son), Anna P. 5
109. AKIN, Alfred (Mu) 50, Hannah 40 (wife), Wm. H. 18, Arcissa R. 1, Oscar E. 3/12 (b. Mar); WALKER, Carmilla 10 (adopted), Ida 7 (adopted)

Page 13, Dist. 15

110. REVIUR, W. M. 29 (T VA AL), L. A. 24 (wife); WILLIS, Willie 10 (nephew)
111. REVIUR, John A. 57 (tanner) (VA VA VA), Susan 57 (AL T T); COLLINS, Margaret 18 (niece) (T AL T)
112. ERBEY, D. H. 40 (T GA T), Nancy L. 39 (T VA T), Henry H. 14, James F. 13, Minerva Ann 12, Martha J. 10, John Hunan 8, Wm. Eli 6, Thos. M. 3, Sabra Alice 11/12 (b. Jun)
113. HARDWICK, Nancy 66 (widow) (NC SC NC); HUSON, Sabra 27 (g dau) (T NC T), Katie 9 (g dau); HICKS, Nathan 18 (servant) (T T NC); HIMES, John 20 (servant)
114. DAVIS, Saml. H. 34 (T VA T), C. Whig 31 (wife), Clarinda J. 15, Jno. H. 13, Thos. N. 11, Mary A. 7, Margaret 4, Joseph 2; ALBERT, Walker (B) 21 (servant)
115. DAVIS, Caroline (Mu) 42, Felix (B) 23 (son), Julia 12 (dau), Paralee 9 (dau)
116. AKIN, J. W. 44 (T SC NC), Jennie 37 (wife), John T. 13, English W. 11, Katie B. 8, Clarence 2; COOPER, Lawnie (m) 24 (servant); SHARP, Thos. (B) 27 (servant)
117. NOLEN, M. G. 43 (T T NC), D. S. 36 (wife) (T T NC), E. E. 12 (son), M. J. 10 (son), S. J. 8 (dau), N. S. 6 (dau)

Page 14, Dist. 15

118. THOMPSON, S. H. 64 (NC NC NC), Julia 59 (wife) (T NC T), Mary J. 18; ROBINETT, Sallie 33 (dau), Gertrude 8 (g dau), Sudie 7 (g dau), Willie 4 (g son)

MAURY COUNTY

Page 14, Dist. 15 (cont'd)

119. NOLEN, J. M. 49, Lucinda 47 (wife), J. Whitthorne 20 (son), Thodosia M. 18, Eudora Jane 14, Erastus A. 10, Willie A. 5; COX, Peggy 69 (aunt); POGUE, H. C. 18 (servant)
120. SANFRED, Wm. (B) 65 (VA VA VA), Nancey C. 22 (dau) (T VA MS), Jack 19 (son) (T VA MS), Rosabel 12 (dau) (T VA MS) (deaf & dumb), Sam E. 9 (son) (T VA MS); WEBSTER, Matha 5 (adopted)
121. KENEDY, Dan (B) 69, Mary A. 50 (wife), Laura 16
122. POGUE, James M. 50 (T SC VA), Sarah C. 44 (T T VA), Josey 24 (dau), John D. 21, Willis A. 13, Zachary 11, Lorenzo F. 9, Joseph 7, Harvey W. 3, Rosey 1
123. POGUE, J. D. 23, G. A. 22 (wife), Sarah A. 2, Ivora 8/12 (b. Sep)
124. POGUE, Thos. 26, E. J. 30 (wife), Algie 4 (son), Lulu 2, Alvis 1; GRAY, Rachel 50 (boarder)

Page 15, Dist. 15

125. NICHOLSON, Jesse (B) 22, Vina 33 (wife); DUDLEY, Mary 13 (step dau), Allen T. 11 (stepson)
126. LEFTWICK, A. L. 44 (M.D.) (T VA VA), Mary F. 40 (wife) (T ___), Farmy G. 14 (son), Albert & Arthur 7 (twins), Sue May 5, Otey C. 15 (nephew) (T VA T)
127. McKENNON, Danl. 61 (magistrate) (widower) (T SC SC), Ada 17, Eudora 14, La Vega 10 (son), Ella 7, Nathan D. 5
128. CONNER, W. R. 53 (dry goods mer) (T NC NC), Martha J. 45 (wife) (T SC SC)
129. KIRK, Silas (B) 35 (widower), John 10, Mimie 8, Eddie 5; WILLIAMS, Jane 37 (sis) (widow), Frank 16 (nephew), Tommy 15 (nephew); SELLARS, Hetty 65 (boarder)
130. BAKER, Robt. (B) 38, Sidney A. 31 (wife), Walter 9, Anna 8, John 7, Florida 5, James H. 3, Clarissa 35 (sis) (idiotic)
131. BUSKUM, D. M. 49 (blacksmith) (T VA VA), C. A. 52 (wife) (T VA T), John H. 16, D. M. 13 (son) (AL)
132. AKIN, S. W. 42, Mary A. 34 (wife), Wm. A. 19, Saml. J. 17, Ida Lou 15, Joseph 13, Nellie B. 11, Hugh W. 3, Florence 1; JORDAN, Ida 15 (stepdau), John 14 (step son), Nannie (step dau); NANCE, E. A. (m) 30 (boarder) (wagon maker); AKIN, Isac (B) 19 (servant); WOOD, Thos. R. 50 (relationship omitted) (NC NC NC)

Page 17, Dist. 16

133. FARRIS, Saml. 63 (T NC SC), Eliza 60 (T SC NC), Thos. E. 40, Susan E. 22, Willie L. 10 (g son)
134. FARRIS, James E. 29, Mary 25, Ernest 7/12 (b. Nov); POWELL, Lewis 8 (stepson)
135. FARRIS, H. F. 40 (dry goods merch), M. E. 31 (wife), Mura B. 11 (son), H. F. 9 (son), Mesry F. 6 (dau), Willie Pearl 4, Montey T. 2, Arnet B. 2/12 (b. Apr); BROOKS, Willie 23 (bro in law) (clerk in store); HARRIS, Daphne (B) 22 (servant)
136. ROGUE, E. A. 36, Ada B. 25 (wife), Mytle 4 (dau), Ruby 2, Burnard 9/12 (b. Aug); BIFFLE, Adam (B) 26 (servant)
137. FRIERSON, Chas. (B) 51 (T VA VA), Peggy 52, Laura 14, Lewis 20, Peggy 2, Maggie 4, Lelia 3 (g dau), Charley 6/12 (b. Dec) (g son)
138. THOMPSON, R. H. 32 (T NC T), Margaret 30 (wife), Cora 10, Guy 7, Otey 4 (son), Sallie May 2; WILLIAMS, Jeff 19 (boarder) (mail rider)
139. POGUE, Sam H. 41 (CMC), Celia 30 (wife), Wash 11, James 9, Clifford 6, Frederick 4; HUGHES, H. B. 26 (boarder) (M.D.) (TX T T); POGUE, Betsey 82 (g mother) (N NC NC)
140. CATHEY, Geo. (B) 54, Line 39 (wife) (T VA T); TYLER, Flora 21 (stepdau) (blind)

Page 18, Dist. 16

141. SAVAGE, J. J. 52 (T NC NC), F. C. 40 (wife) (T NC T), Lenora J. 20, Sam W. 16, Dosia B. 14, James C. 12, Jesse 10, Geo. W. 5
142. DAVIS, Geo. (B) 48, Paralee 38 (wife), Nannie 22, James 17, Jesse 16, Grant 9, Whit 2, Pinckey 7 (son); BUCKNER, Rilla 6 (gr dau); DAVIS, Carrie 3 (gr dau), Geo. 8 (gr son)
143. SELLERS, Wm. (B) 50 (T T NC), Rachel 56 (wife), Sallie 18; LIPSCOMB, Andy 19 (nephew), Sam 12 (nephew); WEBSTER, Ed 25 (step son); SELLERS, Eddie 1 (nephew)
144. WEBSTER, Horace 57 (Mu), Martha? 35 (B) (wife), Izora 2, Cicay 1 (dau); PATE, Charity 65 (mo in law) (widow); THOMPSON, Elias 14 (stepson), Belle 10 (step dau), Joe 7 (stepson)
145. FARRIS, Betsy 22 (Mu) (married), Cornelia 8 (dau), Andrew 4, Wiley 1
146. PATTON, Joseph 45 (T NC T), E. A. 35 (wife), Sebastion 8, Mattie A. 5, Joe T. 2; PEYTON, James 67 (uncle) (T T VA)
147. BROOKS, Jas. H. 44 (T VA VA), M. G. 38 (wife), Allie J. 16 (son), Roberta 5, Lamira 3, Marvin 8/12 (b. Sep)

Page 19, Dist. 16

148. BOWEN, Richd. (B) 50, Dinah 45 (wife), Sarah 16, Dick 10
149. FOSTER, Harriet (B) 40 (widow), Martha 18, Hanah 14, Gilbert 11, Larkin 9
150. STRONG, A. S. 74 (NC NC NC), Lavina 67 (wife); FARRIS, Sarah 35 (niece); WILEY, Wm. 23 (laborer)
151. THOMPSON, John W. 29, Para E. 19 (wife), Ed 26? (bro) (works in blk smith shop)
152. CURRY, S. W. 41 (T VA VA), M. P. 33 (wife) (T SC T), S. J. 11 (dau), P. L. 9 (dau), Fannie 7, Ada 2
153. FERGUSON, Geo. W. 48 (T VA VA), M. J. 55 (wife) (T NC SC), T. J. 19 (son), Lavonia 11; KIRKPATRICK, R. W. 49 (T SC NC), Sarah 39, Sarah L. 18, Robt. Ophelia 16 (dau), Mary V. 14, L. W. R. 9 (relationship not given); WOODSIDE, Felix 12 (nephew)
154. KIRKPATRICK, W. E. 23, M. J. 21 (wife)
155. DAVIS, Jane (Mu) 43 (widow) (scrofula), John 22 (son), Mary 20, W. G. 17 (son), Lizzie 16, Robt. 13, Hattie 9, Lara 7 (dau), Amanda (B) 4 (son--sic); LOCKRIDGE, Geo. 80 (father), Mary 66 (Mu) (mother), Aretta 24 (sis)
156. WEBSTER, Dallas (Mu) 30, Mida 23 (wife); DAVIS, Emma 9 (niece); WEBSTER, Maggie 1 (dau)

Page 20, Dist. 16

157. NOLES, Geo. W. 45 (T NC SC), Sarah 44 (wife), Virginia 22, Roxy? 18 (dau)
158. NOLES, Tyn 61 (T NC SC), Hellen C. 42 (wife), Josey 14 (dau), Geo. H. 11, Paralee 9, Jesse 6, Parsons 2 (dau); WEBSTER, Robt. (B) 65 (widower) (T Africa T)
159. KIRK, Geo. O. 40 (T NC T), C. C. 32 (wife), Hugh C. 12, Stephen W. 9, Ella S. 6, Lipscomb 4, Geo. O. 2; MORROW, David 21 (laborer)
160. PUGH, Millon 31 (T NC T), Ellen H. 26 (wife) (T KY T), Tilden 2, Maggie May 1
161. PEYTON, A.? W. 23, Mollie 24, Olivia J. 1
162. BIFFLE, Ben (Mu) 18, Emily 24 (wife), Holly 1 (son)
163. NIXON, T. H. 38 (single), Ella 29 (sis); HARRIS, Louisa 67 (B) (servant)
164. LEWIS, Linda (B) 35; DUDLY, Thos. 18 (son), Anna 14; RIDLY, Webb 12 (adopted); ROBINSON, Mary 68 (mother); KENNEDY, A. 8 (m) (adopted)
165. FARRIS, M. A. 40 (widow), Minnie D. 7, Luther J. 5, Birdmay 3 (son), Martha A. 45 (sis in law) (T NC SC); WEBSTER, Susan (B) 14 (servant) (T T MS)

Page 20, Dist. 16 (cont'd)

166. MAYES, Edmund (B) 39, Louisa 26 (wife), PHILLIPS, John 16 (boarder); BAUGUS, Andy 26 (boarder)

Page 21, Dist. 16

167. FOWLKES, John (B) 34 (T T NC), Nancy (Mu) 17 (wife), Abe 9 (B) (son), Mary 4, Belle 2
168. CURRY, Nathan 60 (widower) (VA VA VA), J. M. 33 (son), Leonidas 24 (son); CROWDER, N. E. 32 (dau) (widow) (T VA T), Adley 11 (gr son), Samaria 7 (gr dau), Lois 5 (gr dau), Ada 2 (gr dau)
169. GARNER, Sam 48 (T VA T), Mary 34 (wife), J. W. 12 (son), A. L. 8 (son), S. J. 5 (son), Martha 4, Sarah 1
170. McCLANAHAN, Ditter 59 (T NC KY), V. A. 56 (wife) (T SC KY), Fannie A. 18, Walter 15, Virgie A. 12 (son); DAVIS, Wm. (B) 21 (laborer); TAYLOR, Polly (B) 21 (servant), Ann (Mu) 2 (relationship not given)
171. HALL, John H. (Mu) 43 (widower) (T GA VA), Whitly (B) 20 (son), Joseph 19, Fletcher 16, Lee 15, Hilliard 14, Tommie 12, Hugh 10, Willie 8, Felix 6, Alice 3, Fanny 2; PULSE, Amelia 19 (niece) (single), Maggie 1 (gr niece)
172. STEEL?, Henry (B) 55 (SC VA VA), Angeline 25 (wife) (insane), Sam 9 (son), Stephen 7, Sissy 4, infant 20/30 (b. May)(son); FOSTER, John 15 (adopted)
173. WEBSTER, Booker 59 (B) (T VA VA), Caroline 50 (wife), Betsey 25, Booker 22, Harvey 18, Wash 6; BLUE, Sam 21 (son in law); WEBSTER, M. A. 8 (gr dau); BLUE, Della 1 (gr dau), L. E. 4/12 (b. Mar) (gr dau)

Page 22, Dist. 16

174. WEBSTER, Mishack (B) 84, Margaret 60 (wife), Narcissa 31 (dau), Maggie 12 (gr dau), Willie 5 (gr son), Mary Alice 1 (gr dau)
175. WEBSTER, Sam 46 (B), Fannie 18 (niece), Bradly 16 (son), Andy 12 (son), Sammie 7 (dau), Pigeon 3 (gr nephew), Adaline 1 (gr niece)
176. CURRY, Whit 30, Fannie S. 28 (wife), W. J. 11 (son), Sam H. 8, Mary L. 4, Wm. A. 1
177. DOBBINS, Jack (B) 49, Anna 33 (wife), Sallie 19 (dau), Jack 15, Albert 11, Nettie 10, Walter 5, Young? 3 (son), Estelle 2
178. BIFFLE, J. K. 33 (T NC T), P. L. 24 (wife); KINDRICK, G. E. 16 (sis in law)
179. BIFFLE, Wm. 76 (widower) (NC T PA), A. B. 46 (son) (T NC T), Sallie 40 (dau in law), Adela 32 (dau) (T NC T), KENNEDY, Fannie W. 19 (gr dau); BECKHAM, Oscar 13 (gr nephew); KILPATRICK, Mary W. 7 (gr dau); GABARD, C. S. 26 (boarder) (minister)
180. ARMSTRONG, H. Wm. (B) 25, Heneretta 20, J. A. 10/12 (b. Jul) (dau)

Page 23, Dist. 16

181. HUNT, Stephen J. 33 (T NC NC), Ursla S. 24 (T NC T), Fannie Pearl 6, Lewis Biffle 1; TIPTON, Nannie 17 (niece)
182. BIFFLE, W. M. 41 (T NC T), Julia 29 (wife), Mary J. 3, Emma 1
182. WEBSTER, Alex (B) 52 (widower) (MD NC NC), Henry 25 (T MD T), Sarah A. 20 (T MD T), Ella 16 (T MD T), India 13 (T MD T), Alex 10 (T MD T), Mary 20 (niece), Sallie 5 (g niece), Birdie 2/12 (b. Apr) (g nephew), Pearl E. 4/12 (b. Feb) (g dau)
183. AKIN, Harry (B) 47, Elizabeth 52 (wife) (NC NC NC), Nathan 21 (g son); KNOTT, Henry 14 (adopted); HOBSON, Delia 18 (adopted)
184. ANDERSON, Polk (B) 30, Ellen 25, David 8/12 (b. Nov), Nancy 80 (mother) (T NC NC); BIBBS, Mary J. 23 (niece)
185. WEBSTER, Henry (B) 60, Salina 53 (paralysed), Henry 40 (son), Mat 15; ANDERSON, Dallas 13 (g son); WEBSTER, John 11 (g son)
186. BELL?, W. A. 52 (T VA SC), Rachel 58 (sis) (T VA SC), Felix 49 (bro) (T VA SC), Luvisa M. 30 (sis) (T VA SC); SPENCER, Flora 16 (niece)
187. SPENCER, M. M. 40 (widow) (T VA SC), Marcus 15, Samuria 8; BELL, Elizabeth 60 (sis) (T VA SC), Mary A. 55 (sis) (T VA SC)
188. WEBSTER, Wesly (B) 45 (T MD MD), Chana (Mu) 29 (wife) (AL AL AL), W. E. 13 (son) (B), Hattie V. 11, Fannie M. 9, Sarah A. 6

Page 24, Dist. 16

189. CATHEY, A. B. 53 (T NC NC), Tennie E. 42 (wife), Willie A. 19, Jimmie 14, Mary A. 13, Margaret E. 11, Candis S. 9, Ida H. 8, Tennessee 6, Anna May 2, Thos. D. 3/12 (b. Feb)
190. WEBSTER, Ricd. (B) 36, Ann 25 (wife), James 9, Sarah 8, Famey 6, Mattie 4, Hammond 2
191. AKIN, J. H. 47 (widower) (T SC NC), Walter C. 19 (son) (T T IN), J. H. jr. 18 (son) (T T IN)
192. LIPSCOMB, M. (B) 30 (widow), Nannie 2; WHITE, Henry 4 (son); AKIN, Lizzie 12 (dau)
193. BROOKS, W. P. 55 (T NC VA), Carrie 33 (wife), John D. 25 (son), Roxanna 22 (dau in law), Walter 19, Rolla 5 (son), Lilly 3; JONES, Kate (B) 35 (servant), Oscar 3 (Kate's child?)
194. STANFIELD, Jerry 55, Sarah 40 (wife), Sam 17, Jack 12, Jerry 8, Belle 6, Nannie 2
195. RICKETS, C. W. 38, Ella 36 (wife), Harvey W. 1; KIRK, Joe J. 18 (bro in law), M. J. 13 (sis in law)
196. GRIMES, John L. 26, Nancy L. 23, Hugh C. 5, infant 3/12 (b. Feb) (dau)

Page 25, Dist. 16

197. LEWIS, Arnold (B) 70 (GA GA GA), Sarah 23 (wife)
198. PATTON, L. M. 42 (T _ T), Almeda 42, Allie 19 (son), India 16, Nannie 13, Wash 10, Pearl 3
199. LYLES, Wm. (B) 30, Sue 21, Rusa 6, Willie 3
200. PATTON, Elisabeth 72 (widow) (T NC NC), Henry A. 38 (T NC T), Rachel 37 (dau in law) (T NC NC), Darkis 27 (dau) (T NC T)
201. CLAY, J. A. 54 (KY KY KY), Caroline 57 (wife)
202. KITTRELL, Wm. A. 25, Anna 22, Ernest 1; VAUGHAN, Alex 24 (hired)
203. CURRY, Isac (B) 68 (T NC NC), Martha 60 (T NC NC), Billy 21, Alfred 18; CATHEY, Silas 2 (g son)
204. WESLEY, S. 72 (T PA NC), L. 62 (wife) (T VA VA), B. W. 28 (son), W. P. 17 (son); WARFIELD, A. K. 21 (g son); REAVES, J. M. 28 (nephew); KIRK, E. S. 6 (g dau)
205. SAUNDERS, G. L. 32 (miller), Anne E. 31 (wife), W. P. 10 (son), Martha L. 9, Malinda 6, Robert A. 3, Thos. Jackson 1; DAVIS, Mary A. 91 (g mother) (NC NC NC)
206. SCOTT, Caleb 66 (NC NC NC), Easter E. 50 (wife) (T T NC), James 18, Clara 15, Callie 12, George 10

Page 26, Dist. 16

207. SCOTT, Alexander 29 (T NC T), Julia 24, Mattie 3 (dau), Floyd? 2; SULLIVAN, Henry 23 (servant)
208. MORGAN, W. J. 24, Mona E. 20 (T NC T), Lula J. 2, Cora 1
209. DOTSON, Sarah 52 (widow) (NC NC NC), Elisabeth 29 (T NC NC), Silas A. 21 (T NC T), Wm. Rily 24 (T NC T); KITTRELL, Robt. 12 (servant)

Page 26, Dist. 16 (cont'd)

210. SCRIBNER, Wesly 67 (T NC NC), Sarah Ann 47 (wife) (T NC T); KENNEDY, Jas. W. 22 (stepson) (deaf & dumb), Victoria A. 18 (dau), David 15 (son)
211. PEYTON, Joseph 54 (widower) (T T VA), J. J. 32 (son), Millie 20, Alice 13
212. CRAIG, Creasy (B) 55 (widow); ANDERSON, Sam 40 (son in law), Caroline 5 (g dau); LIPSCOMB, Mindy 11 (g dau); DUDLEY, Fannie 8 (g dau); LIPSCOMB, Easter 20 (servant)
213. NOLES, Lewis (B) 53, Martha 46, James 21, Tom 16, India 14, Allie 12 (son), George 8?, Rauffla 10, Walter 6, Willard 3
214. WHITE, Scott (B) 38 (AL AL AL), Dilsey 28 (wife) (T AL T), Dara 12, Sallie 10, Rachel 9, Tommie 7, Albert 5, Lizzie 1; FARRIS, John 28 (servant) (T AL T)
215. POGUE, Geo. W. 36, S. A. 26 (wife), Leonora J. 9, C. A. 7 (dau), Allie 5 (son), Littie A. 3 (dau)

Page 27, Dist. 16

216. WORLEY, S. A. 38, Martha 30 (wife), Cora E. 13, Jesse 11, Eugene 9, Burton F. 6, Samuel 5, Susie 3, Mary Brown 1
217. KELTNER, J. A. 42 (blacksmith), M. C. 37 (wife), Elisabeth 23, Ardella L. 10, Charly W. 6; WALLACE, Josey 25 (sis in law); ELLERSON, Porter 11 (servant)
218. BROOKS, L. J. 54 (T NC NC), Lousa J. 47 (NC NC NC), Sarah N. 28 (AR), Laura J. 21 (T), Thos. C. 18, Virginia 15, Walter A. 13, Willie J. 9, Clara A. 8
219. SHELBY, A. W. 21, Lousa E. 19 (T T NC)
220. POGUE, Jordan 64 (T NC NC), Jeannett 64 (T NC NC), James J. 28; PUGH, David 16 (servant); KITTRELL, Harriet (B) 59 (servant)
221. POGUE, Isaac 30, Mary 21, Willard 2, infant 28-30? (b. May) (dau)
222. KENNEDY, Albert (B) 28, Jenny 24, Jas. D. 1, Ella 14 (niece)
223. CATHEY, Sam H. (B) 37, Anni (Mu) 26, Addison (B) 18 (son); LOCKRIDGE, Andy 10 (nephew)

Page 28, Dist. 16

224. AKIN, A. J. 49 (T NC NC), Jennie 38 (wife), John H. C. 22, Charly B. 12, Mary C. 9, Lavina H. 3, Nick M. 2
225. POTTER, Frank (B) 30, Martha 26, Bema 6, Jeff 4, Ida (Mu) 1; FARRIS, Mary E. 22 (cousin), Amis 4 (cousin), Indiana 1 (cousin)
226. WARFIELD, Burton 51 (T MD PA), Anna 42, Mary B. 18, S. W. 13 (son), George 11, Browna A. 7 (dau), Heneretta 3, J. B. 10/12 (b. Jul) (f)
227. MARTIN, F. M. 26, Sarah J. 25 (wife?), John W. 4, Sam H. 3, Jackey B. 5/12 (b. Dec); BRADFORD, B. 84 (g mother) (T NC NC)
228. RUNNIONS, John W. 20, Martha 31 (sis), Emily R. 28 (sis), Julia A. 26 (sis)
229. MITCHELL, Sandy (B) 31 (AL AL AL), Haly 21 (wife) (T AL T), Nellie 12 (dau), Mary A. 5, Polly B. 4, Jake W. M. 3, James H. M. 2
230. WALKER, Lee (B) 30, Ann (Mu) 26, Will 11 (son), Amanda 9
231. NOLES, Phillip (B) 45, Indey (Mu) 47, Mary 25 (stepdau), Jennie 2 (g son), Malissa 8 (adopted)
232. DYCUS, Andy E. 37, Ann E. 31, Saml. E. 12, Mary C. 11, Heneretta 9, Andy Johnson 7, Walter T. 5, Allie Mead? 3/12 (b. Mar) (dau)

Page 29, Dist. 16

233. MAJORS, Amelia (Mu) 78 (widow) (VA VA VA); POTTER, Mary 13 (g dau)
234. BINGHAM, J. T. 47 (widower) (KY NC NC), E. C. 18 (son) (T KY T), H. S. 16 (dau) (T KY T), Emma F. 14 (T KY T), Maggie S. 11 (T KY T), Volney E. 9 (T KY T), Jennie A. 7 (T KY T), Lettie M. 5 (T KY T); GRANBERRY, Lizzie (B) 40 (servant), Ann (Mu) 13 (servant)
235. FOSTER, Phillis (B) 43 (widow) (T VA VA), Amelia A. 20, Mary 17, Andrew (Mu) 1 (g son)
236. POTTER, Henry (B) 26, Myra 23, Mary 5, Willi 3, Carrie 2/12 (b. Apr)
237. EDWARDS, C. M. 56 (NC NC NC), M. W. 41 (wife) (T NC T), Sarah C. 19, Margaret G. 15, Harriet V. T. 12, John P. M. 9, Mary B. 7, Cora May 5, Albert E. 3, Clifford B. 6/12 (b. Dec)
238. RICHARD, Scott (Mu) 44 (KY KY KY), Mary 42 (GA GA GA), Magga 16 (AL); EVINS?, Luther (B) 13 (son), Rufus 13, Walter 11, Andrew 9, Alex 7, Alice 5, Georgia 2
239. LUSK, Wm. (B) 22, Mary (Mu) 18, Ada 1

Page 30, Dist. 16

240. LUSK, Andy (B) 30, Edna 23, Johnny 4, Minnie 2, Nettie A. 4/12 (b. Jan)
241. CHALK, L. A. 35 (f) (T SC NC), Wm. W. 20 (son)
242. PARKER, Willard 47 (T Eng NC), Callie 34 (wife), Fannie 13, Walter 10, Maggie 7, Clinton 9/12 (b. Sep)
243. LANE, P. 34 (T VA T), A. T. 26 (wife), Albert C. 8, Wm. J. 2
244. LUSK, M. A. 65 (widow) (T VA VA), Sam H. 29 (T SC T), Amanda J. 27 (T SC T), Mary J. 25 (dau in law) (AR T NC), WHITESIDES, Geo. 40 (g son--sic); HOBSON, Ellen 35 (B) (servant), Willie 11, WILSON, G. W. (W) 23 (nephew) (broom maker) (W) (blind)
245. McGILL, Sam (B) 38, Narcissa 40; WEBSTER, E. J. 21 (dau), Wm. C. H. 6 (g son); McGILL, James 25 (bro)
246. CATHEY, Nathan (B) 34, Frances (Mu) 33, Willie (B) 16, Johnny 15, Alex 13, Mary Ellen 11, Isora Vick 9, Ema C. 8, James Lee 6, Sallie J. 4, Josh M. 1
247. DICKEY, B. M. 38, Sarah J. 32, Eudora 12, P. O. 9 (dau), S. G. 7 (son), W. K. 4 (son), Lizzie 2
248. ANDERSON, John 21, Alice 18, Alonzo 6/12 (b. Dec)

Page 31, Dist. 16

249. BINGHAM, Alex 43 (T NC NC), E. A. 44 (wife) (T NC T), Samuel 18, Gertrude 15, Heneretta 13; BLACKBURN, Mary 22 (niece) (teacher) (T AR T)
250. KIRK, Helena 33 (widow); CAVENDER, Whig 7 (dau), Ella 12 (dau)
251. SMITH, Ed (B) 25, Anna 18, J. T. 6 (son?), Roxy 9/12 (b. Oct); BENNETT, Easter (Mu) 50 (mother in law), Bettie 15 (dau), Robt. 7 (son), Mary 9 (dau); BOOKER, Roasana (B) 20 (servant)
252. BINGHAM, J. S. 53 (T NC NC), Elizabeth 58 (wife) (T NC T), Wm. J. 24, Bettie C. 22, John 20, Callie 15 (dau)
253. STRONG, Henry (B) 35, Fannie 30
254. KENNEDY, Pete (B) 28, Mary J. 24, Alice 6, Willie 6/12 (b. Dec); TYLER, Maggie 20 (sis in law)
255. SAUNDERS, A. W. 60 (T NC NC), Martha A. 53 (T NC NC), F. J. 29 (dau), Eugene 21, Mary A. 18, F. C. 16 (dau), J. A. 13 (son), Beatrice 5
256. SAUNDERS, R. C. 26 (engineer), Martha E. 25 (wife), E. J. 5 (son), Ada 1; BINGHAM, Mike (B) 50 (servant)
257. GRIMMETT, Wm. 88 (widower) (US pensioner) (GA Eng MD), Nancy M. 53 (T GA NC)
258. HAGLE?, John (B) 50 (GA GA GA), Elizabeth 51 (GA GA GA), Lucinda 13, Delpha 70 (mother in law) (GA GA GA)

Page 32, Dist. 16

259. HENLY, Adaline (B) 49 (widow), Willie 14, Jack 12, Mary J. 10, Harriet 7, Callie 5 (dau), Jeff 2
260. WEEDEN, Silas (B) 65 (GA GA VA), Margaret 50 (wife) (VA VA VA), James 11 (son)
261. MITCHELL, Dinah (B) 31 (widow) (AL AL VA), Mary 11 (T T AL), Ella 9 (T T AL), Carrie 4 (T T AL), Willie 1 (T T AL)
262. EMBLER, Henry 48 (NC NC NC), Barbara 46 (T NC T), Wm. D. 10, Robert Lee 8, Stephen F. 4, Tennessee 14
263. PUGH, J. W. 37 (T NC T), M. C. 31 (wife) (T NC T), E. L. 12 (dau), Julia 10, Frank 8, M. M. 5 (dau)
264. PUGH, A. J. 63 (NC NC NC), A. B. 68 (wife) (T T SC); NEAL, Wm. (Mu) 11 (servant)
265. LEWIS, Duncan (B) 28 (GA GA GA), Minta 25 (T AL T), Callie 5 (dau), Lizzie 2, Lena 7/12 (b. Nov)
266. FREEMAN, Richd. (B) 26 (T VA T), Mary 24, George W. 1
267. CATHEY, Burrell (B) 56 (T NC NC), L. A. 55 (wife) (T GA GA), Henderson 19
268. LUSK, Lykes (B) 80 (blind) (SC SC VA), Celia 66 (wife) (T GA GA); OWEN, Willie 11 (g so n)

Page 1, Dist. 2

1. MORISON, W. H. 43 (T VA VA), G. J. 41 (wife), Mary 82 (mother) (VA VA VA), Pipp? 20 (nephew)
2. KENNEDY, W. C. 52, J. O. 46 (wife), R. A. 30 (son), B. B. 17 (dau); HOUSER?, Tithe 7 (g dau); PRIMET, Walter 9 (boarder), John 7 (boarder); JONES, M. 32 (servant) (f)
3. HOWARD, W. A. 28, J. O. 24 (wife), Pearl 2, Will 10/12 (b. Jul); POWERSO?, Rich 17 (servant); MATHEWS?, Ack? (B) (servant)
4. DICKENS, Steve 25, Bettie 30 (wife), Titha 9, Jim 2, Eddie 7/12 (b. Sep)
5. CATHY, George (B) 24, Rolla 20 (wife)
6. LOVE, Maggie 40 (widow), Polly 70 (mother), Bet 9 (dau), Cricket 3 (dau)
7. SHELLY, Alson 46, Tilda 51 (wife), James 25, Bill 20, Alice 18, John 16, Dick 14, Reece 12, Sam 9
8. CROWEL, R. A. 26, Susie 20
9. CATHY, Milt (B) 24, Ellen 20, Willis 5, Alice 3, Babe 3/12 (b. Mar) (son)
10. HALE, El. (B) 29, Caroline 25, Etta 5, Fana 3, Bet 1

Page 2, Dist. 2

11. LOVE, Henry 32, Sallie 26, Leander 5, Nevada 3, Luna 1; WOODSIDE, Charlie 17 (boarder)
12. MORTON, J. M. 30, E. J. 28 (wife), Milie 8, Mervin 6, Andie 4 (son), Mattie 2, Harman 4/12 (b. Jan), Martha (B) 20 (servant), Ida 16 (W) (sister); WHITESIDE, G. R. 48 (bro in law) (clk in store)
13. CATHY, M. L. 24 (widow), Mat 21 (son), John 18 (son), Vannie 35 (dau)
14. JOHN, Kennedy (B) 36, Millie 31, Brown 9, Tom 6, Ann 34 (sis)
15. KENNEDY, A. A. 55, Mary 50 (dropsy), Georgie 21 (dau), Addie 15
16. BAXTER, Art 37, Maria 32, George 13, James 10, William 8, May 6, Newton 5, Vera? 3, Babe 1 (dau), Sis 3/12 (b. Mar) (dau)
17. FAIRS, West 38, Linda 73 (mother)
18. FAIRS, Dick 31, Alice 23 (wife)
19. LENCE, Henry (B) 18, Martha 16 (wife)
20. LUNN, Tom 32, Bertha 25, Jim 6, All 3 (son), Adly 1 (son)

Page 3, Dist. 2

21. FLOYD, Henry 27, Celie 27, Della 6, Osro 2 (son)
22. MORROW, Wesly 45, Alice 38, Oter 12 (son), Lucus 11, John 9, Ella 7, Bud 5
23. GALEL, M. H. 63, Sharlet 40 (wife), Ema 13, Mattie 8
24. TERELL, Elie 25 (AL AL T), Sallie 20 (wife) (AL T VA)
25. LOVE, John S. 58, Sary 51, Willis 20, Rich 15, Lucus 11
26. LOVE, Iry 25 (widowed) (m), Isora 2 (dau)
27. LAME, John 24, Lizzie 26 (wife)
28. TREDWAY, T. H. 70 (VA VA VA), Sarah 60 (wife) (LA LA LA)
29. TREDWAY, J. W. 26 (T VA LA), Clea 25 (wife), Semel 3 (son)
30. TREDWAY, A. M. 32, Manda 22 (wife), Ellis 4, Alex 1, Masvea? 45 (f) (servant) (widow), Alfred 17 (W) (servant)
31. RICHY, Henry 36, Sallie 35, Josie 11 (dau)
32. LOVE, Celie 60 (widow), Alise 21 (dau)
33. BEARD, J. A. 40, Anitt 31 (wife), Perrie 8 (dau), Laura 6, Ana 3, Maggie 9/12 (b. Aug); BALARD, Andy 20 (servant)

Page 4, Dist. 2

34. BULOCK, Dele (Mu) 47 (widow), Bet 9 (dau)
35. STANFILL, Ike (B) 35, Suson 30, Addie 11, Leggie 7 (dau), William 4, Borden? 1 (son); WILLIAMS, Silas 23 (boarder)
36. McCANNON, Nancy 36 (widow), Mattie 12, Calvert 9, Artor 7 (son), Mina 5, Charlie 3; BEARD, Cathern 47 (sis)
37. BALLARD, Roena 50 (widow), Hettie 16 (dau), Lizzie 14, Larken 12
38. CATHEY, Wm. 42, Linda 30 (wife), Mortie? 5 (nephew); FLY, Ahine? 17 (niece); CATHEY, Easter (B) 30 (servant)
39. STANFILL, C. (B) 22, Marie 16 (wife)
40. SHARP, Andie (B) 24, Sarah 28 (wife), Sofhee 6, James 3?
41. KITTRELL, R. A. 40; SMITH, Allen (B) 35 (servant)
42. WILLIAMS, Joe 45, Nancy 30 (wife)
43. CATHEY, G. R. 39 (m)
44. BAXTER, Jeff 30, Ellen 40 (sis), Nancy 34 (sis), Lizzie 32 (sis)

Page 5, Dist. 2

45. LOVE, John 60 (widower), Sis 24 (dau), Joe 18, Camela 16, Mollie 14, Ida 12, Osco 9, Eddie 6
46. TAYLOR, Bill (B) 27, Gracy 23 (wife), Mary 5, Richard 3, Queny 1
47. ROBERTS, Tom 35, Nancy 30, Mary 13, Susan 10, Frances 7, Ida 5, Sam 4, Walter 2
48. ANDERSON, Craig (B) 32, Sallie 21 (wife)
49. HENDERSON, Angie (B) 40 (widow), Mary 8, Cas 6 (son)
50. SKEETS?, Miles (B) 24, Linda 21 (wife), Alex 4, Mittie 1
51. DELK, J. J. 40, Fannie 30 (wife), Ellis 12, John 10, Monroe 3, Alex 1
52. DAVIS, Bill (B) 30, Madora 22 (wife), Abbie 9, Alice 4, Laura 2
53. SAVAGE, Vine (B) 33 (widow), Martha 13, Sam 6, Ada 3, Ida 3
54. CATHEY, Sarah (B) 23 (widow), Luis 6, Sam 4, Mary 2

Page 6, Dist. 2

55. HILLMAN, D. (B) 51, Hanah 36 (wife)
56. BROWN, William (B) 40, Heret 35 (wife), John 13, Jane 9, Andrew 8, Ana 6, Ema 4, Charly 3, Fanny 1, Elizzie 80 (mother) (widow)
57. DELK, W. M. 25, Lizzie 21, Albert 1
58. EDWARDS, Bill 38, Mollie 33, James 11, Inese? 7 (dau), Thom 6, Fordie 3 (son), Archie 1
59. PATTON, Dave 30, Venis 26, Richmond 5, Addie 3, Sallie 2, Bell 5/12 (B. Jan)
60. JONES, John 38, Lithee 29 (wife), Anna 9; CALY?, John 29 (divorced) (laborer)
61. SIMBS?, Florence 25 (widow), Ben 4 (son)
62. ROSSON, Joe 28, Lizzie 24, Dick 6, Mattie 4, Sis 1
63. HARLAN, John 19, Jimmy 14 (bro), Camel 9 (bro)

Page 6, Dist. 2 (cont'd)

64. FERIS, Luthor 43, Mary 33 (wife), Reps? 9 (son), Lena 7, Anna 5, Polka 3 (dau); CATHY, George (B) 27 (servant) (widower)

Page 7, Dist. 2

65. EDWARDS, F. 64 (T NC NC), Martha 52 (wife), Lizzie 27 (dau)
66. SHAY, Tom 52 (rock mason) (Ire Ire Ire), Susan 30 (wife), John 54 (bro) (rock mason) (Ire Ire Ire)
67. KENNEDY, Parth (B) 35 (widow), Lea 20 (son), Joe 14, Mary 12, Ida 1

Page 8, Dist. 2

68. CATHEY, W. H. 25, Mary 23, Mattie 5, Sallie 3, Clifford 1, Alice (B) 9 (servant), Sam (B) 16 (servant)
69. BULARD, James 39, Lizzie 42 (wife), Mary 17, Becky 15, Will 12, John 9, Alex 7, Nancy 5, Sam 3
70. SIMBS?, Andie 18, Lizzie 20 (wife)
71. CATHEY, Sife? (B) 30, Angie 25 (wife), James 8, Jane 6, Bill 6, Sam 3, Mary 1
72. LOVE, William 20, Bettie 17, Alice 1
73. WALKER, Edd 27 (B); DAVIS, Puss 40 (sis) (widow); HOGAN, John 18 (boarder)
74. CHAPEL, Amos 45 (B), Malissie 45 (wife), Samp 22, Mollie 18, Alonzo 16, Howel 13, Fred 11, Pat 9 (son), Milard (dau) 7, James 5, Jack 2
75. BENNET, Jeff (B) 30, Maria 30, Ada 11, Nata 9 (dau), Hanah 7, Bama 3 (dau)
76. CHAPEL, Dave 65 (B), Fromy 55 (wife)

Page 9, Dist. 2

77. BAKER, Henry (B) 30, Nelie 30, Josie 7, Bama 5, Henry 3
78. KINKADE, Taylor 35, Ann 29 (wife), Wesly 15, James 10, Lee (son) 6, Matilda 3
79. KENNEDY, John 30, Josie 29, Mattie 13, Melie 12, Laura? 10, Anna 8, Allie 5, George 78 (father) (widowed)
80. JONES, George 37, Mary 27 (wife), Dora? 11, Fannie 8, Sam 6, Luly 4, Nancy 1
81. JONES, Nancy 65 (widow), Andy 25 (son)
82. CROWDER, Bihl 53, Lizzie 40, William 13; RITTENBERRY, R. 32 (f) (servant), Robert 11 (servant)
83. RUNIONS, John 36, Nettie 25, Hamelton 9, Etta 7, Walter 5, Ike 2
84. PIPKINS, M. E. 50, Martha 46, Lucy 15, Allie 12, Jimmy 9, Laura 7, Josie 5 (dau)
85. FLY, W. H. 54, Ellen 56, Benn 19, Molly 14

Page 10, Dist. 2

86. HAWKINS, M. 65 (B), Martha 40 (wife), Lewis 25, John 18, Mary 7

Page 11, Dist. 2

87. BALES, James 45, Lucy 30 (sis)
88. RIGHT, John 24, Lizzie 25, Otee 1 (son)
89. CROFFERD, A. 65, Melie 42 (wife), Hellen 20, Jack 15, Lee 11, George 9, Tom 2
90. LONG, Gorge 25, Ema 24, Osco 1
91. SHANNON, Dan 63, Manda 48 (wife), Margie 16
92. SHANNON, W. 31, Parlie 29, Willie 5 (son), Sam 2
93. CATHEY, Sam (B) 20; BLANTON, Bob 12 (hired laborer); VINSON, C. 9 (nephew)
94. PATTON, Mel 37, Lue 27 (wife), Willie 11, Flosee 9, James 7, Noles 5 (son)
95. BOLES, Nancy 50 (single), Sarah 28 (dau), John 12 (son)
96. BOLES, Lizie 32 (widow), Nannie 15, Willie 9
97. STRAYHORN, Joe 34, Mary 26, James 1; GOSSET, Cordie (f) 32 (servant), Gruppy (m) 12 (servant), Nancy 69 (boarder)
98. HOLT, Pres 26, Winnie 22 (wife), Nora 6, Lisca 4 (dau), James 2, John 1, Nancy 16 (niece)

Page 12, Dist. 2

99. CHAMBER, Willie 22, Cinela 19, Joe C. 1
100. STOWE, John 80 (NC NC NC), Nancy 84 (wife) (NC NC NC)
101. RIGHT, John 83 (NC NC NC), Mary 50 (wife) (NC NC NC)
102. DALE, Bob 73, Polly 37 (wife), Jane 20, John 18, Maggie 14, Charlie 12, Cela 8, Josie 8, Nernie? 3 (dau)
103. DALE, Betty 75, Jinnie 55 (sis), Sally 20 (niece)
104. SESSAM, Haret (B) 50 (widow), Browntom 16 (dau), Samara 12, Tissie 9
105. CATHEY, James (B) 65, Mary 60, May 16, Willie 9 (g son)
106. MILLER, W. P. 66 (widower) (NC NC NC), Ugene 29 (NC NC NC), Mollie 21 (NC NC NC), Pat 19 (son) (NC NC NC)
107. ANDERSON, Wes (B) 27, Mary 22 (wife)
108. TYLOR, Wadkin (B) 23, Sallie 21, Tamey 4, Addie 2, Mary 1
109. BULOCK, Jim (Mu) 26, Caroline (B) 25, Joe 4, Grify 2 (son), Lee 1, Doka? 9 (niece)
110. WILY, John 50, Susan 46, William 22, T. 20 (son), Andy 18, Tizzie 15

Page 13, Dist. 2

111. FORIS, Betty 72 (widow); WITTY, Jennet 13 (g dau), James 10 (g son), Maggie 7 (g dau), Bingham 5 (g son)
112. SCOTT, Margret 42, Sarah 22 (dau), Whit 20 (son), Serena 18 (dau), Huldy 16 (dau), Ema 14 (dau); FORIS, Bettie 80 (mother)
113. SANDERS, A. 59, Martha 45 (wife), Florada 30 (dau), Ugene 20, Mary 18, C. 16 (dau), James 14, Lucy 6; DAVIS, Polly 92 (mother) (NC NC NC)
114. SIMMONS, J. 35, Mary 40 (wife), Tennie 18, Osco 13, Maston 11, John 10, Camila 9, Carrie 7, Ada 4
115. PASCHAL, John 60, Sarah 50 (wife), Frank 13, Rufus 11, James 6
116. KITTRELL, J. R. 59, Mary 50 (wife), Jack 9; TOM, Vaughn 20 (servant), Bell 16 (servant)
117. SHORT, Dan (B) 46, Malina 36 (wife), Jeane 10, Sam 4; AKIN, Steve 30 (boarder)
118. ROBERTS, Tom 25, Tamy 23 (wife), Lidki? 5 (dau), Susy 3, Archy 1

Page 14, Dist. 2

119. TEEL?, S. J. 50 (widow), Ellen 25, John 21
120. MORISON, J. 40, Lucy 36 (wife), Nora 11, Andy 7, James 4, Charlie 1
121. WORLEY, Bill (B) 40, Cally 36 (wife), Josie 15, Alice 13, Lee 12, John 10, Jolie? 7 (son), Denis 4
122. CROWEL, Sam 58, Mat 44 (wife), Ala 11 (dau), Meda 9
123. GANT?, Bill (B) 51 (widower), Haret 18, Levi 16, Bell 14, James 12, Thomas 10
124. ALFRED?, S. (B) 54, July 44 (wife), Fanny 26 (sis), Brown 13 (nephew), Margret 1 (niece)
125. LOVE, Lishie 26, Mary 26 (wife), Famy 3 (dau), Lucy 2, Archy 1
126. BOOKER, Alex 30 (KY KY AL), Milla 26, Carrie 6, Bronn? 4 (dau), Marth? 1 (dau); WHITESIDE, E. 50 (mother), Bettie 15 (sis)
127. JARNEGAN, J. 29, Susie 20 (wife)
128. GOODMAN, B. 32, Jane 30 (wife), Willie 7, Sam 5, Sally 2

Page 1, Dist. 17

1. KING, Levi 53 (T T NC), Minerva 58 (wife) (T T NC), Maggie 29, Minerva 19 (flux), William 17, Katie 15, Roxey 12, Felix 7; BUSS, Ike (Mu) 38 (servant)

MAURY COUNTY

Page 1, Dist. 17 (cont'd)

2. KING, William 47 (T T NC), Rosana 45, Robert 15, Levi 11; BOLTON, Allie 20 (stepdau); McCLAIN, John 57 (servant) (rheumatism) (T SC T)
3. CHAMBERLAIN, Benjamin 41, Elizabeth 36, Amanda 20; SAVAGE, William 24 (bro in law)
4. KING, George 28, Elizabeth 20, Ella 2, McCLAIN, Elizabeth 58 (cousin) (T SC T)
5. KING, James 28, Matilda 18 (wife)
6. BATT, Josiah 68 (VA VA VA), Parthena 61 (T NC NC), Paulina 25 (T VA NC), A. Sarah 23 (T VA NC), Rebecca 20 (T VA NC), Samuel M. 28 (T VA NC); CARR, Robert 28 (boarder) (T IL IL)
7. BATT, James H. 45 (T VA NC), E. Mary 32 (wife) (AL T T), M. Willie 7 (dau), S. John 10, Ophelia 7/12
8. EDWARDS, Sarah F. 28 (dress maker) (widow), F. John 11, L. Huldy 8
9. BROOKS, John 25 (AL T T), Mollia 18, Simmilla 1, D. Sallie 2/12, Samuel 27 (boarding) (T T NC)
10. BROOKS, Tamy 60 (T T NC), Martha 59 (wife) (NC NC NC), James 28, Elizabeth 22, Anna 17, Thomas 14

Page 2, Dist. 17

12. BLOCKER, Elijah 35 (near sighted), Eliza 34, William 16, Mary 14, Samuel 12, Bird 10 (son), Benjamin 8, Henry 4
13. CLAGGETT, David (B) 29, Julia 25, Anna 4, Genie 1 (dau)
14. SOWELL, Benjamin (B) 22, Addelaide 40 (mother), Mary 14 (sis), Thomas 9 (bro)
15. GRAY, Whit (B) 46, Ellen 40
16. McENNALLY, Fannie (Mu) 24, Allice 7 (dau); THOMAS, Sarah 22 (sis)
17. STEWART, William (Mu) 35 (T VA VA), Mary (B) 34, John 12, Lilly 11, Sophia 9, Catherine 4, Samuella 2; CARUTHERS, William 14 (boarder); McCOWEN, Mollie 20 (sis in law)
18. REED, William (Mu) 50 (MD MD MD), Lucinda 39, Charity 18, Samuel 16, Lettie 15, Harriet 10, William 7, Lilly 5, Sallie 4
19. LEE, Monroe (B) 25, Fannie 21, James 5, William 3, Jane 2, Thomas 1/12
20. FLEMING, Charles (B) 46, Prissilla 40, William 14, Jesse 12, James 9, Andy 5, David 2, Thomas 1/12

Page 3, Dist. 17

21. FLEMING, Simon (B) 17, Rose 22 (wife), child (f) (still born)
22. JOYCE, Anthony (B) 53, Elizebeth 53; WELLS, Wesley 14 (boarder)
23. ARMSTRONG, Edward (B) 24, Malinda 22, Frances 1, Polley 3, John 6/12
24. JOYCE, Patsy (B) 24, Salena 10 (dau), Mary 5 (dau), Roxey 3 (dau), Mattie 1 (dau)
25. STEWART, Robert (Mu) 65, Alice (B) 39 (wife), Esther 15, Udora 13, Polly 10, Anthony 2, Jennie 18 (dau in law), Gena 5/12 (dau)
26. GALLOWAY, Lucy (B) 50 (widow), Joanna 17, Elizabeth 15, Jay 13 (son), Chaney 10 (dau)
27. WELLS, Ann (B) 27 (widow), James 9, Green 8, Eliza 7, aacheal 5, Sallie 4, John 1
28. SOUTHALL, William 28 (T VA VA), Mary 24, Oscar 2, Sarah 1, Anderson (Mu) 19 (servant)
29. COLLINS, Charles (B) 26, Susan (Mu) 25, William (B) 6, Joseph 4, Jennei 2; HARLAN, Mary (Mu) 5 (stepdau), Maggie 3 (step dau), Izora 1 (stepdau); DIXON, India (B) 18 (cousin), Charles 2/12 (son)

Page 4, Dist. 17

30. BROOKS, William 25, Sarah 18
31. DICKENS, Hugh 60, Elizabeth 50 (wife), Alexander 18, John 14, Ellen 12, Josie 6
32. DUNN, Franklin 35, Nancy 20 (wife), James 9 (son), David 1 (son)
33. RILEY, James 48 (NC NC NC), Frances 39 (AL T T), Charles 20 (AL), James 18 (AL), Lavenia 16 (AL), Frances 13 (T), Edward 10, Hannah 7, Florence 4, Elizabeth 3, Virginia 1
34. RILEY, Albert 39 (NC NC NC), Adline 38 (AL AL AL), Morgan 17 (AL), James 14 (T), John 12, Albert 9, George 7, Rosa 5
35. RICHARD?, William 36 (AL SC NC), Lucinda 35 (NC NC NC), John 10, James 9, Mary 4
36. DAVIS, William 30 (T VA T), Elizabeth 30, Thomas 11, Isabell 6, Joseph 4, Jane 1, Jane 47 (mother)
37. WEBSTER, Richard (Mu) 28, Sarah 19 (T VA VA); BINGHAM, Sallie 45 (sis) (T VA VA); RIGHT, Lizzie 18 (cousin), Ann 17 (cousin)

Page 5, Dist. 17

38. SIMERLEY, John 55, A. Eliza 39 (wife) (T VA VA), L. Augusta 19 (AL), H. William 13 (T), L. Joel 12, M. Ellen 10, W. John 9, D. Charles 5, D. Robert 3, A. Mary 6/12; WATKINS, Elinder 73 (mother in law) (VA VA VA)
39. DELK, Samuel 46 (T NC NC), W. Isabella 44, M. Jacob 21, A. John 18, V. Joshua 17, M. Richard 15, J. Mary 13, Josephine 6, H. Samuel 4
40. McNABB, Joseph 26 (T T KY), Polly 28, James 5, Lula 3, Albert 8/12, William 11 (stepson) (T AL T)
41. DELK, William O. 37 (T NC NC), M. Candis 35 (wife), Thomas 11, A. Elizabeth 10, A. Jacob 7, J. Fannie 9, T. Ophelia 5, W. Otey 7/12 (son)
42. CASS, Games (Mu) 24 (T T VA), Martha 20 (wife), Robert 3, Emma 9/12; GALLAWAY, John (B) 18 (bro in law), Elizabeth 54 (mother in law) (T MD MD)
43. DELK, Jacob B. 70 (NC NC NC), Talitha 58 (wife) (T NC NC), George W. 27 (T NC NC); WILLEY, John 18 (g son); SHIG?, Anna (B) 22 (servant), Callie 2 (dau), Elizabeth 3/12 (dau)

Page 6, Dist. 17

44. JOHNSON, Lucy (B) 60 (widow) (VA VA VA), Ella 18 (T VA VA), Mollie 14 (g dau) (T VA VA), Mollie 14 (g dau) (T VA VA), Sallie 4 (g dau) (T VA VA)
45. WHITE, George 27 (T NC T), William 20 (bro) (T NC T), _____ 26 (sis) (T NC T), Elizabeth 6 (dau), Allexander 2 (son), William 1 (son); EMERSON, Wilse 55 (uncle) (NC NC NC), Nancy 53 (aunt) (NC NC)
46. HENDERSON, George W. 53 (Eng Eng Eng), J. Susan 39 (wife) (Eng Eng Eng), S. Ann 14, L. Frances 12, Lizzie 8, Mary 6, Rebecca 4, George 6/12
47. STINNETT, William 47, C. Mary 40, A. Mary 19, F. William 14, Rebecca 13, C. James 9, F. Thomas 6, John 4
48. LAWSON, John 38, Emma 27, James 6, Joshua 4, Amanda 9/12, Sidney 2 (dau)
49. GRIMES, John W. 20
50. HARRIS, Monroe M. 48 (NC NC NC), L. Mary 35 (wife) (consumption) (T KY KY), C. Thomas 20, H. James 18, A. Jesse 14, T. William 9, E. Mary 1; BAYARD, Mattie 10 (cousin)
51. GARNER, William (B) 24, Mollie 25, Solimon 8, Tobe 6 (son)
52. WILLIAMS, Anderson (Mu) 65, Sarah 45 (wife), Charles 15

MAURY COUNTY

Page 7, Dist. 17

53. RAY, Alfred (Mu) 36, Kitty 34 (MD MD MD), Richard 12, Prissilla 8, Rebecca 5, Alfred 9/12, Ida 1/12
54. WARNER, Milton (Mu) 46 (GA GA GA), Adaline 37 (GA GA GA), Sandy 18 (son) (GA), Anna 15 (T), Brittana 6, Robert 1; BOOKER, Jake (B) 80 (boarder); ROBERSON, William 10 (cousin)
55. BLAKELEY, Gardner (B) 51 (T SC SC), Anna 44 (T NC NC), George 26, M. John 16, J. Nancy 13, Florence 8, B. May 7, Allice 4, A. William 1
56. ISOM, Andrew (B) 26, Louisa 25, A. Elmira 1/12
57. BULLOCK, Newton (Mu) 21, A. Mary 23?, H. George 1
58. LEATHERWOOD, Pinkny (B) 32, Caroline 29, P. William 6, Bruce 2
59. HARRIS, Gustavus 22, Anna 23
59. (this family included with #59 above) DUDLEY, Perry (B) 23? (GA GA GA), Florida 20 (wife), George 2, Perry 9/12
60. GUNNING, Mary A. 43 (widow) (T NC NC), John 17, Izora 10, Udora 10
61. HOUSER, Augustus 58 (Sweden Saxony Sweden), A. Elizabeth 49 (wife), Piney 15 (dau), F. William 12
61. HOUSER, John H. 30 (T Sweden T), Louese? 24 (wife), Justice 1; BROWN, Felix (B) 22 (servant); HARRISON, Ann 45 (servant)

Page 8, Dist. 17

62. JOHNSON, Squire (B) 37 (T KY VA), Jane 30, Spencer 15, Robert 13, Charles 11, E. Mary 8, Thomas 4, H. Gustavus 4, Otey 1 (son); PARTEE, Emma (Mu) 25 (boarder), Tolbert (B) 7 (son); WATKINS, Albert 20 (nephew); PORTER, Sandy 28 (boarder) (rock mason) (NC NC NC)
63. BOOKER, Nimrod? (B) 50, Melvina 36 (wife), Cicero 12, ISOM, Anna 23 (dau), Harry 2 (son), William 1 (son); BOOKER, Brittana 68 (mother)
64. GORDON, Brown (Mu) 26 (blacksmith) (T VA T), Emma 26, B. Edward 5
65. MOORE, Robert C. 50 (VA VA VA), F. Caroline 48 (T VA), F. Izona 21, F. Lizzie 19, F. Robert 18, A. Earley 14, Archie 11, Pattie 8
66. GREENFIELD, James T. S. 46 (T MD T); POTTS, Frances 33 (housekeeper); GREENFIELD, Turner 12 (son), Wincey 10 (dau), Tee 9 (dau), T. Gabe 8 (son), L. Mary 1 (dau); POLK, Filis (B) 25 (servant), Cherry 12 (dau), M. Amie 11 (dau), L. Mariah 8 (dau), L. John 5 (son), H. William 3 (son), R. Pearl 1 (son)
67. DAVIS, Joseph (B) 58 (widower) (GA GA GA), H. George 3 (son) (T GA T)

Page 9, Dist. 17

68. BASS, Catharine 54 (widow) (NC Fr Eng), Margaret 19 (T NC NC), Robert 18 (T NC NC)
69. KEENER, Abraham 46 (blacksmith), Malinda 42; STINNETT, Lear 21 (dau), A. Victoria 1, J. Preston 18, A. William 13, H. John 11, E. Malinda 9
70. PARTEE, Obe (B) 39, Prissilla (Mu) 31; THOMAS, Wilson (B) 24 (bro in law), Jennie 16 (dau), Wesley 17 (son); DORSEY, John 7 (nephew)
71. TOOLEY, David P. 53 (T VA NC), O. Emly 43 (wife) (T KY KY); EMLAR, Mollie 28 (dau); TOOLEY, James 19, Leonidas 17, William 15, Walker 13, M. Adline 10, Madison 6; EMLAR, George 1 (g son)
72. TOOLEY, Washington 23, Alby 21 (wife), B. Estella 3, Joshua 2

73. VOSS, John 59 (T NC VA), C. Nancy 42 (wife) (T Scot NC), J. Lucy 19, C. Jane 18, L. Elihue 16, A. Emma 12, L. Tennie 12; JOFFRES, Effa 87 (aunt) (Scot Scot Scot)
74. ERWIN, Robert (B) 28, Rebecca (Mu) 22; McENNELLY, Rebecca 60 (mother in law)
75. LAWSON, William (Mu) 59 (T VA VA), Fannie 59 (MD MD MD); JONES, Fannie 12 (cousin)
76. McNABB, Samuel 40, J. Martha 39
77. ROBERTS, James F. 31, E. Sarah 19 (wife); FOSTER, Oliver (B) 55 (blacksmith) (NC NC NC)

Page 10, Dist. 17

78. HOGE, Isack (B) 72 (c. rheumatism) (T NC NC), Sidney (Mu) 46 (wife) (T T VA), Alexander 17, Indiana 15 (dau), Fedda 10, Mattie 7; HATCHER, Nancy (B) 84 (mother) (VA VA VA)
79. BALLARD, Guntry 25, Nancy 27 (T NC NC), Samuel 3, Ida 1, Sarah 1/12
80. BASS, Samuel E. 25 (T NC NC), L. Mary 23
81. KINZER, Thomas (B) 30 (MS MS MS), Susan (Mu) 25 (GA GA GA), H. William (B) 3, M. Syrus 2, C. Albert 5/12
82. HARRELL, Samuel 52, Elizabeth 53 (NC NC NC), T. M. 22, A. Elizabeth 18, Matilda 15, Edney 13, Emma 11; OGRADY, Mariah 9 (g dau) (T Ire T), L. 7 (g dau) (T Ire T), M. 4 (g dau) (T Ire T)
83. HARRELL, William 27 (T T NC), E. Margaret 22, T. John 6, E. Mary 4, E. Martha 2, T. William 6/12
84. ARMSTRONG, Benj. (B) 57 (T SC T), A. Tamer (Mu) 37 (wife) (MD MD MD), Kittie 15, K. Elizabeth 13, L. Fannie 11, Ellen 8, Benjamin 3, Derry 2 (KY)
85. MULLINS, John J. 47 (KY VA KY), Malinda 33 (wife) (T NC T), Ephriam 15 (KY), Elizebeth 12 (T), Dianah 4 (dau), W. Elias 10/12; GALLOWAY, Rush (B) 19 (servant)

Page 11, Dist. 17

86. ROBERTS, William 66 (widower) (T VA VA), C. Emily 24, Morgan 18, Forest 15, George 2 (g son); MARTIN, Lizzie 22 (dau)
87. LYNCH, John 55 (Ire Ire Ire), Jane 39 (wife) (T VA SC), John 15 (T Ire Ire), Abby 11 (T Ire Ire)
88. OLIPHANT, Isom (Mu) 25, Elizabeth (B) 23, Manoy 3 (son), Bazil 6/12
89. HOGE, Honey (B) 20, Hannah 22; DIXON, Flora 50 (mother in law) (T MD T), William 19 (bro in law)
90. HONEY, Harlan 35, A. Martha 35, Louelke 10 (dau); PREWETT, James 6 (nephew)
91. SAUNDERS, Carroll P. 46 (T NC NC), C. Mariah 42, George 21, P. Eliza 17, Pinkney 12, Alfred 7
92. STOCKARD, James 40, T. Sarah 32, F. John 9, W. George 7, Laura 2
93. DAWSON, Stephen 25, Margaret 25, Joseph 4/12
94. BALL, George (B) 52, Pricilla 55 (KY KY KY) (blind); PILLOW, Harry (Mu) 17 (g son); MAYES, Leonard 15 (g son)
95. WILLIAMS, Andrew (B) 35, Paralee (Mu) 36, Andrew (B) 9, Hattie 7, Charles 4, Ann 2; GRAY, Peter 18 (nephew)
96. GORDON, Henry (Mu) 24, Mattie 17

Page 12, Dist. 17

97. WEBSTER, Cyrus (B) 72 (T GA GA), Lettie (Mu) 45 (wife) (VA VA GA), Sallie 18 (idiotic) (T T GA), William (B) 14 (T T GA), Caroline (Mu) 11 (T T GA), Lettie (B) 11 (g dau)
98. HICKS, Joel W. 47 (T VA T), Charity 48 (T SC), C. James 24, J. Mary 22, D. Robert 19, R. Joel 17, Charity 14, David 12, M. Martha 7, H. Lemuel 6
99. WALKER, William T. 39, A. Sarah 27 (wife), F. James 4, R. John 2, P. George 4/12

Page 12, Dist. 17 (cont'd)

100. WHITWORTH, James R. 53 (T NC NC), R. Jane 46 (T NC T), Robert 15, Allice 14, F. Mary 12, J. Fannie 11, D. Lily 10, James 9
101. CONNELEY, William 45 (widower) (T NC SC), Jesse 17, Emiline 15, Margret 13, T. William 11, R. John 7, Malinda 1
102. CONNELEY, Jesse A. 25 (T NC SC), Elizabeth 28, Bubalee 10 (son), J. Porter 8, Mackey 6, Alexander 3, James 5/12
103. CONNELEY, Rufus 31 (T NC SC), Lama 26 (wife), Jesse 11, Darthula 10, Elizabeth 8, James 4, Joseph 3, Louisa 1

Page 13, Dist. 17

104. CAMPBELL, Thomas (B) 24, Harriet 20, William 7 (son)
105. ENGLISH, William (B) 60, Adline (Mu) 37 (wife), Richard 15, Thomas 11, Mary 5
106. BOUCHER, Joseph 41 (AL PA AL), Sarah 49 (AL SC T), Marion 21 (AL), Sariah 19 (wife), John 18 (son), Mary 13 (dau), George 12 (son) (T AL AL), Adline 10 (dau) (T AL AL), Sariah 7 (dau) (T AL AL)
107. CHURCH, Thomas 30, Anna 30, Dolly 10, Mary 6, Lula 3, Anna 1; McCLAIN, Morris (B) 22 (boarder)
108. WILLIAMS, Luke 50 (VA VA VA), Kizzy 42 (wife) (GA GA GA), Mary 15 (GA GA GA), William (Mu) 11 (T VA GA)
109. BRYAN, William 42, Ellen 25 (wife), Mary 11, Robert 10, Sallie 7, William 5, Ida 3, Brown 9/12
110. GORDON, Reason (B) 50 (VA VA VA); TODDY, Julia (Mu) 30 (boarder), Bud 8 (son), William 6 (son), Feb (B) 4 (son)
111. KELLY, Neil 47 (widower); PERIE, Kate 30 (stepdau), James 13 (son), Elizabeth 7 (dau); STEWART, Polly 14 (cousin) (surname of James & Elizabeth should probably be listed as Kelly)
112. GRIFFIN, Simon 61? (NC NC NC), Mary 39 (wife), M. John 18

Page 14, Dist. 17

113. MOORE, Edward J. 47 (T NC NC), Elizabeth 48 (T NC SC), Edward 19, William 13
114. MOORE, Samuel 25 (T NC NC), Mary 28 (T VA VA), Alice 4/12, Rebecca 15 (sis in law) (T VA VA)
115. OLIVER, Brigham 25 (T T MS), Anna 25, Jesse 1, Alge 4/12 (son)
116. CROW, Samuel (B) 64 (T NC MD), Sophia 54 (wife) (VA VA VA), Isaac 20, Sully 15, Flora 95 (mother) (MD MD MD)
117. CROW, Thomas (B) 32 (T T VA), Luticia 27, Alice 8; PREWETT, Thomas 13 (cousin)
118. HALEY, Marcus 59 (T VA T), Elizabeth 53 (T T NC), William 16
119. EVANS, James 34, Mary 24 (wife), Maggie 4, James 2, Ethel 4/12
120. LOTSINGER, William 30, Arthalinda 30, Lilie 5, Pearl 9/12
121. BINGHAM, Jesse 60 (T KY SC), A. Mary 47 (wife) (T Eng KY), Ella 21
122. AKIN, Jane (B) 44 (widow), Barbary 16, Robert 14, Milly 10, Thomas 1 (idiotic), William 5 (g son); THOMPSON, James 11 (bound) (W)
123. GORDON, Edmond (B) 65 (AL AL AL), Angie 60 (AL AL AL), James 20, Mollie 19, Ida 18, Richard 16
124. BINGHAM, John P. 55 (T KY SC), Ann 46, William 20, Lula 15 (dau in law), Mattie 18 (dau), Ida 11, Nanie 10

Page 15, Dist. 17

125. WEEMS, Thomas (B) 70 (MD MD MD), Rhoda 64, Albert 24, Jesse 12 (son)
126. BROWN, Winfield 21, Vinda 20 (wife), Margret 11/12
127. MILLER, John 40 (T VA T), Emily 23 (wife) (T VA VA); RUSSELL, George 32 (bro in law) (deformed) (T VA VA)
128. BROWN, Emory 24, Elizebeth 23, Henry 2, Izilla 9/12
129. LETSINGER, George 47 (T SC SC), Elizebeth 50 (T VA VA), Mary 19, Joseph 15, Elizebeth 14, William 11
130. LETSINGER, Margret 50 (widow) (T NC KY), Inez 8 (g dau)
131. LETSINGER, Ambner 26, Mary 22, Fannie 9/12
132. GORDON, Wilson (B) 75 (VA VA VA), Charlott 55 (wife) (NC NC NC), Nancy 25, Lawson 16 (g son), Robert 12 (g son), Maggie 6 (g dau)
133. BEEDEN, William (Mu) 29 (T MD T), Anna 28, Cary 10 (son), Richard 7, Moses 3
134. STEWART, Izariah 76 (widower) (rheumatism) (VA VA VA), James 45 (T VA VA), Martha 42 (T VA VA), Mary 40 (T VA VA), Rebecca 38 (T VA VA), Margret 36 (T VA VA), Pheby 34 (T VA VA); Fannie 13 (g dau), Maggie 10 (g dau), William 9 (g son), Patsey 5 (g dau), Otey 4 (g son), Dianah 3 (g dau) (phthisic), John 3 (g son)

Page 16, Dist. 17

135. HEAD, George 55 (NC SC NC); FINCH, Lively 68 (mother in law) (KY VA VA), Richard 16 (son) (T NC KY), Onsico 13 (son) (T NC KY), Parodine 11 (dau) (T NC KY), Nora 9 (dau) (T NC KY) (believe the children's last names should read Head)
136. HEAD, George jr. 24 (T NC KY), Mattie 18 (wife), Bell May 1
137. GREENFIELD, Pattie (B) 23, Anna 6 (dau), Kitty 17 (sis), Samuel 13 (nephew), Alexander 11 (nephew)
138. BARNES, Brook 38 (T IL T), Eugenie 31, William 10, Thomas 8, Eugene 4, George 2
139. GARNER, Elijah 33, A. Mary 28, Curtis 4, Ernest 1
140. HOUSER, Francis 57 (Sweden Saxony Sweden), Elizebeth 46 (wife), Archbald 14, Catherine 12, Beattrice 10, Olivia 4
141. OAKLEY, Aleck (B) 26, Ann 21, Dee 2/12 (son)
142. THURMAN, William (Mu) 31, Lucy 26, Thomas 8, Elizebeth 6, William 4, Norvel 2; WEBB, Lizzie 27 (cousin), George 5 (son), Silas 2 (son)
143. DODSON, Joseph 34 (T VA NC), E. Mary 38 (wife), James 11, Rebecca 66 (mother) (NC NC NC)

Page 17, Dist. 17

144. SANDERSON, Thomas (Mu) 68 (T VA VA), Winnie 52 (wife) (T VA VA), Abram 16, Julie 14, Sceley 13 (dau), thomas 11, Charles 6
145. LETSINGER, Augustus 22, Fannie 20; JOHNSON, Samuel 19 (cousin)
146. FINCH, William 30, Sarah 28; STALLIONS, James 30 (bro in law)
147. BUFORD, Lufus (Mu) 24, Mary 25 (wife), Virgie 11/12 (dau)
148. CROW, George (B) 35, Clarisa 23 (wife), Lotta 7 (son)
149. BUCK, Charles (B) 40 (T MD T), Anna 32 (NC NC NC), Marshall 16, Robert 8, Leanna 7, Altha 6, Nora Bell 3, Dora Bell 3, Luticia 1
150. PUCKETT, Rufus 47 (T KY NC), Udora 37 (wife) (T MD MD), Florence 20, George 15, William 11, Truman 7, Marvan 4, Walter 8
151. NOLLES, Benjamin (Mu) 45, Emily 36 (wife), Walter 13, Cyrus 11, Hattie 9, William 6, FAnnie 3, Franklin 2/12
152. HOUSER, Gabrial 27 (T Sweden T), Maggie 24 (T NC T), Anna 2, Lizzie 1

Page 18, Dist. 17

153. HARRISON, Randall (B) 55, Martha (Mu) 33 (wife) (T T VA), William 14, Wesley 11, Albert 8, Nancy 8, Randall 6, Mary 4, Ella 1

Page 18, Dist. 17 (cont'd)

154. HUNTER, William 30 (KY T T), Harriet 39 (wife) (T SC SC); REED, Elijah 16 (stepson), Lum 17 (stepson); FLEMING, Harriet (B) 23 (boarder)
155. GORDON, Peter (B) 47, Juda 37 (wife), Martin 16, Amos 16, Charles 13, SeaSum? 11 (son), McAroy 9, Charity 6 (dau), Wesley 5, Fannie 3, Milton 8/12
156. JONES, Miles (B) 30, Loomas 33 (wife), Clara 14, Mary 10, Lee 6 (dau), William 3
157. GRIFFIN, Allen 40 (T NC NC), Perleema 33 (T NC VA); HARRIG, James 28 (stepson) (T NC T)
158. VAUGHN, John 29, Maggie 33 (wife), William 1
159. McCOLLUM, Mary (B) 58 (widow), Monroe 18; WALKER, Mary 16 (dau), Mattie 10 (dau), Eliza 8 (g dau)
160. AVENZ?, Thomas (B) 24, Ann 21, Cora 5, Annie 3; THOMPSON, Jennie 39 (mother) (VA VA VA)
161. KINZER, Abraham 59 (T VA VA), Elizabeth 51 (T SC SC), Jeff 17; KELLY, Fannie 14 (W) (boarder); ALDERSON, Rufus 17 (boarder)

Page 19, Dist. 17

162. ALDERSON, James (B) 50, Lucy 40, Laura 18, James 12, Washington 9, Mary 8, Edward 11, Adella 4, Delia 4
163. SEELEY, Samuel 42 (T SC SC), Malinda 40, Adly 18 (son, Sarah 15, Cora 9, William 5, Hattie 2
164. WILLIAMS, Harlan 31 (T KY T), Jessie 23, Elizabeth 9, Mattie 7, Jacob 2, Peeler 2/12 (son)
165. FINCH, Sylvestus 58 (widower) (KY VA VA), John 24 (T KY T), Alice 19 (T KY T), James 13 (T KY T), Emma 8 (T KY T), Ella 8 (T KY T), Sarah 3 (T KY T)
166. FINCH, Thomas 31 (T KY T), Texada 25, Maggie 5, Mary 2, James 1/12; ROACH, Ida (sis in law); REAMS, Lucius (B) 21 (boarder)
167. GRAY, William (B) 30, Kitty 25, Ladis 6 (dau), Polly 4
168. WILLIAMS, Joshua 50 (T NC T), Martha 29 (wife) (T T AL), Samuel 5, Lettie 3, Sarah 2, Sarah 67 (mother) (T SC SC); EASLEY, Delia 18 (niece); THOMPSON, Anna 20 (cousin); WAINRIGHT, Benj. (B) 22 (boarder); SHARP, Archie 20 (boarder), WATKINS, Henrietta 18 (servant), Franklin 1 (son)

Page 20, Dist. 17

169. SMITH, Green (B) 35, Elizabeth 20 (wife), Mary 5, Bell 4
170. WEBB, Nathan (B) 34, Alice 29, Lucy 14, Jacob 12, Sarah 10, Maggie 5, Nathan 3
171. PECHARD, Craige 23, Sarah 23
172. WILLIAMS, Henry (Mu) 22, Sarah (B) 23, Mary 13 (dau)
173. CRAWFORD, Jesse (B) 36 (widow), Lee 16, Lewis 14, Frederic 12, Holman 10, Thomas 8, Murphy 5, George 2/12; TYLER, Nelly 83 (boarder) (MD MD MD); WHITE, Joseph 23 (physician) (W)
174. PEELER, David 62 (dry goods clerk) (T NC NC), Emily 51 (wife) (AL T T)
175. WAINRIGHT, Robert (B) 41 (T VA SC), Matilda 32, Robert 18, Sarah 15, George 14, James 12, Mary 8
176. SANDERSON, Peter (Mu) 25 (blacksmith), Louisa 21, Lanora 6, William 4
177. WAINRIGHT, Alonzo (B) 30
178. JOHNSON, James 71 (NC NC INC), Ann 58 (wife) (SC SC SC), Jesse 28, Alice 17
179. DANIELS, Samuel 21, Sarah 20, Joan 8/12

Page 21, Dist. 17

182. HUTCHINSON, Dallas 35, Sarah 36, Cinthia 12, Lou 10 (dau), William 8, John 7, Archie 6, Maggie 5, Lewis 3, Jesse 11/12
183. HUTCHINSON, Harvey 38, Nancy 34, Etter 12, Polky 10 (dau), Cora 7, Mattie 3, Franklin 5
184. LEWIS, Susan (B) 40 (MO VA VA); HADLY, Louisa 25 (dau) (widow), Robert 11 (son), Rickard 5 (son); LEWIS, Kinly 16 (dau) (T T MO), Abraham 13 (son) (T T MO), Mary 10 (T T MO), Delia 6 (T T MO), Alfred 7/12 (T T MO), Amanda 15 (T T MO), Paralee 9/12 (g dau)
185. SOWELL, James 34 (T T NC), Laura 35 (wife) (T T NC), Eppa 14 (son), Clarence 10, Mary 6, Ernest 3, Florence 1
186. PIGG, Thomas 51 (T VA VA), Margret 50 (T NC NC), Delia 17, Sarah 15, Jennie 12, Mary 9, Robert 22 (nephew)
187. PIGG, William 29, Bameny 30 (wife); CHARTER, Maggie 12 (stepdau), James 10 (stepson)
188. PIGG, Robert 26, Id 22, Daisy 2

Page 22, Dist. 17

190. PIGG, James 22, Sarah 20; HUDSON, Martin (B) 53 (blacksmith) (T NC NC)
191. BAKER, Robert 24, Rhoda 18, Evilina 7/12; THOMAS, William 17 (hired) (KY KY KY)
192. ALEXANDER, George 32 (T KY KY), Altha 21 (wife), Lena 11 (dau), Florence 8, Fannie 5, Elizabeth 13
193. ALEXANDER, Rankin 67 (KY KY KY), Ellenor 65 (KY KY KY), Elizabeth 26 (dau) (speech impediment)
194. ALEXANDER, Ebinezer 35 (T KY KY), Eliza 29, James 12, Mary 11, Ada 8, Etta 5, George 2; GAITHER, Elizabeth 54 (mother) (T KY KY) (widow)
195. BUMPASS, Enoch 52 (T NC NC), Martha 49, Sarah 20 (dau), Margret 16, William 16, Martha 13
196. ADKINS, William 54 (T NC NC), Narsissa 40 (wife) (T VA VA), Anna? 22 (dau), Elijah 38 (bro) (T NC NC); ARUELL?, Mollie 18 (cousin)
197. KELLY, Wiley 41, Nancy 31 (wife)
198. KELLEY, George 77 (infirm), Catherine 72 (wife), Ellen 50 (dau), Emeline 48 (dau), Rufus 7 (gr son)
199. GRAY, William 39, Parthenee 37; ALEXANDER, Jane 8 (adopted)
200. GARDNER, Samuel 33, Martha 33, Mary 13, Anna 8

Page 23, Dist. 17

201. GARRETT, Thomas 34 (T NC NC), Sarah 27, Andrew 10, Louisa 8, William 6, Currin? 4, Ozora 3
202. WAKEFIELD, James 29, Elizbeth 25, Ida 6, Thomas 4
203. GARDNER, Jacob 71 (T NC T), Lucretia 69 (T NC NC)
204. CONNELLY, William 31 (T NC NC), Tempa 23, Partheena 7, Wesley 4/12
205. JONES, James 48 (VA VA VA), Mary 40 (VA VA VA), Frances 17, Samuel 12, Susan 8
206. MONTGOMERY, Henry 39 (NC NC NC), Margret 30 (KY KY KY), Ella 9, John 6; ALEXANDER, Cursin? 3 (m) (cousin)
207. HUTCHINSON, Elijah 43, Martha 35, Sarah 16, Samuel 14, Elizabeth 12, Louisa 10, Eugenie 8, Jefferson 6, Sidney 3
208. ALDERSON, Susan 70 (widow) (VA VA VA), Nancy 50 (dau) (divorced) (T VA VA); COLLIER, Willie 21 (g dau) (T KY T), Lycurgus 19 (g son) (T KY T), Eliza 14 (g dau) (T KY T), B. H. 12 (g son) (T KY T), Ingram? 9 (g son) (T KY T)
209. ALDERSON, Benjamin 19, Ruth 21, Lula 5/12; STALLIONS, Lou 50 (mother in law)
210. GRAY, Thomas (B) 52 (T T NC), Caroline 44 (T VA SC), Lena 17 (T T SC)

Page 24, Dist. 17

211. CRAIGE, Frank 34 (NC NC NC), Fanny 27, James 2, Achobold 1; WILLIAMS, Mary 62 (mother in law), Edward 38 (bro in law); HILLIARD, Clara (B) 35 (servant), Mattie (Mu) 14 (servant), Isaac 12 (son)
212. MARTIN, Phillip (B) 34, Elizibeth 30, Nathaniel 13, Isaac 11, George 9, John 7, Calvin 5, Tamey 3 (dau), Jacob 1, Elizebeth 15 (a. dau)
213. LOVELESS, Mack (Mu) 30, Louisa 26, Edward 2, Malinda 3/12
214. TIMMONS, Harry (B) 40, Anna 30, Mary 10; CAWLEY, Sarah (Mu) 28 (boarder), William 10 (boarder), Jacob 8 (boarder), Mary 8/12 (dau); BROWN, Tray (B) (m) 21 (boarder); WHITE, Sandy (m) 20 (boarder); BRYANT, John 18 (boarder)
215. PORTER, Dallas (B) 18, Harriet 17
216. STRAYHORN, Phillip (Mu) 30, Sarah 30, Henry 9, Early 5, Cony 1 (dau)
217. GRIFFIN, Rufus (Mu) 25 (T NC T), Addie (B) 24, Locia 7 (son), Mary 4, Archey 3, Cony 1 (dau)
218. WILLIAMS, Washington (B) 48 (T NC T), Amanda 42 (T AL AL); BELL, Moses 17 (hired); FOSTER, Edward 9 (nephew)

Page 25, Dist. 17

219. DOTSON, Jackson (B) 45 (T NC NC), Lucinda 29 (wife), George 9, Olander 3, John 1; ANDERSON, Mary 85 (mother) (NC NC NC)
220. THOMAS, Richard (B) 32 (KY KY KY), Leanna 28, Mattie 5, Gustavus 3, Walter 1
221. GORDON, Samuel (B) 45
222. ALDERSON, James 25 (T MS T), Tennessee 22
223. HOUSER, Oscar 18 (T Sweden T), Ida 19, Gertrude 1/12
224. McNIEL, John 35 (T NC T), Elizebeth 37, Aaoma? 3, Cicero 1
225. McNIEL, Lanchlin 76 (dropsey) (NC Scot Scot), Ann 63 (KY NC SC), Mary 25, Caldonia 20
226. KENNADEY, Levi 52 (SC SC SC), Martha 40 (wife) (NC NC NC), William 18, Jennie 18, Mary 16, Martha 14, Alice 11, Clarence 8, Martial 3, Merritt 11/12
227. HOFFMAN, William 43 (Wartemberg Wartemberg
228. WILLIAMS, William (B) 45 (T KY VA), Harriet 40, Ella 20, Jesse 17; JONES, Katie 18 (stepdau), William 6 (nephew)
229. HEMP, Erwin (B) 27, Prissilla 24, Amelia 6, Lamuel 5, Ella 3, Gertrude 10/12

Page 26, Dist. 17

230. STALLIONS, James 36, Martha 26 (wife), George 6, Thomas 4, Minnie 1
231. CRAWFORD, Joseph (B) 38 (GA GA GA), Lucinda 48 (wife) (T VA T); WHEAT, Martha 13 (niece), Frances 10 (niece); ALLEN, Ephriam 55 (boarder) (GA GA GA)
232. JAMES, Oscar (Mu) 57 (VA VA VA), Addelaide 52 (SC SC SC), Albert 10 (g son) (T GA T), Frances 13 (dau)
233. KING, John 67 (NC NC NC), Catherine 61 (paralysed) (T NC NC), Martha 35, Elizabeth 21 (pneumonia); DELK, Fannie 99 (mother) (NC NC NC); GUIST, Eliza 55 (sis) (T NC NC); KING, Eleck 16 (g son)
234. KING, John 29 (MS NC T), Elizebeth 22, William 3, James 1
235. FITZGERALD, Jesse 70 (T VA VA), Susan 65 (VA VA VA), Leonard 24
235. (this family included with #235 above) WHITE, Daniel 41, Nancy 24 (wife), John 19 (son)
236. BLACK, Mary 34 (widow), Elizabeth 13, Leandre 5
237. GRAY, Mary 71 (widow) (infirm) (VA VA VA), Kazciah 32 (T VA VA), Amos 25 (T VA VA); GRIFFIN, Alice 21 (T NC NC)
238. GRAY, John 36 (T VA VA), Alley 26 (wife) (T VA T), James 10, Walter 8, Elizebeth 6, Jesse 2, Lena 3/12

239. BELL, John (B) 33, Abby 33, Thomas 12, Alice 9, Mariah 7

Page 27, Dist. 17

240. STEPHEN, Robert 32, Elizebeth 30, James 12, Margret 11, Artemecia 9, Jesse 6, Mollie 1
241. OAKLEY, John 40 (T VA T), Jane 25 (wife), Mary 12, Jane 10, William 2, Amanda 7/12
242. MAYS, Thomas 38 (T VA T), Amanda 36, Henry 10, Samuel 7
243. ALEXANDER, Elizebeth (B) 40 (widow), Washington 18, Wesley 14, Mattie 12, Edward 8, Narcissa 6, Franklin 3
244. ALEXANDER, Ellis (B) 20, Oallie 20, Martha 6/12
245. MULLINS, James 35 (T NC T), Mary 35, William 12, Robert 10, Louisa 9, Sarah 2; FLEMING, Lewis 72 (boarder) (VA VA VA)
246. CHANEY, Jefferson 42 (VA VA VA), Martha 36 (T T VA); GARDNER, Sallie 10 (stepdau)
247. GARRETT, William 46 (T NC NC), Mary 38, Della 19, William 17, Robert 15, Clayton 13, Leanne 10, Arizona 6 (dau)
248. HUTCHINSON, Polk 34, Margret 39 (wife), Barbara 17, Osey (m) 13, Sarah 11, Ann 11, Laura 6, John 3

Page 28, Dist. 17

249. JONES, Felix 44, Mary 42 (T VA VA), James 17, Willie 15, Franklin 11 (broken leg), Mattie 8, Bell 4
250. WRENN, Thomas 61 (T VA VA), Mildred 56 (T VA VA); LAVENDER, Thomas 13 (bound)
251. LITTINGTON, Edward 28, Mary 29, Stephen 5, Elizebeth 3, Amanda 1, Mary 55 (mother) (T NC NC), Josie 21 (sis); FOSTER, Sallie 70 (cousin) (SC SC SC)
252. GARDNER, Alfred 39, Sarah 39, Jacob 19, James 15, Sarah 13, William 2
253. LADD, William 36 (T NC T), Margret 33 (T T SC), Henry 12, Newton 8, William 6, Archy 3; HUDGEPETH?, Henry 66 (father in law) (T NC NC)
254. MASTELLAR, Henry (Mu) 40 (stone mason) (AL AL AL), Orlena? (B) 23 (wife) (T VA VA), Benjamin (Mu) 7, Sarah 14, Laura 1
255. GARDNER, John 58 (T NC NC), Martha 55 (SC SC SC), William 14, Sarah 11
256. YOUNG, George 57 (T SC SC), Sarah 50 (T SC SC), Martha 12
257. PAYNE, Jane 76 (widow) (VA SC VA), Sarah 45 (T NC VA), Hughsten 40 (T NC VA)

Page 29, Dist. 17

258. PAYNE, Henry 38 (T NC VA), Darcus 35, Willie 14 (dau), James 9 (adopted?)
259. MULLINS, Alfred 27, Sarah 30, Laura 10, Luticia 7, James 3, Henry 8/12
260. ADAMS, David 43 (T NC T), Mary 30 (wife), Elizebeth 9, Ella 7, Sarah 5, Sidney 2/12 (son)
261. POTTS, James 47 (T NC VA), Sarah 32 (wife) (T T VA); OAKLEY, Eliza 28 (sis in law) (divorced), Maury 11/12 (son), Moncy 11/12 (son); POTTS, James 9
262. CHOATE, Nicy (B) 50 (f), Rhoda 26 (dau), John 20 (son); LIPSCOMB, Cherry 11 (g dau), Mary 10 (g dau)
263. CHOATE, Fruman (Mu) 24, Malinda 23, Nannie 3
264. TYLER, Henry (B) 19, Lilly 18
265. REAVES, Leonidas 40 (T KY T), Mary 31, Emma 8; POTTS, William 25 (boarder)
266. HOOD, Buck 24, Sarah 18, Elizebeth 3/12
267. RAGAN, Thomas 40, Mary 40, Henry 11, Louisa 9
268. REESE, Thomas 53, Cinthia 54
269. TRENTHAM, Mary 42 (widow), Sarah 22, Margret 21

Page 30, Dist. 17

270. HARBISON, William 40, Desdemona 36, Elizebeth 13, Hardin 11, Arminta 8, Vernon 5, MEADOWS, Malcolm 7 (nephew)
271. MEADOWS, Thomas 30 (T T VA), Luela 26, Fain 6 (son), George 3, Sarah 1/12
272. PUCKETT, William 71 (KY VA VA), Safrona 45 (dau in law) (T NC NC), Pinckney 22 (g son)
273. HARRIS, Andrew 55 (VA VA VA), Margret 44 (wife) (T NC T), Nancy 22, Alpha 19, Isom 17, Felix 12, Ida 9, Ophelia 6, John 1
274. REAVES, Margret 50 (widow) (T NC T), William 24, Thomas 17, Joseph 16, Ella 14, Frances 12
275. HARBISON, Thomas 30, Susan 67 (aunt)
276. EVANS, Britten 25, Aurora 20
277. CHURCH, William 22, Calladonia 21, Nama 6/12 (dau)
278. HARBISON, William (B) 35, Mary 25 (wife), Susan 11, Elizabeth 4, Dock 4
279. KINZER, John 29, Sarah 25, Emma 3; LADD, Robert 31, Bammy 23 (wife); SOWELL, Elias (B) 17 (servant)
280. SOWELL, Elias sr. (B) 45, Caroline 40, Jackson 19, Minerva 15, Anna 10, Abraham 16, Hardison 7, Susan 5, Kittie 3, Rheacal 5/12 (dau)

Page 31, Dist. 17

281. HUDDLESTON, Wesley (Mu) 25, Mary 22, Caroline 5, Eliza 1/12
282. ANDERSON, John (B) 60 (T T NC), Sarah 50 (wife), Sallie 15, Daniel 12, Malinda 10, Isaac 7
283. ANDERSON, John (B) 24, Malissa 20, Franklin 3, Lucy 1/12
284. LAVENDER, Mary 45, John 15 (son), George 13 (son), William 12 (son); FIKE, John F. 55 (relationship omitted) (surveyor) (PA PA PA)
285. BROWN, Jesse 50, Hanar 19 (wife), Susan 2, Whitthome 10/12 (son)

INDEX

The index applies to this booklet only. It includes
the names of all heads of household plus individuals
whose surnames differed from that of the head of
household. The name is followed by the person's age,
the booklet page number and then the household number
as it appears on the original schedules.

AARON, John 21, 46-119
ABERNATHA, Ada 9, 80-71
    Queen 22, 62-50
ABERNATHY, Ben 38, 60-137
    Ed 21, 68-26
    Lee 35, 30-310
    Mary H. 32, 62-44
    Sarah 49, 63-115
    Zula 25, 19-302
ACRES, I. R. 31, 110-19
ADAMS, David 43, 148-260
    F. V. 40, 121-13
    J. B. 45, 83-237
    Samuel 35, 12-214
    Thom 43, 1-20
    Thos. 24, 72-149
ADCOCK, Allin 48, 89-502
    Huston 40, 80-90
    Mary 18, 7-374
ADCOX, Gabe 30, 51-13
    Perry 60, 91-589
ADIRE, M. A. 9, 48-9
ADKINS, John 32, 53-66
    John 78, 53-65
    John 17, 110-55
    Millie 59, 16-133
    Thom 24, 3-136
    William 54, 147-196
ADKINSON, Jim 11, 88-451
    William 25, 101-316
ADKISON, Benjamin 49, 109-102
    Cindy 30, 63-113
    Elisibeth 72, 36-61
    Erby 57, 58-79
    George 35, 64-141
ADKISSON, Ab? 36, 74-72
    Cornelia 9, 111-87
    Dora 2, 115-67
    Fannie 11, 111-87
    Green 50, 31-112
    Henry 26, 78-23
    J. G. 52, 67-5
    John 66, 4-204
    John 28, 78-22
    M. J. 26, 70-122
    Mary B. 22, 115-67
    Mattie 17, 78-23
    Nancy 60, 6-292
    R. P. 32, 77-236
    R. Q. 35, 2-100
    Robt. 22, 74-73
    W. P. 30, 6-293
    Walter J. 4, 13-3
ADLER, Leon 21, 83-217
AGNEW, J. F. 41, 50-16
    J. M. 39, 50-13
    J. T. 45, 47-10
AKEN, Dyeer 16, 102-370
    Georgie 16, 102-370
    Lizzy 36, 97-114
    Mary L. 1/12, 97-114
AKIN, A. J. 49, 141-224
    Addy Z. 35, 104-418
    Alfred 50, 138-109
    Alferd N. 39, 104-468
    Allen 50, 30-85
    Annie 10, 55-129
    Austin 64, 137-49
    Betsy 78, 23-62
    Bettie 14, 129-134
    Billie 12, 91-617
    Chaney 35, 89-508
    Charity 17, 76-196
    Craig 38, 121-10
    D. 19, 53-4
    Dier, 54-73
    Dow, 55-129
    E. E. 50, 138-71
    Elvira 25, 77-233
    Florance 17, 81-103
    Frank 30, 34-280
    George 15, 54-73
    Hally L. 6, 104-418
    Harry 47, 140-183
    Izabell 14, 89-509
    J. H. 47, 140-191
    J. W. 44, 138-116

AKIN, James T. 46, 102-339
    Jane 44, 146-122
    John 38, 116-137
    John 25, 35-299
    Lizie 70, 56-187
    Lizzie 12, 140-192
    Louzena 60, 82-181
    M. C. 29, 30-84
    Mahaley 60, 90-531
    Mary P. 21, 80-64
    Miles 23, 35-301
    Nat 45, 54-76
    Nelly 11, 127-46
    Rochell 50, 56-187
    S. W. 42, 139-132
    Sam 27, 138-78
    Samuel M. 33, 17-180
    Steve 30, 143-117
    T. E. 9, 127-46
    Thomas 23, 116-122
    W. J. 51, 27-237
    Wallis 13, 54-73
    Walter 35, 115-89
    Zachariah 32, 61-3
AKINS, E. Frank 56, 8-11
ALBERT, Walker 21, 138-114
ALDERSON, Albert 68, 66-253
    Alice 30, 107-593
    Benjamin 19, 147-209
    Caroline 50, 135-14
    Chanie 16, 17-198
    Dora 22, 5-251
    Elam 34, 8-33
    Ely 30, 2-62
    Etta 6, 17-198
    Frank 23, 3-110
    Green 30, 10-149
    Harry 60, 11-177
    Henry 50, 29-25
    J. Frank 57, 5-233
    James 50, 147-162
    James 25, 148-222
    Jay 34, 2-95
    John 37, 10-109
    L. P. 77, 87-426
    Lee 19, 18-219
    Lucy 40, 88-475
    Maggie 2, 5-251
    Melissa 22, 114-8
    Moses 23, 9-48
    Nancy 43, 3-148
    Nancy 44, 19-272
    Nannie 22, 17-198
    R. G. 28, 90-552
    Robert 21, 17-188
    Ruff 35, 9-91
    Rufus 17, 147-161
    Sallie 7, 17-198
    Sam 29, 28-305
    Samuel 29, 29-20
    Sarah 34, 8-20
    Starks 24, 10-116
    Sue 17, 90-543
    Susan 70, 147-208
    Thom E. 47, 5-243
    Thomas E. 24, 5-242
    William 57, 9-92
    William 63, 10-97
    William H. 7, 8-20
ALDRIDGE, Joseph 31, 45-60
    Mary 40, 50-10
ALEXANDER, A. B. 26, 67-23
    A. C. 50, 20-1
    A. F. 49, 76-181
    Abram 7, 132-265
    Aleck 45, 26-192
    Alis 49, 100-263
    Andrew J. 34, 19-260
    Anna 7, 15-93
    C. B. 11, 72-175
    Charity 14, 116-123
    Cleburn 1, 118-210
    Cursin 3, 147-206
    Dock 40, 12-262
    Ebenezer C. 43, 18-256
    Ebinezer 35, 147-194
    Elizebeth 40, 148-243

ALEXANDER, Ellis 20, 148-244
    F. B. 26, 137-28
    Febe 74, 38-90
    Frances 28, 8-3
    Fred 15, 77-237
    George 32, 147-192
    Geo. 50, 70-152
    George W. 39, 19-259
    Gid 7, 112-130
    Gilbert 12, 132-265
    Henry 26, 100-255
    Hinton 21, 132-265
    J. 36, 20-22
    J. F. 46, 23-62
    J. T. 29, 71-173
    James 50, 9-72
    James 33, 72-168
    Jane 8, 147-199
    John 38?, 137-27
    John C. 56, 11-190
    John N. 51, 74-53
    Juan 11, 1-5
    Laura 1, 8-3
    Lelia 18, 132-265
    Lucy 10, 119-256
    Madison 59, 95-33
    Maggie 16, 116-137
    Mary 20, 116-136
    Mary 73, 76-166
    Minnie 9, 132-265
    Nelson 50, 74-60
    Parthena 20, 118-201
    Rankin 67, 147-193
    Richard 75, 11-166
    Richard 22, 9-55
    T. J. 42, 71-205
    Thos. 42, 137-31
    Thomas 28, 30-53
    Toby 12, 114-42
    W. A. 57, 68-25
    Wash 35, 25-141
ALFORD, Charley 13, 73-27
    Eli 32, 41-106
    Lambert 45, 98-157
    M. 25, 120-5
    Mary M. J. 50, 41-79
    Mollie 24, 108-56
    Ollea 58, 80-93
    William 17, 40-63
    Wm. H. 18, 82-150
ALFRED?, S. 54, 143-124
ALISON, Albert 33, 109-66
ALLEN, A. J. 26, 71-190
    Albert 28, 71-210
    Alice 10, 111-97
    Ben N. 18, 82-151
    Beriman 57, 57-233
    Bettie 24, 118-238
    Charlie 8, 118-238
    E. G. 26, 22-21
    E. T. 50, 27-235
    Ephriam 55, 148-231
    F. 25, 22-16
    Fry 59, 66-253
    G. W. 15, 129-162
    Gary 23, 27-216
    Hays 25, 1-19
    J. C. 36, 82-180
    James K. P. 40, 16-138
    Jefferson 30, 17-199
    John M. 62, 101-331
    Jo S. 34, 32-186
    Juda 60, 21-43
    Lila 14, 84-262
    Mack 15, 12-236
    Mary A. 34, 58-30
    Matt 19, 17-183
    Mead 50, 23-69
    Milton E. 23, 18-215
    Perry 28, 128-115
    Pleasant 49, 28-259
    Press 81, 93-706
    R. B. 53, 29-29
    R. C. 25, 22-27
    Sam 30, 135-17
    Sarah 48, 138-84
    Shelton 26, 137-26

ALLEN, Tom 29, 28-308
   W. 18, 36-61
   W. J. 28, 22-26
   W. T. 29, 128-81
   William 68, 67-285
   Wm. 7, 118-238
   William 26, 134-10
ALLEY, Henry 52, 29-5
   Jonas E. 31, 117-186
   Lee 21, 30-46
   Mary 14, 120-8
   Miles G. 36, 117-187
ALLISON, Adison 56, 60-175
   Octavius 46, 96-75
   Robert 26, 46-142
ALLMAN, Mattie 18, 83-237
ALLMOND, W. T. 49, 35-1
ALTMYER, F. 50, 120-3
ALLWELL, Isack 48, 85-321
AMEY, Emund 42, 71-172
AMICK, A. L. 25, 137-54
   C. C. 40, 30-63
   J. J. 29, 31-89
AMIS, Anderson 27, 77-238
   B. E. 21, 67-8
   Mrs. C. 62, 67-7
   Frank 22, 88-482
   Frank 28, 68-32
   James 38, 32-165
   James 22, 31-116
   James 47, 66-267
   Joseph 40, 135-15
   Lee 17, 68-31
   Levi 57, 68-25
   Saml. 55, 72-171
   Sharlott 50, 88-481
   Thoms 27, 43-199
   William 22, 36-15
   Willis 75, 78-254
   Willis 19, 67-13
AMOS, Handy 40, 59-125
   Henry 33, 88-476
   James 57, 57-9
   N. S. 14, 49-10
   Pete 19, 29-319
   Thomas 26, 40-59
AMUS, Henry 22, 57-236
   Hicks 64, 56-172
ANDERSON, Abraham 21, 17-198
   Andy 25, 37-73
   Any 18, 110-21
   Caroline 33, 66-253
   Caroline 5, 141-212
   Chanley 9, 45-56
   Craig 32, 142-48
   Dallas 13, 140-185
   Dallas 9, 128-110
   Dan 31, 57-221
   E. 38, 22-33
   Elizabeth 45, 123-23
   Elsey 9, 111-109
   Eveline 20, 95-61
   Georg 16, 92-635
   George 18, 58-70
   Harvey 33, 114-40
   Hutson 6, 44-37
   J. M. 57, 120-6
   Jane 18, 31-119
   Jethro 35, 135-18
   Jim 30, 49-34
   Joe 19, 28-292
   John 32, 105-497
   John 82, 60-151
   John 44, 92-633
   John 35, 53-44
   John 24, 149-283
   John 60, 149-282
   John 21, 141-248
   Johnnie 7, 111-109
   Julius 32, 114-6
   Manda 18, 25-158
   Margaret 8, 111-109
   Mary 85, 148-219
   Peter 44, 92-638
   Peter 52, 113-185
   Polk 30, 140-184
   Prince 23, 73-10
   Sam 40, 141-212

ANDERSON, Thomas 58, 38-168
   Welthy 57, 109-103
   Wes 27, 143-107
   Wm. 30, 22-15
   Wm. 35, 108-33
   Wm. 28, 84-246
   William J. 78, 97-120
ANDEW, Nancy 56, 10-142
ANDREW, Ella 17, 86-392
   James 60, 38-97
ANDREWS, Carral 50, 5-262
   Elizabeth 6, 6-277
   G. W. 27, 49-9
   J. M. 60, 50-8
   J. P. 40, 41-90
   Jam H. 36, 83-236
   James 45, 97-151
   James 62, 85-278
   John 23, 7-171
   M. S. 74, 49-8
   Maria 35, 19-264
   Mary 13, 62-68
   Thomas 32, 33-218
   William 42, 79-43
   William 28, 5-261
ANDRUS, Amy 70, 123-20
   James 67, 122-20
ANGLIN, Josh 30, 3-149
ANGUISH, James 50, 64-170
ARBERRY, M. 36, 51-6
ARIMON?, Julia 58, 108-51
ARMSTRON, Alexander 20, 19-278
   D. 20, 81-126
ARMSTRONG, Adam 51, 112-142
   Albert 22, 131-256
   Albert 21, 111-83
   Andrew 16, 87-432
   Anna 18, 81-119
   Annie 4, 135-16
   Benj. 57, 145-84
   Charity 3, 106-527
   Charles 24, 114-35
   Charles 18, 127-42
   Charley 10, 81-119
   Daniel 40, 117-148
   David 39, 128-89
   David 49, 113-185
   Derry 54, 133-3
   Dublin 40, 117-148
   Duncan 30, 112-158
   E. G. 36, 106-550
   Edward 24, 144-23
   Eliza 4/12, 106-527
   Elvira 36, 111-79
   Emeline 44, 110-40
   Emma 27, 26-173
   F. G. 39, 81-119
   Feeby 28, 80-77
   Foster 20, 106-539
   Francis 40, 19-259
   Friday 53, 111-90
   Gid 21, 89-514
   Graham __, 19-262
   H. Wm. 25, 140-180
   Harriet 48, 111-75
   Harry 13, 81-119
   Harry 35, 106-521
   Henry 8, 95-67
   Houston 47, 132-1
   Isham 15, 78-275
   Jack 85, 106-561
   Jennie 24, 135-16
   Jessee 71, 136-23
   Jo 20, 73-35
   Joe 38, 112-162
   John 17, 99-234
   John 24, 110-13
   John J. 54?, 30-75
   John J. 25, 19-261
   Johnst 13, 87-432
   Joseph 54, 128-98
   Joseph 6, 19-259
   Joshway 21, 113-191
   Junius 52, 74-80
   Laura 5, 106-527
   Lewis 19, 18-210
   Lizzie 50, 110-36
   Lizzy 23, 106-527

ARMSTRONG, Lucinda 22, 129-143
   Lucious 52, 30-76
   Mack 16, 111-81
   Mary 60, 105-511
   Mary 60, 110-48
   Mary J. 1, 106-527
   Mary Jane 16, 114-35
   Minnia 15, 81-119
   Moses G. 47, 111-87
   P. 3, 88-448
   Palmer 23, 105-500
   Peter 50, 105-517
   R. H. 37, 112-121
   Robert 25, 113-193
   Rosana 1, 34-263
   Rufus 4/12, 114-35
   Sallie 18, 89-500
   Samuel 56, 106-560
   Samuel G. 65, 106-562
   Saml. H. 27, 106-527
   Sarah 3, 34-263
   Seven 50, 87-432
   Silvy 34, 18-246
   Susan 1/12, 89-500
   T. J. 30, 26-173
   Thos. 18, 71-198
   Thomas 34, 104-451
   Toby 25, 137-58
   W. 63, 136-13
   W. O. 68, 112-160
   Walter 25, 34-263
   William 8, 19-259
   William J. 43, 105-515
ARNDREWS, Eliza 17, 83-234
   James 40, 83-234
ARNELL, Amelia 21, 78-261
   James 19, 66-257
   Jane 43, 78-262
   Paul 60, 103-394
   Robert 3, 66-257
   Samuel M. 47, 104-429
ARNOLD, Edward 42, 16-152
ARUELL, Mollie 18, 147-196
ASBURN, John A. 34, 65-193
ASH, Lisbon 33, 68-48
ASHBRIDGE, Alexander W. 48, 96-77
ASHFORD, Mary 36, 84-243
ASHMORE, Carral 25, 71-209
   J. B. 33, 71-207
ASHTON, Clifford 6, 66-253
   E. J. 18, 51-7
   James H. 20, 31-104
   Jessey 31, 82-189
   John B. 30, 98-191
   Lilia 14, 82-189
ASHWORTH, Robt. 31, 5-265
   Samuel 49, 6-323
   Wash 50, 5-268
ATKINS, Beni? 58, 69-103
   Polk 45, 23-51
ATKISON, Sarah 44, 66-253
   W. R. 53, 40-41
ATTKISSON, James 43, 115-71
   Susan 67, 118-222
   W. J. 20, 118-206
ATTLEY, Emma 19, 84-243
ATWELL, Leonard H. 39, 95-30
AULDRIGE, Buck 13, 55-130
AUSBURN, Lavenia 15, 80-59
AUSTIN, Phil 38, 51-25
   Wm. 30, 88-450
AVENZ?, Thomas 24, 147-160
AVERY, William 35, 12-208
AYDELOTT, Clem J. 49, 58-46
   Joseph 81, 77-243
   Wm. 38, 94-720
AYDILOTT, A. F. 47, 93-698
BACKER, Jerry 56, 54-98
BAERD, Lyth 87, 95-41
   Mary 60, 95-41
BAGLEY, Simpson B. 7, 11-176
   Taylor 5, 17-176
BAILEY, A. M. 36, 22-6
   Al 8, 22-19
   Albert 23, 15-93
   Amos D. 27, 14-51
   David 42, 8-2

BAILEY, Eliza 24, 132-297
George 44, 29-30
J. G. 41, 84-259
J. L. 30, 123-22
James 25, 66-255
Jane 42, 25-168
Jerry 19, 130-181
Jessee 86, 66-253
Joe 80, 23-75
John 35, 103-417
John 27, 118-200
John 12, 125-35
Jones H. 30, 29-36
Joseph 24, 33-216
Joseph 29, 14-54
Madison 50, 34-252
Mary 14, 22-19
Polk 36, 66-259
W. A. 33, 22-17
Wm. 40, 25-168
Zachriah 30, 19-257
BAILISS, Charly 42, 62-36
BAILY, Bill 15, 120-4
J. Wesley 21, 138-85
James 4, 138-85
Mary 35, 120-3
Rosana 33, 120-4
Wesley H. 36, 105-503
BAIRD, Allice 17, 81-118
Anderson 32, 59-115
Edna 2, 59-115
Eugene 24, 55-129
James 57, 108-28
James P. 56, 106-538
Joe 10, 55-129
John 27, 106-545
John L. 41, 107-583
Julia 30, 80-78
Laura 30, 103-383
Manerva 2, 103-383
Maria 11, 103-383
Martha 50, 85-324
Martha 7, 103-383
Mary 32, 81-118
Mary 9, 103-383
Mattie W. 20, 108-26
Pink 28, 90-555
Robert 46, 54-103
Sallie 22, 80-78
Sally 17, 46-108
Susan 15, 103-383
Thomas 38, 101-328
BAISDEN, W. D. 30, 57-9
BAITY, John C. 12, 58-38
BAKER, Andrew A. 44, 106-570
Batha 40, 47-169
Berry 28, 3-131
Fannie 2, 3-141
George W. 42, 3-135
Henry 30, 143-77
Henry 11, 110-21
John 20, 71-177
John 18, 127-67
Juan 7, 3-141
Mary 56, 44-22
Mary 50, 3-132
Maud 4/12, 3-143
Nellie 2, 3-143
P. Green 51, 6-328
Rianza 19, 3-143
Richard 35, 3-143
Robert 24, 147-191
Robt. 38, 139-130
Samuel 22, 135-15
Thomas 61, 7-369
W. H. 19, 51-8
BALARD, Andy 20, 142-33
BALDRIDGE, Ephram 70, 69-67
Vilse 63?, 68-49
BALES, James 45, 143-87
BALL, George 52, 145-94
William E. 18, 8-47
BALLANFANT, Bem 45, 63-86
Frank 19, 69-109
J. T. 3 , 62-43
Jo H. B. 21, 62-49
John 60, 67-295
John 24, 62-70

BALLANFANT, Mary 49, 63-122
Peter 30?, 69-108
Wm. E. 29, 63-112
BALLARD, Guntry 25, 145-79
Mich 29, 57-20
Roena 50, 142-37
BALOW, Wm. 25, 94-727
BALY, N. A. 52, 120-3
BANKS, George 38, 4-162
Henry 43, 15-103
Lee 45, 23-43
BANNER?, H. E. 79, 89-506
BARBEE, George F. 42, 102-365
BARHAM, Isabell 45, 45-99
Jack 19, 45-100
BARIONGER, L. 29, 84-246
BARKER, Amanda 22, 96-99
George 58, 42-113
Isaac K. 40, 79-42
Mallissa 62, 91-605
Manda 25, 85-305
Margaret 82, 42-108
Matilda 55, 103-384
Pheby 40, 89-501
W. H. 30, 42-115
Willis 18, 75-135
BARKLEY, Charles 24, 78-264
David 7, 78-264
Edward 40, 105-520
Fanny 31, 78-264
Luella 4, 78-264
BARNES, A. L. 78, 128-12
Amanda 21, 74-151
Brook 38, 146-138
Charl 6, 23-40
E. F. 43, 124-27
Ida 22, 23-40
William 24, 63-125
BARNET, M. L. 39, 69-110
Wm. 10, 125-35
BARNETT, Annie 22, 92-656
J. N. 63, 84-260
Jas. 40, 52-49
Mark 42, 92-656
Mary 48, 118-200
Pink 48, 69-69
BARNS, George 65, 105-488
BARR, A. 47, 89-515
Isaac 60, 66-276
BARRETT, Amelia 79, 58-87
BARRIER, C. W. 27, 1-32
Nannie 27, 1-32
Nellie 1, 1-32
BARRON, Thomas 60, 132-271
BARROW, John D. 28, 73-47
BARRY, John 20, 131-250
John 58, 114-25
BARTON, Thomas 58, 19-286
BASS, Catharine 54, 145-68
Samuel E. 25, 145-80
BASSHAM, Fannie 12, 95-74
Jasper 23, 10-110
John 25, 10-108
M. A. 29, 29-35
Paul 18, 95-74
William F. 57, 13-2
BATES, J. Westley 51, 16-126
James M. 26, 15-112
William T. 29, 16-125
Wyett 65, 32-165
BATT, James H. 45, 144-7
Josiah 68, 144-6
BATTY, Jerry 8, 68-63
BAUCUM, Elizabeth 55, 41-103
Mary 61, 41-96
BAUGASS, R. J. 58, 29-6
BAUGESS, Allen 14, 28-256
Jane 50, 28-256
Sandy 16, 28-256
BAUGH, J. P. 34, 67-19
Ruben 70, 16-152
BAUGUS, Andy 26, 140-166
John 23, 115-88
Richard 59, 118-224
Wm. 29, 124-31
BAUGUSS, Cicero 1, 33-199
George 25, 29-23
Irena 15, 33-199

BAUGUSS, John 28, 35-317
M. C. 19, 33-199
Mary 12, 29-19
William 21, 30-67
Willis 23, 29-10
BAUSHOK, Manerva 2, 93-708
Marvin A. 2, 93-708
S. E. 23, 93-708
W. E. 25, 93-708
BAXTER, Albert 28, 76-191
Art 37, 142-16
Augusta 8, 72-223
Eliza 35, 40-64
Ella 19, 91-600
Georgia 8, 40-64
Jeff 30, 142-44
Kate 6, 94-24
Major 8, 40-64
Maggie 11, 72-223
BAYARD, Mattie 10, 144-50
BAYDIE, Hugh 61, 69-68
BEACH, William 31, 19-289
BEAD, Paralie 8, 7-371
BEADEN, Robt. 56, 135-17
BEARD, Cathern 47, 142-36
J. A. 40, 142-33
Rhoda 35, 7-357
Thomas 47, 133-3
W. A. 34, 7-356
William 10, 101-301
BEARDEN, Nancy 60, 60-147
BEASLEY, Archabald L. 24, 16-150
James O. 46, 32-166
BEASLY, Arline 28, 32-167
BEATTY, George 18, 126-6
BEAVERS, Henry L. 35, 2-78
BECK, Anderson 30, 123-22
Richard 32, 123-20
BECKENBACH, C. M. 19, 89-513
Charly 11, 89-513
J. J. 17, 89-513
Mary A. 5, 89-513
Peter 13, 89-513
Samma 8, 89-513
BECKET, James 59, 68-60
BECKETT, Dr. Geo. 61, 84-243
BECKHAM, A. R. 26, 122-16
J. L. 24, 121-11
J. T. 51, 122-15
Oscar 13, 140-179
R. G. 46, 121-13
W. H. 27, 116-124
BECKNELL, Laura 24, 80-80
Margret 36, 80-80
Mary 61, 80-80
BECKWITH, A. 51, 24-87
BEDON, H. D. 42, 21-30
BEECH, Robert 35, 14-55
BEEDEN, William 29, 146-133
BEGLEY, Sarah 45, 79-48
BEKENS, Emma 24, 79-33
BELEFANT, Jane 48, 34-263
BELL, Ada 10, 128-97
Charles 25, 114-28
Elizabeth 34, 123-21
Elizabeth 60, 140-187
Erma 26, 81-112
Ermy 25, 99-244
Giles 50, 114-26
James K. 26, 15-85
Jeff 35, 48-35
John 33, 148-239
John 26, 122-15
John 28, 84-246
Joshua 29, 99-244
Julia 27, 132-295
Mary A. 55, 140-187
Moses 17, 148-218
Philip 55, 59-126
Richard 19, 123-21
Sarah 75, 127-23
W. A. 52, 140-186
W. H. 39, 126-41
Willis 24, 126-40
BELLIFANT, Joanna 10, 100-270
BELLINGTON, Saml. 35, 44-32
BELLMYRE, Geo. 21, 115-84
Phillip 18, 115-83

BENCON, Jane 8, 80-76
BENDERMAN, Aaron 58, 117-181
   John 44, 71-178
   Julia 38, 76-159
   Mid 31, 70-132
   Ozni 35, 71-179
   Thos. 37, 71-177
   W. D. 68, 74-59
   W. F. 40, 117-184
   Wm. 16, 71-172
BENNET, Bell 14, 61-192
   Frank 8, 89-519
   Jacob 49, 42-143
   Jeff 30, 143-75
   Mary B. 69, 89-521
   O. H. P. 65, 93-672
   Peggy 77, 42-136
   R. F. G. 34, 92-668
   Sallie 30, 24-104
BENNETT, A. B. 35, 94-719
   Alex 63, 123-25
   Bettie 15, 141-251
   Easter 50, 141-251
   Mary 9, 141-251
   Robt. 7, 141-251
   Sophia 75, 100-280
   Walter 26, 80-97
   William 29, 114-19
BENSON, Laura 38, 84-262
BENTELY, Sonny 70, 13-265
BENTLEY, Dackney 22, 86-328
   L. B. 20, 85-327
BENTLY, Cilla 22, 131-251
   George 28, 79-30
   Ida 43, 101-330
   Priscilla 12, 9-82
BENTON, Marie 30, 120-5
   W. R. N. 64, 51-4
BERKS, Ann 26, 92-658
BERRY, Isac 52, 2-105
BETHELL, W. D. 40, 73-1
BETHUNE, Jno. 45, 24-119
BETTIE, Cyrus 37, 112-141
BEVINS, John 25, 19-261
BIBB, Amanda 17, 134-11
   Thomas 48, 125-38
BIBBS, Mary J. 23, 140-184
BIDDLE, Dr. W. M. 32, 85-318
BIDIG, Billy 14, 25-131
   Clint 8, 25-131
   Hattie 10, 25-131
   Susy 12, 25-131
BIFFLE, Adam 26, 139-136
   Ben 18, 139-162
   J. K. 33, 140-178
   Parallee 40, 126-14
   Patsy 54, 17-174
   W. M. 41, 140-182
   Wm. 76, 140-179
BIGG, Henry 81, 8-28
BIGGER, Robbert 29, 58-86
BILLINGTON, James M. 52, 47-168
   Marshall 25, 44-53
   William 30, 46-116
BILLS, Sarah 16, 32-146
BINGHAM, Alex 43, 141-249
   J. S. 53, 141-252
   J. T. 47, 141-234
   Jesse 60, 146-121
   John P. 55, 146-124
BINGHAM, Mike 50, 141-256
   Milly 60, 74-101
   Sallie 45, 144-37
BINSON, Richard 35, 32-179
BIRCHETT, Wm. H. 69, 75-126
BIRCHUM, J. S. 47, 49-26
BIRD, Mary C. 19, 22-300
   W. H. 57, 50-15
BIRDSONG, Henderson 54, 99-197
   Henderson 54, 35-313
BISHOP, Jasper 42, 58-68
BLACK, Alice 25, 136-23
   Allonzo 8, 64-161
   Andrew 35, 136-21
   Carrie 8, 101-308
   D. C. 20, 48-32
   D. F. 45, 40-36
   Elam 22, 9-83

BLACK, Ella 1, 90-524
   Fannie 35, 7-334
   Frank 30, 92-634
   G. 24, 48-32
   George 11, 102-339
   Hariett 12, 97-144
   Henry 37, 92-635
   James 8, 101-308
   Jennie 28, 116-119
   John 12, 65-201
   Kases 20, 29-34
   Kate 25, 90-524
   Louther 50, 80-75
   M. D. 30, 43-194
   Mariah 65, 10-150
   Mary 34, 148-236
   Mary 7, 7-336
   Mary 1, 80-83
   Minnie 11, 61-204
   S. B. 9/12, 48-32
   S. S. 57, 78-6
   Vicie 12, 117-167
   William 16, 64-161
   William 18, 65-198
   William 4, 80-83
BLACKBORN, Susan 65, 39-191
BLACKBURN, A. 58, 24-99
   Alex 52, 5-241
   George W. 63, 96-81
   James 9, 97-128
   Mary 22, 141-249
   Nellie 70, 97-116
BLACKMAN, Caunse? 54, 12-237
BLACKMAN, Rufus 53, 12-231
BLACKWELL, Annie 28, 135-15
   Jno. 29, 21-65
   Rich 53, 2-87
   Rufus H. 31, 20-304
BLACKWOOD, H. 21, 125-34
   M. 70, 122-16
   M. 45, 125-33
BLAIR, Alexander 50, 99-219
   Anderson 32, 24-234
   Catherine 49, 36-44
   Ella 32, 37-80
   Ellen 23, 81-126
   Ellen 6, 22-10
   Enla 2, 37-80
   Ephrian 36, 36-36
   G. W. 25, 36-63
   Henry 34, 38-101
   J. H. M. C. 65, 36-48
   J. L. 23, 120-7
   J. W. 22, 21-54
   James 15, 82-169
   Jennie 30, 22-10
   John 37, 37-80
   Julia 42, 92-621
   Kolis? 69, 39-210
   Leonidis 6, 37-80
   Lucindia 8, 91-617
   M. 55, 20-21
   Martha 78, 120-7
   Mary 22, 36-43
   Milton 25, 36-35
   Nancy 57, 31-115
   Phill 64, 107-7
   Rush 18, 37-127
   Stephen 26, 36-45
   Susan 12, 98-190
   Thomas 36, 39-211
BLAKE, P. J. 16, 35-282
BLAKELEY, Gardner 51, 145-55
BLAKELY, Ben 30, 115-88
   Harriet 48, 74-65
   Portia 56, 119-255
   Tennessee 48, 115-50
BLANTON, Bob 12, 143-93
   J. O. 47, 36-54
   Matilda 74, 37-80
BLAYLOCK, Wm. M. 31, 46-134
BLEDSOE, Mary Ann 57, 112-122
BLESSING, Louisa 61, 13-280
BLEWING, John 54, 84-246
BLOCKAR, Alexander 32, 109-70
BLOCKER, Elijah 35, 144-12
BLOUNT, Henry 35, 104-461
BLOW, Henry 26, 61-15

BLUE, Della 1, 140-173
   L. E. 4/12, 140-173
   Sam 21, 140-173
BLY, Elisabeth 21, 66-275
   Esquire 38, 63-121
   Frances 80, 66-275
BLYTHE, Maggie 30, 47-144
BOANE, Drusill 33, 93-696
   Roanda 8, 93-696
BOATRIGHT, Ida F. 5, 70-142
   N. E. 24, 70-142
BOBBIT, Susin 18, 54-62
BOBO, Mary 14, 83-237
BODDIE, Wm. 45, 121-14
BODDY, Allis 20, 85-321
   Syrus 23, 85-321
BODY, Abram 17, 103-417
   William 50, 135-15
BOFFMAN, William 44, 127-40
BOHANNA, William 39, 88-446
BOLES, Lizie 32, 143-96
   Nancy 50, 143-95
BOLTON, Allie 20, 144-2
   Wm. 36, 27-212
BOMAN, Kate 30, 80-62
   Mack 35, 80-62
BOND, Ann 35, 21-33
   Arch 60, 23-42
   Armstead 26, 85-283
   Arthur 60, 25-170
   David 65, 8-40
   Elias 50, 45-63
   Eliza A. 8/12, 25-127
   Fanny 24, 25-130
   Frank 27, 25-131
   Harry 1, 87-402
   Henry 22, 25-127
   Heny 13, 136-20
   Horace 22, 25-130
   Huston 50, 21-34
   Janey 31, 87-402
   Jennet 55, 21-59
   Lizzie 17, 23-62
   Luther 10, 25-130
   M. E. 35, 94-719
   M. L. 31, 94-719
   Manda 66, 25-130
   Manda 22, 25-127
   Mary 23, 85-283
   Nathal 3, 87-402
   Ross 38, 8-23
   Sidney 2, 25-127
   Stephen 70, 25-130
   W. R. 50, 119-2
   Willis 40, 33-201
BONDS, Sam 26, 23-56
BONNER, Bob 25, 53-8
   King 46, 75-142
   William 34, 65-197
BOOKE, Mary 28, 11-153
   Maury A. 4, 11-153
BOOKER, Alex 30, 143-126
   Anna 2, 23-79
   Annerson 21, 54-53
   Ap 55, 53-41
   Aron 19, 86-392
   Betsy 68, 101-294
   C. J. 45, 132-299
   Cesar 35, 102-351
   Criss 60, 88-454
   Dan 28, 127-63
   Doc 51, 34-278
   Dolly 30, 132-1
   Elija 25, 66-252
   Ellen M. 65, 103-388
   Elsey 24, 88-494
   Felanders 34, 103-381
   Florance 11, 88-491
   George 60, 82-168
   Harywood 2, 40-63
   Hattie 20, 81-111
   Helen 7, 40-63
   Henry 5, 40-63
   Jack 70, 55-156
   Jake 58, 54-89
   Jake 80, 145-54
   Jim 64, 54-51
   Joe 29, 54-45

BOOKER, John 27, 69-89
    John 30, 23-80
    John 4, 23-79
    John A. 59, 77-224
    Lanore 23, 89-520
    Lewis 22, 74-74
    M. E. 2, 22-38
    Mahaley 56, 81-126
    Margant 14, 112-113
    Mat 24, 54-52
    Millie 25, 23-79
    Mirah 25, 84-256
    Nimrod? 50, 145-63
    Patsy 25, 40-63
    Peter 40, 95-40
    Phill 16, 108-42
    Press 44, 3-156
    Roasana 20, 141-251
    S. B. 26, 88-495
    Sam 6, 23-79
    Samuel 40, 103-389
    Simon 9, 69-79
    Stephen 20, 72-172
    Tabba 38, 34-240
    Tabitha 51, 92-639
    Thomas 57, 33-200
    Thos. 25, 90-569
    Tilda 26, 89-509
    Tom 36, 54-71
    Will 8, 23-79
    William 26, 53-22
    York 65, 101-296
BOOKS, Josie 25, 11-191
BOOLING, Edney 26, 89-498
BOOTH, John D. 32, 57-17
BOSE, Levi 31, 99-199
BOSHEARS, A. J. 26, 128-87
    J. W. 37, 122-14
    J. W. 70, 129-166
    Jeff D. 19, 129-163
BOSTICK, Eddy 56, 88-479
    Mrs. James 48, 53-43
BOSWORTH, Henry 28, 112-127
BOTTON, Thomas 9, 12-223
BOUCHER, Joseph 41, 146-106
BOUGUS, Sam 28, 121-12
BOWDEN, Henry 68, 45-72
BOWDREW, Anne 16, 83-237
BOWEN, Achilles 54, 110-31
    Dora 16, 110-43
    Eli 37, 110-22
    Eliza 30, 110-34
    Ella 12, 110-43
    Henrietta 3, 133-5
    Jessee 29, 110-23
    Jessee 6, 133-5
    John 28, 17-171
    Lotta P. 9, 98-166
    Mac 9, 133-5
    Mack 10, 110-43
    Pauline 41, 82-144
    Randle 30, 99-221
    Richd. 50, 139-148
    Robert 6, 110-43
    William 35, 76-173
BOWLES, Margrett 35, 84-243
BOWLS, William 46, 66-253
BOX, E. A. 51, 53-68
    Martha 45, 50-18
BOYD, A. T. 61, 70-164
    Aggie 71, 3-128
    Brutus 60, 118-227
    L. A. 48, 86-371
    Lucias 1, 75-137
    Matt 16, 71-198
    T. M. 47, 45-57
    Wm. C. 45, 90-526
    Willie 2, 75-137
BOYERS, Charly 56, 37-75
BOYLE, Henry H. 27, 116-105
BRADEN, Andrew 18, 67-288
    Caleb 60, 24-101
    Gilbert 56, 106-541
    Jackson 57, 67-287
    Jane 50, 81-114
    John 40, 63-116
    Lewis 30, 59-97
    Presley 66, 66-274

BRADEN, Ryly 23, 58-93
BRADFORD, B. 84, 141-227
    James 46, 138-95
    Loulla 8, 1-28
    N. 23, 137-34
    Nath 40, 137-32
    Morris 32, 89-511
    Robert 4, 91-603
BRADLY, James 18, 36-55
    Nancie 63, 38-93
BRADON, E. E. 28, 90-529
BRADSHAW, Anna 14, 107-601
    Clarence 75, 66-253
    Dock 16, 107-601
    Geo. W. 54, 106-564
    Hardeman 56, 54-58
    Ike 21, 87-430
    Isack 32, 85-291
    Isam 22, 101-304
    James 41, 64-149
    Jefferson 10, 107-601
    Jno. 25, 87-436
    John W. 37, 64-150
    Lethy A. 38, 102-363
    Lizzy G. 16, 102-368
    Lolla 44, 107-601
    Lou 30, 83-225
BRADY, John 50, 7-380
    Mike 22, 110-18
    R. M. 20, 6-273
BRAGG, J. T. 31, 53-23
    Laura 26, 108-20
    Susie 23, 108-43
BRAMLET, Mary 12, 100-277
    Richard 13, 100-277
BRANCH, D. A. 60, 49-10
    J. A. W. 30, 49-6
    John 36, 65-226
    Mary P. 47, 81-128
    R. E. J. 38, 50-20
    Rachael 70, 98-160
    W. T. M. 23, 50-17
BRANDON, David C. 7, 91-615
    Jas. M. 44, 91-615
    Jenny L. 18, 91-615
    Mary T. 11, 91-615
    S. A. 38, 91-615
BRANNON, Betty 47, 58-58
    Dick 18, 18-57
BRASHER, Mary 1, 13-10
BRATCHER, George 48, 54-56
    J. K. 23, 126-40
    Jno. 24, 121-13
    William 56, 129-162
BRATTON, S. H. 43, 115-87
BRAUCH, William 68, 64-140
BRAUGHLER, Clander 24, 99-199
BRAY, Julies C. 61, 92-662
BRAZER, W. O. 29, 39-26
BRAZIER, Rich 54, 43-205
    Richard 50, 41-86
    Susan E. 48, 103-384
    W. E. 39, 32-172
    Wash 61, 40-61
BRESSELL, H. 3, 121-8
    Sallie 9/12, 121-8
BREWER, Frances 29, 118-223
BRIANT, A. S. 18, 52-14
    R. G. 21, 52-14
    Tom 24, 107-9
BRIDGES, Betty 22, 102-332
    Calvin 22, 54-48
    Tarricie 54, 54-49
    Mrs. 68, 54-47
BRIDGET, Pallee 52, 91-606
BRIDGFORTT, Sam 43, 108-25
BRIENT, Gorge 8, 11-183
BRIGGS, Andrew 52, 127-54
    George W. 25, 1-33
    James 33, 58-80
    John C. 44, 127-55
    William 23, 61-186
BRIGHT, Lee 5, 22-6
    Sallie 30, 22-6
    Will 3, 22-6
BRIM, James 60, 134-13
BRINKLEY, Jerre 51, 68-55
BRINKLY, John 27, 71-212

BRINN, Barkley 27, 135-19
BRIOM, Clayborn 25, 108-58
BRISBY, Mark 18, 58-51
    William 66, 61-187
BRISCO, Andy 18, 123-26
    Wis 62, 122-14
BRISCOE, N. F. 22, 130-200
BRISHY, Mat 20, 58-36
BRISTOW, Panliom 18, 84-243
BROKER, Lucinda 22, 79-56
BROMLEY, Barton 60, 134-12
BROOK, John 34, 15-106
    Robert 29, 18-227
BROOKS, Abner 72, 4-181
    Ada 3, 26-181
    Cy 48, 24-88
    E. A. 44, 121-10
    Eliza 68, 1-42
    Harriet 66, 1-42
    J. C. 36, 137-68
    J. S. 47, 121-11
    Jas. H. 44, 139-147
    Jim 6, 26-181
    Jo 10, 26-181
    John 25, 144-9
    John 25, 28-300
    John 11, 79-50
    L. J. 54, 141-218
    Lelion 6, 79-50
    Lizza 33, 79-50
    M. A. 25, 89-507
    Malissa 65, 90-568
    Moses 23, 4-159
    N. B. 29, 137-45
    Nelson 44, 3-137
    Polly 18, 16-140
    Samuel 71, 18-255
    Saml. 33, 74-83
    Sednic 38, 55-122
    Tamy 60, 144-10
    Thomas 10, 11-198
    Tom 8, 26-181
    W. P. 55, 140-193
    William 25, 144-30
    William M. 33, 18-218
    Willie 23, 139-135
BROOM, Bill 15, 2-86
    Hen 22, 26-177
BROOME, Lule 8, 134-14
BROWER, Lily 16, 83-237
BROWN, Dr. A. H. 64, 85-268
    Al 40, 117-185
    Albert 30, 116-109
    Albert 27, 112-146
    Alex 57, 76-149
    Alford 37, 31-106
    Alfred 36, 99-202
    Alice 22, 26-208
    Allice 32, 82-186
    Ama 40, 79-49
    Americus 35, 99-203
    Andy 40, 111-81
    Anna 28, 96-76
    Archie F. 30, 103-380
    B. John 32, 122-19
    Becca 30, 133-5
    Ben 40, 83-233
    Ben 30, 62-57
    Benjamin 40, 106-524
    Benjamin 39, 101-309
    Benjamin 64, 15-95
    Benj. 39, 112-125
    C. W. 22, 85-277
    Campbell 39, 24-119
    Catherine 40, 84-249
    Chafus? 26, 17-191
    Charles 33, 109-75
    Charles 50, 15-77
    Chas. 21, 124-27
    Charley 30, 78-7
    Charlotte 10, 131-219
    D. C. 70, 111-78
    D. M. 29, 128-94
    Daniel 75, 13-274
    Dock 45, 78-6
    Dona 26, 61-25
    Dora 6, 60-169
    Ebbie 3/12, 20-320

157

BROWN, Edgar 22, 107-575
　Elem 23, 11-187
　Elias 25, 111-80
　Ella 3, 100-263
　Elvira 48, 134-10
　Emeline 30, 15-91
　Emory 24, 146-128
　Ephriam 6, 111-75
　Fanny 3, 58-41
　Felix 21, 19-283
　Felix 30, 16-146
　Felix 22, 145-61
　Frank 25, 110-31
　Frank 45, 99-206
　G. B. 43, 74-58
　G. B. 58, 2-93
　George 52, 79-49
　George 2, 107-10
　George 45, 101-311
　George 33, 15-95
　Geo. A. 50, 61-16
　George W. 45, 98-184
　Georgia 3, 96-76
　Gilbert 47, 108-32
　Hamminn 12, 82-185
　Hardy 60, 24-106
　Harkless 32, 77-228
　Harriet 71, 37-132
　Harrisse 21, 80-79
　Harry 5, 96-76
　Henry 22, 96-90
　Henry 37, 88-472
　Henry 63, 17-190
　Henry 27, 4-184
　Horace 50, 13-19
　Huston 28, 35-305
　Isaac 59, 101-299
　J. C. 48, 71-192
　J. H. 25, 70-169
　J. W. 69, 37-65
　Jake 55, 24-111
　James 43, 64-177
　James 7, 58-41
　James 50, 13-23
　Jane 60, 4-160
　Jane 15, 121-9
　Jeff 56, 108-57
　Jennie 6, 111-100
　Jesse 50, 149-285
　Jessie 4, 100-286
　Jessy 65, 51-21
　Jim 27, 58-69
　Jim 35, 24-125
　Jim 24, 57-222
　Jimmie 2, 21-35
　Joe C. 65, 25-130
　John 54, 100-256
　John 70, 82-146
　John 22, 36-49
　John 40, 133-4
　John H. 48, 17-187
　John James 38, 110-32
　Johnny 6/12, 58-41
　Jos. 70, 85-284
　Joseph 24, 105-498
　Joseph P. 36, 76-152
　Julis 40, 85-283
　Lee 14, 75-126
　Leomia 17, 16-148
　Lettie 50, 19-278
　Lillie 3/12, 26-208
　Lot 23, 67-285
　Lot 23, 67-288
　Lou 11, 36-48
　Lou 25, 8-1
　Louisa 65, 100-271
　Louisa 30, 17-184
　Lucinda 72, 105-473
　Lucinda 25, 128-112
　Luginie 9, 33-208
　Lula 14, 83-237
　M. V. 29, 52-53
　Mara 68, 88-473
　Martha 63, 72-149
　Martha 45, 38-97
　Mary 13, 88-470
　Mary 20, 21-35
　Mary 21, 33-208

BROWN, Mary 5, 113-207
　Mary 46, 112-149
　Mary A. 12, 136-23
　Mary A. 42, 103-416
　Mary Ann 84, 72-132
　Mary B. 22, 58-41
　Mary Unbell 2, 19-278
　Mima 65, 101-310
　Mira 19, 16-148
　Mist 12, 36-50
　Mitch 63, 24-107
　Nancy 35, 138-87
　Nathaniel 53, 129-142
　Nelson 58, 110-58
　Nora 6, 20-320
　Parallee 24, 129-145
　Phillis 30, 89-502
　Pinckney 35, 131-230
　Plumer 21, 110-47
　Plummer 21, 105-513
　Queeny 35, 103-382
　R. 18, 27-254
　Rachel 51, 111-79
　Renza? 50, 11-164
　Richard 52, 111-82
　Richard 35, 72-125
　Robert 60, 37-133
　Robert 33, 66-253
　S. C. 47, 51-37
　Sam T. 44, 112-122
　Samuel 74, 103-383
　Sarah 52, 128-100
　Sarah S. 38, 18-249
　Shely 21, 37-134
　Siar 22, 20-320
　Simon 50, 113-210
　Simpson 61, 36-51
　Solomon 38, 99-207
　Solomon 24, 101-300
　Stantin 60, 52-52
　Steven 4, 21-164
　Susan 46, 30-45
　Susan G. 67, 74-57
　Tennessee 23, 66-253
　Tony 60, 99-198
　Tony 53, 35-314
　Tray 21, 148-214
　V. D. 63, 137-47
　Vance 25, 109-11
　W. 36, 39-213
　Walter 20, 16-153
　Wan? 30, 24-118
　Wash 50, 35-300
　Wiley 50, 127-34
　William 50, 99-201
　William 18, 66-253
　William 25, 37-124
　William 4, 20-320
　William 28, 1-21
　William 12, 15-91
　William 45, 112-124
　William 40, 142-56
　Wm. H. 30, 21-28
　Dr. Wm. H. 51, 84-256
　Wm. R. 47, 27-227
　Wm. R. 19, 24-100
　William R. 46, 46-114
　Willie 10, 111-75
　Winfield 21, 146-126
BROWNING, Annie 18, 54-108
BRUCE, Easter 46, 74-69
　Wm. 47, 24-174
BRUMBACK, Harvey 46, 67-299
BRUNCE, P. 50, 91-598
BRUNSON, J. R. 45, 71-204
BRYAN, William 42, 146-109
BRYANT, A. D. 55, 50-3
　Abner 28, 65-198
　Albert 30, 56-204
　Angeline 60, 53-17
　Anna L. 6, 58-45
　Calven 30, 104-435
　David 31, 70-123
　Doe 26, 64-148
　Ed 22, 71-217
　Edny 30, 61-26
　Ellis 10, 53-17
　Evelena 23, 60-144

BRYANT, Fannie 12, 69-103
　Hannah 43, 43-177
　Ida 15, 83-237
　J. J. 65, 51-3
　Jef 17, 53-17
　John 18, 148-214
　John 20, 4-160
　John S. C. 4, 58-45
　Lucious 42, 61-182
　Major 30, 70-116
　Mariah 62, 99-230
　Mary 35, 42-113
　Mary 25, 84-243
　Morgan 4, 57-218
　Nathan 40, 42-108
　Norwood 50, 41-80
　Rolin 33, 55-117
　Sallie 25, 57-218
　Thomas 29, 72-223
　Thomas 39, 60-178
　Tom 28, 52-30
　Walter 2, 64-140
　　　34, 79-35
BRYLAN, Henry 30, 69-73
BRYSON, Ann 60, 115-96
　Cinthia 13, 72-152
　Hugh 73, 63-92
　Joe 30, 72-138
　Louisa 25, 76-193
　Malinda 50, 115-79
　Nathan 53, 114-21
　William 26, 132-265
　Willie 8, 115-96
BUCHER, John S. 52, 95-66
BUCK, Chalres 40, 146-149
　Henry 25, 12-222
　Low 30, 64-139
BUCKANAN, Wm. 25, 82-144
BUCKANNON, Fannie 24, 54-72
　Prior 34, 113-169
BUCKET, J. W. 43, 52-14
BUCKNER, Andy 35, 113-194
　E. D. 40, 120-7
　Rilla 6, 139-142
BUFORD, All 7, 91-616
　C. L. 34, 38-174
　Clara 46, 64-135
　Fam 26, 131-225
　Hony 30, 21-64
　Lewis 30, 21-64
　Lufus 24, 146-147
　Minnie 6, 21-64
　Oscar 23, 131-226
　Robert 4, 21-64
　Sarah 26, 91-616
　Sarah 6, 91-616
　Thos. 70, 34-267
　Tom 28, 131-227
　William 11, 132-267
BUGERE?, J. N. 56, 37-72
BUGG, Henderson 61, 66-245
　J. R. 39, 86-308
　Neeley 30, 128-99
　Nettie 70, 113-203
　Sallie 41, 113-196
BULARD, Eugene 10, 92-645
　Georg A. 38, 92-646
　James 39, 143-69
BULLARD, Jas. 53, 82-182
BULLOCK, Catherine 38, 95-61
　Leonidas J. 43, 95-63
　Marton 73, 135-17
　Newton 21, 145-57
　Rufus 50, 134-10
BULOCK, Dele 47, 142-34
　Jim 26, 143-109
BUMPAS, Lenart 22, 80-59
BUMPASS, Enoch 52, 147-195
BUMPGARDNER, Lard? 38, 49-19
BUMPIS, Harriet 18, 89-508
　Lenora 22, 89-508
BUOY, John W. 21, 131-243
BUNCH, Cy 20, 28-312
　E. 5, 22-38
　Eliza 65, 28-270
　Frank 39, 100-262
　G. B. 49, 24-124
　Isaac 42, 74-82

BUNCH, J. W. 45, 28-280
   Jerry 29, 33-235
   Joe 83, 23-82
   John 51, 24-109
   M. 54, 68-44
   Solomon H. 49, 105-480
BURCH, A. B. 43, 84-249
   Henry 45, 39-189
BURELSON, Jack 35, 25-149
BURES, Jim 68, 55-114
BURGESS, Harry 70, 112-115
   Martha 24, 110-55
BURGUS, Carry 30, 82-189
BURK, Frank 64, 54-93
BURKE, Alice 40, 119-264
BURKEEN, Frank 21, 41-104
BURKET, S. H. 45, 70-162
BURKINE, F. A. 24, 42-123
BURKS, Nat 35, 57-239
   Nathaniel 74, 56-175
   William 26, 116-129
BURNES, J. P. 38, 121-12
   Sephen 52, 11-198
BURNET, Henry 14, 25-141
   John? 20, 12-210
BURNETT, E.? C. 45, 86-315
   Fanna 45, 86-330
BURNEY, Thomas P. 49, 45-78
BURNS, Steve 50, 26-181
   William 15, 1-8
BURRELL, Betsie 50, 55-115
BURROW, Dan 3, 76-162
   Dr. J. A. 41, 1-29
BURTON, Mary 32, 86-314
   W. H. 24, 31-110
BUSBY, Leroy 26, 54-61
BUSKUM, D. M. 49, 139-131
BUSS, Ike 38, 143-1
BUTCHER, James 37, 70-149
BUTLER, Alice 19, 24-113
   George 35, 102-367
   Jos. 52, 86-317
   Lawson 50, 107-577
   Louis 48, 65-216
   R. S. 58, 87-416
   Robt. E. 11, 33-197
   Tom 50, 25-143
   Tom 19, 24-113
   Virginia M. 3, 33-197
   W. E. 12, 33-197
   W. R. 50, 39-208
BUTTLER, S. H. 60, 31-115
BUTTS, Diana 74, 29-2
   M. N. 37, 35-303
BUYNUM, Mary S. 23, 17-177
BYERS, Thomas 6, 16-139
   Walter 8, 16-139
   William 13, 16-139
BYFORD, John R. 8, 117-188
   Oma 20, 117-188
BYNUM, Andrew J. 65, 99-231
   Jack 43, 125-35
BYRD, William 27, 7-371
BYRES, John 6, 33-231
CABLER, John M. 51, 89-517
CAGGETT, Sandie 30, 134-14
CAIN, Albert 36, 14-57
CALDWELL, A. 30, 25-141
   Andrew 3, 114-10
   Bery 67, 33-224
   Cal 27, 24-86
   Carter 18, 14-40
   Charly 23, 25-167
   David A. 54, 7-349
   Elvira 14, 70-118
   Fannie 65, 33-228
   Frank 55, 33-227
   Harrison 21, 131-261
   Isom 26, 28-301
   J. P. 32, 33-225
   James 19, 14-40
   Jane 60, 129-129
   Jerry 50, 88-480
   John 10, 70-118
   John 69, 37-106
   John W. 44, 29-37
   Lewis 30, 37-64
   Maria 25, 114-10

CALDWELL, Ned 55, 31-127
   Sarah 3/12, 114-10
   Sarah 45, 123-24
   W. A. 40, 33-226
   W. J. 42, 92-654
CALLAHAN, Columbus 23, 65-213
   James E. 35, 63-82
   John 21, 138-74
   Mary 45, 65-206
CALLAWAY, Anderson 49, 17-197
   R. A. 30, 23-53
CALVERT, Lewis 31, 59-124
   Mary 51, 87-402
   Robt. W. 36, 116-139
   Thos. H. 38, 86-381
CALY, John 29, 142-60
CAMBELL, Bentley 16, 109-89
   Milton 16, 136-21
   Sallie 28, 43-204
   Sally 57, 43-204
CAMBLE, Amanda 40, 4-180
   Ella 13, 3-111
   Elonzo 24, 6-300
   Joe 23, 1-15
CAMERON, W. D. 32, 93-683
CAMJAN?, Calvin 65, 41-81
CAMMULE, Earnest 36, 38-140
CAMP, Jerry 50, 110-57
   Sarah 40, 12-221
CAMPBELL, A. J. 26, 21-26
   Alfred 60, 70-165
   Allen 38, 71-185
   Anna 13, 26-203
   Anthony 45, 103-415
   Arch 16, 68-44
   B. 19, 20-15
   Bem? 45, 21-29
   Ben 24, 24-115
   Bruce 26, 119-1
   Carline 50, 82-169
   Carter 27, 28-287
   Colie 46, 39-204
   Cora 3, 28-271
   D. 31, 79-41
   David 14, 103-375
   Dena 22, 24-115
   Dock 40, 86-312
   Ed 27, 21-50
   Elizabeth 15, 79-29
   Emma 16, 93-696
   F. G. 34, 39-208
   Frank 45, 11-183
   Frank 21, 11-184
   George 47, 9-71
   Henry 25, 97-137
   J. A. 63, 27-219
   James 16, 26-175
   James B. 39, 96-91
   Jew? 74, 24-104
   Joe 52, 28-286
   Joe W. 60, 24-117
   Jno. 21, 28-271
   John 35, 39-196
   John 64, 97-149
   Jos. P. 31, 86-375
   L. 26, 23-66
   Lizza 21, 81-124
   Lucinda 49, 101-318
   Mary 22, 28-271
   Mary 45, 103-379
   Mary F. 4, 18-255
   Monroe 44, 28-269
   Newt 55, 28-288
   Percy 2, 24-115
   R. 50, 24-114
   Rebecca 31, 28-271
   Richard 56, 66-248
   Robert 27, 9-81
   Robert 25, 111-96
   S. W. 32, 28-262
   Sam 28, 23-65
   Sarah 55, 41-96
   Sarah J. 28, 41-96
   Sam 16, 13-1
   Tennessee 40, 9-67
   Thomas 24, 146-104
   Web 42, 28-265
   Wes 21, 23-54

CAMPBELL, William 80, 12-244
   William 27, 79-29
   William 22, 46-108
   Willie 8, 103-379
CANADY, Ann 30, 85-290
   Easter 49, 85-289
CANE, Arttra? 50, 85-299
   Elizabeth 65, 83-199
   Malinda 36, 85-300
CANEDY, Matilda 30, 87-400
CANNELLY, John B. 55, 97-144
   Mary 50, 97-144
CANNON, Adline 23, 56-209
   Geley 36, 82-162
   George 36, 54-54
   Jackson 7, 130-187
   John 63, 42-108
   M. N. 60, 40-62
   Mina 48, 42-108
   Nancy 11, 86-383
   Ollie 6, 42-108
   Sarah 23, 40-65
   Sharlit 40, 57-241
   Susan 13, 104-435
   Zach 30, 130-187
   Zach 37, 116-112
CANON, Harry 53, 80-83
CANTREL, York 33, 30-58
CANTRELL, C. B. 51, 84-246
CAPERTON, Emma 24, 21-55
   M. 55, 22-29
   Mollie 21, 21-29
   Sammie 23, 21-29
CARETHER, Josey 12, 80-80
   Sallie 47, 80-80
CARETHERS, Catha 33, 94-712
   George 33, 111-104
   Marlin 52, 82-158
CARLEY, John 23, 21-48
CARMACK, G. W. 21, 83-224
   Kate 45, 79-52
   Sallie 21, 81-114
   Sam 23, 81-114
CARMON, Dave 53, 55-121
CARMON, William 47, 57-231
CARPENTER, John 52, 104-444
   Jos. E. R. 38, 91-612
   T. B. 48, 43-158
CARR, George 16, 31-103
   Moses 18, 31-103
   N. F. 60, 33-203
   Robert 28, 144-6
   Sandy 48, 33-205
CARRAGAN, Maria 43, 134-9
*CARRIGAN, Patsy 60, 18-211
CARROL, R. L. 20, 117-115
CARROLL, John 20, 123-25
   Winnie 20, 123-25
CARSON, James 17, 45-68
CARTER, B. D. 32, 23-64
   Benjamin 53, 62-64
   John 25, 7-379
   Julia 10, 88-476
   Peter 60, 40-40
   Polly 40, 50-26
   Rebeca 75, 82-179
   William 13, 18-234
CARTHEL, Mrs. M. M. 48, 127-25
CARUTHER, Tucker, 99-230
CARUTHERS, Alice 25, 72-135
   Calvin C. 52, 99-225
   Ed 5, 72-135
   Edmund 37, 131-257
   Eli 52, 110-25
   Eli 49, 97-121
   Elizabeth 65, 96-76
   Isora E. 5, 15-90
   Jenney 65, 103-390
   Lee 47, 99-222
   Mary 21, 104-452
   Philip 66, 131-258
   Robert 40, 15-90
   Robert S. 8, 15-90
   Sallie 36, 100-248
   Saml. 25, 18-223
   Sarah H. 26, 15-90
   Thomas 26, 104-452
   Thomas 1, 104-452
*CARRIGAN, Patsy 65, 4-193

CARUTHERS, Walter S. 2, 15-90
   William 25, 18-215
   William 14, 144-17
   William J. T. 10, 15-90
CASE, Eoline 5, 138-72
   Rosa 7, 138-72
   Virgie 9, 138-72
CASKEY, William 47, 57-224
CASKIE, Jane 62, 20-14
CASON, John D. 34, 78-266
CASS, Games 24, 144-42
CATENNA, Peter 48, 96-88
CATES, Green W. 54, 104-454
   James M. 32, 138-92
   Lydia 60, 21-39
   Sam 20, 124-27
   Soloman 55, 121-14
   W. G. 46, 137-44
   W. H. 32, 137-60
CATHA, Lucy 26, 88-455
   Susan 70, 89-524
CATHER, Tobe 26, 24-115
CATHEY, A. B. 53, 140-189
   Burrell 56, 142-267
   G. R. 39, 142-43
   George 58, 44-27
   Geo. 54, 139-140
   Henry 52, 47-147
   James 65, 143-105
   Nathan 34, 141-246
   Sam 20, 143-93
   Sam H. 37, 141-223
   Sarah 23, 142-54
   Sife? 30, 143-71
   Silas 2, 140-203
   W. H. 25, 143-68
   Wm. 42, 142-38
CATHY, George 27, 143-64
   George 24, 142-5
   James 36, 36-45
   M. L. 24, 142-13
   Milt 24, 142-9
   Nancy 85, 65-239
CAUGHRAN, Louwela 63, 3-150
CAUGHRON, Ed 27, 2-68
   Henry A. 26, 17-182
   John W. 49, 17-183
   William 18, 19-265
CAVENDER, Ella 12, 141-250
   Julia 40, 70-140
   S. C. 44, 122-18
   Thos. J. 53, 63-117
   Whig 7, 141-250
   William 14, 70-140
CAVIN, Zilpha 82, 38-149
CAWLEY, Jacob 8, 148-214
   Mary 8/12, 148-214
   Sarah 28, 148-214
   William 10, 148-214
CAYCE, G. H. 32, 67-3
   G. M. 60, 67-4
   Joseph 20, 104-462
   Thomas 27, 104-463
CECIL, Albert 51, 115-90
   Albert 23, 137-39
   Bird 5, 77-223
   Caroline 4, 130-24
   Doc 3, 77-223
   Ed 27, 128-110
   Emeline 41, 75-109
   Emily 60?, 128-113
   Gordon L. 33, 106-525
   Henry 53, 133-8
   Izora 18, 138-79
   J. H. 67, 128-72
   James 29, 78-256
   Joe 40, 136-11
   Joe 49, 118-213
   John W. 32, 128-113
   Julia 6, 77-223
   Loyd 47, 132-292
   Luzellie 30, 132-282
   M. M. 33, 131-247
   Maggie 26, 127-63
   Nellie 12, 131-232
   Parlie 20, 116-101
   Rufe 23, 138-77
   Samuel S. 29, 105-507

CECIL, Venia 14, 131-232
   W. M. H. 25, 129-143
   West 20, 130-183
   Willis 28, 129-138
CECIS, Ann 24, 70-157
   Elbert 1, 70-157
CERK, Alonzo 3, 117-168
CEVA?, Joseph 41, 137-67
CEVINS, Ran 35, 41-82
CEZAR, George 40, 113-2
CHAFFENK, James R. 41, 98-196
CHAFFIN, Abram 22, 97-143
   G. T. 53, 87-422
   H. G. 61, 69-112
   J. W. 24, 69-111
   Robert 60, 104-424
   Thompson? 55, 104-437
   W. T. 28, 83-205
   Zero 57, 110-21
CHAFFUS, J. W. 26, 69-95
CHAFIN, David 70, 133-8
   G. 10, 22-38
   Sol 29, 83-223
   Susan 46, 66-253
   William 27, 64-175
   Wm. B. 64, 87-421
CHAIRS, Nancie 65, 38-157
CHALK, L. A. 35, 141-241
CHAMBERLAIN, Benjamin 41, 144-3
   J. L. 50, 136-20
CHAMBERS, Joseph 55, 133-7
   Willie 22, 143-99
CHANDLER, Ann 38, 22-8
   Berthie 2, 27-229
   Ella 18, 22-8
   Elmira 2, 22-8
   Emily 6, 22-8
   Hattie 11, 22-8
   James 56, 27-229
   Jimmie 3/12, 27-229
   Jno. 30, 22-8
   Jno. 68, 27-245
   Nannie 4, 27-229
   Narcissus 37, 29-16
   Oscar 8, 27-229
   Peter 50, 28-282
   Rebecca 70, 15-118
   Sam 13, 33-215
   Sydney 7, 22-8
CHANEY, Jeff 42, 6-276
   Jefferson 42, 148-246
CHANLER, Jo 33, 66-253
CHAPBELL, Harris 24, 10-144
   Pertis? 55, 11-165
   Wilis 21, 10-128
CHAPEL, Amos 45, 143-74
   Dave 65, 143-76
   F. 45, 25-129
CHAPIN, Albert 55, 82-183
CHAPMAN, B. C. 62, 87-429
   D. 20, 29-314
   J. H. 40, 123-21
   Jas. 50, 123-25
   Magie 23, 62-55
   Milt 25, 26-173
   W. C. 38, 121-13
CHAPPEL, Lum 24, 26-199
   Sandie 46, 134-10
   Willis 23, 4-196
CHAPPELL, Dickey W. 33, 102-347
   Edmond 70, 26-204
   John 30, 26-198
   Lamar 75, 16-148
CHARLTON, Thomas D. 20, 97-147
CHARTER, Elijah 53, 127-61
   James 10, 147-187
   Maggie 12, 147-187
   Silla 24, 124-27
CHATMAN, Anna 33, 61-199
   J. W. 32, 48-18
   Sam 50, 5-248
CHATUM, Lew 14, 54-99
CHAVERS, E. 47, 125-36
   N. J. 28, 125-36
CHEAINS, Cuff 50, 24-85
   E. 13, 22-7
   Jennie 25, 21-27
   Jim 5, 24-115

CHEAINS, Jno. W. 26, 21-54
   Laura 9, 21-26
   M. 22, 20-15
   M. A. 60, 24-88
   M. T. 76, 21-28
   Mary 22, 21-45
   Mary 8, 21-28
   Parker 53, 24-91
   Rob 45, 23-59
   Vina 50, 23-57
   W. M. 30, 22-9
   Wash 50, 22-22
   White J. 17, 22-8
CHEAIRE, Grissie 45, 8-12
CHEAIRS, Hattie 30, 25-144
   N. B. 32, 20-23
CHEATHAM, Adaline 22, 63-130
   Alfred 24, 67-285
   Dave 50, 61-202
   Frank 27, 60-157
   Henry 30, 31-136
   James 11, 64-157
   Ned 45, 7-331
   Queen 7, 75-125
   Thomas 72, 58-50
   Washington 27, 66-246
CHEATON, Anderson 35, 91-600
CHEATUM, Angeline 30, 57-235
   George 28, 56-207
   Harrie 16, 55-152
   Henry 62, 55-164
   Jane 50, 56-205
   William 43, 54-79
CHEAVINS, N. F. 61, 22-8
CHEEK, A. P. 50, 42-125
   Elizabeth 60, 40-46
   H. L. 21, 49-4
   J. J. 56, 40-45
   Jas. A. 67, 43-209
   Jessee 47, 47-163
   N. P. 23, 49-1
   R. L. 37, 49-7
   Ralph 38, 52-31
   Stephen 27, 36-13
CHENAULT, F. R. 35, 125-38
   J. W. 32, 122-17
   L. H. 46, 123-23
   S. A. 28, 123-26
CHENNAULT, J. T. 65, 128-77
CHERRY, Jacob 24, 103-380
   Jane 24, 103-380
   Mary 76, 80-72
   Mary J. 22, 132-286
   Thomas 40, 80-72
   William 43, 79-47
   Wm. C. 46, 87-415
CHESTERFIELD, Mike 11, 54-77
CHETOM?, Elisabeth 36, 10-106
CHIFFIN, Nelson 25, 13-275
CHILDRES, J. B. 38, 82-144
   William 30, 66-241
CHILDRESS, A. 27, 38-170
   Angie 18, 66-275
   Eliza 31, 44-24
   George 30, 83-231
   James 49, 44-30
   John 78, 54-74
   John 7, 37-118
   Mary 17, 110-53
   N. T. 46, 137-30
   R. B. 46, 42-107
   Rufus 28, 4-158
   Sam 10, 39-24
   Thos. B. 61, 107-594
   Walker 45, 55-150
   Watson 54, 56-167
CHISHOLM, Wm. 50, 24-121
CHISSOM, Ben 33, 91-606
CHOAT, J. P. 34, 134-14
   Newton 36, 134-13
CHOATE, Almeda 6, 73-32
   Fruman 24, 148-263
   Nicy 50, 148-262
CHOFIN, Bob 17, 53-4
CHRISTLY, Fred 59, 45-66
CHRISTMAN, Nathan 27, 46-138
CHRISTOPHER, Towns 70, 120-6
CHRISWELL, W. T. 45, 86-331

CHUMBLEY, R. 35, 124-27
    Rixy 6, 124-27
CHUMBLY, Thomas 15, 36-24
CHUMLEY, John 33, 120-6
    Pete 22, 122-17
    R. F. 60, 122-15
CHUMNER, James N. 36, 45-92
CHUNN, David 22, 45-85
    Eliza 28, 43-6
    John 55, 45-84
CHURCH, A. Brown 33, 6-313
    Babe 21, 5-261
    Burr 36, 4-172
    Caroline 35, 83-237
    Columbus 54, 18-224
    Davy J. 45, 6-310
    Ed F. 60, 2-53
    Henderson 25, 41-91
    Hens 21, 42-154
    J. Maston 29, 3-151
    Janey 1, 83-237
    John M. 47, 6-295
    Lasy J. 60, 6-319
    Lillie 8, 96-85
    Maggie 13, 96-85
    Mary 3, 96-86
    Maude 9, 1-31
    Orsban 30-83-237
    R. C. 33, 1-7
    T. L. F. C. 21, 6-309
    Thomas 30, 146-107
    Thomas 5, 96-85
    Thomas W. 62, 6-303
    W. Jay 43, 6-311
    Wesley 54, 31-105
    William 22, 149-277
    Willie 6, 96-85
CHUTTORN, Sam 86, 53-64
CLABORNE, Doctor 24, 133-2
CLAGET, Annie 20, 136-21
    Charlie 23, 134-12
    John 54, 101-302
    Pollie 9/12, 136-21
CLAGETT, Bet 25, 83-225
CLAGGETT, David 29, 144-13
CLAIBORNE, John 50, 135-15
CLANTON, G. W. 32, 124-30
CLARDY, Robt. 16, 67-1
CLARK, F. 20, 48-16
    Fromer? jr. 36, 37-110
    Henry 25, 57-242
    Jas. 37, 123-26
    John M. 53, 58-83
    Lewis 22, 98-159
    R. C. 34, 37-108
    Richard C. 28, 58-90
    Robbert 20, 61-198
    Robt. 31, 71-201
    Sandy 35, 57-6
    Sandy 30, 92-655
    Thomas 68, 37-107
    Wesley 30, 45-79
    William 37, 58-41
    William 40, 113-172
    William A. 51, 44-15
CLARY, Alla B. 77, 64-137
CLATON, Laura 22, 79-31
CLAY, Andy 50, 60-146
    Cyndy 28, 57-7
    J. A. 54, 140-201
    Melvill 21, 55-157
CLAYET, Ada 80, 80-66
CLAYTON, Bob 25, 25-145
CLEARY, Michael 45, 124-30
CLEAVLON, Cassa 3, 83-196
    Ella 6, 83-196
    Judia 20, 83-196
CLEEK, Shade W. 30, 58-57
CLEGET, John 33, 32-176
CLEGGET, Andrew 19, 80-63
    Emma 22, 89-533
    Ida 11, 80-63
    Jane 46, 80-63
    Lou 7, 80-63
CLEGGETT, Calvin 26, 88-462
CLEMENS, Peter 65, 5-222
CLEMENT, Peter 65, 10-126
    William 20, 134-13

CLEMSON, A. J. 35, 69-96
CLEVENGER, George 14, 64-159
CLIFTON, J. M. 34, 70-141
CLIMER, James 30, 7-351
CLINE, John T. 47, 57-4
CLINTON, Elizabeth 50, 41-104
    James 21, 41-104
    John 61, 41-104
    Manem 18, 41-104
    Martha 47, 41-98
    T. J. 22, 48-36
CLOPTON, Carrie 16, 103-388
    Drake 9, 103-388
    Ellen 11, 103-388
    James B. 20, 103-388
    John S. 6, 103-388
    Mary 42, 103-388
    Susie 14, 103-388
CLYMER, S. 59, 48-16
CLYMOR, Joel 54, 48-10
COAL, Enora 2, 11-196
    Lucie 26, 11-196
COATNEY, Sallie 16, 87-401
COCHRAN, Ann 23, 62-52
    Blanton 4, 62-52
    Bruce 2, 83-225
    Clarah 4, 82-185
    Eda 50, 82-186
    Genie 1/12, 82-185
    Gusta 1, 62-52
    H. B. 33, 83-225
    James 7, 62-52
    James T. L. 51, 98-163
    Lizza J. 8/12, 83-225
    Mariah J. 24, 83-225
    William 69, 66-280
    William 27, 66-281
COCHROM, James A. 40, 61-193
COCKE, Celia 17, 83-237
COCKREL, H. 35, 52-28
    S. A. M. 46, 50-30
    S. J. 18, 52-13
COCKRELL, William 26, 103-405
COCKRIL, E. 24, 82-185
COCKRILL, M. M. 42, 77-235
    Newton 47, 77-239
COCKRUM, Harry 51, 136-23
COFER, Cornelia 21, 113-180
    J. W. 40, 69-87
    Phillip 36, 118-229
COFEY, John A. 47, 58-66
COFFEE, Ann 53, 57-58
    Benjamin 21, 62-41
    Caletee 1, 84-262
    Calvin 74, 117-167
    George 16, 57-22
    George 21, 65-217
    Henry 24, 54-92
    Irene 29, 119-256
    Jo M. 36, 65-239
    Margaret A. 15, 116-139
    Mary L. 19, 116-139
    McCoy 32, 2-86
    Miser T. 27, 19-265
    Nancy J. 22, 116-139
    Richard 39, 43-179
    Samuel 79, 57-21
    Samuel M. 36, 67-25
    V. C. 5, 84-262
    William G. 82, 64-152
    William H. 22, 57-24
COFFER, Anthony 55, 73-43
    Anthony 24, 75-116
    Bird 64, 77-223
    Cynthia 13, 76-198
    Epps 20, 78-249
    Frank 25, 73-44
    Ike 22, 57-245
    Ike 24, 55-142
COFFEY, Allen 25, 71-215
    Jane 52, 77-201
    Nancy 39, 99-229
    Stephen 28, 72-170
    William 25, 10-103
COFFY, Lum 36, 60-148
COGGIN, Coroyody 48, 100-290
    Mit 25, 61-19
COGGINS, Booker 24, 55-123

COGGINS, J. H. 13, 39-28
COHEN, Michal 32, 82-153
    Signal 27, 91-618
COLBERT, Jefferson 55, 58-85
    John 26, 77-226
    Mary 15, 122-17
    Serena 25, 122-17
COLBURN, T. J. 48, 83-218
COLDWELL, Carline 40, 12-225
    Janie 25, 97-146
    Jos. C. 26, 61-27
COLE, E. J. 21, 39-197
    Malvina 47, 39-197
    Thomas 18, 39-197
    Wat 50, 96-101
COLEBURN, Esther 80, 73-11
    J. W. 24, 123-24
    Rachel 50, 118-237
    T. L. 36, 123-24
COLEMA, Henry 19, 114-41
COLEMAN, Berry 28, 27-251
    Eliza 30, 135-17
    H. 23, 29-316
    Luke 33, 68-19
    Thomas 36, 2-97
    Tisha 71, 27-224
COLENSIM, E. S. 20, 123-23
    M. E. 25, 123-23
COLGET, Marthay 54, 107-14
COLINS, Columbus 13, 3-138
COLLIER, Albert 64, 56-173
    B. H. 12, 147-208
    Dink 27, 55-128
    Eliza 14, 147-208
    H. L. 39, 127-30
    Ingram 9, 147-208
    John A. 30, 31-111
    Lycurgus 19, 147-208
    Washington 25, 109-85
    William 56, 56-189
    Willie 21, 147-208
COLLIN, William 12, 29-22
COLLINS, Albert 16, 74-99
    Alice D. 8, 14-44
    Ann B. 13, 102-366
    Ava 13, 131-215
    Charles 2, 57-23
    Charles 26, 144-29
    Clementine 16, 58-85
    Edward 1, 16-160
    Ell 30, 32-145
    Ella 14, 74-99
    Ella 13, 81-123
    Fanny 13, 46-116
    Frank 23, 58-45
    Hardy 10, 46-116
    Harriett 18, 14-44
    James 6, 57-23
    James 23, 38-84
    James P. 21, 46-116
    Jane 35, 102-366
    John 22, 44-18
    John W. 8, 102-366
    Lewis H. 16, 46-116
    Luzinkee 4/12, 14-44
    Lycurgus 15, 134-14
    Margaret 18, 138-111
    Mary 30, 57-23
    Milky 55, 46-116
    Octavia 2, 102-366
    Plummer 18, 74-99
    Robert 10, 74-99
    Sallie 40, 81-123
    Sallie 22, 16-160
    Simon 21, 110-33
    Sydney 17, 102-364
    Thomas 4, 57-23
    Tom 58, 64-185
    Wm. 17, 36-13
COLMAN, Daniel 50, 38-160
    James 46, 38-163
COLQUETT, Lucie 69, 86-336
COLQUIT, Albert 5, 39-189
    Fannie 9, 39-189
    Julia 41, 39-189
    Matilda 7, 39-189
    Nancie 11, 39-189
    Robert 3, 39-189

COMODRE, W. H. 22, 92-661
COMSTOCK, S. G. 45, 88-496
CONAWAY, Charley 18, 62-72
CONLEY, Anna 13, 108-39
CONNELEY, Jesse A. 25, 146-102
    Rufus 31, 146-103
    William 45, 146-101
CONNELLY, John 44, 121-13
    William 31, 147-204
CONNER, Annia 7, 53-32
    Bud 4, 118-214
    Charley 5, 53-32
    Clary 7, 118-214
    Eve 29, 118-214
    Fanny 15, 88-483
    Geo. 51, 125-38
    H. 46, 125-35
    Julia 30, 53-32
    Rachel 10, 118-214
    Sam 2, 118-214
    W. R. 53, 139-128
    George 68, 120-7
    John 17, 77-227
COOK, Ann M. 69, 78-268
    George 45, 89-530
    James 56, 1-24
    M. D. 35, 84-246
    Mary 53, 79-50
    Mathew 70, 33-207
    Miles 69, 91-614
    Sam 32, 93-690
    W. D. 34, 89-528
    W. H. 21, 2-75
    W. K. 47, 5-239
COOKE, Arthur 6, 1-42
    Charley 9, 1-42
    Clara 11, 1-42
    John H. 57, 1-40
    Percilla 81, 1-9
    Uzenia 28, 1-42
    Watson 39, 2-58
COOKEY, Robert 42, 54-107
COOLEY, Alfred J. 19, 5-257
COONEY, Peter 41, 97-145
COOPER, Aaron 19, 110-57
    Addison 32, 95-73
    Alexander 15, 96-102
    Alice J. 34, 95-74
    Amanda 50, 1-47
    Beny 1, 66-253
    D. B. 36, 27-230
    Daniel 30, 113-181
    Daniel 11, 111-105
    David 8, 131-222
    E. F. 43, 69-105
    Ed 38, 76-168
    Elisha 17, 110-57
    Eliza 12, 105-477
    Elizabeth 25, 46-153
    Emma S. 30, 95-74
    Evalina 12, 106-547
    Frank 35, 106-528
    Genia 11, 131-222
    George 46, 106-540
    H. H. 27, 84-249
    Harice S. 33, 106-525
    Hariet 36, 79-57
    Henry 53, 81-129
    Henry J. 5, 46-106
    Horace 24, 106-526
    J. C. 53, 115-64
    James 15, 15-88
    James E. 20, 60-136
    Jas. O. 50, 33-194
    James 8, 66-253
    Jenny 10, 128-105
    Jenny 3, 46-106
    John 75, 34-238
    John 74, 40-51
    John 21, 3-141
    Jonathan 95, 33-193
    Lang 67, 57-217
    Lawnie 24, 138-116
    Levi 55, 106-527
    Lizza 30, 46-106
    Lizzie 15, 25-172
    Lou 37, 66-253
    Mark 60, 3-122

COOPER, Martha 10, 111-107
    Martha A. 37, 95-74
    Mary 12, 128-105
    Nancy 7, 3-151
    Parilee 16, 105-477
    Phillip 50, 27-228
    Polly 60, 17-177
    Rebecca 40, 110-35
    Robert 40, 73-2
    Ruth 6, 66-253
    Sallie 12, 94-21
    Surrey 15, 129-152
    Susan 5, 103-377
    Thomas 14, 16-147
    Thomas 45, 113-186
    Vina 8, 100-253
    Walter 17, 14-30
    William 7, 111-105
    William 14, 59-77
    William 15, 66-253
    Willis 18, 14-66
    ___ 3/12, 114-13
COOPPER, E. 60, 51-9
COPELAND, Oney Ann 7, 75-110
    Wm. 51, 41-76
CORNELL, Agness 27, 82-189
    Henry 48, 93-675
    John 69, 99-210
CORPIER, Martha 29, 62-54
COSBY, Columbus 25, 24-108
COSEPHONE, William T. 27, 16-131
COSSEY, Martha 18, 3-128
    Mattie 3, 3-136
COTHERAN, Charles 22, 109-93
    Dora 1, 109-68
    Hary 66, 109-68
    Mary 12, 109-67
    Mattie 5, 109-67
    Thomas 30, 109-71
COTHRAM, John 21, 128-78
COTHRAN, Laura 2, 135-17
    Rufus 34, 135-18
    Zach 42, 72-222
COTHREN, John 13, 30-61
    Samuel 17, 30-61
COTHRON, Roads 36, 81-123
COTHY?, Robert 22, 37-113
COUNCIL, Elihu 4, 28-305
    Jimmie 2, 28-305
    Nancy 22, 28-305
COUNSEL, Ella 4, 29-30
    Fanny 23, 29-20
    James 2, 29-20
COUNT, J. R. 20, 51-1
    Lou 22, 80-71
COURTNEY, C. I. 35, 26-197
    J. H. 35, 72-172
COVEY, L. E. 55, 68-51
    Narcissa 17, 102-364
    Wm. 41, 62-42
COWAN, Abner 28, 90-570
COWDEN, G. 55, 52-60
COWLEY, Edward 18, 87-406
    F. L. 3, 87-406
    Harry 6, 87-406
    Jacob 49, 1-32
    Josepen 26, 87-406
    Josephine 25, 87-406
    Lillia 5, 87-406
    W. J. 22, 87-406
COWSERT, Odil A. P. 19, 20-22
    W. T. 21, 20-22
COX, A. J. 33, 138-88
    Cato 54, 138-91
    Frank 23, 89-523
    Henry S. 43, 87-420
    Jacob 41, 138-87
    James 28, 66-258
    Jessie 48, 124-30
    Joel 45, 122-15
    Lemuel 65, 16-159
    M. A. 55, 90-530
    Martha 25, 85-246
    Matilda 64, 125-36
    Peggy 69, 139-119
    W. J. 78, 138-89
    W. J. 40, 33-232
    Wm. A. L. 34, 62-50

CRADDOCK, E. A. 24, 83-216
CRAFT, A. J. 50, 93-684
CRAFTON, J. W. 31, 24-113
    L. B. 17, 21-46
    S. 39, 21-24
    Wm. S. 46, 82-144
CRAIG, A. M. 31, 52-15
    Alonzar 15, 79-11
    B. B. 31, 129-134
    B. F. 39, 120-6
    Callie 7, 63-127
    Creasy 55, 141-212
    David A. 30, 97-127
    Harry 6, 116-104
    J. 65, 48-24
    Jessie 3, 63-127
    John 71, 126-40
    Milton 36, 127-39
    Nancy 50, 53-62
    Nathaniel H. 72, 57-13
    Newton S. 37, 57-10
    Prince 37, 69-107
    R. E. 38, 72-153
    Robt. 76, 69-90
    S. M. 36, 124-27
    S. S. 46, 50-22
    Saml. 70, 42-128
    Scott S. 42, 61-21
    Thomas 31, 63-110
    W. D. 38, 49-5
    W. R. 29, 113-170
    Wesly 44, 137-61
CRAIGE, Frank 34, 148-211
CRAIN, George 30, 55-118
    Jim 40, 55-130
    Martin 67, 63-79
CRAKE, J. T. 34, 84-263
CRANFORD, Ben 55, 40-42
    Comfort 69, 40-34
    Elizabeth 76, 40-38
    Walter 1, 40-38
CRAPSKE, Anne C. 6, 83-237
    Beancie 10, 83-237
    Bennie 8, 83-237
    Louise 3, 83-237
    N. B. 30, 83-237
CRAWFORD, Agnes 80, 19-257
    H. F. 36, 22-74
    Jesse 36, 147-173
    John 29, 77-212
    Joseph 38, 148-231
    Mary 7, 76-162
    Mary 40, 39-192
    Rachael 60, 97-142
    T. 50, 29-323
CRAWLEY, David 30, 137-15
CRAWLY, M. 30, 122-17
CRESLY, Riley 28, 108-36
CREWS, Arch 30, 55-163
    Fletcher 22, 56-183
    Margret 34, 58-60
    Polk 35, 63-131
    Wesley 58, 56-182
    William A. 73, 58-59
CRIGGS, Martha 50, 61-314
CROATWRIGHT, Henry 12, 119-240
    James H. 8, 119-240
CROCKETT, Martha 69, 38-87
CROFFARD, Dennis 33, 5-250
CROFFERD, A. 65, 143-89
CROFFORD, S. J. 61, 68-66
CROLLEY, Walter 34, 73-32
CROLLY, Jo 4, 74-85
    Mary E. 3, 74-85
    Robt. 6, 74-85
CRONK, Alexander 49, 58-37
CROOK, Henry 20, 115-60
    John 9, 76-157
    Wash jr. 4, 76-157
CROSBY, Alice 24, 14-32
    Dora 2, 14-32
    Henry 16, 15-94
    Horace 27, 86-373
    James 23, 14-34
    Kemp 52, 76-180
    Lee A. 20, 15-115
    Maggie 14, 15-94
    Mary 46, 15-117

CROSBY, Scott 52, 133-8
    Sy 19, 133-8
    West J. 15-116
    Wm. 14, 86-373
CROSLY, Kassa 77, 93-670
CROSS, A. A. 19, 123-25
    Alfred 21, 75-105
    Bazil 37, 135-17
    De 15, 74-95
    E. O. 57, 119-2
    Eliza 49, 131-230
    J. N. 38, 78-276
    Laura __, 5-224
    Laura 18, 131-214
    Louis 25?, 1-17
    Melissa 16, 75-105
    Nora 12, 102-369
    Robert 67, 87-423
    S. H. 40, 120-4
    Sarah 70, 124-32
    Steven S. 43, 58-71
    W. N. 68, 120-7
    Wallace 27, 131-231
CROSSER, Joseph 27, 47-158
CROSTHWAIT, W. M. 30, 118-208
CROUSE, Jacob 22, 103-411
CROW, George 35, 146-148
    Samuel 64, 146-116
    Thomas 32, 146-117
CROWDER, Ada 2, 140-168
    Adley 11, 140-168
    Bihl 53, 143-82
    Lois 5, 140-168
    Lucindy 27, 58-62
    Lusie 69, 56-181
    N. E. 32, 140-168
    Samaria 7, 140-168
CROWE, George 55, 23-84
    John M. 38, 44-42
CROWEL, R. A. 26, 142-8
    Sam 58, 143-122
CROWLER, William 46, 106-548
CRUCHER, West 31, 37-120
CRUMP, C. C. 62, 21-57
CRUNK, J. J. B. 72, 48-28
CRUSE, J. 34, 51-26
    W. 4, 52-35
CRUTCHER, A. 34, 49-13
    Chas. 21, 26-178
    Cora 12, 49-13
    J. 11, 49-13
    J. D. 9, 49-13
    Nancy 65, 43-173
    Samuel 50, 45-87
CRYSMAN, Thos. 31, 92-627
CULBERT, John H. 46, 85-288
CULBURSON, Sam 29, 107-10
CULLEN, Lewis B. 38, 97-155
CULTINY, John F. 6, 116-143
CULVER, __ 23?, 5-219
CULVERSON, Wyatt 45, 1-14
CUMMINGS, Alsey 24, 70-136
    Caroline 10, 115-72
    Cyntha 29, 115-72
    Geo. 23, 117-188
    Houston 27, 71-206
    T. W. 6, 115-72
CUMMINS, Alf 45, 44-34
CUNNIGAM, Tildey 70, 6-327
CUNNINGHAM, Wm. H. 48, 99-239
CUPER, Alex 24, 114-13
    Nancy 39, 114-13
CURRY, Delta A. 4, 137-65
    E. H. 52, 138-106
    Henry B. 27, 107-586
    Ike 11, 114-33
    Isac 68, 140-203
    J. L. 57, 136-6
    James 50, 21-49
    John 67, 137-21
    John 58, 77-210
    Laura 18, 77-221
    Lelia 2, 137-65
    Lewis 2, 77-221
    Lizzie 23, 137-65
    Nathan 60, 140-168
    S. W. 41, 139-152
    Samuel G. 21, 107-587

CURRY, Whit 30, 140-176
    Wm. 52, 21-67
    William 48, 78-267
CURTIS, W. J. 23, 126-40
CURY, Anna 6, 91-584
    Eddy 1, 91-584
    Ella 2, 91-584
    Flecia 23, 91-584
CYRUS, C. V. 40, 32-177
DABNER, James 58, 10-100
DAILEY, Evaline 50, 109-10
DAIMWOOD, Sam 39, 3-153
DALE, Alex 46, 134-13
    Betty 75, 143-103
    Bob 73, 143-102
    Duncan 50, 28-270
    Polly 60, 66-253
    William 37, 80-88
    Wm. J. sr. 69, 81-121
DALEY, Amy 73, 125-36
    Geo. 61, 124-31
    Gordon 23, 92-638
    H. 69, 125-36
    West 42, 124-29
    Wiley 45, 124-31
DALTON, Alsa 67, 48-29
    J. A. 30, 49-11
    Lewis M. 27, 44-43
DAMERON, J. J. 85, 120-4
DAMEWOOD, G. G. 37, 31-113
    H. B. 65, 31-110
DANABE, Robt. 46, 135-15
DANIEL, Dan 35, 92-655
    Harriet 55, 86-316
    James 45, 36-17
    Laura 14, 26-210
    Robert 42, 36-10
    Sam 80, 35-5
    Sam jr. 30, 36-41
    Sophia 14, 97-151
    Thos. 15, 26-210
    W. C. 29, 7-350
    William 38, 131-228
DANIELS, Amos B. 40, 107-594
    John 26, 7-368
    Samuel 21, 147-179
    Samuel M. 60, 7-367
DANILL, Babe 2, 41-91
    Johny 7, 41-91
    Maggie 10, 41-91
    Mary 30, 41-91
    Susan 12, 41-91
    Willie 14, 41-91
DANLEY, John 28, 10-95
    Mary 21, 9-51
DANNELL, Betsey 32, 53-15
    Ed 50, 55-133
    John 67, 56-209
    Lizia 62, 54-82
    Owin 59, 55-158
DANNER, William C. 25, 95-30
DARDEN, D. M. 28, 20-19
DARK, M. J. 40, 41-97
    Richard 22, 44-33
    Terril 50, 45-57
DARTCH, Andrew 15, 10-116
    Mary 18, 10-116
DAUGLASS, Robert 10, 104-441
DAUSON, Arch 45, 115-95
DAVERSON, Jim 40, 56-214
    William 43, 56-197
DAVID, Jeff 15, 38-100
    W. H. 48, 42-109
DAVIDSON, Charley 6, 69-106
    D. A. 52, 111-93
    D. F. 30, 50-29
    George 1, 69-106
    Geo. W. 32, 129-132
    Henry 50, 31-129
    James 44, 7-364
    James 19, 67-5
    Malvina 34, 69-106
    Mary M. 64, 103-414
    Richard 10, 69-106
    Ruthy 55, 31-107
DAVIS, A. A. 60, 88-440
    Alex 25, 138-104
    Allen 8, 95-41

DAVIS, Allen 46, 123-24
    Andrew 36, 59-112
    Anne 32, 89-503
    Antoney 50, 55-149
    Barbryann 55, 106-531
    Bell 14, 102-368
    Benjamin F. 52, 100-288
    Bill 30, 142-52
    C. C. 34, 52-38
    Caroline 42, 138-115
    Charitty 47, 86-371
    Charles 36, 101-327
    Charley 2, 89-501
    Clark 46, 101-321
    Cora 16, 137-50
    Daniel 11, 135-19
    David 50, 75-113
    Davis 23, 101-327
    Dock 31, 1-9
    Dolley 15, 103-403
    Mrs. E. 59, 68-41
    Eavy 2, 86-313
    Edward J. 33, 13-3
    Eli 32, 58-33
    Eliza 50, 135-14
    Elizabeth 35, 47-159
    Emma 9, 139-156
    Ephraim 76, 33-233
    Esther 19, 25-158
    Ethleen 19, 74-73
    Fed 28, 68-43
    Floid 20, 33-209
    G. E. 30, 119-2
    George 44, 6-322
    George 58, 23-74
    Geo. 48, 139-142
    Gorge 27, 12-216
    Hadder 5, 95-53
    Hal 5, 87-424
    Henry 37, 61-8
    J. C. 37, 48-3
    J. M. 32, 24-122
    J. W. 24, 123-24
    James 20, 79-43
    James 68, 138-103
    Jane 43, 139-155
    John 40, 86-397
    John 27, 61-204
    John 5, 135-19
    John T. 32, 99-224
    John T. 19, 137-50
    John W. 1, 138-84
    Johnson 70, 30-49
    Joseph 58, 145-67
    Julia 40, 134-12
    Lizzie J. 43, 74-73
    Lou 24, 74-90
    M. D. 65, 89-520
    Maria 40, 127-57
    Maria 10, 135-17
    Maria 9, 135-19
    Mary A. 91, 140-205
    Mary O. 44, 60-131
    Neely 6, 61-187
    Ophelia 24, 87-424
    Page 22, 103-403
    Polk 39, 35-315
    Polly 92, 143-113
    Puss 40, 143-73
    Queeney 16, 87-408
    Retta 15, 102-358
    Richard 22, 96-83
    Robert 19, 77-230
    Rufus 25, 103-407
    S. C. 43, 29-24
    S. J. 51, 48-32
    Sallie 20, 61-17
    Sally 48, 59-111
    Saml. H. 34, 138-114
    Thos. 29, 29-39
    Thomas 24, 6-308
    Thomas 7, 135-19
    Tom 37, 133-7
    Turner 21, 75-120
    Victoria 16, 127-57
    W. D. 66, 84-246
    W. M. 24, 20-16
    Walter 5, 86-313

DAVIS, West 39, 123-25
    Wm. 38, 68-22
    William 69, 66-253
    William 19, 6-302
    William 30, 144-36
    Wm. 21, 140-170
DAVISON, Annie 5/12, 89-503
    Charly 7, 89-503
    Harriet 4, 89-503
DAWABE, Isaac 14, 135-19
    Jerry 4, 135-19
    Jessee 10, 135-19
    Joseph 3, 135-19
    Sallie 35, 135-19
DAWSON, Agnes 25, 77-201
    Amos 51, 128-84
    Balam 29, 114-42
    Balam 19, 115-60
    Ben 55, 130-213
    Biddy A. 4, 77-201
    Decatur 49, 123-22
    Eli 44, 125-37
    Essex 24, 75-119
    Fanny 2, 77-201
    George 41, 9-68
    H. A. 57, 75-117
    Isac 18, 108-25
    Jane 30, 120-7
    John G. 34, 17-184
    Dr. Kemp 47, 1-18
    Leonard 51, 4-199
    Mahala 7, 77-201
    Mann 40, 132-269
    Mrs. Martha 47, 4-187
    Minerva 9, 77-201
    Philip 28, 127-45
    Samuel 12, 77-233
    Stephen 25, 145-93
    Tabitha 45, 75-118
    William 25, 114-43
    William 38, 9-69
DAY, John 26, 52-56
    John 30, 33-195
    T. J. 19, 52-57
DEAN, Jane 22, 48-23
    John 9, 48-23
    John 53, 40-33
    Martin 31, 61-13
    Nancy 90, 39-22
DEBROE, Isom 32, 115-92
DECENT, Charles 18, 47-148
DEEN, Angline 21, 89-503
DEFER?, W. F. 79, 40-39
DELK, Fannie 99, 148-233
    J. J. 40, 142-51
    Jacob B. 70, 144-43
    Samuel 46, 144-39
    W. M. 25, 142-57
    William O. 37, 144-41
DELLIARD, Charles 47, 17-194
DENHAM, A. W. 62, 52-40
DENNAM, Leona 24, 91-610
DENTON, Gro 33, 121-10
    H. M. 33, 51-12
    Isaac 60, 43-185
    James 72, 38-144
    Kinny 25, 22-31
    Mary 16, 125-34
    Partheney 65, 55-162
    Selvesta 65, 91-602
    Susie 18, 43-187
    Viny 33, 109-83
    Williamson 57, 56-215
DEREBERRY, C. 36, 81-107
DERRYBERRY, Alphonse K. 22, 45-58
    Anella 50, 43-167
    Aribella 59, 43-198
    Charles 34, 44-14
    D. L. 58, 42-147
    J. H. 30, 36-38
    J. L. 65, 35-8
    J. R. 26, 40-31
    J. T. 53, 38-164
    Malissa 42, 45-97
    P. H. 30, 40-48
    W. A. 37, 36-21
    W. C. 31, 48-26
DERRYBERY, M. B. 34, 38-92

DERRYBERY, Virginia 39, 37-118
DeROLF, Mike 46, 118-221
DERTING, J. S. 50, 41-84
DESHON, G. B. 47, 126-40
DEVINE?, Calvin 34, 3-145
DEW, Ed 41, 90-543
    I. H. 42, 29-8
    Mary 14, 94-18
    Nettie 17, 84-252
    Rebeca f. 79, 84-252
    Sallie 40, 84-252
    Sollaman 50, 90-557
DIAL, John 33, 56-210
DIAMOND, Emily 52, 36-41
    Sarah 13, 36-41
    Tate 33, 37-77
DICAS, Edward 44, 118-233
    J. F. 14, 115-69
DICKENS, Hardy 50, 95-42
    Hugh 60, 144-31
    Steve 25, 142-4
DICKEY, B. M. 38, 141-247
    P. 15, 18-238
DICKSON, Curtis 24, 56-213
    Henry 75, 55-129
    L. D. 21, 42-111
    S. J. 56, 119-1
DICUS, Geo. 19, 124-30
    James 21, 70-158
    John L. 36, 123-22
    Mahaly 55, 131-241
DILDINE, A. J. 38, 52-51
DILLARD, David 60, 136-21
    Harry 60, 43-191
    Martha 13, 74-71
DILLEHA, Addie 30, 55-129
    Joe 8, 56-166
    John 70, 52-27
DILLEHAY, J. A. 26, 51-37
    J. T. 23, 52-47
    M. L. 57, 52-40
    P. 44, 52-40
    W. R. 22, 52-41
DILLERHA, Chaney 21, 85-274
DILLIARD, Wade 28, 14-33
DILLIHA, Fannie 10, 56-195
    Ida 8, 56-195
    Lue 2, 56-195
    Mary 40, 57-232
    Parolee 25, 56-195
    W. G. 42, 51-34
DILLIN, Minnie 12, 86-377
DILLON, F. A. 77, 85-267
    Harry 17, 40-45
DISHON, Horace 19, 107-585
DIXON, A. E. 31, 121-11
    B. H. 6, 130-190
    Charles 2/12, 144-29
    Charles 50, 31-103
    D. M. 33, 121-11
    Ellen 6, 121-11
    Flora 50, 145-89
    Geo. C. 66, 74-75
    India 18, 144-29
    Jane 41, 121-12
    Jesse 2, 121-11
    Joe E. 47, 112-147
    John 66, 75-114
    Mary E. 15, 132-297
    Mary E. 5/12, 121-11
    T. Jeff 58, 37-69
    W. G. 58, 41-35
    W. T. 5, 121-11
    William 19, 145-89
DOBBIN, Alex 40, 111-76
    Alexander 63, 38-96
    D. B. 49, 113-171
    Esther 88, 124-28
    Everett 18, 110-36
    G. A. 31, 39-202
    George 30, 38-95
    George 13, 129-149
    Henry 40, 30-73
    Jack 53, 31-124
    Jeff 20, 35-4
    John 66, 30-74
    Joseph 40, 17-196
    Lewis 35, 38-94

DOBBIN, Lucius 23, 110-53
    Margarett 35, 95-67
    Munroe 42, 126-20
    Nelson 45, 35-3
    Robt. W. 70, 110-12
    Sadie 36, 81-122
    Sandy 29, 33-190
    Shelby 23, 34-279
    William 34, 126-19
DOBBINS, Albert A.? 39, 104-448
    Daniel 53, 17-198
    David 27, 30-72
    David? A. 30, 15-113
    Gardner 68, 134-10
    J. D. 27, 83-203
    J. J. 56, 111-68
    Jack 49, 140-177
    James 35, 31-130
    James 23, 134-10
    John 38, 32-188
    Julia 70, 35-310
    Margaret 40, 95-52
    Mary P. 48, 129-148
    Rachel 58, 100-264
    Walter 21, 98-177
    Wash 44, 87-422
    Wiley 63, 135-14
    Will 36, 127-59
    Wilson B. 33, 102-342
DOCKERY, James M. 61, 2-89
    R. Mat 27, 2-90
DODD, H. 20, 28-313
    John C. 20, 74-76
DODSAN, Dennie 32, 69-88
DODSON, Aggie 65, 3-141
    Amanda 51, 5-233
    Antney 33, 109-98
    Buck 28, 3-123
    Caroline 39, 78-23
    Charles 9, 5-233
    Darcas 86, 2-54
    Eddie 2, 4-177
    Frank 4-177
    George 40, 5-260
    John 38, 136-10
    John C. 37, 4-193
    John C. 35, 18-211
    John W. Greer 7, 5-233
    Joseph 34, 146-143
    Josie 4, 4-177
    Kate 12, 4-177
    Lee Forest 12, 5-233
    Lewis 54, 2-107
    Lorarela 26, 82-144
    Mary 27, 4-167
    Mathew 15, 4-177
    Minnie 7, 4-177
    R. P. 35, 82-144
    Rawley 18, 20-316
    Rebecca 60, 1-35
    Richinard 55, 15-102
    Robt. 34, 1-2
    Rufus 21, 13-8
    Sallie 30, 4-177
    Sam 53, 1-12
    Thos. H. 35, 34-242
    Tilden 2/12, 5-233
    Wade Hampton 3, 5-233
    William 11, 5-233
    William 63, 17-200
    William 21, 4-160
    William 50, 30-82
    William G. 30, 17-205
DOERT?, Robert 22, 82-170
DONALSON, E. F. 26, 137-23
DONELSON, Mannie 73, 85-272
DOOLEY, A. 52, 35-286
    Calvin 35, 34-270
    Cassey 13, 43-195
    F. M. 46, 85-287
    George 59, 108-54
    Gorge 23, 86-287
    J. W. 56, 39-27
    James 55, 43-164
    Liddy 84, 71-214
    M. W. 66, 40-58
    McKinney 60, 125-38
    Nelson 65, 34-271

DOOLEY, Peter 40, 34-247
    T. J. 60, 40-11
DOOLY, J. L. 35, 43-192
    Mary A. 60, 43-174
    W. T. 26, 33-221
DORCHT, Elizabeth 55, 14-61
DORES?, Robt. 38, 7-381
DORIS, Alexander 41, 80-82
DORK, America 36, 42-141
DORRELL, J. F. 53, 40-65
DORSEN, Arch 20, 38-100
DORSETT, Jefferson 50, 135-16
    Dr. W. C. 38, 83-235
DORSEY, John 7, 145-70
DORSON, Mahaly 50, 38-146
DORTCH, D. E. 27, 72-151
DORTON, John 60, 6-270
DOTSEN, Felld? 30, 8-29
    George 60, 8-19
DOTSON, Jackson 45, 148-219
    James 68, 8-16
    Mary 30, 135-19
    Sarah 52, 140-209
    Thomas 41, 12-255
DOUGLAS, Hugh 40, 119-248
    Marina 70, 116-78
    Marina 65, 119-247
    Mary A. 68, 105-472
    Rebecca 25, 119-243
    Tamer 49, 132-2
DOUGLASS, C. A. 49, 124-32
    James 24, 111-97
    Robert 50, 95-45
DOWELL, Andrew 33, 119-3
    Ann 75, 92-637
    Benj. F. 58, 26-211
    C. 25, 119-1
    Charles 20, 102-364
    Elizabeth 54, 26-211
    J. B. F. 45, 83-202
    Jas. T. 28, 102-364
    Jno. 20, 120-4
    L. G. 38, 43-175
    Laura 11, 92-637
DOXIE, Susen 30, 38-148
DOXY, Alx. 22, 36-55
DOYLE, Henry 13, 1-1
    John P. 21, 44-49
    Samuel J. 42, 44-48
    Wm. M. 35, 21-26
DOZIER, James 45, 35-294
    R. P. 22, 127-36
DRAKE, Alice 6, 17-173
    Emly 22, 94-24
    Mattie 5, 107-14
DRAPER, Charly 23, 80-69
DRIVER, Julia 30, 96-112
DRUMMONS, Lewis 23, 26-174
DUDLEY, Allen T. 11, 139-125
    Fannie 8, 141-212
    Green 22, 130-209
    Mary 31, 139-125
    Mary 17, 84-264
    Mollie 50, 91-577
    Perry 23?, 145-59
DUDLY, Anna 14, 139-164
    Thos. 18, 139-164
DUE, John B. 47, 74-88
    N. E. 36, 74-87
    Parish 50, 66-269
    William 76, 74-89
DUGGAR, Nancy 26, 88-453
DUGGER, A. S. 58, 70-117
    Burris 4, 67-5
    Dave 54, 55-164
    Dave 29, 63-118
    G. C. 28, 72-137
    Hartwell 29, 63-100
    Harvey 57, 61-181
    James 21, 66-264
    Josiah 61, 64-182
    Millton 23, 64-163
    Sharac 65, 64-162
    Thomas 23, 33-208
    Wm. A. 29, 116-133
DUGLAS, Bird 24, 63-85
DUKE, Ben 44, 70-167
    Bonn 30, 62-69

DUKE, Elizabeth 50, 123-25
    Green 60, 138-86
    John H. 51, 99-208
    John H. 32, 116-125
    John L. 20, 128-121
    Nancy 49, 82-175
    Nancy 50, 100-282
    W. G. 26, 137-37
    W. J. 29, 112-159
DUNCAN, Zack 69, 63-85
DUNER, Chas. 23, 26-195
DUNGAN, John 32, 101-323
DUNHAM, M. A. 60, 120-3
DUNINGTON, Ella 45, 81-124
    Susan 35, 81-108
DUNKIN, Thos. J. 41, 92-626
DUNLAP, Albert 32, 105-478
    Fanneo 8, 107-603
    Henry 40, 88-493
    J. L. 54, 81-114
    Jo 30, 29-322
    M. 45, 20-3
    Margarett 25, 107-603
    Mattie 11, 107-603
    Sernon 25, 100-283
DUNN, Franklin 35, 144-32
DUNNINGTON, Anna 1/12, 97-123
    Ellen 26, 97-123
    John 47, 81-108
    Orongo 50, 98-160
    Rachael 3, 97-123
    Thomas 6, 97-123
    Thornton 15, 97-123
    Walter 18, 97-123
DUNSAN, Charles 40, 94-23
DUNSON, Adaline 15, 79-38
    Eliza 20, 34-280
    Nathan 55, 88-485
DUNSTEN, Mary 45, 96-99
    Giles 16, 98-157
DUNSTON, Sarah 7/12, 96-99
DUPREE, Richard 15, 67-2
DURDEN, Charlie 13, 25-170
DURHAM, J. L. 26, 122-19
    Jas. 30, 123-22
    Thomas 52, 122-17
    W. L. 31, 121-10
DUSSOM, Mary 13, 84-243
DUVALL, Heartwell 26, 46-115
DYCUS, Andy E. 37, 141-232
DYE, Thos. 24, 68-45
DYER, L. F. 62, 41-94
EAKIN, Elie 46, 61-200
EARLY, Abner 64, 38-139
    James 12, 64-166
EASLEY, Bettie 25, 134-13
    Conner B. 21, 18-244
    Delia 18, 147-168
    Frank 20, 108-30
    George 18, 135-19
    Walter 15, 136-20
    William 60, 15-91
EASLY, John 15, 104-467
EASOM, Ellen 50, 77-215
EASTMAN, M. M. 31, 86-371
ECTER, Thomas 66, 5-256
EDDINGS, Allen 50, 77-215
EDDLEMON, Jane 45, 119-261
EDDY, Marom 45, 84-254
EDELMAN, James A. 29, 114-46
    John W. 58, 114-45
EDENS, C. 16, 83-237
EDGAR, Martha 40, 44-49
EDGE, Dick 50, 131-260
EDGIN, Emer 40, 47-168
    J. W. 74, 40-60
    John 18, 47-168
    Samul 25, 44-53
EDGING, Rebecca 75, 32-173
EDMERSON, John 40, 57-218
    Lizie 16, 57-219
    William 58, 54-97
EDMON, Dotosn 70, 12-248
EDMONSON, A. 58, 81-119
    Elias 40, 52-29
    Elias 27, 51-11
    Joseph 35, 107-588
EDSELL, Jane M. 46, 85-318

EDSELL, Willia 14, 85-318
EDWARD, Edom 61, 32-183
    Elizabeth 13, 46-126
    Holley 12, 46-126
    Margarett 14, 46-126
    Netty 15, 46-126
    Roda 80, 46-126
EDWARDS, Bill 38, 142-58
    C. M. 56, 141-237
    F. 64, 143-65
    George 18, 19-288
    Henry 20, 31-88
    John A. 50, 98-176
    Keeny 26, 32-182
    Liddy 19, 30-55
    Major 65, 18-235
    Moses 65, 99-220
    Pers 22, 43-178
    Sarah F. 28, 144-8
    Thomas 28, 18-228
    Thomas 22, 30-55
    Wm. T. 38, 95-71
EEDY, Martha 17, 89-518
ELAM, A. Coat 33, 6-282
    Edward B. 66, 7-339
    J. J. 36, 84-255
    James A. 3, 84-255
    Lanna M. 27, 84-255
    Robt. S. 35, 7-340
ELDER, Joseph 30, 133-3
ELLICE, Eller 15, 55-161
ELIM, W. R. 43, 84-253
ELLERSON, Morg. 17, 138-94
    Nannie 10, 138-94
    Porter 11, 141-217
    Robt. W. 23, 138-97
ELLETT, John H. 46, 129-159
ELLIOT, A. 45, 53-43
ELLIOTT, Anderson 62, 4-176
    Wesley 30, 86-374
ELLIS, Mary 22, 105-495
    R. V. 39, 116-110
ELLISON, Aron 28, 82-174
    Ely 35, 85-306
    Marion 24, 138-72
    Thomas 30, 2-71
ELLMORE, A. 70, 22-34
ELMORE, Margarett 40, 95-74
EMBERSON, James 14, 69-112
    Martha 14, 70-145
EMBERY, Watts 29, 80-77
EMBLER, Geo. 45, 137-22
    Henry 48, 142-262
EMBRY, Alice 20, 102-337
    Clay 35, 129-137
    Cora 22, 112-139
    Granville 50, 62-69
    Hannah 35, 106-530
    Harrison 8, 126-21
    Julia 46, 100-253
    Kate 26, 126-21
    L. J. 46, 69-72
    M. W. 48, 109-2
    Mary F. 24, 112-139
    Samuel 22, 100-253
    Samuel 40, 106-523
    W. J. 32, 81-132
    W. L. 76, 69-71
EMBY, Juley 50, 80-64
    Stepperd 55, 87-404
EMERSON, J. H. 16, 69-110
    Nancy 53, 144-45
    Wilse 55, 144-45
EMISON, Mary 47, 12-207
EMLAR, George 1, 145-71
    Mollie 28, 145-71
ENGLE, John A. 57, 93-65
ENGLISH, Alley 24, 130-176
    Geo. 23, 95-37
    Mahala 40, 100-261
    Martha 35, 128-81
    Mary Ann 6, 95-37
    T. J. 32, 127-47
    Thomas 45, 118-197
    William 60, 146-105
    Wm. H. 65, 127-46
ENSLY, Miley 40, 108-31
EPPERSON, J. H. 60, 52-36

EPPS, Frank 24, 23-45
    H. 35, 20-10
ERBEY, D. H. 40, 138-112
ERVIN, Hardy 37, 131-245
    John 18, 44-51
    Nick 32, 35-285
    Tillman 17, 65-198
    William 8, 45-88
ERVINE, Jackson 45, 106-574
    E. E. 31, 84-249
ERWIN, Geo. W. 35, 74-96
    Guy 12, 5-252
    H. P. 20, 84-249
    Jake 26, 3-112
    James 34, 73-13
    Jo B. 34, 62-33
    Joe R. 39, 68-39
    John 26, 136-22
    Jonas H. 18, 74-89
    Margaret 45, 74-89
    Mary 16, 91-602
    Porter 6, 84-249
    Robert 23, 145-74
    Robt. H. 36, 78-272
    Row Ann 39, 5-245
    Steve 24, 3-113
    Thomas 33, 106-563
    W. E. 82, 74-88
    William 21, 73-5
    William T. 23, 98-175
ESKEW, Elizabeth 48, 109-96
    James 35, 73-8
    Rufus 25, 136-22
ESLEY, Annis? 24, 9-76
ESQUE, Sallie 17, 80-73
ESTAVE, L. 45, 84-243
    Leonora 15, 84-243
    Mary 17, 84-243
ESTERS, Tom 27, 53-14
ESTES, Albert H. 67, 138-69
    Alexander 33, 107-576
    Anderson 11, 76-150
    Abraham 52, 108-62
    Bradley 22, 114-31
    Charles 82, 15-101
    D. S. 30, 121-9
    Daniel J. 65, 106-573
    Elizabeth 70, 117-184
    Ervin 25, 136-20
    F. R. 34, 110-53
    Fannie 11, 133-6
    George 50, 114-30
    George 3, 19-282
    H. B. 41, 84-262
    H. H. 39, 119-239
    Hasting 23, 113-180
    Jas. D. 29, 73-16
    John 22, 136-23
    Lausetta 16, 76-150
    Lizzie M. 49, 75-115
    Martha 47, 109-84
    Martha J. 57, 73-27
    Mary 24, 130-194
    Savannah 36, 134-11
    Thomas 26, 76-192
    Wm. G. 13, 76-150
    Wilse 33, 133-5
ESTIS, Howard 65, 23-79
    Sol 25, 126-40
ETRIDGE, J. P. 28, 82-192
EVANS, Britten 25, 149-276
    Daniel C. 30, 30-67
    G. W. 34, 32-141
    George 4, 31-131
    Henry 68, 17-189
    Henry G. 37, 83-226
    J. F. 33, 31-96
    J. R. 37, 30-70
    James 34, 146-119
    Mariah 40?, 35-318
    Mary 5, 31-131
    Reubin 7, 17-174
    Sol 35, 40-63
    Sue 14, 40-63
    Thomas 32, 30-69
    Wiley 45, 31-87
EVERETT, Ephriam 46, 105-471
    Milly 60, 33-228

EVERTT, Thos. W. 18, 85-278
EVINS, Alex 7, 141-238
    Alice 5, 141-238
    Andrew 9, 141-238
    Georgia 2, 141-238
    Jas. T. 34, 61-5
    Luther 13, 141-238
    Rufus 13, 141-238
    Saml. C. 57, 62-30
    Sidney 24, 85-295
    Vinson 21, 61-198
    Walter 11, 141-238
EWING, Charles E. 20, 101-321
    Dana 16, 101-321
    Emanuel 18, 75-135
    F. J. 48, 31-133
    Frank 18, 105-494
    H. 18, 50-11
    Jerry 21, 94-2
    Joseph 55, 95-70
    Letty 30, 49-17
    Malissa 21, 96-86
    Malissa 23, 94-2
    Woren 34, 49-9
EZELL, Porter 28, 75-133
EZZELL, C. M. 6/12, 51-10
    Josie 20, 63-125
    T. B. 25, 51-10
    W. 25, 51-10
FAIN, George S. 49, 135-15
    Samuel 15, 134-10
FAIR, Eliga 70, 50-28
    James 38, 49-24
FAIRES, John 27, 66-257
    Thomas 52, 66-249
FAIRS, Dick 31, 142-18
    West 38, 142-17
FANE, H. H. 30, 48-31
FANKESTER, Pate 50, 53-69
FARIS, Carick 18, 14-32
    Sallie 33, 130-196
    W. H. 39, 33-197
FARKS, Mile 50, 45-75
FARLEY, E. W. 9, 67-7
FARRIS, Adaline 25, 138-77
    Adaline 56, 138-103
    Amis 4, 141-238
    Ben 33, 38-171
    Betsy 22, 139-145
    H. F. 40, 139-135
    Indiana 1, 141-225
    J. T. 34, 72-127
    James E. 29, 139-134
    John 28, 141-214
    John A. 19, 89-517
    M. A. 40, 139-165
    Mary E. 22, 141-225
    Mrs. Pollie 70, 54-72
    Ray 4, 138-77
    Richard 22, 89-517
    Rob L. 47, 92-666
    Saml. 63, 139-133
    Sarah 35, 139-150
    Solomon 46, 129-135
FARRISS, Charles J. 36, 44-44
FARROW, Henry 40, 103-384
    J. T. 36, 39-212
    Richard 33, 42-108
FATH, F. A. 16, 83-235
FAY, Alsious 18, 53-12
FEATHERSTON, John 45, 63-123
FERGERSON, B. W. 36, 82-195
    Fanny 21, 43-173
    G. W. jr. 23, 43-173
    Thos. Hardy 3/12, 43-173
FERGESON?, Thomas N. 33, 102-349
FERGUSON, G. W. 50, 40-57
    Geo. W. 48, 139-153
    J. 35, 23-39
    M. 56, 20-15
    N. S. B. 33, 127-44
FERIS, Luthor 43, 143-64
FERRELL, Borbert 1, 17-176
    James 54, 16-140
FIELD, J. Munroe 25, 2-92
    Lida? 40, 49-6
FIELDS, Rachall 64, 86-385
    W. H. 55, 8-385

FIELDS, William 39, 4-163
FIERSON, Laura 25, 83-236
FIGUARS, Harden 30, 81-121
    Lelia 27, 81-121
FIKE, John F. 55, 149-284
FINCH, Lively 68, 146-135
    Lurenna 21, 20-305
    Martha 34, 74-103
    Morgan 17, 4-183
    Nora 9, 146-135
    Onsico 13, 146-135
    Parodine 11, 146-135
    Richard 16, 146-135
    Sylvestus 58, 147-165
    Thomas 31, 147-166
    William 30, 146-146
FINE, Eller 16, 57-243
FINKORN, S. 20, 52-39
FINLEY, S. K. 47, 20-15
FISHER, E. M. 42, 49-13
    Leonard 42, 130-207
    Lucinda 35, 86-386
    M. B. 9, 49-13
    Morgan 54, 47-162
    O. M. 38, 49-13
    S. A. 5, 49-13
    S. F. 25, 90-538
    Wash 50, 26-186
FISK, James 26, 106-543
FITE, William 45, 108-50
FITZGERALD, A. 17, 28-290
    Allen 25, 11-160
    B. H. 45, 4-192
    Beck 21, 2-60
    Betty 40, 44-17
    Billie 28, 2-106
    Caroline 50, 2-60
    David 30, 44-26
    David S. 57, 13-268
    Delfy 80, 3-124
    Edmon 63, 10-116
    Eliga 27, 11-175
    F. M. 45, 27-246
    Garret 45, 13-265
    Geo. 16, 28-290
    Green 33, 8-22
    Green 56, 11-159
    Hannah 19, 2-60
    Henry 60, 11-173
    James 48, 12-250
    Jesse 70, 148-235
    John 40, 26-180
    M. A. 26, 28-304
    Marga? 40, 12-234
    Margaret 55, 4-209
    Margret 19, 9-94
    Mary 48, 5-210
    Moy? 27, 5-223
    Plant 32, 13-267
    Rufus 42, 10-114
    S. 60, 25-136
    Wash 32, 3-116
        39, 3-117
FITSGERLD, W. 42, 38-86
FITSPATRIC, Bettie 28, 88-463
FITSPATRICK, A. 52, 87-437
FITZPATRICK, A. 23, 68-62
    Allen 59, 60-168
    Andrew 62, 59-77
    Angeline 48, 66-244
    Ben F. 60, 62-48
    Bob 50, 67-283
    Chack 8, 100-270
    Eaf 62, 53-42
    Elic 21, 66-272
    Eliza 5, 74-50
    Ella 21, 79-50
    George 53, 16-124
    Gully 1, 62-67
    Josie 9, 130-176
    Lizzie 18, 101-299
    M. 36, 136-6
    M. 60, 68-63
    Mariah 45, 87-438
    Mary 7, 57-233
    Nelus 21, 60-166
    Pollie 72, 56-215
    Sam W. 68, 62-51

FITZPATRICK, Selier 40, 57-233
   Sue 23, 55-139
FLANAGAN, George 48, 56-177
FLEMING, Albert 25, 116-104
   Andy 32, 129-140
   Anne 4, 130-(no family #)
   Ben 27, 128-76
   Bradley 32, 133-4
   Calvin 23, 72-135
   Caroline 35, 40-50
   Carrie 19, 116-104
   Charles 46, 144-20
   Chesley 9, 70-154
   Cyndy 30, 58-82
   Denly 6, 70-154
   Dinah 56, 129-139
   Duncan 51, 138-71
   Earle 4/12, 116-104
   Edmund 40, 127-69
   Elija 66, 109-5
   Eliza 41, 60-145
   Ella 2, 40-50
   Eph 25, 129-137
   Esau 50, 128-95
   F. 24, 38-152
   F. 25, 91-605
   Fleming 4, 40-50
   George 43, 113-183
   Harriet 23, 147-154
   Henerietta 35, 87-419
   Henry 33, 137-59
   J. F. 30, 83-222
   Jacob 55, 135-16
   James G. 6, 45-90
   Jas. S. 82, 112-136
   Jennie 19, 113-182
   John 33, 66-254
   John D. 88, 111-89
   John W. 7, 70-154
   Jos. A. 59, 111-88
   Kate 18, 81-114
   Knox 32, 81-114
   L. G. 32, 65-237
   Lauretta 35, 111-102
   Lewis 72, 148-245
   Lige 3, 53-21
   Lizie 5/12, 53-21
   Lucius 34, 129-141
   Lucy 50, 124-30
   Lucy 55, 96-107
   Magie J. 10, 45-90
   Martha 22, 31-96
   Mary 46, 136-22
   Monroe 22, 108-24
   Murry 2, 116-104
   Nero 67, 118-235
   Olga 8, 45-90
   Peter jr. 39, 111-92
   Preston 34, 112-116
   Prince 30, 128-90
   Prince sr. 62, 126-21
   Prince jr. 28, 126-22
   Robt. J. 12, 45-90
   S. W. 22, 128-93
   Saml. 26, 73-33
   Sarah 20, 76-182
   Scott 38, 132-1
   Simon 17, 144-21
   Stuart S. 21, 85-276
   Thomas 32, 59-116
   Thos. 34, 80-78
   Thompson 69, 6-317
   Tucker 34, 77-207
   Vina 55, 92-630
   W. 30, 22-34
   W. O. 40, 117-181
   Walter 30, 84-246
   Walter 35, 132-293
   Wm. 64, 81-108
   William 24, 31-96
FLEMMING, Alford 72, 53-25
   Ann 30, 106-538
   Anna 19, 100-292
   Anna 8, 106-538
   Annie 2, 53-36
   Antoney 7, 55-149
   Charles 8/12, 100-292
   Ephraign 60, 106-547

FLEMMING, Esther 53, 103-375
   George 25, 100-292
   Green 36, 56-168
   Horace 2, 106-538
   Jack 52, 101-294
   Joe 46, 57-243
   John 14, 100-292
   Ken 22, 103-403
   Peter 70, 105-519
   Richard 44?, 100-287
   Richard 39, 94-21
   Russle 25, 101-307
   William 2, 100-292
   William 9, 105-517
   William 25, 109-9
   William W. 52, 103-385
   Zack? W. 28, 117-176
FLEMON, Jourdain 27, 60-132
FLENIERS, Elizabeth T. 34, 45-90
   James E. 26, 45-90
   Richard B. 14, 45-90
   Samuel D. 21, 45-90
   Susan D. 18, 45-90
FLETCHER, Hambleton 30, 41-79
   J. S. 23, 41-77
FLIPPIN, Albert 60, 42-108
   James 21, 101-295
   James 28, 32-156
   Louisa 2, 101-295
   Nelson 40, 32-163
   Rebeca 74, 9-51
   Sallie 18, 101-295
   William 60, 35-296
   Willie 11/12, 101-295
FLOWERS, James H. 30, 16-123
   John T. 41, 97-150
   Nancy 43, 26-209
   Polly 85, 44-18
FLOYD, Henry 27, 142-21
   Joe 23, 25-146
   Wm. jr. 23, 25-147
   Wm. sr. 54, 25-148
FLY, Ahine 17, 142-38
   Ben Gant 25, 6-296
   George 37, 6-281
   Jackson 51, 108-42
   Capt. John 78, 7-372
   W. H. 54, 143-85
   William 27, 109-99
   Wm. M. 30, 7-341
FOGG, Charles 49, 96-104
   Eliza 14, 93-687
FOLSOM, Sallie 55, 32-176
   Sam 50, 30-44
FOLSOME, Alice 35, 29-29
   Cora 6, 29-20
   Nat 19, 33-224
   Sallie 52, 35-292
FORBS, Elbert 28, 26-183
FORCHAND, Elihu 31, 25-172
FORD, Dennis 11, 88-480
FORESTER, Wm. 17, 28-311
FORGEY, Lunford B. 54, 16-134
FORIS, Betty 72, 143-111
   Bettie 80, 143-112
FORSYTH, Hugh 12, 115-89
   Mary 36, 78-24
FORTEE, Ben H. 21, 136-21
FOSTER, A. B. J. 65, 129-129
   A. E. H. 23, 27-237
   A. J. 31, 28-272
   Albert 60, 28-256
   Albert 55, 62-40
   Alex 77, 109-100
   Alferd 65, 53-27
   Anderson 45, 13-280
   Andy 13, 23-49
   Anna 35, 9-80
   Aren 20, 108-40
   Bell 15, 27-255
   Ben C. 59, 134-9
   Callie 19, 133-8
   Calvin 20, 27-255
   Coleman 27, 13-25
   E. M. 29, 27-237
   Edward 9, 148-218
   Emmett 46, 9-58
   Estel 8/12, 27-237

FOSTER, Frances 50, 13-27
   Freeman 40, 86-334
   General 36, 64-142
   George 10, 29-4
   George W. 23, 58-42
   Green 58, 85-319
   H. 22, 20-14
   Harriet 40, 139-149
   Harrison H. 23, 14-65
   Harvey 27, 133-5
   Henry 30, 34-260
   Henry 51, 34-259
   Henry 14, 64-171
   Henry 42, 93-701
   Huston 23, 65-218
   I. M. 71, 27-238
   Ida 20, 13-27
   Jack 40, 135-19
   James 35, 117-170
   James 28, 34-259
   James 24, 97-117
   Jane 22, 22-10
   Jimmie 7, 23-49
   Joe 30, 8-9
   John 15, 140-172
   John jr. 23, 134-13
   John 31, 39-186
   John E. 55, 134-9
   John M. 22, 106-567
   Joseph 26, 133-8
   Joseph 20, 9-64
   Joseph 37, 27-218
   Julia 32, 134-9
   Julia 68, 64-172
   Julin 22, 9-64
   L. Annie 17, 27-255
   Larkin 21, 135-18
   Lizza 11, 84-255
   Lucy 21, 9-59
   Major W. G. 55, 96-77
   Malloy J. 68, 15-81
   Marshall 40, 71-175
   Martha 70, 116-132
   Mary 9, 23-49
   Mary E. 13, 13-27
   Mary L. 43, 127-26
   Melton 15, 17-196
   Minnie 4/12, 27-255
   Mollie 40, 81-105
   Mollie 38, 82-164
   N. T. 42, 77-227
   Oliver 55, 145-77
   Parkey 45, 15-118
   Parthena 40, 135-19
   Phillis 43, 141-235
   Pleast 45, 26-194
   Porter 18, 137-64
   Richard 51, 64-178
   Richard 41?, 65-191
   Robert A. 36, 13-14
   Ryal 59, 13-15
   Sallie 70, 148-251
   Sam 14, 8-8
   Sidney 60, 15-118
   Sidney 24, 30-79
   Sosney? 45, 109-87
   Thomas 62, 116-118
   Thomas 18, 133-8
   Thomas 31, 134-9
   Thos. W. 28, 22-13
   Will 26, 133-3
   Wm. E. 4, 27-237
   Wm. M. 44, 116-111
   Willie 12, 23-49
FOULER, Mam 36, 61-195
   Munroe 12, 59-118
FOUNTAIN, George 36, 99-216
   William 64, 132-267
FOUNTNER, Frank 53, 4-168
FOWLER, Clinton 19, 58-52
   Pat 50, 59-113
FOWLKES, John 34, 140-167
FOX, Ben 50, 42-119
   J. H. 27, 47-5
   J. P. 27, 49-28
   Joe A. 39, 6-325
   Mrs. M. K. 52, 47-4
   M. P. 23, 47-6
   S. Q. 21, 47-7

FOX, Thomas M. 35, 6-314
   Tilda 70, 48-1
FOXALL, John J. 47, 29-26
   William 43, 35-291
FRANCES, Henry 55, 134-8
   Lila 20, 134-9
FRANCIS, Daniel 61, 70-160
   John M. 75, 103-406
   Mary 23, 120-4
   Puss 1, 120-4
   Susan 45, 97-133
FRANK, M. G. 28, 47-17
FRANKLIN, Bob 40, 87-431
   John 19, 81-137
   Robt. 53, 137-29
   Sarah 62, 133-3
FRANKS, A. U. 38, 68-27
   Ed 12, 81-127
   Jack 38, 100-269
   Jas. 27, 42-143
   John 26, 72-150
   Sarah 35, 81-127
   William A. 26, 63-106
FRASER, Elijah P. 28, 18-244
   Robert 18, 18-245
   Susan R. 4, 18-245
   Walter L. 7, 18-245
FRAZER, Ella 15, 111-110
   John A. 50, 18-219
   Looney 24, 32-159
   Mary 23, 79-32
   William D. 43, 18-225
   William T. 23, 18-220
FRAZIER, Jane 40, 27-214
   Jordan 35, 126-7
FREDERICK, William 7, 132-267
FREELIN, J. M. 36, 52-58
FREEMAN, Caroline 65, 83-228
   Fannie 30, 81-110
   Minna 1, 81-110
   Richd. 26, 142-266
   Richard 90, 88-487
   Richd. 3, 136-1
   Virginia 24, 94-15
FREERSON, Robert 35, 79-31
FRELIN, G. B. 30, 51-7
FREMON, Fannie 19, 113-183
FRENCH, H. 6/12, 23-43
FRENSTEIN, Mary 17, 80-81
   Meyer 16, 80-81
FRESTOND, William 45, 98-195
FRIELD, James 43, 87-413
FRIERSON, A. B. 22, 22-17
   A. D. 36, 91-611
   Addie 44, 111-108
   Adly 27, 127-38
   Albert 54, 134-11
   Aleck 43, 127-65
   Alice 27, 132-267
   Alice 14, 111-82
   Ambrose 80, 126-17
   Anderson 55, 108-47
   Andrew 7, 105-483
   Anna 16, 112-120
   Arther 48, 112-152
   Austin 24, 128-105
   Balum 33, 86-391
   Becky 20, 125-37
   Bell 16, 111-104
   Ben 21, 127-66
   Ben 42, 92-626
   Billy 44, 126-12
   Bobb 5, 107-596
   Cal 50, 73-45
   Calissa 8, 100-289
   Calvin 57, 91-582
   Cary 40, 110-43
   Charity 33, 110-62
   Chas. 51, 139-137
   Charlie 17, 133-6
   Cillie 13, 100-289
   Clara 22, 104-432
   Cornelas 65, 110-39
   Cornelia 18, 95-37
   Cornelia 22, 128-92
   Corny 18, 106-531
   Cuffie 50, 111-83
   David 51, 17-161

FRIERSON, E. 32, 86-313
   E. C. 73, 115-89
   Edd 33, 112-117
   Edd 8, 111-75
   Edith 35, 81-129
   Edward 49, 126-10
   Elias 10, 113-176
   Elizabeth 68, 92-625
   Ella 17, 113-183
   Ellison 34, 112-140
   Emeline 50, 136-23
   Eugenia 6, 111-75
   F. C. 26, 27-231
   F. W. 43, 127-24
   Felix 35, 100-289
   Frank 24, 126-18
   Frank 18, 101-330
   G. P. 39, 83-219
   Gardner 37, 133-2
   Geneva 3, 114-61
   George 63, 112-119
   George 50, 111-98
   George 16, 133-6
   George 26, 73-10
   George 27, 81-110
   Dr. Geo. 53, 85-270
   George 19, 92-653
   Geo. W. 24, 101-313
   Geo. W. 15, 100-246
   Gibb 48, 88-468
   Green 22, 128-91
   Hager A. 57, 107-596
   Harvey 13, 133-6
   Harvie 55, 54-85
   Hayes 45, 112-123
   Hays 38, 131-214
   Henry 58, 106-522
   Hiram 27, 128-104
   Horace 36, 81-111
   Horace 23, 107-575
   Horace 19, 110-53
   Ida 22, 119-2
   Isac 40, 137-63
   J. H. 40, 128-101
   J. M. 61, 131-229
   J. Newton 56, 112-127
   J. S. 50, 120-7
   Jack 20, 133-7
   Jahu 52, 111-67
   Jake 22, 115-66
   James 35, 113-200
   James 46, 126-16
   James 29, 13-26
   James 54, 81-130
   James 13, 107-596
   James 54, 100-274
   James 21, 104-468
   Jefferson 49, 106-537
   Jennie 60, 106-561
   Jim 27, 81-125
   Joe 30, 119-251
   Joe 25, 113-189
   Joe 28, 128-106
   Joe 15, 128-98
   Jno. 40, 120-7
   John 40, 88-466
   John 21, 81-139
   John 39, 91-613
   John 48, 94-725
   John 3, 100-289
   John 28, 105-505
   John 27, 104-450
   John W. sr. 50, 133-6
   John W. 25, 105-510
   Johnnie 19, 113-183
   Josh J. 44, 111-70
   Jos. A. 45, 112-113
   Josie 26, 121-9
   Julian 28, 114-34
   Kate 24, 130-207
   L. L. 23, 119-2
   Laura 53, 81-131
   Laush? 40, 81-123
   Leah 55, 127-28
   Leon 53, 128-86
   Liberty 22, 13-28
   Licie 22, 112-131
   Lou W. 6, 132-267

FRIERSON, Lucil 10, 81-129
   Lucy 10, 125-39
   Luther 24, 111-91
   Luther 24, 126-41
   Luther 24, 120-7
   M. 20, 22-8
   Mack 25, 73-17
   Maggie B 2, 101-313
   Maggie D. 24, 101-313
   Malinda 17, 92-653
   Manda 31, 110-38
   Manesere 23, 84-243
   Manton 44, 113-184
   Martha 14, 92-626
   Mary 10, 111-77
   Mary 21, 81-110
   Mary 10, 107-596
   Mary 25, 104-468
   Mary A. 15, 58-33
   Mary E. 6, 95-61
   Milton 21, 132-286
   Mira 8, 49-5
   Nat 53, 126-13
   Nellie 7, 133-4
   Nelly 23, 126-18
   Nelson 26, 131-254
   Newton 47, 76-148
   Newton 23, 105-508
   Nick 21, 112-118
   Peter 57, 111-71
   Peter 45, 96-111
   Peter 38, 96-108
   Pheriby 20, 104-468
   Philip 18, 106-531
   Phineas 40, 131-228
   Polly 12, 95-37
   Porter 15, 92-653
   Porter 25, 101-293
   Queeny 5/12, 95-61
   Quinti A. 4, 101-313
   R. W. 58, 113-191
   Rachael 10, 116-104
   Rachal 58, 84-243
   Rebecca 1, 100-289
   Robert 35, 96-99
   Robt. J. 27, 112-132
   Rose 56, 112-150
   Rufust 30, 104-432
   S. Wilson 36, 110-65
   Salina 19, 106-561
   Sallie 40, 78-278
   Sallie 22, 89-525
   Sallie 18, 100-246
   Sallie 8, 80-80
   Sally 60, 95-37
   Sam 61, 113-208
   Sam 27, 92-643
   Samuel 43, 113-174
   Saranna 9, 100-289
   Segar 10, 81-129
   Shaw 35, 127-41
   Tama 35, 92-626
   Tenny 24, 101-203
   Theophelas 50, 105-516
   Thomas 25, 73-30
   Thomas 56, 111-72
   Tilda 46, 113-192
   W. R. 53, 126-9
   Walter 25, 88-443
   Wash 68, 112-156
   Wash 29, 133-7
   Wesley 30, 111-66
   Weston 40, 88-469
   Whitfield 49, 129-156
   Wm. 21, 74-69
   William 22, 74-98
   Wm. 23, 88-442
   William 27, 1-16
   Willie 2, 95-61
   Willie 24, 110-44
   Willy 11, 107-596
FRIERSOND, Lillie 11, 101-330
FRIESON, Simon 52, 30-83
FRIMBELL, Harret 58, 13-267
FRIZZELL, E. J. 30, 27-219
   Jimmie 16, 27-219
FROST, Joe 33, 115-49
FRY, Ada 6, 66-272

FRY, Betsy 8, 66-272
　　Ellen 45, 66-272
　　Henry 13, 66-272
　　Jack 50, 66-272
　　Margart 20, 66-272
　　Sarah 10, 66-272
　　Sarah 16, 80-81
FULLER, A. J. 37, 50-2
　　Alice 12, 107-9
　　F. M. 44, 36-24
　　John 51, 136-9
　　Joshua 30, 98-180
FULSOM, Jeff 3, 115-89
　　Jennie 8, 115-89
　　Marie 5, 115-89
　　Mary 30, 115-89
FULTON, Frank 22, 111-78
　　Josiah O. 67, 112-139
　　Mary 35, 80-91
　　Mathew 79, 99-234
FURGERSON, Addie 12, 127-23
　　Elijah 24, 117-178
　　Semun 51, 54-100
FURGISON, Freeman 22, 102-339
FUSSELL, Jos. H. 43, 87-430
FUVET, J. W. 22, 48-30
　　M. M. 22, 48-30
GABARD, C. S. 26, 140-179
GABRAL, Nancy 20, 120-4
GABREN, Alex 63?, 123-21
GABRIEL, Eliza 50, 110-57
　　Jane 85, 122-19
GAINES, John 25, 132-292
GAITHER, Elizabeth 54, 147-194
GALAWAY, Chany 12, 31-88
　　Charles 34, 10-95
　　Dobin 25, 5-263
　　Mathew 67, 9-49
　　Robt. 30, 8-382
　　Uriah 59, 12-240
GALBRAITH, Green 60, 77-216
GALBREATH, J. K. 21, 42-148
GALBRETH, J. R. 32, 125-38
　　Wash 71, 66-253
GALE, Annie 19, 126-16
　　Jordan 70, 130-170
GALEL, M. H. 63, 142-23
GALLAWAY, Elizabeth 54, 144-41
　　J. B. 46, 70-151
　　Jane 33, 87-419
　　John 18, 144-42
　　Nat 25, 67-20
　　R. A. 39, 71-218
　　Wm. 65, 92-622
　　＿＿＿ 4, 87-404
　　Milton 23, 55-113
GALLOWAY, Amanda 22, 77-210
　　Calvin 32, 107-599
　　Henry 49, 100-261
　　Henry 16, 97-120
　　Ida 12, 97-120
　　Kate 24, 96-75
　　Lucy 50, 144-26
　　Maria 35, 56-203
　　Marion 57, 54-94
　　Mike 65, 54-95
　　Nat 9/12, 77-210
　　Rush 19, 145-85
　　West 22, 96-75
　　William 8, 77-210
GALOWAY, Ben 72, 49-22
　　J. A. 47, 48-29
　　William 35, 60-180
　　William 34, 55-119
GAMBELL, W. H. 40, 49-29
GAMBLE, E. W. 41, 90-525
GANT, A. 60, 24-122
　　Alex 18, 134-11
　　Bettie 46, 134-11
　　Bill 51, 143-123
　　Charlie 22, 109-11
　　Frank 75, 107-578
　　Fred 8, 107-10
　　Gabriel 65, 110-26
　　George 19, 134-11
　　Hewy 30, 107-4
　　Judson 68, 135-16
　　Loucinda 61, 81-126

GANT, Milton 28, 65-231
　　Minus D. M. 53, 57-16
　　R. C. 39, 91-616
　　Walter 18, 83-221
　　Wm. L. 52, 107-1
GANTT, Eli 64, 97-129
　　Mary 58, 29-4
　　Mary E. 2, 95-55
　　Samuel 2, 106-561
　　Soliman 35, 95-39
　　William 2/12, 95-55
　　Willis 28, 18-237
　　Wily 15, 69-78
GARDNER, Alfred 39, 148-252
　　Alice 21, 135-15
　　Jacob 71, 147-203
　　James 21, 7-342
　　John 58, 148-255
　　Sallie 10, 148-246
　　Samuel 33, 147-200
　　Sara 10, 95-276
　　V. M. 33, 33-192
GARNER, Belle 16, 10-151
　　Bettie 54, 117-184
　　Elijah 33, 146-139
　　Geo. 33, 136-3
　　Nathan 37, 136-4
　　Sam 48, 140-169
　　William 24, 144-51
GARRETSON, Elvira 4, 102-364
　　Lou 40, 102-364
　　Moses 2, 102-364
GARRETT, Dock 23, 59-95
　　J. S. 48, 69-77
　　Jake 68, 115-65
　　Joseph 21, 66-279
　　Mary 50, 58-68
　　Sally 15, 58-68
　　Thomas 34, 147-201
　　William 46, 148-247
GARTNER, John 49, 79-49
GARY, Ben S. 31, 25-140
　　Jefferson 38, 65-198
　　John 55, 25-139
GASKEL, Thomas P. 28, 4-186
GASKET, Thom 37, 2-104
GASKILL, J. Mack 30, 6-315
　　Margaret 52, 6-316
　　William 31, 10-147
GATES, Mary 55, 44-8
GAUF, Robert 75, 63-114
GAUGH, Jake 35, 63-110
GBSON, F. 16, 122-15
GEASNO, Ann 70, 47-159
GEE, Adline 64, 87-402
　　David 25, 92-647
GEERS, Edward F. 28, 104-468
GELASPIE, Ann 25, 120-4
GELHAM, James 12, 102-359
GENKINS, July 38, 49-37
GENNETT, Lorence 60, 98-183
GENTRY, Allis 14, 46-124
　　Irvin 15, 46-124
　　Many 45, 46-124
　　Rich 12, 46-124
GENTY, John 12, 36-56
GEORGE, Ann 25, 133-7
　　Ella 1, 123-25
GERING, Wash 43, 118-225
GERNIGAN, Nathan 76, 66-253
GERNSTELL, Ad. 28, 90-544
GESS, Cora 6, 107-14
GHOLSON, Anthony 65, 96-101
　　Isaiah 35, 74-84
　　Julia 46, 94-16
GIBBS, Daniell 46, 94-15
　　Geo. 32, 124-29
　　Mary 50, 115-94
　　Sam 26, 39-183
　　T. S. 42, 39-199
GIBSOM?, William 23, 58-73
GIBSON, A. N. 36, 138-121
　　C. C. 31, 29-325
　　Cahal 37, 118-236
　　Emily 10, 124-32
　　Evaline 78, 130-197
　　Frank M. 28, 129-165
　　Henry 55, 111-94

GIBSON, J. B. 23, 129-127
　　J. R. 23, 70-135
　　J. W. 25, 124-30
　　James 75, 109-86
　　Jas. Wm. 25, 128-120
　　Joel 27, 112-159
　　John 21, 117-179
　　John 48, 129-125
　　Kirk 22, 108-39
　　Laura 19, 124-32
　　Lewis 33, 128-118
　　Mark 33, 137-19
　　Mosser 28, 11-169
　　Murphy 6, 124-32
　　Thomas 26, 137-20
　　Thos. 43, 22-10
　　W. A. 25, 82-143
　　W. G. 46, 128-119
　　W. W. 52, 137-25
　　Wm. H. 20, 129-164
GIDCOMB, J. W. 26, 78-281
GIDDENS, Andrew 44, 76-153
　　Easter 65, 76-155
　　James 40, 119-258
　　James M. sr. 64, 116-104
　　John W. 26, 76-154
　　W. B. 27, 114-41
GIDEON?, Luther? 46, 5-257
GIFFERD, Frank 56, 56-208
GIFFORD, J. J. 30, 50-26
GILBREATH, Henry 48, 116-123
　　John A. 26, 117-179
GILBERT, William 15, 57-243
　　John B. 51, 14-31
GILES, George 60, 45-74
GILL, Abraham 45, 16-142
　　Allen 10, 64-154
　　Alsey 30, 64-180
　　Alsy 30, 63-80
　　Andy? 57, 51-33
　　Caroline 44, 64-181
　　E. N. 38, 92-646
　　Sarah E. 76, 92-646
GILLEM, David 26, 14-56
GILLESPIE, Adaline 37, 76-184
　　B. M. 43, 34-275
　　Dock 45, 79-45
　　Frank 27, 77-228
　　John 31, 56-184
　　Lew 24, 53-31
　　Lewis 28, 119-249
　　Peter 52, 119-250
　　Puss 30, 77-199
　　R. R. 44, 119-243
　　Mrs. 55, 53-31
GILLIAM, A. P. 40, 49-1
　　C. M. 12, 50-18
　　F. E. 10, 50-18
　　G. M. 23, 42-114
　　J. D. 18, 53-64
　　J. H. 79, 48-2
　　J. M. 36, 49-3
　　J. R. 31, 48-14
　　L. F. 31, 50-19
　　S. M. 52, 48-23
　　T. H. 22, 49-2
　　T. J. 44, 52-46
　　T. T. 11, 49-1
　　William 20, 51-1
GILLIM, David 39, 14-60
GILLISPIE, George 48, 116-114
　　Moses 30, 116-130
　　W. P. 29, 41-92
GILLMON, James T. 30, 111-100
GILLUM, Hence 28, 9-89
GILMER, W. A. 29, 70-124
　　W. M. 40, 72-142
GILMORE, C. C. 30, 120-6
　　W. H. 38, 126-41
GILNER, J. P. 47, 70-122
GIPSON, J. H. 40, 51-2
　　James 65, 6-276
　　Mary A. 67, 6-276
　　Sara 30, 6-276
　　T. A. 45, 121-10
GIST, Ben 16, 6-276
　　John J. 31, 126-39
GIVEN, J. W. 30, 131-215

GLASS, Furd 40, 6-326
GLEEN, Sam 48, 39-190
GLENN, Ausburn 40, 46-143
    Auston 12, 86-370
    Ellen 14, 13-3
    Haywood 24, 28-273
    Jane 53, 38-170
    Robert A. 49, 45-90
    Sally 45, 45-76
    Tempy 58, 9-53
    Thomas 23, 13-4
    W. A. 31, 38-154
    Zac 33, 32-187
GLESBY, Meruda 20, 85-326
GLOVER, H. 53, 34-256
GOAD, Adline 45, 2-101
    Andrew 25, 10-104
    Buck 30, 52-20
    David 20, 1-37
    Henry T. 28, 18-214
    James 24, 32-140
    Joel? 55, 31-134
    John C. 38, 9-93
    Joshua 52, 19-276
    Newton 45, 124-30
    Newton 17, 131-247
    Peggy 60, 4-189
    Robt. 26, 4-175
    Sam 22, 1-10
    William 35, 4-205
    Wm. F. 21, 130-175
    William T. 29, 16-132
GODFREY, M. 11, 96-76
GODWIN, Aaron S. 57, 17-167
    Clate 29, 11-171
    Elisabeth 66, 10-135
    Gorge 30, 11-170
    Kinchen 64, 10-140*
GOINS, Gabriel 5, 215
GOLSTON, Hariet 16, 90-541
    Harrice 22, 80-61
GOOCH, Roland 44, 11-195
GOOD, John 19, 129-153
    John W. 28, 77-219
    W. I.? 30, 68-37
GOODLAW, Henry 35, 87-419
    Lidia 40, 106-535
    Solomon 30, 105-476
GOODLOE, Bettie 45, 129-160
    D. 23, 121-8
    D. M. 81, 128-82
    Henry G. 52, 128-79
    Jack 16, 72-135
    Jim 53, 129-159
    John 18, 127-68
    Lucy 25, 129-159
    M. A. 48, 130-198
    Maria 18, 126-40
    Merrick 55, 128-102
    Robt. 45, 121-10
GOODLOW, Ann B. 30, 85-246
    Benjamin 41, 104-455
    Gilbert 45, 53-20
    Jinc 17, 94-721
    Malinda 36, 94-721
    Monroe 26, 100-247
GOODMAN, B. 32, 143-128
    Bob 65, 91-578
    Callie 10, 109-97
    Davis 16, 109-95
    Deny 23, 82-178
    Dicy 68, 109-83
    Elviry 32, 109-74
    Henry 46, 108-48
    Kemp 51, 72-125
GOODON, Maddison 28, 101-320
GOODRICH, Rich 35, 122-19
    S. 26, 67-300
GOODRIDGE, Ed 30, 56-185
GOODROM, George 60, 36-19
GOODRUM, Felix 26, 53-26
    Hilliard 55, 16-157
    James 32, 78-255
    T. J. 38, 78-257
    W. F. 27, 78-251
GOODWIN, Alice 17, 108-48
*GODWIN, Polk 36, 1-27

GOODWIN, Anna 7, 108-48
    Bettie 18, 108-48
    Eliza J. 11, 108-48
    George 14, 108-48
    James 15, 108-48
    Jane 72, 99-223
    Josie 9, 108-48
GOOLOW, Sarah 25, 81-118
GOORUM, Alfred 24, 67-8
GORDAN, Elbert 47, 102-362
    Alick 58, 54-83
GORDON, Ann 35, 104-419
    Anna 20, 88-455
    Brown 26, 145-64
    C. M. 65, 90-532
    Charles 23, 65-220
    Clay 45, 114-9
    Cornelas 50, 88-445
    Dennis 26, 58-94
    Ed 39, 53-31
    Edmond 65, 146-123
    Edward 55, 107-601
    Ella 14, 81-131
    Famus 20, 87-428
    Florance 16, 84-262
    Florance 16, 88-455
    Forrest 16, 53-7
    Frank 6, 130-183
    Gabriel 48, 102-369
    George W. 35, 102-338
    Harrison 21, 17-170
    Henry 24, 145-96
    Hugh T. 31, 95-32
    Ike 19, 19-278
    J. W. 38, 123-20
    Jacob 59, 106-541
    Jane 44, 15-94
    John 25, 125-33
    John 40, 110-14
    John C. 44, 102-358
    Josie 13, 68-63
    Lewis 27, 109-6
    Louisa 35, 93-670
    Luciel 5, 88-455
    Mary 28, 88-457
    Moses 35, 101-298
    Osie 16, 53-4
    Parthena 16, 64-160
    Peter 47, 147-155
    Reason 50, 146-110
    Richd. 43, 133-3
    Richard 28, 91-585
    Robert 11, 74-98
    Russell 5/12, 84-255
    Samuel 45, 148-221
    Susen 53, 38-149
    Tan 16, 81-142
    Thomas 67, 74-98
    Thos. 65, 86-313
    Walter 8, 1-25
    William 37, 114-38
    Wm. 4/12, 88-455
    William O. 42, 14-32
    Wilson 75, 146-132
GOSLEN, L. A. 37, 109-91
GOSSET, Cordie 32, 143-97
    Gruppy 12, 143-97
    Nancy 69, 143-97
GOWENS, Wash 50, 113-181
GRACY, Barnett 35, 67-286
    Ben 69, 64-157
    Joseph B. 72, 67-289
GRAHAM, Carroll 35, 105-494
    John 41, 46-136
    Thomas 45, 31-100
    Wesley 22, 31-101
GRAHAN, Jinnie 22, 38-159
GRAHWAN, Sam 24, 46-140
GRANBERRY, Ann 13, 141-234
    Bettie 34, 129-151
    Cato 70, 122-18
    Elias 55, 129-161
    H. 32, 121-9
    J. J. 41, 131-216
    John 46, 102-345
    Lizzie 40, 141-234
    M. A. 76, 124-30

GRANBERRY, Manuel 53, 70-154
    Malinda 66, 76-157
    Wash 26, 76-156
    William 54, 127-68
GRANBERY, Jack 47, 132-283
    Jerry 35, 124-30
GRANT, Mary 74, 19-276
    Rebeca J. 64, 62-53
    William R. 41, 45-94
GRAVEL, George 31, 60-156
GRAVES, A. D. 10, 52-18
    Alexander 72, 55-131
    B. M. 49, 76-177
    M. J. 38, 52-18
    N. H. 8, 52-18
    Powell P. 37, 60-159
    Rosa A. 63, 59-109
    Walter 22, 41-98
GRAY, Dr. A. W. 25, 83-230
    Agnes 9, 13-15
    Andrew 22, 119-1
    Andrew 26, 109-80
    C. H. 74, 50-21
    Danl. 43, 127-48
    Diana 35, 114-29
    Elliot 3, 114-8
    Frank 30, 64-136
    George 26, 137-30
    George 40, 135-15
    H. 27, 27-222
    Handy 35, 29-29
    Henry 24, 135-15
    J. W. 41, 48-28
    Jennie 17, 136-20
    Joe 24, 53-23
    John 36, 148-238
    John 30, 117-183
    John 25, 116-142
    Joseph 66, 72-158
    Joseph 22, 78-264
    Julia 27, 94-20
    L. R. 26, 41-101
    Lizzie 40, 128-103
    Malinda 65, 14-43
    Malvina 30, 30-49
    Maria 33, 136-20
    Mary 71, 148-237
    Mary 54, 109-79
    Nancy 65, 95-49
    Nancy 67, 7-342
    P. M. 32, 136-22
    Peter 18, 145-95
    Pink? C. 50, 1-43
    Rachel 50, 139-124
    Sallie 14, 134-11
    Samuel 57, 127-23
    Sarah 60, 5-249
    Stewart 23, 114-15
    Thomas 52, 147-210
    Whit 46, 144-25
    William 39, 147-199
    William 30, 147-167
GREEN, Albert 5, 89-514
    Austin 24, 31-120
    Autney 51, 91-592
    Bill 35, 1-43
    Carolin 25, 1-43
    Clark 22, 32-142
    Delia 28, 31-126
    Ed 24, 83-206
    Flem 30, 32-164
    G. Sindey M. 46, 14-74
    George 26, 34-243
    H. 18, 49-10
    Harel 42, 48-15
    Hayes 20, 32-144
    Ike 12, 16-133
    Joe F. 27, 1-19
    John W. 32, 18-221
    Joseph 30, 14-40
    Jourdan 26, 81-105
    L. C. 38, 24-100
    Lewis 21, 34-244
    Louisa 50, 32-161
    Mark 35, 34-249
    Manerva 55, 34-245
    Mary 26, 4-173

GREEN, Milton 21, 53-10
　Mumford 54, 31-93
　Partheny 30, 66-263
　Peter 35, 117-144
　R. M. 31, 84-265
　Roberson 22, 53-33
　Sam 33, 133-6
　Walter 9, 32-161
　Walter 1, 4-173
　William 28, 64-176
　William E. B. 52, 14-42
GREENBERRY, R. W. 24, 119-245
　Sol 50, 120-8
GREENBERY, Louis 50, 122-18
GREENE, Joe 55, 114-23
GREENFIELD, George 15, 128-91
　Irena 35, 135-17
　James T. S. 46, 145-66
　Magg 4, 93-706
　Pattie 23, 146-137
GREER, Ben 36, 135-16
GREGG, A. 23, 20-8
　John 19, 82-145
　M. 60, 20-9
GREGORY, David G. 45, 32-161
　Green 32, 17-169
　J. S. 47, 30-43
　James H. 60, 96-87
　Ned 20, 134-10
　Sandy 25, 28-256
GRENAWAY, William 86, 66-253
GRESHAM, W. B. 39, 52-11
GRESKE, Lizza 16, 84-243
GRIFFETALL, A. 44, 40-68
GRIFFIN, Alice 21, 148-237
　Allen 40, 147-157
　Amon 54, 46-132
　Camilla 18, 121-14
　Clara 25, 2-52
　Ellen 50, 130-199
　Hugh 31, 41-73
　Lou Willie 2, 108-18
　M. W. 3, 93-691
　Martha 44, 41-73
　Mary 6, 108-18
　Rufus 25, 148-217
　Sallie 21, 41-73
　Simon 61?, 146-112
GRIFFITH, J. R. 29, 120-7
　J. S. 37, 124-28
　James 39, 114-58
　Kate 26, 114-57
　S. E. 63, 124-28
　Susan C. 66, 114-57
　John 28, 2-59
　Nancy 70, 6-279
GRIFIN, Julia 56, 66-253
GRIGG, Patrick 69, 66-275
GRIGSBY, Ike 40, 7-338
　John 65, 45-67
　Pite? 25, 51-5
　Thos. 16, 70-146
GRIMES, Alex 23, 136-7
　Arey 65, 134-14
　Aria 7, 114-41
　Betsey 30, 114-41
　D. G. 61, 120-4
　Dan 30, 137-50
　Geo. W. 26, 138-100
　H. A. 64, 121-12
　J. A. 43, 126-41
　J. M. 28, 121-9
　J. P. 43, 120-5
　Jack 43, 137-52
　Jim 9, 114-41
　John 18, 137-36
　John A. 43, 115-67
　John L. 26, 140-196
　John W. 20, 144-49
　L. G. 33, 130-201
　L. W. 61, 121-10
　Martha 46, 138-103
　Nancy 76, 2-105
　S. A. 60, 137-68
　Sarah 50, 129-127
　Toney 45, 123-23
　Wm. M. 45, 84-246
GRIMMETT, Wm. 88, 141-257

GRISHAM, Joseph A. 51, 16-154
GRISSOM, James 56, 60-174
　Richard 22, 88-484
GRISSON, Green 51, 87-428
GRISSUM, Elly 98, 49-25
　J. 30, 51-23
　Robert 21, 88-456
GRISUM, William 80, 51-34
GRIZY, Rich? W. 39, 7-329
GROOM?, Daniel 27, 95-58
GROSS, Henry 40, 84-251
　Solamon 31, 83-210
GRUBB, John A. 37, 30-41
GRY, John M. 43, 105-494
GUDRAM, Clarence 1, 100-275
　Jacob 2, 100-275
　Laura 7, 100-275
　Mattie 29, 100-275
GUENN, George W. 36, 97-149
GUEST, J. L. 61, 84-249
　Jane 30, 102-342
　Jane 4, 102-342
　Thos. M. 31, 93-688
GUIN, John 35, 30-51
　Shack 26, 30-49
GUIST, Eliza 55, 148-233
GULLETT, Henry 31, 69-74
　N. J. 68, 47-17
　Saml. 62, 42-127
GUMMER, Wash jr. 27, 134-10
　William 25, 135-18
GUNELL, M. E. 40, 31-90
GUNEL, W. B. 22, 30-62
GUNNER, Ray 25, 104-456
　Wash. sr. 50, 136-21
　Wm. 22, 14-572
GUNNING, Mary A. 43, 145-60
GURTHRIE, Finley 39, 119-242
GUS, Dave 18, 12-7
GUSSET, Laneora 1, 84-246
　R. H. 32, 84-246
　Susan 4, 84-246
GUTHRIE, Anthony 60, 76-188
　Jacob F. 76, 130-200
　John 35, 126-18
GWINN, Frank 70, 76-183
HACKARD, George 30, 105-481
HACKNEY, Alford 15, 102-334
　Anna 14, 76-184
　Bettie 20, 55-153
　Betty 37, 102-334
　Charles 18, 55-162
　Elisebeath 52, 58-44
　Emanuel 21, 74-67
　Ike 15, 56-201
　Isaac 37, 74-50
　James 65, 80-91
　Jennie 13, 56-207
　Joe 38, 123-23
　Laura 17, 120-3
　Mat 16, 115-91
　Mattie 18, 110-61
　Rina 28, 89-499
　Tennie 30, 56-168
　Thomas 38, 60-152
HACKNY, Florence 18, 119-3
　John 17, 100-247
HADDOX, Abe 40, 23-47
　Albert 18, 74-50
　B. 35, 21-60
　Bill 28, 29-320
　Brit 54, 21-66
　Edward 20, 14-68
　Ellen 40, 21-43
　Henry 35, 88-471
　Ison 80, 88-479
　Jim 50, 86-392
　Lila 65, 21-42
　Lizzie 7, 25-158
　M. 35, 20-22
　Minna 40, 92-651
　Peter 54, 95-44
　Sabra 77, 45-56
　Sam 40, 23-44
　Sam 13, 20-23
　Samuel 35, 43-2
　Viblet 35, 91-591
HADEN, Mary L. 14, 102-357

HADEN, Sallie R. 13, 102-357
HADLEY, Archy 40, 134-8
　Austin 22, 109-11
　Chirful? 77, 11-188
　Delpha 7/12, 30-52
　Emily 52, 12-261
　Jessee 3, 30-52
　Louisa 30, 30-52
　Rachael 60, 98-158
　Sarah 5, 30-52
　William 7, 30-52
　William 39, 11-189
HADLY, Louisa 25, 147-184
　Richard 5, 147-184
　Robert 11, 147-184
　Zacheria 32, 58-67
HADOX, John 24, 63-109
HAGAN, J. W. 33, 119-2
HAGLE, Henry 24, 91-612
　John 50, 141-258
HAIMES, W. R. 66, 82-144
HAIR, Hester 1, 58-46
HAIRVEY, Geo. J. 24, 72-161
　R. L. 23, 72-162
HAL, Henry 22, 40-16
HALCOMB, J. 40, 37-71
HALE, C. C. 23, 40-14
　El. 29, 142-10
　John 31, 42-153
　Wm. 25, 119-3
HALEY, Charles W. 52, 94-4
　H. V. 43, 30-40
　James 67, 67-11
　James M. 20, 72-139
　Jo 13, 73-16
　John C. 31, 29-27
　John F. 37, 94-714
　Marcus 59, 146-118
　Mariah 39, 72-139
HALFACHRE, Dr. J. C. 31, 88-451
HALFACRE, James 55, 100-291
HALKHAM, Ada 43, 87-424
HALL, Anne 2, 13-1
　Bettie 23, 132-290
　Caroline 17, 111-81
　Catherine 40, 18-210
　Frank 28, 129-128
　G. M. 34, 116-128
　Genia 20, 119-1
　George 76, 53-36
　George 18, 108-39
　Geo. 32, 95-51
　Harriett 32, 13-1
　Joe 19, 138-98
　John H. 43, 140-171
　Jordan 14, 111-81
　Lillie 3, 18-222
　Margaret 25, 75-130
　Martha 58, 99-209
　Mrs. Melvina 73, 116-127
　Minerva 40, 74-67
　Minnie 5, 90-567
　Quinnee 25, 120-7
　Redden B. 65, 94-5
　Robb 30, 75-112
　Sally 37, 119
　Sam 35, 67-286
　Tinnie 30, 53-7
　Zinka 17, 119-2
HALMAN, William 40, 102-340
HALSTED, Benjamon 37, 107-581
　Frank 18, 107-580
HAM, Anna 18, 80-93
　James 25, 99-237
　Janet 16, 80-93
　Learoy 38, 5-227
HAMBLETON, Charles 13, 134-10
HAMBRIC, Matildy 60, 43-189
HAMBRICK, Tom 49, 69-101
HAMBRINE?, Martha 21, 69-94
HAMES, Nelson 18, 9-64
　Tildey 36, 4-200
HAMILTON, A. 18, 22-3
　H. 14, 22-3
　H. Brown 40, 10-122
　N. 38, 22-3
　Wade 3, 90-541
HAMLET, Lucius P. C. J.? 50, 18-254

HAMLIN, William? 54, 3-129
HAMM, Mattie 6, 94-713
    Minnie 13, 94-713
    Sophia 18, 94-713
    Susan 34, 94-713
    Wm. M. 43, 94-713
    Willis W. 2, 94-713
HAMMANS, Richard 30, 14-50
HAMMONS, Gabriel 63, 14-37
    James A. 27, 15-118
    John 34, 20-322
HAMNER, Amy 73, 74-84
    Elizabeth 26, 92-623
    Henry 55, 118-228
    Joseph 50, 19-284
HAMP, Mack 40, 100-281
    Ollie 14, 104-439
HAMPTON, Cynthia 19, 83-237
    F. F. 43, 45-89
HAMSON, Ann 30, 103-410
HANCOCK, Josa 18, 34-265
    Joseph 5, 33-213
    Julia 20, 33-213
HAND, Ross 22, 109-77
HANDCOK, Emiline 12, 45-103
    Mary 18, 45-103
    Sarah 40, 45-103
HANE, Fanny 35, 45-81
HANEY, Benn 30, 86-379
HANKS, Ella 17, 18-215
    Laura L. 12, 20-314
    Lula 12, 18-209
HANNA, Alice 23, 78-255
    Hugh B. 39, 116-134
    Jas. R. 55, 75-121
HANNER, James 30, 100-253
    Mariah 49, 100-254
HANVEY, G. W. 51, 72-160
HARBESON, Elonzo 26, 8-390
HARBINSON, Dina 60, 3-150
    Gorge 28, 11-179
    Houston 50, 3-144
    Levina? 58, 10-138
HARBISON, Alex 72, 1-38
    Henry 13, 16-159
    J. Mat 55, 1-35
    John 30, 1-36
    Thomas 50, 105-506
    Thomas 30, 149-275
    Thomas 36, 11-161
    Tom D. 32, 8-3
    William 40, 149-270
    William 35, 149-278
HARDEMAN, Mary 74, 113-178
HARDEN, A. C. 9, 48-5
    C. 11, 48-5
    H. J. 17, 48-5
    J. J. 16, 48-5
    M. 14, 48-5
    William 1, 104-460
HARDIMON, M. 50, 36-11
HARDIN, Cator 79, 48-31
    J. O. 38, 25-154
    Jane 28, 27-253
    King 24, 105-501
    Lizzie 40, 38-102
    Nellie 2/12, 36-48
HARDISON, A. E. M. 8, 47-14
    A. J. 23, 47-1
    Allis 5, 52-31
    Arther 3, 48-34
    Ann 19, 34-252
    Asa 67, 49-10
    Calvin 56, 46-129
    Charles 65, 40-9
    D. M. 49, 48-25
    D. S. 53, 47-13
    Daphne 60, 40-59
    David 20, 36-16
    Ed 40, 43-208
    Edmond 56, 39-3
    Eliza 17, 21-41
    Ezra 37, 42-136
    F. M. 40, 42-146
    Green 24, 106-532
    H. 22, 48-34
    H. J. 32, 42-132
    H. M. 62, 42-155

HARDISON, Isac 55, 47-167
    J. A. 80, 52-38
    J. H. 21, 42-126
    J. J. 23, 42-134
    J. K. 33, 47-14
    J. R. 20, 42-135
    J. Y. 61, 36-20
    J. Z. 28, 36-9
    Jim 52, 47-18
    John 10, 44-34
    John 28, 53-69
    Josh 68, 36-12
    Laura 26, 87-431
    Lou 24, 41-82
    Louisa 25, 43-169
    M. A. 16, 47-17
    M. H. 25, 47-1
    M. H. 6, 47-17
    M. I. 8, 47-17
    Malinda 60, 89-510
    Mart 15, 88-477
    Mary 88, 42-149
    N. P. 65, 43-193
    Nazer 17, 44-48
    Newton J. 31, 45-101
    O. 3, 48-34
    R. J. 14, 47-17
    R. J. 28, 42-145
    Rachel 68, 47-15
    Robert 56, 87-432
    Rose 50, 52-38
    S. L. 63, 48-12
    S. R. 12, 47-14
    S. T. 31, 49-5
    Sam 51, 48-1
    Sam 52, 46-121
    Suse 14, 48-34
    T. 20, 39-215
    T. B. 19, 47-1
    T. E. 50, 52-37
    Thos. 25, 38-165
    W. C. 59, 38-84
    W. D. 41, 39-7
    W. J. 50, 48-5
    W. J. 25, 42-154
    W. W. 58, 47-16
    Wash 84, 35-7
    Z.? T. 30, 37-78
HARDRICK, Adolfus 10, 56-175
    Annie 14, 56-175
    Bell 8, 56-175
    Fannie 38, 56-175
    Joe 10, 54-107
    Joe 16, 56-175
    John 18, 56-175
    Mattie 6, 56-175
HARDWICK, John 21, 108-17
    Nancy 66, 138-113
HARDY, Ed 2, 118-216
    James 30, 118-216
    Joe 10, 118-216
    Samuel 46, 111-105
    Sis 10/12, 118-216
    Will 12, 118-216
HARGRACE, Lee 55, 37-109
HARGROVE, David 51, 44-16
    Mary 58, 43-202
HARGROVES, Joseph 34, 35-287
HARIS, Sam 25, 78-25
HARLAN, Alexander 65, 108-55
    Dr. B. J. 31, 81-136
    Daniel 30, 126-41
    Eliza 13, 136-22
    George 80, 110-16
    George 38, 107-13
    George 1, 132-278
    Henry 35, 133-6
    Henry 24, 133-5
    Henry 53, 127-57
    Izora 1, 144-29
    Jacob 27, 133-3
    James 11, 136-22
    Jno. 6, 122-17
    John 19, 142-63
    John 15, 136-22
    Maggie 3, 144-29
    Mary 5, 144-29
    Mary 25, 120-7

HARLAN, Mose 37, 107-12
    Phillis 60, 126-6
    Willie 26, 125-37
HARLAND, Ester 50, 109-101
    Florrenc 19, 107-4
HARLEM, Ben 76, 107-11
HARLEN, Smith 60, 103-400
HARLIN, Lee 30, 107-589
    Wm. 22, 119-2
HARLING, Edward 9, 29-20
    Thomas 34, 29-3
HARLOW, Marion 35, 62-55
HARMAN, Allie 7, 46-108
    Thomas 39, 46-113
HARMON, Alexander 44, 37-137
    Fred 45, 37-104
    Maggie 18, 37-135
    Martha 35, 37-135
    S. D. 33, 67-6
HARPER, Geo. 35, 122-16
    Jane 84, 29-316
    Jessy W. 60, 12-247
HARRELL, Brooksy J. 4, 19-298
    Samuel 52, 145-82
    T. J. 31, 26-185
    William 27, 145-83
HARRIG, James 28, 147-157
HARRINGTON, Lula 15, 83-237
HARRIS, A. L. 39, 70-133
    Albert 22, 53-9
    Allen 24, 19-263
    Anderson 53, 35-1
    Andrew 55, 149-273
    Anna 42, 87-408
    B. R. 79, 130-190
    B. W. 29, 129-147
    Belle 16, 76-160
    Border 25, 56-169
    C. 14, 22-17
    Cele 70, 132-278
    Cele 17, 131-218
    Charles 52, 100-259
    Charles 28, 118-214
    Chery 18, 85-318
    Christopher 74, 19-278
    Daphne 22, 139-135
    David 34, 18-233
    Dudly 64, 36-28
    Duff 35, 28-295
    Edward? 49, 18-232
    Elijah 50, 17-162
    Eliza A. 19, 16-131
    Ella 16, 62-34
    Emma 2, 137-32
    Esquire 40, 27-240
    Essex 30, 120-5
    Frank 28, 77-211
    Frank M. 34, 17-184
    George 18, 111-79
    George 53, 56-192
    Grandvill 29, 31-131
    Green 22, 105-493
    Gustavus 22, 145-59
    H. 35, 27-214
    Hannah 34, 27-214
    Harriet 6, 137-32
    Harriett 4, 56-169
    Henry 65, 56-202
    Henry 9, 89-502
    Ira T. 34, 70-134
    Isaac 49, 105-479
    Isaac 14, 73-10
    Isham 44, 75-127
    J. E. 34, 39-197
    J. H. 25, 8-387
    J. R. 41, 36-53
    Jack 81, 28-293
    James 43, 71-200
    Jas. 14, 62-34
    James 1, 2-55
    James 75, 11-183
    James 15, 135-17
    Jennie 32, 17-184
    Jessee 12, 133-7
    Jessey S. 59, 104-466
    Jessy 6, 83-228
    Mrs. Jiles 67, 55-112
    Jim 12, 22-17

HARRIS, John 30, 56-204
    John 30, 86-372
    John 4/12, 27-214
    Jno. 26, 23-47
    Joseph 62, 57-25
    Josey 4, 137-32
    Judy 60, 100-259
    Laura N. 18, 18-234
    Lizzie 19, 73-41
    Louisa 67, 139-163
    M. L. 18, 83-237
    Margaret 21, 74-84
    Maria 39, 125-33
    Martha 33, 33-218
    Martha 18, 128-86
    Monroe M. 48, 144-50
    Nancy 43, 132-295
    Nelson 57, 60-161
    Richard 36, 38-156
    Richard 22, 59-78
    Robert 56, 87-408
    Robert 9, 111-79
    Robert 44, 55-109
    Robt. G. 29, 118-209
    Rose 26, 120-6
    Sallie 26, 83-224
    Sallie 13, 137-32
    Sammie 6, 56-169
    Sandy 32, 18-242
    Sarah 45, 31-131
    Sarah E. 18, 17-185
    Silas 50, 76-159
    Silas 18, 62-34
    T. A. 60, 119-1
    Theopolis 40, 11-199
    Tobe 19, 22-17
    W. P. 46, 49-20
    Walker 29, 61-197
    Wash 40, 56-200
    Wash 37, 60-153
    Washington 51, 99-241
    Webster 17, 83-220
    Wiley 51, 9-87
    Wick 33, 82-194
    Wm. 35, 28-266
    William 12, 112-111
    William C. 11, 18-234
    William H. 35, 20-317
    Willie 10, 133-7
HARRISON, Ann 45, 145-61
    Bennie 15, 102-373
    Braxton 2/12, 23-49
    Cora L. 1, 100-280
    Dam 25, 23-49
    Eliza 66, 29-15
    James 15, 25-134
    James 12, 100-280
    Jane 22, 66-253
    John 18, 56-181
    Kate 22, 23-249
    Lewis 35, 25-134
    Lewsindia 39, 56-181
    Marthey 11, 56-181
    Mary 29, 100-280
    Mattie 10, 100-280
    Nizy? 35, 21-56
    Phebe 40, 96-97
    Rachel 1, 66-253
    Randall 55, 146-153
    Sabre 6, 23-49
    Tom 40, 22-28
    Wm. 41, 21-59
    William 6, 100-280
    Wm. B. 48, 94-20
    Wm. S.? 59, 61-20
    Wyatt 5, 94-7
HARRISS, Henry H. 30, 46-133
    James P. 49, 46-118
    L. S. 12, 55-162
    Samuel 38, 100-245
HART, C. H. 14, 121-9
    Gabe T. 8, 59-115
    George 18, 53-21
    J. C. 68, 126-8
    Jinnie 17, 53-20
    Jo 26, 78-284
    John 44, 85-280
    Lew 53, 53-20

HART, M. C. 55, 121-9
    Stepen 67, 93-674
    W. S. 34, 120-5
HARTGROVE, Benjamin 38, 43-4
HARTLING, Guss 14, 11-159
HARVERSON, Dave 55, 92-637
    Dorah 28, 84-261
    Nellie 42, 92-620
HARVEY, Alexander 77, 44-13
    Chesley 57, 119-252
    James 27, 119-253
    Marion C. 34, 43-3
    Nathan 40, 28-285
    S. 70, 23-41
    Wm. F. H. 29, 94-18
HARVY, Jack 24, 39-215
    Robbert 23, 38-167
HARWELL, King 24, 82-161
HASFORD, Bob 35, 44-47
HASKEN, Gaines 18, 10-114
HASSEL, Rebbecca 43, 6-312
HASSELL, Mary C. 34, 74-76
HASTINGS, Duncan 23, 8-47
    Henry 56, 7-336
    James 28, 13-264
    L. 4, 69-81
    Melvin 28, 57-220
    Minerva 36, 69-81
HASTY, Jos. 50, 93-695
HATCHER, E. H. 32, 84-262
    Emma 15, 89-523
    Julia G. 36, 84-262
    Nancy 84, 145-78
HATHAWAY, Snoden 40, 13-276
HATMAKER, Louisa 49, 107-582
    William 24, 106-544
HATTON, Fill 54, 45-56
    Mina 15, 44-53
    Rachael 65, 25-131
HATTY, H. 13, 21-54
HAUT, Kate 30, 16-152
HAWKINS, Fannie 14, 135-16
    Lucinda 65, 69-80
    M. 65, 143-86
    W. R. 24, 138-95
HAWTHORN, Charles A. 25, 96-100
HAY, Charley 30, 6-275
    John M. 55, 6-278
    John P. 32, 5-267
HAYDEN, H. 60, 21-33
    Lizzie 55, 21-33
    Mickie 18, 21-33
HAYES, A. J. 25, 40-21
    C. W. 35, 43-184
    D. K. 65, 39-28
    Eugen 13, 91-602
    G. W. 33, 40-55
    Isaac W. 60, 43-200
    Isac 13, 18-253
    James 30, 35-285
    Lewis 35, 42-108
    Martha 19, 31-122
    Mary 10, 91-602
    Mary L. 10, 88-447
    S. A. 27, 39-21
    Sam 28, 43-197
    Sam D. 60, 39-1
    Sidney 98, 91-602
    William 10, 16-160
    Wm. P. 30, 40-37
HAYNES, Anderson 25, 73-29
    Joseph 35, 60-179
HAYS, Almira 60, 91-602
    Billie 18, 2-104
    C. W. 32, 33-237
    James P. 45, 3-147
    Plummer 53, 91-602
HAYWOOD, Berryman 60, 17-185
    Charles 25, 128-74
    Etta 14, 18-213
    Frank 30, 63-111
    Henry 56, 58-81
    John S. 26, 16-130
    Maria 35, 16-132
    Richardson 47, 16-131
    Riley 25, 10-101
    Susan L. 47, 17-186
    William H. 38, 18-245

HEAD, Alexander 47, 13-279
    George 55, 146-135
    George jr. 24, 146-136
HELD, Charles 36, 118-221
    John 38, 118-220
HELEM, Jerry 70, 135-19
HELM, Alexander 22, 34-279
    Alexander 57, 35-290
    Clabe 46, 11-191
    Dewitt 49?, 84-261
    George 30, 17-164
    Harrison 39, 17-173
HELMICK, J. W. 27, 70-122
HELMS, Elisha 50, 28-258
    Maima 16, 84-243
    W. 77, 87-406
HELSOE, Henry 35, 102-346
HELTON, Geo. 25, 69-81
    Sam 30, 49-36
    Sarah 16, 45-85
HEMP, Erwin 27, 148-229
HEMPHILL, Frank 27, 80-62
    Mary 26, 80-62
HENDERSON, Alphers? 18, 66-261
    Angie 40, 142-49
    Edy 59, 125-38
    G. W. 27, 90-560
    George 57, 99-213
    George 31, 113-204
    George W. 53, 144-46
    H. 10, 25-145
    Hanna 75, 68-25
    Harritt 40, 63-128
    Henry 57, 77-244
    J. B. 22, 65-235
    J. F. 52, 67-9
    James 52, 66-260
    James 10, 53-25
    Jesse 27, 68-26
    John 31, 66-266
    Johnson 2, 56-172
    Jos. 62, 91-599
    N. 52, 126-41
    Nancy 62, 68-21
    Nancy 62, 72-151
    Wm. A. 38, 61-7
HENDLEY, Abella 20, 14-54
    Catherine 21, 14-54
    F. J. 45, 83-225
    Fancy 19, 9-59
    Fannie 11/2, 135-19
    Minor 10/12, 9-59
    Nora 30, 16-159
    Thomas 66, 13-24
    Wilson 20, 135-19
HENDLY, Smith 44, 95-29
HENDRIX, John 54, 52-39
HENLEY, Horan? 41, 90-543
    Sam 60, 21-36
    Wm. 21, 24-119
HENLY, Adaline 49, 142-259
HENRY, Jas. H. 57, 4-198
    Monroe 50, 65-200
HENSON, George 30, 117-171
    James 9, 122-15
    W. D. 48, 70-142
    W. R. 35, 116-126
HERD, Thomas 34, 2-95
HERNDON, Frank 30, 82-171
    Jos. P. 34, 92-636
    S. D. 62, 90-524
HERR, Andrew H. 46, 96-78
HESSEL, Zeb 36, 124-348
HEWY, Kelly 27, 2-103
HIAL, Henry 35?, 96-95
HICKMAN, Edward 57, 66-270
    James 32, 64-161
    John 31, 65-201
    John 25, 66-268
    Z. T. 33, 129-132
    Mary 40, 63-126
    Mary 33, 71-196
    Nancy 19, 71-187
    Noah 44, 64-173
    Rily 36, 64-174
HICKS, Bailey 5, 24-107
    D. R. 28, 118-232
    Elen 8, 24-107

173

HICKS, Harriet 40, 92-640
    Henry M. 24, 93-671
    Joel W. 47, 145-98
    Jno. M. 7, 24-107
    Nathan 18, 138-113
    Ruth 35, 19-261
    W. E. 28, 21-52
    William 37, 3-127
    William 53, 130-168
    Wm. J. 31, 108-37
HIDE, Wm. K. 56, 123-23
HIGDON, Miles C. 56, 58-92
    Vicy 55, 66-282
HIGGINS, Edward 50, 114-24
HIGHT, George 58, 56-206
    George 51, 52-35
    Hilery 23, 56-190
    John E. 19, 17-163
    Munro 26, 4-171
    O. P. 53, 2-85
    Sallie 21, 10-132
    W. H. 27, 53-29
    Wash W. 55, 2-73
    Witthern 21, 2-57
HIGHTOWER, Boyd 38, 137-40
HILDRETH, John 48, 119-2
HILL, A. E. 30, 108-35
    Abe 53, 107-9
    Alf 37, 55-125
    Alonzo 46, 65-186
    Ann M. 30, 76-190
    Anner 7, 57-236
    Bell B. 22, 125-33
    Bob 38, 56-165
    Call 35, 11-182
    Caroline 60, 112-137
    Ed 38, 56-169
    Elizabeth 52, 31-115
    Esau 35, 76-194
    G. W. 42, 42-153
    Gorge 18, 11-188
    Harp 62, 135-18
    Harry jr. 35, 133-6
    Harvey 60, 126-18
    Henry 30, 12-232
    Henry 55, 94-11
    Henry 46, 108-53
    J. B. 76, 52-61
    James M. 43, 116-106
    Jim 55, 134-14
    John 17, 130-207
    John 17, 31-115
    John W. 21, 17-206
    Joseph 22, 13-279
    Jos. T. 37, 110-20
    Kinan 16, 132-301
    Miss L. E. 42, 126-2
    Lewis 40, 90-566
    Lewis 60, 26-208
    Lieu 11, 58-34
    Margaret 25, 31-99
    Mary 18, 31-115
    Mary 62, 108-36
    Nathan 13, 102-362
    Nathaniel 12, 107-601
    Ophelia 16, 102-359
    R. C. 54, 50-28
    Richard 33, 42-108
    Rutledge 24, 73-31
    Spencer 57, 55-126
    Spencer 26, 13-280
HILLIARD, Clara 35, 148-211
    Isaac 12, 148-211
    John 73, 77-234
    L. E. 32, 49-12
    Mattie 14, 148-211
    R. B. 63, 48-27
    Thomas 36, 105-474
    Tom 26, 52-39
    William 33, 80-71
HILLMAN, Amanda 41, 98-177
    Chenerch 4, 98-177
    D. 51, 142-55
    Gertrude 1, 98-177
    Jessee 50, 30-66
    Sallie 7, 98-177
    Thomas 70, 98-177
    Thomas 56, 19-282

HILLMAN, Thomas 65, 18-230
HILLS, Susan 53, 8-384
HILTON, G. W. 33, 38-142
HIMES, John 20, 138-113
HINE, Silas 37, 94-718
HINES, J. H. 37, 121-13
    James 35, 133-7
    Jeff 21, 137-16
    Nancy 76, 123-26
    S. H. 40, 123-26
HINSON, G. T. 29, 38-141
    George 26, 42-138
    H. 16, 121-9
    John S. 38, 43-1
    Tennessee 32, 122-18
HITE, E. 40, 51-6
    M. 12, 51-6
    R. 16, 51-6
HOAG, Lula 2, 114-43
    Margaret 26, 114-43
HOBBS, Bengamin 42, 65-232
    Caleb 45, 65-222
    Daniel 56, 65-91
    Elijah 50, 59-104
    Emily 35, 59-98
    Emmit 20, 65-233
    Frank 11, 102-333
    James 15, 102-333
    James A. 25, 57-14
    John A. 34, 65-225
    John 34, 65-225
    John 8, 102-333
    John C. 27, 58-28
    Lucy 38, 102-333
    Robbert 23, 58-53
    Sandy 45, 102-333
    Thomas I. 49, 57-9
    William 3, 102-333
    William 28, 58-53
HOBSON, Delia 18, 140-183
    Ellen 35, 141-244
    John H. 11, 141-47
    Laura 6, 136-12
    Lucinda 50, 136-12
    M. 60, 136-12
    Mary 18, 136-12
    Mary C. 43, 137-48
    Moses 7, 136-12
    Tamar 13, 136-12
    William 15, 136-12
    Willie 6, 141-244
HODGE, Alger? 28, 91-617
    Belle 18, 127-32
    Fannie 14, 127-32
    Fanny 60, 92-639
    Frank 7, 127-32
    Frank M. 28, 99-233
    George 35, 85-326
    J. M. 38, 89-518
    James 76, 98-163
    James 11, 127-32
    James R. 44, 97-116
    Jane 37, 96-114
    John 29, 97-122
    John W. 21, 58-92
    Samuel 27, 131-236
    Thomas 26, 97-136
HODGUS, Jenny 13, 82-159
    Tenna 13, 82-159
    Susan 5, 82-159
    Wm. 9, 82-159
HOFFMAN, Mary J. 45, 113-187
    William 43, 148-227
HOGAN, David 50, 65-209
    John 18, 143-73
    Thomas 21, 16-138
    William 59, 65-187
HOGE, Alex 19, 123-26
    Augustus 31, 122-16
    Eddie 3, 118-217
    Emily 40, 119-2
    Erwin W. 29, 122-16
    Geo. L. 38, 123-26
    Honey 20, 145-89
    Isack 72, 145-78
    Jane 12, 121-12
    Jane 21, 118-217
    Lewis 27, 125-36

HOGE, Mag 12, 121-8
    Napoleon 2, 118-217
    Nash 55, 122-16
    Ned 40, 120-8
    Stephen 75, 121-12
    Susan 49, 91-590
    Wm. 52, 125-36
HOGIN, C. W. 17, 52-37
HOGUE, Bill 20, 56-166
    Collumbus 25, 105-482
    Cora 13, 14-57
    Helen 17, 14-57
    James K. 46, 105-487
    Mary 62, 71-171
    Milton 60, 105-483
    Nancy 15, 14-57
    Samuel H. 21, 14-57
    Sarah E. 10, 14-57
HOLCOMB, C. P. 29, 4J-83
    D. G. 54, 39-24
    J. R. 26, 40-30
    J. R. 40, 34-269
    P. M. 48, 31-132
    Pattuna? 70, 85-301
    William 33, 36-31
HOLDEN, Anthoney 59, 14-58
    David 46, 115-70
    Giles 17, 77-234
    N. R. 58, 78-253
    Nancy 26, 66-253
    Thos. 70, 124-27
HOLDER, Doak 44, 58-62
    Eliza C. 41, 138-76
    J. C. 37, 69-102
    Julia 55, 125-39
    William 59, 60-139
HOLDING, Hondena? 70, 41-72
HOLDMAN, N. 45, 81-134
HOLDON, Rufe 47, 81-109
HOLEMAN, Jack 47, 55-154
HOLLAN, Franey 4, 55-160
    Guster 12, 55-160
    Koria 75, 54-77
    William 30, 56-170
HOLLAND, Bluford 25, 51-29
    George 50, 39-200
    George 52, 51-31
    Geo. 25, 124-27
    Gus 25, 51-28
    James 22, 102-359
    John 32, 124-27
    Joseph 77, 88-444
    Mary 23, 122-17
HOLLER, Rena 22, 79-13
    S. J. 46, 87-417
HOLLERWAY, Nancy 28, 123-21
HOLLEY, S. M. 55, 51-8
HOLLOWAY, Eliza 47, 116-76
    John 22, 129-164
    John 23, 123-23
HOLLY, John 24, 31-114
    Sam 60, 67-283
HOLMAN, Ada 10, 82-167
    Henry 3, 82-167
    Lelia 12, 100-288
    Sarah 38, 82-167
    Wm. 8, 82-167
HOLMES, Bettie 40, 84-243
    Daniel 53, 4-206
    John 71, 6-287
    Robt. 38, 4-200
HOLSTON, John 58, 94-12
HOLT, Ann 30, 61-23
    Bird 42, 92-624
    Daniel 45, 70-146
    Dave 19, 48-23
    Fany 49, 50-11
    G. Sack A. 42, 58-51
    George 24, 50-12
    Gentry 3, 8-36
    Isom 73, 39-203
    Jefferson L. 32, 58-65
    Jenny 60, 51-15
    Jeremiah F. 58, 117-165
    Jine 21, 8-36
    John 3/12, 8-36
    Lucy 56, 58-63
    Mary 42, 70-146

HOLT, Nancy 36, 62-29
    Pres 26, 143-98
    Rufus 36, 46-125
    Tobe 40, 67-299
    Walker 25, 56-212
    Will 55, 59-118
    William 63, 56-211
    William 35, 134-12
HONEY, Harlan 35, 145-90
HONN, Lula 6, 123-23
HOOD, Abner K. 31, 18-213
    Buck 24, 148-266
    Demarkus L. 60, 17-201
    James D. 35, 17-202
    James K. 27, 96-94
    John L. 34, 17-200
    Mariah 40, 7-352
    Neil A. B. 31, 17-203
HOOKS, Morgan 14, 117-176
HOOPER, Elizabeth 62, 71-175
    Jerry 27, 4-161
HOPE, Pollie 50, 4-167
HOPKINS, Charles 75, 101-316
    Elmira 40, 24-93
    H. 27, 24-92
    Mary 18, 26-178
    Nannie 19, 24-117
    Nelli 39, 90-567
    Norah 12, 86-388
    Sallie 28, 90-567
    William 25, 24-117
HOPSON, Wm. 14, 121-10
HOPWOOD, R. M. 20, 84-246
HORD, Carrie 16, 83-237
    John F. 32, 66-281
HORDISON, Cahal 18, 42-113
    Jos. 25, 42-117
    Simon 50, 42-116
HORNE, Jasper 44, 72-144
    Tine 37, 71-193
    William 17, 74-59
    Donah 28, 26-177
HORSELY, Henry 38, 99-217
    Martha B. 36, 99-226
HORSFORD, Cordela 60, 45-93
HORSLEY, Alfred S. 45, 84-245
    Nelson 50, 99-227
HORTON, Elizabeth 19, 102-364
    Mary 20, 74-60
    Sarah 1, 74-60
    W. B. 37, 48-9
HOSEA, F. L. 13, 83-237
    Fannie P. 39, 83-237
    Leda 5, 83-237
    S. D. 12, 83-237
HOSLEY, Lousinda 53, 82-183
HOUGH, Fannie 13, 98-196
    Sallie 17, 98-196
HOUGHF, Janna 28, 82-188
    Luck 52, 85-302
HOUGHLIF?, Lewis 58, 83-239
HOUSE, Smith 30, 7-362
HOUSER, Alonzo 29, 33-212
    Augustus 58, 145-61
    E. J. 55, 33-211
    Ed 60, 24-108
    Francis 57, 146-140
    Gabrial 27, 146-152
    Jacob 70, 77-240
    John F. sr. 52, 110-49
    John H. 30, 145-61
    Oscar 18, 148-223
    Tithe 7, 142-2
HOWARD, Bithel 35, 118-216
    Charly 3, 9-60
    Cynthia 15, 111-98
    Edith A. 24, 95-68
    Edward 14, 97-123
    Elijah 30, 115-93
    Ellair 22, 9-60
    Fancy 19, 9-60
    George 19, 112-116
    Gus 14, 130-213
    Henry 27, 95-68
    Isaac 56, 33-222
    J. A. J. 61, 49-11
    J. D. 49, 92-656

HOWARD, J. W. 33, 131-247
    James 58, 76-166
    Jane 10, 114-34
    Jane 17, 111-98
    Jesse 22, 106-539
    John 24, 111-109
    Loula 5, 84-249
    Lucy 30, 131-253
    Mary 1, 111-98
    Mary 68, 119-256
    Robert 18, 9-60
    Robert 40, 11-197
    Rusell 7, 84-249
    W. A. 28, 142-3
    W. F. G. 65, 53-64
    William 25, 12-233
HOWELL, Annie 17, 91-572
    Ben F. 28, 28-311
    Brinkley J. 56, 108-56
    Cornelia 40, 107-592
    George W. 52, 108-26
    H. D. 21/30, 91-572
    J. C. jr. 34, 69-104
    Jack W. 24, 116-132
    Jno. H. 46, 72-126
    Kinch 36, 113-175
    S. H. 30, 91-572
    Saml. 36, 112-112
    Thomas 24, 117-191
    W. P. 27, 108-29
    William 53, 60-134
HOWLETT, Isaac 41, 61-4
HOWSER, Frank 18, 110-20
    Lewis 37, 110-51
HUBANK, Henrietta 24, 105-504
HUBBARD, Emma 1, 18-241
    Josie 7, 18-241
    Juliet 5, 18-241
    William 39, 65-210
HUBBLE, N. B. 64, 72-139
    W. W. 28, 70-119
HUCHERSON, Charles 44, 113-198
HUCKABY, P. A. 52, 73-9
HUCKEBA, Nathaniel 25, 40-10
    P. G. 17, 40-18
    William H. 56, 106-545
HUCKLEY, Anna 16, 14-40
HUDDLESTON, Wesley 25, 149-281
HUDGEPETH, Henry 66, 148-253
HUDSON, Charles 5, 103-401
    Henry 35, 114-29
    Lizzie 35, 19-294
    Martin 53, 147-190
    Porter 38, 67-296
    William H. 70, 15-108
    Jay 17, 5-250
HUDSPETH, Nancy 42, 102-355
    Tucker 45, 102-355
    Wm. 56, 93-693
HUETT, Thomas 26, 66-268
HUFF, Irena 25, 26-184
HUFFMAN, Catherine 60, 133-5
    Jacob 45, 135-16
HUGES, Pedrick H. 39, 60-145
HUGGENS, Isac 25, 48-34
HUGGINS, Jack 15, 61-188
HUGHES, Abram 36, 95-37
    Alice 19, 69-94
    Amanda 14, 94-20
    Anderson 25, 96-80
    Archelaus M. 68, 97-113
    Archilius M. 33, 95-68
    Barbaraann 10, 96-111
    Barbriann 7, 96-108
    Cisero 21, 62-34
    Emma 6, 17-187
    Esic 42, 108-30
    Fed 23, 32-187
    H. B. 26, 139-139
    Harkness 27, 62-66
    Harry 7, 14-40
    James 12, 14-40
    Jeremiah M. 58, 18-247
    Josephine 3, 17-187
    Lena 7, 61-203
    Marthey 46, 56-193
    Mary 52, 125-35

HUGHES, Nathan 33, 17-192
    R. Greene 23, 4-160
    Ray 6, 61-203
    Robert M. 62, 19-298
    Shepard 23, 62-45
    Sophia 30, 17-187
    Thomas J. 29, 18-248
    W. R. 30, 131-263
    Washington 55, 60-146
    William 36, 95-41
    Willis 33, 61-22
HUGHS, A. M. 25, 94-718
    Fanie 32, 90-559
    George 33, 85-327
    Ida 8, 85-321
    Jerry 51, 88-483
    L. B. 21, 94-718
    M. A. 23, 94-718
    Paralee 32, 88-483
    Sofa 60, 34-266
    Wm. 9, 88-483
    ___ 29, 85-278
HULET, Harriet 30, 95-63
HULL, Frank 24, 11-200
    J. N. 29, 48-21
    Rawland 41, 8-21
    Rowland 54, 16-128
    William 26, 11-201
HULME, Dr. John W. 41, 1-23
HUMPHRES, D. W. 27, 49-33
    Pomby 52, 49-15
HUMPHREY, M.? 53, 7-344
HUMPHRIS, Elisibeth 79, 38-161
HUNT, Balin 13, 114-43
    Bertton? 23, 83-214
    Edward 4, 114-43
    Frances 77, 61-192
    Jas. H. 17, 61-21
    John 30, 44-36
    Lou M. 18, 61-21
    Louisa 42, 61-21
    Lucinda 60, 26-175
    Sophia 27, 114-43
    Stephen J. 33, 140-181
    Tenny 9, 114-43
    Thomas 33, 26-174
    Thomas 28, 65-218
    William S. 59, 45-71
HUNTER, Alfred 50, 76-196
    Americus 46, 16-160
    Avis 8/12, 27-217
    Blank 11, 80-91
    Benj. 38, 115-99
    Calvin 46, 101-301
    Caroline 44, 76-167
    Charles 4, 80-91
    Charles 17, 101-329
    E. 28, 22-17
    Ellen 26, 106-539
    Fannie 44, 119-2
    Frank 15, 116-111
    Gene 24, 27-217
    George 41, 66-281
    George 23, 27-217
    Gracy 57, 125-34
    Green 20, 124-32
    Harriet 7, 131-264
    Harry 24, 76-197
    Henrietta 6, 76-195
    Henry 24, 14-43
    Hill 42, 76-194
    J. B. 42, 116-102
    J. H. 30, 120-6
    James 40, 115-52
    Jas. 61, 27-221
    Jas. 9, 80-91
    Jim 18, 132-272
    John 30, 79-33
    Jno. 25, 120-7
    Joe 51, 118-234
    Jourdin 40, 80-91
    Lena 6, 80-92
    Lewis 28, 131-222
    Lizzie 15, 83-237
    Lucy 17, 67-8
    Malinda 10/12, 6-327
    Matilda 34, 113-179

HUNTER, Matilda 20, 104-461
    Mit 27, 27-217
    Nancy 55, 127-54
    Nancy 15, 30-44
    Newton 27, 131-232
    Roxie 5, 6-327
    Rufus 4, 104-461
    Sarah 11, 72-173
    Thos. 13, 80-91
    Thomas 15, 76-195
    W. G. I. 60, 119-1
    William 30, 147-154
    Wm. 50, 80-91
    Wm. 13, 108-36
HURD, Parthena 62, 66-253
HURI, Ben 12, 36-25
    Elisa 40, 36-25
    Henretta 6, 36-25
HURT, Eller 16, 47-173
    Jack 70, 44-31
    Richard 20, 45-65
    Sally 24, 47-172
HUSBAND, John 28, 10-135
    Sarah 38, 10-135
HUSON, Katie 9, 138-113
    Sabra 27, 138-113
HUSTONS, William 25, 32-177
HUTCHINSON, Dallas 35, 147-182
    Elijah 43, 147-207
    Harvey 38, 147-183
    Henry 35, 114-14
    Polk 34, 148-248
HUTCHISON, Jack 31, 3-152
    Jonis? 65, 6-290
    Miles 44, 7-333
    Miles 15, 6-323
    Susan 65, 6-270
HUTSON, George 25, 2-60
    John T. 33, 29-38
    Lewis 24, 12-256
    Mat 19, 2-90
    Norah 15, 91-594
    Texas 24, 13-266
    William 36, 30-57
INGRAM, Amanda 19, 131-249
    Hiram 39, 65-203
    J. G. 50, 120-3
    Joe 55, 120-4
    Jonas M. 43, 65-205
    Louisana 72, 65-204
    Mack G. 32, 57-12
    Marietta 33, 73-48
    Robert 26, 65-208
    W. E. 43, 125-36
    W. P. 55, 82-144
    Willis 40, 30-72
INNMAN, John H. 34, 58-55
IRNICE, Jancie 18, 19-289
IROWIN, Abba S. 7/12, 87-423
    India 12, 87-423
    Jos. A. 37, 87-423
    Mary A. 29, 87-423
IRVIN, Dock 22, 55-157
    Eem 17, 44-23
    George 28, 87-401
    Iva Lee 11, 22-17
    Junson 27, 83-227
    M. L. 36, 22-17
    Tom 38, 54-77
    Wesley 27, 85-322
IRVINE, Adaline 44, 78-8
    Ann E. 35, 19-286
    Carolina ___, 19-291
    Charles C. 42, 15-78
    Crawford W. 36, 19-286
    E. C. 31, 76-189
    Edmund 28, 16-147
    George W. 48, 15-100
    Gilbert 51, 78-8
    Hayes F. 2, 19-286
    Hinderson 54, 18-252
    James T. 11, 19-286
    John 19, 20-320
    Lillie B. 7, 19-286
    Lucius M. 7/30, 19-286
    Mary 25, 17-176
    Mary E. 15, 19-286
    Minnie R. 8, 19-286

IRVINE, Robert G. 61, 16-154
    Stephen 80, 19-281
    Talbot 50, 19-279
    William J. 5, 19-286
    William T. 39, 14-52
IRWIN, C. L. 45, 83-237
    George K. 42, 40-50
    J. Wesley 65, 1-31
    John W. 25, 115-96
    Joseph 12, 131-252
    Luther 28, 131-264
    Robert 26, 83-209
    S. H. 45, 120-4
    S. W. 38, 120-3
    Sallie 65, 115-68
ISAM, Jessy F. 9, 61-189
ISBEL, Jack 16, 22-1
    Jas. 12, 22-1
    Susan 14, 22-1
ISBELL, W. B. 35, 39-209
ISOM, Andrew 26, 145-56
    Anna 23, 145-63
    Harry 2, 145-63
    Henry 10, 61-188
    William 1, 145-63
IVINS, Jessee 15, 24-110
    Sol 40, 43-172
IZZARD, Ralph 20, 24-119
JACK, Porter 23, 124-29
    Samuel 42, 10-111
    William 23, 10-112
JACKSON, A. B. 38, 124-30
    Anna 9, 133-8
    Birda 2, 87-421
    Caroline 22, 36-33
    David 75, 45-98
    E. J. 40, 40-61
    Elijah 35, 131-234
    Elsa 51, 10-143
    F. 19, 120-3
    Fely 48, 88-439
    Fount 18, 129-152
    Fred 56, 107-602
    James 56, 104-462
    Jim 21, 21-58
    John 19, 73-47
    Lucy J. 40, 19-284
    M. 35, 23-43
    Mark W. 62, 65-233
    Marshal 33, 110-53
    Mary 21, 21-58
    Mattie 4, 133-2
    Nancy 57, 40-19
    Nels 19, 40-48
    R. 38, 47-3
    R. C. 51, 42-137
    R. M. 26, 41-100
    R. T. 22, 42-131
    Robert 54, 47-151
    Thomas 14, 19-284
    Thomas 54, 121-10
    Tinie 52, 66-253
    Virginia 12, 19-284
    W. A. 45, 45-58
    Wm. 46, 43-196
    William 3, 19-284
JACOB, Eliza 16, 131-250
    Frank 23, 11-194
JACOBS, Alice 5, 31-93
    Ben 11/12, 31-93
    Carah 4, 12-227
    Elizabeth 9, 31-93
    Fanny 1, 12-227
    Hoover 18, 25-134
    James 10, 31-93
    Jane 60, 20-23
    John 3, 31-93
    Lou 30, 5-263
    Martha 28, 31-94
    Mary 28, 31-93
    Milton 12, 31-93
    Nanna 6, 12-227
    Salie 30, 12-227
    Susan 43, 114-17
    Thomas 36, 12-229
    William 49, 9-79
    William J. 7, 31-93
JAGGERS, Drucilla 18, 89-503

JAGGERS, J. N. 17, 137-68
JAGGESS, Essex 17, 76-193
    Thomas 44, 76-179
JAMERSON, Green 36, 86-397
    James 37, 85-274
    R. B. 30, 84-246
    R. H. 63, 89-497
JAMES, A. S. 25, 84-258
    Abe 23, 116-117
    Amanias 57, 116-131
    Elizabeth 65, 83-225
    G. W. 32, 22-12
    J. G. 24, 40-44
    Joe 70, 119-246
    Joseph H. 57, 98-183
    Oscar 57, 148-232
    Shenos? 24, 97-139
    W. J. 30, 132-270
JAMES, Willis E. 29, 11-178
JAMESON, Henry 2, 27-239
    James 50, 8-383
    Lulu 13, 27-239
    S. J. 3, 27-239
    T. E. jr. 18, 27-239
    T. E. sr. 45, 27-239
    W. M. 5, 27-239
JAMISON, John 24, 38-170
    John 59, 39-185
    Jeff 25, 26-177
    Patty 85, 16-151
    Robert 45, 9-82
    Thomas R. 47, 14-44
    W. A. 53, 27-217
JANERSON, Ettie 8, 54-105
JANES, Calvin 58, 56-216
    Isaac 50, 104-467
    Lou 25, 103-406
    Thomas 9, 103-406
    Thomas 35, 105-489
    William 60, 136-21
JARNEGAN, J. 29, 143-127
JARRATT, Obey 54, 6-271
    Robert 37, 6-274
JARRET, Cyrus 51?, 103-377
JENKIN, Cas? 32, 11-193
    Catherine 48, 100-270
    Eliza 44, 88-464
    Henry 13, 43-183
    Jeff 35, 35-295
    John J. 30, 90-564
JEMES?, Arch 30, 60-129
JENNINGS, Henry 30, 70-166
    J. W. 42, 128-122
    Jane 63, 122-17
    Jim 35, 130-188
    M. E. 48, 122-18
    Manuel 50, 125-37
    Sharlet 64, 86-395
    W. S. 40, 124-32
JENTREY, Mike 60, 59-32
JESLY?, Horton 53, 9-61
JHONSON, Mary 80, 124-30
JIMISON, P. 24, 37-68
    George 80, 49-12
JOFFRES, Effa 87, 145-73
JOHN, Kennedy 36, 142-14
    Louis 30, 67-285
    Thomas 9, 30-66
JOHNSON, A. 45, 37-66
    A. H. 68, 33-204
    A. M. 42, 30-42
    Acy 35, 88-491
    Ada 25, 80-84
    Adam 35, 35-309
    Albert 15, 89-528
    Alfred 27, 121-11
    Alice 30, 106-531
    Alice 5, 123-25
    Allice 27, 79-56
    Andrew 40, 88-460
    Angeline 18, 94-19
    Ann 4, 106-531
    Ann 2/12, 123-25
    Anna 11, 79-52
    Annie 30, 55-152
    Bart 36, 4-165
    Billie 21, 134-11
    Biver? 30, 3-120

JOHNSON, Charles 50, 100-269
  Charlotte 45, 30-52
  Charly 20, 63-110
  Chester 26, 40-63
  D. R. 20, 129-130
  D. T. 30, 93-709
  D. W. 58, 125-34
  David 24, 38-88
  Decadar 31, 44-41
  Duglas 37, 54-59
  Dyer 30, 16-144
  Ed 70, 3-119
  Eddy 1, 129-125
  Edmond 50, 101-293
  Elizabeth 60, 87-427
  Ema 13, 30-52
  Emiline 30, 3-121
  Emma 16, 83-237
  Giddie 29, 108-41
  Governor 20, 14-53
  Harry 56, 87-434
  Harvey 32, 54-62
  Henry 38, 107-598
  Henry 27, 81-124
  Henry 30, 2-50
  Hugh 69, 56-176
  Ike? 45?, 5-216
  J. A. 38, 94-715
  J. J. 64, 43-163
  J. M. 27, 53-30
  J. P. 29, 69-96
  Dr. J. T. 59, 2-72
  James 34, 2-76
  James 69, 54-60
  James 36, 94-3
  James 23, 63-110
  James 71, 147-178
  Jasper 39, 13-21
  Jerry 70, 30-55
  Jesse 26, 2-55
  Jim 20, 1-15
  John 41, 78-26
  John 63, 43-168
  John 27, 36-42
  John 40, 67-292
  John 25, 65-237
  John 30, 65-236
  John 16, 26-199
  John 60, 4-178
  John C. 38, 134-12
  Jos. T. 20, 131-239
  Jossie 19, 98-177
  Julia 17, 1-15
  Kamp 54, 30-52
  L. G. 59, 1-28
  Lem 55, 5-258
  Lucy 40, 28-306
  Lucy 40, 29-31
  Lucy 26, 63-95
  Lucy 60, 144-44
  M. 35, 47-20
  M. A. 16, 125-33
  M. Bate 29, 3-154
  M. E. 17, 89-528
  M. J. 38, 122-19
  Manuel 40, 57-18
  Marchal 39, 82-159
  Marst 18, 35-8
  Martha 60, 35-317
  Mary 10, 2-82
  Miama 18, 83-237
  Miles 53, 55-161
  Milford 45, 5-226
  Minnie 8, 87-398
  Mollie 24, 89-533
  Monroe 30, 65-238
  Nancy 66, 100-292
  Newton 39, 13-16
  Newton 40, 110-28
  Novel? 27, 1-5
  Obediah 40, 19-299
  Oscar 20, 2-56
  Peter 46, 37-71
  Polk 24, 3-146
  R. W. 56, 122-17
  Rafe 55, 78-9
  Richard 35, 36-59
  Richard 35, 19-259

JOHNSON, Richard 67, 135-14
  Robert 21, 53-28
  Rose 35, 134-13
  Roy 17, 3-150
  Russ 50, 23-78
  Sallie 12, 89-533
  Sam 2, 26-204
  Samuel 26, 13-3
  Samuel 19, 146-145
  Sarah 43, 46-131
  Sarah C. 21, 129-125
  Selvanis 40, 90-556
  Shilda 32, 26-204
  Silus 23, 55-160
  Simon 34, 43-186
  Squire 37, 145-62
  Sussa A. 12, 89-528
  T. H. B. 40, 5-240
  T__ __ 52? 5-238
  Tenna 25, 80-72
  Thos. 11, 86-371
  Thomas 24, 108-52
  Thoams 24, 134-13
  Thos. B. 53, 131-237
  Tommy 35, 89-523
  W. 14, 47-20
  W. H. 25, 2-79
  W. J. 48, 26-177
  W. W. 31, 33-196
  Weslie 27, 54-63
  Wiley 34, 26-184
  William 27, 44-40
  William 49, 109-69
  Wm. 55, 84-252
  William 24, 66-256
  William 51, 127-52
  William B. 43, 30-81
  William P. 30, 34-238
  Wm. P. 39, 131-240
  Willie 12, 1-25
  Wurray 6, 79-11
  Zachime 14, 18-238
JOHNSTON, Alford 55, 11-181
  Carry L. 16, 87-418
  J. A. 11, 116-125
  Robert 32, 8-41
JOHSON, John 35, 57-227
JOMS?, James 65, 135-15
JONAS, L. 23, 89-516
  Rebeca 22, 89-516
JONES, Anner 21, 53-7
  Albert 18, 84-244
  Albert 18, 100-280
  Albert 25, 133-5
  Albert 12, 113-185
  Alex 23, 133-8
  Alexa. 32, 17-195
  Alf 52, 58-36
  Alfred 35, 84-241
  Alice 16, 134-10
  Allen 28, 96-110
  Anderson 29, 113-177
  Andrew H. 69, 8-5
  Anna 16, 97-118
  Anna 22, 80-75
  Anna 18, 77-201
  Annie 18, 79-13
  Austin 21, 78-248
  Austin 10, 76-165
  Beasley? 38, 3-134
  Berman 15, 79-13
  Bettie 32, 85-295
  Billie 10, 113-185
  C. W. 24, 82-150
  Calvin 18, 74-89
  Caroline 40, 105-490
  Caroline 48, 133-8
  Catherine 18, 99-216
  Celia 16, 97-151
  Charly 38, 37-127
  Cora 17, 100-280
  D. A. D. 19, 48-2
  D. S. 45, 48-24
  E. 30, 53-32
  Ebb 25, 73-4
  Ed 60, 50-10
  Ellis 45, 20-14
  Evens 65, 48-33

JONES, Ezekiah 52, 34-250
  Fannie 12, 145-75
  Fannie 36, 28-263
  Fanny E. 6, 75-137
  Felix 44, 148-249
  Frances 28, 32-148
  Frank 45, 27-232
  Frank 50, 105-486
  Gabe 38, 138-80
  George 44, 95-54
  George 55, 91-578
  George 37, 143-80
  George W. 51, 67-297
  Gertrude 17, 83-237
  Gracy 26, 106-539
  H. C. 37, 121-9
  Harry 56, 130-173
  Henry 26, 105-491
  Houston 3, 72-135
  Isaac 39, 5-251
  Isaac 40, 104-422
  J. H. 31, 121-11
  J. M. 25, 48-7
  Jack 30, 51-15
  Jackson 50, 105-484
  Jacob 21, 77-201
  Jacob 74, 113-176
  James 52, 2-52
  James 22, 74-78
  James 63, 133-5
  James 48, 147-205
  James A. 17, 14-45
  Jane 66, 4-179
  Jane 10, 75-111
  Jason 46, 71-176
  Jennie 22, 130-174
  Jerry 81, 97-138
  Jesey 56, 51-1
  Jessie 40, 114-56
  Jessie 25, 120-3
  Jim 48, 54-66
  Jod J. 55, 62-47
  John 1, 76-165
  John 26, 94-24
  John 24, 49-27
  John 38, 142-60
  John 25, 127-56
  John 33, 32-150
  John L. 32, 104-438
  John W. 35, 1-44
  Josey 21, 79-13
  Julia 23, 134-12
  Kate 35, 140-193
  Katie 18, 148-228
  Labe 35, 115-62
  LaFayette 33, 13-7
  Laura 30, 18-236
  Leanna 22, 116-130
  Lee 6, 74-78
  Lem 31, 4-167
  Lethey 30, 113-185
  Lou 7, 85-295
  Louisa 6, 113-185
  Loyd 13, 132-267
  Lucius 1, 74-85
  M. 32, 142-2
  M. I. 16, 49-14
  Mapes 18, 22-7
  Marshall 25, 32-148
  Martha 44, 111-96
  Martha 8, 132-267
  McLenan 1, 74-78
  Miles 30, 147-156
  Millie 13, 132-2
  Milton 22, 111-69
  Minie 5/12, 72-135
  Mittie 12, 19-286
  Mittie 13, 18-233
  N. M. 28, 42-123
  N. W. 59, 126-40
  Nancy 18, 19-263
  Nancy 65, 143-81
  Nancy A. 75, 43-206
  Ned 56, 115-48
  Newt C. 28, 41-104
  Noah 13, 97-151
  Oscar 3, 140-193
  Peggy 70, 74-85

177

JONES, Pelts 40, 79-12
  Peter 46, 2-54
  Peter 41, 118-226
  R.? M. 35, 39-5
  R. R. 42, 92-664
  Richard 35, 127-69
  Richard 19, 134-13
  Robert 10, 105-518
  Robert 42, 48-27
  Roma 29, 44-52
  Rose Ann 18, 77-201
  Rufus 26, 133-3
  S. M. 35, 34-244
  Sam W. 40, 4-177
  Samuel 29, 77-220
  Susan 10, 96-75
  T. H. 34, 48-4
  Tempy 27, 82-163
  Tennie 23, 74-78
  Thomas 37, 26-196
  Thomas 4, 113-185
  Thos. N. 41, 112-128
  Tomas 30, 133-5
  Tyre 4, 74-78
  W. C. 41, 31-95
  W. D. 48, 69-98
  W. H. 39, 48-25
  W. N. 27, 121-9
  W. S. 22, 120-8
  Walter 19, 55-114
  Wash 52, 72-135
  Wash 7, 111-104
  Washington 5, 112-114
  Will 12, 28-262
  Will 20, 122-17
  William 56, 11-185
  William 47, 107-604
  William 6, 148-228
  William J. 3, 18-236
  Willie 3, 32-148
JONIS, Felix 24, 132-292
JONUS, Eula 6, 10-120
JORDAN, Addie 6, 15-90
  Betsy 40, 32-143
  Cam 21, 27-238
  E. J. 46, 138-94
  Fred 34, 123-20
  Gentry 1, 33-214
  Harrison 45, 120-4
  Henry 24, 120-4
  Ida 15, 139-132
  Isaac 62, 32-151
  James H. 30, 14-39
  John 14, 139-132
  Josh 48, 24-97
  Lula 2, 15-90
  Mark 18, 73-46
  Martha 22, 15-90
  Martin 45, 132-297
  Mary 22, 33-214
  Nannie 12
  Nelson 55, 14-38
  Perkins 25, 23-68
  Richard 50, 132-274
  S. P. 86, 119-2
  Stephe 55, 24-102
  Thos. 27, 26-196
  Viney 20, 123-25
  Washington 50, 15-105
JORDEN, Frances 27, 9-65
  John 22, 8-28
  Robert 60, 11-163
  William 23, 8-46
JORDON, Aaron 6, 13-10
  Agnes 30, 14-53
  Beck 16, 123-25
  C. C. 30, 48-12
  Henry 75, 52-12
  James B. 52, 79-16
  Martha 88, 94-17
  Robt. 23, 31-99
  Rose 3, 123-25
JOSEPH, Jos. 51, 86-329
JOURDEN, Lou 45, 89-532
  Robert 11, 89-531
JOURDIN, Mary 56, 80-98
JOURDON, Chalotte 30, 79-11
JOURNEY, Cordelia 32, 41-97

JOURNEY, John T. 59, 99-238
  M. C. 65, 41-104
  Mehaly 60, 52-50
  Newton 30, 28-291
JOYCE, Anthony 53, 144-22
  David 58, 110-52
  Eliza 51, 108-20
  Jerry 36, 108-22
  Laura 21, 24-122
  Monro 46, 109-90
  P. H. 31, 107-16
  P. R. H. 48, 107-15
  Patsy 24, 144-24
  Sol 47, 27-223
  W. W. 51, 108-43
  Wm. C. 34, 108-23
JUDD, Anna 10, 9-89
  Diana 72, 9-90
  Gorga 2, 9-89
  Mary 7, 9-89
  Sarah 27, 9-89
JURDEN, Dorah 17, 12-241
JUZRAHAM, Henry 18, 123-22
KAMMAN, Geo. 27, 71-175
KANNON, Sactey 18, 72-158
  Susan 30, 68-26
  Willis 24, 62-67
KANSCAN, Jas. 54, 69-70
KATES, Ann 18, 66-253
  Laura 4, 66-253
  Millie 63, 66-253
  Precilla 26, 66-253
KATING, James 60, 124-30
KEELS, Daniel 36, 103-401
KEENER, Abraham 46, 145-69
KEER, Henry 25, 39-214
KEETON, Lena 17, 120-5
KELLAM, Martha 48, 67-15
KELLENSMITH?, George 29, 59-78
KELLENWORTH, Nancy 52, 59-119
KELLEY, Annie 25, 28-257
KELLEY, G. M. 26, 28-257
  G. W. 36, 27-213
  George 77, 147-198
  Hardy 4, 28-257
  James 7, 57-18
  Simps 37, 2-51
  Willie 1, 28-257
KELLY, Anderson 2, 19-284
  Annie 12, 129-161
  Charles 17, 98-163
  David 4, 19-284
  Fannie 14, 147-161
  George 5, 129-161
  Isaac 14, 94-16
  J. H. 37, 88-447
  Jack 30, 7-377
  James 19, 19-302
  James 45, 18-251
  Jane 45, 17-196
  Joe 53, 5-264
  John 40, 2-64
  John 32, 7-345
  John 18, 6-283
  John W. 42, 128-85
  Neil 47, 146-111
  Puss 37, 129-161
  Salina _, 94-16
  Sarah 15, 17-167
  Thomas 36, 2-61
  Wiley 41, 147-197
  Wm. 65, 2-63
  William 21, 1-31
  William 48, 7-346
  Zura B. 8, 64-142
KELSO, Jennie 20, 103-374
  Mary 8, 103-374
  Robert 2, 103-374
KELTINER, W. F. 34, 49-23
KELTNER, J. A. 42, 141-217
KEMEY, James 33, 80-59
KEMP, Jacob 65, 17-179
KEMPS, Bettie 24, 116-130
KENADY, M. 22, 27-231
KENDEL, Bob 15, 123-26
KENDLE, Fee 24, 114-47
KENEDY, A. K. 31, 125-38
  Auston 65, 87-399

KENEDY, Dan 69, 139-121
KENNADEY, Levi 51, 148-226
KENNARD, Amy 45, 23-70
  D. C. 29, 23-67
  David M. 52, 46-106
  Isham 65, 27-220
  Lizzie 11, 23-68
  Patsy 55, 27-220
KENNEDA, Henry 25, 62-77
KENNEDY, A. 8, 139-164
  A. A. 55, 142-15
  Albert 28, 141-222
  Alex 45, 74-61
  Austin 83, 113-204
  David 15, 141-210
  David 13, 129-143
  Fannie W. 19, 140-179
  Gentry 12, 88-449
  George 35, 20-312
  Harriet 1, 115-48
  Henry 23, 115-48
  Hugh 25, 88-449
  India 21, 115-48
  J. M. 22, 122-14
  James 22, 65-223
  Jas. W. 22, 141-210
  Joe 14, 113-174
  John 30, 143-79
  John 26, 77-202
  John 24, 35-298
  Lewis 56, 35-297
  Louisa 50, 113-174
  Mary 23, 88-449
  Mary 20, 81-110
  Moses 33, 73-6
  Parth 35, 143-67
  Pete 28, 141-254
  Sallie 23, 130-184
  Sally 10, 129-143
  Robert H. 28, 59-127
  Sam 35, 84-246
  Sarah 22, 132-268
  Shack 40, 73-7
  Stewart 49, 13-29
  Victoria A. 18, 141-210
  W. C. 52, 142-2
KERBY, Allen 58, 29-34
  Horris 29, 88-461
KERNEL, J. F. 4, 12-8
  Mary 9, 121-8
  W. R. 11, 121-8
KERNELL, Andrew 31, 58-69
KERR, Andrew 29, 60-160
  Caroline 43, 27-217
  David S. 51, 28-302
  Edward 33, 13-7
  Ellen 30, 60-170
  Fannie 20, 55-129
  Frank 14, 23-56
  George W. 44, 60-138
  Jerome 34, 63-89
  Joseph B. 41, 59-101
  Kate 19, 84-262
  Lucy 6, 27-217
  M. N. 47, 52-20
  R. M. 49, 28-297
  R. S. 45, 123-21
  Robert L. 17, 17-193
KERSEE, Narcissa 52, 82-144
  Thos. W. 63, 82-144
KERSEY, Margarret 24, 115-69
KESKY?, George 43, 89-527
KETCHUMM, A. C. 55, 83-237
KETON, John H. 21, 129-145
KILCREASE, E. W. 29, 29-13
  James F. 16, 30-65
  John W. 30, 29-11
  K. C. 26, 29-12
KILLCHRIST, Peter 65, 101-295
KILLINGSWORTH, Mary 50, 37-81
KILPATRICK, J. 50, 121-12
  Mary W. 7, 140-179
KIMBAL, Peter 58, 76-184
KIMBLE, George 25, 91-578
  Mary 2, 91-578
KIMBRO, Jennie 54, 116-108
KIME, Pleas 72, 136-5
KINARD, Doc 25, 31-125

KINARD, Henry R. 26, 13-271
　Jeff 36, 33-231
　Noah 34, 32-189
KINCADE, Calvin 52, 37-119
　George 24, 84-246
　John 37, 28-264
KINCAID, Henry 50, 37-138
　R. K. 25, 38-145
　R. M. 40, 38-147
KINDEL, W. R. 59, 129-134
KINDELL, Tom 23, 130-183
KINDLE, E. 20, 121-10
　Robt. 50, 120-4
　Tom 22, 120-4
KINDRICK, G. E. 16, 140-178
KING, C. H. 28, 24-115
　C. T. 50, 122-15
　Caroline 18, 69-74
　Eleck 16, 148-233
　Eli 51, 123-23
　Elizabeth 80, 122-16
　G. W. 38, 122-15
　George 28, 144-4
　Gorge H. 26, 11-185
　Hannah 47, 115-98
　J. B. 9, 126-41
　J. H. 53, 125-35
　James 28, 144-5
　James 82, 53-43
　Jim 27, 49-7
　John 29, 148-234
　John 67, 148-233
　John 13, 3-156
　John H. 50, 116-135
　Lafayett 20, 124-29
　Levi 51, 143-1
　Lou 7, 115-96
　Marcella 27, 115-85
　Mary 37, 89-502
　Mary 18, 77-222
　Mecia 6, 115-98
　Meridith D. 41, 106-567
　Milton 2, 115-98
　Minnie 18, 11-185
　Sallie 71, 121-11
　Susan A. 51, 123-23
　Susan S. 20, 77-222
　Taylor 32, 5-247
　W. A. 31, 125-39
　W. T. 24, 124-27
　Wiley 20, 115-98
　Wiley 20, 115-96
　Wilkins 18, 115-96
　William 47, 144-2
KINGER, Belle 23, 108-36
KINKADE, Taylor 35, 143-78
KINKAID, David A. 57, 59-99
KINNARD, David M. 54, 47-152
　J. W. 44, 36-29
　Phillip 34, 36-26
　R. O. 53, 36-23
　Sarah T. 74, 36-25
KINNERD, Lou W. 16, 98-158
KINZA, Rana 25, 81-118
KINZER, Abraham 59, 147-161
　Alice 2/12, 16-154
　Caroline 35, 16-154
　Clark 36, 136-20
　Easom 19, 135-18
　Ella 13, 135-18
　Ethel 9, 135-18
　Felany E. 45, 106-572
　Frank 40, 136-21
　George 38, 135-17
　George M. 40, 134-14
　Henry 37, 100-284
　Jack 35, 136-21
　James 31, 5-231
　John 29, 149-279
　John W. 55, 1-1
　Kate 1, 16-154
　Kittie L. 14, 19-284
　Malinda 63, 108-49
　Maria 12, 16-154
　Mary 35, 81-112
　Mary 60, 134-14
　Michael 27, 136-23
　Millie 70, 136-21

KINZER, Rily 19, 72-155
　Sarah 9, 16-154
　Simon 3, 16-154
　Simon B. 33, 100-246
　Thomas 30, 145-81
　Whitfield 52, 136-23
　William 21, 135-18
　William H. 35, 136-21
KIRBEY, Josey 15, 9-83
KIRBY, Charly 14, 21-36
　Emsby 65, 22-38
　Enoch C. 66, 97-115
　James 22, 134-12
　Minna 4, 31-127
　Newton 27, 135-14
KIRK, Billy 45, 23-81
　E. S. 6, 140-204
　Geo. O. 40, 139-159
　Helena 33, 141-250
　Henry 7, 57-1
　J. N. 45, 53-67
　Joe 17, 127-49
　Joe J. 18, 140-195
　M. J. 13, 140-195
　Martin 53, 117-168
　S. M. 9, 53-68
　Silas 35, 139-129
KIRKLAND, H. 60, 24-89
KIRKPATRICK, Audie? 36, 12-228
　L. W. R. 9, 139-153
　Mary V. 14, 139-153
　R. W. 49, 139-153
　Robt. Ophelia 16, 139-153
　Sarah 39, 139-153
　Sarah L. 18, 139-153
　W. E. 23, 139-154
KISON, Kitty 56, 82-158
KITCHEN, Frank 36, 5-253
KITTREL, Cato 9, 122-18
　Chesney 2, 122-18
　Ed 5, 122-18
　Harriet 37, 122-18
　Harry 11, 122-18
　Henry 16, 122-18
KITTRELL, Alex 24, 76-176
　Alice 21, 76-195
　Allen 30, 119-257
　Allen 43, 118-215
　Anna 16, 83-237
　Bryce 28, 9-75
　Caroline 6, 74-65
　G. W. 55, 26-177
　Giles 80, 76-198
　H. G. 34, 132-301
　Hardy 47, 127-66
　Harriet 59, 141-220
　Hester 48, 123-26
　J. M. 46, 131-231
　J. P. 50, 127-53
　J. R. 58, 131-252
　J. R. 59, 143-116
　Jennie 70, 76-198
　John 26, 75-106
　John 40, 73-23
　Lizzie 18, 83-237
　Mary 20, 113-209
　Moses 58, 73-24
　Paralee 37, 14-68
　Phillip 36, 73-22
　R. A. 40, 142-41
　Rich 22, 25-132
　Robt. 12, 140-209
　S. R. 79, 124-28
　Solomon 18, 77-215
　Thomas 31, 130-208
　Viney 26, 77-202
　William 50, 132-273
　Wm. A. 25, 140-202
　Willie 7/12, 25-132
KITTRELLS, Eton 54, 78-277
KITRILL, Peter 55, 105-475
KIZER, Rachal 8, 83-198
KLYCE, Ada 4/12, 121-11
　Emily 46, 121-11
　Fannie 17, 121-11
　Martha 20, 121-11
KLYNE, William 99?, 98-179
KNIGHT, Charles D. 23, 63-127

KNOTT, George 60, 18-250
　George 2/12, 16-151
　Henry 14, 140-183
　Jackson 15, 138-107
　Jennie 16, 121-13
　Mary A. 62, 61-201
KNOX, Elizabeth 37, 72-159
KRITZ, Benj. 51, 27-255
KUHN, Ed 55, 83-232
KUL__, A. J. 53, 94-723
KUNEYHAN, Virgle 20, 87-400
KUSEE, Martha 38, 98-171
KYLE, Allen 29, 41-93
LACKEY, Magga 23, 82-187
LADD, Bammy 23, 149-279
　Peter B. 67, 7-355
　Robert 31, 149-279
　William 36, 148-253
LAGUE, Malinda 37, 94-718
LAMAR, Henderson 33, 91-594
　John 38, 54-101
　John 65, 54-70
　Larkin 40, 54-87
　Thos. W. 42, 89-507
LAMB, Harrison 56, 28-279
　Reese 50, 85-271
LAMBERT, Jackson 22, 14-42
LAMBETH, Eliza 30, 16-152
　Willie 1, 16-152
LAMBREATH, John 57, 30-48
LAMBRECK, William 25, 35-317
LAMBRITT, C. 36, 80-94
LAME, John 24, 142-27
LANCASTER, Jim 22, 56-195
LANDER, Frank 25, 81-124
LANDON, C. C. 35, 69-91
　J. R. 30, 69-85
　Levi 71, 69-86
LANE, David 46, 19-267
　India 12, 16-153
　Jefferson B. 46, 46-107
　Joe 16, 20-18
　John D. 51, 102-353
　John S. 25, 102-354
　Levinia 30, 16-153
　Lottie L. 16, 46-107
　Many E. 16, 46-107
　Margret 57, 86-337
　Mollie 17, 9-74
　P. 34, 141-243
　Samuel C. 70, 46-105
　Talton H. 45, 8-4
　Violet 74, 32-179
　W. M. 51, 24-119
LANEER, Elisabeth 36, 37-72
　Peter 6, 37-72
　Thomas 18, 38-91
　William 13, 35-2
LANEY, Patty 60, 51-5
　Janey 16, 82-187
　M. 35, 82-187
LANIER, Ady 40, 69-73
　John 26, 128-117
　L. F. 56, 125-34
　Lewis sr. 80, 115-72
　Mary 14, 77-213
　Sol 15, 116-130
LANKASTER, William 18, 55-145
LANKESTEN, W. H. 61, 51-32
LANKESTER, J. C. 52, 52-24
LANOR, Barbra 25, 82-188
LARANCE, Jos. 39, 90-565
LARENCE, Rachel 7, 125-33
LARKIN, Hittie 24, 29-315
LARNE?, J. F. 35, 50-34
LARUE, V. E. 60, 50-6
　W. J. 15, 50-6
LASLEY, Celia 22, 125-37
　Ed 6, 122-16
　Kate 45, 125-39
　Sam 26, 124-31
　T. J. 62, 124-31
LATTA, James 25, 2-99
　John 36, 80-72
　Mary S. 37, 90-529
　Matilda 75, 1-44
　Sims 40, 98-162
　Thomas 31, 4-159

LATTIE, Elisabeth 33, 2-89
    John 70, 94-713
    Okalona 6, 2-89
    Ophelia 10, 2-89
    William James 2, 2-89
LAUDRANA, Bettie 18, 111-107
LAURENCE, Jas. M. 7, 76-190
LAUSON, Peeler 31, 136-20
LAVENDER, David T. 25, 46-135
    John 43, 7-374
    Mary 45, 149-284
    Mollie 8, 36-39
    Thomas 13, 148-250
    William 56, 47-164
LAWLER, Joseph 32, 81-103
    America 40, 130-192
    Ann 12, 114-10
    Armisted 36, 132-294
    Ben 55, 121-11
    Catherine 44, 132-296
    Eliza 6, 125-33
    F. 55, 120-8
    Geo. 4, 125-33
    Guy 53, 132-277
    H. 27, 122-15
    Hampton 27, 125-33
    Henry 11, 73-22
    James 27, 136-22
    Larinia 10, 73-23
    Lewis 50, 105-473
    Lucy 3, 73-23
    Margret 10, 77-202
    Mark 25, 123-20
    Mollie 22, 123-20
    Monien? 52, 132-292
    Morena 11, 95-64
    Parthana 27, 125-33
    Rose 48, 132-288
    Sallie 7, 73-23
    Same 18, 120-8
    Sandy 48, 130-171
    Sarah 45, 130-172
    Silas 14, 73-23
    Stephen 45, 122-19
    Susan 97, 125-37
    Venus 65, 120-7
    Wash 20, 132-286
    Wm. 5, 125-37
LAWSON, Caroline 25, 55-116
    Henry 48, 99-215
    John 38, 144-48
    William 59, 145-75
LAZENBY, James 44, 71-182
LAZRUS, David 52, 86-307
LEACH, George 9, 78-284
    Mary 38, 88-465
    Miley 70, 85-286
LEATHERS, Josie 18, 3-118
    Mattie 20, 3-118
LEATHERWOOD, Pinky 32, 145-58
LE CONTE, Mary G. 42, 102-338
LEE, A. J. 40, 20-5
    Candis 56, 37-74
    Dicie 38, 38-83
    Ewen 22, 36-27
    J. G. 50, 38-90
    James 74, 39-195
    John 60, 37-112
    John 12, 33-227
    Joseph 39, 66-253
    Joseph 39, 36-55
    Martha 30, 23-60
    Mary E. 3, 19-283
    Mary H. T. 40, 45-86
    Monroe 25, 144-19
    Nimrod 18, 33-227
    W. J. 46, 20-6
LEETCH, Caroline 40, 70-159
    Marchall 22, 70-131
LEFFORT, George 19, 57-4
LEFTRICK, Ella 15, 88-446
    Florah 52, 88-446
    Milton 40, 88-446
LEFTWICH, Bradley 4, 98-191
    Charley 14, 78-250
    Clifferd 10, 30-41
    Emma 20, 33-233
    Eugeni P. 21, 104-439

LEFTWICH, John 20, 33-201
    Maggie 3, 98-191
    Mary E. 12, 98-191
    Rebecca 42, 98-191
    Rebecca 50, 31-112
    Robt. 48, 42-122
    Thomas 28, 35-304
    William G. 22, 30-41
LEFTWICK, A. L. 44, 139-126
    Annie 20, 89-500
    Becky 8, 128-106
    George 31, 18-253
    Maggie 12, 128-106
    William 10, 128-106
LEGETT, Dick 10, 45-69
    George 4, 45-73
    Ider 7, 45-86
    Jenny 40, 45-73
LEGGETT, Harvey? 60, 48-32
    Sampson 64, 49-14
LEIGH, Jas. H. 48, 62-59
LEMAVE, Thomas M. 37, 16-153
LEMMON, Martha 27, 102-360
LENCE, Henry 18, 142-19
LENTZ, George 42, 109-105
    James 35, 108-61
    Jeff L. 25, 109-73
    John 29, 108-60
    William 31, 108-59
LENTZE, G. W. 29, 49-30
LEONHORD, Frank 43, 90-548
LEROY, Tom 25, 88-445
LERUE, J. B. 38, 51-32
LESLIE, Christian 2, 105-475
    Lou 24, 105-475
LESTER, Manerva 60, 95-35
LETHGO, James 50, 94-17
LETSINGER, Ambner 26, 146-131
    Augustus 22, 146-145
    George 47, 146-129
    Margret 50, 146-130
LEVINSON, Amie 18, 98-163
    Charles 22, 98-163
    William 22, 98-163
LEWIS, Arnold 70, 140-197
    Berry 40, 68-42
    C. P. 36, 127-67
    Duncan 28, 142-265
    Eddie 2/12, 101-322
    Edward 24, 101-322
    Florence 23, 101-322
    James 45, 103-376
    Leroy 50, 23-77
    Linda 35, 139-164
    Marshall 37, 74-86
    P. W. 36, 74-76
    Peter 22, 130-177
    Susan 40, 147-184
    Tim 24, 63-91
LIDENER, J. W. 11, 122-18
    John T. 8, 122-18
    V. M. 9, 122-18
LIDENTER, B. B. 16, 122-18
LIGETT, Nancy 76, 131-224
LIGGETT, Elizabeth 49, 47-14
    W. C. 34, 47-12
LILES, Boy 23, 137-53
    F. P. 29, 137-43
    J. B. 23, 137-66
    W. M. 44, 137-41
    Willis 53, 137-65
    Wm. 75, 137-42
LINCOLLEM, Mary 33, 82-173
LINDSAY, Jane 55, 123-25
    Medina 13, 114-57
LINDSEY, Albert 6, 114-58
    Amos 32, 118-201
    Anna 7/12, 114-58
    B. R. 25, 129-131
    Lizzie 10, 114-58
    Maria 38, 124-24
    Maria 39, 114-58
    W. A. 27, 129-130
LINKSTON, William 27, 11-168
LINN, Robt. 45, 133-5
LINSEY, A. J. 47, 84-246
    Charley 16, 130-195
LINSKE, William 30, 109-97

LINTON, George 14, 6-327
LINTZ, Alexander 40, 107-584
LIPSCOM, C.? William 36, 133-4
LIPSCOMB, A. A. 41, 126-3
    Andy 19, 139-143
    Ben 32, 135-18
    Cherry 11, 148-262
    Easter 20, 141-212
    India 45, 89-530
    M. 30, 140-192
    Mary 23, 66-253
    Mary 10, 148-262
    Mindy 11, 141-212
    Neumon 32, 135-18
    S. 40, 82-160
    Sam 44, 27-233
    Sam 12, 139-143
    Theodrick 35, 136-20
LISENBY, Fanny 75, 40-18
    Rufus 41, 40-17
LISTEN, Alice 9, 73-41
LISTON, Henrietta 17, 76-175
LITTINGTON, Edward 28, 148-251
LITTLE, Eddy 1, 89-501
    G. W. 54, 40-43
    George 42, 79-46
    Mary E. 48, 42-124
LITTLEFIELD, Walter 20, 69-83
    William 34, 80-60
LITTLEJOHN, Ada Bell 24, 41-94
LOCHRIDGE, Anna 30, 9-64
    Aretta 24, 139-155
    Henry 61, 9-56
    Mary 3, 9-64
    Mit 21, 9-64
    Robert 30, 9-64
    Samuel 24, 9-57
LOCKART, Thomas S. 42, 10-145
    William 57, 11-153
LOCKHART, James J. 32, 20-311
LOCKHEART, Thomas 29, 2-83
LOCKRIDGE, Allen 45, 39-191
    Andrew 16, 33-212
    Andrew 27, 101-326
    Andy 10, 141-223
    Anthony 50, 38-150
    Calvin 22, 16-136
    David 18, 33-212
    G. 51, 24-110
    Geo. 80, 139-155
    Gid 36, 36-40
    Green 52, 32-178
    Huston 28, 33-215
    Jack 60, 31-121
    James 43, 39-182
    John 25, 30-78
    John 23, 38-91
    John W. 42, 30-44
    Joseph 33, 33-213
    Lou 43, 36-52
    M. 6/12, 22-10
    M. 22, 22-10
    Mary 66, 139-155
    Milton 24, 26-210
    P. 23, 27-243
    Porter 49, 26-200
    R. 65, 22-27
    R. jr. 30, 28-281
    Rich 56, 28-268
    Robertson 29, 76-175
    Thomas 21, 39-188
    Washington 29, 33-214
    Wm. 28, 22-10
    William sr. 66, 31-127
    William 30, 31-119
    William 23, 15-114
LOFTIN, Alford 64, 34-255
    Biddy 88, 69-107
    Hasten 35, 34-257
    J. W. 50, 34-248
    John A. 29, 34-281
    Lovie 38, 34-279
    S. D. 73, 34-239
    Thomas 34, 34-264
LOFTON, James 19, 12-260
LOGUE, Mrs. Harietta? 42, 67-4
    J. B. 38, 72-143
    Mary 67, 72-134

LOLLAR, F. 42, 23-40
LONDON, Ann 67, 58-27
    James M. 40, 60-141
LONG, Agnes 24, 120-7
    Amanda 17, 18-240
    Caroline 25, 130-177
    Charles 38, 130-176
    Charlie 3, 120-7
    Drucilla 3, 120-8
    E. 26, 136-12
    Eastin 75, 52-38
    Elias 65, 121-10
    Ella 1, 120-7
    Elmira 21, 130-195
    Emeline 42, 132-279
    Fannie 1/6, 120-8
    G. R. 57, 119-1
    Gorge 25, 143-90
    Harrison 17, 130-202
    Hattie 4, 130-177
    Henry 45, 120-4
    Ike 26, 132-281
    Jacob 45, 120-7
    J. W. 6, 120-8
    James 49, 18-222
    John 26, 134-9
    Johnson 46, 132-289
    Lem 53, 132-285
    Lucresy 52, 82-184
    Luther 47, 69-84
    Maria 6, 120-7
    Mary 11, 130-202
    Ned 35, 132-278
    Nellie 18, 96-76
    Nick 26, 132-275
    Osie 50, 120-8
    Peter 45, 132-278
    Polk 18, 120-8
    Polly 14, 121-14
    Dr. R. T. 41, 42-112
    Rob 27, 126-8
    Rufus 38, 132-276
    Mrs. S. M. 60, 132-282
    Sabra 50, 122-19
    Sallie 20, 121-9
    Sarah 10, 120-8
    Toney 32, 120-6
    Tonie 32, 121-13
    W. B. sr. 50, 130-169
    W. H. 19, 123-26
    Wash 41, 130-195
LONSDALE, Ada 30, 97-144
LOONEY, Abram M. 60, 103-382
    Laura 20, 95-55
    Sawny 42, 75-143
    Thos. 40, 85-320
LOTSINGER, William 30, 146-120
LOUIS, Adie 15, 52-60
    Lovie 72, 4-192
LOVE, A. J. T. 47, 24-126
    Albert 18, 29-38
    Celie 60, 142-32
    George 35, 53-17
    Hanner 45, 55-129
    Henry 32, 142-11
    Henry 39, 90-567
    Ike 25, 54-80
    Iry 25, 142-26
    Joe 45, 55-145
    John 60, 142-45
    John S. 58, 142-25
    Lishie 26, 143-125
    Maggie 40, 142-6
    Mark 46, 3-138
    Neal 30, 23-58
    Nelson 72, 55-132
    Newton 18?, 19-277
    Patsey 65, 88-483
    Riley 48, 19-273
    Sheperd 64, 57-226
    Sye 32, 57-246
    W. C. 20, 35-282
    William 20, 143-72
LOVELESS, Mack 30, 148-213
LOVETT, Andrew 29, 43-161
    F. S. 31, 43-159
    Moses D. 35, 45-96
    Thomas D. 70, 45-95

LOW, D. G. 42, 3-118
LOWRANCE, Jhn. 59, 61-9
LOYD, Leroy 18, 113-188
LUCAS, Martha 52, 15-107
LUCKET, George 61, 112-155
    A. J. 21, 24-125
LUCUS, John A. 28, 20-309
LUCUSS, Andrew J. 25, 15-84
LUMSDEN, J. J. 32, 43-210
LUNDON, Em 58, 48-30
LUNKENHEIMER, C. 17, 118-220
LUNN, Charnell 32, 37-115
    Eli sn. 75, 37-114
    Eli jr. 50, 37-111
    Eli jr. 46, 37-116
    Nick 37, 7-360
    Tom 32, 142-20
LUSK, Andy 30, 141-240
    J. W. 42, 70-153
    Lykes 80, 142-268
    M. A. 65, 141-244
    Samuel 45, 116-103
    Wm. 22, 141-239
LUSTER, Ruth 45, 67-291
LUVIZA, Catherine 25, 64-135
LYLES, G. W. 30, 136-14
    Wm. 30, 140-199
LYMAN, Eli 38, 105-496
LYNCH, E. 28, 25-133
    H. 58, 25-132
    John 55, 145-87
    Joshua 30, 21-64
LYNUM, Gilbert 18, 124-28
MABERRY, Atha 35, 1-44
    Cole? 65, 49-25
    Edie 70, 54-102
    Em 50, 49-34
    Eveline H. 61, 104-464
    George W. 46, 110-17
    Harden 54, 48-17
    Huberd 70, 48-19
    Jacob 58, 2-74
    John 40, 100-265
    Mart 38, 49-16
    Sam 40, 48-33
    Williee 20, 136-21
MABERY, Bob 17, 48-32
    E. 20, 48-32
    Emely 50, 48-20
    H. 15, 48-32
MACCONNEL, R. 47, 36-61
MACK, Emma 13, 80-75
    Harriett 40, 107-600
    Henry sr. 50, 74-62
    Henry 25, 74-59
    Horling 68, 98-161
    Lilly 15, 107-600
    London 35, 85-266
    Marshall 36, 104-449
    Millia 60, 80-67
    Moses 35, 22-35
    S. B. 50, 85-275
    Susan 7, 91-590
    Zulu 12, 76-163
MACKENZA, J. J. 45, 83-237
MACKEY, Elizabeth 16, 73-21
    Peter 65, 34-273
MACKY, Alx 26, 36-32
    Janet 41, 80-77
    Margarett 20, 95-53
MADDON, Corah 9, 82-191
    Lenorah 30, 82-191
    Monroe 33, 82-191
    Nancy 6, 82-191
    William 3, 82-191
MADEY, Anna 13, 81-120
    Tenna 18, 81-120
MADISON, W. J. 43, 20-16
MAGRUDER, Henry 38, 53-6
MAGUIRE, Louisa 52, 101-322
MAHON, George 31, 35-302
    James 34, 29-19
    Samuel 27, 7-373
MAISTELLA, Margaret 48, 112-129
MAIYS, Sidney 70, 84-240
MAJORS, Amelia 78, 141-233
MAKINS, Lillie 10, 101-926
MALLARD, H. T. 36, 49-18

MALLARD, J. R. 37, 24-109
MALLERY, P. W. 40, 82-156
MALONE, Bettie 84, 56-176
    Mollie 45, 82-165
MANGNEM, Edward C. 22, 18-244
    Josephine A. 48, 18-244
    Partee H. 12, 18-244
MANGRAM, Mary 68, 93-676
MANGREM, Frank 25, 102-373
    George 55, 1-22
    Harriett 40, 102-373
    Nicy 11, 102-373
MANGRUM, A. 72, 70-140
    Drucilla 20, 58-38
    George 35, 102-341
    James M. 47, 30-47
    Ratchell 80, 55-144
    William 21, 13-3
MANGUM?, John J. 64, 18-217
MANIRE, E. W. 65, 72-131
MANN, K. W. 34, 51-24
MANNEY, David 45, 42-108
MANTALOW, George 32, 53-18
MANTELO, Martha 69, 58-37
MARCOM, Jas. R. 71, 74-93
    W. S. D. 27, 74-94
MARKIS, Dorah 14, 91-618
MARKS, Henry 60, 10-143
    J. 40, 89-514
    J. H. 43, 114-57
    Louis 36, 89-516
MARLAND, Jane 34, 7-330
    Lou 12, 7-330
    Robt. Lee 7, 7-330
    James 38, 26-203
MARSHAL, Bet 35, 21-42
    Mary 14, 94-21
MARSHALL, Ed. 40, 25-161
    Robert W. 1, 96-79
    Strabelia 22, 96-79
MARTEN, Annanias 36, 104-430
    Houston 38, 96-90
    Ruth 8, 105-490
    Sarah M. 63, 104-421
MARTHENER, Vol. 95, 70-128
MARTIN, Ablert 26, 40-32
    Anna 24, 18-245
    Austin 27, 135-16
    Barcley 77, 103-412
    Benj. 35, 113-168
    Benoni 31, 112-133
    Charles 67, 76-169
    Elija 25, 67-284
    F. M. 26, 141-227
    Frank 12, 123-22
    Geo. 25, 67-15
    Harvey 65, 70-157
    Henry 44, 69-82
    Henry A. 40, 62-58
    J. D. 21, 43-202
    James 71, 74-77
    John 10, 123-23
    John H. 28, 60-147
    Katie 5, 116-115
    Lizzie 22, 145-86
    Lou 26, 116-113
    Mahaley 57, 47-148
    Martha 23, 135-17
    Mary 50, 65-227
    Persiville 60, 97-123
    Phillip 34, 148-212
    Susan 75, 4-202
    T. G. 49, 123-22
    Tennsie 8?, 14-58
    Thomas 39, 65-229
    Rich 25, 137-46
    Robt. 52, 32-148
    William 61, 136-23
    William 28, 10-102
    Wm. 19, 27-251
    William 35, 101-310
    William G. 54, 58-87
MARTOM, Marton 27, 86-397
    Ada 13, 90-534
    George 50, 92-640
    Hanah 48, 92-630
    John S. 38, 93-687
    Mary 13, 58-44

MARTON, Sallie 43, 79-44
   Tennie 83, 86-317
   Tennie 30, 87-422
MARWELL, Telora 80, 100-267
MASON, Charley 18, 89-502
   George 42, 90-537
   Manuel 22, 131-262
MASSEY, Alonzo 27, 133-3
   J. B. 26, 137-38
   J. H. 30, 127-43
   John 59, 127-33
   Pleasant 53, 130-203
   Robert 18, 10-112
   Sarah A. 44, 127-27
   W. J. F. 22, 130-204
   W. R. 33, 132-300
MASTELLAR, Henry 40, 148-254
MATHER, Emily 8, 12-237
MATHES, Lefaite 33, 53-17
MATHEW, Susan 30, 8-37
MATHEWS, Ack 17, 140-3
   Alice 30, 98-164
   Elijah 20, 34-277
   Elisha 69, 64-138
   Francis 30, 95-64
   George 40, 111-106
   Grean 21, 51-2
   James 19, 16-151
   James 28, 109-63
   Joe 13, 116-138
   Lot 8, 116-138
   Parlie 40, 117-165
   Sevino? 65, 51-6
   Tobe 43, 125-37
   William 50, 60-150
   Wm. 50, 117-158
MATHUS, T. F. 53, 39-184
MATTHEWS, Alice 24, 73-34
   Elijah 55, 75-105
   G. D. 39, 74-74
   George 37, 76-160
   Haley 18, 74-50
   J. A. 35, 74-102
   J. G. 27, 68-29
   J. M. 25, 68-30
   J. W. 23, 72-133
   Jas. A. 32, 72-136
   Jas. W. 81, 74-73
   Joe A. 53, 68-28
   John 18, 71-173
   John 78, 68-44
   John 40, 71-219
   L. M. 50, 85-285
   Lela 10, 76-163
   Laura 15, 74-95
   M. J. 58, 75-106
   Martin 39, 71-214
   Mary 60, 28-260
   N. H. 69, 70-144
   R. R. 63, 72-132
   S. E. 76, 72-221
   S. S. 58, 76-163
   W. R. H. 42, 67-1
   W. W. L. 28, 70-145
MAURY, Lou 40, 42-108
MAVRONE, Patrick 21, 10-132
MAXELL, A. 29, 94-724
MAXWELL, Harrison 22, 97-125
   Abram 45, 103-390
   Anderson 53, 97-124
   Caroline 18, 74-60
   Cicero 38, 71-181
   D. S. 60, 67-17
   G. Wiley 66, 78-260
   Henry 25, 25-157
   J. S. 36, 78-275
   J. W. 24, 67-16
   John 25, 45-102
   L. 11, 83-196
   M. V. 39, 78-255
   Robert 36, 78-263
   Robert 18, 78-251
   V. 19, 24-87
MAY, Nanna 58, 92-653
MAYBARY, George 65, 60-176
MAYBERRY, Bama 13, 2-52
   Geo. 27, 69-67
   Jessie 12, 15-104

MAYBERRY, Katie 85, 109-100
   Meny? 67, 135-18
   Robt. 38, 135-19
MAYBURY, Peter 46, 13-266
MAYES, Andrew 17, 85-298
   Ann 13, 131-215
   Ann 14, 131-239
   Becky 70, 128-107
   Bradley 12, 129-157
   Charles 40, 94-721
   Davey 43, 132-1
   David 37, 111-110
   Edmund 39, 140-166
   Ella 17, 102-343
   Ellen 16, 126-12
   Ellen 22, 105-492
   Emiline 40, 110-64
   Fanny 40, 126-15
   Felix 12, 126-12
   Felix 38, 110-61
   Fulton 45, 133-4
   Granville 19, 102-343
   Hannah 82, 126-5
   Harrison 38, 133-6
   Henry 50, 110-63
   J. M. S. 84, 126-1
   Jeff 44, 126-8
   Junius 17, 54-75
   Leonard 15, 145-94
   Lias 70, 129-155
   Lucretia 72, 133-6
   March 94, 126-4
   Marshal 53, 81-126
   Martin 10, 112-128
   Mrs. Mary 55, 80-76
   Mary E. 65, 110-60
   Porter 39, 90-539
   Queeny 12, 102-343
   R. J. 28, 40-49
   Sam 26, 126-6
   Sam C. 54, 128-92
   Sidney 25, 129-158
   Thomas 75, 130-210
   Wesley 65, 132-1
MAYFIELD, Peter 58, 47-150
MAYO, Jackson 50, 47-161
   Abrim 30, 12-236
MAYS, Alexander 21, 111-93
   Banfra 43, 12-235
   Bennie 13, 30-53
   Burton 22, 47-147
   Elias 26, 12-260
   Ellin 62, 81-110
   Gooden 80, 5-252
   Jas. 29, 83-204
   M. C. 35, 82-144
   Thomas 38, 148-242
   Wash 18, 132-2
McAFEE, J. S. 27, 47-11
   M. L. 59, 49-35
   Thomas 37, 2-84
McANEAR, George 30, 56-186
McBRIDE, Fountain 38, 96-102
   Frank 34, 136-20
   Henry 27, 135-19
   Mollie 21, 121-9
   Robt. 38, 135-19
   Rosana 56, 136-22
   Wesley 18, 136-20
McCAHLIS, West 20, 53-10
McCAIN, Cale 23, 72-167
   Daniel 55, 35-310
   Jerome 27, 67-18
   Mary 27, 72-173
   N. A. 30, 72-166
McCAN, John 39, 65-202
McCANDLESS, J. G. 26, 77-205
   J. R. 55, 75-111
   Mary 40, 89-90
   T. B. 57, 77-237
   W. S. 42, 76-166
   Wes 11, 76-198
McCANLESS, Margaret 16, 113-177
   Martha 10, 113-177
McCANLIS, Tom 51, 53-11
McCANNON, James 39, 135-18
   Nancy 36, 142-36
McCARRELL, Gilbert 52, 88-478

McCARRELL?, Salm? 25, 9-78
McCARROL, Dave 70, 25-145
   David 60, 25-150
   Mildred 19, 29-322
   Rach? 36, 21-69
   Ulises G. 10, 103-403
McCARROLL, Thom 15, 103-382
McCARTHY, Dennis 45, 114-24
McCAUBEY, Wm. 14, 107-6
McCAW, Arthur 21, 67-15
   David 64, 17-164
   John 4, 4-170
   Mattie 2, 4-170
   Sara 20, 4-170
McCEWING, Henry 20, 66-273
McCIVERS, Preston 21, 31-133
McCLAIN, A. J. 46, 114-37
   Elizabeth 58, 144-4
   James 18, 134-9
   John 57, 144-2
   Morris 22, 146-107
McCLANAHAN, Ditter? 59, 140-170
McCLANE, Jerry 20, 46-5
McCLANHAN, B. C. 42, 34-268
McCLARAN, Sam D. 50, 63-120
McCLAREN, Mary 21, 78-3
McCLARRIN, Andie 35, 55-152
   Annie 24, 55-157
McCLEAN, Dan 32, 25-159
McCLELLAND, John 36, 108-39
McCLELLIN, Moses 44, 93-676
McCLENCH, Mary B. 24, 105-495
McCLINCHEY, Geo. 30, 124-29
   Marinda 70, 115-59
McCLINCHY, Amy 42, 115-60
   Anna C. 15, 115-61
   Babe 3, 115-60
   Ida 5, 115-60
   Jake 52, 115-60
   Lero 12, 115-60
   Lewis 20, 115-61
   Lucius P. 18, 115-61
   Martha 9, 115-60
   Millie 57, 115-60
   Sam 11, 115-60
   Willis 23, 115-61
McCLURE, Anna 18, 83-237
   Martha 48, 35-304
   Poke 25, 109-68
   S. G. 20, 29-325
McCOLLUM, Florence 17, 1-49
   Henry 15, 1-49
   Mary 58, 147-159
   Jim 29, 51-7
McCONICO, Robt. 23, 26-179
McCONNEL, John B. 56, 62-73
   Sallie 15, 96-76
*McCORD, G. W. 35, 131-232
McCORMAD, Bettie 61, 36-61
McCORMICK, E. C. 42, 70-168
   R. D. 46, 67-24
   W. U. 61, 25-129
McCOSELLOUGH?, I. 30, 25-128
McCOWEN, Mollie 20, 144-17
McCOY, Edward 52, 4-173
   J. T. 19, 48-28
   D. James 31, 15-75
   James 21, 4-174
   Mahala A. 57, 15-86
   W. B. 16, 48-28
McCRADY, Elizabeth 42, 34-241
   Fed 5, 51-3
   H. M. 26, 51-3
   Jas. 8, 51-3
   James 62, 66-253
   John 6, 51-3
   John R. 37, 44-25
   M. E. 10/12, 51-3
   Robt. 3, 51-3
   Thos. A. 21, 34-239
   Wm. 40, 89-526
McCRARY, Anna 7, 99-243
   Clayton 4/12, 99-243
   Fanney 27, 99-243
   Lewis 40, 99-243
   Lula 3, 99-243
   Minty J. 8, 99-243
*McCONNEL, W.? 50, 50-18

McCREE, Caroline 11, 89-511
McCREY, John 18, 14-53
McCRORY, Charles 43, 82-148
McCULLOUGH, P. 11, 20-22
McCURDY, George 25, 79-31
McCUTCHEN, Eleanor 55, 131-215
    Sarah J. 25, 131-215
McDONAL, Elizabeth 70, 82-191
    Jos. 50, 93-689
McDONALD, A. 42, 65-234
    J. K. 53, 43-188
    Jno. 18, 26-177
    W. M. 23, 114-17
McDONNEL, Sarah 47, 61-18
    Wm. 30, 67-298
    William 43, 65-188
McDOWELL, Edward C. 40, 103-410
McELLARING, Caroline 50, 32-174
McENNALLY, Fannie 24, 144-16
    Rebecca 60, 145-74
McEWEN, C. Columbus 66, 18-241
    James 65, 137-17
    Luciel 55, 87-411
    Sam? 29, 81-112
McFADDEN, Eddy 2, 77-226
    James B. 58, 46-109
    Tom 11, 44-54
McFADDON, Kate 16, 89-501
McFALL, Aaron 40, 95-56
    Jefferson 26, 95-50
    Orange 39, 95-62
    Thomas 53?, 102-334
    William 38, 112-138
    William 9, 76-169
    William H. 45, 102-333
McGAPPET, George 13, 49-12
    Lucy 20, 49-12
    Lum B. 16, 49-12
    Mary 9, 49-12
    Parela 3, 49-12
McGARTH, John 25, 17-166
McGAW, Barry 24, 8-390
    Ben F. 49, 62-38
    J. P. 58, 84-255
    James C. 53, 96-89
    James W. 27, 2-77
    Newt 21, 22-21
    Sonny 56, 130-212
McGAY, Dviedellar? 18, 47-152
    Noralene V. 10, 47-152
    _____ 31, 47-152
McGEE, Allen 30, 115-100
    David 31, 114-16
McGEEHEE, J. T. 55, 71-202
McGHEE, Albert 12, 114-25
    Millie 80, 130-187
McGILL, James 25, 141-245
    Sam 38, 141-245
McGOWAN, Allen 2, 41-94
    Hugh B. 6, 41-94
    Sarah Jane 12, 41-94
    Susan 42, 41-94
    William 16, 41-94
McGREGGAR, Almira J. 23, 85-278
    W. A. 28, 85-278
    Wm. A. 10/12, 85-278
McGUIN, Julia 6, 131-219
McGUIRE, John 35, 64-164
    Mary O. 19, 91-593
McGUTHRY, Harriet 20, 86-377
McINTOSH, Albert 7, 87-438
    Lizza 5, 87-438
McKAE, James 26, 44-42
McKANNON, B. M. 32, 110-29
    Ed 24, 135-18
    Elizabeth 55, 111-85
    George W. 46, 110-30
McKAY, Alec 32, 27-238
    Alford 33, 11-184
    Anna L. 5, 27-238
    C. A. 30, 27-238
    Mary 25, 9-53
    Mary C. 4, 9-53
    Matilda 64, 32-175
    Nannie 39, 9-71
    Noah 41, 13-280
    Paul 19, 11-188
    R. M. 29, 83-212

McKAY, Richard 37, 40-34
    Richard 61, 29-280
    Robert 10, 9-53
    Thos. 48, 91-608
McKEE, Andrew 35, 12-249
    Emily 58, 29-1
    Francis 30, 12-248
    Henry 17, 11-173
    Josa 15, 45-101
    Lucy 70, 11-173
    Polk 36, 9-70
    Robert 60, 12-213
    Thomas 42, 7-337
    William R. 32, 97-153
    Young 32, 4-170
McKELVY, John 70, 50-21
    M. G. 47, 50-19
McKENNER, Albert 21, 4-190
McKENNON, Alex 44, 133-5
    Danl. 61, 139-127
    Emma 35, 113-186
    Gideon 39, 136-20
    William 48, 136-22
McKENZIE, John 30, 113-1
    Sarah 75, 123-24
McKEVIN, William 50, 101-297
McKIBBIN, J. V. 53, 50-17
McKILLY, Jo 30, 67-283
McKINIS, Henry 64, 108-19
McKINLEY, Claudia 9, 27-221
McKINLY, John 16, 70-150
    Mary 14, 70-150
McKINNEY, Emma 38, 83-237
    Humph 40, 25-142
    Kate 7, 83-237
    Maggie B. 12, 83-237
    Robb 9, 83-237
McKISSACK, Ananias 6, 23-69
    Anderson 16, 25-127
    Andy 10, 23-72
    Calvin 6, 29-23
    Cassie 45, 22-29
    Charlie 6, 23-72
    Columbus 10, 26-203
    D. B. 42, 116-140
    Dora 2, 23-72
    Dubber 3, 26-203
    Elmira 35, 26-203
    F. 43, 22-15
    Geo. 23, 26-173
    George H. 22, 26-203
    Green 75, 38-153
    Gus 38, 38-151
    Haggai 8, 26-203
    J. 10, 22-14
    J. 30, 25-135
    J. W. 28, 25-152
    Jimmie 7, 26-203
    John 8, 23-72
    Jonas 10/12, 26-203
    Lige 7, 23-72
    Lucius 16, 26-203
    Lucy 50, 29-15
    M. 30, 23-42
    M. 53, 21-62
    M. 38, 21-56
    M. 40, 22-71
    Mad 45, 22-18
    Milt 36, 20-21
    O. W. sr. 70, 21-58
    Peter 7, 23-72
    R. 30, 118-198
    R. L. 27, 117-152
    Rachel 40, 23-72
    Ria 25, 23-69
    Ross 50, 26-188
    Sam 64, 21-31
    Sam 12, 25-127
    W. C. 30, 117-151
    Wes 19, 23-62
McKISSICK, A. J. 37, 71-191
    Abram 90, 13-18
    Green 75, 39-194
    Lum 62, 9-66
    Martha 41, 72-130
    W. M. 49, 72-221
    York? 35, 12-230
McKIVEN, Kissiah 18, 35-294

McKIVERS, Ransom 18, 5-231
McKIVINS, Andy 30, 27-235
McKNEEL, Nellia 22, 88-446
McKNIGHT, S. H. 33, 70-148
McLAIN, Fred 87, 60-174
    W. L. 59, 121-12
McLAMORE, Henry A. 30, 104-418
McLANE, W. A. 43, 48-11
McLAUGHLIN, Jo 48, 81-140
McLAURIN, Anderson 50, 78-247
McLEMOORE, Frank 29, 12-205
McLEMORE, A. 45, 24-120
    Addie 18, 25-152
    Arch 5, 38-173
    Bill 30, 21-58
    C. 16, 22-6
    Eliza 25, 38-173
    G. 48, 22-36
    G. 60, 23-46
    George 2, 21-58
    George 2, 38-173
    Lee 65, 20-11
    Lem 39, 23-63
    Lou 8, 21-58
    Mable 4, 21-58
    Martha 5, 73-18
    R. W. 62, 22-3
    S. 55, 22-4
    Tom 10, 21-58
    Wm. 23, 21-39
McLURE, Alice 21, 127-52
    Anna 2, 127-52
    Frank 6, 127-52
McMAHAN, G. M. 43, 20-4
    J. L. 18, 124-27
McMAHON, J. H. 32, 38-173
McMANUS, Aaron 60, 116-75
    Aaron 68, 116-74
McMAURY, James D. 32, 57-23
McMEEN, John W. 16, 1-7
McMILLAN, Jackson 14, 131-227
    Guss 32, 55-147
McMIN, Demp 52, 27-215
McMINN, Godfry 34, 118-202
McMUN, Abdin 31, 11-192
    Frank 31, 9-60
    John A. 41, 11-196
McMUNS, Jane 53, 26-190
McNABB, Joseph 26, 144-40
    Samuel 40, 145-76
McNAIR, William 52, 74-97
McNARY, James 25, 36-62
    Wm. M. 19, 107-8
McNEAL, Fannie 41, 5-254
    H. A. 47, 71-208
    Henry J. 6, 5-254
    May Etter 8, 5-254
    Sallie 28, 5-236
McNEALY, Joe 38, 38-97
McNEAS, U. T. 31, 52-22
McNEELY, James J. 50, 44-55
McNELLY, Martha 39, 137-40
McNENY, James 56, 10-124
McNICE, C. P. 67, 91-610
McNIEL, John 35, 148-224
    Lanchlin 76, 148-225
McNIGHT, Ann 54, 6-302
    S. C. 17, 48-25
MCONELL, Cyntha 70, 60-143
MCONEL, Henry 56, 60-142
McPHERSON, John 40, 65-230
McRAY, George 20, 26-189
    William 38, 13-273
McREADY, David 52, 100-252
McSHAUN, Elizabeth 63, 45-66
McTEE, Elizibeth 88, 36-37
McVILLE, Parollee 35, 54-55
MEACHAM, A. J. 45, 114-44
MEADOWS, Malcolm 7, 149-270
    Thomas 30, 149-271
MEDLEY, Robt. 30, 30-52
MEDONALK?, Melcomb 72, 59-96
MEEKS, Frank 50, 73-2
MEELER, John 63, 19-297
    Meridith 32, 15-76
MEMEON, Carlon 52, 9-62
    Gorge 32, 8-27
    Polly 85, 8-38

MERIWETHER, W. 38, 124-27
MERPHA, Isack 17, 83-222
MERRILL, Hugh 26, 101-319
MERRIT, James 28, 1-13
MERRITT, Columbus 46, 8-25
MIGNECKE, E. 28, 84-243
MILLER, Abram 48, 35-284
  Alex 51, 88-458
  Amos 51, 8-38
  Augustus 48, 100-255
  Austin 52, 13-11
  Berry 21, 100-272
  Bob 18, 5-265
  Callie 30, 79-31
  Calvin 53, 136-22
  Clara 50, 9-68
  Cynthia 8, 73-47
  Dora 17, 3-145
  Elijah 25, 118-210
  Ep M. 62, 1-42
  Evie 24, 4-160
  Green 52, 29-33
  Hattie 20, 22-26
  Henry 82, 26-208
  Henry 20, 73-47
  Hettie 40, 99-242
  Jerry 51, 4-183
  Jim 23, 132-296
  Jim 26, 119-3
  Joe 23, 26-193
  John 21, 132-296
  John 40, 146-127
  John 13, 13-267
  John 39, 4-160
  John 50, 47-160
  Liddy 77, 82-174
  Liza 19, 85-291
  Lucius 26, 3-111
  Lucy 65, 21-29
  Marshall 40, 13-10
  Mary 30, 120-5
  Mary 25, 1-27
  Mary A. 58, 60-165
  May 13, 21-29
  Milley 75, 26-208
  Nancy 47, 27-229
  Ophelia 9, 55-155
  Robert 20, 11-186
  Robt. 3, 1-12
  Rosa 8, 4-160
  Rosa 14, 27-235
  Roxy 1, 4-160
  Sallie 34, 136-23
  Saml. 34, 127-35
  Susan 44, 109-75
  Tissia 3, 4-160
  W. P. 66, 143-106
  W. W. 69, 27-239
  Walter 4, 132-296
  Wesley 18, 4-182
  William 45, 96-93
  William 29, 109-72
  William 40, 79-31
  Willie 1, 100-255
MILLIKEN, Eli 21, 121-8
  John 61, 115-69
MILLNER, G. W. 32, 42-110
  G. W. 31, 41-88
MILLS, Early 17, 18-245
  James A. 66, 45-103
  Johnathan 79, 29-18
  M. 49, 22-34
  Mary G. 47, 43-203
  Sam 35, 26-202
  Tennessee 30, 8-10
  W. H. 28, 30-60
  William J. 47, 45-100
MILNER, George C. 27, 107-600
  Joanna R. 50, 102-373
MINOR, D. K. 21, 39-23
  J. J. 58, 39-22
  J. W. 30, 39-20
  W. J. 30, 39-25
MINSEY, Jane 45, 44-39
MINTON, Robert 50, 16-158
MITCHEL, Alec 50, 121-9
  Dick 70, 24-105
  Ellen 29, 82-244

MITCHEL, F. S. 18, 51-33
  G. T. 32, 51-16
  Jack 18, 124-32
  Joe 49, 28-289
  Joe 10, 25-165
  Jordan 12, 24-105
  Kate 4, 24-105
  Mary 50, 10-121
  Mose 21, 28-287
  Ned 22, 62-46
  W. I. 16, 51-33
  W. P. 26, 51-9
MITCHELL, A. 30, 27-250
  Alome 1, 58-58
  Annanias 18, 104-430
  Dannel 34, 58-44
  Dick 30, 55-127
  Dinah 31, 142-261
  Dove 53, 54-96
  Eliza 28, 30-50
  George 30, 57-230
  George A. 1, 60-129
  Henry 21, 55-140
  Hyram 20, 113-198
  Isaac 53, 130-180
  James 40, 60-135
  James 35, 10-123
  James C. 56, 80-65
  Jeff 56, 68-65
  Jennie A. 13, 59-125
  John D. 25, 58-34
  Josiah D. 65, 33-207
  Loucious 16, 60-129
  Lucy 30, 123-25
  Madison 43, 60-133
  Mat 35, 33-219
  Pat 17, 58-51
  Patterson 17, 60-129
  Plummi 15, 60-129
  S. W. 60, 110-59
  Sandy 31, 141-229
  W. H. 41, 33-206
  W. T. 42, 33-202
  William 52, 57-244
  William 52, 55-146
MITCHENER, J. Frank 45, 132-1
MITCHUM, Nathan 64, 101-306
MOAR, Mac 15, 61-203
MOBLY, Benj. 38, 116-141
MODE, Wm. G. 28, 108-17
MODLIN, Wm. 47, 5-321
MOLLOY, A. 18, 20-18
  M. B. 66, 21-55
  Mary 35, 21-35
MOLTON, Holly 35, 79-38
MONE, Luiel 50, 86-311
MONTAGUE, Arthur 22, 96-78
  Arthur 21, 17-193
  Frank 27, 86-389
MONTGOMERY, Henry 39, 147-206
  J. C. 51, 49-31
  Lizie 25, 1-4
  R. W. 29, 49-32
MOODY, Alace 20, 64-143
  Caroline 45, 111-110
  Ellen 30, 32-174
  George 21, 18-236
  Gustine S. 32, 131-259
  Harriet 32, 32-168
  James R. 61, 45-82
  Jessie 3, 32-174
  Jones W. 34, 44-9
  Laura 17, 13-24
  Mary 16, 101-317
  Reuben 9, 32-174
  Riley 19, 111-89
  Sam 74, 120-7
  Simos 23, 101-326
  Solomon 5, 32-174
  William 22, 111-90
MOON, Claricy 50, 63-101
  Mandie 17, 55-132
  Vina 36, 56-198
  Cas 37, 54-99
  Henry 39, 54-105
MOONEY, J. J. 41, 93-678
MOOR, Charlie 34, 60-154
  Daniel I. 21, 57-12

MOOR, Manch 25, 91-585
  Mary 47, 65-214
  Nancy 46, 60-164
  Steven J. 39, 58-43
  Thomas 31, 60-170
  Wm. 22, 91-585
MOORE, A. 60, 22-35
  Albert 25, 19-295
  Alferd 12, 55-135
  Alfred 28, 84-246
  Amy 60, 27-249
  Amy 13, 28-295
  Anderson 65, 70-121
  Andie 30, 56-201
  Andy 40, 58-40
  Anna 15, 83-237
  Anna 22, 87-421
  Anna 38, 89-519
  Anna 8, 91-617
  Benj. 11, 27-249
  Berry 20, 32-138
  Bettie 11/12, 86-376
  Bettion 27, 86-376
  Bud 7, 15-115
  Burwell 37, 100-258
  Cary 15, 84-243
  David 48, 65-224
  Denis 12, 108-43
  Dolly A. 45, 101-313
  Edward J. 47, 146-113
  Eliza 31, 23-62
  Florance 23, 82-144
  Frank 5, 54-52
  Frank 3, 29-323
  George 50, 28-276
  Grandvill J. 24, 45-58
  Harriett 20, 55-145
  Henry 57, 99-243
  Henry 27, 53-3
  Henry 6, 82-144
  Henry C. 31, 103-413
  Hew 35, 12-258
  Hugh 30, 63-81
  J. C. 54, 67-10
  J. M. 32, 22-8
  J. W. 25, 48-26
  James 7, 107-577
  James P. 65, 29-7
  James T. 70, 53-2
  James T. 56, 44-51
  Jennie 40, 22-9
  Jim 50, 28-278
  John 40, 108-44
  John J. 25, 65-215
  John L. 63, 29-9
  Johnie 8, 53-33
  Joseph 17, 15-118
  Joseph W. 44, 62-61
  Judy 71, 66-253
  Kate L. 17, 83-233
  Lu 8, 23-62
  Lucy 12, 15-96
  Luthie 45, 54-52
  M. 16, 23-62
  Malinda 21, 14-56
  Manerva 36, 61-21
  Margaret 30, 27-225
  Margaret 74, 68-28
  Marshel 47, 8-15
  Martha 20, 15-118
  Mary 24, 89-519
  Mary 45, 46-107
  Mary 52, 99-241
  Mason 27, 54-46
  Mat 23, 77-218
  Mattie 15, 88-454
  Mildred 30, 65-207
  Millie 38, 83-233
  Nat T. 73, 63-132
  Nathan 30, 28-277
  O. 35, 22-9
  Peter 26, 28-299
  Miss Polly 65, 69-106
  Porter 20, 33-213
  S. R. 22, 22-8
  Sallie 14, 23-62
  Spencer 63, 33-198
  Robt. 5, 29-323

MOORE, Robert C. 50, 145-65
　Roenia 43, 57-238
　Rufus 36, 27-226
　Sam 60, 63-134
　Samuel 25, 146-114
　Samuel 29, 131-264
　Silas 51, 31-135
　Silas jr. 26, 32-137
　Spencer 22, 8-41
　Susie B. 2, 29-323
　Sylla 14, 27-249
　Thos. 70, 62-63
　Tip 30, 133-8
　Vick 23, 55-159
　Walter 1, 23-62
　Wiley 2, 1-17
　Will 10, 23-62
　Willey 78, 53-8
　William 55, 66-262
　Wm. F. 60, 28-257
　William J. 40, 53-1
　Wilson 39, 57-225
　Y. P. 42, 71-194
MOORMAN, Dr. H. A. 32, 84-250
MOOSE, Delphia 19, 95-74
MORE, Wm. 80, 7-370
MORGAN, Allis 39, 81-102
　Calvin 47, 103-380
　Charley 27, 74-52
　Eddy 16, 85-296
　Golden 2, 25-151
　Harret 40, 85-296
　J. H. 49, 68-38
　J. L. 47, 71-195
　James 36, 95-65
　Jane 8, 85-296
　Joseph 1, 85-296
　Kit 45, 74-54
　Lizzie 25, 25-151
　Lot 63, 74-51
　Louiza 63, 81-122
　Moses 21, 74-92
　Queen 15, 35-292
　Rocie 3, 25-151
　Samuel 20, 35-292
　W. J. 24, 140-208
　Wm. 35, 25-151
MORGON, Ellin 35, 90-533
MORISON, J. 40, 143-120
　W. H. 43, 142-1
MORMAN, Alford 63, 86-394
MORNIFACY, James 40, 26-191
MOROAN, Alx. 37, 72-146
MORRIS, Clara 38, 28-261
　E. C. 28, 52-54
　J. Lee 44, 62-32
　Joe 37, 27-252
　Magga 27, 93-702
　Nancy 19, 92-638
　Wesly 45, 142-22
MORRISON, James 27, 100-276
MORRISS?, Jefferston P. 34, 44-50
MORROW, A. A. 44, 117-159
　David 21, 139-159
　James L. 42, 117-156
　Joseph 53, 11-156
　Jordan 55, 116-138
　Noah 59, 65-209
MORTON, Ella 20, 120-6
　J. H. 38, 52-38
　J. M. 30, 142-12
　Lela 5, 26-198
　Melvina 30, 39-6
MOSELY, Adell 19, 23-43
MOSER, Ervin 37, 49-21
MOSES, Milus 39, 46-110
MOSLEY, Greener? 33, 12-246
MOSS, Alfred 27, 105-488
　Anthony W. 30, 95-28
　Bazle 65, 79-15
　Benjamin 14, 97-114
　Callie 18, 89-516
　Edward 23, 105-597
　Joanna 18, 105-488
　John 72, 90-547
　John 25, 112-148
　Lena 41, 132-265
　Lizzie 16, 105-488

MOSS, Mary 20, 73-17
　Ned 14, 105-488
　Rodie 20, 53-5
　Sady 2, 105-488
　Sallie 19, 131-264
　Sarah 35, 105-488
　Selvy 5, 105-488
　Wash 18, 119-257
　Wm. S. 34, 116-113
MOURTON, Frank 58, 107-585
MOYERS, Ed 23, 35-311
MULHERREN, Mariah 75, 104-453
MULHERRIN, Bedford 60, 100-268
MULHONEN, Henry 11, 103-383
MULLENS, O. H. P. 45, 2-79
　Reuben 45, 45-83
MULLIN, Ursula 40, 90-527
MULLINS, Alfred 27, 148-259
　J. H. 37, 67-2
　James 35, 148-245
　John J. 47, 145-85
　Sarah 37, 34-261
　Wess 47, 3-108
MURPHA, Esma 6, 92-652
　Kalif 28, 91-597
MURPHEY, Frank 45, 55-120
　James T. 52, 98-194
MURPHY, C. M. 35, 117-154
　Chas. A. 68, 117-153
　E. Y. 39, 67-8
　H. 24, 113-202
　Henry F. 49, 15-83
　James 22, 109-88
　James 23, 15-84
　M. L. 33, 50-36
　M. P. 33, 71-198
　Mary A. 20, 95-60
　Mary C.? 69, 15-79
　R. C. 28, S. E. 24, 71-199
　Thos. 24, 72-129
　W. N. 44, 71-216
　William M. 39, 20-321
　Z. A. 40, 117-150
MURRAY, John 45, 27-234
MURRY, William 52, 65-189
MUSGROVES, Nancy 35, 109-104
MYARS, Gilsey 60, 87-435
MYERS, Isack 54, 87-436
　Jack 30, 88-449
　James 51, 96-106
　Sarah C. 56, 96-76
　Willie 11, 99-218
MYRES, John 68, 29-17
NALLS, E. Dotson 46, 1-6
NANCE, E. A. 30, 139-132
　J. W. 57, 126-39
NAPIER, Louis 30, 134-12
　Tobe 65, 22-32
NAPPIER, Flecher 38, 36-30
NAPURE, Angline 54, 88-457
NARLIN, Nick 23, 135-15
NASH, Willis J. 25, 8-6
NEAL, Joe 11, 24-96
　Wm. 11, 142-264
NED, John 40, 50-5
NEELEY, James 21, 16-160
　Jno. 49, 9-22
　John 21, 52-42
　Mary 20, 135-14
　Mary 24, 80-70
　Sarah 60, 124-29
　Willie 16, 137-44
NEELLEY, Adell 19, 70-166
　Andrew G. 46, 78-268
　E. D. 35, 76-189
　James 24, 70-166
　John W. 44, 75-134
　Lula 16, 78-266
　Paralee 61, 78-270
　William 44, 55-111
NEELY, Ann 55, 85-298
　Calvin 50, 105-514
　Caroline 35, 3-122
　Cora 12, 3-122
　Elijah 50, 98-169
　Frank 4, 2-54
　George 44, 121-12

NEELY, John 3, 121-9
　Josie 22, 121-9
　Lee 25, 65-220
　Riley 28, 84-246
　Robt. 1, 2-54
　Sallie E. 48, 104-469
　Shandy 23, 6-313
　Willis 2, 2-54
NELLUMS, D. A. 42, 25-171
　M. 28, 24-125
NELSON, Ada 30, 90-569
　Ben 70, 101-327
　David 55, 119-3
　Elias 44, 96-98
　Ibby 50, 125-35
　J. L. 24, 71-172
　James 36, 31-102
　Lem 73, 91-603
　Margaret 45, 69-81
　P. H. 56, 77-203
　Peter 74, 74-64
　Robt. 13, 114-25
　Sarah 90, 4-179
　Thomas 10, 69-81
　W. E. 63, 122-20
　W. H. 36, 115-79
　Wm. 15, 69-81
NESBIT, John 31, 3-126
　W. J. 33, 2-96
NETHERTON, Alex 19, 64-160
NETHERY, Malissa 35, 46-111
　Newton C. 46, 17-155
　William 68, 47-156
NEUBENRICH, Albert 35, 103-411
NEVELS, Mary 38, 88-493
NEVILLE, Gorge 50, 10-139
　James 52, 15-90
NEVILLS, Edward 8, 14-40
　Geo. 10, 14-40
　Mary 40, 14-40
NEVILS, Ada 20, 14-57
　Alice 26, 27-216
　Clemmins H. 40, 16-150
　Jimmie 4, 27-216
　Sammie 8, 27-216
　Sylvanus 20, 14-57
NEWBY, Charles 15, 75-130
　Jeff 4, 4-163
　Minnia 3, 88-461
NEWCOMB, J. C. 34, 43-170
NEWCUM, A. C. 32, 35-317
　Flim 68, 29-22
NEWKIRK, Joseph F. 37, 98-162
NEWEL, Dr. 84, 113-201
NEWLE, Jane 25, 90-544
NICHOLLS, C. G. R. 53, 111-84
　Thomas 13, 110-63
NICHOLS, A. J. 28, 82-149
　Anderson B. 56, 13-1
　Anna 11, 87-410
　Elisabeth 36, 10-146
　F. M. 39, 89-525
　Henry 27, 81-120
　J. H. 20, 85-276
　L. M. 27, 123-21
　Lewi 76, 125-34
　Rean 29, 9-50
　Richard B. 27, 13-7
　Sidney 43, 8-28
　W. C. 55, 24-119
　William 33, 8-30
　William G. 38, 14-50
NICHOLSON, A. A. 30, 42-144
　Albert 28, 79-36
　Bob 14, 88-489
　Carolina 68, 94-10
　Dave 51, 39-4
　George 34, 54-84
　Henry 26, 127-50
　Ike 28, 54-50
　J. H. 31, 41-87
　Jesse 22, 139-125
　John M. 39, 40-35
　Louis 18, 43-187
　Martin 41, 42-151
　Nat 69, 40-13
　Press 40, 42-108

NICHOLSON, R. M. 62, 40-16
R. N. 27, 42-152
Richard 19, 41-82
Susan 47, 42-108
York 62, 79-37
NICK, Joseph 28, 97-119
NICKELSON, Charls 65, 37-131
NICKOLSON, P. 32, 27-242
Wm. 61, 27-244
NICKS, Alfred H. 27, 16-152
Jenny 31, 24-107
John A. 32, 60-162
NIEL, Lizzy 21, 101-324
Lula 8/12, 101-324
Mattie 15, 97-113
NILES, Johny 16, 22-15
NIXON, T. H. 38, 139-163
NOLEN, E. B. 22, 138-69
J. M. 49, 139-119
James A. 45, 18-229
Lidy 16, 138-69
M. G. 43, 138-117
NOLES, Annie 65, 133-4
Fannie 19, 121-10
Geo. W. 45, 139-157
Lewis 53, 141-213
Phillip 45, 141-231
Tyn 61, 139-158
NOLIN, Harvey 30, 128-124
Thos. A. 60, 128-123
NOLLES, Benjamin 45, 146-151
NORFIELD, Tennie 30, 109-92
NORMAN, B. F. 28, 67-3
Calvin 30, 77-229
Charles 40, 117-182
John 21, 72-128
Martha 53, 98-188
Patsey 35, 96-103
W. B. 22, 118-205
William 30, 53-24
William 36, 63-78
NORRCOMB?, William 25, 40-67
NORTON, J. W. 58, 78-274
Sam 27, 69-76
NORWOOD, Carrie 12, 96-112
Frank 48, 26-183
Robert 10, 96-112
NOTGRASS, T. C. 44, 76-171
NOTTGRASS, E. Penn 23, 18-239
Eugene 19, 17-184
NOWLEN, D. B. W. 42, 118-204
Wilson 34, 58-70
NOWLIN, Eddie 13, 118-200
Mary 35, 64-147
S. A. 43, 116-77
T. A. 18, 124-32
T. P. 27, 70-147
NUBY, Lee 24, 32-181
NUCKCLES, Jerry 57, 9-59
NUNNELLY, Thom 17, 2-86
OAK, William J. 56, 97-118
OAKLEY, A. E. T. 53, 109-65
Aleck 26, 146-141
Bolen 10, 2-61
Eliza 28, 148-261
Frank 27, 8-31
H. R. 57, 7-363
James 57, 10-118
John 46, 148-241
John 31, 7-353
John 13, 2-61
Maury 11/12, 148-261
Moncy 11/12, 148-261
Powhatan 50, 102-366
Robert 25, 10-117
Rufus 52, 7-343
William H. 30, 104-447
OAKLY, William 24, 6-285
OATMAN, Daniel 54, 135-15
Leman 74, 29-8
Simon 55, 113-299
Tennessee 25, 113-203
OBRIEN, Caroline 57, 90-533
OBRIEN, Wm. 33, 90-533
ODEL, F. J. 35, 120-5
Pery 40, 37-70
ODELL, Washington 40, 104-436

ODIL, Aleck 54, 36-22
F. K. 45, 22-2
J. B. 33, 120-3
John 55, 24-103
Sarah E. 49, 29-26
ODLE, G. W. 29, 120-5
ODOM, M. C. 21, 83-237
Mary 14, 83-237
ODON, Elizabet 75, 94-710
ODUM, Willis 34, 138-83
OERTON, Gustavus H. 16, 19-262
OFFALL, Thomas 65, 40-65
OFFETT, Mary 35, 43-182
OFFICER, Burnet 18, 26-177
Sol 25, 26-177
OGELVIE, Richard H. 63, 97-140
OGILVIE, Bill 25, 92-660
Henry 20, 99-200
Sarah 18, 99-200
OGLE, William 33, 34-269
OGLESVIE, Nancy 20, 80-88
OGLEVIE, Aleck 20, 24-117
Elijah 50, 34-253
Gennie 23, 32-155
Gincy 65, 31-131
Joseph 27, 31-128
Letie 1, 32-155
Newton 40, 30-77
Richard 37, 46-126
OGLEVY, Anna 21, 82-177
OGRADY, L. 7, 145-82
M. 4, 145-82
Mariah 9, 145-82
OLES, Nancy 16, 44-48
Tabitha 40, 44-46
OLFERD, Monroe 45, 94-22
OLIPHANT, Isom 25, 145-88
OLIVER, B. P. 36, 68-57
Brigham 25, 146-115
F. M. 50, 70-129
H. L. 51, 51-27
Henry 39, 70-125
Joshua 35, 60-171
M. E. 22, 69-147
R. B. 29, 131-263
W. P. 32, 68-56
OLSTON, Jane 43, 52-39
OMASTUS, William 40, 60-140
ONEAL, Ida C. 18, 94-17
Mary 35, 92-650
ONEILE, Edman 41, 86-377
OREEN, Mary 70, 81-111
ORFORD, Jessee 12, 41-88
Susi 11, 51-20
ORFUTT, Jesse 12, 42-110
ORMAN, Henry 16, 82-144
J. S. 25, 82-144
Jas. A. 44, 62-31
Rob 28, 21-68
Walter 12, 1-18
Wm. L. 62, 21-53
ORR, Alex 79, 123-25
Anna 40, 126-539
Clark 25, 58-80
Frank 46, 125-34
Isaac 22, 129-152
J. K. 33, 129-150
James N. 41, 46-123
Manuel 46, 125-33
Martha 26, 124-27
Sam 16, 65-220
Steve 35, 65-220
Thos. 35, 123-21
ORSBORN, A. J. 3, 52-38
J. D. 24, 49-2
J. H. 25, 52-55
Mary 36, 52-38
Mary A. 11, 52-38
R. 30, 51-36
W. W. 49, 49-1
ORTAN, R. S. 72, 85-292
ORTON, Anna 14, 130-202
OSBORN, Henry 30, 69-78
Henry 16, 131-215
OSBORNE, Agness 20, 107-578
Alex 40, 39-2
Alfred 49, 43-180

OSBORNE, Dan 60, 43-171
Daniel 55, 40-52
Gennie 25, 34-242
Houston 13, 16-142
Jacob 60, 134-13
James 25, 107-578
John 54, 15-119
John G. 30, 30-43
Joseph 55, 35-316
Lenard 28, 134-12
Luisa 17, 16-142
Ned 55, 35-283
Raphel 40, 16-139
Sally 25, 43-190
William 27, 17-175
William W. 42, 18-210
OSBOURN, Alexander 23, 104-465
Joseph 40, 99-204
OSBURN, Annie 43, 56-188
Mike 68, 56-187
OVERSTREET, James 69, 71-188
Wm. T. 27, 118-193
OVERTON, Aggy 25, 105-483
Allen 35, 105-483
E. C. 57, 24-105
Forest 19, 27-239
James 56, 38-169
Lina 35, 28-284
Wm. 37, 87-427
OWEN, Albert 30, 25-169
David 67, 11-176
Elizabeth 61, 101-317
Frank 22, 93-682
Goundy? 51, 52-59
Mary 18, 54-93
Obedia 44, 81-113
R. O. 38, 119-2
Samuel 40, 104-426
W. P. 35, 119-2
Wesly 39, 36-46
William 14, 54-93
Willie 11, 142-268
Billie 37, 5-211
OWENS, D. H. 33, 81-138
George 29?, 93-680
J. 25, 93-681
W. T. 33, 2-56
PACKARD, Y. S. 82, 94-722
PADGETT, Rebecca C. 50, 102-357
PAGE, Giles H. 25, 6-306
Jackson J. 65, 6-279
James 50, 3-136
James W. 52, 19-277
Robt. 27, 70-144
Thomas 24, 6-324
William 35, 36-60
William W. 26, 6-320
PAIN, George 18, 93-710
Green 38, 100-260
Molly 16, 58-71
PAINTER, William 30, 10-119
PALMER, Chaney 28, 133-3
Henry 12, 110-63
James 3, 113-4
Joseph 25, 97-128
Robt. 52, 113-3
PANDER, James 45, 106-532
PANGSTON, J. J. 26, 50-27
J. N. 45, 50-9
J. P. 30, 52-26
P. J. 18, 51-2
P. R. 30, 51-1
P. W. 23, 52-25
Saby 80, 52-12
PAPMORE, James 26, 8-20
PARHAM, Albert 26, 37-129
Josey 29, 41-79
Kinch 25, 25-138
Lewis 54, 33-234
Lige 30, 35-2
Mingo 29, 28-310
Minzer? 62, 37-128
Parish 26, 41-79
Sally 24, 41-79
W. P. 50, 38-102
PARISH, J. K. P. 33, 50-23
PARK, E. C. 30, 52-21

PARK, F. J. 28, 52-25
    G. W. 39, 52-19
    J. J. A. 66, 52-18
    J. R. 23, 50-37
    Melie 11, 41-94
PARKER, Jeremiah M. 55, 97-148
    Jno. 40, 120-3
    Julia 17, 134-11
    Stephen 40, 134-11
    Watler 42, 120-3
    Willard 47, 141-242
    William S. 29, 107-582
PARKINSON, B. L. 24, 123-24
PARKS, A. B. 17, 85-268
    Ader 18, 46-136
    Anderson 66, 64-159
    Andy 11, 24-87
    B. F. 52, 36-57
    Crockett 49, 38-100
    Dorah 20, 83-231
    Eddy 5, 24-87
    Ettie 3, 24-87
    F. A. 38, 24-87
    James 30, 25-137
    Jerry 22, 47-174
    Manda 35, 85-271
    Mary 15, 85-268
    Mary 9, 24-87
    Milton 13, 24-87
    Namia 15, 85-303
    Rachal 8, 84-243
    William 80, 50-35
PARLEY, Andrew 39, 63-124
PARM, Frank 45, 7-331
PARMER, Alfonso 21, 10-148
    Dee 20, 53-10
    Dock 59, 73-42
    Jane 22, 10-150
PARRISH, E. 60, 50-25
    J. T. 29, 50-24
    Jas. H. 47, 14-40
    Samuel B. 44, 101-324
PARSON, Ann 33, 19-284
    Ida 11, 107-16
    Rollie 78, 107-16
PARSONS, Mary 52, 73-13
    Osco 20, 109-91
    William 23, 109-95
PARTEE, Ada 15, 15-78
    Adderson 40, 79-55
    B. G. 76, 29-6
    Bettie 2, 8-14
    Bose 52, 19-266
    Calvin 35, 15-104
    Chafrees 18, 14-51
    Clabe 25, 8-15
    Cora 2/12, 8-14
    David 16, 14-38
    Dicie 55, 79-52
    Eliza 66, 3-151
    Eliza 6, 19-269
    Emma 25, 145-62
    Gentry 28, 18-240
    Gorge 8, 8-14
    Harriett 14, 3-141
    Jacob 50, 13-6
    Jefferson 70, 13-13
    Jennie 25, 8-14
    Luna 12, 14-49
    Major 25, 2-102
    Obe 39, 145-70
    Phillips 67, 14-48
    Richard 32, 10-125
    Sallie 45, 3-141
    Susan 43, 19-269
    Thos. 23, 112-114
    Thomas 13, 13-3
    Thomas 56, 15-111
    Thornton 65, 15-92
    Tolbert 7, 145-62
    Virginia 1, 19-269
PARTEET, Marcania 30, 36-49
PARTILLEE, Cabrell 42, 19-269
PARTILLER, John 19, 18-233
PASCHAL, Edward 14, 64-169
    John 60, 143-115
    C. 9, 89-502

PASKAL, Nancy 36, 63-104
PASSMAN, Ben 29, 8-32
PATE, Amelia 32, 116-74
    Charity 65, 139-144
    Mary 7, 116-74
PATRICK, C. C. 40, 49-8
    Harrison 34, 59-108
PATTERSON, Amanda 30, 73-14
    Ann 34, 100-291
    Ann 68, 78-20
    Charles 27, 70-170
    Eliza 11, 100-291
    George 30, 105-511
    George 30, 110-48
    H. B. 3, 68-21
    Harriet 1, 100-291
    J. R. 42, 73-12
    Jean 22, 68-21
    Joe 35, 117-160
    Maggie 4, 100-291
    Mary 98, 71-208
    Mary A. 60, 73-13
    Mary F. 16, 100-291
    Mayna 36, 1-27
    Robt. F. 5, 68-21
    Rosa 13, 100-291
    Rose 13, 101-321
    Rose 15, 78-22
    Sallie 21, 18-231
    Thomas 26, 77-208
    Tom 30, 53-16
PATTON, A. C. 21, 48-17
    Alfred 59, 103-396
    Aron 15, 80-96
    Brady 54, 81-131
    Dave 30, 142-59
    Elizabeth 72, 140-200
    Jack 55, 103-386
    Jim 63, 36-45
    Jim jr. 20, 54-91
    Jim 20, 23-72
    Joseph 45, 139-146
    L. M. 42, 140-198
    Mary A. 17, 19-283
    Mel 37, 143-94
    Sallie 24, 19-282
    Sml. 27, 71-174
    Tennie 38, 81-131
    W. G. 30, 48-17
    Will 51, 53-63
    William 34, 73-6
PAUL, Alex 16, 43-187
    James S. 60, 19-258
    Marcus M. F. 25, 98-192
    Sarah 55, 98-193
PAYNE, Dan 35, 27-249
    Geo. 17, 94-1
    Henry 38, 148-258
    Jane 76, 148-257
    L. P. 29, 70-147
PEAKE, Marton 34, 84-246
PEARSON, George 22, 6-312
    Robert G. 32, 98-166
    Samuel 3, 16-141
PECHARD, Craige 23, 147-171
PECK, Horace 28, 133-2
PEDIGO, A. J. 36, 74-91
PEDUE, C. A. 12, 68-40
    Susi 10, 68-40
PEEBLES, Sallie 70, 28-296
PEELER, David 62, 147-174
    Robt. 29, 135-17
    Thomas 50, 74-56
    Thomas 50, 94-6
PEEPLES, Elldora S. 24, 96-86
    Eudora A. 20, 94-2
PEERY, Martha 28, 19-260
PENDER, George 35, 76-161
    Mary E. 53, 75-128
    Susan 26, 76-162
PENDLEY, P. 48, 53-19
PENGLETON, Fayatte 16, 41-73
PENINGTON, A. M. 32, 125-36
    Mary 38, 56-194
PENIONN, Elizabeth 45, 8-93
    Sarah 25, 80-94
PENNEL, Anna 77, 133-8

PENNEL, Yozetta 28, 133-8
    Taylor 34, 98-189
PENNINGTON, A. A. 51, 121-9
    Cary 23, 80-76
    Dent 60, 118-203
    F. E. 24, 124-27
    Hasty 60, 137-39
    J. H. 72, 124-32
    Polly 13, 112-159
    Thomas J. 45, 61-189
    W. J. 39, 124-32
    W. S. 55, 8-386
PENRY, Missie 13, 72-174
PEOPLES, J. H. 45, 78-249
PERIE, Elizabeth 7, 146-111
    James 13, 146-111
    Kate 30, 146-111
PERKINS, Anderson 35, 102-349
    Cinthia 23, 84-249
    Hilyard 26, 84-249
    J. 26, 28-294
    James 35, 40-50
    James 30, 40-47
    Jim 25, 43-173
    Mary 25, 81-121
    Rich 42, 21-38
    S. V. 58, 138-90
    Sada 1, 84-249
    Susa 2, 34-245
    Susan 3, 40-47
    Thomas 46, 99-212
PERKINSON, B. E. 44, 114-32
    J. R. 36, 91-609
    R. A. 30, 114-33
PERRY, Ailsey 65, 16-153
    Alex 3, 78-246
    Anna 11/12, 78-246
    Barkley 59, 66-271
    Bell 5, 62-45
    Charley 1, 77-210
    Delia 24, 78-246
    E. A. 35, 51-3
    Eliza 23, 71-197
    George 16, 77-210
    Giles 18, 70-114
    Hattie A. 12, 78-255
    Henry 15, 77-210
    Ida 2, 71-197
    Irvin 25, 53-27
    J. W. 23, 67-1
    James 54, 37-105
    James R. 21, 73-47
    Jerry 56, 51-30
    John 55, 100-250
    Johnson 41, 68-46
    Joseph 26, 59-76
    M. M. 14, 78-255
    Melia 17, 68-32
    Nat 3, 77-210
    Nathan 66, 70-130
    Noah 24, 67-293
    Rachel 18, 77-210
    Robert 4, 78-246
    S. D. 48, 93-708
    S. P. 44, 70-166
    Saml. 55, 70-146
    T. J. 48, 70-165
    Wiley 46, 71-220
    William 12, 78-246
    Wm. jr. 65, 94-717
    William 28, 66-272
    Wilson 23, 64-184
PERYEAR, Lewis 65, 106-536
PETERS, Ella 21, 81-114
    Jeff 52, 20-18
    Katy 52, 25-156
    Sallie 14, 18-239
    Tom 36, 23-55
PETTEY, George 21, 57-220
PETTY, Dee D. 32, 20-306
    Edward 56, 10-141
    Jessey 54, 10-137
    Joseph 32, 10-130
    Lonzo 23, 10-129
    Mar___ 63, 19-301
    Marion Gant 29, 6-307
    William L. 23, 20-305

PETWAY, Andrew 35, 46-141
PEWET, Vonisom 20, 59-100
PEWETT, Serener 60, 8-14
PEWETTE, James 40, 12-253
PEYTON, A. W. 23, 139-161
    Betty 44, 27-227
    David 75, 76-195
    Henry 45, 21, 32-157
    Henry 72, 138-79
    James 67, 139-146
    Joseph 54, 141-211
    R. H.39, 35-317
PHELPS, John 26, 39-206
    Robt. 39, 70-135
PHICHPATRICK, Ben 27, 51-10
    M. B. 17, 51-13
    S. J. 65, 51-14
    W. N. 25, 51-12
PHILIPS, Anthony 23, 35-292
    Laura 6, 95-31
    William L. 25, 16-153
PHILLIP, Robert 48, 88-447
PHILLIPS, A. B. 56, 36-18
    Amelia 60, 100-277
    C. 15, 52-59
    Cally 49, 1-49
    Dasey 16, 85-296
    E. W. 51, 92-642
    James 21, 7-367
    James 21, 18-215
    John 16, 140-166
    Lenard 17, 4-207
    Lizza 11, 85-319
    Thomas 35, 9-77
PHILLPS, W. J. 45, 82-144
PHPATRICK, K. 11, 51-33
PICHPATRICK, Eliz. 9, 51-21
PICKARD, A. J. 30, 124-28
    Arch 48, 138-107
    G. W. 24, 122-20
    J. F. 59, 125-39
    J. M. 50, 121-11
    John 40, 86-333
    L. C. 32, 121-14
    Milly 84, 121-11
    R. S. 54, 123-21
PICKEN, Rose 45, 40-9
PICKENS, Hariett 22, 43-183
    Henry 35, 92-660
    Hetta 3, 99-242
    John 22, 90-567
    Joseph 20, 94-20
PICKET, Marten L. 14, 97-116
PICKINS, Thos. J. 59, 83-213
PIERCE, Charles 51, 70-150
    Mary 28, 70-150
PIG, Ginnie 10, 33-201
    Porter 11, 33-201
    Sarah 13, 33-201
PIGG, Bill 33, 4-169
    Daniel J. 57, 2-88
    Harriett 28, 3-154
    James 22, 147-190
    Jeff 18, 5-229
    John 21, 58-62
    Lizzie 37, 3-155
    Polk 39, 4-166
    Rebeca 57, 58-61
    Robert 26, 147-188
    Ryvus 18, 3-154
    Thomas 51, 147-186
    William 29, 147-187
    William 25, 3-180
    William 51, 60-132
PILKENTEN, Hattie 14, 16-128
    J. E. 21, 41-94
PILKINTON, Wm. H. 34, 16-129
PILLOW, Dr. A. L. 60, 81-127
    Albert 21, 32-144
    Amelia 52, 95-33
    Ann 46, 84-244
    Aron 50, 84-244
    Bone 45, 68-53
    Buch 47, 67-5
    Charity 50, 84-240
    Charles 60, 104-423
    Cynthia 6, 95-45

PILLOW, Dock 22, 95-42
    Dock 50, 73-48
    Evelina 55, 118-238
    Eliza 70, 73-20
    Elizabeth 61, 80-68
    Emanuel 55, 76-185
    Emma 25, 70-121
    Fannie 13, 115-91
    George 11, 112-151
    George 25, 76-186
    George 31, 76-198
    Granville 2, 123-21
    Harkless 25, 131-215
    Harkless 8, 107-601
    Harry 17, 145-94
    Henry 60, 73-46
    Henry 6, 76-146
    Jane 50, 113-173
    Jane 52, 135-16
    Jean 31, 84-246
    Jeffrie 55, 95-53
    Jennie 36, 95-46
    Jerome B. 21, 105-504
    Joe 17, 131-254
    John 21, 86-309
    Jordon 44, 105-502
    Joseph 56, 82-157
    Katy 2, 107-601
    Lutisch 28, 132-284
    Magga 23, 80-78
    Martha 45, 130-187
    Martha 15, 100-265
    Martin 26, 32-139
    Mary 5, 107-601
    Monroe 25, 114-27
    Nelson 25, 95-42
    Patience 55, 105-495
    Randal 63, 126-41
    Rufus 25, 78-279
    Rufus 39, 68-24
    Samuel 35, 100-249
    Sarah 30, 123-21
    Sarah A. 26, 94-17
    Solomon 28, 73-21
    Thomas 38, 94-13
    Thomas 20, 73-7
    Walter 36, 99-228
    Washington 64, 95-57
    Washington 65, 95-48
    William B. 40, 74-63
PINDLETON?, T. L. 34, 40-56
PINGLETON, Charles 26, 117-172
    George W. 35, 59-120
    J. C. 45, 117-174
    John R. 37, 117-173
PINION, George 39, 82-172
PINKARD, Guss 35, 55-134
PINKERTON, Fancy 44, 84-249
PINKSTON, B. B. 37, 127-32
PINNEO?, John 22, 132-291
PIPKIN, Grief E. 61, 134-9
    Perry 19, 109-80
    Thomas 37, 135-16
PIPKINS, M. E. 50, 143-84
PITMAN, Hannah 50, 86-391
PLANT, Thomas 52, 109-94
PLAY, William T. 46, 46-107
PLAYER, Mrs. 58, 113-195
PLEDGAIR, A. E. 50, 82-144
PLUMMER, Dianna 38, 95-71
POGUE, Betsey 82, 139-139
    Geo. W. 36, 141-215
    H. C. 18, 139-119
    Isac 30, 141-221
    J. D. 23, 139-123
    James M. 50, 139-122
    Jordan 64, 141-220
    Sam H. 41, 139-139
    Thos. 26, 139-124
    W. D. 39, 138-99
POINER, John D. 58, 7-361
POINTER, Albert 28, 28-309
    Amy 35, 27-216
    Andrew 32, 12-238
    Becca 18, 23-63
    Ellen 42, 23-63
    George 20, 17-204

POINTER, H. P. 58, 131-217
    Kitty 25, 25-134
    Lizzie 18, 111-110
    Martha 17, 23-63
    Mary 2, 111-110
    Monroe 5/12, 111-110
    Nancy 30, 9-73
    Perry 45, 12-259
    S. 35, 20-2
    Sabre 60, 23-49
    Sallie 40, 20-10
    Sol 25, 25-153
    Victoria 26, 17-204
    Virginia 6/12, 17-204
    Will 12, 23-63
POLERO, James T. 32, 102-368
POLK, Adam 66, 12-245
    Albert 31, 64-167
    Alex 21, 124-29
    Alexander F. A. 29, 94-14
    Alfred 24, 130-178
    Allen 25, 132-273
    Amanda 21, 74-85
    Anderson 65, 62-74
    Ann 50, 111-99
    Cherry 12, 145-66
    Dabney 16, 10-122
    Dow 34, 14-71
    Easther 1, 29-6
    Eliza 39, 113-195
    Eliza 13, 22-10
    Ella J. 22, 24-119
    Elsen 15, 84-243
    Emily 19, 10-122
    Emline 8, 10-122
    Frank 16, 100-289
    Frank 25, 9-60
    Frank A. 76, 8-7
    Filis 25, 145-66
    G. B. 64, 92-663
    Garrison 65, 67-10
    George W.62, 113-178
    Gilbert 28, 34-275
    Gloster 40, 118-238
    H. M. jr. 27, 24-119
    Hanner 60, 114-20
    Hannon 38, 114-13
    Henry 54, 113-5
    H. William 3, 145-66
    Jake 24, 114-22
    James 70, 120-7
    James 18, 128-122
    James K. 11, 10-126
    James K. 40, 8-8
    Jesse 2, 16-133
    Jessica 87?, 113-205
    John 18, 118-226
    John 30, 67-300
    John 12, 74-64
    Julius 12, 69-80
    Kittie 17, 113-196
    Kitty 30, 129-136
    Genl. L. E. 45, 114-18
    L. J. 27, 82-145
    L. John 5, 145-66
    L. Mariah 8, 145-66
    Lucius 5, 76-159
    Luke 36, 22-17
    M. Amie 11, 145-66
    Mary 19, 96-76
    Mary 83, 80-62
    Milton 28, 26-195
    Monro 5, 93-671
    Monrow 25, 85-292
    Ophila 18, 12-247
    Oscer F. 68, 95-43
    Parilee 39, 29-6
    Peter 39, 112-120
    R. Pearl 1, 145-66
    Robert 14, 10-136
    Robert B. 26, 98-190
    Rubin 75, 84-242
    Rufus 26, 74-85
    Sallie 18, 76-188
    Samuel 27, 17-172
    Samuel 33, 96-84
    Sterling 30, 115-91

POLK, Sylvester 30, 115-53
   Thomas 30, 62-75
   Thomas 23, 11-182
   Van L. 23, 113-201
   William 41, 113-195
   William 61, 108-25
   William 55, 76-174
POLLACK, J. T. 22, 128-117
POLLARD, D. P. 43, 131-224
POORE, Frank 35, 117-175
POPE, James 22, 107-586
   Mary D. 15, 138-102
   Sam 39, 8-36
   Willie 17, 25-152
   William 71, 103-379
PORTER, Abraham 28, 87-407
   Abram 63, 97-131
   Albert 22, 89-509
   Alford 50, 29-31
   Alma 32, 88-488
   Alick 45, 57-228
   Amanda 10, 89-520
   Anderson 60, 73-42
   Andrew 40, 88-448
   Andy 48, 11-205
   Anna 23, 92-623
   Anthony 68, 75-138
   Anthony 29, 101-304
   Austin 55, 77-213
   Bettie 20, 89-509
   Bettie 19, 80-60
   Betsey 1, 82-144
   C. 19, 86-397
   Caleb 21, 97-132
   Calf? 58, 93-669
   Catherine 62, 134-13
   Charles 36, 133-6
   Charles 35, 35-312
   Chock 53, 15-99
   Clarah 20, 80-67
   Clifford 3/12, 92-623
   Dallas 18, 148-215
   Edward 10, 33-199
   Eliza 26, 77-230
   Elizabeth 20, 18-237
   Miss Ella 24, 82-144
   Florance 20, 84-259
   G. M. 34, 86-310
   George 52, 103-395
   Gertrud 2, 92-623
   Green 70, 97-141
   Green 56, 104-427
   Grissie 28, 91-575
   Hannah 19, 88-446
   Harriet 56, 74-78
   Harriss 55, 103-402
   Hayne 58, 77-242
   Jack 45, 90-550
   Jack 60, 75-137
   James 32, 77-214
   Jane 23, 128-73
   John 57, 53-37
   John L. 40, 34-239
   John N. 67, 119-260
   Lewis 10/12, 18-237
   Lizza 19, 81-109
   Lou 12, 75-124
   Maggia 30, 11-180
   Major 30, 128-114
   Manda 10, 88-454
   Margarett 13, 16-141
   Mariah 62, 79-46
   Martha 20, 118-234
   Mary 40, 80-63
   Mary 23, 81-119
   May 85, 80-76
   Nathan 85, 109-100
   Oss 25, 99-205
   R. L. 58, 35-308
   Rachel 36, 86-380
   Red Thos. 37, 74-95
   Richard 80, 101-303
   Robert 39, 101-305
   S. S. 54, 26-178
   Sallie 17, 82-144
   Samuel 37, 135-16
   Sandy 28, 145-62
   Sarah 21, 84-265

PORTER, Scisero 69, 33-199
   Sol 30, 89-512
   Thomas 54, 30-65
   Thomas 50, 34-272
   Thomas L. 45, 103-393
   W. N. 36, 20-2
   Walter 17, 101-302
   William 43, 134-13
   William 6, 18-237
   William 31, 103-404
   William 25, 97-134
   William 12, 102-335
   William A. 21, 64-158
   Wm. C. 68, 83-200
   Willie 14, 100-266
   Wilson 29, 100-257
POSBORN, Jim 14, 47-20
POTEET, James 16, 10-110
POTICK, James 66, 10-151
   Thomas 49, 10-152
POTTER, A. W. 68, 26-173
   Amanda 65, 29-323
   Charlei 17, 110-51
   Ezra 54, 125-37
   Frank 51, 37-130
   Frank 30, 141-225
   Henry 26, 141-236
   John 35, 11-180
   Mary 13, 141-233
   Mary C. 60, 8-1
   Sharber 18, 33-231
   Will 24, 36-35
POTTS, Frances 33, 145-66
   James 47, 148-261
   John 26, 9-74
   L. R. D. 65, 7-330
   Lucinda 40, 7-356
   Miles 47, 7-357
   P. A. 32, 112-159
   Robt. A. 24, 7-365
   William 25, 148-265
POWELL, F. D. 23, 122-20
   J. M. 61, 93-685
   James 26, 85-270
   Lewis 8, 139-134
   Nathan 28, 65-187
POWERSO, Rich 17, 140-3
PRATT, John W. 25, 44-12
   Sam H. 54, 47-169
   William 28, 98-186
PRELLE?, James 31, 5-218
PRESTON, J. 10, 20-9
   Jno. 9, 20-9
   Katie 15, 20-9
   Susan 45, 81-100
PRESTOW, E. 31, 84-243
PREWETT, Clovis 50, 61-191
   D. B. 27, 127-49
   James 6, 145-90
   Lucindy 51, 61-198
   Parollee 14, 54-82
   Thomas 13, 146-117
PREWITT, Anderson 61, 59-115
   Auston 59, 55-138
   H. K. 22, 81-141
PRICE, An 58, 50-22
   Frank 27, 125-37
   Guss? 28, 12-251
   James 20, 39-24
   Saml. 34, 71-184
   Thomas 44, 26-176
   Tom 20, 29-317
PRIDE, Elizabeth V. 31, 94-8
   Henry 21, 61-198
   John S. 50, 61-24
PRIEST, Boide 22, 9-84
   John 23, 6-297
   Robert 30, 10-115
   Susan 24, 77-227
   T. H. 68, 20-12
   Thomas 19, 9-86
   William 48, 9-85
PRIM, Cally 9, 103-401
   Harriett 72, 103-401
   Naci 49, 5-235
PRIM__, Elizabeth 53, 41-102
PRIMET, Walter 9, 142-2
PRIMM, Ada 5, 42-115

PRIMM, Henry 43, 22-73
   Isaac 35, 42-115
   John 7, 42-115
   Mary 30, 40-15
   Thos. 22, 42-140
PRIOR, Henry 30, 53-15
PROCTOR, Albert 17, 110-63
   Frank 27, 78-8
PRUET, Clabe 20, 51-21
PUCKET, William 19, 98-158
PUCKETT, Rufus 47, 146-150
   William 71, 149-272
PUGH, A. J. 63, 142-264
   David 16, 141-220
   J. W. 37, 142-263
   James 73, 126-39
   James H. 46, 126-39
   Millon 31, 139-160
   Sam 20, 115-82
   W. J. 25, 126-39
PULLEN, James 30, 64-184
   Thomas 65, 64-169
   Ves 22, 133-7
PULLHAM, Wm. A. 29, 118-207
PULLIAM, Ada 8, 78-252
   B. H. 34, 115-51
   Sam 28, 129-151
PULLIAN, Eliza 32, 82-144
PULLIN, George 36, 64-153
   Ella 25, 120-6
PULSE, Amelia 19, 140-171
   James 48, 138-98
   Maggie 1, 140-171
PURDOM, D. E. 52, 47-13
   R. W. 33, 49-3
PURION?, Stokes L. 32, 20-303
PURSLEY, Silas 22, 75-107
PUTMAN, John 54, 134-13
QUARLES, F. 17, 23-62
QUARTERMAN, W. A. 45, 93-703
QUEEN, Ed 51, 1-46
RAGAN, Andy 35, 37-126
   J. W. 21, 27-254
   Jas. T. 40, 23-76
   Mary 45, 133-5
   Mrs. Nancie 72, 37-121
   S. E. 43, 91-572
   Thomas 40, 148-267
RAGGAS, Lucy 27, 58-69
RAGIN, Charles S. 31, 7-366
RAGSDAL, Alexan 35, 10-134
RAGSDALE, Cam 30, 1-11
   Francis 40, 10-127
   Henry 26, 10-148
   James 9, 97-118
   Jink 32, 7-359
   John K. 42, 12-241
   Nora 17, 1-22
   Richard 70, 12-239
   Robert 11, 97-118
   Robert 11, 97-118
   Salm 32, 10-148
   Tennessee 35, 12-241
RAIL, Jim 20, 7-336
   Richard 27, 6-273
   Sarah E. 17, 7-335
   William C. 40, 7-358
RAINES, T. B. 48, 83-233
RAINEY, W. C. 31, 70-127
RAINS, Hariett 18, 104-462
   M. A. 40, 138-82
RALSTON, David 69, 70-120
RAMEY, Ann 22, 106-539
   Susee 13, 83-237
   Winfield S. 61, 96-99
RAMSEY, James 50, 63-113
   Lanny 39, 62-39
   M. J. 50, 72-165
   Tom 21, 130-181
   W. W. 30, 76-177
RAMSY, John G. 59, 58-29
   Robbert N. 31, 57-2
RANDALL, John R. W. 28, 104-418
RANDOLF, Lucy 60, 113-204
RANEY, Thos. 49, 87-433
RANKIN, Anderson 48, 76-178
   Benjamin 7, 97-123
   Bird 6, 96-97

RANKIN, Caroline 25, 96-97
  Clifford 9, 97-123
  Grandison 22, 110-29
  Jo 20, 75-124
  Joe 70, 53-38
  Joseph F. 74, 103-399
  Judy 19, 70-166
  Judy 18, 77-231
  Lillie 8, 96-97
  Luther 35, 111-77
  Mack 67, 11-191
  Maggie 11, 96-97
  Martin 37, 126-8
  Mumford S. 32, 13-17
  Nat 23, 75-125
  Sarah 48, 75-141
  Sarah 55, 70-166
  Sarah 51, 77-231
  Tabitha 31, 8-24
  Thomas 6, 96-97
RANKINS, Mary 58, 91-576
RANSTEN?, Pheby 47, 96-85
RATCLIF, S. R. 23, 84-246
RATCLIFF, E. N. 58, 84-246
  N. W. 28, 84-246
  Polk 33, 5-212
  John N. 62, 117-147
RATLIFF, Martha P. 28, 117-146
  W. C. 34, 27-231
RAWLSTON, Moses 47, 73-15
RAY, Alfred 36, 145-53
  Daniel 21, 110-15
  Stanford 59, 108-18
  William 63, 12-242
REA, T. J. 34, 71-217
  Wm. M. 36, 71-211
REAMS, H. B. 26, 118-216
  Lucius 21, 147-166
  M. E. 44, 21-46
REAVES, Frank 28, 121-11
  George W. 43, 89-505
  J. M. 28, 140-204
  J. S. 57, 41-71
  Jas. W. 74, 89-504
  Leonidas 40, 148-265
  Luke 50, 92-665
  Margret 50, 149-274
RECORD, Amanda 19, 62-42
  Harry 24, 62-42
REDDEN, Harrison 35, 102-343
REDDICK, W. J. 18, 74-88
REDDIN, Leander 10, 126-4
REDDING, James K. P. 34, 59-98
  Joseph T. 40, 59-100
  Lavonia 22, 59-106
  Margret A. 36, 59-102
REDEN, Berl 37, 91-604
REDING, Nancy 25, 59-96
REDMAN, Sarah E. 40, 46-137
REDMOND, Sarah 19, 66-253
REED, Bin 30, 51-4
  Edwd. 30, 42-108
  Elijah 16, 147-154
  Fanny 37, 118-212
  Lum 17, 147-154
  Thomas A. 42, 98-174
  William 50, 144-18
REEDE, Eddy H. 6, 91-581
  M. F. 32, 91-581
REESE, Elisabeth 69, 134-10
  Gorge W. 25, 12-212
  Isom J. 27, 102-348
  Sylvia 70, 25-142
  Thomas 53, 148-268
  William 24, 35-299
  William 51, 135-14
REEVES, John 34, 54-108
  Richard P. 58, 19-274
  T. J. 50, 48-23
REGANOLD, F. 56, 120-4
REID, Nathan 54, 15-96
REIVES, E. N. B. 39, 41-73
  N. G. 45, 41-75
RENFORO, John 43, 46-127
RENFRO, Bryant 33, 62-56
  Colbert 52, 58-56
  Ed 8, 74-50
  James S. 62, 58-32

RENFRO, Jessee 21, 64-180
  John 26, 60-180
  John T. 49, 20-315
  Robt. 58, 121-14
  Robt. 27, 121-13
  Rufus R. 57, 65-228
  Willis H. 47, 1-30
RENFROE, Beatura 21, 116-127
  Melvina 18, 116-127
  Mrs. Susan 44, 116-127
RENFROW, Jessie 21, 109-64
RENOLDS, Wm. 25, 88-486
RETHERFORD, William 55, 134-10
REVIUE, John A. 57, 138-111
  W. M. 29, 138-110
REYNOLD, G. A. 27, 32-155
REYNOLDS, Albert 45, 66-253
  Henry 60, 36-39
  J. M. 63, 45-88
  James 37, 77-225
  Mary 35, 45-80
  Philip 16, 63-85
  Vinson 45, 72-163
  William G. 48, 47-150
RHEMES, J. J. 35, 36-59
RHINO, Charles R. 37, 46-154
RHODES, Henry 8, 98-183
  J. T. 51, 38-89
  John 37, 63-108
  Nancy 23, 6-314
RICE, J. G. 50, 34-274
RICH, J. F. 51, 122-14
RICHARD, Scott 44, 141-238
  Thos. 29, 80-97
  William 36, 144-35
RICHARDS, James 27, 64-154
  John 22, 131-250
  John W. 23, 58-39
  Lutie 11, 67-1
RICHARDSON, David 35, 65-194
  Eliga 38, 64-165
  Fred 51, 64-166
  Hellin 8, 80-97
  James 40, 65-190
  John 22, 58-64
  John W. 62, 58-35
  Pinky 24, 85-297
  Queenie 31, 92-639
  Robbert 38, 59-110
  Sammie 13, 92-639
  William 39, 61-199
  Z. T. 33, 64-161
RICHERSON, Charlotte 43, 131-243
RICHEY, John 23, 28-275
RICHY, Henry 36, 142-31
RICKETS, C. W. 38, 140-195
  Mary 75, 104-454
RICKETTS, Dock 20, 121-11
  Lou 21, 120-4
  N. J. 41, 137-23
  R. D. 55, 119-1
RICKS, Alfred 68, 73-39
RIDDLE, Marquis L. 40, 94-2
  Marcus L. 49, 96-86
RIDLEY, Alf 21, 131-244
  Ann 22, 120-6
  Annie 9, 125-37
  Charity 37, 128-75
  Edmond 50, 119-244
  Ellen 12, 121-12
  Frank 6/12, 118-210
  George 54, 131-246
  Houston 34, 128-108
  Jack 55, 115-54
  Jackson 6, 118-210
  James W. S. 55, 105-495
  Jeff 19, 119-251
  John 30, 129-133
  Johnie 4, 118-210
  Malinda 23, 133-8
  Mary 10, 117-163
  Tennie 26, 118-210
  Tom 32, 125-33
  Wash 70, 123-22
  Wm. 2, 118-210
RIDLY, Webb 12, 139-164
RIEVES, Eugeni 15, 34-238
RIGG, Frances 24, 3-114

RIGGENS, Ama 18, 37-136
  May 26, 37-136
RIGHT, Ann 17, 144-37
  John 24, 143-88
  John 83, 143-101
  Lizzie 18, 144-37
RIGSBY, Frances 48, 66-281
RIKARD, Alice 19, 1-12
RILEY, Albert 39, 144-34
  James 48, 144-33
  Thomas 28, 104-425
RING, Joseph 54, 46-112
  Lewis J. 53, 46-120
RINGLETON, J. M. 42, 52-44
RITTENBERRY, Isaac J. 47, 96-96
  J. J. 28, 42-139
  Jas. 20, 42-128
  John 45, 133-6
  Nathaniel 49, 58-54
  R. 32, 143-82
  R. L. 55, 41-105
  Robert 11, 143-82
RITTER, Peter 48, 80-85
RIVERS, Alena 49, 95-36
  Amelia 11, 104-419
  James 21, 65-221
  Laura 22, 85-306
  William 26, 66-240
ROACH, Ida 27, 147-166
  John 35, 6-280
  John 44, 134-9
ROADS, Mands 42, 90-540
  Sallie 8, 81-133
ROAN, E. S. 41, 29-28
  James E. 27, 15-118
  Jessee 60, 32-186
  Mary 70, 37-135
  Sarah J. 38, 14-36
ROBARDS, Bentley 50, 33-230
ROBB, Wm. 4, 82-159
ROBERDS, Tom 30, 54-104
ROBERSON, Charly 79, 37-136
  Charly 1, 37-121
  F. P. 61, 117-153
  Gabell 49, 37-122
  Harmon 30, 6-289
  Maid 1, 3-124
  Molly 21, 37-114
  Mrs. Sallie 43, 6-312
  Sam 13, 59-104
  Thomas 3, 37-121
  William 35, 55-124
  William 10, 145-54
ROBERTS, Ambrose 62, 50-1
  Balam F. 24, 47-166
  Charles P. 18, 20-304
  Isaac T. 19, 97-146
  James F. 31, 145-77
  Jan M. 26, 81-117
  Laura 17, 83-237
  Martha 64, 82-167
  Mc 58, 47-165
  Navore 17, 83-237
  R. 17, 20-14
  Samuel J. 50, 19-292
  Stephen 59, 14-47
  Tom 35, 142-47
  Tom 25, 143-118
  W. J. 17, 83-237
  William 66, 145-86
  William O. 39, 20-308
ROBERTSON, Ailsie 83, 116-123
  James 35, 47-146
  James M. 34, 20-307
  Scott 21, 18-234
  Thos. 65, 62-76
ROBINETT, Gertrude 8, 138-118
  Sallie 33, 138-118
  Sudie 7, 138-118
  Willie 4, 138-118
ROBINSON, Amanda 34, 98-162
  Charles 22, 106-571
  Charly 9, 11-155
  Doat 4, 98-162
  Edom 21, 112-141
  Enos 66, 134-12
  Frank 33, 134-9
  George 35, 98-162

ROBINSON, James 42, 128-96
    Jef. 52, 135-14
    John 38, 112-154
    Kate 34, 133-7
    Lillie B. 10/12, 19-283
    Mary 68, 139-164
    Mattai 19, 11-155
    Nat 28, 134-13
    Nellie 15, 19-283
    R. T. 18, 28-311
    Rebecca 58, 112-141
    Sam 23, 135-16
    Saml. R. 12, 98-162
    Sarah A. 47, 10-137
    Scott 7, 98-162
    Susan 72, 133-7
    William 22, 106-568
    Zillah 72, 10-137
ROBISON, Berry 65, 34-254
    John 26, 37-121
    Nancy 45, 1-45
    Susan 22, 37-121
RODES, Annie 18, 94-724
RODDY, A. J. 27, 117-145
    Alfred 60, 103-398
    Holston 40, 23-73
RODGERS, Abram 57, 111-103
    Benjamin 45, 104-418
    D. 19, 89-500
    Henry 50, 55-135
    J. G. 38, 51-35
    Wm. 21, 124-29
ROE, Mary Ann 27, 117-189
ROGERS, Thomas 39, 124-26
ROGGERS, Edna 15, 39-192
    Nora 19, 39-192
    Robert 37, 32-160
    W. J. 22, 39-192
ROGUE, E. A. 36, 139-136
    John 48, 136-2
    Minda 62, 138-76
    Z. J. 37, 138-75
ROLAN, Wash 57, 133-4
ROLAND, Alice 17, 125-37
    Charles 21, 126-8
    James 23, 100-275
    Jim 23, 127-37
    Lewis 22, 132-2
    Sarah 20, 126-8
    Wm. 9, 70-144
ROLLER, Frank 24, 64-152
    Mike 55, 64-151
ROLSTON, Alfred 46, 63-96
RONE, Charles 25, 64-183
    M. L. 34, 52-43
ROOKS, S. P. 53, 42-142
ROSE, M. F. 23, 131-238
    Wm. A. 23, 81-142
ROSENBERG, G. A. 31, 82-143
ROSENTHALL, J. 36, 84-264
ROSI, Wyatt 26, 99-200
ROSS, Ellvira 46, 113-197
ROSSON, Joe 28, 142-62
ROTHE?, E. 50, 130-184
ROTHRECK, Margret 33, 91-574
ROTHROCK, Namue 16, 86-313
ROUNS, Ephriams 42, 65-212
ROUNTREE, Ad? 24, 21-63
    C. 65, 26-177
    Charley 41, 12-215
    Ed 8, 22-38
    Jack 19, 26-206
    John 22, 21-28
    John 29, 12-211
    John 75, 13-269
    John J. 64, 12-209
    Loumisa 19, 21-28
    M. 80, 28-278
    Mack 43, 11-204
    Mary 43, 27-219
    Nancy 26, 27-220
    Patience 50, 21-28
    Richard 48, 11-172
    Richard 23, 9-63
    Sandy 55, 12-241
    Thomas 25, 12-217
ROVER, Martha 25, 76-150

ROVER, Morgan 27, 74-71
ROYGINS, Victoria 19, 38-147
    William 12, 38-147
RUCKER, Ed 21, 93-671
    Henry 53, 103-392
    Mariah 50, 31-108
    Nelson 18, 31-111
    Willis 22, 90-536
RUINS?, G. L. 40, 138-108
RUMAGE, Andrew J. 46, 44-20
    F. M. 40, 43-169
    Fanny 12, 44-40
    James E. 25, 44-21
    James K. 43, 44-18
    Lue 43, 44-7
    Sarah 85, 44-19
    Sarah 45, 43-5
    Wm. J. 25, 47-175
RUMAY, George 10, 37-118
RUMGE, Asa 11, 36-59
RUMMAGE, Alex 42, 42-118
    Henrietta 5, 4-189
    Sam 40, 43-162
    Wm. 70, 42-120
    Wm. J. 28, 42-121
RUNIONS, John 36, 143-83
RUNNELS, Dela C. 8, 59-104
RUNNIONS, H. T. 15, 137-65
    John W. 20, 141-228
RUPLE, Alexander 31, 98-187
RUSH, Artemsia 33, 136-21
    Milton 18-254
    Willie 7, 136-21
RUSHTON, James S. 17, 20-319
    Jesse S. 30, 17-166
    W. J. 34, 87-422
    William J. 25, 17-168
RUSSEL, Belle 10, 134-11
    Burrel sr. 30, 134-11
    H. 10, 20-14
    Jane 12, 134-11
    Jeff 33, 62-37
    Julietta 26, 126-11
    Nathan 60, 24-98
    Robt. 15, 134-11
    William 20, 134-11
    Willis 20, 134-11
RUSSELL, Andrew 12, 136-23
    George 32, 146-127
    James 71, 136-21
    James 16, 82-172
    Jane 56, 7-370
    Jemima 34, 30-56
    John 14, 82-172
    John H. 14, 60-162
    Louisa 14, 136-23
    Maddison 59, 134-11
    Margrett 21, 135-19
    Mat 42, 134-11
    Ned 19, 137-44
    Peyton 76, 13-278
    Pollie 59, 82-172
    R. E. 24, 86-383
    Rosana 12, 82-172
    Susan 28, 82-173
    Virgie 17, 137-37
    Whitfield 50, 136-22
RUST, Mat G. 58, 66-253
RUTLAGE, Walter 13, 66-273
RUTLEDGE, Alx. 43, 71-175
    Getheral 44, 60-155
RUTLEGE, Samuel 63, 65-196
RUTTLE, Michal 53, 83-224
RYE, Austin 8, 73-49
RYLEY, James 38, 87-405
RYLIE, Jefferson 17, 44-53
    Sack 38, 44-23
RYNOLDS, James 14, 37-64
    Ruben 24, 36-56
SAFFORRENS, Jno. 73, 93-697
ST. CAIE, Mag 13, 83-237
SAMUELS, M. 58, 86-376
    S. 21, 84-248
SANDERS, A. 59, 143-113
    Adah 15, 84-243
    Adaline 45, 32-169
    Anthony 35, 38-99

SANDERS, Dick 15, 22-27
    Femply? 43, 5-244
    Harve 20, 26-189
    Harvey 18, 9-71
    Henry 49, 73-26
    Henry 34, 28-298
    J. I. 60, 27-240
    James 37, 37-103
    Laura 13, 84-243
    Martha 50, 3-143
    Perry 42, 27-241
    Sed? 40, 24-112
    Sonny 11, 132-273
SANDERSON, Bob 2, 5-243
    Moses 31, 88-470
    Peter 25, 147-176
    Richard 59, 88-477
    Sarah 17, 81-113
    Sarah 30, 5-243
    Thomas 68, 146-144
    William 4, 5-243
SANDFORD, M. F. 53, 138-102
SANDIFORD, Foster 7, 99-213
SANEFES, Mary E. 35, 108-41
SANFRED, Wm. 65, 139-120
SANSDOWN, E. L. 47, 87-414
SANTERFER, Mary 35, 53-30
SANUL, Thomas 16, 9-70
SAPMORE?, Wells 75, 8-18
SARGENT, James 42, 135-17
    Jerry 25, 134-13
    Jessee 58, 111-85
    Robt. 40, 135-18
SARTAIN, Lizzie 14, 129-134
    Monroe 31, 123-26
SARVER, Isaac 39, 129-145
SARVIN, Jos. D. 64, 85-325
SATERFIELD, Bruce A. 26, 17-163
SATTERFIELD, Ailey 12, 1-12
    Ann 35, 1-14
    Anthony 37, 15-98
    Antny 9, 2-53
    Frank 5, 1-14
    J. W. 19, 122-16
    John 26, 92-655
    John E. 24, 1-7
    Mary 59, 18-210
    Nelson 40, 3-139
    Pink 10, 1-10
    Pink 12, 2-53
    Wm. 14, 1-12
SAULSBY, Mary 55, 104-420
SAUNDERS, A. W. 60, 141-255
    Carroll P. 46, 145-91
    Daniel 50, 114-36
    G. L. 31, 140-205
    Hattie 12, 104-447
    Nannie 10, 104-447
    R. C. 26, 141-256
SAUNDERSON, Amanda 18, 96-77
SAVAGE, J. J. 52, 139-141
    Vine 33, 142-53
    William 24, 144-3
SAWYERS, S. C. 21, 83-208
    Sall 20, 86-307
SCART, Lot 27, 70-114
    Sophry 53, 70-115
SCOT, Jane 84, 51-38
    Luiza 49, 52-45
SCOTT, Alexander 29, 140-207
    A. C. 54, 68-64
    Barney 70, 14-64
    C. E. 21, 69-98
    C. S. 55, 69-92
    Caleb 66, 140-206
    Clavin 30, 117-166
    David 22, 44-35
    George 31, 69-99
    H. B. 16, 69-94
    H. E. 48, 68-26
    Harriet 5, 70-123
    Henry 55, 102-361
    Holly 64, 64-175
    J. A. 29, 68-36
    J. C. 24, 32-155
    J. B. 35, 67-11
    J. P. 26, 40-64

SCOTT, Jo 30, 40-69
  John 48, 64-185
  John M. 60, 63-103
  Leroy 32, 63-105
  Lucius 22, 69-93
  Margret 42, 143-112
  Mariah 50, 68-61
  Milton 66, 68-47
  N. N. 30, 116-120
  R. M. 57, 68-34
  S. A. 18, 69-98
  S. W. 61, 67-15
  Sam C. 60, 43-176
  Sampson 19, 31-92
  T. J. 28, 77-241
  Thomas P. 67, 63-88
  W. F. 27, 40-50
  W . W. 24, 68-35
  William 51, 16-155
  William 50, 7-332
  William 59, 63-98
  William 17, 71-218
  Wm. A. 56, 116-122
SCRIBBINS, Alice 12, 19-257
SCRIBNER, G. W. 54, 51-29
  J. N. 60, 120-5
  J. W. 15, 51-19
  Lew 25, 60-148
  Lewis 32, 60-169
  Millie 33, 60-167
  Thomas 22, 59-117
  Vina 63, 60-170
  W. J. 17, 51-19
  Wesly 67, 141-210
SCRUGGS, Adella 17, 25-169
  Al 13, 21-28
  Ann 28, 20-7
  Caesar 25, 25-169
  Daniel 52, 99-240
  George 40, 21-40
  Jennie 2, 26-192
  Ned 30, 25-151
SCRUGS, Allice 17, 83-199
SCRUMPS, Alexander 21, 46-108
SEALY, Amos C. 46, 106-566
  Bessie 7/12, 119-255
  Hattie 22, 119-255
  Rufus W. 30, 119-255
SEARCY, Ephe? 30, 27-247
  Hial P. 38, 94-18
SEARS, Golden 22, 8-22
  Virginia 8/12, 8-22
SEATON, James T. 34, 19-288
  W. R. 44, 121-10
SECRES, Andy 21, 49-13
SECREST, Buck 23, 33-229
  Eliza 62, 22-7
  Fannie 43, 33-216
  George 17, 33-227
  Jeff 17, 22-7
  John 6, 33-216
  John L. 44, 46-108
SECRIST, Sindy 23, 21-44
SEDBERREY, John 58, 9-55
SEDBERRY, Alice 21, 15-100
  George 27, 91-579
  William G. 53, 19-268
SEE, Nelson 25, 8-30
SEELEY, Samuel 42, 147-163
SELLARS, Havely 35, 36-34
  Hetty 65, 139-129
  William 55, 36-58
SELLER, William J. 25, 15-88
SELLERS, Collie 12, 108-32
  Eligha B. 55, 16-127
  Hugh D. 24, 104-442
  Isom 67, 104-441
  J. J. 32, 83-207
  Jay 22, 134-12
  Jennie 20, 134-12
  Mary A. 74, 19-259
  Mary J. 52, 15-110
  Robt. 40, 28-271
  Robert J. 50, 20-310
  Sarah J. 50, 15-80
  William 34, 109-65
  William 10, 104-443
  Wm. 50, 139-143

SELLERS, William C. 53, 18-234
SELPH, Salli 40, 64-154
SERRILL, James B. 50, 93-673
SESSAM, Haret 50, 143-104
SETTLE, Poney 95, 41-83
SETTLES, Rose Anna 13, 77-201
SEWALL, John P. 36, 11-162
SEWEL, Robt. 66, 6-318
SEWELL, J. V. 59, 47-9
  R. B. 34, 77-209
SHACK, Walter 4, 89-501
SHACKLETT, Henry 39, 86-311
  James 40, 78-258
SHADDON, Wm. 63, 91-596
SHANKLAND, Josie 22, 41-73
  Sol 19, 41-73
SHANNON, Dan 63, 143-91
  Jackson 19, 2-96
  John 18, 2-96
  Martha 22, 2-96
  Thomas 20, 2-96
  Tobithie 23, 56-174
  W. 31, 143-92
SHANON, Tom 14, 52-38
SHARBER, C. 50, 20-17
  H. T. 20, 21-34
  J. H. 43, 40-64
  J. W. 62, 20-2
  Mad 47, 21-33
  Peter 54, 21-32
  Solamon 23, 21-34
  Tom 30, 21-37
SHAROD, Henry 23, 28-274
SHARP, Andie 24, 142-40
  Archie 20, 147-168
  Auston 22, 92-641
  Dan 20, 137-44
  Daniel 57, 137-24
  F. P. 33, 138-93
  H. L. 10, 90-547
  Joseph 12, 45-68
  Thom A. 40, 43-160
  Thos. 27, 138-116
  W. A. 35, 43-157
  Wm. A. 34, 123-21
SHAVOR, Sarah 25, 82-176
SHAW, Ann 45, 105-495
  Ann 40, 41-89
  Council 30, 13-12
  Dicy 54, 13-270
  Elizabeth 25, 115-52
  J. B. 23, 22-25
  Jeferson D. 18, 29-35
  Joseph 46, 10-120
  Radford K. 60, 13-9
  William 71, 60-130
  William 31, 60-128
  Tom 52, 143-66
SHEALDS, Sam 16, 67-293
SHEDDON, William 21, 135-15
SHEEGOG, Andrew 59, 77-221
  E. M. 34, 78-273
SHEILL, P. A.37, 120-8
SHELBY, A. W. 21, 141-219
SHELLY, Alson 46, 142-7
SHELTON, Collie 17, 110-29
  Jennie 19, 110-29
  Margaret 20, 110-29
  Mary E. 74, 89-505
  Sarah J. 12, 99-233
  Ursula 17, 90-527
SHEPARD, N. B. 40, 82-144
SHEPHERD, Larkin 51, 30-59
SHEPPARD, A. R. 36, 114-39
  Edith 67, 106-548
  James M. 51, 94-9
  L? 46, 84-240
  Parthena 75, 104-469
  William 34, 79-17
SHEPPART, John S.57, 97-154
SHERLEY, Alford 24, 85-323
SHERRELL, Charlotte 15, 18-218
  Frank 26, 79-16
  William 25, 13-280
SHERRILL, Anderson 55, 13-22
  Isaac 70, 118-217
  Mamie 23, 13-21
  Robert 19, 13-21

SHERROD, Rose 45, 24-89
SHIELDS, A. H. 23, 92-657
  W. H. 6, 68-35
SHIG, Anna 22, 144-43
  Callie 2, 144-43
  Elizabeth 3/12, 144-43
SHILLS?, David H. 37?, 5-220
SHIP, Sam 70, 136-21
SHIRES, Caroline 40, 45-62
  J. R. 29, 49-35
  Jacob 73, 45-59
  Jacob B. 40, 45-61
  Porter 35, 31-123
  William M. 39, 46-117
SHIRLEY, William 54, 94-1
SHIVES, Jas. 22, 20-14
SHOAT, Gilbert 34, 110-63
SHOOKLEY, W. F. 56, 92-644
SHOOT, Wesley 53, 86-396
SHOT, George 35, 63-119
SHORT, Dan 46, 143-117
  Martha O. 11, 41-91
  Redrick 29, 12-224
  T. M. 45, 41-86
SHOTT, S. M. 30, 110-46
SHOWERS, Lucius 10, 73-19
SHULTS, Stephen M. 30, 105-512
SHULTZ, Frank 49, 102-335
SHUTZE, Henry 51, 96-82
SIKES, Alford 70, 34-276
  Janes 22, 33-235
SIMBS?, Andie 18, 143-70
  Florence 25, 142-61
SIMERLEY, John 55, 144-38
SIMES, Jessy 60, 87-403
  Vady 23, 82-178
SIMMONS, Fanny 30, 96-87
  H. 22, 29-321
  J. 35, 143-114
  J. 25, 125-36
  Maggie 6, 96-87
  Thos. 38, 26-206
SIMONS, Eliza 72, 12-227
SIMPSON, Adam 36, 31-98
  Rebecca 60, 14-60
  W. A. 33, 50-4
  Wash 29, 33-191
SIMS, Fanny 18, 124-32
  J. H. 29, 122-15
  Wm. F. 64, 122-15
SINGLETON, Mary 7, 129-135
SIRAUSAN, Rhoda 55, 67-18
SKEETS, Miles 24, 142-50
SKELERY, Martha 41, 10-98
SKELLEY, Sparkman 71, 20-316
SKELLY, John 37, 2-94
  Robt. 33, 6-286
  William 20, 13-272
SKERIMER, Fellis 40, 81-134
SLATE, Edmond 70, 27-248
  S. L. 41, 125-39
  William B. 35, 5-269
SLATON, Peter 46, 79-54
SLAUGHTER, Edward 34, 95-27
SLEDGE, Hardy 48, 45-91
SLEYDEN, J. E. 60, 5-230
SMALL, Wm. 58, 82-166
  Wm. H. 26, 90-571
SMART, J. 2, 22-38
  M. 25, 22-21
SMERSON, A. L. 30, 75-108
SMISER?, Jas. 60, 61-10
  Kate A. 54, 22-10
  Lucy 20, 103-388
  Maggie 17, 22-10
  Merret 32, 61-12
SMITH, A. H. 27, 67-21
  Albert 29, 80-89
  Aleck 7, 23-67
  Alice M. 24, 97-113
  Allen 35, 142-41
  Ametia 15, 23-67
  Anderson 7, 54-72
  Avon 24-115
  B. F. 40, 73-36
  Ben 68, 66-253
  Betsey 62, 122-19
  Bettie 50, 53-29

SMITH, Bob 24, 53-40
   Caroline 38, 123-25
   Charly 12, 135-15
   Claud? 55, 51-35
   D. W. C. 27, 51-19
   David W. 55, 58-38
   Dilcy 70, 8-35
   Ed 25, 141-251
   Ed 29, 137-50
   Eliza 42, 100-273
   Ellen 38, 110-57
   Ellett 35, 41-91
   Elvira 40, 104-460
   Estelle 12, 83-237
   Eva 26, 126-1
   F. J. 61, 21-25
   Frances 21, 137-59
   Frank 62, 57-229
   Geo. 49, 136-1
   Geo. 26, 124-27
   George 5/12, 23-67
   George 35, 50-31
   George 28, 58-48
   George 21, 20-318
   Gilliam 64, 53-12
   Green 35, 147-169
   H. 65, 50-18
   Hannah 44, 81-116
   Hannah 45, 94-7
   Hannah 40, 95-26
   Harrison 68, 26-201
   Hayes 20, 68-54
   Henry 31, 23-67
   Hiram 67, 66-253
   Horace 60, 80-58
   Horris 79, 89-521
   I. H. 29, 123-24
   Ida 16, 121-8
   Isom 28, 56-179
   J W. 32, 67-7
   J. William 13, 29-9
   Jack 65, 4-197
   Jackson 42, 57-8
   James 27, 138-70
   James M. 23, 59-101
   James N. 34, 19-300
   James W. 48, 116-143
   James W. 11, 114-32
   Jim 40, 23-71
   John 37, 100-278
   Jno. E. 33, 43-187
   John H. 41, 58-88
   John W. 30, 6-291
   Joseph W. 36, 106-569
   Julia 22, 85-305
   Julie 25, 89-518
   Julius 15, 120-4
   L. J. 77, 123-25
   Lawrence 74, 74-69
   Lena B. 3, 97-113
   Lewis 60, 78-246
   Lilian L. 3, 97-113
   Lizzy 23, 100-278
   Lottie 21, 70-119
   Lula 2/12, 137-59
   Lutia 35, 102-339
   M. 37, 124-27
   M. H. 58, 119-1
   Mack 20, 126-11
   Maria 61, 138-81
   Maria 50, 135-16
   Martha 50, 28-304
   Martha 66, 73-18
   Martha 22, 23-67
   Marthey 42, 56-178
   Mary 10, 132-12
   Mary 40, 31-87
   Mary 17, 94-19
   Mary 30, 61-184
   Mary 31, 83-201
   Mat 54, 68-50
   Mollie 11, 23-67
   N. E. 44, 138-85
   Norah 10, 81-121
   Paul 32, 122-17
   Peter 8, 23-67
   Peter 68, 37-112

SMITH, Phillip H. 36, 73-19
   Polka 6, 103-401
   Poppa? 74, 93-707
   R. D. 38, 83-237
   R. F. 30, 37-76
   Rebecca 44, 97-146
   Richard 37, 132-266
   Richard 55, 79-40
   Robert O. 72, 98-159
   Robert O. 10, 19-258
   Samuel 55, 105-480
   Sarah 45, 119-1
   Sela 13, 51-15
   Seley 50, 91-595
   Spencer 90, 53-39
   Tennia 30, 84-255
   Terry 43, 12-206
   Thadius 5, 111-107
   Thomas 47, 130-186
   Thomas 25, 58-47
   Thos. 16, 28-295
   Thos. Z. 12, 29-9
   W. B. 31, 40-63
   Waid 28, 90-554
   Wesley 31, 127-55
   Whitney 6, 111-72
   Wiley 34, 60-163
   Wiley S. 45, 127-60
   William 38, 118-230
   William 53, 55-223
   William 44, 61-183
   William 25, 57-237
   Wm. L. 28, 57-8
   Willis 32, 124-31
SMITHERS, Pocahontus 20, 18-234
SMITHON, C. W. 52-32
   J. B. 35, 50-20
SMITHSON, Bettie 35, 3-147
   Ed 12, 2-106
   Elisabeath 51, 58-72
   Hanks 28, 108-49
   Hawkins 23, 5-246
   John 8, 10-105
   Tandy 21, 58-73
SMOX, Milbey 23, 130-172
SNEED, Elizabeth J. 16, 115-71
   J. A. 17, 115-71
   Leticia 20, 115-71
SNELL, Mary 20, 64-172
   William 16, 64-172
SNIDER, George 9, 4-175
   Hugh 13, 4-175
   Will 16, 4-175
SNIPES, Henry 57, 121-9
   James 32, 127-70
   Sol 30, 131-248
SOUTHALL, Charley 17, 12-261
   John 30, 12-254
   P. H. 26, 83-230
   Patrick 60, 9-51
   Richard 29, 9-54
   William 28, 144-28
   Zac 19, 33-235
SOWEL, Gilmon 1, 111-109
   Richard 3, 111-109
   Wm. 30, 4-182
SOWELL, Agustern F. 34, 104-440
   Albert 31, 13-277
   Ann 35, 84-246
   Bailey 25, 134-10
   Benjamin 22, 144-14
   Bone 47, 134-9
   C. J. 49, 40-22
   Carah 8, 84-246
   David 61, 36-14
   Edmond 59, 132-2
   Edward 43, 33-220
   Elias 17, 149-279
   Elias sr. 45, 149-280
   Elisabeth 4, 42-115
   Ella 16, 42-115
   Ema M. 23, 134-10
   Frank 33, 32-152
   Goad 5, 34-245
   Grant 46, 135-14
   J. M. 76, 8-389
   J. R. P. 40, 34-251

SOWELL, Jack 53, 113-182
   James 34, 147-185
   James 20, 31-113
   Jas. W. 67, 74-70
   Jeff 25, 42-115
   Jerry 22, 35-288
   John 20, 134-10
   John 24, 43-204
   John 24, 41-98
   Lizzie 26, 134-10
   Lucy 34, 19-293
   Lydia 25, 34-244
   Mack 22, 40-41
   Martha 73, 134-9
   Mary 74, 32-149
   Mary E. 12, 73-13
   Milley 49, 48-22
   Nathan 15, 40-47
   Paralee 15, 84-246
   Retta 50, 43-207
   Robt. 32, 32-171
   S. W. 35, 34-248
   Simon 43, 36-36
   T. M. 41, 48-22
   T. W. 29, 47-20
   Thos. C. 45, 28-283
   W . I. 28, 40-53
   W. J. 55, 47-19
SPAIN, A. H.56, 128-116
   A. T. 56, 118-218
   Bony 22, 75-133
   Clinton 10/12, 75-133
   Mrs. Sarah 65, 70-155
   William 30, 78-280
   Wm. 35, 118-219
SPARKMAN, Green 34, 12-220
   J. M. 35, 4-203
   John J. 55, 1-34
   Mahala 45, 19-292
   W. S. 65, 4-202
SPEED, Theodore L. 43, 41-78
   W. F. 51, 41-70
SPENCE, Robert 32, 37-82
SPENCER, Egen H. 71, 101-330
   Flora 16, 140-186
   Ike 57, 71-187
   James K. 40, 117-192
   John F. 27, 117-191
   John M. 64, 117-190
   M. M. 40, 140-187
   Mary 90, 15-109
   Mary 45, 95-72
   Mary 75, 18-242
SPINDLE, Ben 34, 92-659
   Bettie 40, 100-286
   Jane 50, 80-76
   Janey 36, 92-659
   John P. 75, 35-293
   Landon 59, 80-76
   Liller 8, 53-3
   Rob H. 18, 85-299
   Selina 28, 86-335
SPRATT, D. 23, 27-254
   Ettie 19, 27-254
   Josh 9/12, 27-254
   Maria 22, 37-112
   Tidy 44, 38-158
SPRIGGERT, John 38, 114-12
SPRINGER, Anthony 21, 97-137
   John 47, 69-75
   John 9, 110-57
SPRINKLES, Mose 51, 122-14
   Narcissa 50, 66-253
   Thos. 75, 123-24
SPROTT, Saml. 68, 20-14
STACEY, Francis E. 31, 13-5
   Joseph H. 36, 14-73
STACKNEY, Anna 19, 119-2
STACY, Alfred 36, 5-213
STAFFORD, Thomas 66, 65-195
STAGE, G. B. 40, 121-13
STAGGS, John 36, 124-29
   Samuel 34, 131-255
STAGS, Josey 3, 50-28
   Mary 26, 50-28
   W. J. D. 10, 50-28
STALLIONS, James 36, 148-230

STALLIONS, James 30, 146-146
　　Lou 50, 147-209
STAMPS, J. T. 23, 30-68
　　James 48, 109-67
　　John 20, 19-265
　　Nancy 45, 115-83
STAN, Jerry M. 30, 18-209
STANFEL, Tennie 15, 128-110
STANFELL, Nancy 21, 35-1
　　William 8/12, 35-1
STANDFIELD, Bettie 20, 34-252
　　Cathrine 23, 8-384
　　John W. H.1, 8-384
　　More 25, 46-135
　　Thomas 32, 8-384
STANFIELD, Jerry 55, 140-194
STANFILL, C. 22, 142-39
　　Ike 35, 142-35
　　Lemira 11, 104-454
　　Lizzie 8, 104-454
STANFORD, A. L. 30, 84-247
　　Rebecca 30, 90-551
　　William 34, 12-218
STANLY, Sarah A. E. 36, 57-3
STANSBLER, J. E. 40, 119-2
STAPLES, David 53, 93-700
STEEL, Alonza 46, 99-211
　　Henry 55, 140-172
STEELE, Anne 23, 21-54
　　Chas. 27, 23-83
　　William 25, 77-206
STELL, Pascal 22, 60-149
　　Philup? 78, 47-2
STEPHEN, A. A. 28, 32-162
　　Robert 32, 148-240
STEPHENS, Ben 46, 70-126
　　David 76, 121-8
　　Henry 32, 116-110
　　James 12, 134-13
　　James A. 65, 47-172
　　Joseph 50, 100-266
　　Peter 33, 101-308
　　Richard 27, 97-126
　　Thos. M. 53, 61-23
　　Thomas W. 32, 45-70
　　Wm. K. 28, 61-1
STEPHENSON, Andrew 46, 77-231
　　Angie 27, 105-480
　　Ann 40, 24-103
　　Ben 51, 137-33
　　Bilsy 16, 106-562
　　C. 55, 27-240
　　C. 23, 83-204
　　Charity 67, 110-61
　　Crissy 75, 130-211
　　Entrum 21, 73-17
　　Horace 25, 109-11
　　Isaac 60, 31-91
　　Isaac 50, 73-5
　　James 3, 112-115
　　James 55, 111-86
　　Jas. A. 30, 109-1
　　James W. 7, 105-487
　　Jannie 22, 83-229
　　Jno. 20, 29-318
　　Jno. J. 41, 113-163
　　Liddia 22, 106-563
　　Louise 8, 105-480
　　Mc 46, 46-139
　　Monroe 30, 97-156
　　Morrison 28, 97-130
　　Moses 41, 113-167
　　Oliver 23, 107-575
　　Patience 34, 113-164
　　Peter 25, 105-509
　　Quincy 45, 104-452
　　Richard 33, 98-165
　　Roda 24, 112-130
　　S. M. 41, 113-206
　　Saml. H. 70, 109-4
　　Sarah 40, 106-562
　　Stepen 6, 105-480
　　Thos. W. 32, 44-10
　　Virgie 23, 102-349
　　W. W. 36, 109-3
　　Walter 26, 112-134
STEPHERSON, Benjamin 59, 47-145

STEPHERSON, Danger 27, 39-188
　　Green 8, 39-207
　　Henry 29, 38-174
　　J. H. 60, 39-198
　　Lee 14, 38-174
　　Lucie 69, 38-161
　　Magg 13, 39-207
　　Manda 45, 39-207
　　Martha 56, 39-186
　　Mary D. 14, 39-207
　　Muc 50, 39-207
　　William 52, 39-187
STEPHESON, Camile 26, 84-243
　　Elleana 7, 84-243
STEPORSON, Matild 65, 38-174
STERN?, Jerry M. 23, 20-314
STEVANS, Robt. 32, 3-115
STEVENS, A. M. 48, 122-16
　　Frank 23, 87-425
STEVENSON, Gran 20, 25-150
　　J. B. 59, 21-29
　　Jack 40, 86-388
　　R. Gus 20, 25-150
　　Simon 45, 115-86
STEVERSON, Jessie 52, 55-137
STEWARD, Salie 23, 10-109
　　Sophia 21, 10-109
STEWART, Ada 9, 131-226
　　Bell 16, 84-243
　　C. S. 37, 32-146
　　Charles 13, 106-573
　　Enoch 67, 122-19
　　Izariah 76, 146-134
　　J. S. 30, 119-1
　　Joe 19, 126-40
　　Joshua 52, 122-20
　　Letha 55, 121-14
　　Martha 37, 90-542
　　N. B. 31, 119-1
　　Polly 14, 146-111
　　Robert 15, 125-39
　　Robert 65, 144-25
　　Rose 9, 122-18
　　William 35, 144-17
STICKARD, Jennie 54, 114-35
STILL, Anna 17, 83-237
STINNETT, A. Victoria 1, 145-69
　　A. William 13, 145-69
　　E. Malinda 9, 145-69
　　H. John 11, 145-69
　　J. Preston 18, 145-69
　　Lear 21, 145-69
　　William 47, 144-47
STINSON, James 28, 137-18
STIPES, Albert 40, 55-118
STOCKARD, Andy 33, 126-40
　　Ben 64, 73-11
　　Camilla 20, 124-30
　　D. F. 42, 72-124
　　Frank 31, 84-246
　　Frank 38, 71-180
　　George 54?, 134-14
　　Ike 15, 105-495
　　Inis 15, 85-302
　　J. B. 65, 67-5
　　Jake 17, 65-217
　　James 40, 145-92
　　Jeff 20, 71-181
　　Jim 21, 120-3
　　John 51, 69-97
　　Lucius 3, 113-198
　　M. L. 58, 130-191
　　Mary 36, 73-25
　　Mary 35, 92-631
　　Nathan 8, 113-198
　　Nelson 63, 122-20
　　Nora 5, 113-198
　　Paul 46, 34-275
　　Perry 65, 123-25
　　Robert 10, 113-209
　　Rosey 10, 85-302
　　Russell 20, 114-10
　　S. B. 40, 119-1
　　S. J. 63, 68-33
　　Tip 60, 55-148
　　W. W. 67, 71-213
　　William 13, 132-275

STOCKARD, Wm. 45, 120-4
STOCKELL, Albert W. 31, 95-74
STOKES, Charlie 19, 58-89
STONE, Adline 19, 34-264
　　Austin 46, 35-288
　　Caroline 68, 123-23
　　Dolly 21, 46-108
　　Edward E. 1, 18-218
　　Edward F. 44, 18-218
　　Ellin 9, 92-635
　　Fount B. 17, 46-108
　　George F. 33, 17-208
　　Guster 4, 46-108
　　J. W. 45, 125-35
　　Lee 8/12, 46-108
　　Levenia 6, 46-108
　　Lucil 54, 84-249
　　Mark 75, 83-196
　　Mary 4, 83-196
　　Minnie B. 5, 18-218
　　Richard 35, 90-535
　　S. C. 32, 122-20
　　Sally jr. 23, 46-108
　　Sally 57, 46-108
　　Van 9, 34-246
　　Will 29, 52-16
　　Wm. 25, 27-236
STORY, J. W. 45, 24-96
STOVAL, Green 45, 114-11
STOVALL, Ida 9, 77-202
STOWE, John 80, 143-100
STOWERS, Berry 34, 124-32
STRACHAUER, Amelia 68, 94-18
STRAHORN, Ephran 36, 85-294
STRALEY, G. P. 48, 21-41
STRANDS, Ada 14, 83-237
STRANG, Janes 55, 108-45
STRANGE, Thomas 61, 64-172
STRATHER?, Christopher 70, 102-337
　　W. J. 43, 92-641
STRATTON, John H. 75, 95-69
　　Peter 42, 35-307
　　Sally 75, 46-107
　　Thos. S. 65, 32-142
STRAVINSKY, Leon 27, 80-81
STRAY, Jack 4, 55-121
STRAYHORN, Austin 35, 135-18
　　Henry 65, 134-11
　　James 13, 134-11
　　Joe 34, 143-97
　　Phillip 30, 148-216
　　Sam 68, 133-8
STRAYHORNE, Rev. J. H. 58, 115-80
STREAKLAND, Ida 17, 83-237
STREET, James 31, 80-80
STRIBBLING, Danl. 5, 73-20
STRIBLIN, Thomas 28, 119-1
STRIBLING, Dan 28, 124-29
　　E. L. 25, 85-277
STRICKLING, Vina 70, 89-530
STRONG, Alexander 22, 105-510
　　A. S. 74, 139-150
　　Henry 35, 141-253
STUART, Henry 52, 23-61
　　Littleton 39, 76-145
　　Louise 40, 80-100
　　Thos. J. 40, 93-704
　　Wm. 27, 70-137
STUDIVAN, Farris 28, 37-104
STULPS, Lonzo 34, 54-69
STYPES, George W. 32, 58-74
SUAT, Allen 15, 61-4
SUGGE, Jane 32, 138-77
SULLEJOH?, J. W. 33, 41-99
SULLIVAN, Isack 40, 90-553
　　Henry 23, 140-207
　　Jas. B. 34, 78-271
　　Patrick 55, 118-231
　　W. M. 58, 78-282
SUMNER, Pompy 27, 110-45
SURETTE, Larkin 18, 79-47
SUTTON, Geo. E. 38, 117-149
　　Ron 33, 91-582
SUVILL?, R. B. 34, 53-16
SWAINER, Obediah B. 53, 117-161

SWAN, John N. 58, 116-119
   S. A. R. 51, 130-193
SWANSON, J. 20, 22-9
   James 18, 74-59
   Willie 11, 112-154
SWEET, Mary 15, 82-186
   Sam 25, 38-98
SYKES, Abraham 13, 79-38
   David 20, 69-70
   Fannie 14, 71-183
   Frank 18, 30-43
   J. H. 40, 85-273
   James 54, 30-52
   Marshall 19, 79-38
   Robert 13, 79-38
   Ruth 50, 69-79
   Sarah 40, 69-79
   Susan 40, 94-5
   William 59, 80-61
SYMAN, Wm. 26, 26-190
SYMINGTON, Mary 21, 80-81
SYNCLAIRE, Archa 48, 90-545
SYNDESTER, Adaline 30, 74-66
TAIT, C. B. 59, 76-170
TALLEY, E. A. 20, 48-27
TALLY, Sarah 17, 127-35
   Selina 40, 62-72
   Nancy 60, 32-147
TANKERSLEY, Frank 25, 46-128
   Harrison 68, 34-265
TANNER, Manda M. 16, 47-163
   Mary 50, 41-95
   S. 12, 49-18
   Susan 11, 42-107
TARPIA, Russell 29, 18-211
TARRENTINE, John 33, 63-101
   Lucy 28, 63-102
TATE, Berry 45, 19-287
   J. R. 29, 5-14
   Jim 23, 6-304
   John 45, 3-133
   Louis 27, 135-16
   Maria 32, 127-64
   Rujenia 19, 8-389
   Silvy 35, 8-70
TAWLER, William 58, 100-271
TAYLOR, Ann 2, 140-170
   Bill 27, 142-46
   Claborn 61, 58-52
   Emmet 11, 63-123
   Enz 16, 4-181
   George C. 28, 97-147
   Haywood 41, 12-257
   J. A. 52, 94-716
   J. W. 45, 70-118
   J. W. S. 43, 91-619
   James 38, 31-118
   James 24, 10-108
   James 53, 10-107
   Jas. C. 24, 82-147
   Jake 25, 51-36
   John 17, 68-63
   John 22, 27-238
   John W. 50, 57-5
   Mark 27, 130-205
   Martha 46, 63-94
   Mary 43, 133-8
   Morgan 21, 31-117
   Ophelia 25, 57-231
   Perry 49, 10-105
   Polly 21, 140-170
   Sam 45, 121-13
   Susin 72, 56-194
   Thomas 15, 65-231
   W. C. 28, 83-224
TAYS, Mack 42, 115-63
   Wesley 36, 19-302
TEEL?, S. J. 50, 143-119
TELY, Mattie S. 15, 19-280
TEMPLE, Wm. 34, 108-46
TENDELL, W. H. 39, 47-8
TENERSON, Arthur 67, 100-279
TERBEVILLE, Julia 93, 37-108
TERELL, Elie 25, 142-24
TERPEN, Joseph F. 43, 11-158
TERRELL, Cane 16, 13-1
   Hezekiah 65, 8-42

TERRIL, Lem 15, 27-238
TERRY, Anna 25, 68-53
   Carrie 16, 70-153
   Clarissa 23, 125-33
   Daniel 50, 78-10
   Ella 12, 70-170
   Hannah 55, 129-146
   Haywood 57, 125-37
   Hester 30, 123-22
   J. M. 39, 124-28
   James 26, 125-33
   James W. 1, 125-33
   Jereman H. 4, 125-33
   Polina 5, 68-53
   Priscilla 40, 70-163
   Sallie 7, 70-163
   Thomas 67, 75-123
   Wels 50, 88-441
   Wm. 13, 70-170
THARMON?, F. A. 25, 32-158
THARTHON, Martha 35, 8-43
THOMAS, Abner 50, 75-141
   Adline 12, 88-448
   Albert 23, 72-155
   Archide 39, 12-226
   Brim 10, 71-172
   Buc 23, 116-115
   Burl 33, 8-26
   C. 40, 88-448
   Caroline 26, 118-211
   Caroline 42, 98-183
   Dacas 50, 78-10
   David 42, 98-183
   David 25, 75-140
   Dock 31, 68-59
   Eliza 34, 76-144
   Ellen 30, 97-116
   Florence 2, 74-79
   Fortch 26, 71-171
   Frances 19, 94-24
   Frank 17, 111-72
   George 17, 104-467
   Gorg L. 29, 84-244
   H. M. 17, 49-10
   Hannah 25, 78-283
   Hattie B. 1, 97-116
   Henry 50, 80-99
   Henry 56, 77-204
   Howell 62, 97-116
   Ida Bell 4/12, 116-109
   Isham 53, 78-265
   J. J. T. 67, 75-131
   J. W. B. 63, 73-36
   J. W. B. jr. 31, 73-33
   James D. 42, 94-19
   Jennie 16, 145-70
   Jerry 33, 131-233
   John 67, 112-144
   John 40, 84-257
   John A. 31, 75-139
   John H. 33, 73-28
   John H. 24, 93-692
   John W. 58, 19-270
   Joseph 1, 97-116
   Julia 30, 78-269
   July 8, 88-448
   Kate 35, 83-235
   Lewis 25, 69-73
   Lizzy E. 10, 97-116
   Lucius 40, 100-244
   M. J. 43, 51-17
   Margaret 27, 116-109
   Mariah 15, 88-448
   Mary 60, 116-107
   Mary 28, 91-589
   Mary 52, 79-29
   Mary L. 9, 97-116
   Natt 14, 112-144
   Nellie C. 6, 97-116
   Nelson 22, 78-10
   Phillis 48, 71-197
   R. P. 32, 72-174
   Richard 32, 148-220
   Rob 18, 88-440
   Rufus 46, 72-151
   Sarah 22, 144-16
   Sarah 50, 90-528

THOMAS, Spencer 38, 76-172
   T. T. 12, 91-605
   Thom 23, 115-51
   Thos. 10, 88-448
   Walter 4, 97-116
   Washington 36, 105-485
   Wesley 17, 145-70
   Wesley 10, 136-23
   Wesley 64, 12-223
   Wm. 33, 117-177
   William 17, 147-191
   Wm. F. 24, 115-61
   Wilson 24, 145-70
THOMASEN, John M. 6, 117-191
   Mary J. 29, 117-191
   Mary J. 4, 117-191
   Unnice E. 10, 117-191
THOMASON, J. R. 62, 120-5
   Jas. J. 66, 124-31
   John 27, 115-80
   N. J. 55, 121-12
   Rich 50, 25-127
   Sophia 75, 126-41
   Thomas 23, 121-13
   W. R. 3, 121-13
   Winnie 50, 123-25
THOMASSON, Rufe 23, 119-243
THOMLENSON, William 56, 102-372
   William 22, 102-371
THOMMAS, Ben 36, 57-240
   Joe 54, 55-148
   Mrs. 58, 54-86
THOMPSON, Alex 25, 42-140
   Almo 32, 81-102
   Anna 8, 123-23
   Anna 20, 147-168
   Autney 10, 2-107
   Babe 6, 42-108
   Barney 5, 123-23
   Belle 10, 139-144
   Bettie 53, 86-336
   C. 54, 23-60
   Carroll 40, 29-14
   Charlie 10, 26-173
   Charly 40, 89-513
   Chary 72, 39-201
   Clara 55, 81-113
   Cuisa 50, 8-46
   E. 37, 117-169
   E. C. 35, 67-1
   Elias 14, 139-144
   Eliza 35, 123-23
   Ely 40, 90-568
   Etta 6, 26-173
   Eulah 12, 96-91
   F. A. 56, 25-168
   G. T. 33, 77-222
   Gan 30, 24-91
   Gebbie 13, 28-310
   George 17, 73-44
   H. 30, 37-82
   H. T. 40, 91-615
   Harry 14, 123-23
   J. 36, 124-28
   J. 54, 20-20
   J. F. 46, 138-73
   J. T. S. 44, 25-158
   J. W. 45, 125-38
   Jack 4, 27-216
   Jack 30, 26-173
   James 11, 146-122
   James 27, 12-252
   James 44, 61-192
   Jane 30, 26-173
   Jane 63, 65-199
   Jennie 39, 147-160
   Jennie 47, 37-82
   Jim 75, 25-166
   Joe 7, 139-144
   John 26, 5-222
   John 50, 8-44
   Jno. 38, 25-160
   John 22, 64-160
   John W. 29, 139-151
   Kittie 34, 2-107
   Lenora 58, 73-44
   Lige 5, 25-144

THOMPSON, Lucy 25, 25-144
　　Luvenia 4, 2-107
　　Mack 10, 123-23
　　Martin 49, 71-183
　　Mary 12, 21-26
　　Mat 18, 133-7
　　Mickey 25, 116-104
　　Mils 18, 8-45
　　Moses 55, 12-261
　　Ned 20, 26-177
　　P. 65, 27-216
　　Peter 8, 124-28
　　Peter 31, 6-305
　　Pres 6, 28-279
　　Preston 17, 114-10
　　R. H. 32, 139-138
　　Ran 46, 39-199
　　Rich 30, 25-164
　　Robert 93, 96-98
　　Rufe 50, 28-303
　　S. H. 64, 138-118
　　Sallie 2/12, 26-173
　　Sam 45, 24-92
　　Sandy 48, 25-155
　　Sarah 39, 81-115
　　Sarah 20, 2-107
　　Silus 72, 62-68
　　Simon? 44, 17-165
　　T. 35, 22-37
　　Tet 10, 101-327
　　Thom 70, 25-165
　　Thos. 25, 39-193
　　W. 50, 24-95
　　Walter 4, 26-173
　　Walter 8, 39-198
　　Wes? 35, 22-24
　　Wiley 24, 78-2
　　Wm. 12, 42-108
　　Wm. 65, 21-26
　　Willie 10, 73-44
　　Willis 30, 17-204
　　Yance 51, 83-238
THOMSON, Fanny 70, 23-71
　　Frank 14, 23-68
　　George 19, 23-68
　　Hal 12, 23-68
　　J. D. 20, 23-52
　　Jeff 40, 23-68
　　Jessee 25, 23-54
　　Linda 4, 23-68
　　M. 24, 22-72
　　Maria 45, 23-68
　　Martha 39, 23-68
　　R. 52, 122-20
　　Talitha 40, 23-68
THORNBURY, Addi 20, 53-1
THORTON, Mary 17, 2-51
THURMAN, A. S. 52, 108-38
　　Mrs. E. E. 47, 69-113
　　E. S. 39, 71-186
　　Green 32, 3-142
　　Henry 30, 103-397
　　J. M. 25, 70-114
　　Mace 30, 72-147
　　W. H. 16, 69-112
　　W. R. 32, 72-145
　　William 31, 146-142
　　Woodford 31, 64-168
THURMAND, Inge 33, 7-354
THURMOND, A. ___ 57, 5-229
　　Mary 16, 83-237
THWEATT, P. S. 47, 93-686
TICKNER, William 22, 59-126
TIDWELL, Brum 53, 55-141
　　Green B. 63, 59-121
　　James 23, 63-110
　　James H. 24, 59-122
　　Nanny 48, 89-522
　　Puss 37, 63-99
　　W. B. 54, 29-32
TILL?, Balam 40, 100-267
TILLMAN, Beckie 22, 136-8
TILMAN, Elija 35, 60-177
　　Magga 19, 84-243
TILLUM, Cathrine 35, 12-252
TIMMONS, Andrew J. 32, 19-280
　　Harry 40, 148-214
　　James K. P. 37, 18-226

TIMMONS, Rhody 50, 133-3
　　Squire H. 67, 19-271
　　Thomas J. 34, 18-238
TINDAL, David 34, 96-109
TINDALL, Austin 3, 112-151
　　Clark 52, 109-7
　　Edmon 50, 109-8
　　Frank 44, 107-3
　　Jas. 33, 42-129
TINDALL, Nathan 57, 111-101
　　Sam 30, 110-37
TINDELL, J. M. 42, 49-14
　　R. W. 46, 47-1
　　T. J. 35, 50-15
TINDLE, Adam 70, 90-541
TINNER, Hiram J. 55, 62-65
TIPPET, Emma S. 9, 64-138
TIPTON, Nannie 17, 140-181
TISDAL, Frank M. 52, 102-373
　　D. M. 36, 24-90
TISDALE, Huldy 56, 44-11
TODD, Ella 25, 91-584
　　Samuel 79, 98-171
TODDY, Bud 8, 146-110
　　Fed 4, 146-110
　　Julia 30, 146-110
　　William 6, 146-110
TOLIVER, Milton 69, 129-126
TOM, Bell 16, 143-116
　　Vaughn 20, 143-116
*TOMASSON, John 22, 119-240
TOMBLENSON, M. B. 39, 53-129
TOMLIN, Moses 75, 61-190
TOMLINSON, Allen 71, 64-154
　　Jessie 31, 63-115
　　Jo B. 33, 63-80
　　Lou 18, 4-188
　　Thomas 20, 4-188
TOMLISON, William 47, 134-10
TOMMES, Frances 16, 53-3
TOMPSON, Abe 33, 54-88
　　Ed 48, 55-136
TONE, Louisa 16, 30-52
TOOLEY, David P. 53, 145-71
　　Washington 30, 145-72
TOOMBS, Jas. 46, 41-74
　　John H. 61, 58-89
　　Katey 86, 60-133
TOOMS, Chas. 59, 125-33
TOWED?, George 56, 85-282
TOWLER, Dr. J. M. 57, 81-135
　　Liza 33, 81-128
　　Tenna 15, 81-128
TRAMBLE, Ivy 38, 34-258
TRANTHOM, John 33, 93-679
　　W. M. 30, 93-677
TREDWAY, A. M. 32, 142-30
　　J. W. 26, 142-29
　　T. H. 70, 142-28
TRENTHAM, Mary 42, 148-269
TRIMBLE, Joseph 34, 11-203
　　Ruphena 22, 2-88
TROOP, William 21, 61-188
TROTTER, Frances 50, 33-210
　　James 50, 79-28
　　Jesse 66, 95-31
　　John 79, 2-98
　　Led 59, 91-605
　　Richard 35, 74-104
TROUSDALE, C. Y. 18, 123-21
　　David 45, 77-245
　　Fannie 20, 62-67
　　George 22, 66-247
　　Geo. 29, 106-542
　　James 23, 109-85
　　John 32, 109-89
　　Lizzie 42, 60-145
　　M. A. 42, 123-21
　　Puss 34, 130-179
　　Walter 13, 123-21
　　Wilson 35, 53-13
TRUE, Henry 23, 16-145
　　Nancy 15, 16-144
TRUELOVE, D. K. 31, 42-150
　　J. C. 54, 43-201
　　Jim 50, 43-166
TRUETT, A. 38, 80-92
*TOMASON, Annie 7, 131-236

TRUETT, James 60, 6-288
　　Wm. 41, 80-86
TUCKER, A. J. 53, 40-54
　　Alex 35, 125-35
　　Betty 13, 44-24
　　Charles B. 2, 47-170
　　Charles P. 25, 102-352
　　Clabe 23, 46-135
　　F. J.? 27, 82-150
　　Florence 3, 122-17
　　Franklin 66, 37-117
　　Harriett 45, 102-360
　　Hulda 42, 123-26
　　J. M. 40, 40-38
　　J. T. 49, 84-249
　　James 40, 89-531
　　Jerry 40, 124-28
　　Jessey 21, 86-375
　　John 39, 36-47
　　Joseph F. 39, 97-154
　　Laura 23, 105-474
　　Lottie 50, 87-412
　　Martha T. 30, 40-38
　　Mary J. 45, 84-249
　　Nannie 27, 47-170
　　Russel 4, 122-17
　　Samuel D. 8/12, 47-170
　　W. M. 46, 24-94
　　William 38, 37-123
　　William 37, 81-104
　　William 69, 81-106
　　William L. 32, 97-152
TULLIS, D. 16, 84-243
TUNE, Elizabeth 40, 128-80
TURNBOW, Andrew 30, 30-71
TURKS, Parilee 17, 112-153
TURNBOE, Simon 30, 119-263
TURNER, Albert 31, 34-260
　　Allen 1, 95-31
　　Ben 35, 25-163
　　Charles 58, 57-234
　　Ed 30, 50-24
　　Eddy 6, 75-110
　　Elvira 18, 131-249
　　Emily 26, 34-260
　　Eph 23, 22-23
　　Femas? 53, 51-10
　　Jo 51, 50-33
　　Julia 8/12, 34-260
　　Lizza 18, 89-516
　　Mary 11, 125-33
　　Milas 38, 34-260
　　Milas 6, 34-260
　　Nancy 82, 114-44
　　Phillip 18, 56-202
　　Phoebea 90, 51-20
　　Susan 18, 99-234
　　Washington 55, 130-202
　　Wm. 42, 28-290
TURNIDGE, Mary 50, 137-29
TURPIN, Mary 3, 100-267
　　Thomas 60, 80-74
TURUTO, Eveline 37, 123-24
TYE, W. M. 40, 26-201
TYLER, Flora 21, 139-140
　　Henry 22, 7-376
　　Henry 19, 148-264
　　James 25, 71-189
　　Jasper F. 38, 63-97
　　John 55, 101-329
　　Maggie 20, 141-254
　　Nelly 83, 147-173
　　Polly 54, 117-183
TYLOR, Eliza 24, 101-294
　　James 30, 101-294
　　Manda 1, 101-294
　　Ophelia 10, 88-474
　　Sarah 4, 101-294
　　Wadkin 23, 143-108
TYREE, D. W. 50, 51-8
ULDRIGE, John 35, 118-199
UNDERWOOD, David 65, 43-156
　　Edwin 48, 66-265
　　George 45, 43-161
　　J. W. 36, 28-292
　　James 47, 31-117
　　Jonas 22, 32-185
　　Mary J. 26, 101-331

UNDERWOOD, May? 48, 43-204
    Permelia 68, 101-331
    W. R. 33, 32-184
UPSHAW, Alex B. 30, 87-419
USHER, Frederic 51, 130-206
USSERY, W. T. 44, 93-694
UZELL, T. M. 62, 50-16
VAN BUREN, Martin 38, 77-232
VANCE, Sindie 14, 53-8
VANDERVER, E. 19, 69-71
    Tennie 21, 69-77
VANDYKE, Arthur 5, 128-97
    Bobby 7, 128-97
VANLEER, Reubin 36, 22-19
VARTAS?, George W. 28, 108-27
VASSER, Yott 35, 88-452
VAUGHAN, Aleck 38, 54-65
    Alex 24, 140-202
    C. C. 38, 54-47
    D. 20, 43-204
    Duck 43, 54-64
    Francis M. 52, 103-384
    Wm. 50, 85-304
    Mrs. 75, 54-66
VAUGHN, A. 35, 38-162
    Adeline 56, 38-166
    Cealey 30, 33-193
    D. A. 22, 41-87
    David 39, 58-49
    John 29, 147-158
    Lana 11, 83-237
    N. J. 42, 87-418
    Rebecca 47, 46-130
    T. J. 37, 52-48
VAUGHT, Cary 61, 91-607
    Charles N. 38, 13-20
VEACH, Jane 59, 70-143
VENABLE, Albert 21, 137-62
    Ben 29, 1-26
    Martha 36, 138-101
VENTRISSE, A. 15, 84-243
VERNON, John 22, 115-81
    N. J. 32, 117-146
    Nehemiah 57, 117-162
    West 53, 117-157
VESSEY, J. S. 51, 91-593
VESTAL, A. D. 28, 83-215
    Aaron L. 48, 16-137
    Abbie 55, 4-201
    Adam? 35, 5-225
    Carry 14, 1-14
    Elam 60, 3-109
    Elizabeth 77, 4-187
    Embry 5, 4-187
    Harriet 32, 27-239
    Jay 86, 4-188
    Jerome 30, 4-207
    H. Pearl 5/12, 27-239
    Lucy 60, 3-124
    Manson 44, 9-86
    Mary 76, 8-22
    Messer 67, 2-80
    Nick 73, 1-8
    Sam 33, 3-125
    Sarah 35, 11-187
    Sophrony 35, 4-187
    Wash 48, 9-88
    Wash 66, 2-81
    William 48, 3-130
VICK, Stehen 40, 65-192
VINCENT, Henson 50, 137-62
VINSON, C. 9, 143-93
    Jane 77, 60-143
    Jennet 13, 89-530
    John W. 15, 89-530
    July 19, 89-530
    Nanny 38, 89-530
    Right 19, 107-5
VOAS, Elylane 58, 90-558
VOON?, Frank 70, 82-155
VOORHEIS, Frances 50, 101-305
VOORHIES, Allen 64, 96-105
    Amanda 43, 73-40
    Ben 27, 40-47
    Charles 10, 31-128
    Egbert 21, 14-46
    Fannie 23, 13-3
    Ferry 29, 15-82

VOORHIES, Garrett D. 33, 16-149
    George 44, 31-86
    Green 56, 14-69
    Hattie 12, 21-48
    James G. 58, 16-156
    John 50, 15-120
    Josephine 23, 15-111
    Mariah 21, 32-177
    Mariah 19, 99-209
    Martha 37, 17-193
    Mary 35, 31-131
    Mary L. 2, 32-177
    Merret 22, 99-209
    Milton T. 26, 18-249
    Omy 2, 22-26
    Phillip 22, 31-92
    Rachael 44, 31-91
    Vina 20, 32-153
    William 22, 32-142
    William 62, 14-45
    Wm. M. 64, 107-603
VOORHIS, A. 11, 89-511
    John 28, 85-281
    Lizza 37, 84-262
    Rob 52, 88-489
    Willis 37, 14-49
    Ned 40, 82-152
VORHIES, Amy 25, 22-26
    C. A. 19, 21-29
VOSS, Eddy 7, 90-563
    J. H. 20, 72-157
    James 44, 55-143
    John 59, 145-73
    R. A. 26, 118-203
    William 32, 80-101
WADDLE, J. S. 40, 22-20
WADE, Addie 9, 130-202
    Bettie 14, 113-170
    D. F. 50, 130-270
    Edmond 30, 103-391
    G. J. 48, 5-266
    Green 35, 130-211
    Henry 5, 56-142
    J. M. 36, 33-217
    Jim 55, 130-207
    Laura 16, 5-265
    Littleton 7-355
    Lizzie 40, 5-265
    Lydia 22, 33-213
    Martha 40, 113-172
    Munroe 16, 126-7
    Nancy 40, 113-176
    Nancy J. 2, 46-142
    Tom 50, 25-162
    Will 17, 24-86
WADKINS, Harry 25, 90-541
    Lonas 38, 82-193
WAGENER, Steven 25, 59-114
WAGGONER, H. B. 54, 90-563
    L. C. 61, 26-182
WAINRIGHT, Alonzo 30, 147-177
    Benj. 22, 147-168
    Jno. 13, 28-305
    John 13, 29-201
    Robert 41, 147-175
WAINWRIGHT, Metilda 45, 114-7
WAKEFIELD, James 29, 147-202
WALDMAN, Luthy 8, 63-92
WALDROM, Thomas 30, 57-22
WALDRUM, John N. 31, 63-84
WALDRUP, David 45, 66-278
WALDUP, Andrew 35, 66-277
WALES, Elizabeth 66, 80-79
WALKER, A. B. 74, 67-13
    A. B. M. 30, 67-14
    A. M. 30, 7-347
    Addie 20, 106-531
    Ben 58, 68-52
    Ben H. 22, 106-531
    Caroline 25, 110-50
    Carmilla 10, 138-109
    Ed 21, 6-272
    Edd 27, 143-73
    Eddie 9, 28-305
    Eliza 39, 137-62
    Eliza 8, 147-159
    Fannie 12, 138-107
    Griffith 51, 134-13

WALKER, Hannah 27, 78-248
    Harriet 35, 28-307
    Hattie 1, 91-603
    Henry 6, 137-62
    Ida 7, 138-109
    Isack 35, 86-378
    J. A. 32, 68-40
    J. E. 30, 68-54
    J. F. 32, 129-144
    J. R. 25, 116-121
    Jack 52, 44-37
    Jas. A. 70, 90-531
    Jeremiah 65, 100-251
    John 50, 135-16
    John 38?, 88-474
    John A. 60, 89-529
    John E. 23, 81-142
    John F. 22, 73-37
    Jonas 15, 30-72
    Joseph 77, 127-51
    Joseph 13, 30-85
    Joseph 16, 104-459
    L. D. 52, 101-325
    Lee 30, 141-230
    Lemuel 4, 91-603
    Leoni 61, 112-126
    Lewis 66, 13-29
    Lewis 34, 74-79
    Lezer? 35, 57-219
    Louisa 54, 91-601
    Louisa 9, 131-258
    M. E. 54, 120-3
    Maria 34, 131-258
    Mary 16, 147-159
    Mary 80, 31-92
    Matilda 36, 19-285
    Mattie 10, 147-159
    Miles 21, 92-652
    Mira 33, 135-15
    Munroe 20, 58-94
    Newton 35, 127-31
    Otey 30, 135-14
    Parollee 50, 56-186
    Parolee 45, 55-119
    Pete 25, 23-50
    Racheal 55, 35-303
    Robert G. 33, 106-534
    Sam 2, 91-603
    Sam 29, 91-603
    Sam H. 13, 30-72
    Sammie 29, 101-315
    Seelie 40, 113-176
    Susan A. 19, 73-37
    T. M. 36, 67-1
    Thomas C. 74, 106-529
    Thos. J. 35, 93-705
    Tillie 21, 91-603
    W. R. 47, 67-12
    W. T. 31, 68-31
    Walter 15, 133-7
    Wash P. 50, 118-195
    William 18, 13-277
    William 48, 111-73
    Wm. O. 36, 61-2
    Wm. Q.? 39, 117-163
    William T. 39, 145-99
WALKINS, Derry 17, 131-244
WALL, John T. 50, 59-75
WALLACE, Andrew 29, 112-153
    Cordia 16, 79-43
    Dona 10, 67-289
    Frank 38, 37-67
    George 48, 47-149
    James 24, 57-19
    James H. 60, 45-69
    Jeff 14, 67-289
    Josey 25, 141-217
    Juda 46, 67-289
    Robt. 52, 46-124
    Wm. 57, 47-148
WALLERS, Henry 39, 8-17
WALLES, Robert 71, 97-120
    Robert 71, 97-120
WALLIS?, Albert 54, 79-18
WALTER, Robert L. 41, 17-178
WALTERS, Alford 18, 9-86
    Allen 34, 10-133
    Charley 36, 11-155

WALTERS, Christopher 65, 10-131
    E. J. 58, 6-294
    E. L. 30, 4-185
    Fredrick 14, 16-157
    Jack 24, 6-301
    James 12, 16-157
    Taylor 32, 13-272
    William 43, 10-132
WALTON, Dallas 12, 4-204
WAMACK, Berry 45, 7-375
WANEWRIGHT, Hadley 16, 53-32
WANTLAND, Abram A. 50, 14-70
WARD, Cher 13, 84-243
    Edward 38, 88-490
    H. 48, 120-5
    Hillary 26, 126-5
    Loretta P. 8/12, 126-5
    Prince 19, 38-155
    Russell 8, 89-527
    Sallie 68, 89-527
    Sallie 22, 126-5
    William 55, 32-154
WARDEN, Aquilla 35, 85-283
    Joe B. 35, 58-26
    Mary A. 54, 58-84
    Rocemer? 42, 58-27
WARE, Edward H. 69, 45-68
    W. T. 29, 90-549
    William 25, 19-290
WARFIELD, A. K. 21, 140-204
    Burton 51, 141-226
    Cornelia 45, 103-403
    Issac 35, 19-283
    Jamie 30, 102-344
    Robert 70, 103-374
WARN, Laticia 58, 96-93
WARNER, Albert 35, 135-14
    Floid 32, 30-54
    Milton 46, 145-54
    Mollie 35, 133-7
WARR, Harrie 53, 56-180
WARREN, Allen 35, 130-182
    Archey 50, 56-196
    Carrol 30, 6-284
    Chas. 38, 26-187
    George 55, 2-67
    John D. 85, 47-170
    Mary E.13, 15-103
    Robt. 60, 26-207
    Robert B. 38, 45-77
    Sam 46, 113-209
    Samuel 28, 6-279
    Wel 20, 6-270
WASHAM, Hume 19, 61-186
WASHINGTON, E. 30, 51-22
WATERS, Cornelius 20, 40-66
WATES, John R. 38, 11-157
WATKINS, Aaron 35, 112-150
    Albert 20, 145-62
    Alfred 14, 113-199
    Alice 20, 116-104
    Allen 9, 14-30
    Ben 31, 112-151
    Boney 46, 111-99
    Charles 50, 129-154
    Criss 3, 87-398
    Cyntha 4, 116-104
    Daniel 59, 112-111
    David F. 36, 113-191
    Divas 70, 70-156
    Elinder 73, 144-38
    Etta 20, 114-47
    F. H. 64, 83-234
    Florry 1, 73-48
    Franklin 1, 147-168
    George 45, 113-190
    Henrietta 18, 147-168
    Henry 46, 14-30
    Jeff 12, 112-153
    John 68, 125-35
    John 14, 129-145
    Johnnie 10, 112-153
    Mandy 45, 130-183
    Mariah 50, 113-166
    Martha 70, 17-167
    Mary A. 69, 129-154
    Osmund 38, 114-55

WATKINS, Rich 55, 120-5
    Robt. 60, 116-73
    Robt. 3, 73-48
    Sam R. 41, 111-95
    Stratton 48, 111-107
    Susan 41, 130-167
    Wiley 24, 116-107
    Wm. 52, 124-29
    Young 65, 92-649
    A. B. 34, 49-4
    Ann 24, 132-287
    Brim 62, 88-492
    Call 30, 10-99
    Ed 31, 50-23
    Eligah 35, 9-94
    Francis M. 53, 98-159
    Frank K. 36, 17-207
    Gus 53, 4-191
    Henry 51, 16-121
    J. H. 48, 123-25
    J. S. 65, 51-3
    J. W. 45, 50-27
    James R. 50, 14-62
    James T. 49, 130-189
    John 64, 70-118
    Jno. 35, 23-48
    John W. 40, 4-195
    Leda 70, 50-6
    Lewis 23, 15-89
    Luvisia 22, 16-144
    M. 63, 49-7
    MaryAnn 50, 114-57
    P. J. 34, 50-7
    Riggs H. 29, 10-96
    Thaddus 30, 16-144
    Thomas 9, 16-144
    Thomas 20, 15-87
    W. H. 36, 52-50
    W. W. 47, 76-147
    Wesley 18, 10-101
    Wm. 17, 117-168
    William 2, 16-144
    Wm. 22, 70-139
WATTERS, Sarah 35, 80-66
WATTS, Martha B. 1, 131-237
    Nancy E. 22, 131-237
WEATHERFORD, J. G. 35, 72-141
    Jeff 22, 70-138
    Nancy 74, 72-140
WEATHERSPOON, Rily 61, 133-2
    W. 30, 48-21
WEAVER, Jas. T. 47, 92-667
    John 35, 119-3
    Matt 19, 71-189
    W. T. 30, 90-562
WEBB, A. J. 7, 93-709
    Alexander 30, 68-58
    Alfred 48, 98-182
    Anderson 30, 130-210
    George 5, 146-142
    George 44, 133-2
    Hiram W. 38, 63-107
    Jas. A. 50, 30-64
    John 18, 36-54
    John B. 34, 63-87
    John M. 32, 61-28
    Jos. 45, 93-706
    Kate 14, 93-709
    Lizzie 27, 146-142
    Loula 9, 93-709
    N. B. 3, 93-709
    Nathan 34, 147-170
    Ozius 52, 66-250
    Silas 2, 146-142
    William 37, 64-137
    Wm. P. 5, 93-709
WEBSTER, Ad 20, 75-123
    Addison 50, 112-144
    Aderson 36, 86-384
    Albert 32, 79-52
    Alex 52, 140-182
    Alex 45, 78-250
    Alexander 24, 104-446
    Amanda 28, 96-78
    Amarintha 60, 74-99
    Ana 7, 119-1
    Anny 9, 89-527

WEBSTER, Anthony jr. 28, 104-433
    Anthony 66, 100-278
    Blair 36, 135-14
    Booker 59, 140-173
    C. H. 35, 138-105
    Caroline 19, 104-438
    Carrie 36, 133-6
    Carver 12, 110-36
    Charlie 14, 27-230
    Cyrus 72, 145-97
    Dallas 30, 139-156
    David 31, 136-22
    E. J. 21, 141-245
    Ed 25, 139-143
    Elsy 49, 128-105
    F. 36, 87-410
    F. J. 33, 111-68
    Felix J. 30, 104-432
    Gabriel 30, 100-252
    George 10, 127-57
    George 32, 133-3
    H. P. 31, 127-42
    Harriett 2, 100-252
    Harvey 22, 104-438
    Haywood 60, 104-431
    Henderson 33, 127-37
    Henry 60, 140-185
    Henry 3/12, 133-5
    Herrs? 21, 136-23
    Horace 57, 139-144
    Ishan 68, 137-55
    Jack 6, 135-18
    Jack 34, 74-100
    James 37, 133-7
    James 14, 137-40
    James 14, 104-465
    Jemimie 16, 22-13
    Jim 21, 84-246
    Jim 14, 84-243
    Jim 55, 133-4
    Joe 25, 115-98
    John 50, 137-64
    John 34, 133-6
    John 50, 41-75
    Jonathan 50, 98-170
    Jordan 80, 127-58
    Joseph 23, 113-207
    Julia 14, 93-701
    Kitty 24, 100-252
    Lee 21, 128-109
    Lee 30, 92-660
    Lee 30, 17-161
    Lewis 16, 93-701
    Lizza 13, 93-701
    Lizzy 7, 104-465
    Lou 31, 129-149
    Lou 25?, 107-579
    Mrs. M. R. 53, 127-36
    Mahala 50, 104-459
    Marcus 9, 104-465
    Marshal 45, 101-312
    Martha 42, 100-285
    Martin 37, 102-350
    Mary 24, 135-18
    Matilda 65, 136-23
    Matt 67, 112-145
    Matt 15, 94-722
    Milly 70, 138-80
    Mrs. Mirie 34, 54-73
    Mishack 84, 140-174
    Myny 38, 102-370
    Nannie 16, 93-701
    Nick 18, 133-3
    Overton jr. 23, 106-549
    Overton 52, 107-596
    Overton 34, 104-434
    Philip 24, 104-458
    Plumer 52, 88-449
    Plummer 36, 74-101
    Prince 55, 112-135
    Rachel 18, 133-5
    Rial 58, 110-41
    Richard 28, 144-37
    Richard 46, 132-1
    Ricd. 36, 140-190
    Richard 45, 96-112

WEBSTER, Richard 48, 110-39
    Richard 54, 109-76
    Robt. 65, 139-158
    Robt. 31, 137-35
    Romey 21, 110-53
    Sam 46, 140-175
    Sam 16, 84-246
    Sarah 35, 27-230
    Sarah 32, 96-112
    Sarah 52, 133-7
    Sarah 21, 133-4
    Scott 20, 135-19
    Scott 21, 104-457
    Sidney 29, 137-56
    Simon 14, 18-210
    Soph 60, 137-51
    Susan 14, 139-165
    Sye 18, 93-701
    Syrus 69, 87-409
    Tennie 27, 138-80
    Tennie 18, 111-72
    Thomas 57, 109-82
    Tom 75, 129-148
    Victoria 12, 96-112
    Wash 35, 131-220
    Wesly 45, 140-188
    Wiley 8, 135-18
    Wm. C. H. 6, 141-245
    William J. 32, 96-75
    Willis 40, 137-57
WEEDEN, Silas 65, 142-260
WEEMS, Thomas 70, 146-125
WEISSINGER, H. Y. 38, 20-7
WELB, Adda 8, 82-163
WELCH, Carrie 2, 58-36
    F. H. 60, 87-416
    George A. 10, 58-36
    Jos. H. 37, 110-27
    Kittie 18, 62-71
    Mandy 16, 58-36
    Sarah 21, 58-36
    Susan 7, 58-36
    Thomas A. 9/12, 58-36
WELDON, Bettie 25, 77-233
WELKS, Nathan 44, 81-118
WELLS, Ann 27, 144-27
    B. C. 63, 21-26
    Charles 15, 16-133
    Clarence 1, 39-185
    Danil 68, 59-106
    Edward 55, 61-185
    Fanie 55, 61-11
    Felix G. 25, 59-107
    J. B. 51, 22-1
    James 43, 39-207
    James 33, 59-105
    Jerry 55, 64-144
    Jim 50, 21-45
    John L. 37, 58-91
    Lucious 30, 58-53
    Malinda 73, 66-253
    Mark 33, 56-191
    Mary 36, 22-70
    Nathan 30, 5-237
    Sam 30, 67-290
    Thomas J. 40, 59-103
    Wesley 14, 144-22
    Wm. T. 40, 62-35
WERONEY, Joseph 24, 15-112
WESLEY, John 22, 11-167
    S. 72, 140-204
WESMELON, Fannie 30, 60-171
WEST, Andrew W. 25, 14-67
    Bill 23, 133-5
    H. R. 43, 71-203
    Henry 46, 65-207
    Isaac 12, 117-159
    J. J. 53, 85-279
    James 17, 65-212
    James J. 18, 14-63
    John 32, 12-219
    John A. 29, 14-66
    John S. 56, 15-97
    Lula E. 8, 117-159
    Mary 30, 17-184
    Scott 19, 15-111
    Thomas 21, 101-301

WEST, Thomas P. 40, 16-122
    W. H. 31, 30-80
    William 60, 30-61
WESTMORELAND, Ella 19, 64-137
WETHERLY, T. J. 37, 131-242
WETHERSPOON, S. 43, 8-13
WHALIE, William 22, 54-93
WHEARLEY, Mary 20, 93-676
WHEAT, Frances 10, 148-231
    Jo 36, 74-81
    Martha 13, 148-231
WHEATLEY, Alfred 56, 99-235
WHEATLY, James 51, 37-79
WHEELER, Sallie 40, 62-42
WHELER, Lizie 49, 54-78
    Willis 28, 55-110
WHIGLET, Kitty 20, 80-62
WHITACRE, Thomas 18, 102-347
WHITAKER, Angeline 42, 62-62
    Autry? 65, 50-25
    D. B. 29, 41-92
    George 21, 102-362
    George 21, 107-601
    George 18, 103-386
    Hariett 21, 102-362
    Hariett 2, 102-362
    Hariett 1, 107-601
    John 25, 75-142
    M. 60, 52-17
    Mary E. 4, 102-362
    Robt. J. 36, 4-157
    Sallie B. 5, 102-362
    Sam 26, 8-34
    Thomas J. 28, 105-470
    W. A. 37, 5-228
    Will 35, 51-20
WHITE, A. J. M. 50, 136-7
    Albert 49, 107-591
    Alfred 41, 72-174
    Augustus 52, 98-172
    B. M. 27, 94-726
    Baker 69, 12-241
    Benjamin 48, 109-100
    C. A. 34, 52-23
    Carrie 13, 21-54
    Daniel 41, 148-235
    David P. 23, 19-296
    E. A. 22, 21-54
    Ed 24, 124-28
    F. Jnis? 21, 85-278
    Fayette 32, 22-10
    George 27, 144-45
    George 30, 82-148
    George 41, 44-28
    Gran? 21, 69-83
    H. L. 37, 90-533
    Henry 4, 140-192
    Henry R. 42, 87-426
    Isaac 73, 107-586
    J. B. 35, 22-11
    J. F. 20, 21-54
    J. L. 37, 52-34
    James 25, 77-230
    James 19, 109-78
    James M. 67, 136-23
    Jenkins 47, 136-23
    Joe 19, 119-254
    John 43, 136-23
    John 65, 79-39
    Joseph 23, 147-173
    Joseph 14, 45-101
    Lou B. 5, 68-63
    Luke L. 60, 109-81
    Luke S. 30, 136-23
    Lucie 12, 87-426
    Lucie 30, 115-60
    Lucy G. 18, 21-54
    Mack 19, 3-152
    Mamy 15, 21-54
    Maria 56, 100-246
    Mary 74, 74-70
    Mary A. 47, 81-133
    Mathias 35, 11-174
    McMary 32, 36-50
    Medooth? 28, 86-373
    Minna 9, 35-293
    Mollie 26, 61-21

WHITE, Nancy 65, 44-29
    P. A. 34, 72-154
    Pitts 35, 79-51
    Reuben 64, 122-18
    Robert 25, 136-20
    Rosa 25, 68-63
    S. A. 43, 87-426
    St. Ledger 53, 90-546
    Samuel 30, 29-16
    Sandy 20, 148-214
    Scott 38, 141-214
    Susan 40, 38-85
    Tennie 37, 3-122
    Tennessee 28, 45-62
    Thomas 52, 57-1
    W. 67, 52-33
WHITEHEAD, John 23, 115-84
    Levi 32, 115-97
    M. J. 50, 48-30
    R. F. 25, 48-13
    Robt. 55, 115-80
    Robt. S. 50, 45-73
    Sarah 30, 115-80
    Spencer 60, 75-110
WHITESIDE, Bettie 15, 143-126
    E. 50, 143-126
    G. R. 48, 142-12
WHITESIDES, Geo. 40, 141-244
WHITGHT, Sarah 76, 80-73
WHITLEY, J. N. 21, 42-144
    John 2, 89-514
    William 30, 33-236
WHITNEY, Darling L. 64, 98-167
    Elbert H. 25, 98-168
    Malinda 25, 95-59
WHITTAKER, Charles 100, 78-5
    George 55, 54-81
    Orring 33, 56-199
    Richard 41, 78-4
    Sam 62, 57-232
    Selvina 65, 56-198
    Tom 61, 55-129
    Tom 40, 54-102
WHITTEKER, Albert 4, 118-227
    Eveline 5, 118-227
    Joe 21, 116-101
    Luvinia 7, 118-227
    Rebecca 6, 118-227
    Robt. 50, 119-262
    Ruth 27, 118-227
WHITTEN, S. P. 58, 120-7
WHITTHOM, Washington C. 55, 102-336
WHITTHORN, Rose 60, 100-289
WHITTHORNE, W. J. 35, 91-605
WHITTINGTON, Relus 40, 43-165
WHITWORTH, James R. 53, 146-100
WIGFALL, Annie 43, 124-27
    Frank 50, 78-19
    Frank 7, 83-236
    Frank 26, 79-14
    Joe 30, 115-68
    Setham 45, 16-143
WIGGINS, Crocket 18, 19-261
WIGGS, Nancy 50, 103-414
WILBURN, N. P. 46, 75-129
WILCOX, Agnes 29, 117-171
    Jane 66, 117-171
    Turner 5, 117-171
WILDER, A. J. 35, 117-165
WILEY, E. J. 62, 89-519
    Lewis 61, 124-29
    Thomas 15, 47-147
    Virginia 35, 47-147
    Wm. 23, 139-150
    William 19, 47-147
    Willie 8, 82-169
WILK, George 26, 79-52
WILKENS, Marcus R. 65, 94-2
WILKERSON, Emley 69, 85-296
WILKES, David 57, 62-67
    Elvira O. 45, 62-52
    Ella 16, 63-108
    Fate 20, 63-90
    Green 25, 64-149
    Jack 39, 72-169
    John B. 56, 62-60

WILKES, John L. 34, 57-297
    Mary 35, 70-165
    Milton 47, 67-294
    Otey 7, 70-165
    Richard A. 29, 61-198
    Sam 60, 39-6
    Samuel 53, 64-145
    Tennie 50, 135-18
    Tobe 9, 70-165
    Wiley 21, 64-140
    William 70, 5-254
WILKEY, James 35, 12-263
WILKINS, Dave 45, 80-87
    Wm. 8, 86-313
WILKINSON, Cris 25, 80-95
    Jim 25, 80-96
WILKS, Alf 47, 55-144
    Alice 5, 54-93
    Allice 10, 83-226
    Amelia 46, 85-303
    Antney 35, 92-659
    Betsey 35, 74-63
    Edmond H. 67, 98-181
    Emly 45, 85-305
    H. 18, 47-20
    Haywood 40, 61-194
    Huce? 55, 85-293
    Jesssy 35, 51-30
    James 25, 99-232
    Jane 46, 60-161
    John 8, 59-101
    Joseph 30, 95-25
    Dr. Jos. H. 40, 89-520
    Lefaite 56, 55-151
    Lelia 4, 104-419
    Leroy B. 20, 61-193
    Manda 22, 85-278
    Mary 20, 99-225
    Nelus 6, 60-161
    Pleasant 57, 59-123
    Ples 24, 57-218
    Presly 55, 60-161
    Sal 34, 87-412
    Sallie H. 30, 86-390
    Sarah 35, 83-226
    Shelbie 61, 54-106
    Sue 7, 54-93
    Tennessee 20, 99-225
    Thos. 40, 92-632
    William 26, 9-92
    William 23, 55-153
    William 8, 99-225
    Willis 26, 97-135
    Winson 53, 55-155
WILLBANKS, C. E. 43, 73-37
WILLETT, R. A. 68, 48-8
WILLEY, John 18, 144-43
WILLHES?, William 22, 66-251
WILLIAM, Alice 7, 69-68
    Etta 5, 69-68
    Eveline 28, 69-68
    Thos. 10, 69-68
    Thos. 36, 69-398
WILLIAMS, A. H. 31, 120-4
    A. L. 11, 121-12
    Addie 25, 35-289
    Alvis 68, 119-1
    Albert 10, 126-40
    Albert 21, 3-151
    Alf 35, 64-155
    Amanda 37, 16-133
    Anderson 65, 144-52
    Andrew 35, 145-95
    Anthony 16, 114-7
    Auston 43, 78-1
    Becky 52, 76-151
    Ben 69, 89-498
    Benny 9, 73-48
    C. 16, 124-27
    C. A. 43, 86-330
    C. Foster 61, 112-157
    Caladonia 42, 1-48
    Caleb 71, 123-21
    Caroline 60, 20-313
    Caroline 36, 113-173
    Carrie 5, 121-12
    Carry 11, 82-181

WILLIAMS, Charlotte 50, 76-158
    D. 30, 119-262
    Duke 21, 19-291
    E. J. 51, 20-13
    E. L. 18, 121-12
    Ed 12, 70-157
    Edmond 69, 107-2
    Edward 38, 148-211
    Edward 58, 97-114
    Elias 35, 73-3
    Elias 26, 105-503
    Elisabeth 59, 57-9
    Ellen 6, 114-38
    Fannie 21, 130-167
    Fanny 66, 28-305
    Frank 16, 139-129
    Frank 4, 78-250
    Frank 25, 70-161
    George 8/12, 19-261
    Hannah 28, 113-173
    Hardy 30, 90-534
    Harlan 31, 147-164
    Harriet 16, 75-110
    Harriett 32, 18-216
    Harriet 96, 214-99
    Harry 52, 74-143
    Henry 22, 147-172
    Henry 25, 1-31
    Henry 23, 78-285
    Ike 30, 2-71
    Inez 9, 121-12
    Isam 25, 56-204
    Isom 40, 119-259
    J. 21, 123-21
    J. H. 43, 130-185
    J. M. 46, 73-38
    J. R. 37, 124-31
    J. W. 52, 21-14
    Jack 22, 4-163
    James 76, 115-52
    James 17, 103-413
    James N. 47, 40-12
    Jane 5/12, 114-38
    Jane 37, 139-129
    Jeff 19, 139-138
    Joe 45, 142-42
    John 34, 28-267
    John H. 31, 132-280
    John H. 2, 1-31
    Joseph 20, 99-237
    Josey 29, 91-583
    Joshua 50, 147-168
    Joshua 35, 66-243
    Julia 35, 131-232
    Julia 39, 65-235
    July 22, 84-246
    Laura 25, 99-239
    Lewis 22, 57-11
    Lizzie 25, 114-38
    Lou 4, 121-12
    Louella 4, 112-133
    Louisa 23, 20-312
    Louisa 19, 95-54
    Lucile 9, 83-227
    Luke 50, 146-108
    Lula 3, 114-38
    M. 30, 23-41
    M. E. 20, 121-12
    Maggie 32, 95-25
    Margrett 5, 18-216
    Maria 66, 4-163
    Mary 11, 119-1
    Mary 62, 148-211
    Mary 28, 61-3
    Mary L. 44, 97-153
    Mattie 16, 78-250
    Mike 23, 61-196
    Millie 32, 64-156
    Mollie 18, 19-261
    Nancy 16, 4-163
    Nancy 66, 29-20
    Nelson 60, 56-171
    Nettie 20, 4-163
    Nora 7, 99-239
    O. W. 40, 126-40
    R. R. 41, 119-1
    Rachel 65, 75-136

WILLIAMS, Rawley 3/12, 18-216
    Rufus 21, 99-236
    Sarah 35, 82-181
    S. A. 49, 116-116
    Sameul 18, 103-408
    Samuel 66, 2-82
    Samuel H. 29, 18-243
    Silas 23, 142-35
    Smitt 35, 95-54
    Solomon 77, 101-317
    Stephen 75, 20-318
    Susan 20, 1-31
    Susen 60, 38-172
    Thomas 35, 46-104
    Thos. 28, 62-52
    Thomas 3, 99-239
    Thos. H. 36, 102-364
    Tommy 15, 139-129
    Vina 75, 105-518
    W. D. 79, 124-31
    W. M. 20, 121-12
    W. R. 36, 31-97
    Washington 48, 148-218
    Webb 13, 121-12
    Wesly 44, 1-41
    William 45, 148-228
    Wm. 34, 85-324
    William A. 65, 44-38
    William D. 1, 18-216
    Wm. J. 64, 61-6
WILLIAMSON, Charles 42, 65-219
    George 65, 64-146
    Henry 45, 63-93
    J. J. 71, 49-13
    J. T. 40, 85-269
    Lace 50, 63-133
    Sam 20, 63-130
    Thomas 72, 104-428
WILLIASON, William 35, 8-22
WILLCOX, W. I. A. 38, 49-8
WILLIFORD, Mattie 37, 64-167
WILLIS, Esquire 37, 32-170
    W. J. 32, 127-29
    William M. 47, 20-319
    Willie 10, 138-110
WILLS, George 25, 50-18
WILNER?, Eliga 40, 78-21
WILSFORD, Daniel 37, 64-143
    M. C. 43, 64-179
WILSON, Adam 20, 95-38
    Adam 25, 64-171
    Alex 24, 72-152
    Alfred 61, 75-132
    Amy 24, 137-44
    Andy 46, 26-205
    Betsy 75, 74-51
    Eddie G. 1/12, 137-40
    Emma 12, 89-501
    Esther 70, 131-218
    G. W. 23, 141-244
    George 13, 108-39
    Henry 55, 35-306
    Ida 8, 104-428
    J. A. 58, 91-581
    James 19, 103-408
    Jeff 18, 116-119
    Jeff 17, 26-205
    John 28, 131-223
    John 48, 80-79
    Josh 27, 137-44
    Julia 14, 99-235
    Letha 55, 74-55
    Liddy A. 23, 137-40
    Lizzie 18, 89-501
    Lucy 4, 106-535
    Major 2, 137-40
    Mary 15, 93-677
    Mollie 10, 89-501
    Monroe 22, 62-58
    Patty 14, 106-534
    Peter 25, 13-27
    Powell 38, 96-92
    Rebecca 40, 128-83
    Robert P. 27, 44-54
    Rufus 25, 14-72
    Sam 35, 92-629
    Sam 31, 118-196

WILSON, Shep 18, 137-44
   Thomas 34, 110-42
   W. N. 29, 91-580
   Walker 8, 104-428
   William 23, 65-211
   William R. 57, 102-355
   Willie 17, 104-428
WILY, John 50, 143-110
   W. Y. 36, 72-148
WIM?, Mary 32, 83-228
WINCHESTER, G. L. 34, 38-143
   Lemuel 71, 35-6
WINFIELD, Robert 8, 14-48
WINGFIELD, Adly 35, 86-311
   Albert 36, 89-511
   Clara 24, 27-230
   D. 35, 87-408
   David 25, 76-165
   David 25, 107-595
   Dowell 104, 94-711
   Edd 27, 103-378
   Jack 40, 98-178
   Jane 24, 106-533
   Lias 65, 131-221
   Lou 12, 130-207
   Milton 50, 76-187
   Robert 65, 104-443
   Sallie 7, 90-541
   Sallie 12, 92-640
   Selina 77, 83-226
   William 23, 76-164
WINKFIELD, David 35, 35-290
   Southall 25, 9-52
WINN, C. W. 26, 67-6
   Henry 38, 1-32
   James 19, 88-481
   Jennett 18, 121-11
   Laura 18, 88-481
   Martha 45, 121-11
   Mary 6, 121-11
   Toby 12, 114-7
   William 27, 64-180
WINSTEAD, George 16, 40-50
   Jane 40, 40-50
   John 47, 40-50
   John 40, 43-173
WINSTON, Milly 14, 73-19
WINTRECH, Jas. 55, 119-2
WISDOM, F. M. 52, 124-31
   John 27, 126-41
   W. J. 24, 128-88
WISE, Simon 67, 110-54
   West 26, 110-56
WISENER, Abrem A. 25, 18-230
   Bruce 22, 4-194
   Charles 26, 127-54
   David 51, 14-59
   Samuel A. 52, 20-323
WISMER?, Bruce 21, 18-212
WITHERS, Bettie 31, 66-242
   Georg D. 10, 93-710
   John 15, 108-39
   John 14, 93-710
   Margret 32, 93-710
   Mrs. 36, 108-39
WITHERSPOON, A. 54, 79-34
   Albert 27, 2-62
   Anna 24, 81-121
   Auston 29, 1-3
   Charles 38, 34-262
   Charly 28, 81-121
   Daniel 65, 16-148
   Eliza J. 61, 101-326
   George 1, 26-211
   Henry 29, 34-246
   Henry 32, 97-114
   Jim 16, 2-52
   John M. 50, 16-135
   L. P. 41, 34-261
   Leroy 35, 98-173
   Mayhew 24, 2-69
   Peter 70, 111-74
   Ray 45, 102-356
   Rease 25, 1-39
   Rose 26, 26-211
   Sarah 7, 1-40
   Sis 2, 2-62
   Wilson 50, 15-109

WITT, Jas. H. 37, 21-51
   John 26, 21-47
   Martha J. 16, 13-269
WITTSHIN, J. N. 35, 123-23
WITTY, Bingham 5, 143-111
   James 10, 143-111
   Jennet 13, 143-111
   Maggie 7, 143-111
WOLDRIDGE, Walter 23, 82-144
WOLLARD, Nancy 76, 6-299
   Nelson 32, 6-298
WOOD, Alonzo 30, 83-198
   Amanda K. 21, 130-205
   Andrew 1/105, 100-219
   Catharine 48, 130-205
   Edward 14, 100-270
   Elizabeth 50, 82-190
   Ella 16, 100-270
   Felix 33, 87-402
   Ida 18, 1-48
   John H. 19, 138-96
   Lindy 57, 46-122
   Thos. R. 50, 139-132
   W. B. 38, 78-282
   William 68, 83-197
   Willis 16, 1-48
WOODALL, Lee 21, 39-187
   Lee 22, 38-174
WOODARD, John 37, 117-180
   N. F. 36, 92-645
WOODDY, James 36, 11-154
WOODFORD, Chistiford 40, 14-40
   Susan 32, 14-41
WOODS, Andrew P. 1/12, 97-147
   Edward 11, 97-147
   Ella 17, 97-147
   Prince 35, 55-119
WOODSIDE, Celina 47, 136-21
   Charlie 17, 142-11
   Felix 12, 139-153
   J. B. 49, 87-406
WOODSIDES, Thenie 19, 56-167
   Walter 9/12, 56-167
   Wolter 16, 53-5
WOODSON, George 28, 76-176
   Thomas 50, 103-387
WOODY, J. J. N. 48, 8-388
   Robt. 30, 2-65
   Robert J. 2/12, 2-55
   Samuel 72, 2-66
   William 47, 3-140
   Willie 20, 3-154
WORD, Anderson 15, 13-21
   Rodney 13, 13-21
WORDE, Dodo 27, 88-467
WORKMAN, D. C. 29, 72-156
   D. M. 52, 72-164
   J. 38, 125-34
   R. C. 60, 68-23
   R. E. 32, 67-22
WORLEY, Bill 40, 143-121
   S. A. 38, 141-216
   T. C. 40, 27-219
WORMACK, Ann 75, 86-332
   Jessey 51, 85-276
WORNIOM, James 23, 36-31
WORSHAM, Columbus 41, 61-14
WORT, Jerry 30, 58-71
WORTHAM, Alex 54, 69-76
   Alfred 25, 83-201
   Alice 10, 100-264
   Burril 65, 120-8
   Cornelias 40, 99-218
   Elias 25, 79-53
   Eve 35, 124-32
   Jas. 50, 120-4
   Joseph 19, 101-331
   Lucy 45, 116-136
   Nettie 65, 69-100
WORTHAN, Levi 36, 86-382
WORTHEM, J. D. 53, 33-223
WRENN, Thomas 61, 148-250
WRIGHT, Alick 66, 14-35
   B. 16, 22-29
   Chaffin 44, 76-150
   David 43, 70-160
   David 18, 68-59
   E. G. 48, 75-122

WRIGHT, F. J. 33, 42-133
   Frank 24, 75-124
   G. H. 37, 51-33
   Garian? 49, 123-24
   H. E. 19, 51-17
   H. H. 29, 51-18
   J. D. 30, 92-628
   J. P. 33, 68-20
   Jerry __, 17-208
   John 25, 16-153
   John 36, 86-385
   John S. 46, 6-302
   John V. 51, 86-332
   Johnson 36, 92-648
   M. A. 21, 51-17
   M. P. 16, 51-17
   Marie 67, 119-241
   Mary 17, 86-331
   Mattie 15, 86-331
   R. R. 79, 22-5
   Richard 64, 67-7
   Robert 50, 95-55
   S. E. 31, 67-7
   Sharlotte 75, 29-25
   Thos. 66, 42-130
   W. N. 39, 93-699
   William 35, 60-158
   Wm. 30, 70-151
WYCKS, Robt. P. 28, 94-15
WYRICK, D. H. 35, 124-29
YANCEY, S. L. 46, 77-217
   William 80, 21-34
   William 80, 98-145
YARBRA, Sam 35, 82-154
YARBROUGH, Mary 37, 47-171
YATEMAN, H. C. 48, 113-195
YAWELL, Susan 65, 61-203
YEAST, Earnest 29, 79-32
YEATMAN, M. C. 27, 127-36
   N. P. 27, 127-36
   Sarah M. 1, 127-36
YETCOME, Hiram 57, 81-116
YONG, G. W. 1, 51-34
   Mary 18, 51-34
   Elizabeth 48, 103-404
   George 36, 7-335
YORK, Jane 71, 103-409
YOUNG, Abby 21, 103-413
   Alex 50, 76-146
   Alexander 10, 106-561
   Allice 28, 56-184
   Arthur 55, 79-27
   Bell 5, 56-184
   Dianna 35, 138-111
   Emma 35, 21-30
   Erwin 23, 108-21
   Fannie 3, 56-184
   Frank 47, 56-188
   George 57, 148-256
   George 23, 106-546
   George 23, 104-445
   Green 54, 108-34
   J. A. 25, 24-123
   Jabe 50, 54-57
   James 23, 60-180
   James 43, 107-1
   James E. 42, 60-172
   Jaret 69, 101-314
   John 31, 135-17
   John 70, 34-281
   John J. 21, 60-173
   Joseph 8, 106-560
   Mary 21, 78-252
   Nat 19, 78-259
   Nelson 50, 77-200
   Nero 75, 110-24
   Rhoda 56, 88-459
   Robert J. 47, 96-79
   Semore 57, 107-590
   W. A. 32, 89-521
   W. M. 40, 51-31
   Walker 37, 95-34
   Walker 37, 100-259
   Weston 53, 31-109
   Wm. 26, 22-14
   William 54, 10-136
   William 21, 95-37
YOUNGE, Benjamin 45, 19-275

YOUNGE, Benjamin 45, 19-275
    Edward 1, 18-237
    Page 17, 14-71
    Peter 55, 18-231
    Peter 64, 19-282
YOUNGER, J. T. 47, 5-259
    Kate 21, 79-42
    W. M. 22, 2-100
    William 72, 1-25
    William 23, 3-150
YOUZE, Watkins 70, 83-234
ZACHERY, Randal 45, 105-477
ZELLNER, Caroline 66, 18-246
    Esquire 38, 15-95
    Tass 39, 18-216
ZOLLICOFFER, Addie 5, 73-49
    Eliza 50, 97-120
    Francis 24, 105-499
    Frank 57, 106-565

www.ingramcontent.com/pod-product-compliance
Lightning Source LLC
Chambersburg PA
CBHW082120230426
43671CB00015B/2750